suhrkamp taschenbuch
wissenschaft 914

Im Mittelpunkt dieser klassischen Aufsatzsammlung, die für diese Neuauflage um drei weitere Abhandlungen zu Fragen der Menschenwürde ergänzt wurde, stehen zentrale Fragen staatlicher Ordnung, wie sie sich an dem bestehenden, historisch bedingten Zusammenhang von Freiheit und Recht bzw. Freiheit und Staat ablesen lassen. Böckenförde legt dar, daß das Recht nicht nur eine notwendige Bedingung von Freiheit ist, sondern zugleich den Staat als Macht- und Entscheidungseinheit und Inhaber des Monopols legitimer Gewaltausübung voraussetzt. Andererseits muß der Staat der damit verbundenen Verantwortung sowohl in organisatorischer als auch in pragmatischer Hinsicht gerecht werden. Denn erst in der konkreten Ausgestaltung des demokratisch und rechtsstaatlich verfaßten und sozialstaatlich handelnden Staates wird reale Freiheit ermöglicht und gesichert – auch und gerade angesichts der Herausforderungen, die aus den ökonomischen Problemen einer Industriegesellschaft sowie dem geistig-ethischen Pluralismus für die staatliche Ordnung und das Recht erwachsen.

Ernst-Wolfgang Böckenförde ist Professor emer. für Öffentliches Recht, Verfassungs- und Rechtsgeschichte sowie Rechtsphilosophie an der Universität Freiburg und war von 1983 bis 1996 Richter des Bundesverfassungsgerichts.

Ernst-Wolfgang Böckenförde
Recht, Staat, Freiheit

Studien zur Rechtsphilosophie, Staatstheorie und Verfassungsgeschichte

Erweiterte Ausgabe

Suhrkamp

Bibliografische Information der Deutschen Nationalbibliothek
Die Deutsche Nationalbibliothek verzeichnet diese Publikation in der Deutschen Nationalbibliografie; detaillierte bibliografische Daten sind im Internet über http://dnb.d-nb.de abrufbar.

5. Auflage 2013

Erste Auflage 1991
suhrkamp taschenbuch wissenschaft 914

Umschlag nach Entwürfen von Willy Fleckhaus und Rolf Staudt
Druck: Druckhaus Nomos, Sinzheim
Printed in Germany
ISBN 978-3-518-28514-5

Inhalt

IV.

V.

Vorwort

Nachdem der 1976 erschienene Band »Staat, Gesellschaft, Freiheit« (stw 163) seit Jahren vergriffen ist, kann nunmehr eine erweiterte Sammlung einschlägiger Studien erscheinen. Das bedingt zugleich eine Aufteilung in zwei Bände. Der erste, hier vorgelegte Band hat seinen Schwerpunkt in Beiträgen zur Rechtsphilosophie, Staatstheorie und Verfassungsgeschichte, der zweite, ebenfalls für 1991 vorgesehene Band »Staat, Verfassung, Demokratie« wird vor allem solche zur Verfassungstheorie und zum Verfassungsrecht enthalten.

Der Titel »Recht, Staat, Freiheit« bezeichnet den inneren Zusammenhang, der die Beiträge dieses Bandes miteinander verbindet. Freiheit – als äußere Freiheit des Handelns – besteht nicht ohne Recht; erst durch und im Recht wird es möglich, daß die Freiheit des einen mit der Freiheit des anderen zusammen bestehen kann. Daß das Recht aber zugleich Friedensordnung ist, der Kampf um seine (gerechte) Gestaltung und seine Durchsetzung nicht die Form gewaltsamer Auseinandersetzung annimmt, setzt den Staat als Macht- und Entscheidungseinheit und Inhaber des Monopols legitimer Gewaltausübung voraus. Kraft dessen vermag er Schutz vor Gewalttätigkeit anderer Menschen oder Menschengruppen zu gewährleisten und durch sein Gesetzgebungsrecht die Ordnung des Zusammenlebens im Sinne der Sicherung von Frieden und Freiheit und der Erreichung des immer wieder neu zu findenden sozialen Ausgleichs zu gestalten. Dieser Staat, wie er in der europäischen Neuzeit als politische Ordnungsform entstanden ist und sich zum Rechtsstaat, zum demokratischen Staat und zum Sozialstaat ausgeformt hat, wird in den einzelnen Beiträgen als bedeutende politische Kulturleistung verstanden. Er muß freilich die Aufgabe und Verantwortung, die ihm als Institution zuerkannt ist, auch ergreifen und – durch seine Organisation wie das Handeln seiner Amtsträger – realisieren. Seine Rechtsgestaltungsmacht befreit nicht davon, daß das so geschaffene Recht sich material legitimieren muß, will es die regelmäßig freiwillige Befolgung bei seinen Adressaten finden, die wiederum Bedingung seiner sozialen Geltung und der Wirksamkeit staatlicher Sanktionsmittel ist. Die – rechtsphilosophische – Frage nach dem Grund des Rechts behält so gerade heute ihre Aktualität.

Die Veränderungen, denen der Staat wie das Recht durch den Übergang zur Demokratie und zum modernen Sozialstaat unterliegen, können nicht übersehen werden; ebensowenig, daß die Probleme einer entwickelten Industriegesellschaft und des geistig-ethischen Pluralismus eine Herausforderung darstellen, auf die eine zureichende Antwort erst noch gefunden werden muß. Gerade deshalb erscheint es notwendig, vom Staat nicht allgemein und »an sich«, sondern im Hinblick auf konkrete Erscheinungsformen und aktuelle Ordnungsprobleme zu sprechen. Gleiches gilt für die Freiheit. Freiheit existiert nicht abstrakt, sie erhält ihre Wirklichkeit in konkreten Gestalten der Freiheit, die das Recht näher ausformt und bestimmt. Bürgerliche Freiheit wie politische Freiheit werden erst lebendig als solche Gestalten der Freiheit, liegen ihnen nicht voraus. Die historisch-politischen Auseinandersetzungen des 19. und auch des beginnenden 20. Jahrhunderts galten wesentlich dem Kampf um die richtige Gestaltwerdung der Freiheit. Auch unsere Gegenwart wird davon bestimmt.

So ist auch für ein systematisches Interesse die Form historischer, näherhin verfassungsgeschichtlicher Aufschlüsselung und Erörterung der Probleme unerläßlich. Erst wenn die heutigen Fragen staatlicher Ordnung und der Gestaltung der Freiheit von ihren geschichtlichen Voraussetzungen her begriffen und in deren Kontext erörtert werden, läßt sich ihr allgemeiner Gehalt deutlich machen. Verfassungsgeschichtliche Erörterung ist, so gesehen, zugleich eine Form systematischer Behandlung. Und ebenso gehört die Betrachtung des Denkens bedeutender Staatrechtslehrer und der darin sich zeigenden geistigen Konstellationen in diesen Zusammenhang.

Aufrichtiger Dank für das Zustandekommen dieser Veröffentlichung gebührt Herrn Friedhelm Herborth. Er hat sich für die Neupublikation, als die Möglichkeit dazu wieder offenstand, nachhaltig eingesetzt. Ebenso danke ich meinen Mitarbeitern am Freiburger Lehrstuhl über die Jahre hinweg für ihre nicht wenigen, auch kritischen Anregungen, die in die Beiträge dieses Bandes eingeflossen sind, sowie Herrn Assessor Johannes Masing und Frau cand. jur. Andrea Hans für das Lesen der Korrekturen.

Freiburg i. Br., im Oktober 1990

Ernst-Wolfgang Böckenförde

1. Die Historische Rechtsschule und das Problem der Geschichtlichkeit des Rechts* (1964)

Die Frage nach Geschichte und Geschichtlichkeit[1] ist uns als Frucht und Erbe des Historismus überkommen. Sie ist nicht nur für den Bereich der Geschichtswissenschaft, für Philosophie und Theologie gestellt, sondern auch für die Rechtswissenschaft und das Recht. Der Jurist wird geneigt sein, auf der Suche nach einer Antwort seinerseits die Historische Rechtsschule zu befragen. Denn die Historische Rechtsschule hat die allgemeine Wendung zum geschichtlichen Denken, die in Deutschland als Reaktion auf den abstrakten Rationalismus des Aufklärungszeitalters einsetzte[2], für den Bereich des Rechts vollzogen. Gegenüber dem aus allgemeinen Vernunftgrundsätzen deduzierenden Vernunftrecht hat sie das geschichtliche Werden und die geschichtliche Bedingtheit des Rechts geltend gemacht. So liegt die Vermutung nahe, daß auch die Frage nach der Geschichtlichkeit des Rechts hier ihre Antwort findet.

Diese Frage an die Historische Rechtsschule soll vor allem an der Rechtsauffassung *Savignys* näher untersucht werden. Denn Savigny ist für die Historische Rechtsschule repräsentativ geworden, und von seiner Theorie ist auch die weitere Entwicklung ausgegangen. Die Unterschiede der Rechtsauffassung innerhalb der Historischen Schule, wie die zwischen Savigny auf der einen,

* Dem nachfolgenden Beitrag liegt, an einigen Stellen erweitert und überarbeitet, der Text der Probevorlesung zugrunde, die der Verfasser am 18. Februar 1964 vor der Rechts- und Staatswissenschaftlichen Fakultät der Universität Münster gehalten hat. Die dadurch bedingte Art der Anlage und Gedankenführung wurde beibehalten.

1 Über die Geschichte des Begriffs »Geschichtlichkeit« und seine verschiedenen Bedeutungsgehalte von Lessing bis in die Gegenwart vgl. neuerdings Gerhard Bauer, *»Geschichtlichkeit«, Wege und Irrwege eines Begriffs. Preisschrift der Akad. Wiss. Göttingen* 1960, Berlin 1963.

2 Wilhelm Dilthey, *Das 18. Jahrhundert und die geschichtliche Welt,* in: *Ges. Schriften,* Bd. 3 1927; Friedrich Meinecke, *Die Entstehung des Historismus,* 1959; Franz Schnabel, *Deutsche Geschichte im 19. Jahrhundert,* Bd. 1 ³1947, S. 189 ff.

Hugo und Eichhorn, die noch dem vorromantischen Historismus des ›Göttinger Rationalismus‹ entstammten[3], auf der andern Seite, ebenso die spätere kritische Wendung der ›Germanisten‹ gegen Savigny[4] bleiben daher im Rahmen unserer Erörterung zunächst außer Betracht.

I

Worin liegt nun der Kern der von Savigny entwickelten geschichtlichen Rechtsauffassung?[5]

3 Dazu näher Dilthey, (Anm. 2), S. 161-162; Karl Jelusic, *Die historische Methode Karl Friedrich Eichhorns. Veröffentlichungen für Wirtschafts- u. Kulturgeschichte. Univ. Wien,* 12 (1936), bes. S. 23 ff., 144 ff.; Carlo Antoni, *Der Kampf wider die Vernunft. Zur Entstehungsgeschichte des deutschen Freiheitsgedankens,* Stuttgart 1951, S. 159 ff.; speziell zu Hugo: Fritz von Hippel, *Gustav Hugos juristischer Arbeitsplan,* 1931; wiederabgedruckt in: Hippel, *Rechtstheorie und Rechtsdogmatik,* 1964, und neuerdings Arno Buschmann, *Entstehung und Grundlagen der geschichtlichen Rechtswissenschaft.* Jur. Diss., Münster 1963.

4 Kennzeichnend dafür der Eröffnungsaufsatz von A. L. Reyscher zu der 1839 gegründeten *Zeitschrift für deutsches Recht und deutsche Rechtswissenschaft* »Über Natur und Dasein des deutschen Rechts«, bes. S. 31 ff.; ferner Georg Beseler, *Volksrecht und Juristenrecht,* 1843. Zum ganzen Otto Gierke, *Die historische Rechtsschule und die Germanisten. Berliner Rektoratsrede,* 1903; Johann A. R. von Stintzing/Ernst Landsberg, *Geschichte der deutschen Rechtswissenschaft,* Bd. 3/2, 1910, S. 495 ff.

5 Die Literatur über Savigny und seine Rechtsauffassung ist heute kaum noch überblickbar. Es kann nicht die Aufgabe der nachfolgenden Untersuchung sein, sich mit dieser Literatur erschöpfend auseinanderzusetzen. Gute Hinweise auf diese Literatur gibt der reich belegte Festvortrag von Rudolf Gmür, *Savigny und die Entwicklung der deutschen Rechtswissenschaft,* Münster 1962. Siehe ferner die ebenfalls aus Anlaß des 100. Todestags von Savigny († 1861) entstandenen Beiträge von Wolfgang Kunkel, »Savignys Bedeutung für die deutsche Rechtswissenschaft und das deutsche Recht.«, in: JZ, 1962, 447 ff., und Hans Thieme, »Savigny und das deutsche Recht.«, in: *Z. Savigny-Stift. Rechtsgesch., german. Abt.* 80 (1963) S. 1 ff. Aus der älteren Literatur sind immer noch grundlegend v. Stintzing/Landsberg, (Anm. 4), Bd. 3/2, S. 186-252; H. Stoll, *Friedrich Karl v. Savigny,* Bd. 1/2, Berlin 1927-29. – Aus der jüngeren Literatur sind vor allem die Abschnitte über die Historische Rechtsschule bei Franz Wieacker, *Privatrechtsgeschichte*

(1) Man könnte anknüpfen an die von Savigny selbst formulierte These der Einheit von geschichtlicher und systematischer Behandlung des Rechts, der Einheit von Rechtsgeschichte und Rechtswissenschaft. Wenn die ganze Rechtswissenschaft im Grunde nichts anderes als Rechtsgeschichte sein soll, wie Savigny es einmal formuliert hat[6], so liegt dem die Auffassung zugrunde, daß Vergangenheit und Gegenwart des Rechts durch einen übergreifenden geschichtlichen Zusammenhang verbunden sind. Die Erscheinungen und Formen des Rechts können demnach in ihrem Inhalt und ihrer Bedeutung für die Gegenwart nur aus ihrer Entwicklungsgeschichte, aus dem Verfolgen ihrer fortschreitenden geschichtlichen Entfaltung erkannt werden.[7] Es ist dann in der Tat Rechtswissenschaft immer geschichtliche Rechtswissenschaft, und es liegt dann in einer so betriebenen Rechtsgeschichte die Kenntnis des Rechts der Gegenwart beschlossen.[8]

Nun geht es aber bei der geschichtlichen Rechtsauffassung Savignys und der Historischen Schule nicht um eine Theorie über das richtige Verhältnis von Rechtswissenschaft und Rechtsgeschichte, wenngleich die nicht gerade glückliche Bezeichnung ›Historische

der Neuzeit, 1952, §§ 19 u. 20 und dessen Vortrag von 1954 über Savigny in: *Gründer und Bewahrer,* 1959, S. 107-143, zu nennen.

6 Besprechung von Hugos *Lehrbuch der Geschichte des römischen Rechts,* ²1799 und ³1806, in: Friedrich Carl von Savigny, *Vermischte Schriften,* Bd. 5, 1850, S. 2; dazu auch Walter Wilhelm, *Zur juristischen Methodenlehre im 19. Jahrhundert,* Frankfurt 1958, S. 17ff.

7 Die historische Methode in der Rechtswissenschaft beteht für Savigny daher darin, »jeden gegebenen Stoff bis zu seiner Wurzel zu verfolgen und so ein organisches Prinzip zu entdecken, wodurch sich von selbst das, was noch Leben hat, von demjenigen absondern muß, was schon abgestorben ist, und nur noch der Geschichte angehört« (*Vom Beruf unsrer Zeit für Gesetzgebung und Rechtswissenschaft,* [Ausg. 1814] S. 117f.).

8 Wilhelm (Anm. 6), S. 23 ff. hat mit Recht darauf hingewiesen, daß in der praktischen wissenschaftlichen Arbeit Savignys und der Schule diese methodisch postulierte Einheit von geschichtlicher und systematischer Bearbeitung des Rechts nicht durchgehalten wurde; vgl. auch Wieacker, *Privatrechtsgeschichte der Neuzeit,* 1952, S. 224f. Schon die Inhaltsverzeichnisse der ersten Bände der *Zeitschrift für geschichtliche Rechtswissenschaft* lassen das erkennen. Die Gründe dafür ergeben sich aus der Eigenart dieser »geschichtlichen Rechtsauffassung« selbst, vgl. weiter unten im Text.

Rechtsschule‹ dies nahelegen mag. Die Verhältnisbestimmung von Rechtswissenschaft und Rechtsgeschichte ist nur die Folge einer rechts*philosophischen* Theorie über Begründung und Entstehung des Rechts. Die ›geschichtliche Rechtsauffassung‹ sucht ebenso wie die Naturrechtslehre eine Antwort nicht auf eine historische oder wissenschaftsmethodische, sondern auf eine *philosophische* Frage: Was ist und worauf gründet sich das Recht? Von diesem zentralen Punkt aus muß die ›geschichtliche Rechtsauffassung‹ Savignys in Blick genommen werden.

(2) Wenden wir uns also dem sachlichen Gehalt dieser geschichtlichen Rechtsanschauung unmittelbar zu. Ihre Grundgedanken lassen sich in zwei Sätze zusammenfassen:

1. Das Recht ist, ebenso wie Sprache, Sitte und Kultur, organische Lebensäußerung eines konkreten Volkes; es hat seinen Grund und seine Quelle in dem ›gemeinsamen Bewußtsein‹ des Volkes, dem in allen Einzelnen gemeinschaftlich lebenden und wirkenden Volksgeist.

2. Das Recht steht als Lebensäußerung des Volksgeistes wie dieser in einer übergreifenden historischen Kontinuität; es unterliegt geschichtlicher Entwicklung und geschichtlichem Wandel. Seine Fortbildung und Entfaltung ist nicht ein Werk der Willkür Einzelner oder des Zufalls, sondern das Ergebnis organisch-geschichtlichen Werdens und Wachsens.

Diese Grundgedanken kehren in den verschiedenen Äußerungen Savignys zum Thema stets wieder: sowohl in der Programmschrift vom Jahre 1814[9], in dem Einleitungsaufsatz zur »Zeit-

9 *Vom Beruf unsrer Zeit für Gesetzgebung und Rechtswissenschaft,* Heidelberg 1814. Es handelt sich bei dieser Programmschrift nicht um eine Gelegenheitsschrift, die ihrerseits durch Thibauts Schrift »Über die Notwendigkeit eines allgemeinen bürgerlichen Rechts für Deutschland«, 1814 veranlaßt wurde, wie u. a. Erik Wolf, *Große Rechtsdenker in der deutschen Geistesgeschichte,* ³1951, S. 499 und auch Kunkel (Anm. 5), S. 447 meinen, sondern um eine länger ausgereifte Programmschrift, die zunächst als Einleitung und Grundlegung zu der 1812 begonnenen *Geschichte des römischen Rechts im Mittelalter* gedacht war, dann aber davon abgetrennt und selbständig veröffentlicht wurde. Der diesbezügliche Nachweis aus Briefen Savignys bei Joh. Henning, *Vom Beruf unsrer Zeit* und *Geschichte des römischen Rechts im Mittelalter,* ihre Entstehung und ihr Verhältnis zueinander ... in: *Z. Savigny-Stift. Rechtsgesch., german. Abt.* 56 (1936) S. 394-398.

schrift für geschichtliche Rechtswissenschaft« von 1815[10] wie auch in dem reifen Spätwerk »System des heutigen römischen Rechts« aus dem Jahre 1840.[11]

Was besagen diese Grundgedanken?

Sie enthalten eine Aussage über zwei Dinge: über den Seinsgrund und über den Entstehungsgrund des Rechts.

Der *Seinsgrund* des Rechts ist in ihnen nicht in eine allgemeine, übergeschichtliche Menschennatur verlegt, auch nicht in apriorische und darum ebenfalls übergeschichtliche Vernunftgrundsätze, sondern in das Volk und den in ihm waltenden Volksgeist, also in eine *geschichtliche* Größe. Der geschichtlich gebundene Volksgeist ist aber zugleich auch der *Entstehungsgrund* des Rechts. Das Recht hat in ihm nicht nur seinen es legitimierenden Grund, es wird auch durch ihn erzeugt: es bildet sich und lebt im »gemeinsamen Bewußtsein« des Volkes, »in der lebendigen Anschauung der Rechtsinstitute in ihrem organischen Zusammenhang«.[12] Dieses gemeinsame Rechtsbewußtsein findet, wie Savigny weiter ausführt, in den höheren und differenzierteren Stufen der Kulturentwicklung zwei Organe und Repräsentanten: den Juristenstand und den (staatlichen) Gesetzgeber. Der Juristenstand, in den Rechtsgelehrten sowohl wie in den Praktikern, wird zum hauptsächlichen Träger der Rechtsbildung; der Gesetzgeber hat demgegenüber nicht eigentlich Recht zu schaffen, als vielmehr das gewußte Recht bestimmt zu formulieren und zu ergänzen.[13]

Auf diese Weise ist das Recht nach *zwei Seiten* hin in die Geschichte hineingeholt und hineingebunden: einmal gegenüber

10 »Über den Zweck dieser Zeitschrift«, in: *Z. geschichtl. Rechtswiss.* 1 (1815), wieder abgedruckt in: Savigny, (Anm. 6), Bd. 1, S. 105 ff., dort mit einer wichtigen Vorbemerkung.

11 *System des heutigen römischen Rechts,* Bd. 1/2. Kap., bes. §§ 6-8. 12. 14-15.

12 Ebd., Bd. 1, S. 14-16; Savigny distanziert sich dementsprechend von der Theorie, daß Brauch und Gewohnheit selbst die *Quellen* des Rechts seien und aus ihnen das Recht entstehe. Gewohnheit kann nicht der Entstehungsgrund, sondern nur ein *Kennzeichen* des positiven Rechts sein, vgl. ebd., Bd. 1, S. 35.

13 Vgl. *Vom Beruf unsrer Zeit* (Ausg. 1814) S. 8-15, bes. S. 12; *System,* (Anm. 11), Bd. 1, S. 17 ff.; ferner Ernst Forsthoff, *Recht und Sprache* 1940; Neudruck Darmstadt 1964, S. 18 ff.

dem Rechtsetzungsanspruch der abstrakten, individualistischen Vernunft, die die konkreten Lebensordnungen des Volkes negiert; zum andern gegenüber dem Macht- und Ordnungswillen eines revolutionären Gesetzgebers oder überhaupt der politischen Autorität.[14] Zeitgeschichtlich und ideologiekritisch kann man darin unschwer die Gegenbewegung gegen den Individualismus der Aufklärung und den revolutionären Neugestaltungswillen der Französischen Revolution entdecken. Doch besagt das für unsere Frage wenig: Auch eine Gegenbewegung und selbst ein ideologisches Interesse können zur Erkenntnis von Wahrheiten führen und den Einblick in bisher unbekannte Zusammenhänge eröffnen.[15]

Ist aber nun in diesem Hineinholen und Hineinbeziehen des Rechts in die Geschichte das Problem der Geschichtlichkeit des Rechts wirklich erkannt und zum Ausdruck gebracht? Oder liegt

14 Die mangelnde Staatsbezogenheit und der darin intendierte unpolitische (= geschichtlich-kulturelle) Charakter von Savignys Rechtsbegriff hat bereits 1841 in dem jungen Lorenz v. Stein einen scharfen Analytiker und Kritiker gefunden. Seine großangelegte Kritik von Savignys System in den *Deutschen Jahrbüchern* dürfte, wiewohl sie bis heute wenig bekannt ist, zu den klassischen Dokumenten der Geschichte der deutschen Rechtswissenschaft im 19. Jahrhundert gehören. Savignys Theorie, daß der Staat selbst ein organisches Gebilde des Rechts sei, das Recht also den Staat trage und ihn erzeuge (*System* (Anm. 11), Bd. 1, S. 22), stellt L. v. Stein hier mit dem Selbstbewußtsein einer jungen, hegelianisch gebildeten Generation die Gegenthese von der *Staatlichkeit* des Rechts gegenüber: »Denn das Recht ist seinem Wesen nach ein Teil in dem Organismus des Staatslebens; es bildet sich daher nach ihm, und sein Wert ist eben davon abhängig, ob es mit demselben in seiner Grundidee und seinen Besonderungen übereinstimmt« (Lorenz von Stein, »Zur Charakteristik der heutigen Rechswissenschaft.«, in: *Dtsch. Jb. Wiss. und Kunst* [Fortsetzung der Halleschen Jb.], 1841, S. 365 ff. [377]). Vgl. dazu auch die Ausblicke bei Carl Schmitt. »Die Lage der europäischen Rechtswissenschaft«, in: *Verfassungsrechtliche Aufsätze,* 1958, S. 416-419.

15 Das ist offenbar in der sonst sehr wertvollen und gedankenreichen Untersuchung von Wilhelm, (Anm. 6), nicht recht bewußt; sie setzt daher ideologiekritische Fragestellung und Sacherklärung in eins und verstellt sich damit den Weg zur Erkenntnis der tragenden Grundlage der Rechtsauffassung Savignys und der Historischen Schule; vgl. dazu meine Besprechung in: *Arch. Rechts- u. Sozialphilos.* 48 (1962), S. 249-254.

vielleicht der Historischen Rechtsschule selbst eine ungeschichtliche Auffassung des Rechts zugrunde?

(3) Um hier Klarheit zu gewinnen, muß man den Vorstellungen von *Recht, Geschichte* und *Volksgeist,* die in dieser Theorie wirksam sind, noch näher nachgehen. Im Einleitungsaufsatz zur »Zeitschrift für geschichtliche Rechtswissenschaft« legt Savigny die Grundauffassung der geschichtlichen Schule, die er der ›ungeschichtlichen Schule‹ gegenüberstellt, folgendermaßen dar: Jeder einzelne Mensch, heißt es, sei notwendig zugleich zu denken als Glied einer Familie, eines Volkes, eines Staates, »jedes Zeitalter eines Volkes als die Fortsetzung und Entwicklung aller (!) vergangenen Zeiten«. Freiheit und Notwendigkeit werden in einem überpersönlichen, bestimmenden und zugleich bestimmten Zusammenhang versöhnt. Der Träger dieses Zusammenhangs ist die »höhere Natur des Volkes« als ein »stets werdendes und sich entwickelndes Ganzes«. Von diesem »höheren Volke« ist auch das gegenwärtige Zeitalter »nur ein Glied, welches in jenem und mit jenem Ganzen will und handelt«. Entsprechend ist der »Stoff des Rechts« durch die »gesamte Vergangenheit der Nation« gegeben, und zwar nicht durch Willkür, so daß er »dieser oder ein anderer« sein könnte, sondern »aus dem innersten Wesen der Nation selbst und ihrer Geschichte hervorgegangen«. Die besonnene Tätigkeit jedes Zeitalters soll nur darauf gerichtet sein, »diesen mit innerer Notwendigkeit gegebenen Stoff zu durchschauen, zu ergänzen und frisch zu erhalten«.[16]

Führen wir uns diese Vorstellungen von Volk und Geschichte und ihre Auswirkungen auf den Rechtsbegriff näher vor Augen.

a) Der Volksbegriff, den Savigny hier gebraucht, ist nicht empirisch-soziologisch, sondern metaphysisch und kulturphilosophisch orientiert.[17] Darauf hat schon Franz Wieacker kurz hingewiesen.[18] Volk in diesem für die Volksgeistlehre bestimmenden

16 Savigny, »Über den Zweck dieser Zeitschrift«, (Anm. 10), Bd. 1, S. 110-113; in der Sache ähnlich in: *Vom Beruf unsrer Zeit,* (Anm. 13), S. 8-12.

17 Savigny spricht in bezug auf diesen Volksbegriff vom »idealen Volk«, das auch die ganze Zukunft in sich schließt und also ein »unvergängliches Dasein« hat (*System,* (Anm. 11), Bd. 1, S. 31).

18 *Privatrechtsgeschichte,* (Anm. 5), S. 235; für den geistesgeschichtlichen Zusammenhang aus der Entstehungssituation der Historischen Schule

Sinn ist, wie Savigny an anderer Stelle sagt, »das *Naturganze,* in welchem wirklich der Staat entsteht und fortwährend sein Dasein führt und bei welchem von Wahl und Willkür nicht die Rede sein kann«.[19] Das Recht als Ausfluß dieses Volksgeistes ist eine aus sich legitimierte Wirklichkeit, es hat gleich dem Volksgebriff einen metaphysischen Bezug. Der Einzelne und das Volk leben *in* und *mit* ihrem Recht, sie schaffen bzw. setzen nicht Recht zur Verfolgung bestimmter gesellschaftlicher Zwecke.[20] Nicht die Bewegung der Gesellschaft ist hier geschichtsbestimmendes Subjekt und das Recht ihr Mittel, sondern das Recht als überindividuelle geistige Lebensmacht bestimmt seinerseits den Gang der Gesellschaft mit. Die Rückführung des so verstandenen Rechts auf eine geschichtliche Größe, den Volksbegriff, öffnet dabei das Feld für den geschichtlichen Wandel. Dieser wird als ein dem natürlichen Lebensprozeß analoger organischer Entwicklungsgang begriffen.[21]

Von dieser Grundlage aus wird es möglich und sinnvoll, eine innere, ›organische‹ Entsprechung von Rechtsinstitutionen bzw. Rechtsformen und wirklichen Lebensverhältnissen vorauszusetzen, wie das für das Rechtsdenken Savignys und der Schule charakteristisch ist. Die Frage nach dem Verhältnis von Recht und gesellschaftlicher Wirklichkeit braucht als solche gar nicht gestellt zu werden, ja sie kann es eigentlich nicht einmal. Die ›organische‹

(zweiter Humanismus) ebd. S. 221 ff.; ders.: F. C. v. Savigny. *Z. Savigny-Stift. Rechtsgesch., roman. Abt.* 72 (1955) 6 (= ders.: *Gründer und Bewahrer,* 1959, S. 112) und: »Der gegenwärtige Stand der Disziplin der neueren Privatrechtsgeschichte«, in: *Eranion in Honorem Georgii S. Maridakis,* Vol. 1, Athen 1963, S. 343.

19 *System,* (Anm. 11), Bd. 1, S. 30.

20 Vgl. etwa ebd., Bd. 1, S. 14: Das Recht wird nicht von einzelnen Gliedern in ihrer Willkür geschaffen, sondern »der in allen einzelnen gemeinschaftlich lebende und wirkende Volksgeist« ist es, der das positive Recht erzeugt. Für das Bewußtsein jedes Einzelnen ist dies »nicht zufällig, sondern notwendig«. Mit Anklängen an Rousseaus metaphysisch-normativ orientierten Begriff der Volonté générale, ebd., S. 24: Das Recht hat sein Dasein in dem gemeinsamen Volksgeist, also in dem Gesamtwillen, der insofern auch Wille jedes Einzelnen ist. Das Unrecht besteht darin, daß der Einzelne sich vermöge seiner Freiheit »durch Das, was er für sich will«, gegen das auflehnt, was er »als Glied des Ganzen denkt und will«.

21 Dazu unten S. 20 u. 23 f.

Entsprechung von beiden versteht sich von selbst: Sie wird vermittelt durch die in beiden wirksame höhere Einheit des Volksgeistes.[22]

b) Neben diese Volksgeistlehre tritt die besondere *Geschichtsauffassung* Savignys und der Schule. Das vielberufene geschichtliche Denken Savignys und der Historischen Schule ist in seinem Kern ein *ungeschichtliches* Denken. Es erwächst nicht aus einem unbefangenen Stehen *in* der Geschichte, sondern aus einem bewußten Anknüpfen *an* die Geschichte in der Form einer Geschichtstheorie. Es ist für Savigny das Wesen des geschichtlichen Denkens – wie wir sahen –, das menschliche Dasein und seine Äußerungen nicht isoliert und für sich zu begreifen, sondern aus einem überpersönlichen, Freiheit und Notwendigkeit in sich versöhnenden Zusammenhang. Als solcher stellt sich die »höhere Natur des Volkes« als ein »stets werdendes und sich entwickelndes Ganzes« dar, von dem auch das gegenwärtige Zeitalter »nur ein Glied« bildet. In dieser Auffassung von Geschichtlichkeit offenbart sich ein *organisches Entwicklungsdenken.* Die Geschichte wird nicht als der eigentliche *Modus des Geschehens* begriffen, sondern zum *Entfaltungsraum* einer Natur-Entwicklung reduziert, die sich aus einem immanenten Prinzip organisch vollzieht. Geschichtlichkeit meint nicht die Gestaltung und den Fortgang der Dinge in das Zukünftige nach den Notwendigkeiten und Bedürfnissen der Gegenwart, sondern die Anknüpfung *an* die Geschichte aus einer bestimmten Vorstellung *von* Geschichte.[23] Dem liegt der Bruch zur Geschichte voraus. Man stellt sich außerhalb der Geschichte, reflektiert über sie und entnimmt von daher den Maßstab zur

22 Als die diese Vorstellung tragende philosophische Grundauffassung wird man Schellings organisches Identitätsdenken anzusehen haben, vgl. vor allem dessen *Methode und Ziel des akademischen Studiums,* 1802. Dazu noch näher unten S. 23, Anm. 39.

23 Darin unterscheidet sich Savignys geschichtliches Denken deutlich von demjenigen Hugos und K. F. Eichhorns, die Geschichte noch aus einer ungebrochenen, historischen Kontinuität heraus betrachten, ohne das romantische Reflexionsverhältnis zur Geschichte; sehr deutlich z. B. bei Karl Friedrich Eichhorn, *Deutsche Staats- und Rechtsgeschichte,* Bd. 4, [3]1836, S. 707 und 717; für Hugo vgl. F. v. Hippel, *Gustav Hugos juristischer Arbeitsplan,* (Anm. 3), S. 72 f.; ferner Wieacker, *Privatrechtsgeschichte,* (Anm. 5), S. 231 f.

Erklärung und Gestaltung der Gegenwart. Das aber ist ein ungeschichtlicher Historismus.[24]

Dieses Verhältnis zur Geschichte ist für das Geschichtsbild des 19. Jahrhunderts überhaupt bestimmend. Bei allen Gegensätzen, die diese Geschichtsauffassung kennzeichnen, wird, wie Hans Freyer aufgezeigt hat[25], Geschichte immer als ein mit innerer Notwendigkeit voranschreitender *Sachzusammenhang*, als ›Fortschritt‹ und ›Entwicklung‹ verstanden, mag der Inhalt dieser Bewegung ein determinierendes Naturgeschehen, eine Abfolge von Klassenkämpfen, ein geistiger Prozeß oder, wie bei der Historischen Schule, ein organisches Wachstum sein. Wenn, wie Savigny sagt, der Stoff des Rechts aus dem »innersten Wesen der Nation und ihrer Geschichte« hervorgeht und die besonnene Tätigkeit jedes Zeitalters darauf gerichtet sein soll, diesen »mit innerer Notwendigkeit« gegebenen Stoff »zu durchschauen, zu ergänzen und frisch zu erhalten«, so ist die Parallele zur Entwicklung in der organischen Natur offenkundig.[26]

Um diese Art geschichtlichen Denkens und seine Wirkung auf die Rechtsauffassung richtig zu verstehen, muß bis an seinen Ursprung zurückgegangen werden. Es ist an diesem Ursprung, etwa bei J. G. Herder und Justus Möser, entstanden als ein Denken von der *Natur* her, nicht von der Geschichte her. Bei Herder ist die Fragestellung, die ihn zur Reflexion über die Geschichte der Völker führt, ganz explizit eine *naturtheoretische*. Sollte Gott, der in der Natur alles nach Maß, Zahl und Gewicht geordnet, der auch im menschlichen Körper und den Kräften seiner Seele alles überdacht hat, in der Bestimmung und Einrichtung unseres Geschlechts von seiner Güte und Weisheit ablassen und keinen Plan

24 Vgl. des näheren E.-W. Böckenförde, *Die deutsche verfassungsgeschichtliche Forschung im 19. Jahrhundert*, 1961, S. 79-84.

25 H. Freyer, *Das geschichtliche Selbstbewußtsein des 20. Jahrhunderts*, Leipzig ²1938, S. 15-17.

26 Savigny zieht auch die Parallele zu den natürlichen Lebensaltern, wie Jugendzeit und Vollalter; die Entfaltung und Veränderung des Rechts ist nicht nur ein Entwicklungsprozeß überhaupt, sondern verläuft »in einer bestimmten, regelmäßigen Folge der Zustände« (*System*, (Anm. 11), Bd. 1, S. 18): es »wächst also mit dem Volke fort, bildet sich aus mit diesem, und stirbt endlich ab, so wie das Volk seine Eigentümlichkeit verliert« (*Vom Beruf unsrer Zeit*, (Anm. 13), S. 14).

haben?[27] Diesen Plan, die ›Naturgesetze‹ der Geschichte und Entwicklung der Menschheit, von deren Existenz er überzeugt ist, sucht Herder in seinen Betrachtungen zu ergründen. Die geschichtliche Entwicklung ist für ihn die determinierte Entfaltung der ›Natur‹ des Menschen und der Menschheit zu den in ihr grundgelegten und von vornherein bestimmten Möglichkeiten, zu dem »Beharrungszustand« der ausgewogenen Schönheit und Vollkommenheit der Humanität.[28]

Nicht in dieser Weise determiniert, aber ebenfalls naturtheoretisch orientiert ist Mösers Vorstellung von geschichtlicher Entwicklung. Für ihn geht es um die Begründung und Entstehung der menschlichen Sozialgebilde in der Geschichte.[29] Auch er geht dabei von der ›Natur‹ aus. »Was ich bis dahin angeführt habe«, heißt es am Ende der Schilderung der altsächsischen Verfassung in der Osnabrücker Geschichte, »gehört zwar nicht alles in die älteste Verfassung, aber es ist doch immer der Gang der Natur.«[30] Der abstrakt-rationalistischen und isolierten ›Natur‹ der vernunftrechtlichen Theorie stellt er die in der Geschichte sich real vorfindende *konkret-organische* menschliche Natur gegenüber, die im Sinne eines einheitlichen Lebenszusammenhanges erfaßt wird. Für diesen konkret-organischen Naturbegriff ist das Werden und Wachsen bestimmend, Entwicklung und stufenweise Selbstentfaltung sind in ihn hineingekommen. Dadurch erlangt die Geschichte entscheidende Bedeutung. Aber sie ist *nicht bestimmende und formende Kraft,* sondern (nur) der Entfaltungs-

27 Johann Gottfried Herder, *Ideen zur Philosophie der Geschichte der Menschheit,* Vorrede, (Ausg. Suphan), Bd. 13, S. 7f.

28 Sehr deutlich etwa in: *Ideen zur Philosophie der Geschichte der Menschheit,* 3. Teil, Buch 15, ebd., Bd. 13, S. 47/48; Bd. 14, S. 225ff.; 235ff. Typisch dort die folgende These: »Nach den Gesetzen ihrer inneren Natur muß mit der Zeitenfolge auch die Vernunft und Billigkeit unter den Menschen mehr Platz gewinnen und eine dauernde Humanität befördern« (S. 235). Eine nähere Analyse von Herders Geschichtsvorstellung, der Auffassung der geschichtlichen Bewegung als einer »Kette der Kultur« und ihrer Orientierung an den Formen biologischen Lebensablaufs findet sich bei Rudolf Stadelmann, *Der historische Sinn bei Herder,* Halle 1928, S. 46f., 63. 80f.

29 Vgl. das Kapitel über Möser bei Antoni, (Anm. 3), bes. S. 147ff.; ferner E.-W. Böckenförde, (Anm. 24), S. 30-32.

30 Justus Möser, *Osnabrückische Geschichte,* 1768, Einleitung § 44, (Ausgabe Abeken), S. 69/70.

raum eines organischen Entwicklungsgangs. Ursprung und Ziel und die daraus hervorgehende innere Entelechie sind aus der ›Natur‹ bestimmt.

Gerade dieses naturtheoretische Element ist in der geschichtlichen Rechtsauffassung Savignys und der Schule sehr nachdrücklich wirksam. Die Geschichte wird nicht nur formalstrukturell als organischer Entwicklungsgang vorgestellt, wie wir schon sahen, dieser Entwicklungsgang wird auch *inhaltlich* im Hinblick auf das Recht naturtheoretisch bestimmt. Der Inhalt des sich geschichtlich entwickelnden Volksrechts ist für Savigny entelechial vorbestimmt durch eine dem Recht zuerkannte allgemeine, auf »das Gemeinsame der menschlichen Natur« (!) sich gründende Aufgabe (das »allgemeine Element«), die jedes Volk auf »seine besondere Weise« zu verwirklichen hat.[31] Diese allgemeine Aufgabe hat zum Inhalt »die Anerkennung der überall gleichen sittlichen Würde und Freiheit des Menschen« und »die Umgebung dieser Freiheit durch Rechtsinstitute.[32] Damit sind, bei aller äußeren Ablehnung des Vernunftrechts, dessen materiale Grundgehalte: die rechtliche Gleichheit und Freiheit der Individuen, in die geschichtliche Rechtsentwicklung als deren immanentes Ziel aufgenommen; die autonome Freiheitsethik Kants, dargeboten als »die sittliche Bestimmung der menschlichen Natur« gemäß der »christlichen Lebensansicht«, gewinnt hier konkrete Gestalt und begründet die innere Übereinstimmung des sich so zu sich selbst entwickelnden Rechts mit den Tendenzen und Bedürfnissen des liberalen Zeitalters.[33]

31 *System,* (Anm. 11), Bd. 1, S. 53.

32 Ebd. S. 54. Dazu auch Wieacker, *Gründer und Bewahrer,* (Anm. 8), S. 135 f.

33 Die im neueren Schrifttum öfters betonte Verbindung zwischen dem Vernunftrecht und der Historischen Rechtsschule besteht also, wie auch Wieacker, *Privatrechtsgeschichte,* (Anm. 5), S. 228 ff., darlegt, nicht nur in der Übernahme des vernunftrechtlichen Systemdenkens und seiner Begriffsbildung, also auf formaler Ebene, sondern auch inhaltlich-materiell, indem die rechtsethischen Grundpostulate des späten Vernunftrechts in die geschichtliche Entwicklungstheorie des Rechts als deren Zielpunkt eingehen. Damit richten sich auch aus der Sache heraus die vorschnellen ideologiekritischen Vorwürfe, die Wilhelm, (Anm. 6), S. 36 ff., gegen Savignys geschichtliche Rechtsauffassung erhebt.

(4) Als Ergebnis läßt sich nunmehr folgendes festhalten: Das Recht ist für die geschichtliche Rechtsauffassung eine im Naturganzen des metaphysisch aufgefaßten Volkes verwurzelte, sich selbst geschichtlich entfaltende Größe, ein selbständiges Gebilde der geistig-kulturellen Welt. Es legitimiert sich nicht aus Zwekken oder einer sozialen Funktion, sondern steht in sich selbst als eine aus der »höheren Natur« des Volkes hervorgehende und sich mit ihr gleichlaufend organisch entwickelnde, auf die Anerkennung der rechtlichen Gleichheit und Freiheit hin determinierte geistig-kulturelle Lebensmacht. So wird es, prinzipiell gesehen, möglich, das Recht *aus sich selbst* zu erklären und zu begreifen und die Rechtsbegriffe und Rechtsinstitute aus dem überkommenen Rechtsmaterial zu übernehmen bzw. konstruktiv zu bilden und weiterzutragen.[34] Eines bewußten Erfassens der sozialen Wirklichkeit, für die und auf die hin das Recht gilt, bedarf es dabei nicht. Ein rechtspolitisches Problem entsteht daraus nicht, oder besser: es löst sich durch die vom Volk, später hauptsächlich vom Juristenstand getragene organisch-natürliche Fortbildung des Rechts von selbst.

Damit ist auch der *Zug zur Systematik,* der sich in der Historischen Rechtsschule und bei Savigny bemerkbar macht, in der Rechtsauffassung selbst vorgezeichnet.[35] Savignys ›Rechtsinsti-

34 Wieacker, *Gründer und Bewahrer,* (Anm. 5), S. 136/137, spricht davon, daß Savigny eine autonome Rechtswissenschaft, für die Geschichte und Philosophie zu bloßen Organen rechtsdogmatischer Erfahrung und Erkenntnis werden, konstituiert habe.

35 Nach der gegebenen Interpretation von Savignys Geschichtsauffassung, die auch schon seine Programmschrift, nicht erst das *System* trägt, muß der vielfach behauptete »Bruch« zwischen Savignys und der Schule historischer Rechtsauffassung und ihrer systematischen Arbeit bestritten werden. Offenbar ist dabei die Vorstellung wirksam, daß die geschichtliche Rechtsauffassung in ihrem Kern eine Theorie der Rechtsgeschichte als der eigentlichen Rechtswissenschaft sei und sich daher eine systematische Bearbeitung des Rechts mit ihr nicht vertrage. Sieht man jedoch richtigerweise in der geschichtlichen Rechtsauffassung eine rechts*philosophische* Begründungs- und Entstehungstheorie des Rechts, so ist es nur folgerichtig, das aus Volksgeist und geschichtlicher Entwicklung sich bildende Recht einmal in dieser geschichtlichen Entstehung und Fortbildung zu verfolgen (Rechtsgeschichte), zum andern in seinem gegenwärtigen Stand einheitlich aufzufassen und darzustellen (Systematik). Savignys Vorwort zum ›Sy-

tute‹, die Grundeinheit seines Systems, sind für ihn Rechtsfiguren, ›Typen‹, die die rechtlichen Lebensverhältnisse beherrschen bzw. ordnen. Sie sind nicht aus bewußter begrifflicher Erfassung und rechtlicher Durchformung der wirklichen sozialen Lebensverhältnisse gewonnen, sondern aus dem Rechtsbewußtsein der Juristen, d. h. aber vorwiegend aus dem überkommenen Rechtsmaterial und seinen Figuren.[36] Für Savigny wurde dies legitimiert durch die vorausgesetzte *organische Entsprechung* des natürlichen Systems der rechtlich relevanten Lebensverhältnisse und des rechtlichen Systems der Rechtsverhältnisse und Rechtsinstitute. Sie war in Volksgeistlehre und Entwicklungsgedanken grundgelegt. Aber diese Einheit wurde eben nicht aus der stets wiederholten Anstrengung des Begriffs, wie sie Hegel gefordert hatte, konkret *her*gestellt, sondern auf Grund der angenommenen Theorie der organisch-geschichtlichen Selbstentfaltung des Rechts *vorausgesetzt*. Diese Voraussetzung mochte, geschichtlich gesehen, für die vorrevolutionäre Ordnung Alteuropas in einigen Bereichen zutreffen; seit der durch die Französische Revolution heraufgeführten Entzweiung von Geschichte und Gesellschaft[37] wurde sie zu einer Fiktion. Die als gegeben angenommene innere Entsprechung von Rechtsinstituten und sozialen Lebensverhältnissen bestand als eine allgemeine *nur mehr in der Theorie*. Sie war zwar praktisch vielfach noch vorhanden, aber nicht mehr

stem des heutigen römischen Rechts‹ fügt sich so den Grundgedanken der geschichtlichen Rechtsauffassung durchaus ein, und diese brauchen auch nicht als Abkehr von den Thesen der *Juristischen Methodenlehre von 1802* verstanden zu werden. »An Selbstverrat streifende Widersprüche«, wie Wieacker, *Privatrechtsgeschichte*, (Anm. 8), S. 237 meint, sind in dem Programm der Historischen Schule meines Erachtens nicht festzustellen.

36 Vgl. *System*, (Anm. 11), Bd. 1, S. 9/10, mit einer Bezugnahme auf Friedrich Julius Stahl, *Die Philosophie des Rechts nach geschichtlicher Ansicht*, Bd. 2/1, [1]1835, S. 165 f., Karl Larenz, *Methodenlehre der Rechtswissenschaft*, S. 12/13, weist kritisch darauf hin, daß in Savignys Auffassung vom Rechtsinstitut der Übergang von der unmittelbaren Anschauung zum Begriff nicht geleistet sei und daher die notwendige Vermittlung fehle. Methodisch betrachtet dürfte eben hierin der Grund für das spätere Auseinanderfallen von Rechtsinstituten bzw. Rechtsbegriffen und der sozialen Lebenswirklichkeit liegen.

37 Dazu grundlegend Joachim Ritter, *Hegel und die französische Revolution*, Köln/Opladen 1957, bes. S. 28 ff.

kraft einer in der Methode begründeten sachlichen Notwendigkeit, sondern nur mehr zufällig, wie etwa bei Savigny durch dessen Rechtsklugheit und juristische Intuition.[38] Die Antinomie, die darin beschlossen lag, wurde freilich für Savigny und die Schule durch die Wirksamkeit von Schellings organischer Identitätsphilosophie verdeckt.[39] Indem hier Natur und Geist, Realität und Idealität einerseits voneinander getrennt und je für sich verselbständigt, andererseits aber, weil sie aus dem gleichen Grund einer absoluten Identität hervorgehen, als sich in Parallelität zueinander entwickelnde Erscheinungen einer identischen Grundsubstanz begriffen werden[40], erscheint theoretisch eine innere Entsprechung als bereits gegeben, die, real gesehen, in der Gestaltung und rechtlichen Ordnung der menschlichen Lebensverhältnisse allererst bewirkt werden muß.

(5) Die »geschichtliche Rechtsauffassung« der Historischen Schule führte so im Ergebnis zu einem *ungeschichtlichen* Ver-

38 Vgl. etwa die Hinweise bei Rudolf Gmür, *Savigny und die Entwicklung der deutschen Rechtswissenschaft*, 1962, S. 28-31 und Stintzing/Landsberg, (Anm. 4), Bd. III/2, S. 228 f. Über die Prämissen von Savignys ›hermeneutischem System‹ vgl. Forsthoff, (Anm. 13), S. 24.

39 Die Frage der Einwirkung von Schellings philosophischen Lehren auf Savigny ist zuletzt von Alexander Hollerbach, *Der Rechtsgedanke bei Schelling*, 1956, S. 275-321 eingehend untersucht worden. Hollerbach verneint eine unmittelbare Beeinflussung Savignys durch Schelling, räumt auch die Möglichkeit einer *indirekten* Beeinflussung nur insofern ein, als Schelling die geistesgeschichtliche Umwelt Savignys mitgeprägt habe (S. 314-317). Hollerbach legt hier einen wohl zu engen historischen Kausalitätsbegriff zugrunde und berücksichtigt die Wirkung, die Schelling über F. J. Stahl recht unmittelbar auf Savigny hatte, zu wenig. Stahls Philosophie des Rechts, die ihrerseits von Schelling, der Stahls Lehrer war, beeinflußt ist, hat für Savignys *System des heutigen römischen Rechts*, wie mehrfache Bezugnahmen erweisen, nachhaltige Bedeutung. Über die Bedeutung Schellings für die Rechts- und Staatslehre Stahls vgl. jetzt Dieter Grosser, *Grundlagen und Struktur der Staatslehre F. J. Stahls*, Köln/Opladen 1963. Für die Wirksamkeit Schellings auf Savigny vgl. Wieacker, (Anm. 5), S. 233, 235; Gerhard Wesenberg in der Einleitung zu Savignys *Juristischer Methodenlehre*, hg. von G. Wesenberg, 1951, S. 6; eher ablehnend E. Wolf, (Anm. 9), S. 488.

40 Vgl. hierzu bes. Hollerbach, (Anm. 39), S. 146 f., 151 ff.

ständnis des Rechts. Sie konnte gegen die abstrakt-formale Begriffsjurisprudenz Gerbers, Iherings und Labands nicht nur keinen Damm aufrichten, vielmehr wurde sie selbst zu deren Wegbereiter. Puchta, Gerber und Ihering zogen nur Konsequenzen aus dem, was in der geschichtlichen Rechtsauffassung selbst angelegt war. Puchtas Beschränkung der juristischen Arbeit auf Begriffsentfaltung und Methodenrichtigkeit, seine Verlagerung der Rechtserkenntnis auf die logische Entwicklung und Ausfaltung gegebener oder konstruierter Begriffe und Figuren (»Genealogie der Begriffe«)[41], war eine naheliegende Konsequenz, nachdem einmal die *konkrete* Verbindung des Rechts mit seiner geschichtlichen Umwelt als sich von selbst herstellend in der Theorie beiseite gelassen und damit das Recht auf sich selbst gestellt war. Noch mehr war Gerbers Theorie, daß das Recht sich in seiner geschichtlichen Entwicklung ganz zu seinen reinen, d.h. eigentlich juristischen Begriffen und Formen entfalte und damit in der Lösung von aller sozialen Eingebundenheit ganz zu sich selbst komme[42], nur ein weiterer Schritt auf demselben Weg, nachdem das Recht als Emanation des Volksgeistes seinen Sinn in sich selbst bekommen hatte und die Geschichte auf den Entfaltungsraum einer vorherbestimmten organischen Entwicklung reduziert war. Gerber sah diese geschichtliche Selbstentfaltung des Rechts zu seiner Zeit so weit vorangeschritten, daß der Zeitpunkt gekommen war, alle »Stoffe des Rechts« in die Bahnen der rein begrifflichen und systematischen Bearbeitung hineinzuführen.[43]

41 Darüber eingehend Wilhelm, (Anm. 6), S. 70-87, bes. S. 80ff., wo auch der Zusammenhang mit Savignys Lehren von Rechtsbildung und Rechtsinstitut zutreffend herausgearbeitet wird; ferner Wieacker, (Anm. 5), S. 239.

42 Grundlegend für diese Theorie sind die Vorworte zu den verschiedenen Auflagen von Karl Friedrich Wilhelm von Gerbers *System des deutschen Privatrechts.* Auch der Zusammenhang mit dem Entwicklungsdenken der Historischen Schule geht daraus unzweideutig hervor, vgl. bes. das Vorwort zur 1. Aufl., S. XIII-XV, (zit. nach der 6. Aufl.).

43 Die Begründung, die Gerber dafür gibt, ist im Hinblick auf die geistigen Grundlagen der Begriffsjurisprudenz und ihren Zusammenhang mit der Historischen Schule von besonderem Interesse, vgl. ebd. S. XIV/XV. Dort heißt es, daß die »Völkerindividuen« zwar immer »wie die einzelnen Menschen die Stufen ihrer Entwicklung mit origineller

Sachlich handelte es sich dabei um die Bearbeitung und Konstruktion des Rechts mit den vom späten Vernunftrecht ausgebildeten Begriffen, Formen und Figuren, denen nun der Charakter des Rein-Juristischen, in sich Gültigen verliehen wurde.[44] Gerber hat diese Bearbeitung selbst für das gemeine deutsche Privatrecht durchgeführt und für das öffentliche Recht[45] in Angriff ge-

Triebkraft emporschreiten« werden; doch gibt es einen Punkt, »wo die Gemeinsamkeit der schon vorhandenen geistigen Errungenschaften eine unabweisliche Forderung des Gesetzes menschlicher Entwicklung wird«. Die den germanischen Rechten des Mittelalters zugrundeliegende Rechtsanschauung war für Gerber noch jene »ursprüngliche und unvollkommene«, nach der dem Rechte »nur eine formelle Bedeutung«, nicht aber »die Natur eines selbständigen Wesens (!) mit eigenem Organismus und unabhängigem Leben« beigelegt wurde (ebd. S. XXI). In diese Bahnen der am römischen Recht zuerst ausgebildeten, rein juristisch-begrifflichen Betrachtung gilt es nun, »nach wiederholter Prüfung«, auch das deutsche Recht hineinzuführen. Denn diese Bahnen »sind nicht das Ergebnis einer nur dem römischen Nationalrecht zugewandten Betrachtung, sondern ruhen auf der richtig erkannten und unveränderlichen Bedeutung des menschlichen Willens im Privatrechte.«

44 Das zeigt sich besonders daran, daß der zentrale, das System und die Einzelbegriffe tragende Grundbegriff der ›juristischen‹ Bearbeitung der Personwille, die ›rechtliche Willensmacht‹ des Individuums wird. Das war schon bei Savigny angelegt (s. oben S. 16 f.). Sachlich handelte es sich dabei um die Übernahme und Verabsolutierung des dem Vernunftrecht zugrunde liegenden Prinzips der allgemein rechtlichen Freiheit und Gleichheit des Individuums, das durch die Französische Revolution dem Grunde nach in die Wirklichkeit übergeführt wurde. Dadurch wurde die Begriffsjurisprudenz der Sache nach zum Schrittmacher der Emanzipation und stand in innerer Übereinstimmung mit den Tendenzen des liberalen Zeitalters. Vgl. im einzelnen Helmut Coing, *Geschichte und Bedeutung des Systemgedankens in der Rechtswissenschaft. Frankfurter Universitätsreden* H. 17 (1956), S. 27/28; ferner Wieacker, *Privatrechtsgeschichte,* (Anm. 8), S. 228 ff., 244 ff.

45 Karl Friedrich Wilhelm von Gerber, *Über öffentliche Rechte,* 1852; *Grundzüge des deutschen Staatsrechts,* 1865; ³1880. Über Gerbers Bedeutung für das öffentliche Recht vgl. die grundlegende, neue Perspektiven aufschließende Untersuchung von Peter v. Oertzen, »Die Bedeutung C. F. Gerbers für die deutsche Staatsrechtslehre«, in: *Staatsverfassung und Kirchenordnung. Festgabe für Rudolf Smend,* 1962, S. 183-208.

nommen, wo sie dann von Laband weiter ausgebaut und vollends zur Herrschaft gebracht wurde.[46]

Ganz in gleichem Sinne rief R. v. Ihering nach einer ›produktiven‹ Jurisprudenz, die den Stoff der Rechtsregeln in den »höheren Aggregatzustand« der juristischen Konstruktion, in ein System selbständiger juristischer Wesenheiten quasi-kategorischer Existenz überführte.[47] Er zog ausdrücklich, wie auch schon Gerber, die Parallele zur Naturwissenschaft und führte die juristische Arbeit in die Nähe der analytisch-konstruktiven Methode der Naturwissenschaft: die Auflösung der vielfältigen rechtlichen Erscheinungen und Gebilde in ihre letzten, nicht weiter zerlegbaren überzeitlichen Elemente und die Konstruktion der Begriffe und des Systems von diesen letzten Elementen aus.[48] »Eigentümlich ist jeder konkreten Rechtsbildung«, sagt später Laband, »nur die tatsächliche Verwendung und Verbindung der allgemeinen Rechtsbegriffe; dagegen ist die Schaffung eines neuen Rechtsinstituts, welches einem höheren und allgemeineren Rechtsbegriff überhaupt nicht untergeordnet werden kann, gerade so unmöglich wie die Erfindung einer neuen logischen Kategorie ...«.[49]

Indem die Historische Schule so einerseits einer ungeschichtlichen, das Recht aus seinen sozialen und geschichtlichen Zusammenhängen völlig isolierenden Begriffsjurisprudenz den Weg bereitete, anderseits zu einer reinen, vom Boden der Gegenwart abgelösten und auf das Vergangene als solches gerichteten Rechtsgeschichte führte[50], war sie selbst Ausdruck und Mittel des

46 Vgl. dazu Wilhelm (Anm. 6), S. 7-15; E.-W. Böckenförde, *Gesetz und gesetzgebende Gewalt,* 1958, S. 212 ff.

47 Rudolf von Ihering, *Gesammelte Abhandlungen aus den Jahrbüchern für die Dogmatik des heutigen römischen und bürgerlichen Rechts,* Bd. 1, S. 1 ff., bes. S. 3-16. Über Ihering vgl. Wieacker, *Gründer und Bewahrer,* (Anm. 39), S. 197 ff.; Wolf, *Rechtsdenker,* (Anm. 34), S. 626 ff.

48 Vgl. Ihering, (Anm. 47), S. 8/9, ferner seinen Brief an Gerber zu dessen Schrift »Über öffentliche Rechte« von 1852, in: *R. v. Ihering in Briefen an seine Freunde,* 1898, S. 14 ff.; bei Gerber findet sich die Parallele zur Naturwissenschaft im Vorwort zur 3. Aufl. des *Systems des deutschen Privatrechts,* (Anm. 42), 6. Aufl., S. xxv f.

49 Paul Laband, *Das Staatsrecht des deutschen Reiches,* Bd. 1, 1876, Vorwort, S. vi.

50 Dies zeigt sich schon am Inhalt der einzelnen Bände der *Zeitschrift für geschichtliche Rechtswissenschaft* (ganz im Unterschied etwa zu dem

Bruchs mit der Geschichte, der für das 19. Jahrhundert kennzeichnend ist. Rudolf Sohm hat das in der ihm eigenen Hellsichtigkeit bereits im Jahre 1880 erkannt. In seinem Einleitungsaufsatz zur Savigny-Zeitschrift schreibt er: »Indem die Historische Schule die volle Herrlichkeit des klassischen römischen Rechts restaurierte, war sie zugleich für unser Jahrhundert der wichtigste Faktor, um uns von der praktischen Geltung desselben zu befreien. Die geschichtliche Schule hat den Bruch mit der Geschichte fördern helfen. Vor unseren Augen fällt jetzt die Herrschaft des alten gemeinen und zugleich die formelle Geltung des römischen Rechts zusammen. Das 19. Jahrhundert zieht auch an dieser Stelle die Konsequenzen der Prinzipien, welche die Aufklärung des 18. Jahrhunderts in die Welt gesetzt hat. Die Idee des 18. Jahrhunderts ist die Befreiung des Einzelnen und ebenso des Gesetzgebers von der Tradition. Gerade dies ist das Lebensprinzip auch unserer gegenwärtigen Rechtsentwicklung. In der Wissenschaft sind wir historisch, in der praktischen Gesetzgebung aber revolutionär. ... Das Recht von Heute ruht nicht im Corpus Iuris, noch in der Wissenschaft, noch in den Gewohnheiten der Nation, sondern in den Falten des Mantels unserer Gesetzgeber.«[51]

II

Bleibt uns so die Historische Rechtsschule eine Antwort auf die Frage nach der Geschichtlichkeit des Rechts schuldig, so hat die Auseinandersetzung mit ihr doch deutlich werden lassen, wo eine weiterführende Überlegung anknüpfen muß. Was Savigny und die Historische Schule zu ihrer ungeschichtlichen Rechtsauffassung führte, waren vor allem zwei Dinge: Einmal übersahen sie die notwendige Bezogenheit des Rechts auf die jeweilige soziale

Organ der Germanisten, der von Reyscher und Wilda 1839 begründeten *Zeitschrift für deutsches Recht und deutsche Rechtswissenschaft*); in der auf Savigny folgenden Generation wird es ganz offenbar, vgl. Wolf, *Rechtsdenker*, (Anm. 39), S. 515, für den allgemeinen Zusammenhang Wieacker, *Privatrechtsgeschichte*, (Anm. 8), S. 246 ff., 250 f.

51 Rudolf Sohm, »Fränkisches und römisches Recht. Prolegomena zur deutschen Rechtsgeschichte«, in: *Z. Savigny-Stift. Rechtsgesch., german. Abt.* 1 (1880), S. 80.

Wirklichkeit, zum andern lösten sie das Recht aus seiner Eingebundenheit in die *gesamt*gesellschaftliche Wirklichkeit. Das Recht ist aber nicht ein in sich selbst legitimiertes, aus immanenten Antrieben sich entwickelndes geistiges Kulturgebilde, sondern besteht immer funktionsgebunden innerhalb und als Teil einer gesellschaftlichen Gesamtwirklichkeit. Diese These, zunächst im Sinne einer Gegebenheit formuliert, soll unseren weiteren Überlegungen als Leitfaden dienen. Sie hat nicht den Sinn, das Recht in seinem Wesen zu definieren, sondern jene Merkmale an ihm hervorzuheben, die uns dem Problem seiner Geschichtlichkeit näherbringen.[52]

(1) Der erste Schritt, um das Recht aus der Isolierung herauszuführen, in die die Historische Rechtsschule es gebracht hat, liegt in der Reflexion auf die *Funktion* des Rechts gegenüber der sozialen Wirklichkeit. Auf diese Funktionsbezogenheit des Rechts gegenüber seinem Erstarren in vorgeblich kategorialen Begriffen zuerst hingewiesen zu haben, ist das bleibende Verdienst der Interessenjurisprudenz[53], und sie in einem allgemeineren Rahmen

52 Damit sei von vornherein das Mißverständnis abgewehrt, die Inblicknahme und Erörterung der Sozialfunktion, die das Recht *auch* hat, laufe darauf hinaus, sein Wesen in diese Sozialfunktion zu verlegen und es von daher zu definieren.

53 Epochenmachend wurde Rudolf von Ihering, *Der Zweck im Recht*, Bd. 1, 1877, Bd. 2, 1884, der damit für sich selbst die Abkehr von der früher vertretenen Begriffsjurisprudenz vollzog. Vgl. dazu Wieacker, *Gründer und Bewahrer*, (Anm. 5), S. 197 ff.; Larenz, *Methodenlehre*, (Anm. 36), S. 42-47; ferner auch Wolf, *Rechtsdenker*, (Anm. 9), S. 645 ff. Zu einer methodischen Schule innerhalb der Rechtswissenschaft und Rechtspraxis wurde die ›Interessenjurisprudenz‹ dann von dem Tübinger Zivilrechtslehrer und Germanisten Philipp Heck ausgebaut, vgl. dessen *Das Problem der Rechtsgewinnung*, 1912; *Gesetzesauslegung und Interessenjurisprudenz*, 1932. Symptomatisch für die Bewußtseinsänderung, die durch die Interessenjurisprudenz bewirkt wurde, sind etwa die programmatischen Sätze Ph. Hecks: »Die Interessenjurisprudenz will dem Leben dienen. Sie will die Bedeutung, die das Recht für das Leben hat, erkennen und die Rechtsnormen mit Rücksicht auf ihre Lebenswirkung erfassen und ausgestalten« (*Begriffsbildung und Interessenjurisprudenz*, S. 62). Dazu auch Larenz, *Methodenlehre*, (Anm. 36), S. 47-59 (bes. über die zum Teil sehr anfechtbaren rechtsphilosophischen und rechtstheoretischen Grundlagen) und Wieacker, *Privatrechtsgeschichte*, (Anm. 5), S. 341 ff.

erkennen zu können, ist eine der wesentlichsten Hilfen, die der Jurist der Soziologie verdankt. Das Recht steht nicht als selbständiges Geistesgebilde in sich, sondern erhält seine konkrete Gestalt aus der ihm wesentlichen Aufgabe, die zwischenmenschlichen Lebensverhältnisse und das soziale Zusammenwirken in einer Gesellschaft in bestimmter Weise zu ordnen. Es steht insofern der sozialen Wirklichkeit und jedem einzelnen Adressaten als normative Ordnungsmacht gegenüber. Aus dieser sozialordnenden Funktion des Rechts folgt aber, daß es auf die zu ordnende soziale Lebenswirklichkeit notwendig *bezogen* sein muß, und zwar nicht nur formell, durch seinen Geltungsanspruch und die Möglichkeit seiner zwangsweisen Durchsetzbarkeit, sondern auch sachlich-*inhaltlich*. Das Recht besteht *für* die soziale Wirklichkeit und *auf sie hin*. Es muß daher die soziale Lebenswirklichkeit in seinen Begriffen, Instituten und Formen inhaltlich erfassen und sie dann rechtlich überformen (und dadurch normativ gestalten). Die konkreten Gestalten des Rechts müssen in gewisser Weise aus der sozialen Lebenswirklichkeit *hervorwachsen*, nicht um sie einfachhin abzuzeichnen, aber um ihr angemessen zu sein und daher auf sie erhaltend oder verändern durchgreifen zu können.[54]

54 Über die rechtsgestaltende Funktion, die insofern in jeder juristischen Begriffsbildung liegt, vgl. die grundlegenden Ausführungen bei Dietrich Jesch, »Unbestimmter Rechtsbegriff und Ermessen in rechtstheoretischer und verfassungsrechtlicher Sicht«, in: AöR 82 (1957), S. 180-190. Nimmt ein Rechtsbegriff oder ein Rechtsinstitut die ihm zugrundeliegende soziale Lebenswirklichkeit nur partiell, in gewisser Richtung, in sich auf, so setzt er sie im übrigen frei und wirkt gerade dadurch verändernd und emanzipierend auf diese Lebenswirklichkeit ein. Nimmt er sie im ganzen in sich auf, so wirkt er erhaltend, stützt die vorhandene Lebenswirklichkeit rechtlich ab. P. v. Oertzen, (Anm. 45), S. 204-208 hat völlig zutreffend darauf hingewiesen, daß die formale Begriffsjurisprudenz im Privat- und öffentlichen Recht eben durch ihren formalen, »rein juristischen« Charakter keineswegs »konservativ« war, wie Wilhelm (Anm. 6) behauptet, sondern auf die überkommenen, sozial gebundenen Lebensverhältnisse und die Institution der Monarchie auflösend und zersetzend wirkte. Sie war kraft ihrer – unbewußten – Orientierung am vernunftrechtlichen Sozialmodell und der allgemeinen rechtlichen Freiheit und Gleichheit (Anm. 44) in ihrer geschichtlich-politischen Funktion eine genaue Entsprechung zum Vordringen der bürgerlich-kapitalistischen Gesellschaft, die auf formalen abstrakten Rechtsbeziehungen aufbaut, und

Denn, um ein Wort des Thomas von Aquin zu zitieren, »ein Maßstab muß dem homogen sein, wofür er als Maßstab gilt«.[55] Leben die Begriffe, Institutionen, Formen und auch das System des Rechts nicht mehr aus ihrem Bezug zur sozialen Wirklichkeit, sondern nur aus ihrer logisch-begrifflichen Möglichkeit, so entfremdet sich das Recht seiner Funktion und verliert seine sozialordnende Kraft.[56]

Aus dieser Überlegung folgt des weiteren, daß das Recht von seiner Aufgabe her notwendig eingebunden ist in die geschichtliche Bewegung der Gesellschaft. Das ist eine realere und konkretere Einbindung in die Geschichte als die Rückführung auf einen sich selbst entfaltenden Volksgeist. Damit soll in keiner Weise bestritten werden, daß das Recht, gerade als normative Ordnungsmacht gegenüber der sozialen Wirklichkeit, selbst eine kontinuitäts- und geschichtsbildende Kraft ist. Es liegt ja in seinem Wesen, daß es von Tatbeständen der Vergangenheit her das Verhalten in der Zukunft regelt und bestimmt[57] und dadurch kontinuitätsbildende, geschichtliche Wirkung entfaltet, Vergangenheit und Zukunft im eigentlichen Sinn vermittelt. Das Präjudizien-

zur Umformung des Staates aus einer umfassenden, in sich gegliederten politischen Institution zum herrschaftlichen Willenszentrum der Massendemokratie, vgl. bes. v. Oertzen, ebd., S. 206/207 mit Anm. 108 und das dort angeführte, sehr instruktive Beispiel der Konstruktion der Stellung des Kaisers bei Laband nach Analogie des geschäftsführenden Organs einer Aktiengesellschaft.

55 *Summa theologiae* I, II qu. 96 art. 2.

56 Den Folgerungen, die sich daraus in methodischer Hinsicht für die begriffliche, systematische und institutionenbildende Arbeit der Rechtswissenschaft am Recht ergeben – vgl. dazu das umfangreiche Material bei Joseph Esser: *Grundsatz und Norm in der rechtlichen Fortbildung des Privatrechts,* 1956, bes. Kap. XII-XV, S. 242-326 –, kann an dieser Stelle nicht näher nachgegangen werden. Es wäre dabei vor allem zu berücksichtigen, daß die Rechtswissenschaft im kontinentaleuropäischen Bereich einem Recht gegenübersteht, das staatliches Recht ist, seine Erscheinungsform nahezu ausschließlich im staatlichen Gesetz findet und gegenüber einer in den Menschenrechten zu ihrer funktionalen Selbstentfaltung freigesetzten Erwerbsgesellschaft eine stets wachsende Bedeutung als deren Regulierungs- und Ordnungsfaktor erhält.

57 Darauf hat vor allem Rudolf Sohm hingewiesen, vgl. *Kirchenrecht,* Bd. I, 1892, S. 20f.

und das Gesetzesrecht zeigen das mit besonderer Deutlichkeit. Aber gleichwohl muß das Recht, wegen seiner sozialordnenden Aufgabe, immer wieder auf die sich geschichtlich wandelnden sozialen Ordnungsaufgaben *normativ antworten;* es kann nicht bei sich selbst bleiben. Seine Begriffe, Figuren und Gestalten stellen daher auch nur Antworten auf die Fragen einer bestimmten geschichtlich-sozialen Situation dar; sie sind dadurch bedingt und in ihrem rechtlichen Sinn an den Fortbestand dieser Situation gebunden. Apriorische Rechtsbegriffe und Rechtsinstitute könnte es sinnvoll nur unter der Voraussetzung existenter sozialer Lebenssituationen geben, die sich durch allen geschichtlichen Wandel konstant durchhalten und auch in ihren sozialen und politischen Bezügen durch den Wandel der sie umgebenden gesellschaftlichen Gesamtordnung nicht berührt werden. Das trifft sogar, wie wir aus den Untersuchungen Max Webers wissen, für die angebliche rechtliche Urgestalt des Vertrages nicht zu.[58]

Nicht nur das Gewohnheitsrecht und das Präjudizienrecht des Common law, auch das *kodifizierte* Recht ist in dieser Weise in die Geschichte eingebunden, in die Geschichte des Rechts sowohl wie in die geschichtliche Bewegung der Gesellschaft. Es ist einerseits, wie W. Fikentscher hervorgehoben hat[59], selbst ein Erzeugnis der Geschichte des Rechts, kann daher ohne diese nicht voll verstanden werden, und ist anderseits, als Ausgangspunkt genommen, selbst der Beginn einer neuen Geschichte des Rechts. Diese letztere Geschichte ist aber nicht so sehr die Geschichte seiner Interpretation und Anwendung als vielmehr die Geschichte seiner Umbildung, Ergänzung, Fortentwicklung und auch seiner Veränderung, weil es andernfalls die sich ändernde soziale Wirklichkeit, für die es gilt, nicht mehr trifft. Die ›Geschichte‹ des Bürgerlichen Gesetzbuches (BGB) seit 1900 bietet dafür ein anschauliches Beispiel. Wer kann das BGB heute noch anwenden und handhaben, ohne zu wissen, was Rechtsprechung und Lehre inzwischen aus ihm gemacht haben![60]

58 Max Weber, *Rechtssoziologie,* hg. und eingeleitet von Johann Winckelmann, 1960, S. 110-123; vgl. auch die Bemerkungen bei Hans J. Wolff, »Die Gerechtigkeit als Principium juris«, in: *FS Wilhelm Sauer,* 1949, S. 116 f.

59 Wolfgang Fikentscher, »Les rapports du droit privé et de son histoire«, in: *Studi in memoria di Lorenzo Mossa,* Bd. 2, 1961, S. 179 ff.

60 Dem modernen Kodifikationsgedanken, der nicht von ungefähr dem

(2) Ein zweiter Schritt: Das Recht ist nicht nur durch seine sozialordnende Aufgabe notwendig auf die soziale Wirklichkeit bezogen; es geht auch selbst aus der Gesellschaft (im weiteren Sinne) hervor, ist Teil einer gesellschaftlichen *Gesamtwirklichkeit.* Wenn wir bislang Recht und soziale Wirklichkeit gegenüberstellten, um ihre Bezogenheit deutlich zu machen, so sind wir dabei – vielleicht unbewußt – von einem reduzierten Begriff der ›sozialen Wirklichkeit‹ ausgegangen, in dem die normativen Elemente der Wirklichkeit, zumindest soweit sie rechtlicher Art sind, nicht enthalten waren. Das war eine – zu bestimmten Erkenntniszwecken brauchbare – methodische Abstraktion. Die Wirklichkeit erscheint dabei als Inbegriff der noch nicht normativ geformten »kausalen« sozialen Lebensverhältnisse, die erst der Ordnung und Form durch das Recht – oder andere normative Systeme – bedürfen.[61] Will man aber der Geschichtlichkeit des Rechts näher kommen, so muß man diese methodische Abstraktion aufgeben

Zeitalter des Vernunftrechts entstammt, liegt überhaupt, wie es scheint, ein undialektisches und ungeschichtliches Wirklichkeitsverständnis zugrunde. Das unausgesprochen vorausgesetzte Sozialmodell ist das der nebeneinanderstehenden Individuen, deren Beziehungen untereinander und im Verhältnis zum Staat durch umfassende gesetzliche Fixierung auf Dauer geordnet werden können. Was dann durch das Handeln der Individuen, auf Grund und in Ausübung ihrer Rechte, insbesondere der ihnen eingeräumten rechtlichen Handlungsfreiheit, an neuen sozialen Bildungen und sozialen Lagen entsteht, die von der ursprünglichen Regelung nicht mehr erfaßt werden, ist im Modell nicht mitgedacht und daher nicht existent.

61 Es handelt sich um eine Parallele zu der Entgegensetzung von »Sein« und »Sollen«, die für die deutschen Juristen im Gefolge der neukantianischen Erkenntnistheorie nachgerade zu einem Axiom geworden zu sein scheint. In dieser Entgegensetzung ist das Sein auf die kausalwissenschaftlich erfaßbare Wirklichkeit reduziert, alles Normative und Sollensmäßige ist aus ihr (methodisch) ausgeschieden, steht ihr vielmehr als ›Sollen‹ beziehungslos gegenüber. Läßt man sich auf diese methodische Abstraktion als auf etwas real Vorhandenes ein, das nicht nur eine zu methodischen Zwecken gebildete Abstraktion ist, so verlaufen alle weiteren Erörterungen über das Verhältnis von Sein und Sollen notwendig in einer Sackgasse; die gesellschaftliche Wirklichkeit zerfällt dann, wie Hermann Heller, *Staatslehre,* Leiden 1934, S. 188, bemerkt, in »zwei unverbundene Stücke«: »dort die Welt des reinen Geistes, der idealen Seinsgebilde und normativen Sollensordnungen, hier das ordnungslose Gewühl seinsfremder Naturkräfte, die eine kau-

und dem reduzierten, an der Entgegensetzung von ›Geist‹ und ›Gesellschaft‹ orientierten Wirklichkeitsbegriff einen solchen entgegensetzen, der die *gesamte* Wirklichkeit umfaßt, also auch Ethos, Sitte, Recht, Religion in sich einbegreift, soweit sie in den Menschen und der Gesellschaft als Gewußtes und Gelebtes real vorhanden sind. In diesem Sinn soll im folgenden von ›gesellschaftlicher Gesamtwirklichkeit‹ und ›Gesamtgesellschaft‹ gesprochen werden.

Wenn das Recht, so gesehen, selbst der gesellschaftlichen Gesamtwirklichkeit zugehört, so besagt das nicht, daß es darum seinen normativen Charakter verliert. *Innerhalb* der Gesamtgesellschaft hat es durchaus seine eigene, normative Seinsweise und wirkt so auf die soziale Wirklichkeit im engeren Sinne, auf das gegenseitige Verhalten und Zusammenwirken der Menschen, ordnend und regulierend ein. Aber diese Zugehörigkeit zur gesellschaftlichen Gesamtwirklichkeit besagt, daß der Inhalt des Rechts aus dieser Gesamtwirklichkeit selbst hervorgeht: nicht aus einer apriorischen Rechtsidee oder übergeschichtlichen sogenannten Rechtswerten, die auf bestimmte Situationen ›angewandt‹ werden, sondern aus in der Gesellschaft lebendigen Überzeugungen und Haltungen ethischer, rechtlicher oder politischer Art und ebenso aus den in ihr wirksamen Lebensbedürfnissen. Sie aktualisieren sich – je nach der Organisationsform einer Gesellschaft in verschiedener Weise – als Gewußtes und Gewolltes, objektivieren sich und erlangen teilweise oder ganz die besondere Sanktion des Rechts.[62] Der Inhalt des rechtlichen Sollens geht also – horrible auditu – aus dem gesellschaftlichen Sein hervor, und als rechtliches Sollen hat es nur dadurch ein Sein, daß es überwiegend als Sollen gewußt, gewollt und vollzogen wird. Hermann Heller hat das am Beispiel der politischen Verfassung in sehr prägnanter Weise formuliert: »Jede politische Verfassung ist nur als normgeformtes Sein zu begreifen. Als politischer Seinszustand, als die konkrete Ordnung und Form, ist die Verfassung nur dadurch möglich, daß die Beteiligten ihr einmal erreichtes und künftig neu zu gestaltendes In-Ordnung- und In-Form-Sein

sale Seinswirklichkeit konstituieren, welche ist, ohne etwas für uns zu sein ...«.

62 Vgl. dazu neuerdings Martin Drath, *Grund und Grenzen der Verbindlichkeit des Rechts,* 1963, bes. Teil 2, Thesen 12 ff. (S. 32 ff.) und Teil 3, S. 38 ff.

als ein gesolltes Sein festhalten und neu und anders aktualisieren.«[63]
Diese konkrete und nicht auflösbare Eingebettetheit in die gesellschaftliche Gesamtwirklichkeit ergibt für das Recht eine spezifische Art Geschichtlichkeit. Diese Geschichtlichkeit kann allerdings nicht in der Weise verstanden werden, wie es Arthur Kaufmann versucht hat, indem er das Recht als »Realentität«, in sich Seiendes, begreift und die Geschichtlichkeit als die Daseinsform dieses Seienden in der Zeit, das ›Kleid‹, in dem die Wesenheit – immer in Brechungen – reale Existenz findet.[64] Damit wird der Boden einer ungeschichtlichen Ontologie nicht verlassen. Diese Geschichtlichkeit bedeutet vielmehr die Verwobenheit des Rechts von vornherein und *wesensmäßig* in die Gesamtgesellschaft und deren Geschichte. Es hat nicht eine eigene Geschichte neben der Geschichte der Gesellschaft, sondern es hat seine Geschichte nur *in* und *mit* der Geschichte der Gesamtgesellschaft. Die großen geschichtlichen Gestalten des Rechts, wie etwa das mythische und das Sakralrecht, das Überzeugungs- und Kampfrecht des Mittelalters, zu dem Selbstdurchsetzung und ›rechte Gewalt‹ gehören, das rationale und säkulare, vorwiegend als Gesetz erscheinende, staatlich garantierte Recht der europäischen Neuzeit, das an erster Stelle ein Mittel der Friedenssicherung ist –, diese geschichtlichen Gestalten des Rechts erklären sich nicht aus einer Geschichte ›des‹ Rechts, sondern (nur) aus seiner Einbettung in die jeweilige gesellschaftliche Gesamtwirklichkeit und deren geschichtlichen Wandel, wodurch eben das Recht nach Art und Inhalt maßgeblich bestimmt wird.
Es könnte freilich den Anschein haben, als sei hiermit das Recht nur statt in den Volksgeist, wie bei Savigny, in die gesellschaftliche Gesamtwirklichkeit zurückgenommen, der Sache nach damit aber ebenso zur Funktion einer anderen, außerrechtlichen Größe gemacht und seiner eigenen Geschichtlichkeit beraubt. Eine solche Analogie ist jedoch nur eine formale. Die beiden Größen, der Volksgeist und die gesellschaftliche Gesamtwirklichkeit, liegen auf verschiedenen Ebenen und sind daher nicht vergleichbar. Die Rückführung auf den ›idealen‹ Volksgeist bedeutet eine Isolierung des Rechts aus seinem konkreten geschichtlichen Gesamtzu-

63 *Staatslehre,* (Anm. 61), S. 250.
64 Arthur Kaufmann, *Naturrecht und Geschichtlichkeit,* 1957, S. 26ff.

sammenhang, die Rückführung auf die gesellschaftliche Gesamtwirklichkeit stellt es gerade in diesen hinein. Wenn Geschichte und Geschichtlichkeit des Rechts damit nicht als etwas Besonderes, von der Geschichte und Geschichtlichkeit der Gesamtgesellschaft und Gesamtwirklichkeit Losgelöstes, sondern in diese eingebunden erscheinen, so entspricht das nur dem, was wirklich *ist*. Auch hier gilt, daß das Ganze vor dem Teil ist, ohne daß aber darum schon der Teil auf eine Funktion des Ganzen reduziert werden kann.

(3) Gehen wir noch einen Schritt weiter. Führt man sich die eben erwähnten großen geschichtlichen Gestalten des Rechts näher vor Augen, vor allem in ihrer prinzipiellen Unterschiedenheit voneinander, so stellt sich die Frage, inwieweit es überhaupt eine durchgehende materielle Eigensubstanz des Rechts von seinem Wesen her gibt. Liegt diese vielleicht nur in dem ›formellen‹ Element des Rechts, in der besonderen Art seiner normativen Verbindlichkeit, seiner Gerichtetheit auf äußeres Verhalten, seiner schließlichen Durchsetzbarkeit mittels physischen Zwangs und ähnlichem? L. v. Stein ist dieser Ansicht gewesen; alle Rechtsbegriffe waren für ihn ihrer inhaltlichen Substanz nach gesellschaftliche Begriffe.[65] Man wird demgegenüber an die notwendige Sinnbezogenheit des Rechts auf die Gerechtigkeit erinnern. Aber diese Sinnbezogenheit besagt nur, daß das Recht sich gegenüber Anforderungen der Gerechtigkeit irgendwie legitimieren muß; sie besagt nichts über die Substanz dieser Gerechtigkeit selbst, nach der nun wiederum – über die zunächst formale Bestimmung des »suum cuique tribuere« hinaus – zu fragen wäre.[66] In der Tat wird

65 Lorenz von Stein, *Gegenwart und Zukunft der Rechts- und Staatswissenschaft Deutschlands*, 1876, S. 135 und 136; folglich ist die Rechtswissenschaft für Stein, materiell gesehen, »die als Recht formulierte Staatswissenschaft« (ebd. S. 146). Er faßt dabei freilich ›Gesellschaft‹ nicht im Sinne der ›bürgerlichen Gesellschaft‹ des 19. Jahrhunderts, sondern im Sinne der oben beschriebenen Gesamtgesellschaft auf.

66 Die klassische Gerechtigkeitslehre ist überdies eine *Tugend*lehre, nicht die Lehre von einem sozialen oder politischen Ideal; und sie bestimmt zwar das Recht als Gegenstand der Gerechtigkeit, aber doch in der Weise, daß der Gerechte dem andern *sein Recht* gibt, dieses also im Hinblick auf die Gerechtigkeit das *vorgegebene* ist. Die klassische Formel Ulpians (Dig. 1, 1) lautet: »justitia est constans et perpetua voluntas ius suum cuique tribuere.« Auch bei Thomas v. Aquin,

man eine in sich ruhende materielle Eigensubstanz des Rechts, die sich in der Geschichte fortschreitend – wenn auch stets in Brechungen und unter mancherlei Rückschlägen – zur Realisierung bringt, in Abrede stellen müssen, denn sie läßt sich nicht erweisen.

Was aber bleibt dann?

Ich möchte an dieser Stelle vorläufig, d. h. unter Vorbehalt der Ergebnisse weiteren Überlegens, an eine These Julien Freunds anknüpfen, die besagt, daß das Recht seinem Wesen nach nicht eine Substanz in sich sei, sondern eine *Vermittlung zwischen Politik und Ethik,* Ethik hier als den Gesamtbereich des in der Gesellschaft wirklichen Sittlichen verstanden, das seinerseits aus verschiedenen Quellen (Mythos, Religion, christliche Offenbarung, autonome Freiheitsethik) geformt sein kann.[67]

Es lohnt sich, bei dieser These einen Augenblick zu verweilen und anhand ihrer unserer Frage noch weiter nachzugehen. Was besagt sie für das Recht und seine Geschichtlichkeit?

Indem sie das Recht in das Spannungsfeld zwischen zwei ihrerseits geschichtliche Größen, das Politische und das in der Gesellschaft wirkliche Sittliche, stellt und ihm einen bestimmten Ort innerhalb dieses Spannungsfeldes zuweist, vermag sie einen *Sachgrund* für die konkrete und wesenhafte Eingebundenheit des

Summa theologiae I, II, qu. 58 art. 1 wird diese Formel aufgenommen und die Gerechtigkeit *vom Recht her* bestimmt, nicht umgekehrt. Über die Tradition der Gerechtigkeitslehre Giorgio Del Vecchio, *Die Gerechtigkeit,* ²1951. Es spricht daher vieles dafür, die Beziehung des Rechts auf die Gerechtigkeit mit Wilhelm Dantine, »Die Geschichtlichkeit des Rechts als ethisches Problem«, in: *Z. evangel. Ethik* (1962), S. 324 in erster Linie als eine Chiffre dafür anzusehen, daß die Menschen, die Recht handhaben, stets gefragt sind und verantworten müssen, warum dieses und kein anderes Recht gelte.

67 Diese These, die ich einem Gespräch mit Julien Freund, Strasbourg, verdanke, wird von diesem näher expliziert werden in einem Beitrag »Qu'est-ce que le droit?«, der voraussichtlich im *Archive de philosophie de droit* erscheinen wird. Die Anknüpfung bedeutet möglicherweise insofern zugleich eine gewisse Sinnvariierung, als Freund von einer »dialectique« zwischen Politik und Ethik spricht, was nicht ganz dasselbe wie der hier gebrauchte (hegelsche) Begriff der Vermittlung auszudrücken scheint, für den im Französischen das Wort ›médiation‹ gebraucht wird (Für den Hinweis danke ich Dr. Karlfried Gründer, Münster).

Rechts in die gesamtgesellschaftliche Wirklichkeit und ihre Geschichte aufzuweisen. Zugleich macht sie deutlich, was seinerseits durch die geschichtliche Erfahrung bestätigt wird, daß nämlich das Recht sich nicht in reiner Positivität erschöpft, sondern von den zwei genannten Größen her seine Bestimmung erfährt. Es muß sich, gerade als Vermittlung beider, nach *beiden* Seiten hin, der der Politik wie der der Ethik – allerdings: der geschichtlich präsenten, nicht irgendeiner absoluten, nur seinsollenden Ethik[68] – legitimieren und auf seinen Sinn befragen lassen, will es als *Recht* wirksam sein.[69] Das Recht kann also in seiner Art und seinem Inhalt nicht als unpolitische Größe begriffen werden, als von der politisch-sozialen Grundverfassung der Gesellschaft unabhängig und in sich stehend – auch nicht in den abgefriedeten Bereichen des Privatrechts: »jus privatum sub tutela juris publici latet«, sagt Bacon[70] –, ebensowenig aber als vom Bereich des Sittlichen losgelöst oder ihm gegenüber neutralisiert. Anderseits wirkt das Recht auch, da es als Vermittlung existiert, seinerseits

68 Den Begriff der ›geschichtlich präsenten Ethik‹ als Täuschungsbegriff zu bezeichnen, wie mir in der Diskussion entgegengehalten wurde, ist meines Erachtens nur möglich, wenn man Hegels Begriff des objektiven Geistes nicht realisiert.

69 Vgl. Dantine, (Anm. 66), S. 324.

70 Angeführt bei Heller, *Staatslehre*, (Anm. 61), S. 268. Die Polemik Essers, (Anm. 56), S. 330 gegen die »programmatische Aufzählung von ›Grundrechten‹ einer Nation«, die »Sache des Demagogen« sei, und gegen die »zeitferne und ›akademische‹ Zusammenstellung widerspruchsvoller und daher bewährter Grundrechte in den modernen Verfassungstexten«, denen gegenüber er die unpolitischen, richterlich entwickelten Rechtsprinzipien (»principals«) hochhält (bes. S. 301 f. u. ö.), verrät daher eine auch durch die hohe Tugend der Rechtsvergleichung nicht überwundene typische Blickverengung des Privatrechtlers. Esser müßte wissen, daß gerade die tragenden Prinzipien des kontinentalen bürgerlichen Rechts, wie Rechtsgleichheit, Privatautonomie, Vertragsfreiheit, freier Bodenverkehr u. ä., nicht unpolitische Rechtsprinzipien richterlicher Provenienz sind, sondern Folgeregelungen und -wirkungen der durch die Déclaration des droits von 1789 sanktionierten neuen Prinzipien der politisch-sozialen Grundordnung, die zuerst in den französischen Codes eine konkrete Ausgestaltung erfuhren. Siehe dazu Lorenz von Stein, *Geschichte der sozialen Bewegung in Frankreich von 1789 bis auf unsere Tage*, Bd. 1, (Ausg. Salomon 1921; Neudruck 1959), S. 214 ff., 257 ff.

auf Politik und Ethik formend und verändern ein. Die Politik muß sich rechtlich ausformen und vermitteln, um wirksam zu sein, und sich damit auch vom Sittlichen her bestimmen lassen; umgekehrt wird die (präsente) Ethik, soweit sie öffentlich wirksam sein und in das Recht eingehen will, daran gehindert, in seinsollende ideale Postulate auszuschwärmen, die keiner Vermittlung zur Politik mehr fähig sind. Wird das Recht von einer der beiden Größen ganz absorbiert und funktionalisiert, wird es als *Recht* fragwürdig: das ›nur‹ politische Recht und das ›nur‹ sittliche Recht sind beide totalitär, verlieren ihre sozialordnende Kraft und fordern den Widerspruch gegen sich heraus. Indem die These das Recht im Spannungsfeld zwischen Politik und Ethik festhält, aus dem Zwange der steten Vermittlung nicht entläßt, begreift sie es als den Ort möglicher Freiheit.

Ferner sind Politik und geschichtlich präsente Ethik in der These als dem Recht *vorgegebene* Größen bezeichnet. Auch darin spricht sich eine geschichtliche Wahrheit aus. Das Recht kann zwar vorhandene sittliche Lebensordnungen und Haltungen normativ abstützen und sichern, es vermag auch durch seine Normen ein sittliches Bewußtsein in der Gesellschaft bis zu einem bestimmten Grade wach zu halten, aber es kann nicht durch normative *Setzung* ein (noch) fehlendes sittliches Bewußtsein einfach schaffen oder zerfallende sittliche Lebensordnungen aufrechterhalten – der sich oft erneuernde Streitpunkt des Juristen mit dem Theologen und Moralisten.[71] Die rechtliche Normen müssen bei ihren Adressaten – also in der Gesellschaft selbst – auf einen

71 Der Jurist ist hier freilich in der glücklichen Lage, sich selbst auf einen anerkannten Theologen, nämlich Thomas v. Aquin, berufen zu können. Vgl. den Traktat »De lege humana« der *Summa theologiae* I, II qu. 96 art. 2. Dort heißt es, daß es notwendig sei, die Gesetze den Menschen nach ihrer Beschaffenheit (»conditionem«) zu geben; das Gesetz müsse erfüllbar sowie der Natur gemäß und der Gewohnheit (»consuetudinem«) des Vaterlandes gemäß sein. »Das menschliche Gesetz wird aber einer Gemeinschaft von Menschen gegeben, in der der größere Teil in der Tugend nicht vollendet ist. Daher werden durch das menschliche Gesetz nicht alle Laster (»vitia«) verboten, deren sich die Tugendhaften enthalten, sondern nur die schwereren, deren sich auch der größere Teil der Gemeinschaft enthalten kann, und vorzüglich solche, die auf die Schädigung der Mitmenschen abzielen, ohne deren Verbot also die staatliche Gemeinschaft nicht erhalten werden kann.« Die »lex humana« »deficit a lege naturale« (ebd. ad 4).

Fundus treffen, der sie trägt, sie dürfen nicht allein aus ihrer Erzwingbarkeit leben wollen. Sie müssen also der Grundlage nach schon oder noch in der Gesellschaft vorhanden sein, um als rechtliches Sollen aktualisiert werden zu können. Die Probleme der Verfassungsgestaltung in den Entwicklungsländern, die Negeremanzipation in den USA, die Praxis der Strafverfolgungsbehörden in der Bundesrepublik zu § 218 des Strafgesetzbuches bieten hier lehrreiche Beispiele. Sie beweisen einmal mehr die notwendige Geschichtlichkeit des Rechts. Das Recht kann ihr nicht entrinnen; auch eine ›an sich‹ begründete rechtliche Norm bedarf ihrer Zeit, um als *Recht wirklich* sein zu können.[72] – Die Problematik kann sich freilich auch in anderer Richtung aktualisieren, indem von seiten der Politik die Verwirklichung bestimmter normativer Forderungen eine unbedingte Notwendigkeit wird, um ein gedeihliches soziales Zusammenleben überhaupt zu ermöglichen. Tritt dann der Fall ein, daß solche Forderungen in der Gesellschaft keinen sittlichen Rückhalt mehr finden, daß also ihre Vermittlung zur präsenten Ethik nicht mehr stattfinden kann, so kommt das Recht ebenfalls an seine Grenze. Die Auflösung der politischen Ordnung selbst oder der Weg zum Totalitarismus sind dann unvermeidlich.

Schließlich weist die These noch auf einen weiteren Umstand hin: daß nämlich der Ursprung des Rechts selbst ein geschichtlicher, nicht ein apriorischer ist. Wenn das Recht sich als Vermittlung zwischen Politik und Ethik darstellt, so ist es als dieses nicht schon mit dem Vorhandensein einer Mehrheit von Menschen, also von Gesellschaft, gegeben; es entsteht vielmehr erst innerhalb der Gesellschaft in dem Moment, wo eine Entzweiung von Politik und (präsenter) Ethik eintritt, es also einer Vermittlung zwischen beiden und einer äußeren verbindlichen Verhaltensordnung allererst bedarf.[73]

72 Vom Boden des scholastischen Naturrechtsdenkens sucht Jakob David, »Wandelbares Naturrecht?«, in: *Naturrecht oder Rechtspositivismus?* hg. von W. Maihofer, 1962, S. 480-497 diesem Problem gerecht zu werden, vgl. bes. S. 484 f.

73 Dazu jetzt eingehend Drath, (Anm. 62), 1963, Teil II, Thesen 5-10 (S. 28-32), der ebenfalls eine *geschichtliche*, aus einer bestimmten Verfaßtheit der Gesamtgesellschaft resultierende Entstehung des Rechts als einer spezifisch normativen Verhaltensordnung annimmt. Dies wäre eine Parallele zu der geschichtlichen Entstehung der philosophi-

(4) Halten wir an dieser Stelle ein und lassen einen Einwand zu Wort kommen, der sich schon länger aufgedrängt hat: Führen die bisherigen Überlegungen, so richtig oder unrichtig sie im einzelen sein mögen, nicht zu dem Ergebnis, daß das Recht bedingungslos dem Wandel und Zufall der Geschichte preisgegeben wird? Muß es demgegenüber nicht ein *Bleibendes* im Recht geben, ein Bleibendes, das sich durch alle konkrete geschichtliche Gebundenheit durchhält, diese transzendiert und dadurch dem Recht erst seinen eigentlichen Sinn verleiht? Es ist die stets wiederkehrende, das abendländische Rechtsdenken seit nahezu 1000 Jahren begleitende Frage des mittelalterlichen und modernen Naturrechts[74], die uns hier entgegentritt.

Es könnte scheinen, daß diese Frage auf dem Boden der bisherigen Überlegungen keinen Ort mehr hätte. Das ist jedoch nicht der Fall. Sie erhält vielmehr auf diesem Boden eine neue und wie, wie mir scheint, fruchtbarere Gestalt. Gerade die Geschichte der Naturrechtslehren gibt den Hinweis, wie diese Frage fruchtbar gestellt werden kann und diskutiert werden muß. Diese Geschichte zeigt nämlich einerseits, daß die Naturrechtslehren in ihrem Inhalt keineswegs bleibend und überzeitlich, sondern selbst an das sittliche Bewußtsein ihrer Zeit gebunden und davon bestimmt sind. Es finden sich auf ihrem Boden sehr verschiedenartige, manchmal uns heute recht wunderlich anmutende rechtliche Postulate und Legitimationen, die sich keineswegs daraus hinreichend erklären lassen, daß allgemeine, gleichbleibende Prinzipien in den verschiedenen geschichtlichen Situationen unterschiedlicher Konkretisierungen bedürfen.[75] Anderseits zeigen diese Naturrechtslehren aber auch, gerade wenn wir sie als Aus-

schen Theorie aus der Entzweiung von mythischer Theologie und gesellschaftlicher Praxis in der griechischen Polis; vgl. dazu Joachim Ritter, »Die Lehre vom Ursprung und Sinn der Theorie bei Aristoteles«, in: *Veröffentlichungen der Arbeitsgemeinschaft für Forschung des Landes Nordrhein-Westfalen,* Heft 1 (1952).

74 Nicht schon des griechischen Naturrechts, das gegenüber der bestehenden Wirklichkeit der Polis keinen kritischen oder postulatorischen, sondern hermeneutischen Charakter hatte, vgl. Leo Strauss, *Naturrecht und Geschichte,* 1954, S. 83ff.; Joachim Ritter, *›Naturrecht‹ bei Aristoteles,* 1961.

75 Interessante Beispiele bringt August Martin Knoll, *Katholische Kirche und scholastisches Naturrecht,* 1962. Prinzipiell zum Problem David,

druck des sittlichen Bewußtseins ihrer Zeit begreifen, das *stete Vorhandensein* eines solchen sittlichen Bewußtseins, seine geschichtliche Bewegung und Entwicklung.[76] Das führt notwendigerweise über einen geschichtslosen Relativismus und die Auflösung der Geschichte in das Betätigungsfeld des Zufalls hinaus. Die Frage nach dem Bleibenden, Sich-Durchhaltenden im Recht hat so ihr Recht. Aber sie kann, um an eine geläufige Formulierung anzuknüpfen, nicht als die Frage nach Naturrecht *und* Geschichte, sondern muß als die Frage nach Naturrecht *in der* Geschichte gestellt werden. Sie gehört damit nicht in den Bereich einer (vorgeblich) übergeschichtlichen Ontologie, sondern vielmehr in den Bereich der Geschichtsphilosophie, d. h. sie ist ein Teil der Frage nach dem Sinn und dem Inhalt von Geschichte und geschichtlicher Bewegung, in die das Recht eingebunden ist und die ihrerseits durch das Recht mit konstituiert wird.

Wandelbares Naturrecht?, (Anm. 72), S. 484 f., sowie Hans Welzel, *Naturrecht und materiale Gerechtigkeit*, [4]1962, passim.

76 Darauf hat Johannes Messner in seiner (vorweggenommenen) Kritik der Thesen des Knollschen Buches (s. oben Anm. 75) hingewiesen, vgl. ders., *Moderne Soziologie und scholastisches Naturrecht*, Wien 1961, S. 30-34.

2. Freiheit und Recht, Freiheit und Staat
(unter Mitarbeit von Christoph Enders)

I

Das Verhältnis von Freiheit und Recht ergreift unmittelbar die Seite der menschlichen Freiheit, die auf das Handeln und Sich-Verhalten im Verhältnis zur Mitwelt und Umwelt bezogen ist. Weil darin das eigene Menschsein sich ausprägt und Gestalt gewinnt, betrifft dieses Verhältnis auch die Freiheit als Grundbestimmung des Menschen (*anthropologische Freiheit* oder *Wesens-Freiheit*) und deren Verwirklichung.

1. Die notwendige Bedingtheit von Freiheit und Recht

a) Dem heutigen Bewußtsein erscheint Freiheit, verstanden als nicht durch Zwang und Nötigung dirigierte Selbstbestimmung des einzelnen und von ihm ausgehende Lebens- und Umweltgestaltung, weithin als das gegenüber dem Recht Primäre, zu dem dieses von außen – eingrenzend und beschränkend – hinzutritt. Den aktuellen und auch gedanklichen Anknüpfungspunkt dafür bieten nicht zuletzt die nationalen und internationalen Grund- und Menschenrechtserklärungen. Sie sind zumeist aus dem Streben nach Befreiung von staatlicher Übermacht und die Freiheit mißachtendem Recht entstanden. Doch schon an ihnen zeigt sich, daß zwischen Freiheit und Recht ein notwendiger und begrifflicher Zusammenhang besteht: Freiheit muß, damit sie Bestand und Sicherung erhält, als Recht formuliert und anerkannt werden. Und ebenso wird die als ursprünglich konstatierte Einzelfreiheit von den Bedingungen eingeholt, die durch die Existenz des Menschen als Gattung gesetzt sind: die Verwiesenheit auf, Abhängigkeit von und Begrenzung durch andere Menschen.
Die hieran zutage tretende notwendige Bezogenheit von Freiheit und Recht bedeutet nicht Gleichförmigkeit oder gar Identität. Ebenso wie ein notwendiger Zusammenhang besteht eine Unter-

schiedenheit. Freiheit ist einerseits in der menschlichen Lebenswelt nicht ohne oder außerhalb von Ordnung zu verwirklichen, die im Recht Form und Gestalt gewinnt. Sie kann nicht als nur individuelle Kategorie und nicht absolut gedacht werden, und nicht ohne die Außenwelt (Mitwelt und Umwelt) in sich einzubegreifen. Freiheit entfaltet sich in Ordnung hinein und bedarf zu ihrer Verwirklichung auch der Organisation. Andererseits geht Freiheit nicht darin auf, nur Element bzw. Funktion von Ordnung zu sein. Zur Verwirklichung von Freiheit gehört, daß sie die Ordnung selbst prägend gestaltet, mehr noch, daß auch die Ordnung Freiheit zu ihrem Zweck hat. Freiheit hat und behält in sich das Vorausliegende, über sich Hinausweisende und Unverfügte.

b) Wie immer Freiheit näher qualifiziert und dem einzelnen als Anlage, Eigenschaft oder wesensmäßige Bestimmung zugeordnet wird, in der Lebenswirklichkeit ist es notwendigerweise stets eine Vielzahl von Menschen, die nach Betätigung und Entfaltung dieser Freiheit streben. Daraus können sich nicht nur Gleichgerichtetheit und Harmonie, sondern ebenso Konkurrenzen und Konflikte ergeben. Freiheit trifft damit auf das Recht als notwendige Struktur der Außenwelt und Bedingung ihrer selbst. Soll nämlich das Ausmaß der Freiheitsbetätigung und -entfaltung des einzelnen nicht von seiner natürlichen Fähigkeit zur äußeren Selbstbehauptung abhängen, bedarf es einer normativen Regelung, die Umfang und Grenzen der Freiheitsbetätigung der einzelnen festlegt. Natürliche, unbegrenzte Freiheit bedeutet das freie Walten naturhafter Kräfte, letztlich die Macht des Stärkeren. Erst im Recht und durch Recht wird Freiheit als beständige, gesicherte Freiheit und als Freiheit für alle möglich. Freiheit hat und findet im Recht die sie ermöglichende und vermittelnde Form. Hierauf beruht die Freiheitsbedeutung weiter Bereiche des Zivil- und Strafrechts, des Verwaltungsrechts und nicht zuletzt der Grundrechte. Immer geht es darum, die Freiheit des einen mit der des anderen vereinbar zu halten, die Grenzen des Dürfens, Müssens und Könnens der einzelnen im Verhältnis zueinander sowie im Verhältnis zum Staat zu bestimmen.

Nicht nur der Bestand, auch die Betätigung der Freiheit und das Zusammenwirken in Freiheit wird durch Recht ermöglicht und vermittelt. Erst dadurch, daß für die Zusammenordnung menschlicher Willenskräfte, auch die Regulierung dabei auftretender

Konkurrenzen und Konflikte, verbindliche normative Regelungen bestehen, erhält intendiertes wechselseitiges oder gemeinsames Handeln Bestand und Sicherung und führt zu einem über momentane Spontaneität hinausreichenden Erfolg. Dem dienen etwa das Vereins-, Gesellschafts- und Verfahrensrecht, aber auch das Verfassungsrecht, insofern es die politische Willensbildung organisiert.

c) Ist so Freiheit notwendig auf Recht als Form und Vermittlung verwiesen, so ist doch das bloße Vorhandensein von Recht noch nicht hinreichend für die Wirklichkeit von Freiheit. Recht kann – in seiner empirischen Erscheinung – auch freiheitsfeindlich sein, die Freiheit unterdrücken statt sie sichern und schützen. Deshalb kommt es zur Verwirklichung von Freiheit darauf an, daß das Recht seinerseits auf Freiheit ausgerichtet ist und sie zu seinem Zweck hat. Das Recht muß Freiheit in sich enthalten (»dieß, daß ein Daseyn überhaupt, Daseyn des freien Willens ist, ist das Recht«; G. W. F. Hegel, *Rechtsphilosophie* § 29). Dies ist der eigentliche (philosophische) Begriff des Rechts. Erst wenn das empirische Recht ihm entspricht, wird es, über die notwendige Bedingung der Freiheit hinaus, auch hinreichende Bedingung der Freiheit.

2. Freiheit als Ziel der Rechtsgestaltung; Freiheitsverständnis und Funktion/Gehalt des Rechts

Die doppelte Bezogenheit von Freiheit und Recht, die das Recht, wiewohl Bedingung der Freiheit, zugleich auf Freiheit als seine Zielausrichtung verweist, bewirkt im Verhältnis von Freiheit und Recht eine Vorrangstellung des Freiheitsbegriffs. Deshalb wird das Verständnis des Begriffs menschlicher Freiheit entscheidend dafür, welche Funktion und welcher Gehalt dem Recht im Hinblick auf die Ermöglichung und Sicherung von Freiheit zukommt.

a) Wird menschliche Freiheit als nur *subjektive Freiheit* (*Auswahl-Freiheit* oder sog. *negative Freiheit* i. S. der Abwesenheit von äußerem physischen oder psychischem Zwang) verstanden, tritt das Recht lediglich von außen an diese Freiheit heran. Als seine Funktion erscheint die Abgrenzung und (dadurch) Bestimmung der einzelnen Freiheitssphären, die äußere Koordination

der Freiheitsbetätigung sowie der Ausgleich von Freiheitskonflikten; der Inhalt der Freiheit bleibt dem Recht vorausliegend, ist der Autonomie der einzelnen überantwortet. Was sich (s. o. 1) als Moment des Verhältnisses von Freiheit und Recht ergeben hat, wird hier als das Ganze gesetzt. Paradigma dafür ist Art. 4 der »Déclaration des droits« von 1789, der das Freiheits- und Rechtsdenken der Aufklärung zusammenfaßt: »Die Freiheit besteht darin, alles tun zu können, was einem anderen nicht schadet. So hat die Ausübung der natürlichen Rechte eines Menschen nur diejenigen Grenzen, die den anderen Gliedern der Gesellschaft den Genuß der gleichen Rechte sichern. Diese Grenzen können allein durch Gesetz festgelegt werden.« Die vom Recht geschützte Freiheit ist danach die *Willkür-Freiheit* (i. S. Kants). Die darin gesetzte Beliebigkeit und Unbestimmtheit der Freiheitsausübung durch die einzelnen begründet im Zusammenleben der Menschen zusätzlich die Notwendigkeit eines äußeren (heteronomen) Rechts zur Begrenzung und Sicherung dieser Freiheit.
Ist die Rechtsordnung auf diese subjektive Freiheit ausgerichtet, tendiert sie zu einer eher formalen Aus- und Abgrenzung der verschiedenen Freiheitsbereiche: Die Grundrechte werden als (liberale) Abwehrrechte gegenüber staatlichen Zugriffen aufgefaßt; dem Vertragsprinzip als Ausdruck der freien Koordination wird weiter Raum gelassen; inhaltliche Bindungen der Freiheit legt das Recht nur insoweit fest, als dies zur Sicherung der Rechte anderer und der unabdingbaren Erfordernisse eines friedlichen und geordneten Zusammenlebens (Prinzip der Sozialschädlichkeit) geboten ist.
Die Frage bleibt, ob dieses Verständnis von Freiheit und ein daraufhin gestaltetes Recht den Anspruch der Freiheit auf Selbstbestimmung schon einzulösen vermögen. Denn wegen der Beliebigkeit ihrer Inhalte kann eine Freiheit, die als Selbstbestimmung gerade in der Wahl zwischen diesen Inhalten besteht, keinen gesicherten Bestand haben; ihr fehlt die Orientierung an einem Woraufhin, das in Freiheit ergriffen wird, und sie schließt – folgerichtig – auch die Verfehlung des eigenen Selbst (und damit der Selbstbestimmung) mit ein. Recht und Gesetz können so nicht Inhalt, sondern nur Beschränkung dieser Freiheit sein, und auch das Vernünftige kann, wie Hegel kritisch eingewandt hat (*Rechtsphilosophie* § 29 Anm.), sich nur als Beschränkung dieser Freiheit und nicht als immanent Vernünftiges hervorbringen. Das Verhältnis von Freiheit und Recht bleibt ein bloßes Außenverhältnis.

Der einzelne lebt, einer Monade gleich, in einer als schon abgeschlossen vorgestellten (potentiell unbegrenzten) Freiheit, für die die anderen Menschen als Grenze der eigenen Ausdehnung erscheinen, nicht aber – konstitutiv – als Bedingung der Entfaltung des eigenen Menschseins.

b) Demgegenüber steht ein Verständnis der Freiheit als *objektive* Freiheit (sog. *positive Freiheit* oder *Freiheit wozu*). In deutlicher Entgegensetzung zur subjektiven Freiheit wird Freiheit primär in der Erreichung und Verwirklichung der dem Menschen eigenen, von seiner subjektiven Willkür unabhängigen Bestimmung gesehen. Freiheit ist Freiheit *zur* Verwirklichung der eigenen Bestimmung, aber nicht gegen sie. Demzufolge hat das Recht nicht nur eine Ab- und Ausgrenzungsfunktion im Hinblick auf die subjektiven Freiheitssphären, es dient auch und gerade dazu, Ziele der Freiheit und Inhalte des Freiheitsgebrauchs festzulegen und vorzugeben. Dies erscheint nicht als Einschränkung der Freiheit, sondern als Weg und Anleitung zu ihrer Verwirklichung. Auch die Ausformung von Lebensordnungen, die Festlegung von Lebensführungspflichten – gegenüber sich selbst oder der Gemeinschaft –, ja selbst die Aufstellung von Lebenszielen fallen in den Aufgabenbereich des Rechts, sofern sie nur von der objektiven Bestimmung des Menschen (und damit seiner wahren Freiheit) Maß und Inhalt empfangen.

Dieses objektive Freiheitsverständnis samt seiner Auswirkungen auf Gehalt und Funktion des Rechts sieht sich, ungeachtet der langen Tradition, über die es im abendländisch-europäischen, nicht zuletzt auch im kirchlichen Denken verfügt, zwei Problemen gegenüber, die heute zu kritischen Einwänden werden. Das erste Problem betrifft die Gewißheit über die objektive Bestimmung des Menschen. Solange diese Gewißheit aus einem Offenbarungsglauben oder einem metaphysischen Begriff der menschlichen Natur gewonnen wird und diese allgemeine Verbindlichkeit beanspruchen können, mögen die Probleme (auch wenn sie nicht fehlen) gering sein. Entfällt indes diese allgemeine Verbindlichkeit – was in Europa spätestens seit dem Ende des 18. Jh. der Fall ist –, werden auch die so gewonnenen Bestimmungen im Kontext des Zusammenlebens der Menschen und seiner Ordnung partikulare. Der Versuch, sie gleichwohl als »objektive« durchzusetzen, macht den Weg frei zur willentlichen, ideologisch-rationalen Verfügung über die objektive Bestimmung des Menschen.

Menschenbilder humanistischer, liberaler, sozialistischer und anderer Provenienz lösen einander ab und definieren den Menschen je nach *ihrem* Bilde.
Das zweite Problem ist das Verhältnis zur subjektiven Freiheit. Gegenüber der »wahren« Freiheit der objektiven Bestimmung erlangt die subjektive Freiheit keinen eigenen Status; ihre Funktion ist lediglich die Zustimmung zur objektiven Notwendigkeit. Ein Hinweggehen über sie erscheint nicht als Verletzung der Freiheit, weil dies der Befreiung zum eigenen Selbst dient. Das ist der Struktur nach eine totalitäre Argumentation; konsequent verfolgt legitimiert sie die volle Nichtachtung der subjektiven Freiheit und der menschlichen Person. Das Recht als »objektive« Freiheitsordnung wird zur reinen Wahrheitsordnung (bei Verfügbarkeit des Wahrheitsinhalts); eine Vermittlung zwischen objektiver und subjektiver Freiheit findet nicht statt, weil beide von der objektiven Freiheit her als Identität gedacht werden. Diese Struktur besteht nicht erst seit den modernen totalitären Bewegungen, sie hat auch früher schon Wirksamkeit entfaltet, vor allem in der leidvollen Auseinandersetzung um die Glaubens- und Religionsfreiheit (»Was nicht der Wahrheit und dem Sittengesetz entspricht, hat objektiv kein Recht auf Dasein, Propaganda und Aktion«; Papst Pius XII.).
c) Die Lösung kann nur in einem Freiheitsverständnis liegen, in dem subjektive und objektive Freiheit miteinander vermittelt sind und beide als notwendige Elemente einer Freiheit erscheinen, deren Ziel und Inhalt das Bei-sich-selbst-sein-können des Menschen ist. Dieses zielt auf Verwirklichung und Gestaltwerdung des eigenen Wesens und der Individualität. Da der Mensch sittlich-personales sowie Gattungs- und Sozialwesen ist, kann dies nicht in ethisch-sittlicher Beliebigkeit und nicht ohne Bindungen an und das Stehen in der Gemeinschaft geschehen; ebenso gehört dazu aber die Freiheit zu individueller *Selbst*bestimmung, d. h. Subjekt seiner selbst zu sein. Und diese muß, einmal errungen, in ihrem (normativen) Bestand erhalten bleiben. Denn Freiheit (als Freiheit der Person) ist nicht denkbar, ohne daß den einzelnen Entscheidungs-Freiheit etwa über die Art ihrer Lebensgestaltung, ihre Erwerbs- und Berufstätigkeit (Berufsfreiheit), die Bindungen, die sie eingehen, und die Meinungen, die sie äußern und für richtig ansehen, verbleibt. Die entscheidende Frage ist, wie die Vermittlung beider zu denken und herzustellen ist.

Die Vermittlung liegt darin und kann dadurch zustande kommen, daß die Freiheit Ausformungen in der Lebenswirklichkeit erfährt, und zwar durch bestimmte Gestalten und Ordnungen (Institutionen) der Freiheit, die ihrerseits vom allgemeinen (Selbst-)Bewußtsein der Freiheit getragen werden. Das bedeutet zugleich, daß Freiheit insofern eine Geschichte hat; ihre Gestaltwerdungen sind nicht apriorisch, sondern haben ihre Zeit.
Dem Recht kommt dabei die Funktion zu, gestaltender Faktor dieser Vermittlung zu sein. Als solcher konstitutiert es sich unter den heutigen Bedingungen im Prozeß der Gesetzgebung, der ein öffentlicher und zugleich politischer Prozeß ist. In ihm werden Traditionen, überkommene oder neue Grundeinstellungen und ethisch-sittliche Anschauungen aufgenommen und – nicht immer hinreichend – in Normativität umgesetzt. Die »Allgemeinheit« des Gesetzes, die der allgemeinen Beteiligung an der Gesetzgebung korrespondiert, ist dann nicht nur eine formale Kategorie, sie ist inhaltlich und geschichtlich geprägt und eine Komponente von Sittlichkeit. Auf diese Weise erscheinen im Gesetz ethisch-sittliche Gehalte und Ordnungsgestalten des sozialen Lebens. Das Recht gelangt darin über die bloße Beschränkungs- und Abgrenzungsfunktion hinaus. Es wird (auch) Bestimmung und Daseinsform der Freiheit, gibt den Gestalten der Freiheit verbindlich Stütze und Halt, ohne deshalb diese Gestalten stets und ohne weiteres (z.B. die Ehe als Rechtsform des Zusammenlebens der Geschlechter) – über die Entscheidung der subjektiven Freiheit hinweg – durch Rechtszwang zu oktroyieren.
Voraussetzung für das Gelingen solcher Vermittlung ist freilich, daß im Bewußtsein der Freiheit die Inhalte der Freiheitsverwirklichung, deren Annahme das Bei-sich-selbst-sein in Freiheit herbeiführt, gegenwärtig sind und auch gegenwärtig gehalten werden. Dies kann das Recht mit seinen Mitteln nicht aus sich selbst leisten. Es ist abhängig von Kräften, die dem Recht vorausliegen. Von Bedeutung sind vor allem die Religion als eine auch die Sitten prägende Kraft, Bildung und Erziehung sowie die Präsentation der in einem Volk als sein Geist lebendigen Kultur- und Vernunfttradition in und durch öffentliche Institutionen. Schwindet ein hierdurch wirklich gemachter substantieller Gehalt im Bewußtsein der Gesellschaft, verliert die Vermittlung von objektiver und subjektiver Freiheit in Form ihrer (Selbst-)Bestimmung durch allgemeine Gesetze allerdings ihre Grundlage. Das

verweist – unter den Bedingungen des weltanschaulichen und ethischen Pluralismus – auf die Frage, wie weit auch der Staat Träger dieser Vermittlung sein kann und müßte. Fehlt es nämlich an solchen Vermittlungsträgern, die die Hineinnahme dieser Gehalte – meist als »Vernünftiges« oder »das Allgemeine« bezeichnet – in das Selbstbewußtsein zu bewirken vermögen, wird die Vermittlung selbst prekär. Ein geistig-ethischer Pluralismus kann sie schwerlich aus sich hervorbringen, weil die von ihm ausgehende Verbindlichkeit nur die des Pluralismus selbst ist.

3. Rechtliche Freiheit und wirkliche Freiheit

Die im Recht gegebene und durch Recht gesicherte Freiheit ist nicht schon aus sich selbst reale und realisierte Freiheit. Rechtliche Freiheit schafft die *Möglichkeit* gesicherter Freiheitsbetätigung, legt deren Grenzen fest und gibt ihr evtl. bestimmte Inhalte vor; wirkliche, reale Freiheit wird daraus erst, wenn diese Möglichkeit auch ergriffen werden kann. Das hängt wesentlich auch von bestimmten sozialen Voraussetzungen ab. Erst durch deren Vorhandensein werden die Menschen in die Lage versetzt, von der rechtlichen Freiheitsmöglichkeit auch Gebrauch zu machen. Wer mangels Subsistenzmitteln den ganzen Tag gegen den Hunger kämpfen muß, hat keine Möglichkeit zur Realisierung geistiger, kultureller etc. Freiheit und auch nicht zum Abschluß eines wirklich freien Arbeitsvertrags. »Die Freiheit ist eine wirkliche erst in dem, der die Bedingungen derselben, die materiellen und geistigen Güter als die Voraussetzung der Selbstbestimmung, besitzt« (L. v. Stein).
Für die Wirklichkeit der rechtlichen Freiheit kommt es daher entscheidend auf das Vorhandensein bzw. Sich-verschaffen-können eines Grundanteils an den sozialen Lebensgütern an. Dieser Anteil ist selbst ein Teil der Freiheit. Das begründet und legitimiert die Idee sozialer Grundrechte (als sozialer Gestaltungsaufträge für den Staat), die auf eine Gewährleistung des Anteils an den sozialen Lebensgütern zielen. Sie wird heute, insbes. in den Staaten der Dritten Welt, oft den Freiheitsgrundrechten kritisch entgegengestellt, ist aber in der Sache kein Gegenprinzip zu diesen, sondern eine Folgerung der Freiheitssicherung. Die Idee sozialer Grundrechte dient der Herstellung realer Freiheitsmöglich-

keit. Auch wo ihre Verwirklichung zu Maßnahmen sozialer Umverteilung führt, widerspricht sie dem rechtlichen Freiheitsprinzip nicht. Es geht dabei um nichts anderes als die Festlegung der Vereinbarkeit der (vorhandenen) Freiheit des einen mit der Freiheitsmöglichkeit des anderen.

In den modernen westlichen Industriegesellschaften hat das Verhältnis von rechtlicher Freiheit und wirklicher Freiheit darüber hinaus noch einen weiteren Aspekt. Die Freiheitsorganisation in diesen Gesellschaften beruht, dem subjektiv-liberalen Freiheitsdenken entstammend, wesentlich auf der Anerkennung der Rechtsgleichheit (Gleichheit), der allgemeinen Handlungs- und Erwerbsfreiheit und der Garantie des erworbenen Eigentums. Die natürliche und besitzbestimmte Ungleichheit der Menschen wird damit nicht aufgehoben oder relativiert, sondern allererst zur vollen Entfaltung freigesetzt. Die Betätigung der für alle gleichen rechtlichen Freiheit bringt kraft der Verschiedenheit natürlicher Anlagen, Interessen, persönlicher Energie und sozialer Vorgegebenheiten notwendigerweise unterschiedliche Ergebnisse i. S. sozialer Ungleichheit hervor. Diese verfestigt sich – vermittels der Garantie von Eigentum und Erbrecht – und ruft, verstärkt durch die industriell-technische Entwicklung, den sozialen Antagonismus hervor, in dem sich die soziale Ungleichheit zur sozialen Unfreiheit steigert. Solcher Entwicklung darf, um der Freiheit willen, kein freier Lauf gelassen werden. Ihr kann indessen nicht durch die Beseitigung der liberalen Grundverfassung der Gesellschaft, wie K. Marx es gefordert hat, begegnet werden; denn damit würde die Freiheitsbasis der Gesellschaft selbst aufgehoben. Statt dessen bedarf es einer stetigen Relativierung der aus der Betätigung der Freiheit immer wieder neu entstehenden sozialen Ungleichheit. Das ist das Grundprinzip des Sozialstaates. Das Hauptproblem liegt darin, hierbei das rechte Maß für die Relativierung sozialer Ungleichheit und die Schaffung der sozialen und sozialstrukturellen Voraussetzungen für die Realisierung rechtlicher Freiheit zu finden. Gelingt dies nicht, verliert der Sozialstaat seinen Freiheitsbezug und wird zum kollektivverwaltenden Wohlfahrtsstaat.

II

Dem heutigen Freiheitsbewußtsein erscheint wie das Recht so auch der Staat zunächst als Einschränkung und Begrenzung der Freiheit. Dabei kehren die gleichen Probleme wieder wie im Verhältnis von Freiheit und Recht (vgl. I); der Staat erweist sich ebenso als potentielle Bedrohung wie als (notwendige) Voraussetzung und als ein Grund der Freiheit. »Staat« meint dabei nicht lediglich einen allgemeinen Inbegriff politischer Ordnung, sondern zugleich die spezifische politische Ordnungsform, die sich in der europäischen Neuzeit herausgebildet und über Europa hinaus verbreitet hat.

1. Staat als notwendige Bedingung der Freiheit

Der Staat als politische Organisation, in dem die Gesamtheit der einzelnen als Subjekt auftritt, ist unerläßlich, um jedem einzelnen Schutz gegenüber der Bedrohung der Gewalttätigkeit zu vermitteln. Die Freiheitsbedrohung durch Gewalttätigkeit, die zunächst in der Gesellschaft diffus zerstreut ist, wird durch den Staat kraft des von ihm errichteten Monopols legitimer Gewaltausübung zusammengefaßt und einer Regelung und Entscheidung unterworfen, die den innerstaatlichen Friedenszustand und – dadurch vermittelt – Sicherheit als Voraussetzung der Freiheitsbetätigung herstellt. Politische Organisation ist ferner notwendig zur Erbringung von Gemeinschaftsleistungen, zu denen die einzelnen als solche unvermögend sind, die aber Bedingungen individuellen Lebens und Bei-sich-selbst-sein-könnens hervorbringen (z. B. Landgewinnung, Verkehrserschließung, allgemeine Schulbildung). Schließlich ist der Staat notwendig zur Gewähr (und heute auch: Gestaltung) des Rechts, das seinerseits (s. o. I, 1) Bedingung für Bestand und Betätigung der Freiheit ist. Der Rechtszustand, der Freiheit gewährleistet, macht sich nicht von selbst, er bedarf auch der Instanz, die das Recht gegebenenfalls festlegt, es konkret ausspricht und seine Befolgung gegenüber Widerstrebenden sichert. Recht fordert den Staat als Institution seiner eigenen Gewährleistung (I. Kant).

2. Organisation der Freiheit im und gegenüber dem Staat

Gleichwohl ist der Staat – ebenso wie das Recht – nicht allein aus seinem Vorhandensein auch eine hinreichende Bedingung der Freiheit. »Wer stark genug ist, alle zu schützen, ist auch stark genug, alle zu unterdrücken« (Th. Hobbes). Daher bedarf es weiterer Vorkehrungen, damit das Handeln des Staates auf Freiheit orientiert bleibt und nicht in die Beliebigkeit der jeweiligen Träger staatlicher Befugnisse zurückfällt. Dies kann allerdings nicht dadurch geschehen, daß die staatliche Macht- und Entscheidungseinheit abgebaut oder aufgelöst wird; denn sie ist notwendige Bedingung für die Herstellung des Friedens und die Sicherung der Freiheit. Möglich und realisierbar sind indessen Vorkehrungen organisatorischer und verfahrensmäßiger Art, durch die die staatliche Entscheidungsgewalt an grundlegende Zwecke und Grenzen ihres Handelns gebunden, in angemessener Weise gegliedert und balanciert, geregelten Verfahren sowie einer Verantwortlichkeit und Kontrolle unterworfen wird. Die hiermit erreichbare Sicherung der Freiheit ist nicht absolut, aber doch vergleichsweise optimal, weil es absolute Sicherungen gegen die Gefährdung der Freiheit, die aus dem Zusammenleben der Menschen resultieren, nicht gibt.

Vorkehrungen, die in dieser Weise Organisation der Freiheit zu bewirken vermögen, sind neben dem Gewaltmonopol des Staates (s. o. II, 1) die sachliche Unterscheidung, organisatorische und personelle Trennung und Balancierung verschiedener staalicher Tätigkeiten (Gewaltenteilung) und hier insbes. die Sicherung der Unabhängigkeit der Gerichte, ferner die Anerkennung von Grundrechten als Freiheitsrechten, die das Handeln des Staates verbindlich begrenzen, sowie Einrichtungen wirksamer Kontrolle staatlicher Machtausübung, und hierbei nicht zuletzt – unter modernen Verhältnissen – freie Presse (Meinungs- und Informationsfreiheit) und öffentliche Meinung.

Von gleicher Bedeutung ist die *Beteiligung* der einzelnen an der politischen Willensbildung und am staatlichen Handeln. Freiheit im Staat und durch den Staat bedeutet nicht nur die Sicherung vor Übergriffen anderer und Übergriffen des Staates selbst, sie umfaßt ebenso die Vermittlung der einzelnen mit dem Allgemeinen, das sich in der staatlichen Ordnung artikuliert und darstellt, und mit dem Tun des Staates selbst. Das Prinzip der Selbstbestimmung des einzelnen muß in die Bildung und Ausübung des sog. Staatswillens, d. h. der staatlichen Entscheidungsgewalt und Aufgabenerledigung, hineingenommen werden; dadurch bleibt dieser nicht länger etwas Fremdes, sondern wird zur auch eigenen Sache. Der Weg dazu ist eine gegliederte und differenzierte Teilnahme und Beteiligung der Bürger am staatlichen Leben. Sie läßt sich in verschiedenen Formen verwirklichen. Besondere Bedeutung haben Dezentralisation und Selbstverwaltung; die Artikulation und Wirkungsmöglichkeit einer frei sich bildenden öffentlichen Meinung, die sich mit den allgemeinen Angelegenheiten befaßt und die Art ihrer Erledigung beobachtet; die Beteiligung der Bürger an der Konstituierung politischer Leitungsorgane auf den verschiedenen Ebenen staatlichen Handelns; schließlich der freie Zugang zu den öffentlichen Ämtern.

Solche Organisation der Freiheit im Staat bedeutet nicht notwendig die Errichtung oder den Übergang zur politischen Demokratie. Diese beruht auf dem Prinzip abstrakter Mitwirkung der einzelnen, ausgedrückt im allgemeinen und gleichen Wahlrecht, ohne Anknüpfung an Erfahrung, Befähigung, erworbene Eignung zur Erledigung politischer Aufgaben. Daß sie zu einer Form der Freiheit wird und werden kann, ist von einer Vielzahl soziokultureller Voraussetzungen abhängig. Die heute gängige menschenrechtlich-kategoriale Begründung der politischen Demokratie greift daher erheblich zu kurz. Kategoriale Geltung für die Organisation der Freiheit hat nicht eine bestimmte Form, sondern nur das Prinzip der Beteiligung; dieses ist je nach den soziokulturellen Gegebenheiten einer verschiedenartigen Konkretisierung nicht nur zugänglich, sondern auch bedürftig.

3. Die Aufgaben des Staates im Hinblick auf Freiheitssicherung und Freiheitsverwirklichung

Die Aufgaben des Staates zur Sicherung und Verwirklichung der Freiheit sind vielfältig: sie ergeben sich – in Umfang und Grenzen – aus den nämlichen Gründen, die die Notwendigkeit des Staates für die Möglichkeit und Wirklichkeit der Freiheit erweisen.

a) Dem Staat obliegt die Sorge für äußere Freiheit und Sicherheit seiner Bürger. Diese richtet sich zunächst auf die Gewähr der rechtlichen Freiheit als subjektive Freiheit der einzelnen und die Möglichkeit ihrer Betätigung. Sie umfaßt vornehmlich die Umsetzung derjenigen Gestaltungsaufgaben, die im Hinblick auf das Recht für den Freiheit ermöglichenden Rechtszustand gefordert sind. Der Maßstab dafür liegt nicht in der tatsächlichen Stärke bestimmter Freiheitsbestrebungen und -interessen, sondern im Freiheitsprinzip selbst. Die Verantwortung des Staates bezieht sich – im Unterschied zur Gesellschaft als dem Feld der Besonderheit – auf die Erhebung *aller* einzelnen zur vollen Freiheit und persönlichen Entfaltung (L. v. Stein).

Diese Aufgabe erstreckt sich, um die Freiheitsgewähr real zu erhalten, auch über die Umgrenzung und Sicherung rechtlicher Freiheitssphären hinaus auf soziale Gestaltung und sozialen Ausgleich. Erst durch soziale Gestaltungs- und Ausgleichsaktivität vermag der Staat – insbes. bei Bestehen einer liberalen Gesellschaftsordnung – in Richtung auf die Sicherung des Grundanteils der einzelnen an den sozialen Lebensgütern zu wirken und die gesellschaftlichen Rahmenbedingungen sozial-struktureller Art herbeizuführen, die beide eine Voraussetzung für die Möglichkeit der tatsächlichen Inanspruchnahme rechtlicher Freiheit bilden. Freiheitsbegriff und Freiheitsorganisation haben insofern gegenüber ihrer Ausprägung im liberalen Rechtsstaat eine Änderung erfahren. Ging man dort von einem Freiheitsbegriff i. S. einer vor-staatlichen natürlichen Freiheit aus, in der Eigentum und Arbeit vorausgesetzt waren, so ist heute Freiheit nicht mehr primär etwas natürlich Vorgegebenes, das nur des rechtlichen Schutzes bedarf; sie entsteht und besteht vielmehr in wachsendem Umfang als Ergebnis sozialer Organisation und hat insoweit ihre Wirklichkeit nicht *vor* sozialen Einbindungen und Rechtsbeziehungen, als Bereich von Autarkie, sondern *in* diesen.

b) Fraglich erscheint, wie weit dem Staat über die Sicherung und Gewähr der äußeren subjektiven Freiheit und der Möglichkeit ihrer Realisierung hinaus Aufgaben im Bereich der inhaltlichen Orientierung der Freiheit zukommen. Obliegt dem Staat auch die Ausformung, Präsentation und Lebendigerhaltung ethisch-sittlicher Gehalte, damit diese als tragender Grund und haltende Kraft für die individuelle Selbstbestimmung wirksam werden?

Die Frage weist zurück auf den Freiheitsbegriff. Wird dessen Bestimmung nicht in einer Option für die nur subjektive Freiheit oder nur objektive Freiheit gesehen, sondern in der Vermittlung

beider (s. o. 1, 2), so ist es kein Verstoß gegen das Freiheitsprinzip, vielmehr von ihm gefordert, daß die subjektive Freiheit nicht inhaltloser Beliebigkeit überlassen bleibt, sondern verbindliche Orientierungspunkte findet, an denen sie sich bilden und einen Vernunft-Inhalt in sich aufnehmen kann. Solche Orientierungspunkte müssen freilich nicht staatliche sein. Nimmt sie jedoch der Staat nicht (auch) in seine öffentliche Ordnung hinein, entbehren sie öffentlicher Verbindlichkeit im Gemeinwesen. Somit kommt es auf die Darstellung und Pflege geistiger und ethisch-sittlicher Gehalte auch und gerade durch den Staat entscheidend an. Deutlichstes Beispiel ist das staatliche Schule-halten und hier besonders die Festlegung schulischer Erziehungs- und Unterrichtsziele.
Hiergegen erhebt sich als Einwand die Bindung des freiheitsbezogenen Staates an den religiös-weltanschaulichen und geistig-ethischen Pluralismus, der zudem durch Grundrechtsgewährleistungen verbürgt sei. Daraus wird gefolgert, daß eine eigenständige Präsentation geistiger und ethisch-sittlicher Gehalte durch den Staat nicht möglich sei; allenfalls könne er eine schützende und stützende Funktion für solche Gehalte in Anspruch nehmen, die bei den Bürgern und in der Gesellschaft lebendig seien. Dies kennzeichnet die heutige Lage und formuliert das Problem. Die repräsentative, einigende Kraft des Vernunftbegriffs, von der aus die Vermittlung geleistet werden könnte, ist erschüttert. Statt seiner ist der Staat in einer Ordnung, für die der geistig-ethische Pluralismus wesentliche, zudem normativ abgestützte Grundlage ist, auf den Konsens der gemeinsamen Auffassungen verwiesen. Dieser aber ist ein fließendes Element, eingebunden in die geistigen (und heute auch: massenmedialen) Fluktuationen der Zeit und seinerseits ohne Orientierung, die ihm als (öffentliche) Verbindlichkeit gegenübertritt. Wird er prekär, ergibt sich die Frage, wieweit er als notwendiges Ferment subjektiver Gemeinsamkeit ideenpolitisch neu hergestellt werden muß. Damit steht er freilich auch der Manipulation offen.

4. Verteidigung der Freiheitsordnung durch den Staat

Es ist für den Staat unerläßlich, die in ihm organisierte Freiheit gegen Angriffe und Infragestellungen, kommen sie von außen (anderen Staaten) oder von innen (den eigenen Bürgern), zu verteidigen. Ein Verzicht darauf käme seiner Selbstaufgabe gleich. Dies führt vor allem zu dem Problem, wie der Staat seine Freiheitsordnung gegenüber Feinden von innen schützen und verteidigen kann, ohne den eigenen Freiheitsbezug in Frage zu stellen; es greift über den Bereich des politischen Strafrechts (Hochverrat, Verfassungsbeseitigung; Staatsschutzdelikte) weit hinaus. Die angemessene Form der Selbstverteidigung liegt einmal darin, daß die staatliche Ordnung für die Reformen und Veränderungen offen ist, sofern diese nicht das Freiheitsprinzip selbst zu beseitigen trachten; zum andern darin, daß der Staat die Grenzen, die der politischen Freiheitsbetätigung um der Sicherung der Freiheitsordnung willen gezogen werden müssen, durch Gesetze, d.h. gesetzliche Gebote und Verbote, vollziehbar umschreibt und dann die Anwendung dieser Gesetze sicherstellt. Die Freiheitsverteidigung wird so in den Bahnen der Legalordnung gehalten, und es wird das Prinzip rechtlicher (und rechtsstaatlicher) Freiheitsgewähr nicht verlassen: »Die Freiheit ist das Recht, alles tun zu dürfen, was die Gesetze erlauben« (Montesquieu). Wird hingegen die Selbstverteidigung nicht mehr in den Gesetzen und durch sie gesucht, sondern daneben aufgebaut, indem der Staat etwa nicht mehr nur die Gesetzestreue seiner Bürger fordert, sondern sich ihrer positiven, die bestehende Ordnung bejahenden Gesinnung zu versichern sucht, gibt er ein Stück dessen auf, was seinen Freiheitscharakter ausmacht. Der Zugriff auf die Gesinnung ist Zeichen nicht seiner Stärke, sondern seiner Schwäche. Der Staat verzichtet dabei auf das Moment der Äußerlichkeit, das er – im Gegensatz zur antiken Polis und zu den modernen totalitären Regimen – als Folge der Anerkennung (und Freigabe) der Individualität und Subjektivät der einzelnen an sich hat.

Literatur

Immanuel Kant, *Die Metaphysik der Sitten,* Tl. 1 (Rechtslehre), darin insbes. »Einleitung in die Rechtslehre« und §§ 41 ff. – Georg Wilhelm Friedrich Hegel, *Grundlinien der Philosophie des Rechts,* darin insbes. Vorrede, Einleitung (§§ 1-33), sowie §§ 182-188, 256-270. – Joachim Ritter, *Hegel und die französische Revolution,* Köln 1957; auch in: Ders., *Metaphysik und Politik. Studien zu Aristoteles und Hegel,* Frankfurt/M. 1977, S. 183 ff. – Max Müller, F. I-III, in: *StL.* Bd. 3, ^{6}1959, S. 528 ff. – Johannes Messner, *Das Naturrecht,* Innsbruck ^{5}1966, S. 433 ff. – Robert Spaemann, F. IV, in: *HWPh.* Bd. 2 1972, S. 1088 ff. – Ernst-Wolfgang Böckenförde, *Die verfassungstheoretische Unterscheidung von Staat und Gesellschaft als Bedingung der individuellen Freiheit,* Opladen 1973. – Karl-Heinz Ilting, »Die Struktur der Hegelschen Rechtsphilosophie«, in: *Materialien zu Hegels Rechtsphilosophie,* hg. v. Manfred Riedel Bd. 2. Frankfurt/M. 1974, S. 52 ff. – Manfred Riedel, »Natur und Freiheit in Hegels Rechtsphilosophie«, in: Ders., *Materialien zu Hegels Rechtsphilosophie,* Bd. 2, Frankfurt/M. 1974, S. 109 ff. – Helmut Coing, *Grundzüge der Rechtsphilosophie,* Berlin ^{3}1976. S. 188 ff. – Ernst-Wolfgang Böckenförde, *Der Staat als sittlicher Staat,* Berlin 1978. – Wolfgang Kersting, *Wohlgeordnete Freiheit. I. Kants Rechts- und Staatsphilosophie,* Berlin 1984.

3. Das Bild vom Menschen in der Perspektive der heutigen Rechtsordnung

Im Bereich des Rechts wird das Bild vom Menschen nachhaltig durch das geltende Recht, in dem und mit dem die Menschen leben, geprägt, weniger durch die Rechtswissenschaft. Die Rechtsordnung, die die Menschen umgibt, ist (auch) ein Faktor ihrer Selbsterfahrung; sie bestimmt das Selbstverständnis, das die Menschen von sich haben, mit. Die Rechtswissenschaft ist demgegenüber – im Unterschied zur Rechtsphilosophie – eine an die Rechtsordnung und ihre Grundgehalte gebundene, primär interpretierende Wissenschaft. Sie schafft nicht das Recht, sondern sie bearbeitet und reflektiert es und bringt es in die Form der systematisch-dogmatischen Aussage.

Im folgenden sollen einige Grundmerkmale der heutigen Rechtsordnung aufgezeigt werden, die nach meiner Auffassung für das Bild vom Menschen, das in dieser Rechtsordnung zum Ausdruck kommt und sich durch sie mit bildet, bedeutsam sind. Dabei geht es nicht darum, wie diese Grundmerkmale sein sollen, um der Idee einer guten Rechtsordnung zu entsprechen, sondern wie sie in der heutigen wahrnehmbaren Rechtsordnung tatsächlich sind. Die Ausführungen haben also *analytischen* Charakter. Die »heutige Rechtsordnung« ist eingegrenzt auf die Rechtsordnung westlich-demokratischer Staaten, die weithin auf den Prinzipien der Aufklärung und deren Konkretisierungen beruht. Die Aussagen gelten also nicht für die Rechtsordnungen kommunistischer Staaten und nicht für die Rechtsordnungen anderer Kulturkreise und Kulturtraditionen, wie etwa des Islam.

1. In der heutigen Rechtsordnung wird der Mensch grundsätzlich als einzelnes Individuum vorausgesetzt und in Blick genommen. Das in ihr wirksame Bild vom Menschen ist das des einzelnen, auf sich gestellten Individuums, das zwar auch in sozialen und anderen Gemeinschaftsbeziehungen lebt, aber als solches diesen Beziehungen vorausliegt. Dieses Bild, wie es in der Vernunftrechtslehre des 18. Jahrhunderts entwickelt wurde, wird in die Rechtsordnung hinein umgesetzt. Die Grundeinheit der Rechtsordnung

ist demgemäß das einzelne, freie, auf sich gestellte Individuum, das Rechtssubjekt. Es ist nicht etwa die Familie oder, wie früher, das Haus oder eine andere menschliche Gemeinschaft. Die Familie ist anerkannt und vorhanden nur als *soziale* Gemeinschaft. Rechtlich wird sie erfaßt und faßbar in individuellen Rechts- und Pflichtbeziehungen zwischen Mann und Frau, Eltern und Kindern, eventuell Großeltern und Enkeln. Ein Beispiel zur Erläuterung: Angesichts des Mangels an Arbeitsplätzen kann man den Grundsatz aufstellen, jede Familie solle zunächst einen Arbeitsplatz haben und nur einen beanspruchen können. Dieser Grundsatz läßt sich in unserer Rechtsordnung – bei Beachtung des für sie fundamentalen Gleichheitssatzes – kaum umsetzen. Denn Rechtssubjekte, die einen Anspruch auf rechtlich gleiche Behandlung haben, sind nicht die Familien, sondern die Individuen. Die Zurückstellung bei der Arbeitsplatzvergabe oder im Berufsleben wegen des Familienstandes erscheint daher als eine Verletzung des Gleichheitssatzes: Im Verhältnis der Individuen zueinander werden die Verheirateten benachteiligt bzw. »diskriminiert«.

Ferner erscheint im heutigen Recht für den Menschen der Mitmensch nicht als Bedingung des eigenen Menschseins, sondern als Grenze und Begrenzung der eigenen rechtlichen Freiheit – als der andere, dessen Recht zu achten ist. Der berühmte Artikel 4 der Erklärung der Menschen- und Bürgerrechte von 1789 gibt bis heute ein Grundmodell für die Gestaltung der modernen Rechtsordnungen ab. »Die Freiheit besteht darin, alles tun zu können, was einem anderen nicht schadet. Die Ausübung der natürlichen Rechte eines jeden Menschen hat nur die Grenzen, die den anderen Gliedern der Gesellschaft den Genuß der gleichen Rechte sichern; diese Grenzen kann allein das Gesetz festlegen.« Dazu hat Karl Marx – wie ich glaube, im Kern zutreffend – vermerkt, daß dieses Menschenrecht der Freiheit nicht auf der Verbindung des Menschen mit dem Menschen, sondern auf der Absonderung des Menschen vom Menschen basiere. Es sei das Recht dieser Absonderung – das Recht des auf sich beschränkten Individuums.[1]

Ein Einwand: Widersprechen dem aber nicht die mannigfachen Bindungen und Verpflichtungen gegenüber anderen, die unsere

1 *Karl Marx,* Zur Judenfrage I, = MEGA, Bd. 1, 1. Halbb., Frankfurt 1927, S. 594.

Rechtsordnung auch kennt und die nicht erst aus vertraglich-freiwilliger Vereinbarung hervorgehen? Diese rechtlichen Bindungen und Pflichten – etwa im Bereich des Arbeits-, Sozial-, Handels- und Familienrechts – sind vorhanden. Aber sie erscheinen als Begrenzung und Schranke der Freiheit und Verfügungsbefugnis, der Privatautonomie des einzelnen auf sich gestellten Menschen, die den Ausgangspunkt bilden. Als solche sind sie Bestandteil der Rechtsordnung. Es sind Grenzziehungen, nicht Ausgangsbedingungen.

2. In die heutige Rechtsordnung geht der Mensch nicht mit seiner metaphysischen oder transzendentalen Bestimmung ein; er geht in sie ein als in (rechtliche) Freiheit gesetztes Individuum, das seine Bestimmung selbst suchen und wählen, sie aber auch verfehlen kann, ohne vom Recht eine Vorgabe für diese Wahl zu erhalten. Der Grundinhalt der modernen Menschen- und Bürgerrechte, die ein Kernstück der heutigen Rechtsordnung ausmachen, liegt nicht darin, eine Zielausrichtung der Freiheit *auf* Religion, Bildung, Kunst usf. oder allgemein auf die Vollendung der Natur (Eudämonia) festzulegen und als Verbindlichkeit vorzugeben; er liegt darin, daß sie auf *Freiheit* der Religion, *Freiheit* der Meinungsäußerung, *Freiheit* der Kunst, der Entfaltung der Persönlichkeit usf. bezogen sind. Ob und in welcher Weise diese Güter – Religion, Meinung, Kunst, Bildung – ergriffen werden oder nicht, bleibt, rechtlich gesehen, frei. Das Recht und die Rechtsordnung gewährleisten nur die Bedingung ihrer Möglichkeit. Die in den Menschen- und Bürgerrechten ausgesagte Bestimmung vom Menschen ist die *Freiheit,* aber die Freiheit nicht als metaphysische Freiheit, auch nicht als transzendentale Freiheit, sondern als subjektive Freiheit der einzelnen im Sinne von Wahlfreiheit und freier Selbstbestimmung. Die Subjektivität, als Teil der Freiheit der Person, wird in Freiheit gesetzt und in Freiheit gehalten, ohne daß ihr – um mit Hegel zu formulieren – das an und für sich Allgemeine als Verbindlichkeit gegenübertritt.

Es ist wichtig zu sehen, daß die modernen Grund- und Menschenrechte, wie sie in und seit der Französischen Revolution errungen wurden, nicht kategoriale Formen rechtlicher Freiheitsgewähr sind, als ob Freiheit nur so oder gar nicht gewährleistet werden könnte. Sie sind *spezifische* Formen von Freiheitsgewähr, und zwar derart, daß sie, rechtlich gesehen, auch die Freisetzung des einzelnen gegenüber seiner Bestimmung zum Inhalt haben.

Ich möchte hier auf einen Sachverhalt aufmerksam machen. In der kirchlichen Verkündigung und insbesondere in den Reden des Heiligen Vaters werden die Menschenrechte immer von der Bestimmung des Menschen, seiner metaphysischen Bestimmung her begründet und auf sie hin entworfen und gefordert. Im Kontext der rechtlichen Verbürgung der Menschenrechte, wie sie unsere und andere Rechtsordnungen kennzeichnet, ergibt sich daraus aber ein anderer Sinn. Das Eintreten für die Menschenrechte wirkt hier als Eintreten für die spezifische Emanzipationsform einer Gewähr von Rechten des Menschen, wie sie die Déclaration von 1789 zum Inhalt hat. Die kategoriale – auch theologisch-kategoriale Begründung der Menschenrechte, die heute von der Kirche ausgeht, wird im Kontext der modernen Gesellschaft und ihrer weltlichen Rechtsordnung auf die spezifische moderne Emanzipationsform der Menschenrechte bezogen.
Eine Folge der besonderen Art der Freiheitsgewähr in den heutigen Rechtsordnungen ist, daß die ethisch-sittlichen Gehalte vernünftigen Lebensvollzugs in die Rechtsordnung nur zum Teil eingehen. Sie gehen insoweit in sie ein, als sie auf die Sicherung der Bedingungen des äußeren Zusammenlebens nach Maßgabe der menschlichen Bedürfnisnatur bezogen sind. Leben, Sicherheit, persönliche Ehre, äußere Freiheit und Eigentum sind das, was die Rechtsordnung gewährleistet. Hier findet der Tendenz nach eine Deckung mit ethisch-sittlichen Normbeständen statt, auch wenn es im einzelnen Diskrepanzen geben mag. Dem entspricht es, wenn der Begriff der Sozialschädlichkeit die Legitimation dafür abgibt, ein Verhalten unter Strafe zu stellen. Die höhere Bestimmung des Menschen bleibt indessen ausgespart, sie ist, rechtlich gesehen, in Freiheit gesetzt. Ist dies unabdingbar, wenn Freiheitsgewähr wirksam und in der Handhabung korrekt sein soll? Oder zeigt es das Fehlen einer Vermittlung zwischen subjektiver rechtlicher Freiheit und den Gehalten der Freiheitsverwirklichung an?
3. Die heutige Verfassungsordnung erhebt den religiös-weltanschaulichen und geistig-ethischen Pluralismus zum rechtlich abgesicherten, strukturierenden Grundbestand der öffentlichen Lebensordnung. Grundlage dafür sind wiederum die Menschen- und Bürgerrechte. Sie verweisen die durch sie geschützten Lebens-, Denk- und Handlungsbereiche als Freiheitsbereiche zur Ausfüllung an die individuelle Subjektivität. Indem sie als *Frei-*

*heits*bereiche gewährleistet werden, hat ihr Inhalt – wie Religion, Bildung, Wissenschaft, Kunst – als solcher *keine notwendige Teilhabe am Allgemeinen der staatlichen Ordnung.* Das Allgemeine der staatlichen Ordnung ist nur die Möglichkeit, eben die Freiheit von Religion, Bildung, Kunst u. ä. Der Staat und seine Ordnung treten auch nicht als ein Gegenüber zu dieser Freiheitsgewähr in Erscheinung, das etwas aus eigener Tradition oder Substanz einen vernünftigen Inhalt als Verbindlichkeit präsentiert, ohne diesen Inhalt aufzuzwingen. Der Staat wird vielmehr selbst als Mittel und Instrument der menschenrechtlichen subjektiven Freiheitsgewähr verstanden. In zwei Dokumenten, die knapp 170 Jahre auseinanderliegen, ist das ziemlich gleichlautend formuliert. Im Artikel 2 der Menschenrechtserklärung von 1789 heißt es: »Das Ziel jeder politischen Vereinigung ist die Erhaltung der natürlichen und unveräußerlichen Menschenrechte«, und Artikel 1 Abs. 1 des Verfassungsentwurfs von Herrenchiemsee von 1948, der zur Vorbereitung des Grundgesetzes aufgestellt wurde, lautet: »Der Staat ist um des Menschen willen da, nicht der Mensch um des Staates willen.«[2]

Die Folge ist, daß den Menschen in und aus der öffentlichen Lebensordnung *keine Vorgabe an Verbindlichkeit und Orientierung* erwächst, zu der sie sich dann in Freiheit verhalten können. Sie stehen statt dessen einer Vielzahl von Angeboten im Hinblick auf Religion, Bildung, Grundsätzen der Lebensführung gegenüber, zu denen sie sich verhalten und zwischen denen sie wählen können. Auch der Wahrheitsanspruch des christlichen Glaubens erhält im Kontext dieser pluralistischen Ordnung notwendigerweise den Status eines solchen *konkurrierenden Angebots.* Es ist ein Angebot unter mehreren, die in der Gesellschaft auftreten. Irgendeine Verbindlichkeit hat das, was seinen Inhalt ausmacht, nur für diejenigen, die dieses Angebot zuvor angenommen haben, nicht aber als Teil der allgemeinen öffentlichen Lebensordnung.

Die Menschen erscheinen so in der Rechtsordnung als in Freiheit Gesetzte, und zwar in dem doppelten Sinn, den dieses Wort hat. Von der öffentlichen Lebensordnung und ihrer Allgemeinheit, in der sie leben, sind sie in dem, was die höhere Bestimmung des

2 Bericht über den Verfassungskonvent auf Herrenchiemsee vom 10. bis 23. August 1948, München o. J., S. 61.

Menschen ausmacht, ohne Orientierung gelassen, aber zur eigenen Orientierungssuche in Freiheit gesetzt. In dieser Freiheit werden sie geschützt und erfahren sie als ihr grundlegendes Recht.

4. Das bisher gezeichnete Bild ist einseitig und bedarf einer gewissen Korrektur. Ungeachtet der Anerkennung und rechtlichen Absicherung des Pluralismus sucht die heutige Rechtsordnung bestimmte materielle rechtliche Gehalte sicherzustellen. Und sie bezieht sich keineswegs allein auf die Sicherung, Abgrenzung und Koordination der individuellen subjektiven Freiheit, sondern trifft auch Regelungen, die etwa die Ordnung und Institutionen der politischen Gemeinschaft, das Zustandekommen und die Bedingungen eines demokratisch, vom Volk her begründeten allgemeinen Willens und dessen nähere Regulierung betreffen. Dem dienen – etwa in der Verfassung der Bundesrepublik – sehr ausgeprägte Festlegungen und Verbürgungen, für deren Gewähr und Sanktionierung vielfach auch eine eigene Instanz – bei uns in der Form eines Verfassungsgerichts – vorgesehen ist. Es sei an die Verpflichtung zur Achtung der Menschenwürde, an die Grund- und Freiheitsrechte, das Prinzip der Rechtsstaatlichkeit in seinen verschiedenen Ausprägungen, die Teilung der Gewalten, die Unabhängigkeit der Gerichte, den offenen und freien Prozeß der politischen Willensbildung auf der Grundlage von Meinungsäußerungs-, Presse- und Versammlungsfreiheit erinnert. Kann daraus nicht Sicherheit und Gewißheit für die Menschen hervorgehen, in einem institutionellen Rahmen und durch Verfahrensregeln irgendwie geborgen zu sein, und – im Hinblick auf die inhaltlichen Verbürgungen – doch eine Art Orientierung ihrer subjektiven Freiheit und ein Stück substantieller Verankerung? Solche Sicht mag sich nahelegen, und es sprechen einige Anhaltspunkte dafür. Doch dürfen, wie mir scheint, zwei wichtige Gesichtspunkte nicht übersehen werden.

Einmal steht den inhaltlichen Verbürgungen auf der anderen Seite eine ebenso ausgeprägte *Verfügbarkeit des Rechts* gegenüber. Recht wird ja heute weithin, und dies prägt sich dem Bewußtsein mehr und mehr ein, als *machbar* erfahren und erlebt, erscheint als Instrument zur Lenkung gesellschaftlicher Prozesse. Den Gesetzgebungsorganen steht es grundsätzlich zur Disposition, ist abhängig von Mehrheitsverhältnissen und Ausdruck politischer Entscheidung. Dadurch ist es permanenter Veränderung unterworfen, wird in zunehmendem Maße ein Produkt der Politik. Was sich in den Parlamenten an Diskussion und Auseinandersetzung abspielt, hat, wenn ich das richtig beobachte, nicht primär den Charakter eines Kampfes um das richtige Recht, das es nun festzulegen und zu formulieren gilt, sondern eher einer Auseinandersetzung darum, inwieweit man in der Lage ist, die eigenen politischen Programme durch das Mittel der Gesetzgebung allgemein verbindlich zu machen. Dabei reicht die Verfügbarkeit des Rechts bis zu dem Punkt, an dem verfassungsrechtliche Verbürgungen Grenzen ziehen oder Bindungen auferlegen. Sie sind das Residuum des Bleibenden, des nicht oder nur begrenzt (im Rahmen zulässiger Verfassungsänderung) Disponierbaren.

Zum anderen sind die gegebenen Verbürgungen und Bindungen nach Art und Wirkungsweise sehr unterschiedlich. Zu einem wesentlichen Teil – im Bereich der Grundrechte etwa – bestehen sie gerade in *Garantien der subjektiven Freiheit*; als solche gewährleisten sie zwar einen Inhalt, nämlich diese subjektive Freiheit und damit die prinzipielle Subjektstellung des Einzelnen; diese erhält eine Art naturrechtlicher Unabdingbarkeit. Aber eben wegen dieser Freiheit verbürgen sie darüber hinaus keine objektiven Inhalte, sondern nur die Möglichkeit, solche Inhalte zu ergreifen oder auch nicht zu ergreifen. Daneben stehen institutionelle und Verfahrensregeln; sie dienen dem guten Ablauf und der Balancierung des politischen Prozesses, aber nicht der Festlegung und Garantie bestimmter inhaltlicher Rechtsgüter in diesem Prozeß. Schließlich gibt es auch inhaltliche, substantielle Festlegungen, die über die Gewähr nur subjektiver Freiheit hinausgehen. Aber hier stellt sich dann die Frage, wie weit ihr sachlicher Gehalt ein für allemal gewiß ist. Er kann ja im Zusammenhang der Rechtsordnung nicht von *einer* der pluralistisch konkurrierenden Verbindlichkeiten her bestimmt werden. Das wird nirgends so deutlich wie im Beispiel des Art. 6 Abs. 1 des Grundgesetzes der Bundesrepublik, der Ehe und Familie unter den besonderen Schutz der staatlichen Ordnung stellt. Die entscheidende Frage ist hier die, was unter der Ehe zu verstehen ist, die von der staatlichen Ordnung geschützt werden soll. Das Bundesverfassungsgericht hat in seinem Grundsatzurteil zu den neuen Ehereformgesetzen unter Bezugnahme auf frühere Entscheidungen dargelegt, daß die Ehe, die das Grundgesetz meint, nicht die christliche Ehe sein könne, sondern eine »verweltlichte«, gewissermaßen säkularisierte Ehe.[3] Man merkt dem Urteil an, daß das Gericht sich selbst nicht mehr darüber sicher war, was denn diese weltliche Ehe eigentlich ist, wie weit ihr Wesen durch wechselnde gesellschaftliche Auffassungen geprägt wird oder davon abhängig ist. Ich führe dies hier nur an, um zu zeigen, daß auch der Gehalt dessen, was die Verfassung inhaltlich festgelegt hat, nicht ein für allemal gewiß ist, sondern in einem deutlichen Konnex zu den in der Gesellschaft tatsächlich wirksamen und lebendigen Überzeugungen und Auffassungen steht, insofern *konsensabhängig* ist. Gleiches gilt für den Gehalt der Achtung der Menschenwürde und des Grundrechts auf Leben. Zwar vermag hier die Rechtswissenschaft auf die Inhaltsbestimmung einen gewissen Einfluß zu nehmen durch ihre interpretierende und systematisierende Funktion, die Traditionen und Grundlagen festzuhalten vermag; aber sie kann sich letztlich diesem Konnex nicht entziehen. Für ein Gericht, das schließlich zur Entscheidung berufen ist, gilt dies erst recht.

5. Die heutigen Rechtsregelungen betreffen – als Reflex der fortschreitenden gesellschaftlichen Differenzierung – die Menschen in zunehmendem Maße nicht mehr als Person und insgesamt, sondern in *abgegrenzten Rollen und Funktionen*. Das ist vor allem, wenn auch nicht allein, im Sozialrecht und im Recht der leistenden Verwaltung der Fall, ebenso im Recht der Arbeitsabläufe. Rechtliche Regelungen und Anforderungen betreffen hier den einzelnen überwiegend nur in einer bestimmten Funktion – d. h. als Auszubildender, als Verkehrsteilnehmer, als Wohngeldberechtigter, als Körperbehinderter, als Arbeitssuchender usw. In der Anwendung dieses Rechts erscheint der einzelne nur als der von den festgelegten sachlichen Voraussetzungen her bestimmte Fall, der dann gemäß der rechtlichen Regelung behandelt wird. Was sich hier als Ordnungsform zeigt und – wie mir scheint – für unsere gesellschaftliche Lebenswirklichkeit zunehmend an Bedeutung gewinnt, ist das, was Hans Freyer als das »sekundäre System« beschrieben hat.[4] Es werden Ordnungen und Hand-

3 *BVerfGE* 53, S. 224 (245) unter Hinweis auf *BVerfGE* 31, S. 58 (82 f.), dort mit weiteren Nachweisen.

4 Hans Freyer, *Theorie des gegenwärtigen Zeitalters*, Stuttgart 1956, S. 79 ff.

lungsabläufe aus wenigen zweckrationalen Prämissen heraus entworfen. Sie realisieren sich in Funktionszusammenhängen und -abläufen, in welche die einzelnen an ihrer Stelle mit einer bestimmten Funktion eingefügt werden. Sie werden dabei nur partiell, in ihrer Verrichtung, Funktion oder Rolle genommen; die Person als solche bleibt in dieser Rechtsregelung ausgespart, wird vereinzelt, und die Lebensbezüge verdinglichen sich.
Was bewirkt das? Die Menschen erfahren und erleben sich zunehmend als Rollenträger und partiell Betroffene, eingefügt in Arbeits- und Systemabläufe, die über sie Macht gewinnen, die sie aber nicht selbst beherrschen und gestalten können. Als Person, als aus und in eigener Initiative handelndes Subjekt sehen sie sich in ihre Privatheit verwiesen und dorthin freigesetzt. Dies sind im Augenblick Tendenzen, die sich in unserer Rechtsordnung und unserer gesellschaftlichen Lebensordnung niederschlagen, es ist keineswegs schon die ganze Wirklichkeit. In dieser Rechtsordnung liegen heute zwei Arten von Recht nebeneinander und zum Teil ineinander verschränkt: das alte personenbezogene, Rechte und Pflichten regelnde Recht und das neue »Recht« zweckrationaler, streng funktionsbezogener Ablaufnormen. Aber die Formen sekundärer Systeme haben die Tendenz, sich auszubreiten. Wenn sie sich jedoch weiter ausbreiten und zunehmend für die gesamte rechtlich geregelte Lebensordnung bestimmend werden, stellt sich eine neue Frage: Kann der Mensch so leben?

4. Zur Kritik der Wertbegründung des Rechts*

Die Fragestellung meines Referats ist eine rechtsphilosophische, nicht eine rechtstheologische oder rechtsmethodische. Es geht um die Tragfähigkeit der Wertbegründung des Rechts als rechts*philosophische* Position. Es geht nicht um die Tragfähigkeit des Rückgriffs auf Werte und den Wertbegriff als Mittel der Interpretation der gegebenen Rechtsordnung, die dieser immanent bleibt. Das schließt freilich nicht aus, daß im Verlauf auch einige Bemerkungen zur rechtsmethodischen Verwendung von Werten und des Wertbegriffs gemacht werden; zwischen rechtsphilosophischen Positionen und der Methode juristischer Interpretation besteht insofern ein Zusammenhang, als diese von der Auffassung darüber, was Recht im Grunde sei und woher er seine Legitimation empfange, mitgeprägt wird.[1] Für die Zielrichtung meines Referats sind diese Bemerkungen jedoch sekundär.

Kernaussage der Wertbegründung des Rechts als rechtsphilosophische Position ist, daß das positive Recht seine materiale Grundlage in Werten finde, die durch das Recht zu verwirklichen seien; die Rechtsordnung selbst sei eine Wert(e)ordnung und müsse sich als solche darstellen; nur dann sei sie wirklich Recht und nicht bloß eine willkürliche Zwangsordnung. Diese Antwort hat in der Öffentlichkeit der Bundesrepublik bis in unsere Tage hinein eine breitgefächerte Akzeptanz gefunden. Die Wertbegründung des Rechts erschien (und erscheint noch) als eine Form der Abkehr vom Rechtspositivismus, die nicht zur Rückkehr zu dem oder einem Naturrecht nötigt.[2] Die seit 1976 in der Bundes-

* Das Referat stellt eine teils überarbeitete, teils erweiterte Fassung meines Beitrags »Kritik der Wertbegründung des Rechts«, in: *OIKEIΩΣIΣ. Festschrift für Robert Spaemann,* Weinheim 1987, S. 1-21, dar.

1 Dies kann hier nicht näher entfaltet werden. Zur Verdeutlichung des Problems sei auf die Darstellung der verschiedenen juristischen Methodenlehren seit Savigny und ihrer Verknüpfung mit rechtsphilosophischen Vorgaben bei Karl Larenz, *Methodenlehre der Rechtswissenschaft,* 1. Teil, [5]1975, verwiesen.

2 Siehe etwa Helmut Coing, *Die obersten Grundsätze des Rechts,* 1947; ders., *Grundzüge der Rechtsphilosophie,* 1950, 4. Aufl. 1983; Karl

republik geführte Grundwertedebatte[3] hat ein übriges getan, die Berufung auf Werte als Grundlage des Rechts zu einem locus communis zu machen.
Gerade deswegen erscheint es angebracht, die Frage nach der Tragfähigkeit der Wertbegründung des Rechts zu stellen. Im folgenden möchte ich zunächst Entstehung und Gehalt des Wertbegriffs als philosophischer Kategorie untersuchen, sodann Inhalt und Folgen des Wertdenkens selbst und schließlich die Einigung des Wertdenkens als Weg rechtsphilosophischer Rechtsbegründung behandeln.

I. Entstehung und Gehalt des Wertbegriffs als philosophische Kategorie

1. Werte als philosophische Begründungskategorie sind aus einer bestimmten geistigen und philosophiegeschichtlichen Situation entstanden. Der Terminus Wert ist neben seiner umgangssprachlichen Verwendung zwar schon immer im Zusammenhang mit dem Preis, der für eine Sache gefordert wird, gebräuchlich gewesen, also im Bereich wirtschaftlicher Betrachtung und wirtschaftlichen Denkens. Auch die klassische Nationalökonomie spricht von Wert und Werten, und Karl Marx hat die Theorie vom »Mehrwert« aufgestellt, der in der kapitalistischen Wirtschaftsform stets dem Kapitaleigentümer, nicht aber dem Arbeiter zufließe. Aber das hat dem »Wert« keine philosophische und normative Relevanz gegeben. Auch bei Kant, der den Ausdruck

Brinkmann, *Lehrbuch der Rechtsphilosophie,* Bd. 1, 1960; Erich Fechner, *Rechtsphilosophie,* 1962; Heinrich Henkel, *Einführung in die Rechtsphilosophie,* ²1977, § 28; Günter Dürig, »Die Menschenauffassung des Grundgesetzes«, in: *JR* 1952, S. 259-263; ders., in: Maunz/Dürig, *Grundgesetz,* Erläuterungen zu Art. 1 Abs. 1 (Stand 1958); Josef Wintrich, *Zur Problematik der Grundrechte,* 1957; Heinrich Hubmann, »Naturrecht und Rechtsgefühl«, in: *AcP* 153 (1954) = ders., *Wertung und Abwägung im Recht,* 1977, S. 103-143; Hermann Weinkauff, »Der Naturrechtsgedanke in der Rechtssprechung des Bundesgerichtshofs«, in: *NJW* 1960, S. 1690 ff.; Reinhold Zippelius, *Wertungsprobleme im Bereich der Grundrechte,* 1962; Günther Winkler, *Wertbetrachtung im Recht und ihre Grenzen,* 1969.

3 Eine Dokumentation der wesentlichen Äußerungen hierzu: *Grundwerte in Staat und Gesellschaft,* hg. von Günter Gorschenek, 1977.

»Wert« und »Wert an sich« verwendet, fehlt ihm der Charakter einer philosophischen Begründungskategorie.
Eine solche Bedeutung erhielt der Wertbegriff erst als Folge der Auflösung des klassischen philosophischen Naturbegriffs und des Endes der Metaphysik. Mit dem Siegeszug der modernen Naturwissenschaft und der ihr zugeordneten funktionalen, kausalwissenschaftlich orientierten Rationalität[4], der sich im 19. Jahrhundert endgültig durchsetzte, war »Natur« nurmehr dasjenige, was der empirisch meßbaren, kausalwissenschaftlich aussagbaren Wirklichkeit zugehörte. Natur wurde radikal vergegenständlicht und betraf allein die äußere Erscheinung eines Dings, die Bewegungs- und Stoffrelationen, auf denen es beruht, kurz seine wahrnehm- und meßbare Faktizität. Das galt für die äußeren Dinge (unbelebte Natur) ebenso wie für die belebte Natur, und auch die Natur des Menschen wurde in dieser Weise vergegenständlicht. Natur war fortan ohne telos und Sinn, die sich erst im Zusammenhang menschlicher Lebenswelt ergeben.
Ein so gefaßter Naturbegriff konnte in der Tat als Maßstab und normative Grundlage ethisch-sittlichen Handelns und des Rechts nicht mehr in Betracht kommen; diese Art »Sein« erlaubte in keiner Hinsicht mehr, in ihm ein »bonum« zu erkennen oder rationalbegründend aus ihm ein »Sollen« herzuleiten. Für die kausalwissenschaftlich nicht erkenn- und aussagbaren Wirklichkeitsbereiche, einschließlich der Begründung ethisch-sittlichen Handelns und des Rechts, mußten daher neue Kategorien und Aussageformen gefunden werden, sollten diese sich nicht als ein Nichts (Nicht-Sein) darstellen. Nur so ließ sich auch der Mensch als freies, selbstverantwortliches Wesen bewahren, der nicht von vornherein in ein Netzwerk kausalgesetzlicher Abläufe eingefügt, sondern eigener Verantwortung fähig ist.[5]
Dies ist die geistesgeschichtliche Situation, in der es dazu kommt, daß von Wert und Werten auch in philosophischer Bedeutung gesprochen wird und der Wertbegriff als philosophischer Begriff in Umlauf kommt. Er tritt als Surrogat für den verlorenen alten Naturbegriff, auch den Begriff des bonum, auf, soll den Bereich

4 Siehe dazu Robert Spaemann/Reinhard Löw, *Die Frage Wozu?*, 1981, S. 213 ff.
5 Vgl. etwa Carl Schmitt, »Die Tyrannei der Werte«, in: *Säkularisation und Utopie. Ebracher Studien*, 1967, S. 53/54.

des Geistigen, Geschichtlich-Kulturellen und Normativen aussagefähig machen.[6] Das geschieht in deutlicher Gegenüberstellung zu dem neuen teleologisch leeren Begriff der Natur. In diesem Sinne spricht Nietzsche von der »Umwertung aller Werte« und meint damit den Umbruch im geistig-moralischen Denken, begreift sich, etwa bei Wilhelm Dilthey und anderen, geistes-wissenschaftliches Erkennen als vom eigenen Erleben geistiger und Kulturwerte ausgehende wertbeziehende Erkenntnis[7] und geht das Denken in Werten in die Philosophie, zunächst die neukantianischer Provenienz[8], ein.

2. Die Bedeutung, die der Wertbegriff dabei erhält, ist indessen nicht die eines neuen Etiketts für den alten Naturbegriff, so daß dessen Gehalt und normative Funktion unter anderem Namen weiterbestehen würde. Der philosophische Wertbegriff fügt sich vielmehr von vornherein in den (neukantianischen) Dualismus von »Sein« und »Sollen« ein. Wiewohl er enstanden ist, um der Aporie, die dieser Dualismus heraufführte, zu entkommen, hat er ihn doch zu seiner bleibenden Voraussetzung.[9] Werte können – als normative Kategorie, die sich keinesfalls aus seinsmäßigen Gegebenheiten ableiten läßt – nicht aus Seinsverhalten gewonnen

6 Typisch hierfür, wenngleich aus späterer Zeit, Hermann Broch, *Der Zerfall der Werte. Essays, hg. u. eingeleitet von Hannah Arendt,* 1955, II, 5-43.

7 Friedrich Nietzsche, *Die Genealogie der Moral,* 1887. Bereits 1865 veröffentliche Eugen Düring eine Schrift *Der Werth des Lebens.* Zu Wilhelm Diltheys geisteswissenschaftlicher Erkenntnis, die stark auf Theodor Litt und Eduard Spranger und – teilweise über diese – auf die geisteswissenschaftliche Richtung in der deutschen Staatsrechtslehre gewirkt hat, siehe Otto Friedrich Bollnow, *Dilthey. Eine Einführung in seine Philosophie,* ²1955, S. 26-41, 71 ff., 101 ff., Hans Georg Gadamer, *Wahrheit und Methode,* ⁴1975, S. 205 ff., sowie neuestens Klaus Rennert, *Die ›geisteswissenschaftliche Richtung‹ in der Staatsrechtslehre der Weimarer Republik,* 1987, S. 86-95.

8 Das Wertdenken in der neukantianischen Philosophie: Heinrich Rikkert, »Über logische und ethische Geltungen«, in: *Kantstudien* 19 (1914), 182 ff., Emil Lask, *Gesammelte Schriften,* 1923, II.

9 Robert Spaemann, »Die Aktualität des Naturrechts«, in: *Naturrecht in der Kritik,* hg. von Franz Böckle/Ernst-Wolfgang Böckenförde, 1973, S. 262-276, spricht von der Werttheorie als einem »behelfsmäßigen Äquivalent« für die Abkehr von der Teleologie und dem »Zerfallprodukt der Entelechie«.

werden, etwa dem Wesen oder der Bestimmung des Menschen. Sie sind davon völlig abgelöst, bilden eine eigene nomoeidische Welt. Die Form ihres Bestehens ist der Modus des *Geltens.*[10] Dieses Gelten bringt eine Übergangsbeziehung zwischen Sollen und Sein zum Ausdruck; es drängt zum Wirklichwerden im aktualen Handeln oder in gesetzten bzw. anerkannten Normen. Indem die Geltung der Werte ausgesagt oder postuliert wird, ist indessen weder dargetan, was Werte eigentlich sind – über die bloße Bezeichnung als Werte hinaus –, noch worauf sich ihr fordernder Charakter, eben ihre Geltung, gründet. Sind sie einfachhin da, als ethisch-normative Entitäten? Gibt es gute und schlechte »Werte«, in der Sprache der Wertphilosophie: Werte und Unwerte, oder ist jeder Wert aus sich gut und anzustreben; was ist es, das den »Wert« zum (guten) Wert macht und seine Geltung hervorruft und wie läßt sich ein Wert erweisen; lassen sich Konflikte zwischen unterschiedlichen Werten denken und wie sind sie zu lösen; besteht – und in welcher Weise – eine Rangordnung der Werte? – Diese Fragen, die der Rückgriff auf Werte als philosophische Kategorie sogleich aufwirft, hat das philosophische Wertdenken, nicht zuletzt die Wertphilosophie zu beantworten versucht. Für Art und Inhalt dieser Antworten muß dabei zwischen den verschiedenen Richtungen des philosophischen Wertdenkens unterschieden werden.

II. Inhalt und Folgen des Wertdenkens

Das philosophische Wertdenken ist – sieht man von vermittelnden Übergangspositionen ab – vor allem in drei Ausprägungen hervorgetreten: dem subjektiven Wertdenken im Zuge neukantianisch geprägter Philosophie und Rechtsphilosophie, später dem objektiven Wertdenken der Wertphilosophie, vor allem Max Schelers und Nicolai Hartmanns[11]; dazwischen steht die lebensweltlich orientierte Wertbetrachtung der Lebensphilosophie Wil-

10 Siehe dazu Hermann Krings, »Geltung«, in: *Staatslexikon*, hg. von der Görres-Gesellschaft, 71986, II, S. 809 f.

11 Auch Dietrich von Hildebrand ist hier zu nennen, vor allem mit seiner grundlegenden Abhandlung »Sittlichkeit und ethische Werterkenntnis. Eine Untersuchung über ethische Strukturprobleme«, in: *Jahrbuch für Philosophie und phänomenologische Forschung* 5 (1922).

helm Diltheys, die bei Theodor Litt und Eduard Spranger zur geschichtlich-kulturell geprägten »Wertgesetzlichkeit des Geistes« führt.

1. Diese Ausprägungen unterscheiden sich in der Herleitung und Begründung der Werte, in der Weise ihrer Ermittlung und in der Qualität, die ihnen zugesprochen wird.

a) Für das subjektive Wertdenken, wie es etwa von Max Weber dargestellt und vertreten wurde, beruhen Werte auf Setzungen, sind Ausdruck von Wertungen und Bewertungen des Subjekts. Das Individuum setzt und anerkennt Werte aus seiner subjektiven Bestimmtheit heraus, indem es bestimmten Dingen, Handlungen oder Handlungszielen von sich aus und für sich einen Wert im Sinne einer positiven Bezogenheit beimißt.[12] Daraus entstehen (subjektive) Be-wertungen und Werturteile. Diese mögen durch Erfahrung, Kulturstandard, ethisches Bewußtsein u. ä. inhaltlich bestimmt sein, erhalten aber nicht daraus ihren Wertcharakter, sondern aus der Anerkennung und positiven Wertbeziehung durch das Subjekt.[13] Werden Bewertungen und Werturteile auf ihre tragenden Gesichtspunkte oder Grundwertungen zurückgeführt, lassen sie die Weltanschauung des Subjekts erkennen.[14]

12 Max Weber, *Gesammelte Aufsätze zur Wissenschaftslehre*, hg. von Johannes Winkelmann, [4]1973, S. 146-214 (»Die ›Objektivität‹ sozialwissenschaftlicher und sozialpolitischer Erkenntnis«), S. 489-540 (»Der Sinn der ›Wertfreiheit‹ der soziologischen und ökonomischen Wissenschaften«), S. 582-613 (»Wissenschaft als Beruf«). Im Ausgangspunkt dem subjektiven Wertdenken zugeordnet ist auch die Verwendung des Wertbegriffs bei Dilthey, der freilich stärker auf die Bedeutung intersubjektiver geistiger Wirkungszusammenhänge bei der Konstituierung von Werten abstellt, vgl. etwa Wilhelm Dilthey, »Der Aufbau der geschichtlichen Welt in den Geisteswissenschaften«, in: *Gesammelte Schriften*, VII, [3]1961, 153 f.

13 Es ist die gleiche Position, die von Gerhard Haney (Jena) in der Diskussion formuliert wurde: Wertbeziehung sei eine durchgängige geistige Aneignungsweise von Wirklichkeit. Sie bedeute Bewertung i. S. von Beurteilung der Wirklichkeit und sei als solche subjektabhängig und interessegebunden.

14 Weber (FN 12), S. 492 f.; Gustav Radbruch, *Rechtsphilosophie*, hg. von Erik Wolf, [4]1950, S. 100 f. (»Rechtsphilosophie als Rechtswertbetrachtung«), S. 149 f. (»Der Zweck des Rechts«). In dieser Richtung auch die literarhistorisch-philosophische Wertbetrachtung bei Her-

Die Vielfalt und die Intensität der Werte ergeben sich aus den verschiedenartigen Wertungen und Wert-Beurteilungen, die von den Individuen ausgehen. Werte sind daher letztlich nicht rational erweis- oder begründbar. Die Wertentscheidungen des Subjekts (oder einer Mehrheit von Subjekten) mögen zwar rationale Motive haben, sind aber keine Akte rationaler Erkenntnis. Werte formen sich, entstehen und bestehen letztlich auf der Grundlage von Einschätzungen und Bekenntnissen, werden dadurch – in ihrem Geltungsanspruch – konstituiert oder auch aufgehoben.

b) Demgegenüber sind für das *objektive* Wertdenken Werte an sich seiende und idealseiende phänomenale Gegebenheiten. Werte bestehen, so sagt es die Wertphilosophie, »an sich«, d. h. unabhängig vom sie erfassenden Akt des Subjekts, sind insofern objektiv, und sie bestehen »ideal«, d. h. unabhängig von Raum und Zeit. Auch eignet ihnen ein sog. Aufforderungscharakter, eine normative Implikation auf Annahme und Verwirklichung.[15]

Wie werden diese objektiven, vorgegebenen Werte vom einzelnen Subjekt erfahren und erkannt? Das objektive Wertdenken geht zwar von einem »Erkennen« der Werte aus, aber dies ist ein Erkennen eigener Art und jedenfalls kein rationales Erkennen. Die Werte werden vom Subjekt erfaßt in einer Art Wertschau und intentionalem Wertfühlen. Dabei handelt es sich, wie Max Scheler sagt[16], um (1) *irrationale,* d. h. von diskursiver Logik unabhängige, (2) *emotionale,* letztlich auf Sympathie und Antipathie gründende, und (3) *intuitive,* auf unmittelbare Anschauung beruhende, nicht denkend vermittelte Akte. Das Reich der so erfahrbaren objektiven Werte steht neben dem Reich der Kausalwirklichkeit in einer eigenen Seinsform, der die Methode und Logik der Wertbetrachtung zugeordnet ist.

mann Broch (FN 6), S. 34 ff., wo die Werte auf Wertsetzung zurückgeführt werden, die ihrerseits, wenngleich nicht ohne kulturell-historische Vermittlung, als »Setzung der Setzung«, erscheint.

15 Max Scheler, *Der Formalismus in der Ethik und die materiale Wertethik,* ⁴1954, S. 43, f., 69 f., 200 ff.; Nicolai Hartmann, *Ethik,* ³1949, S. 148 ff., 170 ff., 215; vgl. auch Adalbert Podlech, »Wertungen und Werte im Recht«, in: *AöR* 95 (1970), S. 202, 203 m. w. N.

16 Scheler (FN 15), S. 69 ff., 83-89; ähnlich Hartmann (FN 15), S. 116 f., 121. Weitere Nachweise bei Podlech, a.a.O., vgl. auch Reinhold Zippelius, Wertungsprobleme im Bereich der Grundrechte, 1962, S. 104-106.

Dieses Reich der Werte wird – phänomenal – als Gegebenheit vorausgesetzt; Werte sind, so Max Scheler, »selbständige Tatsachen des sittlichen Lebens«, zugehörig zu einer bestimmten Erfahrensart; sie werden nicht hergeleitet oder ihrerseits begründet; »es gibt« ist die sachangemessene Formulierung, um Einsicht in Werte zu vermitteln.[17] Das entspricht der a-rationalen, auf unmittelbarer Anschauung und emotionalem Erleben beruhenden Erkenntnisform von der das objektive Wertdenken ausgeht.
Es könnte naheliegen, nicht zuletzt unter Hinweis auf die Phänomenologie, eine Verwandtschaft des objektiven Wertdenkens mit der platonischen Ideenlehre anzunehmen. Aber das wäre ein Irrtum. Die platonischen Ideen, die Idee des Guten, die als letzte Orientierung des ethisch-sittlichen Handelns erscheint, ebenso wie die Idee der Gerechtigkeit, ergeben sich nicht vorab und unmittelbar; sie leuchten am Ende eines langen Weges dialektischer Verständigung ein, zu dem begründende Unterredung in Form von Frage und Antwort, von Rechenschaft-Entgegennehmen gehört; sie sind das Ergebnis diskursiv voranschreitender Einsicht in das Gemeinsam-Tragende in einer Vielheit von Erscheinungen.[18] Objektive Werte, die in a-rationaler, intuitiv-emotionaler Schau unmittelbar gewiß werden, sind keine Form platonischer Ideen, eher ihr in begründungslose Unmittelbarkeit gefallenes Surrogat.
c) Die lebensweltlich orientierte Wertbetrachtung sieht Werte einerseits nicht als etwas »frei« vom Individuum Gesetztes, andererseits auch nicht als von dem Erkenntnisakt der Individuen unabhängige, ideale Entitäten. Vielmehr wird von einer *Polarität*

17 Scheler (FN 15), S. 198, auch S. 202; die Formulierung »Es gibt« etwa ebd. S. 47.

18 Spaemann (FN 9), S. 263/64; Werner Jaeger, *Paideia,* Bd. 2, ⁴1973, S. 234. Wie sehr sich diese Einsicht von der apriorischen Wertschau der Wertphilosophie unterscheidet, erhellt u. a. daraus, daß Platon im 7. Brief, 341 C, das Verhältnis der gemeinsamen diskursiv-dialektischen Bemühungen zu der schließlichen intellektuellen Anschauung der Idee durch den Vergleich mit dem Reiben zweier Stücke Holz, erläutert durch das am Ende der herausspringende, das Licht entzündende Funke erzeugt wird, vgl. dazu Jaeger, a.a.O., S. 398, Anm. 24. Zur Bedeutung des Höhlengleichnisses in diesem Zusammenhang eindrucksvoll Reinhart Maurer, *Platons ›Staat‹ und die Demokratie,* 1970, S. 27-32.

zwischen den Individuen und der sie umgebenden Welt ausgegangen.[19] Dieser Polarität zufolge wirken Strukturen der geistigen und kulturellen Welt als objektiv-geistige Gegebenheiten auf Werterleben und Wertbeurteilung der einzelnen normgebend ein. Aber auch das Erleben im einzelnen selbst, das letztlich irrational von Weltanschauungs- oder Glaubenspositionen geprägt ist, ist dabei produktiv beteiligt; es ist freilich ein Stück weit objektiviert durch in den einzelnen kategorial angelegte »Wertrichtungen«, die als »Sinnbänder« fungieren (Spranger). Das Ergebnis ist eine normative Valenz (Werthaftigkeit) der in der geschichtlich gewordenen Lebenswelt enthaltenen und näher ausgeformten geistig-kulturellen Objektivierungen, sozusagen eine Mitte zwischen wertsetzendem Subjektivismus und objektiv-universalem Idealismus, der Versuch einer nachidealistischen Fortführung Hegels ohne Rückhalt in der Metaphysik.[20]

2. Den verschiedenen Richtungen des Wertdenkens sind – unabhängig von der unterschiedlichen Herleitung und Qualifizierung der Werte – bestimmte Auffassungen gemeinsam; sie beziehen sich auf die *Seinsweise* der Werte und die *Rang- und Stufenordnung* der Werte.

a) Als die Weise, in der Werte vorhanden sind, erscheint das Gelten. Der Wert ist nicht, sondern er gilt. Was heißt das? Die Konstatierung des Geltens der Werte ist der Versuch, unter den Bedingungen der neukantianischen Trennung von Sein und Sollen ihre Normativität aufzuweisen und festzumachen. Das geschieht, indem der Verpflichtungscharakter in die Werte selbst hineinverlegt wird, ohne Rückführung auf einen ihn anordnenden Willen oder eine – methodisch für unzulässig gehaltene – Begründung aus einem Sein. Für das subjektive Wertdenken liegt darin kein besonderes Problem, da ihm die Werte ohnehin aus Wert-Entscheidungen des Subjekts entstehen, mithin auch ein Aufforderungscharakter, den Werte aus sich selbst haben sollen, volitiv erklärt und hergeleitet werden kann. Der Grund der Geltung liegt in der (subjektiven) Anerkennung. Anders bei dem objektiven Wertdenken. Für die Wertphilosophie bedeutet das Gelten der

19 Siehe dazu näher Bollnow (FN 7), 1. Teil: »Das Leben und die Welt«, insb. S. 48-67, 71-93, und die Darstellung bei Rennert (FN 7), S. 71-96.

20 Bollnow (FN 7), S. 90, spricht von einer »tiefbegründeten Zwiespältigkeit« im Verhältnis Diltheys zur Metaphysik; vgl. auch ebd. S. 35-38; ferner Gadamer (FN 7), S. 216f.

Werte eine nicht weiter ableitbare apriorisch erfaßbare Qualität dergestalt, daß jeder ideal-seiende Wert auf real (raum-zeitlich) Seiendes wirken, d. h. sich an ihm verwirklichen soll. Geltung von Werten meint so ein ideales Seinsollen, aus dem aktuales Seinsollen unmittelbar folgt, wo ein real Seiendes geeignet ist, davon determiniert zu werden[21]; Werte erscheinen als der Ort normativer Verhaltenserwartung, die in ihnen konkret und faßbar wird. Für die lebensweltliche Wertbetrachtung ruht die Geltung der Werte in der »Wertgesetzlichkeit des Geistes«, die dem einzelnen – in der Polarität von Ich und Lebenswelt über das Erleben vermittelt – auffordernd gegenübertritt.[22]

Die Seinsweise des Geltens begründet den fordernden, antreibenden, ja aggressiven Charakter der Werte.[23] Sie ruhen nicht in sich, sind nicht ontologisch fundiert wie die platonischen Ideen. Indem sie ihre Wirklichkeit erst in ihrer Geltung haben, sind sie notwendig angelegt und angewiesen auf Verwirklichung und Durchsetzung: ein Gelten, das sich nicht stets von neuem aktualisiert, indem es das Verhalten der handelnden Menschen als der real seiende Subjekte konkret und faßbar determiniert, verflüchtigt sich, wird unwirklich und stirbt ab.

b) Die Rang- und Stufenordnung der Werte stellt für alle Richtungen des Wertdenkens ein zentrales Problem dar. Jeder Wert ist als solcher abstrakt und allgemein (Freiheit, Kultur, Sicherheit, Solidarität, Selbstbestimmung, Leben), gilt unmittelbar und unbedingt; nur bei der lebensweltlichen Wertbetrachtung sind die Werte ein Stück weit historisch-kulturell verbesondert, ohne freilich die Unmittelbarkeit ihrer Geltung aufzugeben. Das führt einerseits zu einem vielgestaltigen »Reich der Werte«, andererseits zu einer Vielzahl nebeneinander bestehender Wertforderungen und Geltungsansprüche, die sich teils überschneiden, teils auch einander ausschließen, jedenfalls aber nicht alle zugleich realisiert werden können. Anders als der alte Naturbegriff haben Werte auch kein inneres Maß aus und in der Lebenswirklichkeit; sie

21 Siehe Scheler (FN 15), S. 200 f., 48 f.; Hartmann (FN 15), S. 170 ff., 215 f.

22 Zur Wertgesetzlichkeit des Geistes bei Spranger und der normativen Bedeutung der lebensweltlichen Werte bei Dilthey siehe Rennert (FN 7), S. 89 ff., zu Aufnahme und Umsetzung dieses Denkens bei Rudolf Smend, ebd., S. 224 ff., 241 ff.

23 Zur Aggressivität der Werte Schmitt (FN 5), S. 55-59.

gehen aus sich jeweils auf das Ganze, auf Freiheit, Sicherheit, Selbstbestimmung usf. in Totalität.[24] Sollen sie gleichwohl in ihrer Sollgeltung als Verhaltensanforderung für ethisch-sittliches Handeln praktikabel sein, kann dies nur vermittels einer Rang- und Stufenordnung der Werte eingelöst werden. Innerhalb der Werte muß es niedere und höhere Werte geben, die zueinander im Verhältnis der Vor- und Nachrangigkeit stehen.

Für das objektive Wertdenken ergibt sich dieses Vorzugssystem der Werte objektiv nach der Ranghöhe der verschiedenen Bereiche, denen sie zugehören; es gibt ein Aufsteigen der Wertstufen eine Werthierarchie vom Nützlichen (Bereich der Bedürfnisse) zum Wahren (Wissenschaft), Schönen (Kunst) und Heiligen (Religion); geistige Werte haben Vorrang vor materiellen, kulturelle Werte vor wirtschaftlichen, sittliche Werte vor nützlichen; ihre Rangstufe haftet den Werten gewissermaßen an.[25] Das subjektive Wertdenken sieht wie die Werte selbst, so auch ihre Ranghöhe und das sich daraus ergebende Vorzugssystem subjektiv. Es ist keine objektive Gegebenheit, sondern eine Wertungs- und Standpunktfrage, je nachdem, welche Bewertung einzelnen Werten von bestimmten Grundwertungen aus zuteil wird. Nach solchen Grundwertungen und Vorzugssystemen formen sich in der Regel die Weltanschauungen. Gustav Radbruch hat auf dieser Grundlage Individualismus, Kollektivismus und Transpersonalismus als rechtsphilosophische Wertpositionen einander gegenübergestellt.[26] Die lebensweltliche Wertbetrachtung stellt für den Rang der Werte u. a. auf gegebene geistig-geschichtliche Wertkonstellationen ab; diese werden vom geistigen und kulturellen Wertbewußtsein der Zeit geprägt und getragen[27], verändern sich allerdings auch mit ihm.

24 Robert Alexy, *Theorie der Grundrechte*, 1985, S. 134 ff., sieht Werte als normative Kategorie strukturgleich mit Prinzipien-normen; die Eigenart von Prinzipien-normen ist, daß sie aus sich inhaltlich unbestimmt sind, aber – als ihren normativen Gehalt – eine Optimierungstendenz aufweisen (ebd., S. 75 f.).

25 Scheler (FN 15), S. 107 ff., 125-130, 45-50; Hartmann (FN 15), S. 259 ff., 279 ff.; vgl. auch Hubmann (FN 2), S. 118, bei dem auch das Postulatorische der Ranghöhe einzelner Werte deutlich hervortritt.

26 Radbruch (FN 14), S. 8, unter dem – bezeichnenden – Titel »Rechtsphilosophische Parteienlehre«.

27 Sehr deutlich wird dies etwa bei Smend in seiner wertbezogenen Grundrechtsinterpretation, die von der lebensweltlichen Wertbetrach-

Die Rang- und Stufenfolge der Werte, für die praktische Handhabbarkeit jeder Wertbegründung unerläßlich, hat eine bedeutsame Konsequenz: Jeder Wert erhält, für seine Geltungskraft und den damit verbundenen aktualen Aufforderungscharakter, einen Stellenwert.[28] Der Stellenwert bestimmt seine Höhe – und seinen Preis bei der Abwägung der Werte. Die Wert-Preis-Relation, der ökonomischen Herkunft des Wertbegriffs gemäß und diese bezeugend, findet unvermeidlich Eingang in das Wertdenken. Jeder Wert, einerlei ob objektiver oder subjektiver Wert, ist abwägbar, unterliegt der Bewertung, damit der Auf- und Abwertung; er wird wertlos gegenüber dem höheren Wert, hat aber eigene Durchsetzungskraft gegenüber niederen Werten. Nur der höchste Wert steht, wiewohl in der Wert- und Wertungsskala einbezogen, darüber, aber es kann, je nach Wertrang oder Wertungsintensität, auch mehrere Höchstwerte geben.[29] Und weil die Werte jeweils abstrakt und allgemein gelten, auf Totalität der Geltung gerichtet, ist jeder höhere oder Höchstwert darauf angelegt, sich auf Kosten der niederen Werte durchzusetzen. So kommt es zum Kampf der Werte und Wertungen, die Max Weber konstatierte[30], und ebenso schon von Nicolai Hartmann beschriebenen »Tyrannei der Werte«.[31] Der höchste Wert fordert auch den höchsten Preis, aktual übersetzt, den höchsten Einsatz für seine volle Geltung.

Gibt es aber wenigstens einen *Maßstab*, nachdem sich der kon-

tung geprägt ist, vgl. Rudolf Smend, »Die Freiheit der Meinungsäußerung«, in: *VVDStRL* 4 (1928), S. 44 (51-53). Danach nehmen die Grundrechte mit ihren Gewährleistungen zu »Wertkonstellationsfragen«, die das öffentliche Leben betreffen, Stellung, und es ist die Aufgabe der Grundrechtsauslegung, »diese Fragen und ihre in den Grundrechten gegebene oder (wie in Art. 118 und 129/*WRV*/) durch die Grundrechte dem sittlichen und kulturellen Werturteil der Zeit zugeschobene Beantwortung herauszustellen«. Für den Zusammenhang siehe Rennert (FN 7), S. 237 ff.

28 Schmitt (FN 5), S. 55 f.

29 Siehe die ganz und gar undeutlichen Äußerungen bei Hartmann (FN 15), S. 545 ff. Insofern entspricht es der Logik der Wertbetrachtung, wenn das Bundesverfassungsgericht im Abtreibungsurteil davon spricht, das menschliche Leben stelle innerhalb der grundsetzlichen Ordnung »einen Höchstwert« dar (*BVerfGE* 39, 1/42/).

30 Weber (FN 12), S. 587 f., 152 f.

31 Hartmann (FN 15), S. 574 ff. (576).

krete Stellenwert eines Wertes und die Abwägung zwischen den Werten bestimmt? Die Richtungen des Wertdenkens haben darauf keine schlüssige, intersubjektiv vermittelbare Antwort. Für das subjektive Wertdenken kommt es auch hier auf die Wertungen und Wertsetzungen an, die nicht Sache objektiver Erkenntnis, sondern subjektiver Entscheidung sind. Das objektive Wertdenken kann nur auf die abstrakten Rangstufen der Werte verweisen; diese aber sind in ihrer Abstraktheit als Grundlage für konkrete Abwägungen und Rangbestimmungen nicht tragfähig; vor allem fehlt eine Theorie oder ein Normbild für Fundierungsverhältnisse zwischen Werten sowie eine für die Anleitung praktischen Handelns tragfähige Unterscheidung zwischen Werthöhe und Dringlichkeit eines Wertes.[32] Die weitere Diskussion hat das Problem zwar gesehen und zu beschreiben vermocht, aber nicht einer sich irgendwie rational ausweisenden, über (intuitive) Setzungen hinausgehenden Lösung zuführen können.[33] Zwar läßt

32 Zwar werden bei Scheler Fundierungs- und bei Hartmann Schichtungs- und Fundierungsverhältnisse zwischen Werten erörtert, auch wird von »Schichtungsgesetzen« (Hartmann) gesprochen, aber dies bleibt wiederum so abstrakt und auf die Werte an sich, etwa auf das abgewandte Enthaltensein des niederen im höheren Wert oder das Bedingtsein der Werthöhe des höheren Wertes durch die Werthöhe des niederen Wertes bezogen, daß daraus in keiner Weise eine konkret vollziehbare Handlungsorientierung gewonnen werden kann, vgl. etwa Hartmann (FN 15), S. 550ff., insb. 553f., 556-558; Scheler (FN 15), S. 114ff.; Alexy (FN 24), S. 138ff., weist zutreffend darauf hin, daß der Versuch, eine Rangordnung der Werte aufzustellen, weder in Form einer Zahlenskala (kardinale Ordnung) noch durch Festsetzung von Relationen der Höherwertigkeit (Präferenz) oder Gleichwertigkeit (Indifferenz) möglich sei.

33 Ein Beispiel dafür sind die Darlegungen von Hubmann (FN 2), S. 118ff. über die Rangordnung der Werte. Er unterscheidet zwar zwischen Werthöhe und Wertstärke (Dringlichkeit), konstatiert ein mögliches Gegensatzverhältnis zwischen beiden oder notwendige Komplementarität, sucht dann aber »Vorzugsgesetze« nicht aus den Werten selbst zu gewinnen, weil sie dort nicht auffindbar sind, sondern aus der Beziehung der Wirklichkeit (!) zu den Werten. Das führt zu so abstrakt-postulatorischen Gesichtspunkten wie »Wertintensität«, »Wertnähe«, »Werthäufung« und natürlich »Wertabwägung«, die in ihrer Exemplifizierung über eher banales Alltagswissen, wie dem Satz vom Spatz in der Hand (Beispiel für Wertnähe) oder der zumutbaren Opfergrenze (Beispiel für Wertabwägung) kaum hinaus-

sich sagen, daß Freiheit und Menschenwürde höhere Werte seien als das bloße (biologische) Leben, und daß Kultur in der Werteskala höher stehe als die Wirtschaft. Aber das ändert nichts daran, daß Kultur sich nur auf der Grundlage einer Wirtschaft entfalten kann, die es ermöglicht, die im Bereich der Kultur Tätigen von der Sorge für die tägliche Nahrung freizustellen, und daß ein Leben in Freiheit und Menschenwürde nur zusammen mit, nicht aber ohne das »nackte« Leben möglich ist. Der – tatsächlich vertretene – Gedanke, zur Verteidigung des Höchstwertes menschlicher Freiheit gegenüber totalitärer Bedrohung notfalls auch den physischen Tod der Menschheit (das Opfer ihres »nackten« Lebens) in Kauf zu nehmen[34], führt nur dazu, Leben *und* Freiheit zu vernichten. – Das lebensweltliche Wertdenken schließlich verweist auf die Wertkonstellationen im geistigen Bewußtsein der Zeit. Das ist zwar ein gegenüber subjektiver Wertsetzung ein Stück weit objektiviertes Element, das aber seinerseits im Strom der Zeit und mit ihm fließt.[35]

Versucht man statt dessen, was naheliegt, Relationen und Fundierungsverhältnisse von Werten unter Rückgriff auf Bedingungen und Konstanten menschlichen Lebens zu ermitteln, wird der Rückgang auf die menschliche Natur – nicht die kausalwissenschaftliche aussagbare Natur neukantianischen Seins, sondern die teleologische Wesensnatur – unvermeidlich. Damit wird aber die Wertargumentation verlassen.[36] Innerhalb der Wertargumenta-

führen. Die Kennzeichnung des objektiven Wertdenkens als »intuitionistische Werttheorie« (Alexy, FN 25, S. 136f.) zeigt daran ihre volle Berechtigung.

34 Robert Alexy, *Theorie der Grundrechte*, 1985, S. 134ff., sieht Werte als normative Kategorie strukturgleich mit Prinzipien-normen; die Eigenart von Prinzipien-normen ist, daß sie aus sich inhaltlich unbestimmt sind, aber – als ihren normativen Gehalt – eine Optimierungstendenz aufweisen (ebd., S. 75 f.).

35 Siehe Rennert (FN 7), S. 79ff. für Dilthey, S. 111f. (Kaufmann), S. 139f. (Holstein); ferner oben FN 27.

36 Das gilt auch, wenn man mit Ernst A. Wolff (Frankfurt) davon ausgeht, daß die Existenz der Menschen darin besteht, ein reflexives Wesen zu sein, zu dem Selbstbeurteilung und Selbstand gehören. Soll dann eine einfache Reflexion der Vorfindlichkeit schon im Sinne von Maximen und Bewertungen der ersten Stufe eine Rechtsbegründung abgeben, wird nicht von apriorischen oder gesetzten Werten, sondern von der Grundbefindlichkeit des Menschen, seinem Dasein und seiner

tion bleibt auch beim objektiven Wertdenken die Bestimmung des Stellenwertes eines Werts und die Abwägung zwischen Werten – damit auch die Lösung von Wertkollisionen und Wertkonflikten – letztlich kriterienlos; sie bleibt dem intentionalen Wertfühlen überlassen, das mit dem Wert auch seine Stufenhöhe empfindet[37], konkret dem Einschätzen und Dafürhalten.

III. Das Wertdenken als Rechtsbegründung

Diese Analyse von Inhalt und Folgen des Wertdenkens weckt ernste Zweifel an der Möglichkeit einer Wertbegründung des Rechts. Ungeachtet der allgemeinen philosophischen Problematik des Wertdenkens, der hier nicht nachgegangen werden soll, begründen sich diese Zweifel aus rechtsphilosophischer Sicht wie folgt: Das Wertdenken ist (1) in seinem Ansatzpunkt nicht als Rechtsbegründung, sondern als Begründung individuellen ethisch-sittlichen Handelns im Rahmen rechtlicher Ordnung konzipiert worden; ihm fehlt (2) eine rationale, auf diskursive Vermittlung angelegte Grundlage, die indes gerade für die Rechtsbegründung, soll das Recht Friedensordnung sein und bleiben, unerläßlich ist; in der Rechtspraxis öffnet (3) der Rückgriff auf Werte als Grundlage des Rechts – wegen des Fehlens einer rationalen Begründung der Werte – die Schleuse für das Einströmen methodisch nicht kontrollierbarer subjektiver Meinungen und Anschauungen der Richter und Rechtslehrer sowie der vorherrschenden zeitigen Tageswerte und -wertungen der Gesellschaft in die Auslegung, Anwendung und Fortbildung des Rechts.

1. Gerhard Luf[38] hat in seiner bedeutsamen Untersuchung über den Wertbegriff in der Rechtsphilosophie darauf hingewiesen,

Eigenschaft als animal rationale und Person (Selbstand) her argumentiert.

37 Vgl. Scheler (FN 15), S. 109f.; folgerichtig sieht Hubmann (FN 2), S. 130f. mit der Wertphilosophie das »Wertgefühl« als Organ der Werterkenntnis an, in dem Werte »unmittelbar gegeben« sind und das auch in komplizierten Lagen »fast selbständig«(!) die überwiegende Wertkonstellation herausfinde; die Gefühle vermittelten »eine Gewißheit von viel ursprünglicherer Art, als es die Vernunft vermöchte«.

38 Gerhard Luf, »Zur Problematik des Wertbegriffs in der Rechtsphilosophie«, in: *Jus Humanitatis. FS zum 90. Geburtstag von Alfred Verdross*, 1980, S. 141f.

daß die Heranziehung des Wertbegriffs zur Rechtsbegründung dadurch auf besondere Schwierigkeiten stößt, daß die Wertethik sich nicht primär mit den Bedingungen rechtlichen, sondern solchen *sittlichen* Handelns beschäftigt. Diese Bedenken sind jüngst dahingehend verschärft worden, daß die materiale Wertethik die Trennung von Recht und Moralität widerrufe; mit der davon ausgehenden Moralisierung des Rechts gebe sie dessen Rationalität und seinen Charakter als allgemeine, die Bedingungen der Möglichkeit von Freiheit gewährleistende Ordnung auf.[39]
Wertdenken und insbesondere die Wertphilosophie sind in der Tat – nicht zuletzt aus ihrer Entstehungssituation – darauf gerichtet, allgemein die Orientierung des freien sittlichen Handelns der einzelnen zu erklären und anzuleiten. Sie haben die sittliche Autonomie i. S. Kants zu ihrer Voraussetzung und sind darauf bezogen, zielen aber nicht auf deren äußere Bedingungen und Grenzen, womit es das Recht wesentlich zu tun hat. Der normative Impuls der Werte, ihre Geltung, wendet sich auffordernd an das *moralische* Subjekt und will von diesem angenommen werden, intendiert aber nicht den unbedingten, durch Anwendung von Zwang gestützten Geltungsanspruch des Rechts.[40] Legt man dies zugrunde, wird manches – auch am objektiven Wertdenken – verständlich und plausibel, was für jede Rechtsbegründung Befremden auslöst: Das Abstellen auf Empfinden und Anschauung oder Wertentscheidung, das Zurücktreten rationaler Argumentation gegenüber Vorbildwirkung und Erleben, die Aufsteigerung der Werte zu einer Rangskala mit hohen und Höchstwerten, denen im Konfliktfall stets der Vorzug zu geben ist u. a. m. Im Sinne einer Nachfolge der alten Tugendlehre, die auf das gute Leben und die Vollendung menschlicher Existenz abzielt, und auf der – mit Kant erreichten – Diskussionsbasis einer Ausfüllung des kategorischen Imperativs mag dies angemessen, jedenfalls aber diskussionswürdig erscheinen. Es steht von vornherein nicht unter dem Aspekt der Fundierung *rechtlicher* Normen und Gebote. Für diese ist die Gewähr der äußeren Entfaltungsbedingungen sittlicher Freiheit der einzelnen im Zusammenleben der Menschen zentral und damit die verbindliche Ordnung dieses Zusam-

39 Manfred Trapp, »Naturrecht, Wertordnung, Vernunft«, in: *ARSP* 72 (1986), S. 153 (153, 162 ff.
40 Vgl. Luf (FN 38), S. 141 f., ebenso Trapp (FN 39), S. 171.

menlebens hin auf wechselseitige Anerkennung und Ermöglichung dieser Freiheit und die Achtung ihrer Grenzen.
Diese Eigenart und die davon bestimmte spezifische Ausrichtung des Wertdenkens schließen es aber aus, seine Erklärungen und Begründungsformen in den Rechtsbereich zu übertragen und auf die Rechtsbegründung anzuwenden. Damit wird nicht einer Trennung von Recht und Sittlichkeit das Wort geredet, vielmehr nur die Besonderheit des Rechts innerhalb der sittlichen Ordnung geltend gemacht. Die Gründung des Rechts auf Werte und seine Qualifizierung als Wertverwirklichung bietet durch einen simplen Übertragungsakt, der die eigene Aufgabe und das Um-willen des Rechts nicht reflektiert, die Legitimation dafür, ja fordert womöglich, alles das zum Inhalt rechtlicher, auf unbedingte Beachtung und Erzwingbarkeit gerichteter Normierung zu machen, was in den Werten dem moralischen Subjekt als an seine sittliche Freiheit gerichtete Anforderungen gegenübertritt. Das Ergebnis ist nicht ein Schutz, sondern die Bedrohung sittlicher Freiheit durch das Recht, auch wenn dies im Zeichen der Durchsetzung hoher und höchster Werte geschieht.
Dem kann nicht das Argument entgegengesetzt werden, es müsse nur die zentrale Bedeutung des Wertes Freiheit für das Recht beachtet werden, um solcher Gefahr zu entgehen. Im Reich der Werte stehen zahlreiche Werte nebeneinander – Leben, Freiheit, Gleichheit, Gerechtigkeit, Leistung, Sicherheit u. a. m. Ihre Ranghöhe sowie das Vorzugssystem bei Wertkonflikten bestimmen sich, wie immer sie zustandekommen mögen, nicht nach den spezifischen Aufgaben und Anforderungen des Rechts. Argumentiert man indes von Aufgabe und Telos des Rechts her und bestimmt danach die Bedeutung, Ranghöhe und Maßgeblichkeit eines Wertes, ist nicht mehr der Wert (legitimierende) Grundlage und Formkraft des Rechts, sondern wird umgekehrt die Relevanz des Wertes für das Recht von Aufgabe und Erfordernissen des Rechts her ermittelt.[41] Die Wert*begründung* des Rechts ist damit verlassen.

41 Dies geschieht auch und gerade in dem Koreferat von Christian Starck (vgl. unten S. 381 Nr. 4, dort S. 47 ff.), in dem Werte wesentlich auch als Wertungen verstanden werden. Sie werden nicht als solche als Grundlage des Rechts genommen, sondern es wird nach den richtigen Wertungen gefragt, die dem Recht zugrundezulegen seien, also nach vorausliegenden Maßstäben für Rechtswerte und -wertungen. Insofern besteht gar keine *Gegen*position zu den Thesen des vorliegenden Re-

2. Der zweite Einwand – die fehlende rationale und diskursfähige Argumentationsgrundlage – bezieht sich ebenso auf Wertbestimmung und Werterkenntnis wie auf die Intensität (Höhe) der Wertgeltung und die Ermittlung eines Vorzugssystems innerhalb der Werte.

a) Für das subjektive Wertdenken ist das Fehlen der rationalen Grundlage explizit. Werte haben, wie dargelegt, ihren Grund in Wertungen und Wertentscheidungen des Subjekts; diese lassen sich, sofern sie in sich konsistent sind, auf gewisse Grund-wertungen oder Wertungssysteme zurückführen, die eine Weltanschauung ausmachen. Zwischen diesen Wertungen und Grundwertungen kann nicht im Wege rationaler Argumentation über richtig und unrichtig, wahr oder falsch gestritten werden, möglich sind nur Folgendiskussionen, um die Konsequenzen der verschiedenen Wertauffassungen ans Licht zu bringen, womöglich auch tatsächliche Irrtümer aufzuhellen.

Die Wertbegründung des Rechts ist danach letztlich eine irr*ationale*. Wird sie systematisch durchgeführt, führt sie zur Anerkennung mehrerer möglicher Wertfundierungen des Rechts, die voneinander bis zum Gegensatz abweichen können, je nach den Werten oder Wertungssystemen, die dabei als maßgeblich zugrunde gelegt werden. Das Ergebnis ist – notwendigerweise – ein rechtsphilosophischer *Relativismus*. Dieser führt – da seinetwegen nicht auf Recht verzichtet werden kann – zur dezisionistischen Rechtfertigung des je positiven Rechts um des Wertes der (Rechts-) Sicherheit willen. Gustav Radbruch hat dies, auf der Grundlage neukantianischer Philosophie dem subjektiven Wertdenken zugetan, in seiner Rechtsphilosophie von 1932, mit deren Orientierung übrigens die deutschen Juristen in das NS-Regime entlassen wurden, exemplarisch entwickelt. Der zentrale Satz lautet:

»Vermag niemand festzustellen, was gerecht ist, so muß jemand festsetzen, was Rechtens sein soll, und soll das gesetzte Recht der Aufgabe genügen, den Widerstreit entgegengesetzter Rechtsanschauungen durch einen autoritativen Machtspruch zu beenden, so muß die Setzung des

ferats. Ebenso führt die Unterscheidung von Gerhard Haney (Jena) zwischen dem Wert des Rechts überhaupt, den Werten im Recht und der Wertverwirklichung durch Recht zur Frage nach dem Maß und der Sinnbestimmung des Rechts, die nicht ihrerseits durch Rückgriff auf Werte beantwortet wird, vielmehr von sich aus die Bedeutung und Relevanz von Werten innerhalb und für die Rechtsordnung bestimmt.

Rechts einem Willen zustehen, dem auch eine Durchsetzung gegenüber jeder widerstrebenden Rechtsanschauung möglich ist. Wer Recht durchzusetzen vermag, beweist damit, daß er Recht zu setzen berufen ist.«[42]

b) Das objektive Wertdenken postuliert demgegenüber die Objektivität der Werte und auch ihrer Rangordnung, liefert aber kein einziges, vom Ansatz her rational überprüfbares Argument zur Begründung des An-sich-seins der Werte und ihrer Ranghöhe auf der Werteskala. Es bleibt stets bei der bloßen *Behauptung*: Werte und ihr Rang seien eben phänomenal gegeben, als apriorische Tatsachen der sittlichen Welt, sie würden durch das Wertgefühl im Erleben und in unmittelbarer Anschauung erfaßt. Der in diesem Zusammenhang gebrachte Verweis auf die Axiome und Sätze der Logik und Mathematik, denen ebenfalls phänomenale Existenz und Allgemeingültigkeit zukomme[43], geht fehl; diese sind inzwischen längst als Setzungen, axiomatische Annahmen erwiesen, je nachdem, welche Art von Logik oder Mathematik entwickelt werden soll. Auch der Akt der Werterfassung ist nach der eigenen Theorie grundsätzlich irrational; die Werterkenntnis erscheint, wie dargelegt, als irrational, emotional und intuitiv (oben II, 2). Sie entzieht sich damit rationaler Begründung (Verifizierung) und Kontrolle. Die Werte werden im Wertfühlen anschauend empfunden, in ihrer Objektivität und ihrem Rang erfahren – oder sie werden es nicht. Wer sie nicht in dieser Weise empfindet und erfährt, dem fehlt das Organ der Werterkenntnis; er ist, wie gesagt worden ist, *wertblind*.[44] Das praktisch-morali-

42 Weiter heißt es: Für den Richter ist es Berufspflicht, »das eigene Rechtsgefühl dem autoritativen Rechtsbefehl zu opfern, nur zu fragen, was Rechtens ist, und niemals, ob es auch gerecht sei«. Eben dadurch und nur dadurch ist er auch schon ein gerechter Richter. »Wir verachten den Pfarrer, der gegen seine Überzeugung predigt, aber wir verehren den Richter, der sich durch sein widerstrebendes Rechtsgefühl in seiner Gesetzestreue nicht beirren läßt« (S. 181).

43 Siehe Scheler (FN 15), S. 269 u. 285; in die gleiche Richtung, ohne den Vergleich ausdrücklich zu gebrauchen, Hartmann (FN 15), S. 125 f.

44 So ausdrücklich von Hildebrand (FN 11), S. 486 ff., der hierbei eine phänomenologische Typologie »Die Wertblindheit in ihren verschiedenen Erscheinungsformen« gibt und davon ausgeht, daß jede Wertblindheit sittlich verschuldet sei (ebd., S. 483). Vgl. auch Podlech (FN 15), S. 206 f. und die dort angeführten Nachweise aus den Werken von Scheler und Hartmann. Scheler (FN 15), S. 99, 285 f., führt ausdrücklich auch erblich und rassisch bedingte Gründe partieller Wertblind-

sche Urteil des Subjekts, überhaupt das Prinzip der Subjektivität, bleibt ausgeklammert[45], und an die Stelle des Arguments tritt die Diskriminierung. – Was von einer solchen Theorie zu halten ist, hat Robert Spaemann treffend formuliert: »Das bloße Bekenntnis zur Einsicht in ein Unmittelbares ist an sich selbst schon praktizierter Relativismus, denn ›ein trockenes Versichern gilt geradesoviel als ein anderes‹. Und das Erheben eines absoluten Anspruchs für einen nur in der unmittelbaren subjektiven Gewißheit gegenwärtigen Gehalt ist seit jeher mit dem Namen ›Fanatismus‹ belegt worden.«[46]

Das objektive Wertdenken ist so aus sich heraus unfähig, Recht zu begründen; denn dieses ist von seiner Ordnungsaufgabe her notwendig auf allgemeine Gültigkeit, damit auf rationale Einsehbarkeit und die grundsätzliche Möglichkeit rationaler Verständigung angewiesen. Überdies fehlt ihm jede befriedende Kraft. Bei der Werterkenntnis wie bei Wertkonflikten und Wertabwägungen steht letztlich Evidenz gegen Evidenz, Wertschau gegen Wertschau, ohne daß sie sich – schon dem eigenen Anspruch nach – auf den Boden rationaler Erweisbarkeit oder Vermittlung zu begeben hätten.[47] Das begründet die Aggressivität des Denkens in objektiven Werten und steigert sie. Im Ergebnis herrscht auch hier ein Subjektivismus, eben »praktizierter Relativismus«, nur daß er sich als solcher nicht erkennt und deshalb – von der Objektivität und absoluten Richtigkeit der eigenen Auffassung überzeugt – nicht selten zur Intoleranz neigt: Fanatismus, wie einst bei Robbespierre.

c) Auch das lebensweltliche Wertdenken zeigt keinen Ausweg aus diesem Dilemma. Wohl negiert es den bloß subjektiven Cha-

heit an, »so daß also andere Rassen die betreffenden ›apriorischen Einsichten‹ nicht haben könnten«. Podlech weist mit Recht darauf hin, daß die angeführten Ursachen der (partiellen) Wertblindheit die Eigenart haben, daß es für die sich Täuschenden kein Mittel gibt, die Täuschung als solche einzusehen (a.a.O. S. 207).

45 Richtig gesehen und herausgearbeitet bei Trapp (FN 39), S. 165/66.

46 Spaemann (FN 9), S. 264.

47 Darauf weist Podlech (FN 15), S. 207/208 zutreffend hin. Er zieht daraus die Konsequenz, daß Werte prinzipiell keine Begründung leisten können, vielmehr die Berufung auf Werte ihrerseits einer Begründung bedürftig sei. Vgl. hierzu ferner Helmut Goerlich, *Wertordnung und Grundgesetz*, 1973, S. 135 ff. und Alexy (FN 24), S. 136 ff.

rakter der Werte ebenso wie deren überzeitliche, geschichtstranszendente Idealität. Es begreift die Werte als Objektivationen menschlichen Geistes, als geschichtlich geformte und verbesonderte geistig-kulturelle Sinneinheiten, die von einer Wertgesetzlichkeit des Geistes getragen werden. Damit entgeht es zwar dem individuellen Subjektivismus des Wertsetzens, gelangt aber nicht zu einer objektiven Fundierung der Werte. Es bleibt bei der Werthaltigkeit des jeweils gegebenen geistig-kulturellen Erbes nach Maßgabe des aktuellen Wertbewußtseins. Das ist ein Stück »objektivierter Geist«, der aber – anders als Hegels objektiver Geist von Metaphysik abgelöst – nicht nur geschichtlich-kultureller Entwicklung und Verbesonderung unterliegt, sondern insgesamt dem geschichtlich-kulturellen Wandel anheimgegeben ist, ihn nicht auch transzendiert.[48]

3. Die praktischen Konsequenzen, die eine Übernahme der Wertbegründung des Rechts durch Rechtsprechung und Rechtsliteratur hervorruft – Judikatur und Literatur in der Bundesrepublik bieten dafür zahlreiche Beispiele –, heben die theoretischen Bedenken gegen diese Form der Rechtsbegründung nicht auf, sondern verstärken sie. Das Rationalitätsdefizit der Wertbegründung wird nämlich in der Rechtspraxis nicht etwa ausgeglichen oder aufgearbeitet, vielmehr bildet sich ein *Begründungs-Anschein* heraus. Die Berufung auf Werte und den Wertcharakter des Rechts gibt sich als Begründung für etwas aus, das damit in der Sache nicht begründet wird, jedoch der weiteren Begründung enthebt. Das öffnet einerseits eine Schleuse für das Einströmen wertbezogener subjektiver Auffassungen der Richter, Rechtslehrer und sonst an der Rechtsbildung Beteiligter in die Rechtsordnung als geltendes Recht, andererseits für die Sanktionierung der je zeitigen Wertauffassungen, die in der Gesellschaft tatsächlich vorherrschend sind oder vorherrschend scheinen. Dafür sei auf zwei – durchaus typische – Beispiele hingewiesen:

Erstes Beispiel: Das Bundesverfassungsgericht hat im sog. Lüth-Urteil in einer epochemachenden Entscheidung zum Geltungsbereich und Geltungsumfang der Grundrechte festgelegt, daß das Grundgesetz und in seinem Grundrechtsabschnitt »auch eine objektive Wertordnung aufgerichtet« habe, die zugleich auch eine

48 Siehe hierzu – für Dilthey – Bollnow (FN 7), S. 156-166, 216ff.; vgl. auch Gadamer (FN 7), S. 205 ff.

Wertrangordnung sei.[49] Es hat daraus eine Verstärkung der Geltungskraft der Grundrechte dergestalt hergeleitet, daß dieses »Wertsystem« als verfassungsrechtliche Grundentscheidung für *alle* Bereiche des Rechts gelten müsse. Damit wurde den Grundrechten neben ihrem Charakter als subjektiver Rechte gegenüber dem Staat auch der Charakter objektiver Grundsatznormen zuerkannt, deren normative Wirkung sich nicht auf das Verhältnis Bürger – Staat beschränkt, sondern auf alle Gebiete des Rechts – Privatrecht ebenso wie Strafrecht und Prozeßrecht – erstreckt und in sie hinein ausstrahlt. Nun mag es gute verfassungsrechtliche Gründe für diese Geltungserstreckung der Grundrechte geben, die in ihrer Folge das gesamte Verfassungsgefüge vom parlamentarischen Gesetzgebungsstaat zum verfassungsgerichtlichen Jurisdiktionsstaat hin verändert (hat). Aber inwiefern dies aus den Grundrechten als »Werten« und dem Grundrechtsteil als »objektiver Wertordnung« folgen soll, ist in keiner Weise ersichtlich. Auch die Grundrechte als (nur) subjektive Rechte gegenüber dem Staat können in dieser Eigenschaft Werte sein und der so gesehene Grundrechtsteil eine Wertordnung; der Wertcharakter sagt hier – als Begründung – nichts aus. Es zeigt sich aber die eigentümliche Logik der Berufung auf Werte. Indem den Grundrechten die Wertqualität zuerkannt wird, legitimiert diese – unabhängig von der konkreten juristisch-normativen Gestalt der Grundrechte – eben die Eigenschaften, die für Werte als solche kennzeichnend sind, vor allem die abstrakte und universale Geltung.
Zweites Beispiel: Wird, wie es geläufig ist, die Achtung der Menschenwürde als oberster Rechtswert unserer Rechtsordnung bestimmt[50], ist es folgerichtig, da der säkularen Rechtsordnung ein theologischer Begründungsrückgriff versagt erscheint, den Inhalt dieses Wertes, der zunächst weithin offen ist, unter Rückgriff auf die Wertauffassungen zu bestimmen, die in der Gesellschaft darüber bestehen.[51] Ähnliches gilt für die unter dem Dach der Menschenwürde bestehenden (Höchst-)Werte »Recht auf Leben« und »Selbstbestimmung«. Die Auflösung ihres oftmals konfligierenden Verhältnisses nimmt – notwendigerweise – die Form der

49 *BVerfGE* 7, 198 (205, 215).
50 *BVerfGE* 6, 32 (41); 12, 45 (53); 30, 173 (193).
51 Diesen Weg ist – immanent eindrucksvoll – Ernst Benda, »Erprobung der Menschenwürde am Beispiel der Humangenetik«, in: *Aus Politik und Zeitgeschichte*, Beilage 3 (1985), S. 18 (22 ff.) gegangen.

Wertabwägung an, bei der beide Größen als Variable fungieren.[52] Auch die Frage nach dem »Lebenswert« menschlichen Lebens wird, wenn dieses Leben ein (Rechts-)Wert ist, in dieser Weise beantwortet. Die Hinnahme der tausendfachen Tötung ungeborener Kinder durch die Rechtsordnung läßt sich so als Ergebnis einer Wertabwägung, ggf. einer solchen zwischen Höchstwerten, darstellen und begründen.

IV. Ergebnis

Die vorgetragenen Überlegungen haben folgendes deutlich gemacht: Die Versuche einer Wert*begründung* des Rechts, mit welchem theoretischen Anspruch auch immer sie auftreten, führen im Kern das Recht stets und nur auf greifbare, positiv vorhandene subjektive Wert*auffassungen* in der Gesellschaft oder der Gesellschaft selbst zurück, ohne diesen gegenüber einen eigenen normativ-kritischen Maßstab zu enthalten. Läßt sich daraus aber schließen, daß ihnen rechtsphilosophisch die Tragfähigkeit fehlt?
Es mag naheliegen, diese Frage zu bejahen, doch treffen wir kein vorschnelles Urteil. Worauf soll sich denn, so lautet die Gegenfrage, in einer pluralistischen Gesellschaft, in der kein allgemein verbindlicher Normkodex vorgegeben ist, das Recht anders gründen als auf die (gemeinsamen) Wertauffassungen in der Gesellschaft? Findet nicht gerade darin die Wertbegründung des Rechts ihre Rechtfertigung? Und was sollte an ihre Stelle treten?
Für das Problem, das hier zur Debatte steht, gibt es eine wohlwollende und eine kritische Umschreibung. Die wohlwollende lautet etwa: Die Wertbegründung des Rechts gründet das Recht auf das Wertbewußtsein, das in einer Gesellschaft lebendig ist. Dies ist eine materiale Grundlage, und es ist eine solche, die in der modernen Welt, die nicht auf einem geschlossenen Weltbild aufbaut und um der Freiheit willen auch nicht aufbauen kann, nicht

52 Alexy (FN 24), S. 100f., hat schlüssig dargetan, daß die Werte als Prinzipiennormen mit Optimierungstendenz bei ihrer Verwirklichung notwendig die Abwägung mit gegenläufigen Prinzipien implizieren, und zwar nach Maßgabe eines Kollisionsgesetzes, das zu einer bedingten Vorrangrelation für den konkreten Fall führt, ohne daß diese aber aus den Werten selbst als normativen Vorgaben entnommen werden kann.

überschreitbar ist. Der Wandel des Wertbewußtseins in der Zeit ist nicht zu bestreiten – es kann wachsen oder abnehmen, sich verändern –, aber dies gehört zur Geschichtlichkeit der Existenz des Menschen. Die kritische sagt demgegenüber: Die Wertbegründung des Rechts gründet das Recht auf ein schwankendes Element, den zeitigen Wertkonsens, der gerade in einer pluralistischen Gesellschaft häufigen Veränderungen unterliegt und in sich keine Richtigkeitsgewähr bietet. Sie verzichtet darauf, diesen Konsens nach außenkonsensualen Kriterien auf seinen Inhalt zu prüfen, nimmt ihn vielmehr als unüberfragbare Instanz. Damit huldigt sie in verdeckter Form einem neuen Positivismus, nämlich dem Positivismus der Tageswertungen. Diesen gegenüber vermag sie kein Rechtsprinzip aufrechtzuerhalten, wenn es vom aktuellen Konsens nicht mehr getragen wird. Sie vertraut lediglich darauf, daß dies nicht geschieht. Damit führt sie vielleicht zu einer soziologischen oder soziokulturellen, keinesfalls aber zu einer philosophischen Rechtsbegründung.

Ich sehe nicht, wie ein Weg an dieser kritischen Umschreibung vorbeiführt. Bedeutet nämlich die Wertbegründung des Rechts dessen Rückführung und Gründung auf das zeitige Wertbewußtsein der Gesellschaft, so wird darin die Richtigkeitsfrage als solche nicht mehr gestellt. Dieses Wertbewußtsein als Gegebenheit, als Faktum, nicht weil und soweit es einen vernünftigen Inhalt hat, bildet den Anknüpfungspunkt. Dem Vorhalt, dies sei lediglich eine geschickt überbaute Form von soziologischem Positivismus, läßt sich nur dann entgegentreten, wenn man die Voraussetzung machen kann, daß Wertbewußtsein der Zeit und Vernünftigkeit konvergieren, jenes die Vernunft, wenngleich in zeitbezogen sich wandelnder Ausprägung, immer schon in sich enthält.[53] Ist aber diese Voraussetzung, die von einem Grundvertrauen in die Vernünftigkeit tatsächlicher menschlicher Praxis und kommunikativen Konsenses ausgeht, ihrerseits begründet? Ist sie durch Einsicht und Erfahrung – gerade angesichts der geistigen Bewegungen unseres Jahrhunderts und den Gegebenheiten pluralistischer Gesellschaften – hinreichend gedeckt? Ich meine, nein. Wer das Gegenteil annimmt, muß sich manches, zumindest aber mit Ernst Forsthoff[54] entgegenhalten lassen, »daß er die Be-

53 Siehe auch Luf (FN 38), S. 144.
54 Ernst Forsthoff, »Zur heutigen Situation einer Verfassungslehre«, in:

sonderheit dieses Jahrhunderts (das noch nicht zu Ende ist) mit seinen Ab- und Umwertungen, seinen Hosiannah und Cruzifige, seinen unendlichen geistigen Fluktuationen, noch nicht begriffen hat.«

Die unabweisbare, im Recht selbst angelegte Frage nach dem (metapositiven) Grund und Maß des Rechts kann also nicht durch Rückgriff auf Werte und den Wertbegriff zureichend beantwortet werden. Sie bedarf, soll sie tragfähig sein, einer anderen Antwort.[55]

Epirrhosis. Festgabe für Carl Schmitt zum 80. Geburtstag, Bd. 1, 1968, S. 209.

55 Ob und inwieweit ein Rückgriff auf das – oft totgesagte – Naturrecht dafür in Frage käme oder dieses endgültig als ungeeignet erwiesen ist, wie oft vertreten wird, bedarf näherer Erörterung. Siehe dazu Ernst-Wolfgang Böckenförde, »Die Begründung des Rechts auf Werte oder das von Natur Rechte«, in: *Natur in den Geisteswissenschaften*, 1. Erstes Blaubeurer Symposion vom 23. bis 26. September 1987, hrsg. von Richard Brinkmann, 1988, S. 181 (199 ff.). Die dortigen Darlegungen formulieren einen – möglichen – Ausgangspunkt, der indes noch der weiteren Durchführung und Prüfung bedarf.

5. Die Entstehung des Staates als Vorgang der Säkularisation

Es gehört für unsere Generation zum gesicherten Bestand des wissenschaftlichen Bewußtseins, daß der Begriff Staat kein Allgemeinbegriff ist, sondern zur Bezeichnung und Beschreibung einer politischen Ordnungsform dient, die in Europa vom 13. bis zum Ende des 18., teils Anfang des 19. Jahrhunderts aus spezifischen Voraussetzungen und Antrieben der europäischen Geschichte entstanden ist und sich seither, gewissermaßen abgelöst von ihren konkreten Entstehungsbedingungen, über die gesamte zivilisierte Welt verbreitet. Vom ›Staat der Hellenen‹, dem ›Staat des Mittelalters‹, dem ›Staat der Inkas‹ oder vom ›Staat‹ bei Plato, Aristoteles und Thomas von Aquin zu sprechen, wie es die Gelehrtengenerationen des 19. Jahrhunderts mit Selbstverständlichkeit und Selbstbewußtsein taten, ist heute nicht mehr möglich. Wir wissen, vor allem seit dem epochemachenden Buch *Land und Herrschaft* von Otto Brunner[1], wie sich der Staat langsam aus den ganz unstaatlich strukturierten Herrschaftsbeziehungen und -ordnungen des Mittelalters herausgebildet hat; wie über die Stufen der Landesherrschaft, einem im Landesherrn zusammenlaufenden, territorial noch unabgeschlossenen Gefüge verschiedener Herrschaftssphären[2], dann der Landeshoheit als der wesentlich territorial bestimmten, die verschiedenen Herrschaftstitel zusammenfassenden und überhöhenden hoheitlichen Herrschaftsgewalt des Fürsten im Lande (jus territorii)[3], schließlich – im aufgeklärten Absolutismus, in der Französischen Revolution und danach – die einheitliche, nach außen souveräne, nach innen höchste und dem

1 Otto Brunner, *Land und Herrschaft. Grundfragen der territorialen Verfassungsgeschichte Österreichs im Mittelalter*, Brünn, München, Wien ³1943. Vorher schon Hermann Heller, *Staatslehre*, Leiden 1934, S. 125 ff.

2 Siehe die Kennzeichnung bei Brunner (Anm. 1), S. 414 ff.

3 Die reichsrechtliche Umschreibung der Landeshoheit als »jus territorii« bzw. droit de souverainété im Westfälischen Frieden – *IPO* – Art. VIII § 1, vgl. Karl Zeumer, *Quellensammlung zur Geschichte der Deutschen Reichsverfassung*, Tübingen ²1913, S. 416.

hergebrachten Rechtszustand überlegene, in ihrer Zuständigkeit potentiell allumfassende Staatsgewalt entstand und ihr gegenüber die herrschaftlich-politisch eingeebnete Gesellschaft der (rechtsgleichen) Untertanen bzw. Staatsbürger.

Dies ist die verfassungsgeschichtliche Seite der Entstehung des Staates. Sie ist jedoch nur eine Seite des geschichtlichen Vorganges. Daneben steht, nicht weniger bedeutsam, die andere Seite: die Ablösung der politischen Ordnung als solcher von ihrer geistlich-religiösen Bestimmung und Durchformung, ihre ›Verweltlichung‹ im Sinne des Heraustretens aus einer vorgegebenen religiös-politischen Einheitswelt zu eigener, weltlich konzipierter (›politischer‹) Zielsetzung und Legitimation, schließlich die Trennung der politischen Ordnung von der christlichen Religion und jeder bestimmten Religion als ihrer Grundlage und ihrem Ferment. Auch diese Entwicklung gehört zur Entstehung des Staates. Ohne diese Seite des Vorgangs läßt sich der Staat, wie er geworden ist und sich uns heute darstellt, nicht verstehen und lassen sich die fundamentalen politischen Ordnungsprobleme, die sich im Staat der Gegenwart stellen, nicht begreifen.

Es ist gebräuchlich, einen Vorgang, wie er sich hier vollzogen hat, Säkularisation zu nennen. Das kann geschehen und ist zutreffend, wenn man sich dabei von den vielfältigen ideenpolitischen Assoziationen, die sich mit dem Begriff Säkularisation verbinden, freihält und ihn in seinem ursprünglichen, gegenüber Rechtmäßigkeit oder Unrechtmäßigkeit, Legitimität oder Illegitimität offenen Bedeutungssinn versteht.[4] In diesem Sinn heißt Säkularisation schlicht »der Entzug oder die Entlassung einer Sache, eines Territoriums oder einer Institution aus kirchlich-geistlicher Observanz und Herrschaft«.[5]

I.

Spricht man von Säkularisation im Zusammenhang mit der Entstehung des Staates, so denkt man meist an die sogenannte Neutralitätserklärung gegenüber der Frage der religiösen Wahrheit, die von vielen Staatsmännern und politischen Denkern ausge-

4 Vgl. Hermann Lübbe, *Säkularisierung. Geschichte eines ideenpolitischen Begriffs*, Freiburg – München 1965, S. 24.

5 H. Lübbe, a.a.O., S. 23.

sprochen und vollzogen wurde, um angesichts der nicht endenwollenden konfessionellen Bürgerkriege, die Europa im 16. und 17. Jahrhundert erschütterten, eine neue Grundlage und Allgemeinheit der politischen Ordnung jenseits und unabhängig von der oder einer bestimmten Religion zu finden. Am prägnantesten kommt diese Neutralitätserklärung, der Wirklichkeit der Zeit vorauseilend, in den Worten des Kanzlers des Königs von Frankreich, Michel de L'Hopital, zum Ausdruck, die dieser im Conseil des Königs am Vorabend der Hugenottenkriege, 1562, aussprach: Nicht darauf komme es an, welches die wahre Religion sei, sondern wie man beisammen leben könne.[6] Aber die darin erklärte Herausnahme der Politik aus einer vorgegebenen religiösen Einbindung und Zielausrichtung, die die Grundlage für die stufenweise Gewährung bürgerlicher Toleranz und die staatliche Anerkennung der Bekenntnisfreiheit als des ersten Grundrechts der Bürger darstellte, war nicht der Anfang jenes Vorgangs der Säkularisation, sondern nur eine Etappe innerhalb desselben. Die prinzipielle Säkularisation, die jene Trennung von Religion und Politik, wie sie L'Hopital aussprach, erst ermöglichte und sie zugleich in eine historische Kontinuität hineinstellte, liegt dem weit voraus. Sie muß im Investiturstreit (1057-1122) gesucht werden, jener von päpstlicher wie von kaiserlicher Seite mit äußerster Entschiedenheit geführten geistig-politischen Auseinandersetzung um die Ordnungsform der abendländischen Christenheit. In ihr wurde die alte religiös-politische Einheitswelt des orbis christianus in ihren Fundamenten erschüttert und die Unterscheidung und Trennung von ›geistlich‹ und ›weltlich‹, seither ein Grundthema der europäischen Geschichte, geboren.[7]
Welche Bedeutung dem Investiturstreit als Säkularisationsvorgang zukommt, zeigt sich voll erst von der Einheit der res publica christiana aus, die durch ihn aufgelöst und aufgesprengt wurde. Diese Ordnung war nicht nur ›christlich‹ bestimmt in der Weise, daß das Christentum anerkannte Grundlage der politischen Ordnung war, sie war in sich selbst, in ihrer Substanz, sakral und religiös geformt, eine heilige Ordnung, die alle Lebensbereiche

6 Leopold von Ranke, *Französische Geschichte*, Ausg. Andreas, Wiesbaden 1957, Bd. 1, S. 157.
7 Albert Mirgeler, *Rückblick auf das abendländische Christentum*, Mainz 1961, S. 109ff.

umfaßte, noch ganz ungeschieden nach ›geistlich‹ und ›weltlich‹, ›Kirche‹ und ›Staat‹.[8] Das »Reich« lebte nicht aus römischem Kaisererbe, wenngleich es daran anknüpfte, sondern aus christlicher Geschichtstheologie und Endzeiterwartung, es war das Reich des populus christianus, Erscheinungsform der ecclesia, und als solches ganz einbezogen in den Auftrag, das »regnum Dei« auf Erden zu verwirklichen und den Ansturm des Bösen im gegenwärtigen Äon aufzuhalten (kat-echon).[9] Kaiser und Papst waren nicht Repräsentanten der geistlichen oder der weltlichen Ordnung, beide standen vielmehr *innerhalb* der einen ecclesia als Inhaber verschiedener Ämter (ordines), der Kaiser als Vogt und Schirmherr der Christenheit ebenso eine geweihte, geheiligte Person (Novus Salomon) wie der Papst: in beiden lebte die res publica christiana als religiös-politische Einheit.[10] Das politische Geschehen war so von vornherein eingebungen in das christliche Geschichtsbild, erhielt von ihm aus seine Richtung und seine Legitimation.

Aber nicht nur in dieser allgemeinen Weise, auch in den konkreten Institutionen, im Rechtshandeln und im täglichen Lebensvollzug handelte es sich um eine religiöse-politische Einheitswelt. Das Christentum hatte bald nach seiner Emanzipation durch Kaiser Konstantin die Funktion und Stelle der antiken Polis-Religion übernommen, war zum öffentlichen, die Lebensordnung bestimmenden Kult des Reiches geworden; es hatte anderseits sich viele Elemente der naturhaft-magischen Heilbringer-Religiosität der Germanen assimiliert: beides befestigte und verstärkte die religiös-kultische Durchformung des gesamten Daseins. Der Glaube selbst nahm so die Form einer religiös-politischen und zugleich rechtlichen Treuebindung an den machtvollen Gott-König Christus an; die »fides« des Gläubigen als des getreuen Dienst- und Gefolgsmannes Gottes war sein eigentlicher Inhalt, eine Trennung von ›innen‹ und ›außen‹ war ihm völlig fremd.

8 Hierzu und zum folgenden mit vielen Quellenzeugnissen: Friedrich Heer, *Aufgang Europas*, Wien – Zürich 1951.

9 Das Reich als kat-echon: Carl Schmitt, *Der Nomos der Erde im Völkerrecht des Jus publicum europäum*, Köln 1950, S. 29/30.

10 Eugen Ewig, »Zum christlichen Königsgedanken im frühen Mittelalter«, in: *Das Königtum*, Konstanz – Lindau 1954, S. 71 ff.; Eduard Eichmann, *Die Kaiserkrönung im Abendland*, Bd. 1, Würzburg 1942, S. 105-108, 109-125.

Was bewirkte der Investiturstreit für diese religiös-politische Einheitswelt?
Das Prinzip, das diesen Kampf innerlich ermöglichte und über eine Machtauseinandersetzung hinausführte, weil es ihm die geistige Begründung verlieh, war die Trennung von ›geistlich‹ und ›weltlich‹. Von der jungen theologischen Wissenschaft erarbeitet, wurde diese Trennung die eigentliche geistige Waffe im Investiturstreit. Ihre Anwendung bedeutete freilich – und mußte bedeuten –, daß das »reichskirchliche Weltganze« (Mirgeler), das bis dahin bestand und in dem man lebte, von seinem innersten Kern her aufgelöst wurde. Die Träger des geistlichen Amtes beanspruchten alles Geistliche, Sakrale, Heilige für sich und die von ihnen gebildete ›ecclesia‹. Diese ecclesia löste sich als eigene, sich juristisch verfassende, sakramentalhierarchische Institution aus der umfassenden Einheit des orbis christianus – der alten ecclesia; der Schlachtruf »libertas ecclesiae« enthält diese Trennung schon in sich.[11] Der Kaiser, ja das Herrscheramt überhaupt, wurde aus dieser neuen ecclesia hinausgewiesen, verlor seinen geistlichen Ort und wurde in die Weltlichkeit entlassen. Der Kaiser war nicht länger geweihte Person, sondern Laie wie jeder andere Gläubige auch, er unterstand hinsichtlich der Erfüllung seiner Christenpflichten wie jeder andere dem Urteil der geistlichen Instanz, die ihrerseits dem Urteil einer weltlichen Instanz nicht unterworfen war. Das ist der neue ›ordo‹, den der Dictatus papae zum Ausdruck bringt.[12]
Die Revolution, die sich hier vollzog, bedeutete mehr als nur die Entsakralisierung des Kaisers. Mit ihm wurde zugleich die politische Ordnung als solche aus der sakralen und sakramentalen Sphäre entlassen; sie wurde in einem wörtlichen Sinn ent-sakralisiert und säkularisiert, und damit freigesetzt auf ihre eigene Bahn, zu ihrer eigenen Entfaltung als weltliches Geschäft. Was als Entwertung gedacht war, um kaiserliche Herrschaftsansprüche im Bereich der ecclesia abzuwehren, wurde in der unaufhebbaren Dialektik geschichtlicher Vorgänge zur Emanzipation: der Investiturstreit konstituiert Politik als eigenen, in sich stehenden Be-

11 Dazu Mirgeler (Anm. 7), S. 122.
12 *Dictatus papae Gregorii* VII., insbes. These XVIII: Quod [Romanus pontifex] a nemine ipse iudicari debeat, und These XII: Quod illi liceat imperatores deponere.

reich; sie ist nicht mehr einer geistlichen, sondern einer weltlichen, das heißt naturrechtlichen Begründung fähig und bedürftig.

Der Bruch mit der alten Ordnung kommt, worauf P. E. Hübinger jüngst aufmerksam gemacht hat[13], im Handeln Gregors VII. selbst sinnfällig zum Ausdruck. Als Gregor den Kaiser nach mehreren Ermahnungen und Fortdauer seiner Übergriffe schließlich in den Kirchenbann und damit im Rahmen der alten Ordnung auch des Königsamts für unwürdig erklärte, bewegte er sich grundsätzlich noch in der alten Einheitswelt, mochte sein Vorgehen auch, analog dem Heinrichs III. in Sutri, außergewöhnlich und nur einer Ausnahmesituation angemessen sein. Als er aber dann den Büßer-König in Canossa vom Banne lossprach, beschränkte er sich auf den religiösen, geistlichen Akt, die Versöhnung mit der ›Kirche‹; die Aufhebung der politischen Folgen des Bannes, also die Wiedereinsetzung ins Königsamt, kümmerte ihn als Papst nicht mehr, es war des Königs eigene Sache: die Trennung von geistlich und weltlich war manifest.

Der Ansatz zum kirchenherrschaftlichen (hierokratischen) System, der in dieser Trennung lag, ist offensichtlich; in der Verhältnisbestimmung zwischen geistlich und weltlich, auf die nun alles ankam, konnte und mußte in einer noch selbstverständlich christlichen Gesellschaft das Geistliche die Superiorität behaupten: der weltliche Herrscher ist Christ, und als solcher steht er unter den christlichen Geboten, über deren Auslegung und Einhaltung ratione saluti zu wachen, Aufgabe der geistlichen Gewalt ist. Die Päpste und kurialen Kanonisten haben – um die weitergehenden, unmittelbar politischen Ansprüche etwa Bonifaz' VIII. hier außer Betracht zu lassen – diese Logik immer wieder zur Geltung gebracht und praktisch-politisch anzuwenden versucht. H. Barion hat gegenüber W. Kempfs Auseinandersetzung mit W. Ullmann dargetan, daß gerade in der Beschränkung des kirchlichen Anspruchs darauf, nur ratione peccati bzw. saluti zu urteilen und zu entscheiden, die Suprematie der geistlichen Gewalt zur Entfaltung kommt.[14] Denn für diese Entscheidung wird, ungeachtet aller politisch-rechtlichen Folgen, die damit in einer christ-

13 Vortrag über Gregor VII. in Münster/W. im Frühjahr 1964, bislang unveröffentlicht. Vgl. aber jetzt P. E. Hübinger, *Die letzten Worte Papst Gregors* VII. [Rheinisch-Westfälische Akademie der Wissenschaften, Vorträge G 185, Opladen 1973].

14 Hans Barion, Sav. Zs., Kan. Abt., Bd. XLVI (1960), S. 485 ff., insbes. S. 493 ff. (Besprechung von F. Kempf, »Die päpstliche Gewalt in der mittelalterlichen Welt«, in: *Saggi storici intorno al Papato die Professori della Facoltà die Storia Ceelemastica*, Roma 1959, S. 117-169).

lichen Gesellschaft unmittelbar verbunden sind, volle Maßgeblichkeit beansprucht. Die ratio peccati ist die allein maßgebende Maxime, der sich die ratio ordinis politici von vornherein unterzuordnen hat, wiewohl die »res«, um deren Beurteilung es geht, notwendig beiden Bereichen angehört. Der Vorsprung der Kirche in der Institutionalisierung[15] tat ein übriges, ihrer Vorherrschaft Geltung zu verschaffen.

Diese Tatsachen dürfen jedoch nicht vergessen lassen, daß die Voraussetzung für das Geltendmachen jener Suprematie eben die Anerkennung der Weltlichkeit, die prinzipielle Säkularisation der Politik war. Das bedeutete aber zugleich, daß das Verhältnis sich auch umkehren konnte, und zwar sobald es der politischen Sphäre gelang, die ihr zudiktierte Weltlichkeit bewußt zu machen und gegenüber der geistlichen Gewalt die ratio und die Suprematie des Politischen zur Geltung zu bringen. Mit derselben Logik, mit der das weltliche Handeln ratione peccati in die Zuständigkeit der geistlichen Gewalt gezogen worden war, konnte das geistliche Handeln ratione ordinis politici der Zuständigkeit der weltlichen Gewalt unterworfen werden. Th. Hobbes hat, das große Thema der politischen Theologie aufnehmend, diese Logik später eindrucksvoll dargelegt.[16] Kirchliche Suprematie gegenüber der weltlichen Gewalt auf der einen, Staatskirchentum auf der anderen Seite waren nicht mehr eine Frage des unterschiedlichen Systems, sondern im Grunde zwei Seiten derselben Sache: die Realisierung der in der Trennung von ›geistlich‹ und ›weltlich‹ angelegten Möglichkeiten nach dieser oder jener Richtung. Indem das Papsttum seit dem Investiturstreit Jahrhunderte hindurch versuchte, die kirchliche Suprematie durchzusetzen, hat es wesentlich dazu beigetragen, daß die Träger der weltlichen Gewalt sich auf die Eigenständigkeit und Weltlichkeit der Politik besannen und den Vorsprung an Institutionalisierung, den die Kirche ihnen voraus hatte, durch die Ausbildung staatlicher Herrschaftsformen mehr und mehr aufholten. Die Vorformen des Souveränitätsgedankens und die territoriale Abschließung des Herrschaftsraumes haben sich, wie unter anderem die Beispiele einerseits der Staufer,

15 Mirgeler (Anm. 7), S. 127.

16 Dazu neuestens Carl Schmitt, »Die vollendete Reformation. Bemerkungen und Hinweise zu neuen Leviathan-Interpretationen«, in: *Der Staat* 4 (1965), S. 64 f.

anderseits der französischen Könige zeigen, gerade in der Auseinandersetzung mit dem päpstlichen Suprematieanspruch herausgebildet.

Freilich, der Investiturstreit hatte geistig mehr entschieden, als sich unmittelbar geschichtlich und politisch realisierte. Albert Mirgeler[17] hat darauf hingewiesen, daß die mit der Unterscheidung ›geistlich‹ – ›weltlich‹ tatsächlich eingetretene Säkularisierung dadurch verschleiert wurde, daß die neue, in sich aufgespaltene Christenheit im allgemeinen Bewußtsein einfach die alte Reichskircheneinheit fortsetzte und weiterhin in den Traditionen der alten sakralen Einheit von Reich und Kirche begriffen wurde. Trotz des prinzipiellen Wandels blieb so, gerade auf dem Boden des Reiches, faktisch eine Überdeckung von Imperium und ecclesia erhalten. Die äußeren Formen des alten Weltgebäudes bestanden noch lange fort, wurden freilich immer mehr zu Hohlformen, in denen Form und Gehalt keineswegs mehr zur Deckung kamen. Auch war es für den Kaiser und die weltlichen Herrscher keine reale Möglichkeit, daß nicht das ganze Volk und ihr weltliches Regiment christlich sein und bleiben solle. Die Säkularisierung hatte in dieser ersten Stufe nur die Entlassung aus dem Bereich des Sakralen und Geheiligten, der unmittelbaren (eschatologischen oder inkarnatorischen) Jenseitsorientierung, nicht die Entlassung aus der religiösen Fundierung schlechthin umgriffen. Die Landesherrschaften und Königreiche, nach dem Investiturstreit freigesetzt auf den Weg zur weltlichen Politik, waren dennoch christliche Herrschaften und Obrigkeiten. Die christliche Religion war die unbezweifelte Grundlage, der gemeinsame, die Homogenität verbürgende Boden zwischen Herrschern und Beherrschten. Auch die Bewegung zum Staat und die Entbindung einer auf Machtbildung und -auseinandersetzung zielenden Politik im 15. und beginnenden 16. Jahrhundert[18] vollzog sich zunächst in diesem Rahmen. Die neue Situation und Krise, die zur zweiten Stufe der Säkularisation führte, trat mit der Glaubensspaltung ein.

17 A.a.O., S. 129 und S. 122 f.
18 Wilhelm Dilthey, *Gesammelte Schriften*, Bd. 2, Berlin und Leipzig 1914, S. 246 ff.; Georg Dahm, *Deutsches Recht*, Stuttgart 1951, S. 266.

II.

Die europäische Christenheit stand, nachdem die Glaubensspaltung Wirklichkeit geworden war, vor der Frage, wie ein Miteinanderleben der verschiedenen Konfessionen in einer gemeinsamen politischen Ordnung möglich sei. Vermöge der Bedeutung, die der christlichen Religion für die politische Ordnung zukam, war der Konflikt nicht nur ein religiöser, sondern zugleich ein politischer Konflikt. Für die beiden, später drei, Konfessionen war es ein Konflikt um den wahren Glauben, das reine Evangelium; als Kampf um die Wahrheit duldete er keine Kompromisse. Nach der Verhältnisbestimmung von geistlicher und weltlicher Gewalt, die Theologen und Kanonisten ausgebildet hatten, war es die Aufgabe der weltlichen Macht, mit ihren Mitteln öffentlich den Irrtum zu unterdrücken, Häretiker und Ketzer zu bestrafen. Katholiken, Lutheraner und Reformierte waren sich darin grundsätzlich einig.[19] Nicht nur die aufrührerischen Häretiker, die zugleich politische Unruhestifter waren, sollten davon betroffen werden; auch die nicht-aufrührerischen Häretiker zu bestrafen, war das Amt der Obrigkeit, denn sie waren Lästerer gegen Gott.[20] Die Auffassung des Glaubens als rechtsartiges Treueverhältnis und die fortwirkende Tradition der Polis-Religion verschlossen den Weg zur bürgerlichen Toleranz.
Damit war es unvermeidlich, daß die Religionsfrage in vollem Umfang eine Angelegenheit der Politik wurde. Europa wurde im 16./17. Jahrhundert von einer Welle grauenvoller konfessioneller Bürgerkriege durchzogen; politische und religiöse Interessen, Einsatz für den wahren Glauben und Streben nach Machtausdehnung und Machtbehauptung kreuzten und verbanden sich unaufhörlich.[21] An drei Stellen in Europa wurde dieser religiöspolitische Kampf exemplarisch und mit unterschiedlichen Ergebnissen ausgetragen: in Spanien unter Philipp II., im Reich in der Auseinandersetzung zwischen Kaiser und Reichsständen, in Frankreich

19 Darstellung und Quellen bei Joseph Lecler, *Geschichte der Religionsfreiheit im Zeitalter der Reformation* [Histoire de la tolerance au siècle de reforme], Bd. 1, Stuttgart 1965, S. 148 ff., 240-252, 439 ff., 456 f.

20 Thomas von Aquin, *Sentenzenkommentar* IV, d. 13, qu. 2, ad 3; Luther: siehe Lecler (Anm. 19), Bd. 1, S. 249 f.; Melanchthon, *Corpus Reformatorum* IV, c. 737-740.

21 Ein guter Überblick jetzt bei J. Lecler (Anm. 19), Bd. 1 und 2.

in den Hugenottenkriegen. Aus diesen konfessionellen Bürgerkriegen ging, wenn man von der besonderen Entwicklung in Spanien absieht, die zweite Stufe der Säkularisation, der sich rein weltlich und politisch aufbauende und legitimierende Staat hervor; mit seiner Heraufkunft war zugleich auch über die Trennung von Religion und Politik grundsätzlich entschieden.

Es mag dahingestellt bleiben, wieweit diese Entwicklung in der Intention der damals Beteiligten lag, aber sie ergab sich aus der Logik der geschichtlichen Situation und den Bedingungen des Handelns, die in ihr vorgegeben waren. Die Unterscheidung von ›geistlich‹ und ›weltlich‹, zuerst von den Päpsten verwendet zur Begründung kirchlicher Suprematie, entfaltete nun ihre Kraft in Richtung auf den Primat und die Suprematie der Politik. Die Anforderungen der geistlichen Gewalt an die weltliche Macht, die sich angesichts der Glaubensspaltung ergaben, beinhalten den permanenten politischen Konflikt; sie waren aus sich selbst heraus in unmittelbarer Weise weltlich-politisch. Was Wunder also, daß die weltliche Gewalt, die Könige und Fürsten, wollten sie nicht Exekutionsbeamte ihrer Religionspartei werden, um der politischen Ordnung willen die geistlichen Dinge selbst in die Hand nahmen, das heißt ihrer Aufsicht und Entscheidung unterstellten und den Primat der Politik gegenüber der Religion zur Geltung brachten? Erst dadurch, daß sich die Politik über die Forderungen der streitenden Religionsparteien stellte, sich von ihnen emanzipierte, ließ sich überhaupt eine befriedete politische Ordnung, Ruhe und Sicherheit für die Völker und die einzelnen, wieder herstellen. Man muß diese prinzipielle Problemstellung vor Augen haben, wenn man die Ausbildung der königlichen Machtstellung in Frankreich, das »cuius regio, eius religio« im Reich, den schon um die Wende des 16./17. Jahrhunderts einsetzenden Territorialismus und Erastianismus der protestantischen Kirchenrechtslehre[22] und schließlich die politische Theologie der Staatslehre des Thomas Hobbes richtig verstehen will.

Leopold von Ranke hat in seiner Fanzösischen Geschichte den konfessionellen Bürgerkrieg in Frankreich beschrieben. Wer etwa

22 Dazu Johannes Heckel, *Cura religionis, Jus in sacra, Jus circa sacra*, Neudruck Darmstadt 1962, S. 44 ff., 53 f., 67 ff. Die ablehnende Beurteilung des kirchenpolitischen Territorialismus bei Lecler (Anm. 19), Bd. 2, S. 381 f., 530 ff. wird diesem Zusammenhang nicht gerecht.

meint, die ausweglose Situation jener Jahrzehnte werde heutzutage absichtsvoll überzeichnet, um eine Ideologie zur Rechtfertigung des modernen Staates zu schaffen, der mag zu jener Darstellung greifen und aus ihr entnehmen, wie es eigentlich gewesen ist: nicht endenwollende kriegerische Auseinandersetzungen um die Bewilligung, Aufhebung, Erneuerung, Erweiterung und Beschränkung der Pazifikationsedikte für die Hugenotten, stets verbunden mit dem Machtkampf zwischen Königtum und frondierendem Adel, die durch dreißig Jahre hindurch in wechselnder Folge nahezu das ganze Land in ein Schlachtfeld des Bürgerkrieges verwandelten.[23] Diese Kriege und ihre Etappen brauchen und sollen hier nicht geschildert werden; was in unserem Zusammenhang interessiert, ist die Herausbildung eines spezifisch staatlichen Denkens in den Theorien der sogenannten Politiques, der staatsbezogenen französischen Juristen, und die darauf sich gründende staatliche Machtstabilisierung und -konzentrierung.

Diese Politiques entwickelten nun eine eigene, gegenüber der Tradition des scholastischen Naturrechts neuartige, spezifisch politische Argumentation.[24] Sie stellten einen *formellen* Begriff des Friedens auf, der nicht aus dem Leben in der Wahrheit, sondern aus der Gegenüberstellung zum Bürgerkrieg gewonnen wurde. Diesem formellen Begriff des Friedens, das heißt dem Schweigen der Waffen, der äußeren Ruhe und Sicherheit des Lebens, erkennen sie den Primat zu gegenüber dem Streit um die religiöse Wahrheit. Der Bürgerkrieg bringe nicht Sieg oder Unterwerfung der Ketzerei, sondern nur Haß, Elend und Feindschaft; die Waffen seien kein geeignetes Mittel, die Spaltung im Glauben zu überwinden. Der formelle Friede ist für die Politiques gegenüber den Schrecken und Leiden des Bürgerkrieges ein selbständiges, *in sich gerechtfertigtes* Gut. Er ist nur herzustellen durch die Einheit des Landes; diese Einheit des Landes ist nur möglich durch die Achtung des Befehls des Königs als oberstes Gesetz; der König ist die neutrale Instanz, die über den streitenden Parteien und den Bürgern steht, nur er kann den Frieden bewirken und erhalten.[25] Die Verschiedenheit der Konfessionen

23 Ranke, 4. bis 6. Buch (Anm. 6), Bd. 1, S. 117-275.

24 Roman Schnur, *Die französischen Juristen im konfessionellen Bürgerkrieg*, Berlin 1962, insbes. S. 16-23; ferner auch Lecler (Anm. 19), Bd. 2, S. 109 ff.

25 Schnur (Anm. 24), S. 21-23.

ist für die Politiques nicht mehr eine staatliche, sondern eine kirchliche Angelegenheit. Der König habe darauf zu achten, daß seine Untertanen sich nicht in blutigem und heimtückischem Starrsinn zu vernichten suchten; die Wahrheitsfrage selbst könne und solle er nicht entscheiden.[26] Die Trennung der Politik von der Religion, die Behauptung ihrer Autonomie setzt sich hier ohne viel Aufhebens, aber nachdrücklich durch. Was gibt der König den Untertanen, wenn er ihnen unter der Bedingung, daß sie sich seinen Gesetzen gegenüber loyal verhalten, die Freiheit ihres Gewissens läßt, fragt Michel de L'Hopital 1568 in einer Denkschrift an den König. »Er gibt ihnen eine Gewissensfreiheit oder vielmehr er läßt ihre Gewissen in Freiheit.« Dann fährt er fort: »Nennt ihr das kapitulieren? Ist es eine Kapitulation, wenn ein Untertan mit euch übereinkommt, daß er seinen Fürsten anerkennt und sein Untertan bleibt«?[27] Die rein weltliche Betrachtung des politischen Herrschaftsverhältnisses ist in dieser Argumentation schon vollzogen. Die Religion ist kein notwendiger Bestandteil der politischen Ordnung mehr.

Als Heinrich IV. von Navarra schließlich zum katholischen Glauben übertrat, um sein nach der loi salique bestehendes Anrecht auf den Thron zu verwirklichen, war dies kein Sieg der ›wahren Religion‹ mehr, wie es nach außen scheinen könnte, sondern ein Sieg der Politik. Gründe der Staatsklugheit und politischen Vernunft waren es, die Heinrich zu seinem Schritt bestimmten[28]: um dem Land endlich den Frieden, der nur so erreichbar war, zu geben, um die königliche Herrschaft zu sichern, wurde der Glaubenswechsel vollzogen. Das erste, was Heinrich IV. tat, nachdem er das Land äußerlich befriedet hatte, war die Begründung einer gesetzlichen Existenz für die Hugenotten im Edikt von Nantes (1598).[29] Der einzelne konnte Bürger des Königreiches sein, alle zivilen Rechte genießen, ohne der wahren Religion anzugehören.

26 So Michel de L'Hopital in der Denkschrift an den König von 1568, vgl. Lecler (Anm. 19), Bd. 2, S. 111.

27 *Œuvres*, Bd. 2, S. 199, angeführt bei Lecler, ebd., Bd. 2, S. 112.

28 Ranke, *Französische Geschichte*, a.a.O., Bd. 1, S. 265 ff.

29 »Das war das Schlimmste von der Welt«, soll der Papst im Hinblick auf die im Edikt zugestandene Gewissensfreiheit gesagt haben, als der französische Gesandte ihm davon berichtete; vgl. Lecler (Anm. 19), Bd. 2, S. 183. In der Tat, die alte Beziehung von Religion und Politik war mit diesem Edikt an ihr Ende gekommen.

Die erste, substantielle Trennung von Kirche und Staat war hiermit Wirklichkeit. Das Edikt von Nantes machte erstmals den Versuch, zwei Religionen in einem Staate zuzulassen.

Vergleichen wir Heinrich IV. mit Heinrich IV.: Heinrich IV., der Kaiser, als Büßer in Canossa, um innerhalb einer religiös-politischen Einheitswelt durch die päpstliche Absolution die Voraussetzung dafür zu schaffen, sein Königsamt wieder auszuüben; Heinrich IV. von Frankreich, zum katholischen Glauben konvertierend und der Ketzerei abschwörend, um seiner Herrschaft Sicherheit, dem Land Frieden und Ruhe zu geben: wie sehr hatten, trotz der äußeren Ähnlichkeit des Ablaufs, Sieger und Besiegter gewechselt.

Wenn gleichwohl fast überall in Europa, auch in Frankreich selbst, auf lange Zeit das Prinzip der Staatsreligion herrschte, so spricht das nicht gegen diese Feststellung; denn die Entscheidung für die Staatsreligion war nicht eine Frage der Verwirklichung und Durchsetzung der Wahrheit, sondern eine Frage der Politik. »In einem Staat können nicht zwei Religionen bestehen«, dieses Argument wurde immer wieder von vielen, von Theologen wie von Politikern, gegen Toleranz und Kultfreiheit ins Feld geführt.[30] Mochte es tatsächlich für die damaligen Verhältnisse vielerorts zutreffend sein – auch die Menschen, jahrhundertelang in den Formen der öffentlichen Kult-Religion lebend, mußten ja erst reif und fähig werden zur Toleranz –, es war kein religiöses, sondern ein politisches Argument, bezogen auf Sicherheit und Ordnung des Staates. Die ganze Frage war damit aus der Unbedingtheit der Bindung an die Wahrheit entlassen und den Möglichkeiten und Bedingungen der Politik unterstellt. Sie war damit – und erst damit – auch der Abwägung, der Ausgrenzung von Freiheitsräumen, ja für den Weg zur Toleranz offen. Die Religion war nicht mehr de jure, sondern de facto garantiert; und sie war garantiert kraft der Entscheidung der politischen Macht. Es war folgerichtig, daß sie unter die Kuratel des »landesherrlichen Kirchenregiments« wie überhaupt des Staatskirchentums gestellt wurde. Daß die Herrscher nicht daran dachten, sich und ihre werdenden Staaten außerhalb der Grundlagen des Christentums zu stellen, daß sie selbst Christen waren und sein wollten, ändert an dem prinzipiellen Unterschied gegenüber der Zeit vor der Glaubensspaltung nichts. Für die sich ankündigende Ordnung

30 Vgl. Lecler, ebd., Bd. 1, S. 367, 549, Bd. 2, S. 63/64, 137f., 143f., 385f.

war dies eine tatsächlich vorhandene und vorausgesetzte, aber keine notwendige Bedingung mehr.

Wie sehr die Säkularisation in diesem Sinne Staat und Politik fortan bestimmte, zeigt das politische Testament Richelieus. Der Kardinal der römischen Kirche spricht hier davon – das Testament richtet sich an einen sehr fromm und kirchentreu erzogenen Prinzen –, daß die »Regierung Gottes« die erste Grundlage für das Glück eines Staates sei: jeder Fürst müsse sie zur Geltung bringen.[31] Aber worin besteht sie? Richelieu setzt das als bekannt voraus, er gibt keine Details außer der Ermahnung zum guten, vorbildhaften Leben. Die ›Regierung Gottes‹ wird abgedrängt in den Bereich der Moral, bleibt ohne inhaltlich faßbaren Gehalt für die Politik. Für das politische Handeln wird dann die ›raison‹ zur obersten Richtschnur erklärt. Die natürliche Einsicht läßt jeden erkennen, daß, da der Mensch raisonnable geschaffen ist, er alles nur aus raison tun darf, denn sonst würde er gegen seine Natur handeln und folglich gegen die Grundlagen seines eigenen Wesens.[32] Der religiöse Bezug wird nur noch indirekt hergestellt, indem die menschliche raison von Gott erschaffen ist, aber in der Aktualisierung ist sie sich selbst Gesetz.

Was sich so im kontinentalen Europa, vorab in Frankreich, als prinzipielle Lösung in der Beziehung von geistlicher und weltlicher Gewalt, von Religion und Politik ankündigt, hat seinen klarsten theoretischen Ausdruck in der Staatslehre des Thomas Hobbes gefunden. Sie ist für unser Problem in besonderer Weise instruktiv. Hobbes begründet den Staat als souveräne Entscheidungseinheit, die äußeren Frieden und Sicherheit gewährleistet. Ausgangspunkt ist für ihn dabei allein die menschliche Bedürfnisnatur, das heißt die Erhaltung und Sicherung der elementaren, auf die äußere Existenz bezogenen Lebensgüter; die religiöse Bestimmung des Menschen, Religion als menschliches Lebensgut, gehen darin nicht ein. Salus publica in quo consistit? fragt Hobbes im 13. Kapitel von *De cive* bei der Behandlung der Pflichten des Herrschers. Die Antwort ist von klassischer Prägnanz: »1. ut ab hostibus externis defendantur; 2. ut pax interna conservetur; 3. ut quantum cum securitate publica consistere potest, locupletuntur;

31 Richelieu, *Politisches Testament*, Teil II, cap. 1. Ausg. Mommsen (Klassiker der Politik), Berlin 1926, S. 164 f.

32 Ebd., cap. 2, S. 167.

4. ut libertate innoxia perfruantur«.[33] Die rein säkulare, diesseitsorientierte und religionsunabhängige Zielsetzung des Staates ist darin eindeutig ausgesprochen: Sicherung der Erhaltungsbedingungen des bürgerlichen Lebens und Ermöglichung der Befriedigung der individuellen Lebensbedürfnisse durch die Bürger. Um dieses Zieles willen wird der Staat begründet, um dieses Zieles willen wird er mit dem »summum imperium«, das heißt der höchsten, zur Letztentscheidung berufenen und darum souveränen Herrschaftsgewalt ausgestattet,weil nur durch eine solche souveräne, letztentscheidende Instanz, der gegenüber sich niemand auf sein ›privates‹ Urteil berufen kann, Frieden und Sicherheit erreicht, Recht und Unrecht sicher unterschieden werden können. Der Staat in diesem Sinn ist die »minimum condition« für Frieden und Sicherheit.

Die ›rectio ratio‹, die Hobbes als methodischer Leitfaden für seine Staatsbegründung dient, ist nicht mehr eine aus sich glaubensbestimmte und glaubensorientierte, sondern eine auf sich gestellte, individualistische und zweckgerichtete Vernunft.[34] Das bedeutet nicht, daß Hobbes Atheist gewesen sei oder sein System nur atheistisch verstanden werden könne, wie Leo Strauß gemeint hat.[35] Hobbes setzt den Herrscher als Träger der Staatsgewalt als einen Christen voraus und baut den christlichen Glauben *als solchen* in seiner unauswechselbaren Aussage, »that Jesus is the Christ«, in den Staat ein.[36] Aber dennoch enthält Hobbes' Staatskonstruktion die prinzipielle Säkularisation. Seine Staatsbegründung geht nicht aus dem christlichen Glauben hervor, sie ist nach Grund und Ziel von ihm unabhängig, steht auf dem Boden der

33 Thomas Hobbes, *Elementa philosophica de cive*, cap. 13, 7.

34 Kennzeichnend für die Definition des »natürlichen Gesetzes« bei Hobbes, *De cive*, c. 2, 1: »Dictamen rectae rationis circa ea, quae agenda vel omittenda sunt ad vitae membrorumque conservationem quantum diuturum fieri potest.« Der Übergang von der seinsvernehmenden, an einer universalen Ordnung der Zwecke orientierten Vernunft zur zweckhaft-funktionalen Vernunft ist hier vollzogen.

35 Leo Strauß, *Hobbes politische Philosophie*, Neuwied 1966, S. 78 ff.

36 Das hat die neue Hobbesforschung nachgewiesen, vgl. zuletzt F. C. Hood, *The Divine Politics of Thomas Hobbes*, Oxford 1964; dazu Carl Schmitt, »Die vollendete Reformation«, a.a.O., S. 51 ff.; Bernard Willms, »Von der Vermessung des Leviathan, Aspekte neuerer Hobbes-Literatur«, in: *Der Staat* 6 (1967), S. 75 ff., 220 ff. (230 ff.).

reinen Bedürfnisnatur und der zweckgerichteten, individualistischen Vernunft in sich selbst. Was Hobbes im Hinblick auf die Christlichkeit seines Staates darlegt, ist der über den Ausschluß des Widerspruches erbrachte Nachweis, daß dieser Vernunftstaat, in dem der Herrscher Christ ist, auch selbst ein christlicher Staat sei; weder das Evangelium noch einzelne göttliche Gebote besagten etwas gegen die Herrschaftsgewalt des Souveräns und die unbedingte Gehorsamspflicht der Untertanen, auch nicht gegen die Zuständigkeit des Herrschers in geistlichen Dingen.[37] Das bedeutet, als These formuliert, daß Staat und Christentum zusammen bestehen können und die Anerkennung der souveränen staatlichen Entscheidungsgewalt keine Glaubensverleugnung zum Inhalt hat; die rein weltliche, utilitaristische Staatsbegründung und Staatszielbestimmung ist dadurch weder aufgehoben noch in ihrer Schlüsigkeit in Frage gestellt.

Auch für diese zweite Stufe der Säkularisation gilt, daß die Überführung des prinzipiell Entschiedenen in die Wirklichkeit nicht ein einmaliges Ereignis, sondern ein historischer Prozeß war. Die säkularisierende Umgestaltung der politisch-sozialen Ordnung vollzog sich allmählich, und lange Zeit lagen alte und neue Bauelemente dicht neben- und beieinander.

Die Französische Revolution brachte den politischen Staat, wie er in den konfessionellen Bürgerkriegen entstanden und von Hobbes vorgedacht worden war, zur Vollendung. Die Erklärung der Menschen- und Bürgerrechte von 1789, das »erste Grundgesetz der neuen Gesellschaft«, wie Lorenz von Stein sagt, spricht vom Staat als »corps social«. Der Staat ist politische Herrschaftsorganisation zur Sicherung der natürlichen und vorstaatlichen Rechte und Freiheiten des einzelnen. Sein Um-willen und seine Legitimation hat er nicht in seiner geschichtlichen Herkunft oder göttlichen Stiftung, nicht im Dienst an der Wahrheit, sondern in der Bezogenheit auf die freie selbstbestimmte Einzelpersönlichkeit, das Individuum. Seine Basis ist der Mensch *als Mensch*. Der Mensch, wie er in den Naturbegriff des Vernunftrechts und von dort in die Prinzipien der declaration eingeht, ist aber ein profanes, von einer notwendig religiösen Bestimmung emanzipiertes Wesen. Zu den Freiheiten, um deren Sicherung und Erhaltung

37 Vgl. *De cive*, cap. 15: »Leviathan«, Teil 3, cap. 32, 40, 42. Insoweit weiche ich von der bei Willms (Anm. 36) gegebenen Beurteilung ab.

der Staat besteht, gehört seit der Verfassung von 1791 die Glaubens- und Religionsfreiheit.[38] Damit ist der Staat als solcher gegenüber der Religion neutral, er emanzipiert sich als Staat von der Religion. Die Religion wird in den Bereich der Gesellschaft verwiesen, zu einer Angelegenheit des Interesses und der Wertschätzung einzelner oder vieler Bürger erklärt, ohne aber Bestandteil der staatlichen Ordnung als solcher zu sein. Sie wird, im doppelten Sinn des Wortes, vom Staat frei-gegeben. Karl Marx hat diesen strukturellen Zusammenhang mit großer Deutlichkeit gesehen: »Die Religion«, sagt er, »ist nicht mehr der Geist des Staates ..., sie ist zum Geist der bürgerlichen Gesellschaft geworden ... Sie ist nicht mehr das Wesen der Gemeinschaft, sondern das Wesen des Unterschieds ... Sie ist aus dem Gemeinwesen als Gemeinwesen exiliert«.[39] Überall, wo der Staat seinen Bürgern Religionsfreiheit als Grundrecht gewährleistet – und dies zu tun lag von Anfang an in seinem ›Auftrag‹, wenn es sich auch erst später realisierte –, treffen diese Feststellungen zu. Die Religionsfreiheit als Freiheitsrecht enthält nicht nur das Recht, eine Religion privat und öffentlich zu bekennen, sondern ebenso das Recht, eine Religion nicht zu bekennen, ohne daß die staatsbürgerliche Rechtsstellung davon berührt wird.[40] Die Substanz des Allgemeinen, das der Staat verkörpern und sichern soll, kann folglich nicht mehr in der Religion, einer bestimmten Religion gesucht, sie muß unabhängig von der Religion in weltlichen Zielen und Gemeinsamkeiten gefunden werden. Das Maß der Verwirklichung der Religionsfreiheit bezeichnet daher das Maß der Weltlichkeit des Staates.

Das 19. Jahrhundert hat lange versucht, diesen Konsequenzen auszuweichen. Gegen die Emanzipation des Staates von der Religion, die in der Gewährleistung der Religionsfreiheit lag, stellte

38 Verfassung von 1791, Tit. 1; die Erklärung der Menschen- und Bürgerrechte vom 4. 8. 1789 enthielt nur die Garantie der religiösen Meinungsfreiheit in den Grenzen der gesetzlichen öffentlichen Ordnung.

39 Karl Marx, Zur Judenfrage = Karl Marx, *Die Frühschriften*, hg. von Landshut, Stuttgart 1953, S. 183; ferner Eric Weil, »Die Säkularisierung der Politik und des politischen Ansehens in der Neuzeit«, in: *Marxismusstudien*, 4. Folge, Tübingen 1962.

40 Gerhard Anschütz, »Die Religionsfreiheit«, in: *Handbuch des Deutschen Staatsrechts*, hg. v. Anschütz und Thoma, Bd. 2, Tübingen 1932, § 106.

man im Zeichen der Restauration die Idee vom »christlichen Staat«. Der »christliche Staat« sollte die allgemein sichtbar werdende prinzipielle Säkularisation aufhalten oder gar rückgängig machen. Aber was wurde erreicht? Nicht mehr als eine Überlagerung der Wirklichkeit mit einem nichtsäkularisierten Schein, ohne doch das Fortbestehen und die Ausbreitung des Staatsgedankens und damit das politische Prinzip der Säkularisation irgendwie beeinträchtigen zu können. Das Ergebnis waren Surrogate: das Königtum von Gottes Gnaden, der Bund von Thron und Altar, die heilige Allianz ...[41] Das Christentum wurde zum Dekor für höchst weltliche Geschäfte, eingesetzt zur Stabilisierung von Machtlagen und zur Sanktion zeitbedingter politisch-sozialer Verhältnisse, um sie gegenüber einem verändernden Zugriff zu konservieren. Auch hier hat Marx die prinzipielle Seite des Vorgangs klar erkannt: »Der sogenannte christliche Staat ist die christliche Verneinung des Staats, aber keineswegs die staatliche Verwirklichung des Christentums.«[42] Die Versuche, auf solche Weise gegen die stukturbedingte Weltlichkeit und Neutralität des Staates einen angeblich institutionell-christlichen Charakter zu bewahren oder wieder herzustellen, sind denn auch sämtlich gescheitert. Nicht nur im 19. Jahrhundert, auch bei der Neubegründung deutscher Staatlichkeit nach 1945, als wiederum ein christlicher statt des säkularisierten Staates aufgerichtet werden sollte, behielt die Religionsfreiheit das letzte Wort.[43] Sie mußte es behalten, wollte der Staat sich nicht selbst aufgeben.

41 Zum Königtum von Gottes Gnaden: Otto Brunner, »Vom Gottesgnadentum zum monarchischen Prinzip«, in: *Das Königtum*, Konstanz – Lindau 1954, S. 279 ff. (291 ff.). Als Karl x. von Frankreich die in der Krönungszeremonie als Auswirkung der göttlichen Heilskraft der Könige vorgeschriebene Handauflage bei Leprosenkranken vornahm, soll er Handschuhe angehabt haben.

42 *Frühschriften* (Anm. 39), S. 183.

43 Die westdeutschen Länderverfassungen der ersten Jahre nach 1945 enthalten sehr zahlreiche ideologische Restaurationsversuche eines ›christlichen‹ Staates, die einer näheren Untersuchung wert sind. Das »letzte Wort« der Religionsfreiheit: BVerfGE 19, 206 (226), und dazu Alexander Hollerbach, »Das Staatskirchenrecht in der Rechtsprechung des Bundesverfassungsgerichts«, in: AöR, Bd. 92 (1967), S. 99 ff.

III.

Überblickt man die hier geschilderte Entwicklung, so stellt sich zunächst die Frage nach der sachlichen Bedeutung dieses Säkularisationsvorgangs. Hatte diese Entwicklung zum Staat die Ausschaltung des Christentums von öffentlicher, weltformender Wirksamkeit zum Inhalt und muß infolgedessen der Staat als eine im spezifischen Sinn unchristliche oder a-christliche politische Ordnungsform begriffen werden? Oder hat sich in der Entstehung des Staates ein Prinzip politisch-sozialer Ordnung verwirklicht, das in der Sache dem Inhalt der christlichen Offenbarung entspricht, sich allerdings gegen die institutionalisierten Mächte des Christentums zur Geltung bringen mußte?

Diese Frage läuft darauf hinaus, inwieweit die Entsakralisierung der politischen Ordnung, die »Entweltlichung des geistlichen« und »Entgeistlichung des weltlichen« Bereichs (H. Krüger),[44] die sich in und mit der Entstehung des Staates vollzog, auch eine *Entchristlichung* bedeutet. Es ist zweifelhaft, ob sich diese Frage überhaupt in der einen oder anderen Richtung beantworten läßt. Denn die Antwort hängt wesentlich von der theologischen und geschichtsphilosophischen Deutung ab, die dem Säkularisationsvorgang zuteil wird, und führt damit hinüber in das Selbstverständnis und die sich wandelnde Selbstinterpretation des christlichen Glaubens. Ist der christliche Glaube seiner inneren Struktur nach eine Religion wie andere Religionen auch und ist deshalb seine gültige Erscheinungsform die des öffentlichen (Polis-)Kults, oder transzendiert der christliche Glaube die bisherigen Religionen, liegt seine Wirksamkeit und Verwirklichung gerade darin, die Sakralformen der Religion und die öffentliche Kult-Herrschaft abzubauen und die Menschen zur vernunftbestimmten, »weltlichen« Ordnung der Welt, zum Selbstbewußtsein ihrer Freiheit zu führen? Kein Geringerer als Hegel hat die Säkularisationsbewegung der europäischen Neuzeit, christlich gesehen, positiv interpretiert, nicht als Negation, sondern als Verwirklichung des Inhalts der Offenbarung, die mit Jesus Christus in die Welt gekommen sei.[45] Und Karl Marx hat, von seinem Standpunkt aus mit Kritik, darauf hingewiesen, daß die Emanzipation des Staates

44 Herbert Krüger, *Staatslehre*, Stuttgart 1963, S. 43.
45 G. W. F. Hegel, *Grundlinien der Philosophie des Rechts*, Ausg. Gaus,

von der Religion ja nicht die wirkliche Religiosität des Menschen aufhebe und aufzuheben strebe.[46] Als persönliches Bekenntnis des einzelnen, als durch die religiöse Überzeugung der Bürger vermittelte gesellschaftliche (und insofern auch politische) Kraft vermag der christliche Glaube auch und gerade im »weltlichen« Staat wirksam zu sein, ja die Religion wird in diesem Staat gerade zu solcher Wirksamkeit freigegeben: Religionsfreiheit ist nicht nur ›negative‹, sondern ebenso ›positive‹ Bekenntnisfreiheit der Bürger. Verwehrt ist der Religion allerdings die institutionell-öffentliche Existenzform und die notwendige Teilhabe am Allgemeinen des Staates. Läßt sich sagen, daß schon dadurch der christliche Glaube zum Verlust seiner Weltwirksamkeit und möglichen Geschichtsmächtigkeit verurteilt ist? Diese Frage ist nicht nur rhetorisch gemeint.

Aktueller noch ist eine andere Frage. Woraus lebt der Staat, worin findet er die ihn tragende, homogenitätsverbürgende Kraft und die inneren Regulierungskräfte der Freiheit, deren er bedarf, nachdem die Bindungskraft aus der Religion für ihn nicht mehr essentiell ist und sein kann? Bis zum 19. Jahrhundert war ja, in einer zunächst sakral, dann religiös gedeuteten Welt die Religion immer die tiefste Bindungskraft für die politische Ordnung und das staatliche Leben gewesen. Läßt sich Sittlichkeit innerweltlich, säkular begründen und erhalten, kann der Staat sich auf eine ›natürliche Moral‹ erbauen? Wenn nicht, kann er – unabhängig von dem allen – aus der Erfüllung der eudämonistischen Lebenserwartung seiner Bürger leben? Diese Fragen führen zurück auf eine tieferliegende, prinzipielle Frage: Wieweit können staatlich geeinte Völker allein aus der Gewährleistung der Freiheit des einzelnen leben ohne ein einigendes Band, das dieser Freiheit vorausliegt?

Der Vorgang der Säkularisation war zugleich ein großer Prozeß der Emanzipation, der Emanzipation der weltlichen Ordnung von überkommenen religiösen Autoritäten und Bindungen. Seine Vollendung fand er in der Erklärung der Menschen- und Bürgerrechte. Sie stellte den einzelnen auf sich selbst und seine Freiheit. Damit aber mußte sich, prinzipiell gesehen, das Problem der

§ 185; ders., *Encyklopädie der philosophischen Wissenschaften*, 1830, § 552.

46 Marx (Anm. 39), S. 183.

neuen Integration stellen: Die emanzipierten einzelnen mußten zu einer neuen Gemeinsamkeit und Homogenität zusammenfinden, sollte der Staat nicht der inneren Auflösung anheimfallen, die dann eine totale sog. Außenlenkung heraufführt. Dieses Problem blieb zunächst verdeckt, weil im 19. Jahrhundert eine neue einheitsbildende Kraft an die Stelle der alten trat: die Idee der Nation. Die Einheit der Nation folgte der Einheit aus der Religion und begründete eine neue, allerdings mehr äußerlich-politisch gerichtete Homogenität[47], innerhalb deren man noch weithin aus der Tradition der christlichen Moral lebte. Diese nationale Homogenität suchte und fand ihren Ausdruck im Nationalstaat. Inzwischen hat die Idee der Nation, nicht allein in vielen Staaten Europas, diese Formkraft verloren. Auch in den jungen Staaten Asiens und Afrikas wird ihre Formkraft von vorübergehender Dauer sein: Der Individualismus der Menschenrechte, zur vollen Wirksamkeit gebracht, emanzipiert nicht nur von der Religion, sondern, in einer weiteren Stufe, auch von der (volkhaften) Nation als homogenitätsbildender Kraft. Nach 1945 suchte man, vor allem in Deutschland, in der Gemeinsamkeit vorhandener Wertüberzeugungen eine neue Homogenitätsgrundlage zu finden. Aber dieser Rekurs auf die ›Werte‹, auf seinen mitteilbaren Inhalt befragt, ist ein höchst dürftiger und auch gefährlicher Ersatz; er öffnet dem Subjektivismus und Positivismus der Tageswertungen das Feld, die, je für sich objektive Geltung verlangend, die Freiheit eher zerstören als fundieren.[48]

So stellt sich die Frage nach den bindenden Kräften von neuem und in ihrem eigentlichen Kern: *Der freiheitliche, säkularisierte Staat lebt von Voraussetzungen, die er selbst nicht garantieren kann.* Das ist das große Wagnis, das er, um der Freiheit willen, eingegangen ist. Als freiheitlicher Staat kann er einerseits nur bestehen, wenn sich die Freiheit, die er seinen Bürgern gewährt, von innen her, aus der moralischen Substanz des einzelnen und der Homogenität der Gesellschaft, reguliert. Anderseits kann er diese inneren Regulierungskräfte nicht von sich aus, das heißt mit

47 Siehe die grundlegende historisch-systematische Untersuchung von Eugen Lemberg, *Geschichte des Nationalismus in Europa*, Stuttgart 1950; ders., *Nationalismus*, I. und II. Band, Hamburg 1964.

48 Vgl. den Beitrag von Carl Schmitt, »Die Tyrannei der Werte«, in: *Säkularisation und Utopie*, Ebracher Studien, Stuttgart – Berlin – Köln – Mainz 1967, S. 37ff.

den Mitteln des Rechtszwanges und autoritativen Gebots, zu garantieren suchen, ohne seine Freiheitlichkeit aufzugeben und – auf säkularisierter Ebene – in jenen Totalitätsanspruch zurückzufallen, aus dem er in den konfessionellen Bürgerkriegen herausgeführt hat. Die verordnete Staatsideologie ebenso wie die Wiederbelebung aristotelischer Polis-Tradition oder die Proklamierung eines »objektiven Wertsystems« heben gerade jene Entzweiung auf, aus der sich die staatliche Freiheit konstituiert.[49] Es führt kein Weg über die Schwelle von 1789 zurück, ohne den Staat als die Ordnung der Freiheit zu zerstören.

Der Staat kann versuchen, diesem Problem zu entgehen, indem er sich zum Erfüllungsgaranten der eudämonistischen Lebenserwartung der Bürger macht und daraus die ihn tragende Kraft zu gewinnen sucht. Das Feld, das sich damit eröffnet, ist allerdings grenzenlos. Denn es handelt sich dann nicht mehr darum, daß der Staat vorsorgende, sozialgestaltende Politik betreibt, die das Dasein seiner Bürger sichern soll – diese Aufgabe ist für ihn unverzichtbar –, sondern daß er sein ›Um-willen‹, seinen ihn legitimierenden Grund eben darin zu finden sucht. Der Staat, auf die inneren Bindungskräfte nicht mehr vertrauend oder ihrer beraubt, wird dann auf den Weg gedrängt, die Verwirklichung der sozialen Utopie zu seinem Programm zu erheben. Man darf bezweifeln, ob das prinzipielle Problem, dem er auf diese Weise entgehen will, dadurch gelöst wird. Worauf stützt sich dieser Staat am Tag der Krise?

So wäre denn noch einmal – mit Hegel[50] – zu fragen, ob nicht auch der säkularisierte weltliche Staat letztlich aus jenen inneren Antrieben und Bindungskräften leben muß, die der religiöse Glaube seiner Bürger vermittelt. Freilich nicht in der Weise, daß er zum »christlichen« Staat rückgebildet wird, sondern in der

49 Das ist für die Aufnahme der antiken Polis-Tradition ganz übersehen in der Arbeit von Wilhelm Hennis, *Politik und praktische Philosophie*, Neuwied 1963; dazu auch Bernard Willms, »Ein Phoenix zu viel«, in: *Der Staat* 3 (1964), S. 488 ff. Grundsätzlich zum Problem der Entzweiung: Joachim Ritter, *Hegel und die Französische Revolution*, Köln – Opladen 1957.

50 Encyklopädie der philosophischen Wissenschaften, 1830, § 552. Das Problem des Verhältnisses von Staat und Religion ist hier auf einer Höhe geistiger Reflexion diskutiert, die seither nicht wieder erreicht worden ist.

Weise, daß die Christen diesen Staat in seiner Weltlichkeit nicht länger als etwas Fremdes, ihrem Glauben Feindliches erkennen, sondern als die Chance der Freiheit, die zu erhalten und zu realisieren auch ihre Aufgabe ist.

6. Bemerkungen zum Verhältnis von Staat und Religion bei Hegel*

Die Frage nach dem Verhältnis von Staat und Religion galt lange Zeit als abgetan und unerheblich. Der Staat erschien als selbsttragende politische Einheit und Gemeinschaft, die ihre Grundlage im politischen Einheitswillen und -bewußtsein der Nation hatte. Soweit es für ihn auf eine über sein Vorhandensein hinausweisende Legitimation ankam, bezog er sie aus seinen weltlichen Aufgaben und Zwecken. In der »Allgemeinen Staatslehre« und ihren repräsentativen Darstellungen war und ist bis heute das Verhältnis von Staat und Religion kein eigenes Thema[1]: Der Staat, im Verhältnis zur Religion betrachtet, steht in sich selbst; er läßt die Religion – als moderner, weltlicher Staat – zwar zu, gewährleistet ihre Freiheit als eine Dimension der Freiheit der Menschen, die er zur Einheit verbindet, aber er ist von der Religion weder abhängig noch in seiner Politik an sie gebunden.

Solche Selbstgewißheit oder vielleicht auch: Unbekümmertheit steht ganz im Gegensatz zu den klassischen Werken der politischen bzw. Staatstheorie, die stets die Frage des Verhältnisses von Staat bzw. politischer Ordnung und Religion als ein wichtiges, ja vielfach entscheidendes Problem staatlich-politischer Existenz

* Ausgearbeitete Fassung eines vorbereiteten Diskussionsbeitrages, der auf dem von der Philosophischen Fakultät der Universität Tübingen vom 8.-10. Okt. 1981 zum Gedenken an Hegels 150. Todestag veranstalteten Symposion »Hegels Philosophie des Rechts« vorgetragen wurde.

1 Das gilt für Georg Jellineks *Allgemeine Staatslehre*, in der lediglich bei der Darstellung des hellenistischen Staatstyps die in der antiken Polis bestehende Einheit von politischer und Kultgemeinschaft erwähnt wird ([3]1914, S. 300f.), aber ohne weitere Folgerung, für die *Allgemeine Staatslehre* von Richard Schmidt, 2 Bde., Leipzig 1901-1903, für die (allerdings unvollendete) *Staatslehre* Hermann Hellers, Leiden 1934, aber auch für die soziologisch orientierte *Staatslehre* von Gottfried Salomon, 1931. In der *Staatslehre* Herbert Krügers, [2]1966, erscheint die Religion lediglich als Gegenstand der Distanzierung für den Staat, sei es genetisch, weil der Staat weltliches Gebilde ist (§ 7), sei es systematisch, aus dem Prinzip der Nichtidentifikation heraus (§ 34 I).

angesehen haben.[2] Sie ist heute verflogen. Die Frage nach dem Verhältnis von Staat und Religion hat neue Aktualität erlangt, seit und in dem Maße die nationalkulturelle Identität – nicht nur in Deutschland – angesichts eines sich entfaltenden geistig-ethischen Pluralismus, einer dominant werdenden technisch-industriellen Funktionalität und des Verlustes der Formkraft des Nationalen zum Problem geworden ist.[3] Ist die Religion, wie man jahrhundertelang meinte, die eigentlich tragende und formende Kraft, die die Gesittung und Gesinnung verbürgt, aus der der Staat in seinen Bürgern lebt, oder ist sie als solche ersetzbar oder entbehrlich? Eine Frage, die gerade für den säkularisierten, religiös-weltanschaulich neutralen Staat unserer Gegenwart ihre Bedeutung und Brisanz hat. Wenn auch dieser Staat einen tragenden, ihn haltenden Grund im vorpolitischen Bereich braucht, worin hat und findet er ihn?

Die Antwort liegt nahe, dieser haltende Grund liege im allgemeinen Konsens oder in der – heute vielfach berufenen – »Wertgemeinschaft«. Aber was ist deren Grund? Konsens und »Wertgemeinschaft« sind zunächst nur Bezeichnungen, die das, was sie bezeichnen, weder erklären noch begründen. Handelt es sich dabei um bloße Setzungen, um die Aktualisierung eines je zeitigen, vielfältig wandel- und veränderbaren Bewußtseins ohne eigene Substanz, um die tatsächlich vorhandene kulturelle Tradition (die freilich selbst wieder einer sie – in der Abfolge der Generationen – regenerierenden Kraft bedürfte) – oder doch, unaufhebbar, um die Religion? Die Frage stellt sich, welche Folge dies für den religiös-weltanschaulich neutralen Staat hätte, der es ja explizit von sich weist, eine bestimmte Religion, ja die Religion überhaupt zu seiner Grundlage zu haben. Läßt sich sagen und darlegen, daß in ihm die Religion als Grundlage des Staats gleichwohl

2 Es sei nur an Platos *Politeia*, an Ciceros *De legibus*, an den Thomas v. Aquin zugeschriebenen Traktat *De regimine principum*, aber auch an Thomas Hobbes' *Leviathan* (dessen 3. und 4. Teil meist überlesen wird) und Rousseaus *Contrat social* sowie nicht zuletzt an Hegels *Rechtsphilosophie* erinnert.

3 Als ein Symptom dafür kann in der Bundesrepublik die 1976 begonnene und seitdem andauernde Grundwerte-Debatte angesehen werden. Wesentliche Positionen bei G. Gorschenek (Hg.), *Grundwerte in Staat und Gesellschaft*, 1977; vgl. ferner A. Paus (Hg.), *Werte, Rechte, Normen* (Vorlesungen der Salzburger Hochschulwochen 1978), 1979.

ihre Wirklichkeit habe, nur in vermittelter und äußerlich unsichtbarer Form – etwa in der Weise, daß die oder eine bestimmte Religion gerade den religiös-weltanschaulich neutralen Staat trage und legitimiere? Oder kommt seine Existenzform, unter dem Blickpunkt der vorpolitischen Grundlagen staatlicher Ordnung, letztlich einem Tanz auf dem Vulkan gleich?

Im folgenden soll dieser Frage nach dem Verhältnis von Staat und Religion anhand der Aussagen Hegels nachgegangen werden. Hegel ist der letzte der großen Staatsdenker, der diese Frage im Rahmen einer philosophischen Staatsbegründung und Staatslehre systematisch aufgenommen und erörtert hat. Und er hat dies nicht abstrakt-allgemein, für das Verhältnis von politischer Ordnung und Religion überhaupt, sondern konkret-allgemein, für das Verhältnis des neuzeitlich-europäischen Staates seiner Zeit zur christlichen Religion getan. Das hebt seine Ausführungen von vornherein über einen nur historischen Beitrag zum Problem hinaus. Das Kernstück der Aussagen Hegels zum Verhältnis von Staat und Religion findet sich in der umfangreichen – und meist wenig zur Kenntnis genommenen[4] – Anmerkung zu § 270 der *Rechtsphilosophie*. Ergänzend sind die »Einleitung zur Philosophie der Geschichte« und der § 552 der *Enzyklopädie*, 3. Ausgabe 1830, heranzuziehen. Die Einleitung enthält die systematischen Voraussetzungen für die Ausführungen in der Rechtsphilosophie, im System werden die Aussagen der Rechtsphilosophie in mancher Hinsicht näher fundiert oder auch entfaltet, setzen diese aber als Grundlage voraus. Die drei Stücke zusammen bilden gewissermaßen Hegels »Traktat« zum Verhältnis von Staat und Religion.[5]

Die nachfolgenden Bemerkungen, die sich auf eine schwerpunkt-

4 Selbst die profunde Darstellung von Hegels Werk bei Charles Taylor, *Hegel*, 1975 (dt. Übersetzung Frankfurt 1978) widmet dem § 270 der *Rechtsphilosophie* und dem darin behandelten Thema Staat und Religion nur weniger als eine halbe Seite (S. 575).

5 Im folgenden werden zitiert die *Rechtsphilosophie* (i. d. R. nur mit Angabe der Paragraphen) nach der Ausgabe Glockner (Jubiläumsausgabe, Bd. 7), Stuttgart [3]1952, die *Enzyklopädie der philosophischen Wissenschaften im Grundriß* (1830) nach der Ausgabe von Nicolin und Pöggeler, Hamburg 1959, die »Einleitung zur Philosophie der Geschichte« nach der Ausgabe *Die Vernunft in der Geschichte*, hg. von Johannes Hoffmeister, Hamburg [5]1955.

mäßige Darstellung und Interpretation, die am Text entlang geht, sodann auf eine gegenwartsbezogene Problematisierung beschränken, sollen in vier Schritten vorgetragen werden. Erster Schritt: Was bedeutet für Hegel – im Zusammenhang des Themas – »Staat« und worin hat der Staat seine Grundlage? Zweiter Schritt: Wie ist, von daher, das Verhältnis von Staat und Religion grundsätzlich und im Hinblick auf aktuelle Erscheinungsformen beschaffen? Dritter Schritt: Welches ist das Recht des (persönlichen) Gewissens im und gegenüber dem Staat? Vierter Schritt: Welche Bedeutung hat Hegels Bestimmung des Verhältnisses von Staat und Religion für das Verhältnis von Staat und Religion heute?

I.

a) Wenn Hegel im Rahmen seiner Philosophie – auch in der Rechtsphilosophie – von »Staat« spricht, hat er einen philosophischen, nicht einen juristischen Staatsbegriff vor Augen.

1. Dieser Begriff ist als philosophischer Begriff ein allgemeiner, weil auf die Erkenntnis von Wirklichkeit und Vernunft-Wahrheit gerichteter Begriff. Gleichwohl ist er ein historisch-konkret bezogener Begriff, der den Staat in der Gestalt und Form in sich erfaßt, die zu seiner Zeit, d. h. nach der französischen Revolution, der Ära des Rheinbundes und den preußischen Reformen, Wirklichkeit erhält. Für Hegel ist diese Verbindung von philosophisch-allgemeinem und historisch-konkretem Denken deshalb ohne inneren Widerspruch möglich, weil es zu den Grundvoraussetzungen (und -erkenntnissen) seiner Philosophie gehört, daß der Geist, die Vernunft-Wahrheit sich *in* der Geschichte (was keineswegs heißt *als* Geschichte) zur Entfaltung bringt und seine Formen und Institutionen ausbildet; der (Wesens-)Begriff schafft sich und erhält in der Geschichte seine Wirklichkeit und Verwirklichung, womit sich die Idee, als die Einheit von Existenz und Begriff, realisiert.[6]

2. Der Begriff Staat meint bei Hegel mehr als die politische Organisation einer Gesellschaft, das »politische System« oder den Inbegriff der hoheitlich handelnden Ämter und Organe; auch mehr als bloße Herrschaftsorganisation oder das »government« im

6 Zur Bestimmung und zum Verhältnis von Begriff, Idee und Existenz siehe Hegels – knappe – Darlegung in der *Rechtsphilosophie*, § 1 Anm.

Sinne der angloamerikanischen politischen Theorie. Er umgreift das gemeine Wesen eines Volkes insgesamt, das zentral politisches Gemeinwesen ist, aber auch die geistige Kultur, Bildung und Wissen, die öffentlichen Lebensordnungen und das allgemeine öffentliche Bewußtsein mit einbezieht. »Das geistige Individuum, das Volk, insofern es in sich gegliedert, ein organisches Ganzes ist, nennen wir den Staat. Diese Benennung ist dadurch der Zweideutigkeit ausgesetzt, daß man mit Staat und Staatsrecht im Unterschiede von Religion, Wissenschaft und Kunst gewöhnlich nur die politische Seite bezeichnet. Hier ist aber Staat in einem umfassenden Sinn genommen, so wie wir auch den Ausdruck Reich gebrauchen, wo wir die Erscheinung des Geistigen meinen.«[7] In diesem Sinn ist der Staat für Hegel »das sittliche Universum«.[8] Dabei verkennt er nicht, daß der Staat auch in diesem Sinn kein Dasein für sich, unabhängig von den einzelnen hat, sondern nur die gegliederte Form darstellt, in der ein Volk existiert. »Der Staat ist selbst ein Abstraktum, das seine selbst nur allgemeine Realität in den Bürgern hat; aber er ist wirklich und die nur allgemeine Existenz muß sich zu individuellen Willen und Tätigkeit bestimmen.« (»Einleitung«, S. 138)

3. Inhaltlich ist der Staat, als entfalteter Begriff, der in seiner Zeit zur Wirklichkeit kommt, die »Wirklichkeit der konkreten Freiheit« (§ 260). Dies ist von Hegel nicht als abstrakte Hypostasierung gemeint, sondern konkret auf den Staat seiner Zeit bezogen. Der Staat ist Wirklichkeit der konkreten Freiheit dadurch, daß er einerseits die Subjektivität und Besonderheit der einzelnen zu ihrem Recht kommen läßt (in der eigenständigen Familie und im System der bürgerlichen Gesellschaft), andererseits diese Subjektivität und Besonderheit an das Allgemeine, d. h. die Form eines vernünftigen Daseins, rückbindet und darin erhält. »Das Prinzip der modernen Staaten hat diese ungeheure Stärke und Tiefe, das Prinzip der Subjektivität sich zum selbständigen Extreme der persönlichen Besonderheit vollenden zu lassen, und zugleich es in die substantielle Einheit zurückzuführen und so in ihm diese selbst zu erhalten.« (§ 260)

7 »Einleitung« (Anm. 5), S. 114. Ähnlich heißt es in der *Rechtsphilosophie*, daß »der Staat, als Geist eines Volkes, zugleich das alle seine Verhältnisse durchdringende Gesetz, die Sitte und das Bewußtsein der Individuen ist« (§ 274).

8 *Rechtsphilosophie* (Anm. 5), »Vorrede«, a. E. (S. 35).

Zum Staat gehören also Familie und bürgerliche Gesellschaft hinzu, die bürgerliche Gesellschaft auch und gerade als die um das einzelne Individuum und seine Rechte zentrierte Welt der Besonderheit und des Systems der Bedürfnisse. Aber sie bleiben nicht auf sich gestellt, nur funktional organisiert und in eine der weiteren Orientierung entbehrende Beliebigkeit entlassen; vielmehr erscheinen sie als Momente einer übergreifenden, über die bloße Besonderheit und Einzelheit individueller Existenz hinausweisenden Ordnung, die ihnen zugrundeliegt und die Voraussetzung dafür bildet, daß sich Subjektivität und Besonderheit entfalten können, ohne sich selbst (in einer Anarchie der geistig-sittlichen Welt) zu verlieren.[9]

4. Daß der Staatsbegriff in dieser Weise sich entfaltet und zur Wirklichkeit kommt, ist ein Vorgang in der Geschichte und gehört, wie Hegel betont, vornehmlich der modernen Welt an. Der Staat ist keineswegs immer in dieser Gestalt vorhanden gewesen und bestimmt worden. Für Hegel ist darin ein echter Fortschritt in der Entfaltung des Geistes am Werk. Er verläuft von dem unvollkommenen, nur substantiellen Staat der Antike, in dem sich zwar die Allgemeinheit vorfindet, aber als noch ungetrennte substantielle Einheit, in der – wie im platonischen Staat – »die subjektive Freiheit noch nichts« gilt, über den Staat des Mittelalters, in dem das Prinzip der Allgemeinheit keine hinreichende Form in der Wirklichkeit findet, bis hin zu dem »neuen« Staat, d. h. dem Staat seiner Zeit, dessen Wesen es ist, »daß das Allgemeine verbunden sei mit der vollen Freiheit der Besonderheit und dem Wohlergehen der Individuen«, so daß »die Allgemeinheit des Zweckes nicht ohne das eigene Wissen und Wollen der Besonderheit, die ihr Recht behalten muß, fortschreiten kann«.[10] Es ist nicht zuletzt die Leistung der neuzeitlichen Staatstheorie, ihre Arbeit am Staatsbegriff, die Hegel darin würdigt, und der er weltgeschichtliche Bedeutsamkeit verleiht. Zugleich will er sie vor dem Auslaufen in bloße Subjektivität, die das Allgemeine des Staates nur als (subjektiv) Gemeinsames sieht und dabei den Staat mit der bürgerlichen Gesellschaft verwechselt, bewahren.

b) Worin hat der so von Hegel gesehene und begriffene Staat seine Grundlage? Steht er in sich selbst oder verdankt er sich einer

9 Ebd., § 256 Anm., ferner § 182 Zus.

10 Ebd., § 260 Zus., § 262 Zus., § 273 Anm. (S. 375).

ihm vorausliegenden, ihn tragenden und konstituierenden Kraft?

1. Zunächst ist der Staat in seiner dargelegten Struktur und konkreten Gestalt nicht einfach etwas Vorfindliches, eine geschichtliche Gegebenheit, die so da ist in ihrer nun erreichten Positivität. Er ist – in dieser erreichten Positivität – mehr, nämlich die Verwirklichung vernunftbestimmter Freiheit, die hier eine gültige Gestalt und Organisation gefunden hat. Hegel spricht davon, daß der Staat, dieser Staat, »das an und für sich Vernünftige« (§ 258), die »Wirklichkeit der sittlichen Idee« (der Freiheit) sei (§ 257). Daß der Staat dies ist, ist seinerseits nicht zufällig, etwa ein Glücksfall der Geschichte, der sich gerade so ergeben hat. Der zu seinem Begriff entfaltete Staat ist vielmehr die in der Geschichte sich hervorbringende Verwirklichung des Geistes, d. h. der Vernunft-Wahrheit, in der Welt. »Der Staat ist die Welt, die der Geist sich gemacht hat; er hat daher einen bestimmen, an und für sich seienden Gang« (§ 272 Zus.); »... der Staat ist der Geist, der in der Welt steht und sich in derselben mit Bewußtsein realisiert« (§ 258 Zus.). Die politische Ordnung erhält und hat im entfalteten, zu seinen Bestimmungen ausgebildeten Staat ihre Vernunft-Form, ist zur Gestalt der Freiheit geworden. Daraus wächst diesem Staat eine prinzipielle Legitimation zu, der Charakter des in sich Stehenden, das keiner weiteren Legitimation an außerhalb seiner selbst liegenden Zwecken bedarf.

2. Der Staat ist aber in dieser Weise nicht nur Verwirklichung und ein Reich der Vernunft; er ist darin, als Verwirklichung der Vernunft, für Hegel ein Gedanke Gottes und – konkret und geschichtlich – eine Hervorbringung der Religion. Die Vernunft-Wahrheit, die Hegel in der Geschichte sich entfalten und in konkreten Gestalten des Lebens sich ausformen sieht, basiert nicht auf irgendeiner, aus selbstgesetzten Prämissen deduzierenden »autonomen« Vernunft, sie ist göttlich getragene, vom göttlichen Geist her bestimmte Vernunft. »Es ist der Gang Gottes in der Welt, daß der Staat ist; sein Grund ist die Gewalt der sich als Wille verwirklichenden Vernunft.« (§ 258 Zus.) Dieses Diktum, das entgegen manchem Mißverständnis keineswegs eine Vergöttlichung des Staates zum Inhalt hat, sondern den (entfalteten) Staat auf das Wirken Gottes in der Geschichte zurückführt, findet eine nähere Erläuterung in den *Vorlesungen über die Philosophie der Weltgeschichte.* Dort heißt es: »Der Staat hat mit der Religion

dasselbe gemeinschaftliche Prinzip; sie kommt nicht von außen hinzu, um das Gebäude des Staates und das Betragen der Individuen, ihr Verhältnis zu ihm, von innen heraus zu regulieren, sondern sie ist die erste Innerlichkeit, die sich darin [im und als Staat] bestimmt und betätigt ... der Sinn ist, wie gesagt, der, daß der Staat bereits aus einer bestimmten Religion hervorgegangen ist, daß er mit der Religion dasselbe gemeinschaftliche Prinzip hat und daß er das politische, künstlerische und wissenschaftliche Leben darum hat, weil er die Religion hat.« (Einl. S. 129) Der Staat wird hier in spezifischer Weise als Hervorbringung der Religion vorgestellt. Er wird dabei nicht unmittelbar auf einen Schöpfungs- oder Stiftungsakt Gottes zurückgeführt und dadurch göttlich legitimiert und unangreifbar gestellt, er wird auch nicht wie »jede Obrigkeit« (Römer 13, 1) als »von Gott« erklärt, vielmehr wird er als Ausdruck, Verwirklichung der Religion in die Welt hinein begriffen. Die Religion bestimmt und betätigt ihre Innerlichkeit, den in ihr lebenden und bewußt werdenden Geist der (geoffenbarten) Wahrheit darin, daß im Zusammenleben der Menschen Staat wirklich wird; sie setzt ihren Inhalt, der das Denken und Handeln der Menschen bestimmt, eben durch dieses Denken und Handeln so in die politische Sphäre hinein um, daß Haltungen und Gesittungen, Zielorientierungen und Ordnungsideen hervorgerufen werden, die die politische Ordnungsform »Staat« möglich machen, ja gewissermaßen aus sich heraussetzen und dann tragen. »Die Religion also muß betrachtet werden als notwendig übergehend in Verfassung, weltliches Regiment, weltliches Leben. Das allgemeine Prinzip ist in der Welt und muß so auch in dieser realisiert werden; denn es weiß von der Welt.« Es bildet sich »hinein in die besonderen Sphären des Lebens, so daß dieses als religiöses praktisches Bewußtsein von der Wahrheit durchdrungen wird. Die Erscheinung der Wahrheit in der besonderen Sphäre ist es dann, was so als politische Verfassung, als Rechtsverhältnis, als Sittlichkeit überhaupt, als Kunst und Wissenschaft hervortritt.« (Einl. S. 130, 131)

3. Was Hegel hier formuliert, ist zunächst ein allgemeines Prinzip des Zusammenhangs von Staat und Religion und der Hervorbringung des Staates durch die Religion. Das ist jedoch nur ein Teil der Wahrheit. Für den entfalteten, ausgebildeten Staat, mit dem Hegel es zu seiner Zeit zu tun hat, gilt dieses Prinzip konkret und spezifisch. Dieser Staat ist nicht eine Hervorbringung von Reli-

gion allgemein, sondern in der ihn charakterisierenden Einheit von Allgemeinheit und Besonderheit (§ 261 Zus.), der Anerkennung und Entfaltung der Subjektivität (§ 260) ist er eine Hervorbringung der *christlichen* Religion. Denn erst mit der christlichen Religion ist »das Prinzip der selbständigen, in sich unendlichen Persönlichkeit des Einzelnen«, das Prinzip der subjektiven Freiheit innerlich in die Welt gekommen (§ 185 Anm.). Aus der und durch die christliche Religion, die das Prinzip der Subjektivität durch die Offenbarung Gottes in Jesus Christus in sich enthält und als Prinzip in die Welt hineinbringt, gewinnt der Staat seine Tiefe und konkrete Vernünftigkeit, die ihn von früheren Gestalten politischer Ordnung unterscheidet und auch die alten Unterschiede der Staatsformen relativiert. Allgemeinheit und Besonderheit sind in ihm verbunden, er läßt das Prinzip der Subjektivität sich »zum selbständigen Extreme der persönlichen Besonderheit« entfalten, führt es aber zugleich in die »substantielle Einheit«, in dem diese in den einzelnen Existenz gewinnt, zurück. (§§ 273 Anm., 260) Die christliche Religion, als die »Religion der Freiheit« (§ 270 Anm., S. 364)[11], bringt den Staat als die Wirklichkeit der Freiheit hervor.

II.

Die Frage, wie aufgrund des so begründeten Zusammenhangs von Staat und Religion das Verhältnis beider beschaffen sei, ist für Hegel von vornherein nicht die abstrakte Frage nach dem Verhältnis jedweden Staates zu jedweder Form der Religion, sondern die konkrete Frage nach dem Verhältnis des entfalteten, in sich ausgebildeten Staates zur christlichen Religion. Das ist das zentrale Thema in der großen Anmerkung zu § 270 der *Rechtsphilosophie*, aber auch in § 552 der *Enzyklopädie*. Das Verhältnis des (konkreten) Staates zu anderen Religionen, etwa der jüdischen, und zu den christlichen Denominationen, wie Quäkern, Mennoniten und sonstigen Sekten, fällt dabei nebenher mit an.

a) Die Grundbestimmung dieses Verhältnisses, wie sie von Hegel gesehen wird, läßt sich in drei Aussagen zusammenfassen.

11 Die christliche Religion der Freiheit wird näher expliziert in den *Vorlesungen zur Philosophie der Religion*, Bd. 2, Ausg. Glockner, Stuttgart ³1959, S. 207 f.; ferner in den *Vorlesungen über die Philosophie der Geschichte*, Ausg. Glockner, Stuttgart ³1949, S. 427 f.

1. Das Verhältnis von Staat und (christlicher) Religion ist nicht das eines Gegenüber zweier für sich bestehender, nach je eigenem Prinzip lebender Kräfte (und daraus hervorgehender institutionell-organisatorischer Bildungen), die zunächst voneinander unabhängig sind, dann aber, weil sie sich über den nämlichen Menschen erheben und auf sie beziehen, miteinander in Beziehung treten, Wirkbereiche abgrenzen, Konfliktfelder ausräumen und dadurch in ein so oder anders geartetes Verhältnis der Gleichordnung oder der Über- und Unterordnung treten. Diese Betrachtungsweise legt sich vom heutigen Verhältnis Staat – Religion bzw. Staat und Kirche nahe, aber darin ist bereits der neutrale, von der Religion als seiner Grundlage abgetrennte Staat vorausgesetzt. Die Sicht Hegels ist anders. Für ihn handelt es sich um ein Verhältnis der *Parallelität.* Staat und Religion (Kirche) sind unterschiedliche Wirklichkeits- und Verwirklichungsformen der gleichen, und zwar einer einheitlichen Substanz. Die Religion i. w. S., d. h. der göttliche Geist in der Welt, differenziert sich, eine je eigene Wirklichkeitsform hervorbringend, in die Religion im engeren Sinn (Kultus, Lehre, Kirche) und den Staat.
2. Die Wirklichkeitsform der Religion i. w. S., die sich im Staat manifestiert, ist die des denkenden Bewußtseins, der im Äußeren sich formenden Allgemeinheit als Gesetz[12] – »... der Staat ist göttlicher Wille, als gegenwärtiger, sich zur wirklichen Gestalt und Organisation einer Welt sich entfaltender Geist« (§ 270 Anm., S. 350). Die Wirklichkeitsform der Religion i. e. S. ist demgegenüber die Form der Empfindung, der Vorstellung und des Glaubens (§ 270 Anm., S. 351). Diese Gegenüberstellung von (christlicher) Religion und Staat als Verwirklichungsformen des religiösen Inhalts ist erkennbar von der Lage beeinflußt, in die vor allem die protestantische Theologie unter dem Einfluß und den Bedingungen der Aufklärung geraten war.[13] Die Theologie hatte, unter die Anforderungen des Rationalismus sich beugend, weithin die Glaubensinhalte verloren und außer sich gesetzt. Das bedeutete in die Lebenspraxis übersetzt, daß die Alltagswelt ohne

12 »Einleitung« (Anm. 5), S. 120: »... Zu einem Staat gehören Gesetze, und das heißt, daß die Sitte nicht bloß in der unmittelbaren Form, sondern in der Form des Allgemeinen als Gewußtes da ist. Daß dies Allgemeine gewußt wird, macht das Geistige des Staates aus.«
13 Siehe Emanuel Hirsch, *Geschichte der neueren evangelischen Theologie*, Bd. 5, 1, Gütersloh 1960, S. 3-144.

Glaubensinhalt dastand und die Religion sich in die Subjektivität, die Innerlichkeit des glaubenden Subjekts zurückzog, dort in der Form des bloßen Glaubens und der Empfindung existierte, ohne den Übergang ins vorstellende und dann begreifende Denken und zum Gedanken zu vollziehen.[14] Das Wahre erscheint in ihr so nur als das in die Subjektivität des Fühlens und Vorstellens sich einhüllende, nur in der Sphäre der Innerlichkeit lebende Wahre (§ 270 Anm., S. 352). Demgegenüber macht Hegel den objektiven Inhalt der Religion, hier des christlichen Glaubens geltend, seine Umsetzung in die Welt hinein als auch deren Wirklichkeit. Wenn er diese Objektivierung und Umsetzung nahezu allein im Staat wirksam sieht, wird man darin eine spezifisch zeitgebundene Sicht erkennen. Diese ist insbesondere ohne hinreichende Berührung mit dem katholischen Bekenntnis, dessen Theologie auch unter dem Einfluß der Aufklärung nicht in gleicher Weise inhaltlos geworden war.[15] Unberührt davon ist jedoch die Einsicht und Feststellung, daß im Staat auch und in spezifischer Weise Objektivierung und Umsetzung des christlichen Glaubensinhalts stattfindet. Es geschieht der »ungeheure Überschritt des Innern in das Äußere«, die Einbildung der im göttlichen Geist anwesenden Vernunft in die Realität, die von der Religion i. e. S. als der Innerlichkeit getragen wird, aber nicht selbst die Tätigkeit der Religion, sondern des Staates ist. Dies ist es, woran für Hegel »die ganze Weltgeschichte gearbeitet und durch welche Arbeit die gebildete Menschheit die Wirklichkeit und das Bewußtsein des vernünftigen Daseins der Staatseinrichtungen und der Gesetze gewonnen hat«. (§ 270 Anm., S. 352)

3. Die Grundbestimmung des Verhältnisses von Staat und Religion, wie Hegel sie gibt, hat die Entzweiung von Kirche und Staat zur Voraussetzung und damit die Auflösung der unmittelbaren religiös-politischen Einheitswelt des Mittelalters. Erst über den besonderen Kirchen, d. h. als Folge der Glaubensspaltung, hat der Staat nach Hegel seine geistige Selbständigkeit, seine die Konfessionsgegensätze übergreifende Allgemeinheit und das Prinzip seiner Form gewonnen (§ 270 Anm., S. 362). Darin sieht Hegel die

14 Dazu auch Hegels Bemerkungen in der *Enzyklopädie* (Anm. 5), § 564 Anm.

15 Vgl. dazu Eduard Hegel, *Die katholische Kirche unter dem Einfluß der Aufklärung des 18. Jahrhunderts*, Opladen 1975, S. 25-31.

weltgeschichtliche Bedeutung der Reformation.[16] Aber dies bedeutet keine Form der Ablösung des Staates von der Religion, sondern eine eigene Form der Verwirklichung des religiösen Inhalts, wie z. B. des Rechts des einzelnen auf Glaubens- und Bekenntnisfreiheit, das die widerstreitenden Religionsparteien aus sich nicht zur Wirklichkeit zu bringen vermochten.[17] In der getrennten, entzweiten Existenzform von Staat und Kirchen sieht Hegel so gleichwohl die substantielle Einheit eines in sich differenzierten, von der Wahrheit der christlichen Religion i. w. S. geprägten Reichs (verstanden als Ordnung der Welt) erhalten, und zwar auf einer höheren, Formen der Unfreiheit überwindenden Ebene.

b) Die so gegebene Grundbestimmung des Verhältnisses von Staat und Religion führt Hegel zur Ablehnung einer Reihe von Auffassungen über das Verhältnis von Staat und Religion bzw. Staat und Kirche, die zu seiner Zeit, nicht zuletzt im Zeichen der fortschreitenden politischen Restauration, diskutiert und postuliert wurden. Die diesbezüglichen Darlegungen sind eingebettet in die geistig-politischen Auseinandersetzungen der Zeit.

1. Abgewehrt wird zunächst die Vorstellung, in der Religion vornehmlich »Trost gegen das Unrecht« und Hoffnung auf Ersatz des irdischen Verlusts im Zeichen des öffentlichen Elends zu sehen. Dies ist für Hegel nichts anderes als die Degradierung der Religion zu einem Mittel der Erbauung und des inwendigen Trostes, zugleich die Proklamierung der Gleichgültigkeit gegen den Gang und die Geschäfte der Wirklichkeit als eine religiöse Forde-

16 Vgl. *Enzyklopädie* (Anm. 5), § 552 Anm.; Reinhart Maurer, »Hegels politischer Protestantismus«, in: *Der Staat* 10 (1971), S. 455 ff.

17 Das Beispiel der Religionsfreiheit als äußeres Recht der Person, das vom Staat gegen den Widerstand der Kirchen, am längsten der katholischen Kirche, durchgesetzt werden mußte, heute aber von beiden christlichen Kirchen als die christlich richtige und gebotene Lösung des Verhältnisses von religiösem Wahrheitsanspruch und Freiheit anerkannt ist – s. zuletzt die Erklärung *De libertate religiosa* des 2. Vatikanischen Konzils –, zeigt deutlich, wie der Staat gerade in seiner, gegenüber den Kirchen sich als eigenständig konstituierenden Allgemeinheit, seinerseits religiöse Inhalte des Christentums verwirklicht hat. Vgl. auch Ernst-Wolfgang Böckenförde, »Zum Verhältnis von Kirche und moderner Welt«, in: *Studien zum Beginn der modernen Welt*, hg. von R. Koselleck, Stuttgart 1977, S. 155 (161 f.).

rung – eben das, was einige Jahrzehnte später Karl Marx treffend mit der Bezeichnung »Opium fürs Volk« belegt hat. Der Staat und sein Geschäft, d. h. die weltlich-politische Ordnung, erscheint vor der Religion als kein ernstlicher Zweck oder als eine Sache gleichgültiger Willkür. Die Religion begreift und genügt sich als eigene Inwendigkeit. Die Folge ist, daß sie sich entweder als die eigentliche a-politische Lebenswelt konstituiert oder für sich dem Staat gegenüber das »Bestimmen und Haben des Rechten« aus ihrer Inwendigkeit heraus beansprucht. Beides ist für Hegel gedankenloses Auseinanderreißen von Staat und Religion.

2. Ebenso verurteilt Hegel die polemische Wendung der Religion gegen den Staat, die von der Prämisse ausgeht, daß in der Religion schon alles enthalten sei, worauf es ankomme, so daß es – zumindest für die Frommen – des Gesetzes, der bestimmten Unterschiede und Institutionen, die der Staat aufstellt, nicht bedürfe. Hegel sieht darin – angesprochen sind der Pietismus und Schleiermacher, aber auch der religiöse Subjektivismus der Romantik[18] –

18 Hegel nennt in der Anmerkung zu § 270, die zahlreiche polemische Auseinandersetzungen enthält, keine Namen; die jeweiligen Gegner müssen daher aus dem Zusammenhang und der von Hegel gegebenen Charakterisierung der Position erschlossen werden. Daß in der Polemik (ebd. S. 351-53) die Lehren der Herrnhuter Brüdergemeinde und Schleiermachers gemeint sind, legt sich aus den gebrauchten Formulierungen nahe (»dem Gerechten ist kein Gesetz gegeben, seid fromm, so könnt ihr sonst treiben, was ihr wollt« – S. 351; »Von denen, die den Herrn suchen und in ihrer ungebildeten Meinung alles unmittelbar zu haben sich versichern« – S. 352). Die Herrnhuter fanden den Wert der Religion vornehmlich in inniger Herzensgemeinschaft mit dem Heiland und der inneren Erfahrung der Erlösung; Schleiermacher, der auch durch die Schule der Herrnhuter gegangen war, hatte in seiner frühen Zeit, so in den *Reden über die Religion an die Gebildeten unter ihren Verächtern* (1799), den später geänderten Satz proklamiert: Nicht der hat Religion, der an eine Heilige Schrift glaubt, sondern der, welcher keiner bedarf und wohl selbst eine machen könnte. Siehe dazu auch Franz Schnabel, *Deutsche Geschichte im 19. Jahrhundert*, Bd. 4: *Die religiösen Kräfte*, ^{2}1951, S. 302 ff. Die Heftigkeit der Polemik gegen Schleiermacher erklärt sich wohl zum Teil auch aus der politischen Situation, in der Hegel im Sommer 1820 stand, vgl. dazu Hegel, *Vorlesungen und Rechtsphilosophie* 1818-31, Edition und Kommentar von K. H. Ilting, Bd. 1, 1972, S. 44 f., 60 f. – Friedrich von Schlegel und

die Grundlage des religiösen Fanatismus: Staatseinrichtung und gesetzliche Ordnung werden als der Unendlichkeit des religiösen Gemüts unangemessene Schranke in ihrer Verbindlichkeit entleert; da aber im wirklichen Leben gleichwohl gehandelt und entschieden werden muß, geschieht dies allein aus der subjektiven Vorstellung, d. h. im persönlichen Meinen und Dafürhalten, die indes mit dem Anspruch absoluter, weil religiöser Gewißheit auftritt. Hegels Kritik ist von beißender Schärfe: »Von denen, die den Herrn suchen, und in ihrer ungebildeten Meinung Alles *unmittelbar* zu haben sich versichern, statt sich die Arbeit aufzuerlegen, ihre Subjektivität zur Erkenntnis der Wahrheit und zum Wissen des objektiven Rechts und der Pflicht zu erheben, kann nur Zertrümmerung aller sittlicher Verhältnisse, Albernheit und Abscheulichkeit ausgehen.«[19] Was solcher religiöser Eifer, der die ganze Welt schon in seiner Innerlichkeit hat, in der Wirklichkeit vollführt, ist für Hegel nichts anderes als die Preisgabe der staatlichen Ordnung an die von innen genährte Unsicherheit und Zerrüttung: »Die Frömmigkeit, wo sie an die Stelle des Staates tritt, kann das Bestimmte nicht aushalten und zertrümmert es.« (§ 270 Zus., S. 365)

3. Weiter gehört Hegels Gegnerschaft der geistigen Hierokratie der Religion bzw. der Kirche gegenüber dem Staat. Solche Hierokratie besteht darin, daß die Kirche die bloße Verschiedenheit der Erscheinungsformen von Staat und Religion in der Verwirklichung der gleichen Substanz (des religiösen Inhalts) in einen Gegensatz umdeutet und unter Berufung auf den absoluten Inhalt

Novalis greift Hegel hier nicht unmittelbar an, verweist aber (S. 352) auf § 140 Anm., wo er sie auf die höchste Stufe der Heuchelei stellt.

19 *Rechtsphilosophie* (Anm. 5), § 270 Anm., S. 352. Weiter heißt es, ebd. S. 353: »Statt sein Meinen mit der Arbeit des Studiums zu bezwingen und sein Wollen der Zucht zu unterwerfen und es dadurch zum freien Gehorsam zu erheben, ist es das Wohlfeilste, auf die Erkenntnis objektiver Wahrheit Verzicht zu tun, ein Gefühl der Gedrücktheit und damit den Eigendünkel zu bewahren, und an der Gottseligkeit bereits alle Erforderniß zu haben, um die Natur der Gesetze und der Staatseinrichtungen zu durchschauen, über sie abzusprechen und wie sie beschaffen sein sollten und müßten anzugeben, und zwar, als solches aus einem frommen Herzen komme, auf eine unfehlbare und unantastbare Weise.« – Etwaige Parallelen in der Gegenwart, politisch engagierte Pfarrer und Theologen nicht ausgenommen, sind rein zufällig.

der Religion, den sie in sich gegenwärtig hat, das Geistige und Sittliche allein als ihren Teil betrachtet. Für den Staat bleibt dann nur die Verfolgung der bloß äußeren Zwecke wie Sicherheit des Lebens, des Eigentums und Gewährleistung der subjektiven Freiheit; er wird Angelegenheit der Not und bloßes Mittel, während die Kirche sich – »Vorplatz« des Reiches Gottes – als Selbstzweck begreift (§ 270 Anm., S. 356 f.). Hegels Kritik richtet sich hier gegen die Position der Entleerung des Staates von eigener und eigenständiger geistig-sittlicher Substanz im Namen der die Wahrheit über und für die Welt allein bei sich versammelnden Kirche und ihrer Lehre. Der angesprochene Gegner sind wohl zeitgenössische, aber auch grundsätzliche Erscheinungsformen des katholischen Denkens über Religion, Kirche und Staat.[20] Diese Position kann sowohl aus einem äußerlich hierokratischen Denken bezogen werden, wie es im älteren Katholizismus verbreitet war. Auf der Basis einer noch vorausgesetzten religiös-politischen Einheitswelt wird der Kirche die verbindliche Urteilskompetenz in allen das Sittliche betreffenden Fragen zugesprochen und die Eigenständigkeit des Staates insoweit auf das Vollziehen, das Indifferente und das sozial-technische Detail reduziert.[21] Sie kann auch modern, bei Anerkennung des Staates als

20 Als zeitgenössischen Vertreter hat Hegel wohl Joseph von Görres im Blick gehabt. In den Polemiken der Anm. zu § 270 läßt sich zwar kein unmittelbarer Bezug zu Görres ausmachen, wiewohl einige Stellen auch Görres meinen könnten. Aber im Zusatz zu § 270 sind die Hinweise konkreter. Hier setzt sich Hegel kritisch mit der Auffassung auseinander, der Staat bedürfe der Heiligung, Belebung, Beseelung von der Religion bzw. der Kirche her, eine Auffassung, die Görres in seiner Schrift *Teutschland und die Revolution von 1819* als Quintessenz vertreten hat, vgl. Joseph Görres, *Ausgewählte Werke in zwei Bänden*, hg. von W. Frühwald, Bd. 1, Freiburg 1978, S. 438 ff.

21 Diese kirchliche Kompetenz folgt aus der Qualifizierung der Kirche als societas perfecta, die als solche über alle Mittel verfügt, die zur Erreichung ihres geistlichen Zwecks, der Hinführung der Gläubigen zum ewigen Heil, erforderlich sind. Da dazu auch das sittliche Leben, die Einhaltung des natürlichen und göttlichen Gesetzes gehört, dessen Inhalt von der Kirche zu interpretieren und zu konkretisieren ist, verfügt insoweit *sie* über die verbindliche Urteilskompetenz, siehe dazu jetzt Ernst-Wolfgang Böckenförde, »Staat – Gesellschaft – Kirche«, Abschnitt I, 1, in: *Christlicher Glaube in moderner Gesellschaft*, Bd. 15, Freiburg 1982, S. 18-26.

bloßem Not- und Verstandesstaat begründet werden, indem dem Staat unter Berufung auf seine Neutralität und das Prinzip der Subsidiarität eine eigenständige positive Kompetenz im sittlich-substantiellen Bereich abgesprochen und diese an »personnähere« Gemeinschaften und Einrichtungen, wie eben die Kirchen verwiesen wird.[22]

4. Schließlich lehnt Hegel auch die organisatorische Einheit und Verbindung von Staat, Religion und Kirche ab – die Frontstellung gegen ein Bündnis von Thron und Altar, wie es von Vertretern der Restauration zum Teil erstrebt wurde. Eine solche Einheit läßt den hervorgetretenen Unterschied in der Form des Bewußtseins zwischen Religion i. e. S. und Staat nicht zur besonderen Existenz kommen. Zwar vertritt Hegel eine Einheit von (ausgebildetem) Staat und christlicher Religion bzw. Kirche, die in der Wahrheit der sie bestimmenden Grundsätze und Gesinnung liegt, aber gerade für diese Wahrheit ist es in der christlichen Religion, die die Subjektivität mit zu ihrem Inhalt hat, wesentlich, daß der Unterschied in der Form des Bewußtseins zwischen Kirche und Staat auch zur besonderen Existenz kommt.

22 Grundlage dafür ist die Verbindung von wertbezogenem Personalismus und Subsidiaritätsprinzip, die vor allem in der katholischen Soziallehre der Nachkriegszeit, insb. der 50er und 60er Jahre, vorgetragen wurde und in der Auseinandersetzung um den Status kirchlicher Bildungseinrichtungen und den Vorrang der kirchlichen vor der staatlich-kommunalen Jugend- und Sozialhilfe eine bedeutende Rolle gespielt hat. Vgl. etwa die Beiträge von A. F. Utz und H. E. Hengstenberg in dem Sammelband *Das Subsidiaritätsprinzip*, hg. v. A. F. Utz (Sammlung Politeia, Bd. 2) 1953, S. 15 f., 28 f., 38 f.; Ewald Link, *Das Subsidiaritätsprinzip. Sein Wesen und seine Bedeutung für die Sozialethik*, 1955; Joseph Höffner, »Die Subsidiarität in der Jugendhilfe«, in: *Die Kirche in der Welt* 10 (1958), S. 77 ff.; Anton Rauscher, »Subsidiaritätsprinzip und berufsständische Ordnung«, in: »Quadrogesimo anno«, 1958, insb. S. 50-60; G. Wildmann, *Personalismus, Solidarismus und Gesellschaft*, 1961, S. 121 ff. Kritisch dazu Trutz Rendtorff, »Kritische Erwägungen zum Subsidiaritätsprinzip«, in: *Der Staat* 1 (1962), S. 405 (418 ff.), Roman Herzog, »Subsidiaritätsprinzip und Staatsverfassung«, in: *Der Staat* 2 (1963), S. 399 (404 ff.), sowie – als Antikritik – A. Rauscher, »Subsidiaritätsprinzip, Staat, Kirche«, in: *Stimmen der Zeit*, 1963, S. 124 ff. Auch in der Formel »Kirche als Lebensprinzip der Gesellschaft« (Gustav Gundlach, *Die Ordnung der menschlichen Gesellschaft*, Bd. 1, 1964, S. 381 ff.) klingt diese Position an.

c) Nach diesen negativen Abgrenzungen ist nunmehr zur positiven Bestimmung des Verhältnisses von Staat und (christlicher) Religion überzugehen. Staat und Religion i. e. S. stehen als eigene und unterschiedene Erscheinungsformen des nämlichen Inhalts, der geoffenbarten göttlichen Wahrheit, neben- und zueinander. Das führt für Hegel zu einem beiderseitigen Verhältnis der Anerkennung und darüber hinaus einerseits zu einem Verhältnis des Affirmativen der Religion für den Staat, andererseits zu einer Abhängigkeit des Staats von der Religion als ihn tragender Grundlage.

1. Der Staat hat seine Vernünftigkeit und die Sittlichkeit seines Inhalts nicht erst durch Übernahme von der Religion (Kirche), sondern in sich, als eigenständige Form der Verwirklichung. Der Staat bezieht sich dabei nur auf Äußeres; was er an Inhalt ausspricht, gehört dem bestimmten Gedanken an, und was er fordert, hat die Gestalt einer rechtlichen Pflicht, greift auf die Gesinnung und die Sphäre der Innerlichkeit, die als solche nicht sein Gebiet ausmacht, nicht zu (§ 270 Anm., S. 356, 359; Zus. S. 365).[23] Gleichwohl ist er aber von der Innerlichkeit, die das Feld der Religion i. e. S. ist, nicht einfach abgeschieden. Im handelnden Menschen geht die Innerlichkeit in Äußeres über, und die christliche Religion, die sich nicht auf bloßen Kultus beschränkt, wirkt notwendig über die Lehre, d. h. die kirchliche Lehre, die der Punkt der Vermittlung und des Übergangs ist, auf das Äußere und damit in den Bereich des Staates hinein. Diese Lehre hat zwar ihr Gebiet zunächst im Gewissen, das sie bildet, aber »sie ist nicht bloß ein Inneres des Gewissens, sondern als Lehre vielmehr Äußerung, und Äußerung zugleich über einen Inhalt, der mit den sittlichen Grundsätzen und Staatsgesetzen aufs innigste zusammenhängt oder sie unmittelbar selbst betrifft«. (§ 270 Anm., S. 356) Indem Staat und Kirche hier direkt zusammentreffen, einander begegnen, wird es entscheidend, in welches Verhältnis sie sich dabei setzen. Da der Staat selbst die christliche Religion in ihrem religiösen Inhalt zu seiner Basis und Wurzel hat, ist es Sache der Religion i. e. S. bzw. der Kirche, seine Kom-

23 Es verdient Beachtung, daß Hegel ungeachtet seiner Bestimmung des Staates als sittlicher Staat an dessen Beschränkung auf Äußeres, einer in Gesetzen und geregelten Pflichten sich darstellenden Ordnung, die die Innerlichkeit und die persönliche Gesinnung unberührt läßt, festhält. Gerade darin ist der Staat Institution der Freiheit.

petenz zur Konkretisierung und Ausformung dieser Wahrheit in seinem Bereich und der ihm entsprechenden Gewißheitsform anzuerkennen. Indem sich »die sittlichen Grundsätze und die Staatsordnung überhaupt in das Gebiet der Religion herüberziehen«, ergibt sich einerseits eine »religiöse Beglaubigung« für den Staat; andererseits bleibt ihm aber das Recht, diese Grundsätze und die Staatsordnung gegen Behauptungen, die von subjektiven religiösen Überzeugungen ausgehen, geltend zu machen und entsprechende Einmischungen abzuwehren (§ 270 Anm., S. 359). Die Innerlichkeit, Glaube und Empfindung über das Sittliche, die Erhebung der Gesinnung, die die Religion in Kult und Lehre zu ihrem Gegenstand hat und pflegt, soll sie nicht gegen den Staat richten, sondern auf ihn hin und ihn unterfangend. Auch wenn der konkrete Staat Mängel aufweist, der Sphäre der Willkür, des Zufalls und des Irrtums, in der er steht, mit angehört, geht es um das Affirmative zum Staat als Gestalt und Idee, zur Bauform seiner Ordnung (§ 258 Zus.).

2. Der Staat seinerseits ist auf dies Affirmative, das Unterfangenwerden von seiten der Religion angewiesen. Er ist als die Ordnung der konkreten Freiheit nicht autark und selbsttragend, er ruht in der Sitte und Gesittung der Bürger, die ihn als diesen anerkennt und trägt; diese aber hat ihre Quelle und Kraft in der Religion und dem durch die Religion geformten Gewissen. Hegel stellt diesen Zusammenhang nicht nur als Postulat auf oder als Beobachtung aus Erfahrung, er entwickelt ihn aus Gründen: »Indem die Religion das Bewußtsein der absoluten Wahrheit ist, so kann, was als Recht und Gerechtigkeit, als Pflicht und Gesetz, d.h. als *wahr* in der Welt des freien Willens gelten soll, nur insofern gelten, als es Teil an jener Wahrheit hat, unter sie subsumiert ist und aus ihr folgt.« (*Enzyklopädie*, § 552) Diese allgemeine, generell geltende Aussage wird dann im Hinblick auf das konkrete Problem der Zeit, das Verhältnis des entfalteten Staates zur christlichen Religion, verstärkt und weitergeführt. »Daß aber das wahrhafte Sittliche Folge der Religion sei, dazu wird erfordert, daß die Religion den wahrhaften Inhalt habe, das ist die in ihr gewußte Idee Gottes die wahrhafte sei. Die Sittlichkeit ist der göttliche Geist als innewohnend dem Selbstbewußtsein, in dessen wirklicher Gegenwart als eines Volkes und der Individuen desselben; dieses Selbstbewußtsein, aus seiner empirischen Wirklichkeit in sich gehend und seine Wahrheit zum Bewußtsein brin-

gend, hat in seinem Glauben und in seinem Gewissen nur, was es in der Gewißheit seiner selbst, in seiner geistigen Wirklichkeit hat. Beides ist untrennbar ...« (*Enzyklopädie*, § 552). Kann es so nicht zweierlei Gewissen geben, ein religiöses und ein davon inhaltlich unterschiedenes sittliches, so kommt doch – Hegel sagt dies ausdrücklich – dem religiösen Inhalt als der an und für sich seienden höchsten Wahrheit »die Sanktionierung der in empirischer Wirklichkeit stehenden Sittlichkeit« zu. Die Religion ist so »die Basis der Sittlichkeit und des Staates« (*Enzyklopädie*, § 552).

Diese Erkenntnis bleibt für Hegel nicht bei sich, er wirft sie in die Waagschale der Zeit: »Es ist der ungeheure Irrtum unserer Zeiten gewesen, diese Untrennbaren als voneinander Trennbares, ja selbst als gleichgültig gegeneinander ansehen zu wollen.« Zu diesem ungeheuren Irrtum gehört, das Verhältnis der Religion zum Staat so zu betrachten, »daß dieser für sich sonst schon und aus irgendeiner Macht und Gewalt existiere, und das Religiöse als das Subjektive der Individuen nur zu seiner Befestigung etwa als etwas Wünschenswertes hinzuzukommen hätte, aber auch gleichgültig sei, und die Sittlichkeit des Staates, d.i. vernünftiges Recht und Verfassung, für sich auf ihrem eigenen Grunde feststehe« (*Enzyklopädie*, § 552).[24]

3. Die Zusammengehörigkeit und Verwiesenheit von Staat und christlicher Religion hat für Hegel eine Reihe von Folgerungen im Hinblick auf die Ordnung des Verhältnisses von Staat und Kirche. Das braucht hier im einzelnen nicht dargelegt zu werden, doch seien drei für unser Thema besonders charakteristische Folgerungen kurz angedeutet.

Der Staat hat (1.) der kirchlichen Gemeinde für ihre religiösen

24 In der Enzyklopädie (Anm. 5) schließt daran eine scharfe Polemik gegen die katholische Religion an, die – noch – eine unfreie Religion sei und keinen Staat als Wirklichkeit der Freiheit hervorbringen und tragen könne, vgl. ebd. S. 432-36. Gegenüber dieser Polemik ist – abgesehen von Hegels politischem Protestantismus (s. o. Anm. 16) – einmal zu fragen, wie weit sie auf einer verzerrten und unrichtigen Sicht der katholischen Religion beruht, zum andern, wie weit ihre Anknüpfungspunkte zwar zum damaligen Erscheinungsbild der katholischen Religion gehören, aber nicht mehr auf die katholische Religion, wie sie sich seither und insbes. seit dem 2. Vatikanischen Konzil darstellt, zutreffen.

Zwecke »allen Vorschub« zu tun und sie äußerlich zu schützen, wie diese hinsichtlich ihres Eigentums, ihrer äußeren, ins Weltliche greifenden Handlungen und ihrer Bediensteten den staatlichen Gesetzen unterstellt ist. Der Staat tut damit nicht etwas Beliebiges, sondern erfüllt für sich eine Pflicht. Es gehört (2.) zur »Natur der Sache«, daß der Staat von seinen Bürgern verlangt, sich zu *einer* Kirchengemeinde, nicht einer bestimmten, aber irgendeiner, zu halten, da die Religion, genauer: die christliche Religion »das ihn für das Tiefste der Gesinnung integrierende Moment« ist (§ 270 Anm., S. 353). Die Neutralität, die der Staat übt, ist (nur) eine innerchristlich-bekenntnismäßige, sie besteht nicht gegenüber der christlichen Religion als solcher oder gegenüber der Religion überhaupt.[25] Gegenüber Religionsgemeinschaften, die infolge ihrer Religionsbegriffe die direkten Pflichten gegenüber dem Staat nicht oder nur teilweise anerkennen – gemeint sind vornehmlich Quäker, Wiedertäufer und andere Sekten –, übt der Staat (3.) Toleranz, d.h., er übersieht die Anomalien und macht von seinem Recht, sie von öffentlicher Betätigung auszuschließen, keinen Gebrauch. Es ist für Hegel die Stärke des zu seinen Bestimmungen ausgebildeten Staates, daß er sich hierin desto liberaler verhalten kann, als er sich dabei auf die Macht der Sitten und die innere Vernünftigkeit seiner Institutionen zu verlassen vermag. Die Mitglieder solcher Gemeinschaften können zwar, wegen der Zusammengehörigkeit von Rechten und Pflichten, nicht volle Staatsmitglieder sein, aber sie leben in der bürgerlichen Gesellschaft als vollberechtigte Glieder unter deren Gesetzen. Es ist für Hegel gerade der Ausdruck der Allgemeinheit des Staates, daß diese Menschen, und ebenso die Juden, in der bürgerlichen Gesellschaft als rechtliche Personen gelten und anerkannt sind.[26]

25 Es entsprach der zeitgenössischen Rechtslage in Preußen, daß jedem Bürger zwar die »Wahl der Religionspartei«, zu der er sich halten wollte, und der Übergang zu einer anderen Religionspartei offenstand, nicht aber, überhaupt keiner Religionspartei anzugehören, §§ 40, 41 II 11 *ALR*. Kirchenaustritt war nur in der Form des Kirchenübertritts möglich. Erst die preußische Verfassung von 1850 verbürgte durch ihren Art. 12 auch das Recht zur Konfessionslosigkeit, vgl. Gerhard Anschütz, *Die Verfassungsurkunde für den preußischen Staat vom 31. 1. 1850*, Berlin 1912, Erläuterung 4 zu Art. 12, S. 195 f.

26 Hegels Eintreten für die Emanzipation der Juden – er verteidigt darin

III.

Sind so der entfaltete Staat und die christliche Religion eng und unabtrennbar aufeinander bezogen, so erhält die Frage nach dem Recht des Gewissens im und gegenüber dem Staat besondere Bedeutung. In ihr steckt die Gegen-Frage, wie die Anerkennung der Subjektivität und Besonderheit des einzelnen in einem Staat, der seinen Grund in der religiösen Wahrheit des Christentums hat und findet, sich konkret darstellt und bewährt. Der Status des Gewissens, näherhin des abweichenden, nicht-konformen Gewissens, ist dafür der zentrale Punkt.

1. Das Gewissen ist für Hegel Ausdruck und Form der entfalteten Subjektivität. Es drückt »die absolute Berechtigung des subjektiven Selbstbewußtseins aus, nämlich *in sich* und *aus sich selbst* zu wissen, was Recht und Pflicht ist, und nichts anzuerkennen, als was es so als das Gute weiß« (§ 137 Anm.). Diese Definition ist prägnant und trifft den Kern. Im Gewissen wird die Entfaltung des (göttlichen) Geistes im Menschen zum formellen Element seiner Subjektivität.

Die Heiligkeit und Unverletzlichkeit, die das Gewissen als sein Attribut geltend macht, hat es jedoch nicht bereits aus seinem Vorhandensein, sondern aus der Idee des Gewissens, nämlich die Einheit des subjektiven Wissens und des objektiven Inhalts (des an und für sich Guten) zu sein (§ 137 Anm.). Ob aber das einzelne, besondere Gewissen dieser Idee des Gewissens entspricht, ist zunächst offen und muß, wenn nicht die bloß empirische Subjektivität als solche, ohne Rücksicht auf den Inhalt, zur unübersteigbaren Instanz werden soll, einem Urteil unterworfen bleiben. Hegel thematisiert hier voll die Spannung, die im Gewissensbegriff liegt, und sucht sie auszutragen.[27] Beruft das Gewissen sich nur auf sein (empirisches) Selbst, die bloße Überzeugtheit und Gewißheit, so ist es dem entgegen, was es – seinem Anspruch nach – sein will, nämlich die Regel einer vernünftigen, an und für

die Regierungen gegen zeitgenössische Bestrebungen »christlicher« Restauration – ist deutlich und entschieden. Das dagegen erhobene Geschrei übersehe, »daß sie zuallererst Menschen sind und daß dies nicht nur eine flache, abstrakte Qualität ist (§ 209 Anm.) ...«, *Rechtsphilosophie* (Anm. 5), § 270 Anm., S. 354 Fußnote.

27 Siehe dazu *Rechtsphilosophie* (Anm. 5), §§ 137 und 138, jeweils mit Anmerkungen; danach auch die folgenden Darlegungen.

sich gültigen Handlungsweise. Von daher muß es sich, aus sich selbst, dem Urteil, ob es in seinem Inhalt auch wahrhaft, d. h. vernünftig sei, stellen. Andererseits ist es gerade die Eigentümlichkeit des Gewissens, daß es schon in seiner bloß formellen Gewißheit gerade die Gewißheit dieses Subjekts und das allein für es Verpflichtende darstellt. Das führt zu der berühmten »Zweideutigkeit« in Ansehung des Gewissens, die Hegel in klassischer Prägnanz herausgestellt und formuliert hat. Sie liegt darin, daß das Gewissen »in der Bedeutung jener Identität des subjektiven Wissens und Wollens und des wahrhaften Guten vorausgesetzt, und so als ein Heiliges behauptet und anerkannt wird, und ebenso als die nur subjektive Reflexion des Selbstbewußtseins in sich, doch auf die Berechtigung Anspruch macht, welche jener Identität selbst nur vermöge ihres an und für sich gültigen vernünftigen Inhalts zukommt« (§ 137 Anm.).

2. Die Lösung kann für Hegel nicht darin bestehen, daß der Staat jedes Gewissen als bloß subjektives Wissen, in seiner nur formellen Gewißheit als für sich verbindlich anzuerkennen hat. Da der Staat – als entfalteter Staat – seinerseits seinen objektiven Inhalt vertritt, in seiner Ausgestaltung und seinen – als sittlich-vernünftig vorausgesetzten – Gesetzen die zur Wirklichkeit gekommene Vernunft ist, gibt es kein *Recht* des abweichenden Gewissens ihm gegenüber. In dieser Position wird von Hegel nicht nur das Recht der Vernunft und der zur äußeren Wirklichkeit gewordenen Wahrheit betont, es wird auch das Problem der Gewissens*bildung* aufgenommen[28], das die moderne Diskussion um die Gewissensfreiheit, die das subjektive, formelle Gewissen allein im Blick hat, weithin vernachlässigt. Das Gewissen ist darauf angelegt, sich an den Inhalten der religiösen Wahrheit und der umgebenden Welt, die bei Hegel (noch) eine von Sitte und Vernunft geprägte sittliche Welt ist, zu bilden und sie in sich aufzunehmen. Auf diese Weise wird es – in Hegels Terminologie – vom nur formellen Gewissen zum wahrhaften Gewissen. Es ist nur der Ausnahmefall, daß das Gewissen zur Reflexion in sich, in die eigene Inwendigkeit getrieben wird, um sich dort eine bessere Welt zu erbauen und diese gegen die äußere, vorhandene zu stellen. Tritt dieser Fall allerdings ein, etwa wenn, um mit Hegel zu sprechen, die Wirklichkeit »nur eine hohle, geist- und haltungs-

28 Insbes. in § 138 Anm. und Zusatz.

lose Existenz« ist (§ 138 Zus.) und der die Vernunft suchende Wille sich in den in ihr geltenden Rechten und Pflichten nicht mehr finden kann, so kann dem Individuum und seinem Gewissen dieser Rückzug aus der wirklichen in die innerliche Welt nicht versagt werden. Aber das ist dann der Ausdruck einer verfallenen, pathologisch gewordenen Wirklichkeit.

3. Kann so das subjektive, nur formelle Gewissen im erreichten Normalzustand staatlicher Ordnung kein eigenes Recht dem Staat gegenüber beanspruchen, so ist das Verhältnis des Staates zum abweichenden Gewissen für Hegel jedoch keineswegs ein beliebiges. Es ist vielmehr, soweit möglich, ein Verhältnis der Toleranz. Das ergibt sich deutlich aus Hegels – schon erwähnten – Ausführungen zur Stellung der Sekten und nichtchristlichen Religionsgemeinschaften in § 270 der *Rechtsphilosophie.*[29] Denn eben jene Gewissen der Quäker, Mennoniten, Juden usf. waren zu Hegels Zeit die relevanten abweichenden Gewissen, die sich – aufgrund ihrer religiösen und davon geprägten sittlichen Überzeugung – mehr oder weniger weitgreifend gegen die geltende staatlich-gesetzliche Ordnung und deren Pflichten stellten. Hegel empfiehlt das Dulden und Übersehen, ebenso auch die Annahme einer nur passiven, statt der an sich gebotenen aktiven Erfüllung bestehender Pflichten (Wehrdienst). Der Staat soll sich hierin um so liberaler verhalten, je stärker er in seiner eigenen Vernünftigkeit und der Kraft der ihn tragenden Sitten ist, allerdings ohne die Notwendigkeit – darin liegt der Unterschied von Recht und Toleranz –, sich durch die abweichenden Gewissen selbst in Frage stellen zu lassen.

Alle diese Bestimmungen, die Hegel für das individuelle subjektive Gewissen in seiner Beziehung zum Staat gibt, haben freilich – es sei noch einmal betont – den Staat zur Voraussetzung, der auf und in der christlichen Religion gegründet ist. Sie sind nicht entwickelt und gelten nicht für den Not- und Verstandesstaat, der die substantiellen, insbes. religiösen Inhalte außer sich läßt, sich zu ihnen nicht als zu einer eigenen Verbindlichkeit verhält. In

29 Der Übergang von §§ 137, 138 zu § 270, um Hegels Position festzustellen, ist deshalb gerechtfertigt, weil Hegel selbst in § 137 sich auf das formelle Gewissen, soweit es der Moralität angehört, beschränkt und für die Fragen des sittlichen und wahrhaften Gewissens auf die »Sittlichkeit« verweist. Dort erst kommt das Problem des (inhaltlich) abweichenden Gewissens zum Austrag.

ihm kann die Beziehung eine andere sein und das subjektive Gewissen gegebenenfalls auch zum Asyl der Vernünftigkeit gegenüber einer substantiell leeren Wirklichkeit des Staates werden.

IV.

Mit dieser Überlegung ist bereits der Boden der abschließenden Frage betreten. Sie richtet sich auf die Bedeutung, die Hegels Bestimmung des Verhältnisses von Staat und Religion für das Verhältnis von Staat und Religion heute hat.

1. Hegels Bestimmung des Verhältnisses von Staat und Religion hat zur Grundlage die *Parallelität* von Staat und Religion in der Verwirklichung einer einheitlichen Substanz, nämlich des religiösen Inhalts, der in und mit der christlichen Religion in die Welt gekommen ist. Das gilt, wie dargelegt, nicht nur im Grundsätzlichen, sondern auch für die Einzelheiten. Der Staat erscheint in seiner Allgemeinheit und seiner ausgebildeten Gestalt als eine Verwirklichung und Umsetzung der Inhalte der christlichen Religion in die Form weltlich-äußerer Wirklichkeit; er hat darin seinen Boden und die inhaltliche Grundlage seiner Ordnung, aus der er substantiell lebt und die er seinerseits festhält. In diesem Sinn ist er, ungeachtet oder gerade in seiner weltlich-vernünftigen Form, christlicher Staat.

Den Versuch, diesen Zusammenhang, nachdem er durch die voranschreitende Entwicklung zur Neutralität des Staates gegenüber der Religion bereits problematisch geworden war, noch festzuhalten und fortzutragen, hat im 19. Jahrhundert die preußische Verfassung von 1850 gemacht. Sie gewährleistet einerseits in Art. 12 die Freiheit des religiösen Bekenntnisses, der privaten und öffentlichen Religionsübung, der Vereinigung zu Religionsgesellschaften sowie die Unabhängigkeit der bürgerlichen und staatsbürgerlichen Rechte und Pflichten vom religiösen Bekenntnis. Daran anschließend bestimmt dann Art. 14[30]:

»Die christliche Religion wird bei denjenigen Einrichtungen des Staates, die mit der Religionsübung im Zusammenhang stehen, unbeschadet der in Art. 12 gewährten Religionsfreiheit, zum Grunde gelegt.«

30 Ernst Rudolf Huber, *Dokumente zur deutschen Verfassungsgeschichte*, Bd. 1, 1962, S. 402.

Dieser Versuch ist, bezogen auf die weitere Entwicklung, Versuch geblieben, und er warf schon zu seiner Zeit ebensoviele Probleme auf als er löste.[31] Aber der Geist Hegels war in ihm, wenn auch bereits verebbend, noch einmal gegenwärtig.[32]

2. Der heutige Staat, auch und gerade der Staat des Grundgesetzes, ist in seiner Verfaßtheit und Substanz hiervon abgerückt. Er ist religiös-weltanschaulich neutraler Staat[33], in dem die Religion im doppelten Sinn, den dieses Wort hat, freigegeben ist. Sie ist freigegeben zur Betätigung durch die einzelnen und im Bereich der Gesellschaft, damit auch zu gesellschaftlich-politischer Wirksamkeit und Bedeutsamkeit. Sie ist aber zugleich auch in dem Sinn freigegeben, daß der Staat selbst keine Religion mehr hat und vertritt, sich nicht zu einer bestimmten Religion als seiner Grundlage verhält und folglich die Religion bzw. eine bestimmte Religion keine notwendig-institutionelle Teilhabe am Allgemeinen des Staates hat. »Die Religion ist nicht mehr Geist des Staates ... sie ist zum Geist der bürgerlichen Gesellschaft geworden ... sie ist nicht mehr das Wesen der Gemeinschaft, sondern das Wesen des Unterschieds.«[34] Die Allgemeinheit des Staates, das was ihn geistig formt und das gemeinsam Verbindliche für die in ihm zur Einheit verbundenen Menschen begründet, bestimmt sich nicht aus einer bestimmten Religion, sondern, davon abgelöst, aus gegenüber der Religion autonom bestimmten weltlich-politischen Zwecken. Diese mögen zwar wegen des kulturellen Erbes und der überkommenen gesellschaftlichen und politischen Kultur in etlichen Fällen mit Vorstellungen, die in der (christlichen) Religion begründet sind, konvergieren, aber vom Bauprinzip des Staates her ist das zufällig, nicht notwendig. Die Religion bzw.

31 Siehe dazu die eingehenden Erläuterungen bei Anschütz (Anm. 25), S. 264-282.

32 Zur Entstehungsgeschichte des Art. 14, der weder in der ursprünglichen Verfassung von 1848 noch im Entwurf der oktroyierten Verfassung enthalten war, sondern erst bei dessen Plenarberatungen in den Kammern des Landtags zustande kam, vgl. Anschütz (Anm. 25), S. 260-64.

33 Siehe *BVerfGE* 19, 1 (8); 19, 206 (216); 24, 236 (246); Alexander Hollerbach, »Die verfassungsrechtlichen Grundlagen des Staatskirchenrechts«, in: *HdbStKiR*, Bd. 1, 1974, S. 250 ff.

34 Karl Marx, *Zur Judenfrage* 1, in: ders., *Frühschriften*, hg. von S. Landshut, Stuttgart 1953, S. 180.

eine bestimmte Religion als solche hat keinen normativen Status im und für den Staat.

3. Dieser grundlegende Unterschied des heutigen Staats vom Staat, wie Hegel ihn gesehen und begriffen hat, schließt eine Übernahme der von Hegel gegebenen einzelnen Bestimmungen zum Verhältnis von Staat und Religion aus. Der heutige Staat ist, unter diesem Gesichtspunkt betrachtet, nurmehr *Verstandesstaat*, die Organisation des subjektiv Gemeinsamen (der gemeinsamen Bedürfnisse und Interessen) auf der Basis der Anerkennung der Subjektivität, aber ohne verbindliche Grundsätze für den Inhalt der Subjektivität. Den Inhalt der Subjektivität zu bestimmen und zu finden, bleibt in den Grenzen der Rechte anderer und der äußeren Grunderfordernisse des Zusammenlebens Sache der Subjektivität selbst. Formprinzip ist die Bedürfnisnatur und die (nur) subjektive Freiheit. Das Verbindende und Verbindliche der gemeinsamen Ordnung ist der Pluralismus, d. h. die offene Konkurrenz unterschiedlicher Angebote zu solcher Inhaltsbestimmung und die Möglichkeit, zwischen ihnen (aber auch keines von ihnen) zu wählen. Auch die christliche Religion erscheint als eines dieser Angebote, indes ohne weitergreifende Verbindlichkeit (außer für diejenigen, die sie für sich akzeptieren).

Es scheint allerdings, daß diese Reduktion des religiös-weltanschaulich neutralen Staates auf den bloßen Verstandesstaat nur modelltypisch richtig ist, im einzelnen Staat hingegen durch die verfassungsrechtliche Verbürgung substantieller Prinzipien oder Institutionen abgefangen und begrenzt werden kann. Für das Grundgesetz läßt sich hier etwa auf die Verpflichtung des Staates zur Achtung und zum Schutz der Menschenwürde (Art. 1 Abs. 1) und den staatlichen Schutz von Ehe und Familie (Art. 6 Abs. 1) hinweisen. Aber es ist fraglich, ob auf diese Weise eine Verbindlichkeit substantieller, von der Religion sich herleitender Inhalte erreicht worden ist und erreicht werden kann. Denn die festgelegten Verbürgungen wie »Menschenwürde« oder »Ehe« sind, was ihren Inhalt angeht, nicht aus sich evident, sondern interpretationsbedürftig, und die Interpretation kann – als verbindliche – im Rahmen des religiös-weltanschaulich neutralen Staates (und der ihm zugehörigen pluralistischen Gesellschaft) nicht von einem der konkurrierenden religiösen oder weltanschaulichen Sinn- und Verbindlichkeitsangeboten her erfolgen – das würde berechtigterweise als Verstoß gegen die staatliche Neutralität angesehen –, sondern nur von der verbleibenden Allgemeinheit dieses Staates oder einem allgemeinen, in der Gesellschaft bestehenden Konsens. Die christliche Auffassung von der Menschenwürde, die von der transzendent-metaphysischen Bestimmung des Menschen, seiner Gottebenbildlichkeit und Berufung zum ewigen Heil ausgeht, ist nur eine mögliche, aber nicht die allgemein verbindliche. Und die Ehe, die unter dem Schutz der staatlichen Ordnung steht, ist nicht die christliche Ehe, es kann nur eine »weltliche« Ehe (was immer das sei) sein.[35]

4. Wenn der von Hegel dargelegte notwendige Zusammenhang von entfaltetem Staat und christlicher Religion mehr als eine bloß subjektive Hypothese ist, steht der von der Verankerung in der (christlichen) Religion gelöste Staat, der ohne Bindung an einen vorausliegenden, unverfügbaren Inhalt existiert, was seine eigene Grundlage angeht, in einer prekären Situation. Er kann sich zwar auf die Erfordernisse der Bedürfnisnatur und die Gewährleistung der formellen subjektiven Freiheit berufen, aber darüber hinaus ist er ohne geistiges Prinzip, steht, wie Hegel sagt, »in der Luft«. Er hat insoweit Grundlage und Halt nur im aktuellen Konsens der Bürger. Dieser Konsens ist indes kein objektiver, normativ geforderter Konsens, der sich auf ein Staat und Bürger gemeinsam verpflichtendes objektives Prinzip bezieht, sondern ein subjektiver Konsens, der von den tatsächlich vorhandenen gemeinsamen Auffassungen bestimmt wird. Diesen Konsens sucht man, um ihn gleichwohl zu objektivieren, in »Werten« festzumachen, die dem Staat eine »Wertgrundlage« vermitteln sollen. Für solche Objektivierung sind die »Werte« jedoch nicht mehr als ein Surrogat.[36]

35 Dem entspricht die ständige Rechtsprechung des BVerfG. Danach gewährleistet das Schutzgebot der Verfassung »die Institution der Ehe nicht abstrakt, sondern in der Ausgestaltung, wie sie den herrschenden, in der gesetzlichen Regelung maßgeblich zum Ausdruck gelangten Anschauungen entspricht« (*BVerfGE* 31, 58 [82 f.] unter Verweis auf *BVerfGE* 6, 55 [82]; 9, 237 [242 f.]; 15, 328 [332]). Weiter heißt es: »Demgemäß liegt der Verfassung das Bild der »verweltlichten« bürgerlich-rechtlichen Ehe zugrunde«, ein Ausgangspunkt, der auch im Urteil zur Verfassungsmäßigkeit des Eherechtsänderungsgesetzes von 1976 (Einführung des Zerrüttungsprinzips) wiederkehrt, siehe *BVerfGE* 53, 224 (245).

36 Siehe dazu jetzt Gerhard Luf, »Zur Problematik des Wertbegriffs in der Rechtsphilosophie«, in: *Jus Humanitatis. FS Verdroß*, 1981,

Da sie aus sich keinen Inhalt und keine nähere Bestimmung haben, sondern nur eine Bezeichnungsfunktion, die einen vorhandenen Konsens ausdrückt, läuft alles wieder auf den aktuellen Konsens der gemeinsamen Auffassungen zurück. Dieser ist ein fließendes Element, unterliegt den geistigen Fluktuationen, dem sog. »Wertewandel« der Zeit, woran mancherlei Kräfte beteiligt sind, ist aber – unter den Bedingungen des Pluralismus – ohne objektive Orientierung, die ihm als Verbindlichkeit gegenübertritt und an der sich Sitte und Sittlichkeit bilden und befestigen. Lebt dieser Konsens nicht mehr aus vorhandenem Erbe, sondern wird er prekär, muß er schließlich als Bedingung des Überlebens neu beschafft werden – der notwendige Preis für die vorher voll entbundene Subjektivität. Das kann von Staats wegen erfolgen, aus der Räson seiner Selbsterhaltung, aber auch aus einem Bedürfnis nach identifikationsfähiger Verbindlichkeit, das in der Gesellschaft neu entsteht. Beide Male ist freilich die Ebene der Surrogate betreten, die für Manipulation und die Strategie politischer Bewußtseinslenkung offenstehen. Nicht selten kommt es dabei – über Grundwertedebatten hinaus – zum Rückgriff auf eine »religion civile« als politischer Basisideologie. Auch unter dieser Bedingung kann ein Gemeinwesen leben und eine eigene Existenzform finden. Aber im Hinblick auf die Wirklichkeit der konkreten Freiheit scheint dies ein »zweiter«, wenn nicht gar ein dritter Weg.

S. 127-46; früher schon Carl Schmitt, »Die Tyrannei der Werte«, in: *Säkularisation und Utopie. Ebracher Studien*, 1967, S. 37-62.

7. Entstehung und Wandel des Rechtsstaatsbegriffs

»Das Wort ist aufgekommen, nachdem die Sache bereits im Gange war. Es soll etwas bezeichnen, was noch nicht ist, jedenfalls noch nicht fertig ist, was erst noch werden soll. Darum schwankt auch der Begriff so sehr, weil jeder immer seine juristischen Ideale hineinzulegen geneigt ist.«
Otto Mayer, *Deutsches Verwaltungsrecht*, 1. Bd., 1895, S. 61

Eine der zentralen Aufgaben der politischen Neuordnung in Deutschland nach 1945, an der Adolf Arndt aus innerster Überzeugung und mit nie ermüdendem Elan Anteil genommen und mitgewirkt hat, war die Wiederherstellung und Ausgestaltung des Rechtsstaats. Diese Wiederherstellung des Rechtsstaats hatte einerseits ein Anknüpfen an die Tradition des deutschen Staats- und Verfassungsdenkens zum Ziel, in dem der Rechtsstaatsbegriff seit dem frühen 19. Jh. seinen Ort hat, zugleich aber gegenüber dieser Tradition eine Fortentwicklung und Neuorientierung: an die Stelle des formalen Rechtsstaates sollte nun der materielle Rechtsstaat, an die Stelle des liberalen der soziale Rechtsstaat treten.[1] Die in diesem Zugleich sich andeutende Möglichkeit, bestimmte Typen des Rechtsstaats zu unterscheiden, die sich nicht nur akzidentiell, sondern strukturell voneinander abheben, weist auf eine Eigentümlichkeit des Rechtsstaatsbegriffs hin, die er mit anderen grundlegenden Staats- und verfassungstheoretischen Begriffen gemeinsam hat. Er gehört zu jenen vom Wortsinn her vagen und nicht ausdeutbaren Schleusenbegriffen, die sich ›objektiv‹ aus sich heraus, niemals abschließend definieren lassen, vielmehr offen sind für das Einströmen sich wandelnder staats- und verfassungstheoretischer Vorstellungen und damit auch für ver-

1 Siehe dazu den Sammelband *Rechtsstaatlichkeit und Sozialstaatlichkeit*, hg. von E. Forsthoff, Darmstadt 1968, in dem alle wichtigen Beiträge zum Thema enthalten sind.

schiedenartige Konkretisierungen, ohne sich dabei indessen inhaltlich völlig zu verändern, d. h. ihre Kontinuität zu verlieren, und zu einer bloßen Leerformel herabzusinken.[2] So schafft erst die Kenntnis seiner geschichtlichen Entwicklung die Möglichkeit für ein systematisches Verständnis des Begriffs.

Die folgenden Überlegungen sind darauf gerichtet, die spezifische Eigenart der einander ablösenden und sich voneinander absetzenden näheren Bestimmungen des Rechtsbegriffs sowie die darin zum Ausdruck kommenden staats- und verfassungstheoretischen Grundvorstellungen hervortreten zu lassen; die auch vorhandenen Gemeinsamkeiten des rechtsstaatlichen Denkens und seiner Konkretisierungen mit der Tradition des abendländischen Staatsdenkens und der abendländischen Verfassungsentwicklung treten demgegenüber zurück[3]; sie machen nicht das Spezifische des Rechtsstaatsdenkens aus.

I

»Rechtsstaat« ist eine dem deutschen Sprachraum eigene Wortverbindung und Begriffsprägung, die in anderen Sprachen so keine Entsprechung findet.[4] Auch die Sache, die mit diesem Begriff bezeichnet werden soll, ist eine Hervorbringung des deutschen Staatsdenkens. Der Rechtsstaatsbegriff entstammt dem vom Vernunftrecht geprägten Staatsdenken des deutschen Frühliberalismus: Robert v. Mohl hat ihn in seinem *Staatsrecht des Königsreichs Württemberg* 1829 in die allgemeine staatsrechtliche und politische Diskussion eingeführt.[5] Seine erste Verwendung läßt sich ziemlich genau angeben. Er wird zuerst von Carl

2 Andere Beispiele solcher Schleusenbegriffe sind die »Freiheits- und Eigentumsklausel« der konstitutionellen Verfassungen, der Begriff der »öffentlichen Sicherheit und Ordnung« im Polizeirecht sowie die »freiheitlich-demokratische Grundordnung« im Sinne des GG.

3 Sie sind näher dargestellt bei Ulrich Scheuner, »Die neuere Entwicklung des Rechtsstaats in Deutschland«, in: *Hundert Jahre deutsches Rechtsleben*, Bd. 2, Karlsruhe 1960, S. 235 ff.

4 Die »rule of law« im angelsächsischen Recht ist keine inhaltlich parallele Begriffsbildung, und die französische Rechtssprache kennt überhaupt keine vergleichbare Wort- und Begriffsbildung.

5 Robert von Mohl, *Das Staatsrecht des Königreichs Württemberg*, Bd. 1, Tübingen 1829, S. 8. Dies gilt ungeachtet der Bemerkungen bei H. Krüger, *Staatslehre*, Stuttgart 1964, S. 776.

Th. Welcker 1813[6] und dann 1824 in dem »Staatsrecht der konstitutionellen Monarchie« von Joh. Christoph Freiherr v. Aretin[7] gebraucht. Alle drei Autoren verstehen den Rechtsstaat nicht als besondere Staatsform, etwa i. S. des status mixtus oder als Regierungsform, sondern als eigene Staats*gattung*. Rechtsstaat ist, wie es bei Welcker[8] heißt, der »Staat der Vernunft«, der »Verstandesstaat« (Mohl)[9], »in welchem nach dem vernünftigen Gesamtwillen regiert und nur das allgemeine Beste erzweckt wird« (v. Aretin).[10] Von daher findet auch die Bezeichnung eine einleuchtende Erklärung: Rechtsstaat ist der Vernunftrechtsstaat, der Staat, der die Vernunftprinzipien, wie sie in der Tradition der Vernunftrechtslehre vorlagen, im Zusammenleben der Menschen und für ihr Zusammenleben verwirklicht.

In dieser Grundbestimmung ist folgendes eingeschlossen:

1. Das Abrücken von jeder transpersonalen Staatsvorstellung und -zielsetzung; der Staat ist nicht göttliche Stiftung oder göttliche Ordnung, sondern gemeines Wesen (res publica) im Interesse des Wohls aller einzelnen. Ausgangs- und Bezugspunkt der staatlichen Ordnung ist das einzelne, freie, gleiche, selbstbestimmte Individuum und seine irdischen Lebenszwecke; deren Förderung ist das Um-willen, der legitimierende Grund des Staates. »Die übersinnlichen Tendenzen des Menschen, Sittlichkeit und Religion, liegen außerhalb des Befugniskreises des Rechtsstaates.«[11]

2. Die Begrenzung der Staatszwecke und -aufgaben auf die Freiheit und Sicherheit der Person und des Eigentums, d. h. die Sicherung der individuellen Freiheit und Ermöglichung der individuellen Selbstentfaltung. Das bedeutet nicht notwendig eine Begrenzung der Staatszwecke auf die Rechtsschutzfunktion; W. v. Humboldt ist insoweit für das frühe rechtsstaatliche Denken nicht repräsentativ. Auch Polizeiaufgaben im Sinne der »Beseitigung äußerer Hindernisse«, d. h. als Gefahrenabwehr und

6 Carl Theodor Welcker, *Die letzten Gründe von Recht, Staat und Strafe*, Gießen 1813, 1. Buch, Kap. 6, S. 25.

7 Johann Christoph Freiherr von Aretin, *Staatsrecht der konstitutionellen Monarchie*, Bd. 1, Altenburg 1824, S. 163.

8 Welcker (Anm. 6), S. 25. Dazu auch Krüger (Anm. 5), S. 777.

9 Mohl (Anm. 5), Bd. 1, S. 11, Anm. 3.

10 v. Aretin (Anm. 7), Bd. 1, S. 163.

11 Mohl (Anm. 5) Bd. 1, S. 9; v. Aretin (Anm. 7), Bd. 1, S. 163 f.

subsidiäre Wohlfahrtsförderung, sind von den rechtsstaatlich legitimierten Staatszwecken mit umgriffen.[12]

3. Die Organisation des Staates und die Regelung der Staatstätigkeit nach Vernunftgrundsätzen. Dazu gehört an erster Stelle die Anerkennung der grundlegenden staatsbürgerlichen Rechte (sog. Staatsbürgertum)[13], wie bürgerliche Freiheit (Schutz der persönlichen Freiheit, Glaubens- und Gewissensfreiheit, Pressefreiheit, Freizügigkeit, Vertrags- und Erwerbsfreiheit), Rechtsgleichheit, Garantie des (erworbenen) Eigentums; ferner die Unabhängigkeit der Richter (Sicherheit der Rechtspflege, Geschworenengerichte), verantwortliche (konstitutionelle) Regierung, Herrschaft der Gesetze, Vorhandensein einer Volksrepräsentation und deren Teilnahme an der gesetzgebenden Gewalt.[14] Nur insofern, im Hinblick auf die selbständige Organisation der gesetzgebenden Gewalt, wird die »Gewaltenteilung« vertreten oder akzeptiert; an sich wird sie, die zeitgenössisch unter Berufung auf Montesquieu mehr im Sinne einer Verteilung staatlicher Befugnisse auf verschiedene politisch-soziale Kräfte[15] und nicht nur als Funktionengliederung gefordert wird, als Gefährdung der – mühsam errungenen – einheitlichen Staatsgewalt abgelehnt.[16]

Der Rechtsstaatsbegriff i. S. dieser Grundbestimmung war schon vorgebildet in der vernunftrechtlichen Staatstheorie[17], am ausgeprägtesten bei Immanuel Kant. Wenn Kant den Staat, apriori (d. h. nach der Vernunft der Aufklärung) betrachtet, als eine

12 Mohl (Anm. 5), Bd. 1, S. 8 f.; ders., *Die Polizeiwissenschaft nach den Grundsätzen des Rechtsstaates*, Bd. 1, Tübingen ³1866, S. 4-7; Johann Christoph Freiherr von Aretin/Johann Carl von Rotteck, *Das Staatsrecht der konstitutionellen Monarchie*, Bd. 2, 1, Altenburg 1827, S. 177 ff.; siehe ferner Krüger (Anm. 5), S. 780.

13 Eingehend dazu: Mohl (Anm. 5), Bd. 1, § 63, S. 268 f.

14 Mohl, ebd., Bd. 1, S. 451 ff. (453 f.), 529 f.; v. Aretin (Anm. 7), S. 165-168.

15 Siehe dazu: M. Drath, »Die Gewaltenteilung im heutigen deutschen Staatsrecht«, in: *Faktoren der Machtbildung*, Berlin 1952.

16 Mohl (Anm. 5), Bd. 1, S. 18 mit (Anm. 10), S. 23, S. 453 mit Anm. 5; v. Aretin-Rotteck (Anm. 12), S. 168 f.; Ludwig von Rönne, *Das Staatsrecht der preußischen Monarchie*, Bd. 1, ³1881, S. 345, Anm. 4.

17 Gerd Kleinheyer: *Staat und Bürger im Recht. Die Vorträge des C. G. Suarez vor dem preuß. Kronprinzen* (1791-92), Bonn 1959, S. 29-52, 143 ff.

»Vereinigung von Menschen unter Rechtsgesetzen« definierte[18], so waren jene Rechtsgesetze, die er näher ausführte, im wesentlichen schon die Vernunftprinzipien, die als formende Merkmale des frühen Rechtsstaatsbegriffs erscheinen und von der Staatsrechtslehre weiter konkretisiert werden.

»Der bürgerliche Zustand also, bloß als rechtlicher Zustand betrachtet, ist auf folgende Prinzipien apriori gegründet:
1. die Freiheit jedes Gliedes der Societät, als Menschen.
2. Die Gleichheit desselben mit jedem andern, als Untertan.
3. Die Selbständigkeit jedes Gliedes eines gemeinen Wesens, als Bürger.
Diese Prinzipien sind nicht sowohl Gesetze, die der schon errichtete Staat gibt, sondern nach denen allein eine Staatserrichtung, reinen Vernunftprinzipien des äußeren Menschenrechts überhaupt gemäß, möglich ist.«[19]

Und zu den »unabtrennlichen Attributen« des Staatsbürgers zählt Kant bekanntermaßen die gesetzliche Freiheit, d. h. »keinem andern Gesetz zu gehorchen, als zu welchem er seine Beistimmung gegeben hat«, die bürgerliche Gleichheit und die bürgerliche Selbständigkeit, d. h. in seiner Existenz und Erhaltung nicht von einem andern abhängig zu sein (Lohnarbeiter, Gesinde etc.), sondern sie sich selbst, seinem Eigentum oder Gewerbe zu verdanken.[20]
Fragt man *staatsphilosophisch* nach dem Kern dieses Rechtsstaatsbegriffs, so liegt er darin, daß der Staat sein Um-willen (nur mehr) in der Sicherung von Freiheit und Eigentum der Bürger findet, daß sein Ziel die Förderung des Wohls der einzelnen ist und eben dies seinen Charakter als »gemeines Wesen« (res publica) ausmacht. Die Substanz des menschlichen Daseins verlagert sich aus dem Bereich des Öffentlichen und Allgemeinen in den Bereich des Privaten, auf den das Öffentliche funktional bezogen ist. An die Stelle der Orientierung an überpersönlichen Gütern tritt die Selbsterfüllung der individuellen Subjektivität als Sinn staatlich-öffentlicher Ordnung.[21] Indem die staatlich zu schaffenden Vor-

18 Immanuel Kant, *Metaphysische Anfangsgründe der Rechtslehre*, Königsberg 1797, § 45, ferner auch §§ 43 u. insbes. 52.
19 Immanuel Kant, *Ueber den Gemeinspruch* ..., 1793, II: *Vom Verhältnis der Theorie zur Praxis im Staatsrecht* (gegen Hobbes).
20 Kant, ebd., § 46; ders., *Ueber den Gemeinspruch*, ebd. (Ausg. Weischedel), Bd. 8, 1968, S. 151.
21 Hegels sittlicher Staat (*Grundzüge der Philosophie des Rechts*, §§ 257 ff.) hat keinen rechtsstaatlichen Ort; der Rechtsstaat entspricht

aussetzungen dieser Selbsterfüllung in der Gewährleistung von Freiheit und *Eigentum* (nicht etwa in der sozialen Gleichheit) gesehen werden, wird der bürgerliche (erwerbs- und besitzbezogene) Charakter der rechtsstaatlichen Ordnung konstituiert.
Es ist für diesen ursprünglichen Rechtsstaatsbegriff charakteristisch, daß er sich nicht auf die Alternative materieller oder formeller Rechtsstaat reduzieren läßt. Er stellt ein einheitliches, materiell wie formell sich ausprägendes Staats*prinzip* (eben eine Staats*gattung*) auf, begründet einen neuen »Geist« des Staates, dessen Verwirklichung die überkommenen Staatsformen zu Regierungsformen relativiert. Die polemischen Gegenbegriffe sind nicht Monarchie oder Aristokratie, sondern Theokratie und Despotie.[22] Beide sind nicht an Vernunftgrundsätze gebunden und durch sie begrenzt; die Theokratie hat ihr Prinzip in der Herrschaft einer geglaubten Religion, die Despotie im arbiträren Willen des Herrschers. Man geht davon aus, daß die Despotie nicht nur in der Form der absoluten Monarchie, sondern ebenso in der Form der absoluten, unbeschränkten Demokratie auftreten kann. Der Rechtsstaatsbegriff hat eine freiheitliche, aber nicht unbedingt eine demokratische Tendenz. Die politische Freiheit der Bürger, ihre aktive Teilnahme am Staatsleben, gilt als Vollendung und Gewähr der bürgerlichen Freiheit[23]; sie findet ihre Grenze, wo sie die bürgerliche Freiheit nicht mehr schützt, sondern gefährdet, wo sie nicht mehr der Vernunft, sondern der Leidenschaft Vorschub leistet.[24]
Für die Ausformung und weitere Konkretisierung dieses Rechtsstaatsbegriffs wird der *Gesetzesbegriff* von zentraler Bedeutung;

dem, was bei Hegel als »Not- und Verstandesstaat« erscheint, ebendort §§ 183 und ff.

22 Carl Th. Welcker (Anm. 6), Kap. 3, S. 11; v. Aretin (Anm. 7), S. 1 f.; Mohl (Anm. 5), § 2.

23 v. Aretin (Anm. 7), S. 159 f.; Mohl (Anm. 5), Bd. 1, S. 453 f. Es ist bezeichnend, daß Mohl den gesamten Abschnitt über Stellung und Befugnisse der Volksvertretung unter die Überschrift stellt: »Von der Verteidigung der Volksrechte durch die Ständeversammlung«, S. 451.

24 Siehe etwa Johann Caspar Bluntschli, *Allgemeines Staatsrecht*, Bd. 1, [4]1863, S. 318-324. Die politischen Volksrechte sollen die Herrschaft der Vernunft, vermittelt durch die gebildeten Klassen, herstellen. Darin liegt eine Rechtfertigung für das durchweg akzeptierte Zensuswahlrecht.

er ist die Achse der rechtsstaatlichen Verfassung. Der rechtsstaatliche Gesetzesbegriff ist nicht ein ›materieller‹ oder ›formeller‹, sondern ein *einheitlicher*; er verbindet ein sachlich-inhaltliches und ein formell-verfahrensmäßiges Merkmal zu einer untrennbaren Einheit: Gesetz ist eine allgemeine Regel (generelle Norm), die unter Zustimmung der Volksrepräsentation in einem durch Diskussion und Öffentlichkeit gekennzeichneten Verfahren zustande kommt.[25] Alle für den Rechtsstaat wesentlichen Grundsätze sind in diesem Gesetzesbegriff institutionell eingefangen und in Form gebracht. Die Zustimmung der Volksrepräsentation wahrt das Prinzip der Freiheit und die Subjektstellung des Bürgers, die Allgemeinheit des Gesetzes verhindert gezielte Eingriffe in den Bereich der bürgerlichen und gesellschaftlichen Freiheit über deren allgemeine, d. h. für alle gleichermaßen geltende Eingrenzung bzw. Ausgrenzung hinaus, das durch Diskussion und Öffentlichkeit bestimmte Verfahren verbürgt das menschlich erreichbare Maß an Vernünftigkeit des Gesetzesinhalts. Das so beschaffene Gesetz ist rechtsverbindlich für die handelnde Verwaltung, die dadurch gebunden und begrenzt wird (Gesetzmäßigkeit der Verwaltung). Es bleibt dabei zunächst offen, wieweit das Gesetz für die Verwaltung nur Schranke oder auch Bedingung ihres Handelns ist[26], jedenfalls aber wird der Umfang der gesetzgebenden Gewalt zur Nahtstelle für die Verschränkung von Volksfrei-

25 Mohl (Anm. 5), §§ 36 u. 37; v. Aretin-Rotteck (Anm. 12), Bd. 1, ²1838, S. 169; Carl Th. Welcker, Artikel »Gesetz«, in: *Staatslexikon*, hg. v. Rotteck u. Welcker, Bd. 6, 1838, S. 739, 743; Lorenz von Stein, *Die Verwaltungslehre*, Bd. 1, 1, ²1869, S. 74 f., 85-87. Der untrennbare Zusammenhang zwischen dem sachlich-inhaltlichen und formell-verfahrensmäßigen Merkmal im rechtsstaatlichen Gesetzesbegriff tritt in der Verfassungslehre von Carl Schmitt nicht hervor. Der rechtsstaatliche Gesetzesbegriff erscheint dort (lediglich) als »generelle Norm«, ratio gegen voluntas, der formelle Gesetzesbegriff wird als »politischer« Gesetzesbegriff gegenübergestellt (*Verfassungslehre*, 1928, S. 138-141, insbes. 142 ff.).

26 Vgl. Scheuner (Anm. 3), S. 243. Jedenfalls galt, um eine Unterscheidung Hans J. Wolffs, *Verwaltungsrecht* 1, ⁷1967, aufzunehmen, die »Gesetzmäßigkeit in negativem Sinn«, fraglich war, wieweit die »Gesetzmäßigkeit im positiven Sinn«, d. h. der Vorbehalt des Gesetzes, schon Geltung hatte.

heit und monarchisch-bürokratischer Verwaltung.[27] Das rechtsstaatliche Gesetz ist der »freie« Staatswille, Allgemeinwille und Selbstbestimmung der einzelnen sind in ihm vermittelt; die Herrschaft dieses Gesetzes bedeutet »die Herrschaft des Prinzips der staatsbürgerlichen Freiheit«.[28]

II

Der Rechtsstaatsbegriff in dieser Ausprägung hat das politische Denken des Bürgertums und ebenso das konstitutionelle Leben in der Vormärzzeit und noch darüber hinaus nachhaltig bestimmt.[29] Die weitere Entwicklung des Rechtsstaatsbegriffs im 19. Jh. steht indessen im Zeichen der Reduktion auf einen sog. formellen Rechtsstaatsbegriff. Diese Bewegung ist freilich in sich nicht einheitlich, die Gründe für den Übergang sind verschiedenartig, in ihrer politischen Tendenz z. T. gegenläufig; das gleiche gilt für die positiven Ausprägungen des formellen Rechtsstaatsbegriffs.

Die klassisch gewordene, auch von seinen Gegnern anerkannte Umschreibung hat F. J. Stahl gegeben: »Der Staat soll Rechtsstaat sein, das ist die Losung und ist auch in Wahrheit der Entwicklungstrieb der neueren Zeit. Er soll die Bahnen und Grenzen seiner Wirksamkeit wie die freie Sphäre seiner Bürger in der Weise des Rechts genau bestimmen und unverbrüchlich sichern und soll die sittlichen Ideen von Staats wegen, also direkt, nicht weiter verwirklichen (erzwingen), als es der Rechtssphäre angehört, d. i. bis zur notwendigsten Umzäunung. Dies ist der Begriff des Rechtsstaates, nicht etwa, daß der Staat bloß die Rechtsordnung handhabe ohne administrative Zwecke, oder vollends bloß die Rechte der Einzelnen schütze, er bedeutet überhaupt nicht Ziel und Inhalt des Staates, sondern nur Art und Charakter, die-

27 Dazu Ernst-Wolfgang Böckenförde, *Gesetz und gesetzgebende Gewalt*, Berlin 1958, S. 130f.

28 v. Stein (Anm. 25), S. 87.

29 Sein Niederschlag läßt sich vor allem in den beiden großen bürgerlich-liberalen Staatslexika feststellen, dem *Staatslexikon* von Rotteck u. Welcker, 16 Bde., in 3 Auflagen erschienen, und dem von Bluntschli und Brater, 11 Bde.

selben zu verwirklichen.«[30] In der ersten Hälfte dieser Umschreibung schwingt die Absage an einen Sittlichkeitsstaat und ebenso an eine unmittelbare Theokratie mit; der Schwerpunkt liegt auf der zweiten Hälfte des Satzes. Der Rechtsstaat ist nicht mehr eine Staats*gattung*, die ein neues Staatsprinzip konstituiert, sondern ein von Staatszweck und -inhalt geschiedenes, die politische Herrschaftsgewalt – sei sie welcher Art – mäßigendes und insofern, wenn man will, ›unpolitisches‹ Formelement.[31]

Wenn diese Definition als Ausdruck für den Kerngehalt des Rechtsstaatsbegriffs fortan allgemeine Anerkennung findet, so ist freilich zu berücksichtigen, daß ihr diese Wirkung (erst) angesichts einer Situation zukommt, in der – abgesehen von den beiden Mecklenburgs – überall in Deutschland der Boden der konstitutionellen Verfassung gewonnen war. Nicht wenige der Forderungen, die der Rechtsstaatsbegriff ursprünglich zum Ausdruck brachte, waren dadurch Wirklichkeit geworden: die Gewährleistung der bürgerlichen Freiheit in der Mehrzahl ihrer Erscheinungsformen, die rechtliche Gleichheit, der rechtsstaatliche Gesetzesbegriff in seiner inhaltlichen und organisatorischen Seite, die Unabhängigkeit der Richter, die rechtsstaatliche Gestaltung des Strafverfahrens u. a. m. Auch den Charakter eines »Gemeinwesens« (res publica) hatten die konstitutionellen Staaten zu einem guten Teil, wenn auch nicht in der intendierten betont liberalen Ausprägung, angenommen. Es lag daher nahe, angesichts des programmatischen Charakters, der dem Rechtsstaatsbegriff anhaftete, das Spezifische des Rechtsstaatsbegriffs in dem zu sehen, was es noch zu erreichen galt. Das lag in der Tat primär auf formell-verfahrensmäßigem Gebiet und bezog sich vornehmlich auf die Verwaltung; auf sie mußte der Rechtsstaatsbegriff noch erstreckt werden. Unverbrüchlichkeit und Vorrang des Gesetzes auch für die handelnde Verwaltung, die Ausbildung eines »zweiseitig verbindlichen Verwaltungsrechts« – analog dem bürgerlichen Recht, das Bestehen eines effektiven, gerichtlichen Rechtsschutzes auch gegenüber der Verwaltung, die zunehmende legislative Ausformung des materiellen und organisatorischen

30 Friedrich Julius Stahl, *Die Philosophie des Rechts*, Bd. 2, [3]1856, § 36.

31 Ob man den Rechtsstaat in diesem Sinne als »unpolitisches« Formelement bezeichnen kann, hängt von dem zugrunde liegenden Begriff des Politischen ab. Das Problem kann an dieser Stelle nicht diskutiert werden.

Verwaltungsrechts im Sinne der Verwirklichung der bürgerlichen Freiheit waren und wurden so wesentliche Kennzeichen für den Rechtsstaatsbegriff.[32] Otto Mayer definiert in diesem Sinn den Rechtsstaat als den »Staat des wohlgeordneten Verwaltungsrechts«[33], der Rechtsstaat auf der Ebene des Verfassungsrechts ist dabei vorausgesetzt. Und L. v. Stein sieht den Rechtsstaat in seinem »spezifischen Begriff« dort beginnen, »wo ... der Staatsbürger durch das verfassungsmäßige Recht des Staates in Stand gesetzt wird, jedes ihm gesetzlich zustehende einmal erworbene Recht im Namen des Gesetzes auch gegen die vollziehende Gewalt zur Geltung zu bringen«.[34] Der Rechtsstaat erscheint für ihn nicht als »besondere Art und Kategorie des Staatsbegriffs«, sondern als ein »bestimmtes Stadium in der Entwicklung des freien Staatslebens«[35] – das Stadium, das der Verwirklichung der freien (rechtsstaatlichen) Verfassung nachfolgt.

Dennoch dürfen die Unterschiede in der positiven Ausprägung dieses ›formellen‹ Rechtsstaatsbegriffs nicht übersehen werden.

1. Für Stahl steht, seinem konservativ und religiös fundierten Staatsdenken gemäß, bei der reduzierten, nur formellen Bestimmung des Rechtsstaates die Ablehnung der vernunftrechtlich-individualistischen Zielausrichtung des frühen Rechtsstaatsbegriffs im Vordergrund. Der Staat ist nicht nur Rechtsstaat, er ist zugleich »sittliches Reich«, in der göttlichen Weltordnung begründete Institution.[36] Die aus der transpersonalen Staatsbegründung fließenden umfassenden Aufgaben und Zwecke (als »Obrigkeit«) sollen gegenüber dem liberalen Anspruch des frühen Rechtsstaatsbegriffs offengehalten werden. Der Rechtsstaatsbegriff betrifft nur eine, die »äußere« Seite des Staats.

2. Rudolf v. Gneist knüpft zwar an die Definition Stahls aus-

32 Eingehend hierzu Otto Mayer, *Deutsches Verwaltungsrecht*, Bd. 1, München u. Leipzig 1895, S. 61-65 mit weiteren Nachweisen aus der zeitgenössischen Literatur.

33 Ebd., Bd. 1, 3. Aufl. 1924, S. 58.

34 Lorenz von Stein, »Rechtsstaat und Verwaltungsrechtspflege«, in: *Grünhuts Zeitschrift für das private und öffentliche Recht*, Bd. VI, 1879, S. 50.

35 Stein, ebd., S. 55.

36 Stahl (Anm. 30), S. 138; Dieter Grosser, *Grundlagen und Struktur der Staatslehre Friedrich Julius Stahls*, Köln u. Opladen 1963. S. 54 ff., 74 ff., 101 ff.

drücklich an[37], der Rechtsstaatsbegriff erhält bei ihm jedoch eine besonders geartete *institutionelle* Ausformung. Diese ist bestimmt von seinem, auch Gedanken des Freiherrn von Stein aufnehmenden Konzept der »staatlichen Ordnung der Gesellschaft«, das er, Formen des englischen selfgovernment aufgreifend, dem liberal-demokratischen Konzept einer »gesellschaftlichen Ordnung des Staates« im Sinne der Ideen von 1789 entgegenstellt.[38] Von einer liberal-individualistischen Bestimmung der Staatszwecke ist damit ebenfalls Abstand genommen. Rechtsstaat bedeutet für Gneist einmal »Regierung nach Gesetzen«, allerdings in der Weise, daß die Gesetze nicht die Grundlage, sondern Rahmen und Schranke einer aus eigener Autorität handlungsfähigen Exekutive bilden, zum andern einen »organisatorischen Gliederbau« der Verwaltung in Form des »selfgovernment«, das er nicht als Selbstverwaltung eigener Angelegenheiten in Freiheit vom Staat, sondern als die Erledigung örtlicher Staatsaufgaben durch Selbstregierung der Gesellschaft in staatlichen Ämtern nach staatlichen Gesetzen begreift[39], schließlich eine nach Organisation und Verfahren selbständige, aus der Verwaltung hervorwachsende Verwaltungsgerichtsbarkeit, die nicht als fernstehendes Richterkollegium und justizförmig, sondern in einem Sach- und Ortsnähe in sich begreifenden Verfahren die nötige Kontrolle der Verwaltung ausübt.[40] Gneists Rechtsstaatsbegriff verdichtet sich so zu einem eigenen Verfassungskonzept vornehmlich für den Unterbau der Parlamentsverfassung; diese hält er nur dann für funktionsfähig, wenn auf der lokalen, Kreis- und regionalen Ebene die Kräfte der Gesellschaft mit dem Staat aktiv und institutionell verbunden werden und die Versöhnung von öffentlicher Pflicht und privatem Erwerbstrieb in der (ehrenamtlichen) Teilnahme des Bürgertums an den Staatsaufgaben je von neuem wirklich wird.[41] Die Verwirklichung des Rechtsstaats ist daher für Gneist

37 Rudolf Gneist, *Der Rechtsstaat und die Verwaltungsgerichte in Deutschland*, ²1879, S. 33.

38 Rudolf Gneist, *Verwaltung, Justiz, Rechtsweg*, Berlin 1869, S. 57. Vgl. auch G. Chr. v. Unruh, »Spannungen zwischen Staats- und Selbstverwaltung im bürgerlichen und im sozialen Rechtsstaat«, in: *Der Staat* (1965), S. 442-444.

39 Gneist (Anm. 37), S. 286 ff.

40 Ebd., S. 270 ff.

41 Ebd., S. 278 ff., insbes. 317 ff.

zu seiner Zeit zuvörderst eine Angelegenheit dauernder Verwaltungsgesetze, der Kommunal- und Kreisreform, auf die er in Preußen großen Einfluß nahm, und der Errichtung selbständiger Verwaltungsgerichte.[42]

3. Wieder eine andere Ausprägung dieses Rechtsstaatsbegriffs begegnet uns bei Otto Bähr und Otto v. Gierke. Der Unterschied zwischen der »justizstaatlichen« Ausgestaltung des Rechtsschutzes gegenüber der Verwaltung, die Bähr und – ihm folgend – Gierke im Namen des Rechtsstaats fordern, und der »rechtsstaatlichen« Lösung R. v. Gneists mag heute eher wie ein Streit um Details und Kompetenzen erscheinen. Dahinter steht jedoch je eine verschiedene konkrete Staatslehre mit entsprechendem verfassungspolitischen Konzept.

Bähr und Gierke gehen von der genossenschaftlichen Staatstheorie aus; der Staat erscheint ihnen generisch gleichartig mit den übrigen, insbesondere den innerstaatlichen menschlichen Verbänden, er ist die höchste Genossenschaft des Volkes selbst, nicht eine Anstalt des Herrschers zur Verwaltung oder Beherrschung der Untertanen.[43] Infolgedessen ist das Verwaltungsrecht höchstens der Erscheinungsform, nicht aber der Substanz nach vom übrigen Genossenschaftsrecht verschieden. Der Staat hat sich als Rechtsstat ebenso *ins* Recht, nicht über das Recht zu stellen, wie die anderen menschlichen Genossenschaften. Zum Rechtsstaat gehört die »Einheit von Staat und Recht« in der Weise, daß sein »Organismus«, d. h. die Schaffung und die Beziehung staatlicher Organe untereinander, »selbst Recht ist«, daß alle staatlichen Befugnisse nur auf der Grundlage des Rechts, d. h. konkret der Verfassung, bestehen und ausgeübt werden und daß das öffentliche Recht als »wirkliches Recht« anerkannt und geschützt werde.[44] Die Unterstellung der Verwaltung unter die Kontrolle

42 Beispiel für eine Verwirklichung wesentlicher Intentionen des Gneistschen Rechtsstaatsbegriffs ist die große preußische Verwaltungsreform der Jahre 1872-1886. In ihr wurden die Kreisreform (1872) und Provinzialreform verabschiedet, das Landesverwaltungsgesetz (1883) und das Zuständigkeitsgesetz (1886) beschlossen, ein unabhängiges (Ober-)Verwaltungsgericht in Berlin errichtet (1875) u. a. m.

43 Otto von Gierke, *Das deutsche Genossenschaftsrecht*, Bd. 1, 1868, S. 831 f.; ähnlich schon Georg von Beseler, *Volksrecht und Juristenrecht*, 1843, S. 159 f., 169 ff.

44 Gierke (Anm. 43), S. 831; ausgeführt wurde diese Auffassung u. a. bei

der Justizgerichte erscheint so als Vollendung des genossenschaftlichen Staatsbaus und feste Sicherung der Herrschaft des Rechts im Staat. Auch eine justiz-gerichtsförmige Verfassungsgerichtsbarkeit ist in diesem Rechtsstaatsbegriff eingeschlossen, wenngleich Bähr und Gierke sie nicht ausdrücklich fordern; die obersten Staatsorgane stehen ebenso »im Recht« wie alle übrigen, und da die Verfassung mit den Organisationsstatuten der übrigen genossenschaftlichen Verbände generisch gleichartig ist – die Frage nach der Souveränität und dem Träger der Staatsgewalt erscheint in der »Einheit von Staat und Recht« aufgehoben –, entsteht kein zusätzliches Problem.[45]

4. Die spätkonstitutionelle Staatsrechtslehre sucht demgegenüber vom Rechtsstaatsbegriff alle staats- und verfassungstheoretischen Vorstellungen abzustreifen. Solche Vorstellungen erscheinen ihr im Zeichen der Herrschaft des juristischen Positivismus als »politisches Raisonnement«, das aus der juristischen Betrachtung auszuscheiden habe.[46] Sie eliminiert auch jedes Zweckmoment aus dem juristischen Staatsbegriff. Erst hier beginnt die eigentliche theoretische Reduktion und zugleich die formell-juristische Präzision des Rechtsstaatsbegriffs. Der Rechtsstaat wird aus einem staatstheoretischen und verfassungspolitischen zu einem staatsrechtlich-dogmatischen Begriff. Er bezeichnet, wie es Anschütz formuliert, eine »bestimmte Ordnung des Verhältnisses zwischen Gesetz, Verwaltung und Individuum«, und zwar dergestalt, »daß die Verwaltung weder gegen ein Gesetz (contra legem) noch ohne gesetzliche Grundlage (praeter, ultra legem) in die Freiheitssphäre des Individuums eingreifen darf«.[47] Gegenbegriff ist nicht mehr

Albert Haenel, *Deutsches Staatsrecht*, 1892, und von Hugo Preuß, *Gemeinde, Staat, Reich als Gebietskörperschaften*, 1889.

45 Gierkes Theorie des Staates als (organische) Gesamtpersönlichkeit (statt als geschlossene juristische Person) hat überdies für das rechtsstaatlich intendierte »Hineinstellen des Staates in das Recht« eine weitreichende Wirkung gehabt, indem sie eine Konstruktionsbasis für das Veständnis der staatlichen Organe, insbes. auch der Verfassungsorgane, als Rechtssubjekte und ihrer Beziehungen als Rechtsbeziehungen schuf. – Vgl. auch Ernst Wolfgang Böckenförde, *Gesetz und gesetzgebende Gewalt* (Anm. 27), S. 234f. mit Note 46, 246ff.

46 Siehe Carl Friedrich Gerber, *Über öffentliche Rechte*, Tübingen 1852, S. 27.

47 Gerhard Anschütz, in: Meyer-Anschütz, *Lehrbuch des deutschen*

die Despotie oder Theokratie (als andere Staats*gattung*), sondern der Polizeistaat des 18. Jhs., in dem das Verhältnis von Gesetz, Verwaltung und Individuum grundlegend anders gestaltet war.[48] Die »Herrschaft des Gesetzes« als Gewähr der bürgerlichen Freiheit lebt in diesem Rechtsstaatsbegriff durchaus fort; sie konzentriert (und reduziert) sich auf die »Gesetzmäßigkeit der Verwaltung«, die, zusammen mit ihrer gerichtsförmigen Sicherung, der eigentliche Inhalt des Rechtsstaats wird.[49]

Auch in diesem Bereich zeigt sich indessen die positivistische Reduktion. Denn formal ist dieser Rechtsstaat auch insofern, als jede Begrenzung der juristischen Allmacht des Gesetzgebers kategorisch abgelehnt wird: Die Vernunftbeziehung des Gesetzes, für den frühen Rechtsstaatsbegriff die innere Legitimation der ›Herrschaft des Gesetzes‹, wird eine metajuristische Kategorie; real am Gesetz ist nur der Willensakt der gesetzgebenden Instanz. Und ihr Niederschlag, die Allgemeinheit des Gesetzes, ist allenfalls ein naturale, kein essentiale des Gesetzesbegriffs.[50] Die Unbedenklichkeit, die man gegenüber dem rein formellen Gesetzesbegriff als dem Grundbegriff des Gesetzes hat, zeigt die Veränderung des rechtsstaatlichen Bewußtseins.[51] Richard Thoma sieht es als Preisgabe der Rechtsstaatsidee an, »den Staat als ganzes unter irgendein menschlicher Satzungsgewalt spottendes absolutes Recht« zu bringen.[52] Ausdrücklich spricht er sich – gegen Carl Schmitt – für die rechtliche Omnipotenz des verfassungsändern-

Staatsrechts, [7]1919, S. 29, Note b; ders., »Deutsches Staatsrecht«, in: *Enzyklopädie der Rechtswissenschaft*, hg. von Holtzendorff-Kohler, Bd. 2, 1904, S. 593.

48 Anschütz, in: Meyer-Anschütz (Anm. 47); Otto Mayer, *Deutsches Verwaltungsrecht*, Bd. 1, 1895, S. 53/54.

49 Richard Thoma, »Rechtsstaat und Verwaltungsrechtswissenschaft«, in: *JöR*, Bd. 6, 1910.

50 Paul Laband, *Das Staatsrecht des Deutschen Reiches*, Bd. 2, [4]1901, S. 2; Georg Jellinek, *Gesetz und Verordnung*, 1887, S. 239; abweichend Georg Meyer, »Der Begriff des Gesetzes und die rechtliche Natur des Staatshaushaltsetats«, in: *Gruchots Zeitschrift*, Bd. 8, 1881, S. 15. Richard Thoma sieht (Anm. 49) die Bevorzugung der allgemeinen Regel vor der Einzelfallregelung immerhin als »Postulat« des Rechtsstaates an (S. 213).

51 Vgl. dazu Böckenförde (Anm. 27), Teil 3, passim.

52 Thoma (Anm. 49), S. 204.

den Gesetzgebers aus.[53] Man würde freilich der entschieden liberalen und demokratischen Grundhaltung Thomas Unrecht tun, wollte man diese Auffassung nur als Ausdruck seines juristischen Positivismus verstehen. Dahinter steht ebenso die Einsicht in die Friedensfunktion des positiven Rechts und der gesetzgeberischen Letztentscheidung angesichts einer sozial und weltanschaulich nicht mehr homogenen Gesellschaft, in der die Berufung auf ein ›absolutes Recht‹ oder ›absolute Werte‹ ein politisches Privileg für bestimmte Gruppenvorstellungen und -ziele impliziert, sich unter Berufung auf die Absolutheit *ihrer* Rechtsvorstellung dem Einigungszwang im vorgesehenen Gesetzgebungsverfahren zu entziehen.

In seiner auf die Schaffung formaler und verfahrensmäßiger Garantien zur Gewährleistung gesetzlicher Freiheit zurückgenommenen Bedeutung, in der er sich freilich auch positiv bewährte, bleibt der formelle Rechtsstaatsbegriff bis zum Ende der Weimarer Republik vorherrschend. Sein ›formeller‹ Charakter bedeutet keineswegs »leere Form«, sondern eine Verformung und Objektivierung im Sinne des Grundprinzips rechtsstaatlicher Entwicklung: Sicherheit von Freiheit und Eigentum. Auch der formelle Rechtsstaat ist insofern *bürgerlicher* Rechtsstaat; er sichert die Güterverteilung statt sie zu verändern und verwehrt durch seine Formen und Verfahren den unmittelbaren Zugriff auf das individuelle Eigentum zum Zwecke sozialer Umverteilung.[54] In der

53 R. Thoma, »Die juristische Bedeutung der grundrechtlichen Sätze der Deutschen Reichsverfassung im allgemeinen«, in: *Die Grundrechte und Grundpflichten der Reichsverfassung*, hg. von H. C. Nipperdey, 1. Bd., 1929, S. 42-44.

54 Es ist für die rechtsstaatlichen Enteignungsgesetze charakteristisch, daß sie die in ihnen vorgesehene Möglichkeit einer Entziehung individuellen Eigentums aus Gründen des allgemeinen Wohls mit der Anerkennung des individuellen Eigentums als Rechtsinstitut verbinden: Enteignung bedeutet Wechsel des Eigentumsträgers, nicht Konfiskation oder Einziehung von Eigentum als solchem, und dies nur gegen volle (vorgängige) Entschädigung. Die rechtsstaatliche Enteignung beruht, wie Lorenz von Stein, *Die Verwaltungslehre*, Bd. 7, 1868, S. 76 f. sagt, auf der Unterscheidung von Gut und Wert. Das Eigentum am Gut kann verlagert werden, das Eigentum am Wert bleibt unverletzlich. Vgl. auch Carl Schmitt, *Verfassungsrechtliche Aufsätze*, Berlin 1958, S. 119 ff. (Nachbemerkung zum Aufsatz: »Die Auflösung des Enteignungsbegriffs von 1929«).

sozialen Auseinandersetzung, wie sie sich in der Weimarer Republik ankündigte, war er zwar ›formal‹, aber keineswegs politisch neutral; er stabilisierte die bestehende Eigentumsordnung.[55]

III

Nach dem Abbau und der Mißachtung des Rechtsstaats durch das NS-Regime[56] ist das rechtsstaatliche Denken der Gegenwart bestrebt, den Rechtsstaatsbegriff nach zwei Richtungen hin fortzubilden und neu zu bestimmen: einmal in Richtung auf den sozialen anstelle des liberalen (bürgerlichen) Rechtsstaats, zum andern in Richtung auf einen materiellen anstelle des formellen Rechtsstaatsbegriffs.

a) Der liberale (bürgerliche) Rechtsstaat als Verfassungstyp, wie er aus dem ursprünglichen Rechtsstaatsbegriff hervorging, konnte von seinen Prinzipien her keine Antwort auf die soziale Frage geben, die er selbst mit hervorbrachte. Die Trias von Rechtsgleichheit, bürgerlicher (Erwerbs-)Freiheit und Garantie des erworbenen Eigentums, ein Kernstück rechtsstaatlicher Gewährleistungen, emanzipierte nicht nur aus ständisch-feudalen und korporativen Bindungen, sie setzte ebenso das Erwerbsinteresse und – infolge der Niederlegung ständischer Rechtsschranken – die natürliche Ungleichheit der einzelnen zur vollen, nur durch die gleiche Freiheit des andern begrenzten Entfaltung frei. Das Prinzip der rechtlich freien, gleichen, kapitalbildenden Persönlichkeit war zum Prinzip des gesamten bürgerlichen Rechts erklärt.[57] Die damit in Gang gesetzte geschichtliche Bewegung führte notwendigerweise nicht nur die besitzbestimmte soziale Ungleichheit, sondern, in deren Stabilisierung und Verschärfung, auch den klassenmäßigen Antagonismus der Gesellschaft und da-

55 Die kritischen Bemerkungen Hermann Hellers, *Rechtsstaat oder Diktatur*, Tübingen 1930, S. 9-11, treffen daher nicht nur einen materiellen, sondern auch den formalen Rechtsstaat.

56 Die wissenschaftliche Aufarbeitung der Rechtsstaatskritik in der deutschen Staatsrechtslehre nach 1933 steht aus mancherlei Gründen noch aus.

57 Lorenz von Stein, *Gegenwart und Zukunft der Rechts- und Staatswissenschaften Deutschlands*, Stuttgart 1876, S. 141.

mit die neue, soziale Unfreiheit auf dem Boden der Rechtsgleichheit herauf. L. v. Stein und Karl Marx haben diese Bewegung in ihrer geschichtlichen Dialektik als erste voll begriffen.[58] Hinzu trat der durch die industrielle Entwicklung hervorgerufene Verlust an beherrschtem Lebensraum (Forsthoff).[59] Beides weist über den bürgerlichen Rechtsstaat hinaus und fordert den sozial intervenierenden, vorsorgenden und verteilenden Staat, der der gesellschaftlichen Ungleichheit aktiv entgegenwirkt, um nicht die von den rechtsstaatlichen Gewährleistungen intendierte individuelle Freiheit und rechtliche Gleichheit für eine immer wachsende Zahl der Bürger zur leeren Formel werden zu lassen.

Ist damit das Problem als solches bezeichnet, so ist seine Lösung ungleich schwieriger. Der soziale Appell, der vom Begriff des sozialen Rechtsstaats ausgeht, ist allgemein.[60] Aber es besteht, wie die lebhafte, noch keineswegs abgeschlossene wissenschaftliche Diskussion[61] zeigt, keine Einigkeit darüber, inwieweit sich ›soziale‹ Strukturelemente in das rechtsstaatliche Verfassungsgefüge einbauen lassen, ohne zugleich wesentliche Verfassungselemente des Rechtsstaats aufzugeben, und welcher Art die sozialen Strukturelemente im einzelnen sein sollen. Die Auffassungen reichen – um nur einige Positionen zu nennen – von der »Unvereinbarkeit von Rechtsstaat und Sozialstaat auf der Verfassungsebene« (Forsthoff) über »soziale Rücksichtnahme« (Menger), »Sozialgestaltungsauftrag« und Schutz der »sozial und wirtschaftlich Schwächeren« (Nipperdey) als Kennzeichen des sozialen Rechts-

58 Siehe Ernst-Wolfgang Böckenförde, »Lorenz v. Stein als Theoretiker der Bewegung von Staat und Gesellschaft zum Sozialstaat«, in: *Alteuropa und die moderne Gesellschaft. FS Brunner*, Göttingen 1963, S. 263/264. In diesem Band S. 190 ff.

59 Ernst Forsthoff, *Verfassungsprobleme des Sozialstaats*, Münster ²1966.

60 Der Ertrag der Entstehungsgeschichte des Grundgesetzes für eine Interpretation des Begriffs »sozialer Rechtsstaat« ist gleich null; vgl. die Darlegung bei Werner Weber, »Die verfassungsrechtlichen Grenzen sozialstaatlicher Forderungen«, in: *Der Staat* 4 (1965), S. 411-416.

61 Äußerungen zum Begriff des Sozialstaates oder sozialen Rechtsstaates bis 1965 sind verzeichnet bei Werner Weber, ebd., S. 419 Anm. 9 und 420 Anm. 10. Aus jüngerer Zeit Klaus Stern: Artikel »Sozialstaat«, in: *Evangelisches Staatslexikon*, 1966, und Peter Badura: »Auftrag und Grenzen der Verwaltung im sozialen Rechtsstaat«, DÖV 1968, S. 446 ff.

staats bis zum Auftrag zu umfassender sozialer Umverteilung und Wirtschaftsplanung (Abendroth).[62]

Soll die Diskussion hierüber nicht in eine Reihe von Äquivokationen ohne sachlich-begrifflichen Bezug auseinanderlaufen, so bedarf es der Klarheit darüber, ob in dem Begriff des sozialen Rechtsstaats das rechtsstaatliche Element gegenüber dem sozialstaatlichen gleichen Rang behalten soll, so daß sich sozialstaatliche Forderungen und Ausgestaltungen dem Rahmen rechtsstaatlicher Gewährleistungen, Formen und Verfahren einfügen müssen, oder ob der Sozialstaat als ein neuer, zum Rechtsstaat gegenläufiger Verfassungstyp intendiert ist, der noch einigen rechtsstaatlichen Zierat bei sich führt – in diesem Fall sollte man richtigerweise nicht mehr von sozialem *Rechts*staat sprechen.

Geht man von der ersteren Auffassung aus, so gewinnt die These Forsthoffs von der Unvereinbarkeit von Rechts- und Sozialstaat auf der *Verfassungs*ebene besonderes Gewicht. Sie richtet sich keineswegs gegen die Berechtigung oder Notwendigkeit des Sozialstaats als solchen, sondern besagt lediglich, daß die Verwirklichung des Sozialstaats unter der Bedingung des (fortbestehenden) Rechtsstaats nicht auf der Ebene der Verfassung, sondern nur und gerade auf der Ebene der Gesetzgebung und Verwaltung stattfinden kann – und muß.[63] Der Rechtsstaat ist in seiner freiheitssichernden Struktur an unmittelbare unnd unverbrüchliche *verfassungs*rechtliche Gewährleistungen gebunden, insbesondere die Trias von Rechtsgleichheit, Erwerbsfreiheit und Eigentum. Gleich unmittelbare, unverbrüchliche und aus sich vollziehbare verfassungsrechtliche Verbürgungen, die auf soziale Leistungen

62 Ernst Forsthoff, »Begriff und Wesen des sozialen Rechtsstaates«, in: VVDStRL 12 (1954), S. 8-36; Christ. Friedr. Menger: *Der Begriff des sozialen Rechtsstaates im Bonner Grundgesetz*, Tübingen 1953; Hans Carl Nipperdey, »Freie Entfaltung der Persönlichkkeit«, in: *Die Grundrechte*, Bd. IV, 2, Berlin 1962, S. 806, 808; Wolfgang Abendroth, »Zum Begriff des demokratischen und sozialen Rechtsstaats im Grundgesetz der Bundesrepublik Deutschland«, in: *FS Bergstraesser*, 1954, S. 279 ff.

63 Ernst Forsthoff, Begriff und Wesen des sozialen Rechtsstaates = ders., Rechtsstaat im Wandel, Stuttgart 1964, S. 38 ff.; Thomas Tomandl, *Der Einbau sozialer Grundrechte in das positive Recht*, Tübingen 1967, S. 12 ff.

und Anteilsrechte abzielen, sind nicht möglich, ohne diese rechtsstaatlichen Verbürgungen abzubauen.
So impliziert die verfassungsrechtliche Garantie des »Rechts auf Arbeit« mit der Folge einer staatlichen Unterhaltungsverpflichtung bei mangelnder Arbeitsmöglichkeit ohne weiteres eine staatliche Berufswahllenkung und Arbeits*platz*verwaltung und damit eine wesentliche Einschränkung des Grundrechts aus Art. 12 I GG, um, auch unter finanziellen Gesichtspunkten, durchführbar zu sein. Die Vergesellschaftung der Produktionsmittel als Verfassungsprinzip ist nicht denkbar, ohne daß die bürgerliche Erwerbs-Freiheit und die Garantie des Eigentums (als der Versachlichung der [Erwerbs-]Freiheit) wesentlich beeinträchtigt und die entsprechenden Arbeits- und Entscheidungsvorgänge staatlich oder gesellschaftlich-kollektiv organisiert und unmittelbar gelenkt werden.
Worin liegt der innere Grund für diesen Sachverhalt? L. v. Stein[64] hat darauf hingewiesen, daß mit der rechtsstaatlichen Verfassung die Form der Freiheit bereits erreicht sei. Die Auflösung des sozialen Gegensatzes in der Gesellschaft könne daher nicht auf der Ebene der Verfassung, sie müsse vielmehr dort gesucht werden, wo dieser Gegensatz entstanden sei: in der Ordnung des Verhältnisses von Kapital und Arbeit und der Möglichkeit der Arbeit, durch Erwerb zum Besitz zu gelangen. Mag man diese These von Verfassung als der Form der Freiheit für die Zeiten des Zensuswahlrechts bestreiten, für die rechtsstaatlich-*demokratische* Verfassung, zu der das allgemeine und gleiche Wahlrecht gehört, trifft sie zu. So kann der Sozialstaat, soll die rechtsstaatliche Freiheit nicht rückgängig gemacht oder abgebaut werden, nur die Bedeutung haben, die *sozialen Voraussetzungen* zur Verwirklichung der rechtsstaatlichen Freiheit *für alle* zu schaffen, d.h. insbesondere die soziale Ungleichheit abzubauen. Er erscheint daher notwendig auf der Ebene der Verwaltung, einschließlich der Gesetzgebung, und entfaltet hier seine volle Kraft.
Das Bundesverfassungsgericht ist in seiner bisherigen Rechtsprechung im Ergebnis dieser Auffassung gefolgt.[65] Es hat immer

64 Lorenz von Stein, *Geschichte der sozialen Bewegung in Frankreich von 1789 bis auf unsere Tage*, Bd. 3 (Ausg. Salomon), Neudr. Darmstadt 1961, S. 193-195, 143; dazu auch Böckenförde (Anm. 58), S. 271.
65 Siehe die eingehende Darstellung und Analyse der diesbezüglichen Rechtsprechung des BVerfG bei Weber (Anm. 60), S. 419-43. Ferner

wieder betont, daß das Bekenntnis zum Sozialstaat im GG in erster Linie einen Verfassungsauftrag an den *Gesetzgeber* enthalte, für soziale Gerechtigkeit und sozialen Ausgleich im Rahmen der Verfassung besorgt zu sein, darüber hinaus als Staatszielbestimmung einen Interpretationsgrundsatz für Verfassung und Gesetze darstelle, aber es hat keine unmittelbaren verfassungskräftigen Rechte oder Institutionen – ohne legislatoris interpositio – aus ihm abgeleitet.[66] Der Sozialstaatsgrundsatz bedarf der inhaltlichen Präzisierung durch den Gesetzgeber und die handelnde Verwaltung, die dabei an die rechtsstaatlichen Verbürgungen der Verfassung gebunden sind.

Man kann nicht sagen, daß durch diese rechtsstaatliche Einbindung das sozialstaatliche Element um seine Wirksamkeit gebracht werde und der *soziale* Rechtsstaat als solcher leer laufe. Die sozialstaatlichen Aktivitäten des Gesetzgebers in der Bundesrepublik zeigen das Gegenteil; es sei nur an die großen Ausgleichsgesetzgebungen, an die Renten- und Sozialversicherungsgesetzgebung einschließlich der sozialen Selbstverwaltung, an die Neugestaltung des Sozialhilferechts erinnert. Eher könnte man sagen, daß diese sozialstaatliche Aktivität der Tendenz unterliegt, selbstläufig zu werden und sich zu einem System sozialer Leistungen und rechtlicher Bindungen zu verdichten, das die rechtsstaatlichen Freiheitsverbürgungen zwar nicht formell aufhebt, aber doch inhaltlich unterläuft.

An zwei Punkten führt der so verstandene *soziale* Rechtsstaat dennoch zu einem Einbruch in das rechtsstaatliche Verfassungsgefüge. Der eine Punkt ist die Abkehr vom Begriff des Gesetzes als genereller Norm für den Bereich der leistenden Verwaltung zugunsten der Zulässigkeit spezieller, konkret-regulierender und lenkender sog. Maßnahmegesetze. Diese Maßnahmegesetze sind ein notwendiges Instrumentarium eines Gesetzgebers, der gestaltend, lenkend, fördernd um sozialstaatlicher Zielsetzungen willen in Wirtschaft und Gesellschaft interveniert; mögen sie in einem

Peter Badura, »Die Rechtsprechung des BVerfG zu den verfassungsrechtlichen Grenzen wirtschaftspolitischer Gesetzgebung im sozialen Rechtsstaat«, in: *AöR*, 92 (1967), S. 382 ff.

66 Werner Weber (Anm. 60), S. 430-432; eine Bestätigung dieser Grundeinstellung neuestens im Urteil über die Verfassungsmäßigkeit von Bestimmungen des Jugendwohlfahrts- und Sozialhilfegesetzes, BVerfGE 22, S. 187 (204).

formalen Sinne abstrakt-generell sein, die sachlich-inhaltliche Allgemeinheit i. S. des rechtsstaatlichen Gesetzesbegriffs ist mit ihnen verlassen.[67] Der andere Punkt ist die prinzipielle Trennung von hoheitlicher Steuergewalt und Eigentumsgarantie.[68] Der staatliche Zugriff auf Sozialprodukt und Einkommen mittels der Steuergewalt, bevor sie als ›Eigentum‹ dem Schutz der rechtsstaatlichen Eigentumsgarantie unterfallen, ist die unerläßliche Basis für die sozialstaatliche Aktivität von Gesetzgeber und Verwaltung, insbesondere für die Maßnahmen sozialer *Umverteilung*, die der Gesetzgeber beharrlich ins Werk setzt, um der sozialen Ungleichheit entgegenzuwirken und den sog. sozialen Ausgleich herzustellen. Die auch von der Rechtsprechung des BVerfG festgehaltene These, daß die Auferlegung von Steuern und sonstiger öffentlicher Abgaben die rechtsstaatliche Eigentumsgarantie prinzipiell unberührt lasse[69], ist der unerläßliche Preis für die Gewährleistung sozialer Sicherheit und die Förderung des sozialen Fortschritts durch den Staat, die, durch den Sozialstaatsauftrag der Verfassung legitimiert, von ihm heute erwartet werden. Der Staat kann sie nicht geben, ohne sich zugleich die Verfügung über das Sozialprodukt und seine Verteilung zu nehmen.[70]

Die hier offengehaltene Schleuse für die Aktivierung des ›Steuerstaates‹ ist eine notwendige *Bedingung* für die Möglichkeit des sozialen Rechtsstaats. Das Problem des kontinuierlichen Nebeneinanderbestehens von Rechtsstaat und Sozialstaat ist damit freilich noch nicht gelöst. Die grenzenlose Inanspruchnahme der staatlichen Steuergewalt zu Zwecken sozialer Umverteilung kann die rechtsstaatliche Eigentumsgarantie ebenso unterlaufen und aushöhlen wie die Schaffung eines Systems sozialer Sicherheit die rechtsstaatliche Freiheitsverbürgung. In beiden Fällen ist die Frage des *rechten Maßes* entscheidend; nur die Auffindung und juristische Konkretisierung dieses rechten Maßes vermag die

67 Grundsätzlich zum Problem Konrad Huber, *Rechtsgesetz und Maßnahmegesetz*, Berlin 1963; Karl Zeidler, *Klassisches Gesetz und Maßnahmegesetz*, Karlsruhe 1961.

68 Zuerst hervorgehoben von Forsthoff (Anm. 63), S. 52/53, auch daselbst S. 9.

69 Dazu, mit kritischem Unterton, Weber (Anm. 60), S. 436 bis 438.

70 Siehe dazu auch Carl Schmitt, *Verfassungsrechtliche Aufsätze*, 1958, S. 496 ff., 503 f. (der Aufsatz: »Nehmen, Teilen, Weiden« und die Nachbemerkung dazu).

rechtliche Verknüpfung und wechselseitige Begrenzung von sozialstaatlicher Aktivität und rechtsstaatlicher Unantastbarkeit zu gewährleisten, als welche sich der soziale Rechtsstaat darstellt. Gerade an dieser Stelle bietet sich für die weitere Diskussion des Begriffs »sozialer Rechtsstaat« und seine Ausformung zu einem handhabbaren Rechtsbegriff ein weites und fruchtbares Feld.[71]

b) Die Wendung zum materiellen Rechtsstaatsbegriff verdankt sich der schon zu Ende der Weimarer Republik und über Deutschland hinaus einsetzenden Abkehr vom juristischen Positivismus. Sie wurde verstärkt durch die Erfahrung des Rechtsmißbrauchs im NS-Regime. Hinter der Vielfalt verschiedener Formulierungen erscheint der materielle Rechtsstaatsbegriff dadurch gekennzeichnet, daß die staatliche Gewalt vorab an bestimmte oberste Rechtsgrundsätze oder Rechtswerte gebunden erachtet und der Schwerpunkt staatlicher Tätigkeit nicht primär in der Gewährleistung formaler Freiheitsverbürgungen, sondern in der Herstellung eines materiell gerechten Rechtszustandes gesehen wird.[72] Die Freiheitsverbürgung wird als Moment in diesen Rechtszustand einbezogen, dadurch freilich zugleich relativiert. Die Verfassung beschränkt sich nicht mehr auf die Festlegung der Grenzen der staatlichen Gewalt gegenüber der bürgerlichen Freiheit und die (gliedernde und begrenzende) Organisation der politischen Willensbildung und Herrschaftsausübung, sie wird zur rechtlichen Positivierung der »Grundwerte« der Lebensordnung der Gemeinschaft.[73] Darin liegt freilich der Ausgriff in eine neue

71 Ein eindrucksvoller Versuch, Notwendigkeit und rechtsstaatliche Grenzen sozialstaatlicher Verwaltung zu begründen, der auch heute noch Beachtung verdient, bei Lorenz von Stein, *Handbuch der Verwaltungslehre*, ^{3}1888, Bd. 3: *Die soziale Verwaltung*. Aus dem gegenwärtigen Schrifttum s. Wolff (Anm. 26), S. 50 ff.

72 Vgl. statt vieler Werner Kaegi, »Rechtsstaat und Demokratie«, in: *Demokratie und Rechtsstaat. FS Giacometti*, Zürich 1953, S. 107-142 (133 ff.); in: Maunz-Dürig, Rdn. 59 f., 72-73 zu Art. 20; kritisch gegenüber einer Umschreibung des materialen Rechtsstaats als Gerechtigkeitsstaat Scheuner (Anm. 3), S. 248, der primär auf ein Bekenntnis zu materialen Werten der europäischen Rechtsentwicklung abstellt.

73 Grundlegend hierfür: Rudolf Smend, »Das Recht der freien Meinungsäußerung«, in: *VVDStRL* 4 (1928), S. 46-48, 51 ff.; ders., *Verfassung und Verfassungsrecht*, 1928, S. 44 ff. = *Staatsrechtl. Abhandlungen*, 1955, S. 160 ff. Ferner Dürig, in: Maunz-Dürig, Rdn. 5-16 zu Art. 1 I.

Totalität.[74] Werden die materialen Festlegungen einer Verfassung als ›objektive Wertordnung‹ oder Niederschlag überpositiver Gerechtigkeitsprinzipien verstanden, so muß, wie das BVerfG, das sich zu diesem Verfassungsverständnis bekennt, folgerichtig ausgesprochen hat, ein solches Wertsystem »Geltung für alle Bereiche des Rechts« verlangen.[75] Die materiell-rechtsstaatlich konzipierte Verfassung erhebt, der Logik des Wert- und Gerechtigkeitsdenkens folgend, einen unbedingten Geltungsanspruch, der in alle Bereiche des gesellschaftlichen Lebens übergreift; sie sanktioniert damit bestimmte politisch-ethische Grundüberzeugungen, denen sie allgemeine Rechtsgeltung verleiht, und diskriminiert andere, die diesen entgegenstehen. Freiheit gewährleistet sie nicht mehr unbedingt, im Wege rechtlich-formaler Ausgrenzung, sondern nur *innerhalb* der Wertgrundlage der Verfassung: wer sich außerhalb dieser sog. Wertgrundlage stellt, die unter anderem in den Unantastbarkeitsklauseln positiviert wird (z.B. Art. 79 III i.V.m. Art. 20 *GG*), hat keinen Rechtsanspruch mehr auf politische Freiheit (Art. 21 II, 18 *GG*).[76]

Auf diese Weise tritt notwendig eine Verflüssigung der überkommenen rechtsstaatlichen Verfassungsstruktur ein und eine wachsende Spannung zu dem freiheitsverbürgenden Grundsinn des ursprünglichen Rechtsstaatsbegriffs.[77] Gleichwohl findet der

74 Siehe Helmut Quaritsch, »Kirchen und Staat. Verfassungs- und staatstheoretische Probleme der staatskirchenrechtlichen Lehre der Gegenwart«, in: *Der Staat* 1 (1962), S. 184f.

75 *BVerfGE* 7, 198 (205).

76 Treffend Quaritsch (Anm. 74), S. 185: »Eine verfassungsrechtlich normierte werthafte Lebensordnung ist nicht diskutierbar, man kann sie mit rechtlicher Relevanz nicht annehmen oder ablehnen, man kann sie nur befolgen – wer das nicht will, verliert den Anspruch auf rechtliches Gehör ...«

77 Z.B. ist das Parteienrecht des freiheitlich-demokratischen Rechtsstaats, unter dem Gesichtspunkt der rechtlichen Freiheit betrachtet, schlechter als dasjenige der Sozialistengesetze im Bismarckreich. Politische Parteien, die die freiheitlich-demokratische Grundordnung zu beeinträchtigen oder zu beseitigen trachten, können nach Art. 21 II *GG* durch Urteil des BVerfG verboten werden mit der Folge ihrer Auflösung, der Unmöglichkeit der weiteren Teilnahme von deren Kandidaten an Wahlen und des Wegfalls bestehender Abgeordnetenmandate (§ 49 *BWahlG*). Dem monarchisch-autoritär verfaßten Bismarckreich ist es demgegenüber nicht in den Sinn gekommen, wegen

werthaft fundierte materielle Rechtsstaatsbegriff weithin Zustimmung, vor allem mit dem Argument, der Rechtsstaat müsse gegen Inhaltlosigkeit und formale Entleerung gesichert werden.[78] Dieser Ruf nach dem materiellen Rechtsstaat übersieht oder unterschätzt indessen die Eigenbedeutung, und zwar die materiale Eigenbedeutung formaler rechtlicher Garantien und geordneter Verfahren. Gerade formale Garantien und Verfahren sind es, die die individuelle und gesellschaftliche Freiheit schirmen und beschützen, indem sie den unmittelbaren Zugriff auf den einzelnen oder gesellschaftliche Gruppen im Namen absolut gesetzter oder geglaubter materialer Inhalte oder sog. Werte abwehren; sie erweisen sich darin als Institutionen der Freiheit, mit Formalismus oder gar Positivismus haben sie wenig zu tun. Der Freiheitsabbau totalitärer Regime beginnt keineswegs mit der Ausnutzung formaler Garantien und Verfahren, sondern stets mit der Mißachtung derselben unter Berufung auf ein höheres, materiales und vor-positives Recht, sei es der »wahren Religion«, der »artgleichen Volksgemeinschaft« oder des »Proletariats«. Erst in der zweiten Phase, wenn das neue Recht als Mittel revolutionärer Veränderung zur Herrschaft gebracht ist, kommt es zu dem Positivismus und Legalismus totalitärer Regime.

Werden ethisch-moralische Postulate oder materiale Werte über die Sicherung der gleichen Freiheit aller und die Grunderfordernisse eines geordneten Zusammenlebens hinaus mit Rechtsverbindlichkeit ausgestattet, so folgt daraus mit Notwendigkeit eine Sozialisierung der individuellen Freiheit und Autonomie; sie wird der Herrschaft derjenigen unterstellt, die das Interpretationsmo-

der Unvereinbarkeit politischer Zielsetzungen der Sozialdemokratischen Partei mit seiner eigenen Wertgrundlage über das Verbot der Parteivereine, ihrer Versammlungen und Druckerzeugnisse hinaus auch die Freiheit der Stimmabgabe für sozialdemokratische Kandidaten, ihre Teilnahme an den politischen Wahlen aufzuheben oder gar die errungenen Reichstagsmandate zu kassieren.

78 Siehe etwa Scheuner (Anm. 3), S. 243 f.; Kaegi, a.a.O. (Anm. 72), S. 133 ff.; Konrad Hesse, »Der Rechtsstaat im Verfassungssystem des Grundgesetzes«, in: *Staatsverfassung und Kirchenordnung*. FS Rudolf Smend, Tübingen 1962, S. 78 f., 84 f., der allerdings formelle und materielle Rechtsstaatlichkeit zu verbinden sucht, wobei indessen der Begriff der rechtlichen Freiheit seine Konturen und Unterscheidungskraft verliert (s. insbes. S. 85 f.).

nopol für diese Postulate oder Werte innehaben bzw. sich zu eigen machen. Das gilt bei der Berufung auf materiale *Werte* in besonderem Maße, weil Werte als solche einer rationalen, intersubjektiv vermittelbaren Begründung nicht fähig sind[79], vielmehr letztlich auf Erleben, Wertfühlen, Evidenzerfahrungen und dadurch vermittelte Bekenntnisse zurückgehen und so dem persönlichen (ideologischen) Meinen und Dafürhalten, auch dem Positivismus der Tageswertungen Tür und Tor öffnen, und weil überdies ein rational begründbares Fundierungssystem für miteinander kollidierende Werte ebenfalls nicht ersichtlich ist.[80]

Diese Auffassung ist freilich einem Einwand ausgesetzt, den Adolf Arndt formuliert hat: Abstimmung als Form politischer Willensbildung und Rechtsgestaltung setze die Einigkeit über das Unabstimmbare voraus.[81] Das ist sicher richtig. Aber die Frage ist, ob diese Einigkeit, die ein politisches Gemeinwesen nicht entbehren kann, nicht *vorausgesetzt* werden muß und ob sie überhaupt, wenn sie streitig geworden ist, durch Verfassungs- oder Rechtsgebot, das im Streitfall von der Mehrheit ausgeht, geschaffen oder erhalten werden kann. Liegt darin nicht der Ansatz zu einem Verfassungstotalitarismus?[82] Welche Selbstgewißheit hat ein Volk, wenn es glaubt, die sog. Grundwerte seiner Lebensordnung und seiner politischen Ordnungsform mit Rechtszwang unantastbar festlegen zu müssen, für sich selbst und für die künftigen Generationen, denen damit ihre eigene Mündigkeit im voraus abgesprochen wird? Die Situation, die hier vorausgesetzt wird, ist die einer Anarchie oder die einer totalen Revolu-

79 Dazu statt anderer Arnold Brecht, *Politische Theorie*, Tübingen 1959, S. 155 ff., 342 ff. sowie Adalbert Podlech, »Grundrechte und Staat«, in: *Der Staat* 6 (1967), S. 348 ff.

80 Vgl. auch Carl Schmitt, »Die Tyrannei der Werte«, in: *Säkularisation und Utopie. Ebracher Studien*, Stuttgart 1967, S. 57 ff.

81 Adolf Arndt in: *Christlicher Glaube und politische Entscheidung*, München 1957, S. 157; ders., »Demokratie – Wertsystem des Rechts«, in: *Notstandsgesetz – aber wie?*, Köln 1960, S. 12.

82 Das Wort Hegels über die Machbarkeit von Verfassungen ist wert, näher bedacht zu werden: »Die Frage, wem, welcher und wie organisierten Autorität die Gewalt zukomme, eine Verfassung zu machen, ist dieselbe mit der, wer den Geist eines Volkes zu machen habe (*Enzyklopädie der philosophischen Wissenschaften im Grundrisse*, 1830, § 540).

tionierung, in der alles verfügbar ist und sich nichts mehr von selbst versteht. Ist eine solche Situation tatsächlich gegeben, so mag eine Abwehr in dieser Form unumgänglich sein, damit das politische Gemeinwesen überleben kann. Aber inwieweit handelt es sich dann noch um eine Ordnung rechtsstaatlicher Freiheit? So gewiß es ist, daß die durch Ausgrenzungen gewährleistete rechtsstaatliche Freiheit der inneren Regulierungskräfte bedarf, um bestehen zu können, der Rechtsstaat baut darauf, daß diese Regulierung sich *von selbst* herstellt, aus der moralischen Substanz der einzelnen und der Homogenität der Gesellschaft. Danach sind seine Institutionen gebaut. Erweist sich dieses Zutrauen als Illusion, muß man diese Regulierungskräfte mit Rechtszwang zu garantieren suchen, so ist die *rechtsstaatliche* Freiheit am Ende.

IV

Ungeachtet der verschiedenen inhaltlichen Ausprägungen des Rechtsstaatsbegriffs, die die Betrachtung seiner geschichtlichen Entwicklung zeigt, ist er stets durch ein Merkmal gekennzeichnet, das noch der Hervorhebung bedarf: die Verlegenheit gegenüber dem Phänomen politischer Herrschaft. Der Rechtsstaat zielt stets auf die Begrenzung und Eingrenzung staatlicher Macht und Herrschaft im Interesse der Freiheit der einzelnen, auf den Abbau der Herrschaft von Menschen zugunsten der »Herrschaft der Gesetze«; der Primat des Rechts gegenüber der Politik erscheint als immer wiederkehrendes Postulat rechtsstaatlichen Denkens.[83] Der Rechtsstaat fragt jedoch nicht nach den *Voraussetzungen*, die die rechtsstaatliche Freiheitsordnung allererst möglich machen, nämlich dem Bestehen des Staates als politischer Machteinheit, seiner Kompetenz zur verbindlichen Letztentscheidung über die Legalität und der dadurch hergestellten und garantierten innerstaatlichen Friedensordnung.[84] Rechtsstaatliches Denken hat die Tendenz, den modernen Staat allein vom Recht her zu begründen

83 Siehe etwa Hesse (Anm. 78), S. 75.

84 Über die Voraussetzungen der innerstaatlichen Friedensordnung, die eine fortwährende Leistung des modernen Staates und nicht eine »natürliche« Vorgegebenheit menschlichen Zusammenlebens ist, siehe schon Immanuel Kant, *Metaphysik der Sitten*, T. 2, § 52 A.

und zu erklären[85], nicht aber ihn zugleich als den maßgeblichen Träger der Rechtsbildung zu begreifen, der durch die Herstellung der Normallage – des innerstaatlichen Friedenszustandes – erst die Bedingung für die Normgeltung des gesetzlichen Rechts schafft.[86] Die Dialektik von Recht und Macht ebenso wie die von Recht und Staat ist im Rechtsstaatsbegriff nicht reflektiert. Wird daher der Rechtsstaat nicht (nur) als ein Teil, sondern als das Ganze staatlicher Ordnung genommen, so entsteht ein ›introvertiertes‹ rechtsstaatliches Denken[87], das die Bedingungen der Möglichkeit des Rechtsstaats außer acht läßt. So wichtig die rechtsstaatliche Freiheitssicherung für eine Staatsordnung heute ist, kein Staat kann allein aus der Gewährung rechtsstaatlicher Freiheit sich konstituieren oder erhalten.[88] Er bedarf eines einigenden Bandes, einer homogenitätsverbürgenden Kraft, die dieser Freiheit vorausliegt und den Staat als politische Einheit erhält.[89]

85 Arndt (Anm. 81), S. 10: »Vom Prinzip der Rechtsstaatlichkeit her ist nicht der Staat wie ein auffindbarer und vom Recht nur noch zu formender Stoff vorgegeben, sondern wächst der Staat aus dem Recht, durch das Recht und gemeinsam mit dem Recht.«

86 Zum Staat als maßgebendem Träger der Rechtsbildung und Garanten der die Normativität des Rechts ermöglichenden Normalität eingehend: Hermann Heller, *Staatslehre*, Leiden 1934, S. 183 ff., 253 ff.; Ansätze in dieser Richtung auch bei Hesse (Anm. 78), S. 75, jedoch ohne weitere Folgerungen.

87 Vgl. Ernst Forsthoff, »Der introvertierte Rechtsstaat und seine Verortung«, in: *Der Staat* 2 (1963), S. 385 ff. = ders., *Rechtsstaat im Wandel*, 1964, S. 213 ff.

88 Eine derartige Auffassung klingt bei Hesse (Anm. 78), S. 88 f. an.

89 Das Beispiel der Weimarer Republik spricht hier eine deutliche Sprache. Was ihren Untergang herbeiführte, war nicht ein Mangel an rechtsstaatlicher Freiheit, sondern der Mangel an politischer Homogenität und demokratischer Loyalität bei den verschiedenen Gruppen und im Volke selbst. Die USA geraten gegenwärtig, vom Ausgangspunkt des Rassenproblems her, in eine analoge Krise.

8. Lorenz von Stein als Theoretiker der Bewegung von Staat und Gesellschaft zum Sozialstaat

I.

Im 3. Band seiner *Geschichte der sozialen Bewegung in Frankreich von 1789 bis auf unsere Tage* gibt Lorenz v. Stein, nachdem er die Bewegung von Staat und Gesellschaft in Frankreich bis zur Februarrevolution des Jahres 1848 dargelegt hat, folgende Prognose für die weitere gesellschaftliche und staatliche Entwicklung Frankreichs – und des modernen Europa:

»Wenn die nichtbesitzende Klasse die Herrschaft über die Staatsgewalt aus dem abstrakten Begriffe der rein demokratischen Gleichheit durch die Zahl der Stimmen erreichen will, so wird die besitzende Klasse *ihr natürlicher und unversöhnlicher Feind* sein, und der Staat wird der Gewalt der Waffen und damit dem Untergang der Freiheit anheimfallen.
Wenn die besitzende Klasse die Herrschaft über die Verwaltung wesentlich im Interesse des Besitzes ausübt, so wird sie die nichtbesitzende Klasse zu ihrem *natürlichen und unversöhnlichen Feinde* haben, und auch dann wird die Ordnung der Dinge in der Gewalt untergehen.
...
Wenn dagegen die besitzende Klasse die Staatsverwaltung im Sinne der nichtbesitzenden Klasse zur Hebung des Loses der Arbeiter, für ihre Bildung und die Möglichkeit eines, wenn auch nur allmählichen, Kapitalerwerbes bietet, so wird diese Klasse *in dem Maße mehr gleichgültig gegen die Form der Verfassung sein, in welchem die Interessen derselben mehr gefördert werden.* Es sind bei dieser Verwaltung Königtum, Diktatur, Aristokratie und Demokratie gleichmäßig möglich, und zwar darum, *weil der erworbene Besitz die Unfreiheit doch am Ende unmöglich macht*, und weil damit die *Förderung des Erwerbs zur Förderung der Freiheit* wird.
Wenn daher endlich das, was man die Demokratie nennt, die Verfassung zur Hauptsache macht, so ist sie unmächtig; wenn sie die Verwaltung zum Gegenstande macht, so ist sie keine Demokratie mehr. Das Ende der bisherigen Demokratie ist da, sowie die beiden Klassen sich über ihr wahres gegenseitiges Interesse verständigen; die Macht derselben wächst in dem Maße, in welchem sie sich spalten. Der Übergang der Demokratie zu jener neuen Gestalt ist bereits angedeutet in dem Losungsworte der

sozialen Demokratie. Noch ist der Inhalt dieser Idee unklar. Wenn sie nicht aus ihrer Unklarheit heraustritt, wird sie verschwinden. Wenn sie aus derselben heraustreten will, muß sie zur *Lehre von der Gesellschaft* werden. *Dann wird ihr die Zukunft gehören.*«[1]

Es bedarf keiner langen Interpretation, um zu erkennen, wie sehr diese Prognose aus dem Jahre 1850 die Wirklichkeit des modernen Sozialstaates trifft: die Legitimation des Staates nicht so sehr aus seiner Verfassung, als vielmehr aus der tätigen, sozialgewährenden Verwaltung; die inhaltliche Bestimmung des Politischen durch das Soziale; Wohlfahrtsförderung und angemessene Teilhabe am Sozialprodukt als Mittel realer Freiheitssicherung; fortschreitende Auflösung überkommener politischer Strukturen und ihre Mediatisierung zugunsten der sozialen: alles das sind entscheidende Kennzeichen des Sozialstaates westlicher Prägung, wie er uns heute umgibt.[2]

Indessen wäre eine gelungene Prognose als solche noch kein Grund zu besonderer Aufmerksamkeit. Das 19. Jahrhundert kennt viele Prognosen, die uns heute in Erstaunen setzen. Es sei nur an die Prognose Tocquevilles über Amerika und Rußland und über die wohlfahrtsstaatliche Entwicklung der Demokratie oder an diejenige Donoso Cortes' über die allgemeine Lage Europas erinnert.[3] Prognosen sind in der Regel etwas, was in einem

1 Lorenz von Stein, *Geschichte der sozialen Bewegung in Frankreich von 1789 bis auf unsere Tage* (*Soz. Bew.*), Bd. III. S. 218/19 (206/07). Im folgenden wird nach der Erstausgabe, Leipzig 1850, zitiert; die Seitenangaben in Klammern beziehen sich auf die heute leichter greifbare Ausgabe von G. Salomon, München 1921 (Neudruck Darmstadt 1959).

2 Vgl. etwa die Schilderung der – dem modernen Sozialstaat im wesentlichen entsprechenden – »pluralistischen Funktionsgemeinschaft« bei Max Imboden, *Die politischen Regime*, Basel 1961; ferner Ernst Forsthoff, »Die Bundesrepublik. Versuch einer Realanalyse«, in: *Merkur* 151 (August 1960); Arnold Gehlen, Soziologische Voraussetzungen im gegenwärtigen Staat. Beilage zur Staatszeitung von Rheinland-Pfalz 1956. Nr. 1 = Gehlen, *Studien zur Anthropologie und Soziologie*, 2. Aufl., Neuwied – Berlin 1971, S. 247 ff.

3 Alexis de Tocqueville, *Über die Demokratie in Amerika*, Bd. 1. »Schlußbetrachtung«, S. 478 f. und Bd. 2. Teil 4. Kap. 6, Ausgabe J. P. Mayer, Th. Eschenburg, Hans Zbinden, Stuttgart 1960/62; Donoso Cortes, »Rede über die allgemeine Lage Europas, gehalten in den spanischen Cortes am 30. 1. 1850«, in: Donoso Cortes, *Der Abfall vom Abendland*, Wien (Herder) 1948. Über die politischen Prognosen Max

günstigen Moment ›gelingt‹, sei es aus einer mehr zufälligen Erkenntnis des Augenblicks, aus einer besonderen Intuition für die Tiefendimension des geschichtlichen Geschehens, aus der unmittelbaren Nähe zu einer spannungserfüllten geschichtlichen Situation.

Die Prognose L. v. Steins ist demgegenüber eine *systematische*, aus Gründen entwickelte Prognose. Sie ist das Ergebnis der theoretisch erfaßten geschichtlichen Bewegung von Staat und Gesellschaft, die sich in Frankreich von 1789 bis 1848 vollzogen hat und in ihrem strukturellen Kern paradigmatisch für das moderne Europa überhaupt geworden ist. Mit stolzem Bewußtsein erlebte der 32jährige Stein den Aufbruch der bürgerlichen Revolution als die »Morgenstunde der Weltgeschichte«, die nicht verloren werden dürfe.[4] Er begriff die Mächtigkeit der sozialen Bewegung, die, aus der neuen Gesellschaft hervorgehend, sich gegen die übernommenen Ordnungen formierte, und sah mit dem ihm eigenen Tiefblick den unlösbaren Zusammenhang zwischen den sozialen Ideen, die die Zeit erfüllten, und der realen geschichtlichen Bewegung, in der er selbst stand.[5] Aus der ideengeschichtlichen Behandlung des Sozialismus und Kommunismus in Frankreich, mit der der damals 27jährige junge Gelehrte 1842 an die Öffentlichkeit getreten war, wurde so in der dritten Bearbeitung unter dem Eindruck der Revolution die *Geschichte der sozialen Bewegung.*[6] Sie war der große und im 19. Jahrhundert wohl letzte Versuch, in der Nachfolge Hegels die Gesamtwirklichkeit des geschichtlichen Geschehens als Einheit zu begreifen, »Ideelles« und »Materielles« nicht zu isolieren und gegeneinanderzustellen, sondern die Ideen

Webers vgl. die Hinweise unter dem Stichwort »Voraussagen« im Register der 2. Aufl. der *Gesammelten Politischen Schriften*, hg. von Joh. Winkelmann, Tübingen 1960.

4 *Soz. Bew.*, Bd. I, Vorwort S. VIII (7) (Anm. 1).

5 Über die Beteiligung v. Steins an der revolutionären Bewegung des Jahres 1848 vgl. Werner Schmidt, *Lorenz von Stein*, Eckernförde 1956, S. 49-58 und die im Anhang daselbst publizierten Briefe Steins. Bei der Kandidatur zur deutschen Nationalversammlung unterlag Stein gegen den Historiker Georg Waitz in Kiel.

6 Der Wandel in der Auffassung Steins über das Verhältnis von Idee und Wirklichkeit, wie er durch die Revolution des Jahres 1848 hervorgerufen wurde, ist anschaulich dargelegt bei Felix Gilbert, »Lorenz von Stein und die Revolution von 1848«, in: *MIÖG* 50 (1936) S. 375-379.

eingebettet in das reale Geschehen und als dessen bewegende Kraft, dieses als durch die Impulse der Ideen in den handelnden Menschen bestimmt und geformt zu begreifen und so in das Zentrum geschichtlicher Bewegung vorzudringen.[7] L. v. Stein kritisierte die bisherige Geschichtsschreibung, die nur nach der Beschreibung der Geschichte, nicht aber nach dem Verständnis und der Verfolgung der bewegenden Elemente strebe[8]; was er sich demgegenüber zur Aufgabe setzte und durchführte, war die »begrifflich entwickelnde Erfassung des geschichtlichen Lebens«, um die Kennzeichnung Carl Schmitts zu gebrauchen.[9]
Die geistige Verarbeitung des revolutionären Geschehens mit den Begriffen, die das Hegelsche Denken zur Erfassung der Wirklichkeit bereitstellte, hatte L. v. Stein den Blick auf die unterhalb der äußeren Ereignisse wirksamen bewegenden Elemente freigelegt. Er fand das Bestimmende der geschichtlichen Bewegung dabei nicht, wie es den meisten der Zeitgenossen scheinen mochte, im Nationalen, im Werden und Zusichselbstkommen der Völker und Nationalitäten, auch nicht in der Ausbildung staatlicher Individualitäten oder dem Kampf zwischen Monarchie und Volkssouveränität, sondern in der *Gesellschaft*, ihrer Ordnung, ihren

7 Vgl. das Vorwort zur *Geschichte der sozialen Bewegung*, Bd. 1; auch Werner Schmidt (Anm. 5), S. 85. Diese Zielsetzung des Werkes folgte aus der an Hegel orientierten, aber über ihn hinaus fortentwickelten methodischen Grundauffassung v. Steins, die ihn sowohl vom frühen und späten (transzendentalen) Idealismus wie vom Materialismus und Positivismus unterscheidet. Bemerkungen zur theoretischen Grundlegung dieser Auffassung, die Stein in der *Geschichte der sozialen Bewegung* nicht expliziert hat, finden sich in seinem *System der Staatswissenschaft*, Bd. II, *Die Gesellschaftslehre*, Stuttgart 1856, S. 99 ff. (»Das Wesen der Arbeit«). Die spätere Zeit hat diese Grundauffassung Steins kaum noch zu verstehen vermocht, darin vielmehr methodische Unklarheit, ein Nebeneinander verschiedener Betrachtungsweisen, das Noch-Verhaftet-Sein an die idealistische Herkunft oder auch den zeitweise beherrschenden Einfluß des westlichen Positivismus gesehen. Vgl. etwa auch aus der jüngeren Literatur Heinz Nitzschke, *Die Geschichtsphilosophie Lorenz von Steins*, München und Berlin 1932. S. 125-130; Felix Gilbert (Anm. 6), S. 381; Carlo Schmid, »Lorenz von Stein«, in: *Die großen Deutschen*, Erg. Bd. 5. Berlin 1957, S. 318.

8 *Soz. Bew.*, Bd. I, S. XXXII (33).

9 Carl Schmitt, Nachwort, in: *Lorenz von Stein. Zur preußischen Verfassungsfrage* (1852; Neudruck Berlin 1941), S. 67.

bewegenden Kräften und Gegensätzen. »Das nun ist der eigentliche Charakter, die geistige Stufe unserer Zeit, daß sie zum Bewußtsein des Daseins einer gesellschaftlichen Ordnung gekommen ist und die Herrschaft dieser Ordnung über Staat und Recht zu begreifen anfängt.«[10]

Für ein solches, das das Bestimmende der geschichtlichen Bewegung in die Gesellschaft verlegte und sich dem fortschreitenden Trennungsdenken in der Wissenschaft versagte, konnte das voranschreitende Jahrhundert keine geschichtliche Wirkung bereithalten. Über den revolutionären Aufbruch des Jahres 1848 legte sich schnell der Schleier des geschichtlichen Alltags. Die drängendste Aufgabe, vor die sich die Zeit, zumal in Deutschland, gestellt sah, war die Erlangung der nationalen Einheit und die Aufrichtung des nationalen Staates. Das Werden der Völker und Nationalitäten stand als das geschichtliche Bewegungsprinzip im Vordergrund. Steins Werk mußte so dem deutschen Publikum »größtenteils wie ein Märchen aus weiter Ferne« erscheinen.[11] Die Staats- und Geschichtswissenschaft konzentrierte sich allein auf die ›positiven‹ Tatsachen und wies alle ›spekulativen‹ Ideen von sich. So sprach schon 1866 Gustav Schmoller von L. v. Stein als dem »vielleicht letzten Ausläufer der spekulativen Philosophie im Gebiet der Staatswissenschaft« und vermerkte in seinem Werk »die trunkene Sicherheit des spekulativen Standpunkts«.[12] Steins Bedeutung und Gelehrtentum gründeten sich je länger je mehr auf seine Arbeiten zur Verwaltungslehre, zur Finanzwissenschaft und Nationalökonomie, welchen Fächern er sich nach seiner Berufung nach Wien vornehmlich zugewandt hatte.[13] Als analyti-

10 *Soz. Bew.*, Bd. I. »Vorwort«, S. III (3), (Anm. I).

11 Wilhelm Gottfried Roscher, *Geschichte der Nationalökonomie in Deutschland* (1874) S. 1039, angef. bei G. Salomon, Einleitung zu: Lorenz von Stein, *Geschichte der sozialen Bewegung*, Bd. 1, München 1921, S. XI.

12 Gustav Schmoller, *Zur Literaturgeschichte der Staats- und Sozialwissenschaften*, Leipzig 1888, S. 115.

13 Vgl. etwa den Artikel von Karl Theodor von Inama-Sternegg, »Lorenz von Stein«, in: *ADB*, Bd. 35; die Würdigung im *Wörterbuch der Volkswirtschaft*, hg. von Elster, Bd. 2 (1898) und im *Staatslexikon*, hg. von der Görres-Gesellschaft, 5. Aufl., Bd. 5 (W. Schwer). Anton Menger als Sozialist erkannte und würdigte in seinem Nachruf (*Jahrbücher für Nationalökonomie und Statistik*, 3. Folge, Bd. 1 [1891] S. 163 f.)

scher Historiker blieb er so gut wie unbekannt.[14] Die neue Anerkennung, die ihm in den zwanziger Jahren von der Soziologie her zuteil wurde, verstand ihn vornehmlich als Wegbereiter und Gründer der Soziologie[15], als den Theoretiker des Gesellschaftsbegriffs[16], mit dem die Sozialtheorie in Deutschland begonnen habe.[17]

Heute läßt indessen unsere geschichtliche Situation uns L. v. Steins Analyse der geschichtlichen Bewegung in ihrer bleibenden Bedeutung erkennen. Noch im Jahre 1932 konnte mit gutem Grund gesagt werden, nicht mehr die Gesellschaft sei das maßgebliche Subjekt der geschichtlichen Bewegung, vielmehr

hingegen auch die Frühwerke Steins zum Sozialismus und zur sozialen Bewegung.

14 In der Geschichte der neueren Historiographie von Eduard Fueter (1911) kommt Steins Name nicht vor, wiewohl das Werk einen eigenen Abschnitt über »Die Umwandlung der Verfassungsgeschichte in Frankreich unter dem Einfluß der sozialen Bewegung« enthält. Moritz Ritter, *Die Entwicklung der Geschichtswissenschaft an den führenden Werken betrachtet*, München/Berlin 1919, widmet Stein zwar ein eigenes Kapitel, ohne daß aber die eigentliche Bedeutung des Steinschen Werkes sichtbar wird; durch die »eigenartige Auffassung der den Gang der Staatsgeschichte beherrschenden Kräfte« habe die *Geschichte der sozialen Bewegung* die fruchtbarsten Anregungen enthalten (S. 349/50). Heinrich Ritter von Srbik, *Geist und Geschichte vom deutschen Humanismus bis zur Gegenwart*, Bd. I, II, München 1950/51, spricht mit großem Respekt, aber doch in bezeichnender Einschränkung von Steins Werk als »der ersten wissenschaftlichen deutschen Gesellschaftsgeschichte« (Bd. I, S. 381) und kennzeichnet ihn als den »Vorläufer der ökonomisch-sozialen Geschichtslehre«, den eine »großartige Einheitlichkeit«, aber doch auch Einseitigkeit im Erblikken des geschichtlichen Prozesses auszeichnet (Bd. II, S. 183). Eingehend herangezogen und in seinen Einsichten fruchtbar gemacht ist das Werk L. v. Steins hingegen bei Franz Schnabel, *Deutsche Geschichte im 19. Jahrhundert*, Bd. I, Freiburg 1929 (^{4}1959) in dem Abschnitt: »Die französische Revolution und ihre historische Bedeutung«.

15 Vgl. Hans Freyer, *Einleitung in die Soziologie*, Leipzig 1931, S. 69 ff.

16 Paul Vogel, *Hegels Gesellschaftsbegriff und seine geschichtliche Fortbildung durch Lorenz von Stein, Marx, Engels und Lasalle*, Berlin 1925.

17 Vgl. Salomon (Anm. 11), S. XIII. Ähnlich Herbert Marcuse, *Reason and Revolution*, (1932), deutsch: *Vernunft und Revolution*, Neuwied 1962, S. 327/28.

habe sich die Nation als die »stärkste und unmittelbare Lebenseinheit in Europa« durchgesetzt und auch die industrielle Gesellschaft in sich eingebunden.[18] Das Nationale und Volkhafte war gegen die Gesellschaft angetreten, schien sie in Dienst zu nehmen und zu überformen. Heute ist das Nationale in Europa vom Schauplatz der Geschichte abgetreten; die Gesellschaft aber hat sich nicht nur behauptet, sondern erweist sich zunehmend als das eigentliche geschichtliche Kontinuum, das alle außergesellschaftlichen Gestaltungskräfte aufzehrt und partikularisiert. Die Einigung des westlichen Europa, deren Zeitgenossen wir sind, vollzieht sich nicht mehr als Bund der Völker und Nationalitäten, sondern als die Konstituierung einer europäischen Erwerbs- und Industriegesellschaft, die das Metaökonomische und -gesellschaftliche außer sich setzt und in den Bereich vielleicht zu konservierender Substrukturen verweist.

L. v. Stein hat diese Wirklichkeit des modernen Europa, wie sie sich Stück um Stück, vielfach unterbrochen und Gegenbewegungen ausgesetzt, aber schließlich doch in erstaunlicher Kontinuität herausgebildet hat, vorausgreifend erfaßt. Am paradigmatischen Beispiel der Entwicklung Frankreichs zeigt er das innere Baugesetz und die daraus hervorgehenden Bewegungslinien, welche für eine politisch-soziale Wirklichkeit, die sich auf den Prinzipien von 1789 erbaut, bestimmend sind.[19] Was die Forschungen Otto Brunners für das Mittelalter und die Welt Alteuropas uns erschlossen haben: die Verfassung als die politisch-soziale Bauform der Zeit[20], sucht L. v. Stein am Beispiel Frankreichs für die mo-

18 Gunter Ipsen, »Soziologie des deutschen Volkstums«, in: *Archiv für angewandte Soziologie*, Jahrgang 4 (1932), S. 148 ff.

19 Zu dieser Zielsetzung vgl. *Soz. Bew.*, Bd. I, »Einleitung«, S. CXXXVIII f. (146 f.). Die Geschichte Frankreichs von 1789 an ist für Stein zugleich »die reinste, von keinen anderen Einflüssen gestörte Erscheinung der Gesetze, welche die Bewegungen des politischen und gesellschaftlichen Lebens beherrschen« (ebd.).

20 Otto Brunner, »Moderner Verfassungsbegriff und mittelalterliche Verfassungsgeschichte«, zuerst in: *MIÖG* 53 (1939), jetzt in: *Herrschaft und Staat im Mittelalter*, Darmstadt 1956; ferner ders., *Land und Herrschaft*, Baden bei Wien 1939 (4. Aufl. 1959); ders., »Das ›ganze Haus‹ und die alteuropäische ›Ökonomik‹«, zuerst in: *Jahrbücher für Nationalökonomie und Statistik* (1951), jetzt in: Otto Brunner, *Neue Wege der Sozialgeschichte*, Göttingen 1956.

derne Welt darzulegen. Diese verfassungsgeschichtliche Seite von Steins wissenschaftlichem Werk soll uns im folgenden beschäftigen.[21]

21 Sie wird bei Stein selbst dadurch in etwa verdeckt, daß er, aus den Fragestellungen seiner Zeit heraus, seine verfassungsgeschichtlichen Erkenntnisse zugleich als allgemein-theoretische versteht. In den Bewegungslinien von Staat und Gesellschaft seit der Französischen Revolution glaubte er zugleich die Gesetze *der* Bewegung von Staat und Gesellschaft zu erkennen; er konstruiert infolgedessen auf der Grundlage des konkret erfaßten Bauprinzips von Gesellschaft und Staat und ihrer Bewegung seit der Französischen Revolution eine allgemeine, übergeschichtliche Naturtheorie von Gesellschaft und Staat und ihrer Bewegung, indem er die an einer bestimmten geschichtlichen Situation gewonnenen Begriffe zu allgemeinen Kategorien soziologischer Erkenntnis verallgemeinert, vgl. insbesondere die »Einleitung« zur *Geschichte der sozialen Bewegung*, Bd. 1 und auch das Spätwerk *Gegenwart und Zukunft der Rechts- und Staatswissenschaften Deutschlands*, Stuttgart 1876. Über den inneren Grund dieser Zeitgebundenheit und ihren geistesgeschichtlichen Zusammenhang Ernst-Wolfgang Böckenförde, *Die deutsche verfassungsgeschichtliche Forschung im 19. Jahrhundert*, Berlin 1961, S. 187ff. – Orientiert man sich vornehmlich an dieser Außenseite von Steins Werk, so mag allerdings der Eindruck entstehen, es handele sich bei ihm um eine »abstrakte Dialektik« von Staat und Gesellschaft (so Otto Heinrich v. d. Gablentz, »Staat und Gesellschaft«, in: PVS [1962] S. 6) oder um ein »System spekulativ gewonnener Naturgesetze«, wie Erich Angermann, »Zwei Typen des Ausgleichs gesellschaftlicher Interessen durch die Staatsgewalt«, in: *Staat und Gesellschaft im deutschen Vormärz*, hg. von Werner Conze, Stuttgart 1962, S. 190, behauptet. Gerade diese jüngste Studie über L. von Stein führt trotz ihrer Quellenkenntnis m. E. zu einem prinzipiellen Mißverstehen seiner Gedanken, weil sie Steins Werk einmal zu sehr als »System« und abstrakte Theorie anstatt als theoretisch erfaßte geschichtliche Bewegung versteht, daher dann die »Gesetze«, die Stein darlegt, nicht als Gesetze geschichtlicher Bewegung, sondern als (abstrakte) Naturgesetze begreift und so schließlich auch die Dialektik, die bei Stein weithin methodisches Mittel zur Erkenntnis einer realen geschichtlichen Bewegung ist, von vornherein als abstrakt-spekulative Konstruktion behandelt.

II.

Grundlage und Ausgangspunkt der Bewegung von Staat und Gesellschaft, wie sie die Geschichte Frankreichs und auch Europas seit 1789 bestimmt, sieht L. v. Stein in der »déclaration des droit de l'homme et du citoyen«, d.h. in den in ihr proklamierten Prinzipien. Sie ist das »erste Grundgesetz der neuen Gesellschaft«[22], führt sie als »staatsbürgerliche Gesellschaft«[23] herauf und begründet ihre Verfassung.

Dieser Vorgang macht sogleich die untrennbare Bezogenheit von Staat und Gesellschaft und ihre stete Einwirkung aufeinander wie auch ihr strukturelles Nebeneinander deutlich, die beide für die nun anhebende verfassungsgeschichtliche Entwicklung bestimmend sind. Was in der alten Ordnung an politisch-sozialem Emanzipations- und Gestaltungswillen lebendig war, formiert sich nicht von selbst zur neuen Ordnung der ›Gesellschaft‹, sondern erst dadurch, daß es durch bestimmte grundlegende staatliche Gesetze seine Verbindlichkeit und konkrete Gestalt erhält – auch die déclaration ist ein solches staatliches Gesetz; in ihnen hat die neue Gesellschaft ihre »Verfassung«. Sie geht aber darum nicht im Staat auf, sondern wird gerade in jenen Gesetzen als eigener, von Staat und staatlicher Gewalt strukturell getrennter Lebens- und Ordnungszusammenhang begründet. Aus ihrer eigenen Bewegung heraus sucht die Gesellschaft dann Staat und Staatsgewalt zu bestimmen.[24]

22 *Soz. Bew.*, Bd. 1, S. 59 (209).

23 Der Begriff »staatsbürgerliche Gesellschaft« wird bei Stein in verschiedener Bedeutung gebraucht, einmal zur Bezeichnung der modernen, auf persönlicher Rechtsgleichheit und individueller Freiheit beruhenden Gesellschaft im allgemeinen – so besonders in dem Spätwerk *Gegenwart und Zukunft der Rechts- und Staatswissenschaften Deutschlands* –, zum andern als eine spezifische Form dieser modernen Gesellschaft, in der auf der Basis der allgemeinen Rechtsgleichheit das politische Recht an den erworbenen Besitz gebunden ist, sog. Staatsbürgertum – so insbesondere *Soz. Bew.*, Bd. 1, S. 311 ff. (472 ff.). Hier und im folgenden wird der Begriff im ersten Sinn gebraucht, für die moderne Gesellschaft im allgemeinen.

24 Die Unterscheidung von Staat und Gesellschaft als eine in der sozialen Wirklichkeit des modernen kontinentalen Europa gegebene und begründete wird in jüngster Zeit vor allem im Kreis der Politikwissenschaftler (O. H. v. d. Gablentz, W. Hennis, Hans Maier), aber auch

Ausgangs- und Zielpunkt der neuen Ordnung ist die Entwicklung der rechtlich freien und gleichen einzelnen Persönlichkeit, des Individuums.[25] Die Persönlichkeit wird »die wirkende Kraft für das gesamte persönliche Leben in Wirtschaft, Gesellschaft und Staat; sie erzeugt den Organismus desselben und ist daher jetzt die rechtsbildende Kraft der Menschheit«.[26] Das ist das *Prinzip* der déclaration. Sie wendet sich negativ gegen die Ordnung der Privilegien und Abhängigkeiten, der konkreten Herrschaftsbeziehungen und korporativen Gebundenheiten, die für das ancien régime bestimmend waren. An deren Stelle setzt sie die Ordnung der individuellen Freiheit und rechtlichen Gleichheit: »Les hommes naissent et demeurent libres et égaux en droits« (Art. 1). Jeder ist Rechtssubjekt und hat die gleichen natürlichen und unentziehbaren Rechte: liberté, proprieté, sûreté, résistance à l'opression (Art. 2). Die Freiheit ist allgemein und emanzipativ, ihre Grenzen sind diejenigen, die das Gesetz festlegt, um anderen Mitgliedern der Gesellschaft den gleichen Genuß ihrer Rechte zu ermöglichen (Art. 4). Die Aufgabe des Staates ist es, diese natürlichen Rechte des Individuums zu schützen (Art. 2); alle seine öffentliche Gewalt ruht »essentiellement« bei der Nation (Art. 3).

von Juristen bestritten, vgl. neuestens etwa Horst Ehmke, »Staat und Gesellschaft als verfassungstheoretisches Problem«, in: *FS Rudolf Smend*, Tübingen 1962. Die dafür vorgetragenen Gründe sind jedoch weder überzeugend noch aus der Ordnung der sozialen Wirklichkeit, um deren sachgerechte Erkenntnis es doch geht, hergenommen. Solange auf der einen Seite alle hoheitliche Herrschafts- und politische Entscheidungsgewalt bei einer Organisation konzentriert bzw. von ihr delegiert ist, auf der anderen Seite das Zusammenleben der einzelnen auf der Grundlage von Freiheit und Gleichheit als ein in sich nicht-politisches geordnet ist, ist immer die Struktur von Staat und Gesellschaft als zwei nebeneinanderstehenden Ordnungszusammenhängen real vorhanden, mögen so viele Wechselwirkungen zwischen beiden bestehen wie immer. Wenn Ehmke S. 24 f. behauptet, die Trennung von Staat und Gesellschaft bestehe darin, daß mit beiden Begriffen »menschliche *Verbände*« bezeichnet würden, es sich aber praktisch um ein und denselben Verband handele, so hat er sich freilich eine Konstruktion von »Staat« und »Gesellschaft« geschaffen, gegen die sich trefflich polemisieren läßt.

25 Vgl. *Soz. Bew.*, Bd. 1, S. 63 (213); *Gegenwart und Zukunft* (Anm. 21), S. 213.

26 Ebd., S. 213.

Diese Grundsätze sind, wie L. v. Stein sagt, nicht so sehr und nicht einmal zunächst politische, sondern *gesellschaftliche* Grundsätze, die eine »soziale Umgestaltung« des ganzen Volkes zum Inhalt haben.[27] Dieser Charakter wird deutlich, wenn man sie der alten Ordnung und ihrem Bauprinzip gegenüberstellt. Wir vermögen heute die innere Struktur dieser vorrevolutionären Ordnung dank der Forschungen Otto Brunners[28] klarer zu erfassen und aus sich selbst, unabhängig von den Begriffen »Staat« und »Gesellschaft«, zu begreifen. Das für sie Charakteristische war – um sie hier typologisch vereinfachend zu kennzeichnen – das Bestehen unentzweiter herrschaftlicher und korporativer Lebensordnungen, in die der einzelne – meist statusmäßig – eingebunden war. In ihnen fand er seine Arbeits- und Lebenswelt, seine Bindungen, aber auch sein Recht und seine Sicherheit. Freiheit und Abhängigkeit bestanden nicht abstrakt *vor* dem Recht und als seine Grundlage, sondern als konkrete Freiheiten und Gebundenheiten *im* Recht, innerhalb der herrschaftlichen oder genossenschaftlichen Ordnungen. Diese »altständische Gesellschaft« war in sich herrschaftlich-politisch durchformt, sie baute sich nicht nach getrennten Bereichen öffentlicher und privater Ordnung auf, sondern als ein Gefüge von Herrschaftssphären und Freiheits-(Abhängigkeits-)Räumen, die untereinander mannigfach verbunden waren, in rechtlicher Beziehung und politischer Auseinandersetzung standen. Das Privileg war hier zunächst nicht Vorrecht, sondern einfach Ordnungsmittel einer übergreifenden (landesherrlichen oder königlichen) Herrschaftsgewalt; es grenzte einen Bereich konkreter (Herrschafts- oder Gewerbe-)Freiheit ab und band ihn an die Anerkennung bzw. Verleihung durch die übergeordnete Gewalt. Die allgemeine (bürgerliche) Gleichheit, gegenüber der das Privileg sich später als Vorrecht ausnehmen mußte, war noch nicht vorhanden. Erst in der Auflösungsphase dieser altständischen Gesellschaft, die das 19. Jahr-

27 *Soz. Bew.*, Bd. 1, S. 63 (213/14).

28 Vor allem: »Das ›ganze Haus‹ und die alteuropäische ›Ökonomik‹« (Anm. 20); »Die Freiheitsrechte in der altständischen Gesellschaft«, in: *Aus Verfassungs- und Landesgeschichte. FS Theodor Mayer*, Bd. 1, Konstanz – Lindau 1954, S. 291 ff.; *Land und Herrschaft* Wien [4]1959. Teil IV (»Haus und Herrschaft«) und V (»Landesherrschaft und Landesgemeinde«); »Das Problem einer europäischen Sozialgeschichte«, in: Brunner, *Neue Wege der Sozialgeschichte*, S. 7 ff.

hundert bei seiner Polemik gegen die »Privilegienordnung« freilich immer vor Augen hatte, als das zentralisierende Königtum alle hoheitliche Herrschafts- und politische Entscheidungsgewalt zunehmend bei sich monopolisierte, die Ordnungen der Gesellschaft aber ihrer herrschaftlich-politischen Funktion entkleidete und in den Bereich des Privaten abdrängte und so die unpolitische »bürgerliche« Gesellschaft heraufführte, wurde das Privileg zum anstößigen Vorrecht und wurden die alten Ordnungen zu »ständischen« Privatrechten als Grundlage privater Herrschaft und Abhängigkeit.[29]

Der grundlegende Wandel, der sich so im Übergang von der altständischen zur staatsbürgerlichen Ordnung vollzog, ist von niemand so klar und scharf gesehen und analysiert worden wie von dem jungen Marx in seinen Schriften gegen Bruno Bauer.[30] »Die alte bürgerliche Gesellschaft«, so sagt Marx, »hatte unmittelbar politischen Charakter.« Die Elemente des bürgerlichen Lebens, wie Besitz, Familie, Art und Weise der Arbeit, waren in ihr zu »Elementen des Staatslebens« erhoben (als Grundherrlichkeit, Stand und Korporation). Sie waren nicht nur soziale Elemente, sondern konstituierten eigene Ordnungen (»besondere Gesellschaften«) in der Gesellschaft und bestimmten so das Verhältnis des einzelnen zum Staatsganzen als das Verhältnis der Trennung und Ausschließung von den anderen Ordnungen der Gesellschaft. Das Privileg als das kennzeichnende Rechtsmerkmal dieser Gesellschaft schloß so zwar von der allgemeinen Gesamtheit ab, zugleich aber zu einer kleineren Gemeinschaft zusammen; die natürlichen Lebenselemente waren in ihm politisch gebunden, und es hatte gliedernde Funktion.[31]

Die politische Revolution hob diesen politischen Charakter der

29 Vgl. zu diesem Übergang Otto Brunner, *Die Freiheitsrechte in der altständischen Gesellschaft*, insbesondere S. 299 ff.; ders., *»Feudalismus«. Ein Beitrag zur Begriffsgeschichte*, Wiesbaden 1959; ferner Böckenförde (Anm. 21), S. 33/34.

30 Vor allem die erste Schrift: *Zur Judenfrage*, erschienen in den deutsch-französischen Jahrbüchern 1843/44. Hier zitiert nach *Marx-Engels-Gesamtausgabe* (*MEGA*), Bd. 1, 1, Frankfurt 1927; ferner Karl Marx und Friedrich Engels, *Die heilige Familie oder Kritik der kritischen Kritik. Gegen Bruno Bauer und Konsorten*, Frankfurt 1845 (Neudruck Berlin-Ost 1953).

31 *Zur Judenfrage* 1 (Anm. 30), S. 596 f.; Heilige Familie S. 180-183.

Gesellschaft auf. »Sie zerschlug die bürgerliche Gesellschaft in ihre einfachen Bestandteile, einerseits die Individuen, anderseits die materiellen und geistigen Elemente, welche den Lebensinhalt, die bürgerliche Situation dieser Individuen bilden.«[32] Auf der einen Seite wurde der politische Geist aus der Zerstreuung in die »Sackgassen der feudalen Gesellschaft« und von der Vermischung mit dem bürgerlichen Leben befreit und als die Sphäre des Allgemeinen, als der eigentlich politische Staat konstituiert, auf der andern Seite wurde die feudale Gesellschaft in ihren letzten Grund, den naturhaften, egoistischen Menschen aufgelöst. Als *dieser* Mensch, als von den anderen isoliertes, auf sich, sein Privatinteresse und seine Privatwillkür zurückgezogenes und vom Gemeinwesen abgesondertes Individuum, wird der Mensch in den Menschenrechten anerkannt und zur Basis des politischen Gemeinwesens gemacht. Denn die proklamierte allgemeine Freiheit, das Menschenrecht der Freiheit, basiert »nicht auf der Verbindung des Menschen mit dem Menschen, sondern auf der Absonderung des Menschen von dem Menschen. Es ist das Recht dieser Absonderung, das Recht des beschränkten, auf sich beschränkten Individuums.«[33] So ist für Marx die *Umkehrung* im Verhältnis der politischen zur gesellschaftlichen Sphäre das Entscheidende, wodurch sich die staatsbürgerliche Ordnung, welche die déclaration grundlegt, kennzeichnet: Nicht der (politische) Staat ist Voraussetzung der (bürgerlichen) Gesellschaft, entläßt sie aus sich und bindet sie an sich zurück, sondern die (bürgerliche) Gesellschaft ist Voraussetzung des politischen Staats, erbaut ihn allererst auf und über sich. Das politische Gemeinwesen wird, wie es im Art. 2 der déclaration ausgesprochen ist, als Mittel zur Erhaltung und Sicherung der Menschenrechte konstituiert, was nach Marx bedeutet, daß »die Sphäre, in welcher der Mensch sich als Gemeinwesen verhält, unter die Sphäre, in welcher er sich als Teilwesen verhält, degradiert, endlich nicht der Mensch als citoyen, sondern der Mensch als bourgeois für den eigentlichen und wahren Menschen genommen wird«.[34]

In dieser Darlegung des Entwicklungsganges zur staatsbürgerlichen Ordnung und Gesellschaft ist auch schon deren positives

32 *Zur Judenfrage* I, S. 597.
33 Ebd., S. 594.
34 Ebd., S. 595.

Bau- und Bewegungsprinzip umrissen. Marx beschreibt und analysiert diese Entwicklung unter negativem Wertakzent, weil er die in der Emanzipationsbewegung zutage getretene Entzweiung bekämpft und die verlorene Identität von homme und citoyen im »neuen Menschen« der klassenlosen Gesellschaft wieder einholen will – der Ausbruch aus der Geschichte in die Utopie, der in der Praxis totalitäre Herrschaft und Terror zur notwendigen Folge haben muß.[35] Das sei hier nur angedeutet. In diesem Zusammenhang geht es allein um die begrifflich erfaßte Struktur der Emanzipationsbewegung selbst und ihren Übergang zur staatsbürgerlichen Ordnung.

Indem die Französische Revolution in der déclaration als Prinzip der gesellschaftlichen und staatlichen Ordnung die einzelne, freie, sich selbst bestimmende Persönlichkeit setzt, begründet sie nicht nur eine neue, d. h. die staatsbürgerliche Gesellschaft, sondern verleiht auch dem historischen Staat einen neuen Charakter und Inhalt. Denn der Staat wird, wenn der Ausgangspunkt der sozialen Ordnung in den Menschenrechten des Individuums liegt, selbst ein »corps social«; sein Um-willen liegt nicht in ihm selbst, nicht in seiner geschichtlichen Herkunft oder göttlichen Stiftung, sondern, wie in der Gesellschaft, in der freien, selbstbestimmten Einzelpersönlichkeit. Sein Prinzip ist die »Erhebung aller *einzelnen* zur vollsten Freiheit, zur vollsten persönlichen Entwick-

35 Dieser Ausbruch in die Utopie einer neuen Identität ist schon in der ersten Schrift *Zur Judenfrage* grundgelegt, vgl. S. 197: »Erst wenn der wirkliche individuelle Mensch den abstrakten Staatsbürger in sich zurücknimmt und als individueller Mensch in seinem empirischen Leben, in seiner individuellen Arbeit, in seinen individuellen Verhältnissen Gattungswesen geworden ist, erst wenn der Mensch seine ›forces propres‹ als gesellschaftliche Kräfte erkannt und organisiert hat und daher die gesellschaftliche Kraft nicht mehr in der Gestalt der politischen Kraft von sich trennt, erst dann ist die menschliche Emanzipation vollbracht.« Der These von Ernst Rudolf Huber, *Deutsche Verfassungsgeschichte seit 1789*, Bd. II, Stuttgart 1960, S. 425/26, daß Marx in der Judenschrift noch auf dem Boden des bürgerlichen Verfassungsstaates geblieben sei, vermag ich mich daher nicht anzuschließen. Über die insoweit bestehende Verbindung zwischen Marx und Rousseau vgl. Hans Barth, »Über die Idee der Selbstentfremdung bei Rousseau«, in: *Zeitschrift für philosophische Forschung* 13 (1959), S. 16 ff. und Jochen Hoock, »Über den Ausgangspunkt der politischen Philosophie Rousseaus«, in: *Der Staat* 1 (1962), S. 487 ff.

lung«. Das Maß der Entwicklung aller einzelnen ist das Maß seiner eigenen Entwicklung.[36] Wenn L. v. Stein dies stets betont, formuliert er nicht irgendeinen »idealistischen« Staatsbegriff, den er dem »Materialismus« der Gesellschaft gegenüberstellt[37], sondern den Staatsbegriff, der in der déclaration selbst gesetzt ist. »Le but de toute association politique est la conservation des droits naturels et imprescriptibles de l'homme« (Art. 2). Der Staat wird Staat der staatsbürgerlichen Gesellschaft, in der das Individuum Subjekt des Soziallebens ist und die ihm als seine Basis vorausgeht. Das bedeutet zugleich, daß in der Bewegung zwischen Staat und Gesellschaft – prinzipiell und strukturell gesehen – nunmehr die Gesellschaftsordnung die Staatsverfassung, nicht die Staatsverfassung die Gesellschaftsordnung bestimmt. Die staatliche Verfassung ist, auf dem Boden der staatsbürgerlichen Ordnung, Konsequenz, nicht Bedingung der Gesellschaftsordnung.[38] Für Lorenz v. Stein ist dies ein allgemeines Gesetz des Verhältnisses von Staat und Gesellschaft, das freilich wie alle seine derartigen ›Gesetze‹ der Wirklichkeit der staatsbürgerlichen Ordnung abgewonnen ist.

Die Verfassung der *Gesellschaft* ist demgemäß auf dem Boden der déclaration die Basis der Bewegung von Gesellschaft und Staat. Ihre Grundprinzipien sind die Rechtsgleichheit und die emanzipative Freiheit des einzelnen. Das bedeutet, wie wir schon sahen, negativ den Abbau der Privilegien, aller Vorrechte und Statusbindungen, positiv die Freisetzung in den Erwerb und die individuelle Selbstentfaltung. Diese »Verfassung« verwirklicht sich zunächst in einer bestimmten Gestaltung nicht so sehr der politischen als vielmehr der *allgemeinen* Rechtsordnung. Diese wird »bürgerliche« Rechtsordnung und stellt den staatsbürgerlichen Rechtszustand der Rechtsgleichheit und individuellen Freiheit im einzelnen her. Die Gleichheit der politischen Berechtigung ist dann eine Konsequenz dieses staatsbürgerlichen Rechtszustan-

36 *Soz. Bew.*, Bd. I, S. XXXIII, XLIII (35, 45).

37 Diese weitverbreitete Ansicht geht wohl auf Treitschkes Polemik gegen Lorenz von Stein zurück, vgl. Heinrich von Treitschke, *Die Gesellschaftswissenschaft*, (1859) Neudruck Halle 1927, S. 63. In neuerer Zeit kehrt sie wieder bei Carlo Schmid (Anm. 7), S. 328/29 und Erich Angermann (Anm. 21), S. 190.

38 Vgl. *Soz. Bew.*, Bd. I. Einleitung s. LXVI (68/69); es ist eine Grundthese v. Steins, die im Verlauf der Darlegung immer wiederkehrt.

des, nicht aber seine Voraussetzung und Bedingung. So kommt in Frankreich den Ausführungsgesetzen zur déclaration, den décrets der Jahre 1789 und 1790, für L. v. Stein eine verfassungsrechtliche Bedeutung zu. Ebenso auch dem Code civil, der das, was die décrets negativ durch den Abbau der feudalen Rechte bewirkten, positiv vollbringt: Das Prinzip der rechtlich freien, gleichen, kapitalbildenden Persönlichkeit wird zum Prinzip des ganzen privaten Rechts.[39]

III.

Welche Ordnung und gesellschaftliche Bewegung geht aber nun aus dieser Grundlage hervor?

1. Das Ziel der Gesellschaft ist die Vollendung des einzelnen als freie, selbstbestimmte Persönlichkeit. Zu diesem Ziel schafft die staatsbürgerliche Ordnung die Bedingungen durch die Rechtsgleichheit, die alle Schranken, die der rechtlichen Freiheit und Selbstbestimmung des einzelnen entgegenstehen, niederlegt. Aber diese Rechtsgleichheit enthält in sich noch keine Ordnung, sondern nur einen Ausgangspunkt; sie wirkt als solche negativ, emanzipiert aus überkommenen Bindungen, setzt den einzelnen zu seiner natürlichen Ungleichheit und deren Entfaltung frei.[40] Damit entbindet sie zugleich das *Interesse* als die Triebfeder des individuellen und gesellschaftlichen Verhaltens.[41] In der alten Gesellschaft war das Interesse gebunden und kanalisiert. Sie beruhte mit allen ihren Institutionen und Ordnungen auf dem Unterschiede des Rechts. Der einzelne hatte seine konkrete »Freiheit« im Recht, in seinem besonderen, ihm Stand und Stellung sowohl zuweisenden wie begrenzenden Recht. Nur innerhalb dieser konkreten Freiheit hatte das Interesse seinen Raum. Die Rechtsgleichheit bringt demgegenüber die abstrakte, in sich unbegrenzte Freiheit, die nur an der Konkurrenz mit der gleichen Freiheit der

39 Für die décrets vgl. *Soz. Bew.*, Bd. I, S. 63 ff. (214 ff.); über den Code civil und seine Bedeutung als Verfassungsgesetz der neuen Gesellschaft ebd., S. 257 ff. (415 ff.).

40 Vgl. *Soz. Bew.*, Bd. I, S. 288 ff. (447 ff.), S. 124/25 (277/78); ferner Bd. III, S. 180 (168).

41 Über das Interesse, als Prinzip der Gesellschaft vgl. *SozBew.*, Bd. I, Einleitung S. XLI f. (42 f.)

anderen ihre Schranke findet. Jeder ist aufgefordert, sich selbst als Zweck zu setzen und die Arbeit anderer für seine Zwecke zu verwenden. Das Interesse, auf die eigene Besonderheit gerichtet, hat freien Lauf. Es wird bestimmende und bewegende Kraft für die Bewegung der Gesellschaft, ihr Prinzip.[42]

Da aber die Gesellschaft tätiges Leben ist, muß sie gleichwohl aus sich eine Ordnung bilden. Sie findet sie nicht mehr im Recht, sondern im *erworbenen Besitz*.[43] Er wird, im Zeichen der Rechtsgleichheit, notwendigerweise das eigentlich ordnende und positiv bildende Element der Gesellschaft. Solange die Gesellschaft im besonderen Recht (Privileg) ihre Ordnung fand, war er nur da als Befriedigung des Bedürfnisses; für die zu ihrer natürlichen Ungleichheit und Selbstentfaltung freigesetzte Persönlichkeit wird er hingegen das natürliche und primäre Mittel, um die eigene Geltung und Besonderheit zu entwickeln. Erwerb und Besitz werden zur natürlichen Bedingung für die Realisierung der Freiheit. Denn als die allgemeine Freiheit der Persönlichkeit ist der Begriff der Freiheit ein abstrakter, nur Chance und Möglichkeit. Um wirklich und konkret zu werden, bedarf die Freiheit der Grundlage in äußerer Unabhängigkeit. Diese findet das Individuum in der staatsbürgerlichen Gesellschaft nicht mehr durch sein (besonderes) Recht, sondern im (erworbenen) Besitz. Er gibt ihm die Möglichkeit persönlicher Bildung und gesellschaftlicher Geltung und bestimmt so das Maß realer Selbstbestimmung.[44]

Der freie, dem Erwerb unterstellte Besitz greift aus sich selbst

42 Ob das Interesse, wie es die moderne Gesellschaft entbunden hat, wirklich ein Archetyp menschlicher Bewußtseinsinhalte ist, wie Joseph H. Kaiser, *Die Repräsentation organisierter Interessen*, Berlin 1956, S. 9 wohl meint, oder nicht erst das Ergebnis einer geschichtlichen Emanzipationsbewegung, bedürfte noch einer näheren Prüfung.

43 Vgl. *Soz. Bew.*, Bd. I, S. 287ff. (446ff.).

44 Vgl. *Soz. Bew.*, Bd. I, S. 86/87 (238/39); Bd. III, S. 114 (104), 177 (166): »Die Freiheit ist erst eine wirkliche in dem, der die Bedingungen derselben, die materiellen und geistigen Güter, als die Voraussetzung der Selbstbestimmung, besitzt.« Es dürfte hiernach klar sein, daß die besondere Betonung der Funktion des Besitzes nichts mit sogenanntem »Materialismus« zu tun hat, sondern sich aus der Analyse der Bedingungen der neuen Lebensordnung der Gesellschaft ergibt. In ihr ist der Gegensatz von Besitz und Nichtbesitz zugleich »der Gegensatz alles desjenigen, was der Besitz hervorruft, und dessen, was ihn wiederum bedingt, mit allem, was des Besitzes entbehrt und aus Mangel

über die individuelle Sphäre hinaus. Er nimmt, als bewegendes und ordnendes Element der Gesellschaft, den Charakter der Allgemeinheit an, einer Allgemeinheit, die sich, um Hegels Bild zu gebrauchen, hinter dem Rücken der isolierenden Rechtsgleichheit als abstrakte, durch den Erwerb funktional vermittelte hervorbringt. Unternehmen, abhängige Arbeit, Organismus des wirtschaftlichen Verkehrs, Kapital bezeichnen die einzelnen, sich gegenseitig bedingenden Glieder dieser Allgemeinheit, durch welche Interesse und Besitz die Volkswirtschaft und ihre Ordnung als ein »System der Bedürfnisse« (Hegel) heraufführen und die verschiedenartigen »Klassen« des Unternehmers, Arbeiters und Kapitalisten entstehen lassen.[45] Diese Entwicklung ist für L. v. Stein eine notwendige: Jede Gesellschaft, die, wie die staatsbürgerliche, auf Rechtsgleichheit und individueller Freiheit beruht, muß aus sich die Gesellschaft des freien Erwerbs, die Ordnung der »volkswirtschaftlichen Gesellschaft« erzeugen.[46] Sie ist für L. v. Stein zugleich eine Stufe in der Entwicklung menschlicher Freiheit: sie bringt den »Gemeinreichtum« als Ausdruck der Herrschaft der Menschen über die äußere Natur hervor und schafft darin die Grundlage für die Erreichung ihrer inneren Bestimmung.[47] Allerdings trägt sie auch ihren Widerspruch in sich, indem sie die Abhängigkeit der Arbeit vom Unternehmen und die Beherrschung des Unternehmens durch das Kapital erzeugt und so aus sich selbst wiederum Abhängigkeit und Unfreiheit hervorbringt. Daraus geht ihre Bewegung hervor, sobald ihre Ordnung sich ausgebildet hat.

2. Wie ist nun das Verhältnis der sich in dieser Weise bildenden volkswirtschaftlichen Gesellschaft zur Staatsgewalt und staatlichen Verfassung?

Die volkswirtschaftliche Gesellschaft als die Gesellschaft des freien Erwerbs bedarf, insbesondere soweit sie sich erst bildet und formiert, aus ihren Funktionsbedingungen heraus einer von

an Besitz nicht zu seiner Geltung gelangen kann.« (*Soz. Bew.*, Bd. 1, S. 86 [238]).

45 Vgl. *Soz. Bew.*, Bd. 1, S. 288 ff. (447 ff.). Die Übereinstimmung mit Hegels Analyse der »Allgemeinheit« der bürgerlichen Gesellschaft als des »Systems der Bedürfnisse« ist offenkundig. Vgl. etwa Hegel, *Philosophie des Rechts* (Ausgabe Glockner) §§ 182 Zus., 187, 189.

46 Vgl. *Soz. Bew.*, Bd. 1, S. 292 (451).

47 Vgl. ebd., S. 306 f. (466 f.).

wirtschaftlichen Kräften und Sonderinteressen unabhängigen selbständigen Staatsgewalt.[48] Sie bedarf der Sicherheit des Rechts, des Erwerbs und des Besitzes, um sich entfalten zu können. Sie ist, indem sie sich entfaltet, eine Gesellschaft der konkurrierenden und widerstreitenden Interessen des Erwerbes: Jeder strebt für sich nach dem höchsten Erwerb. Sie bedarf so einer regulierenden und fördernden Instanz, die aber nicht selbst ein Erwerbs- oder Besitzinteresse vertritt: Die Förderung *aller* einzelnen ist – da eine Klassenstruktur sich noch nicht herausgebildet hat – die Förderung des Ganzen.

So ist das *erste* Verfassungsprinzip der volkswirtschaftlichen Gesellschaft die Forderung der Unabhängigkeit und Sicherheit der höchsten Staatsgewalt. Wird diese erreicht, so ist die Form der Staatsgewalt gleichgültig. Was die Gesellschaft von der Staatsgewalt verlangt, ist im Kern nicht politisch, sondern gesellschaftlich: Sicherheit von Freiheit und Eigentum.[49] »Die volkswirtschaftliche Gesellschaft ist weder legitimistisch noch dynastisch, weder monarchisch noch aristokratisch noch republikanisch; sie will nur in irgendeiner Form eine über dem einzelnen wie über den Sonderinteressen stehende Staatsgewalt.«[50] Sie nimmt daher, wo sie es findet, das Königtum gerne an, weil es am ehesten jene Unabhängigkeit und Sicherheit zu verbürgen scheint. Aber sie beugt sich auch vorübergehend einer Diktatur oder Despotie, wenn diese ihre eigene Ausbildung befördert (Napoleon).[51]

Zugleich verlangt sie jedoch, in dem Maße als sie zu ihrer eigenen Bewegung und Ordnung kommt, nach dem Prinzip der Freiheit auch in der Staats*verfassung*. Daraus ergibt sich das *zweite* Ver-

48 Zum folgenden vgl. ebd., Bd. 1, S. 308 ff. (468 ff.).

49 Dem entspricht die sog. »Freiheits- und Eigentumsklausel« der frühkonstitutionellen Verfassungen in Deutschland; sie bringt diese geistige und politische Situation des frühen Konstitutionalismus, in Deutschland auch des Spätkonstitutionalismus, der seinen Frieden mit der (preußischen) Monarchie gemacht hatte, treffend zum Ausdruck.

50 Vgl. ebd., Bd. 1, S. 320 (471).

51 L. v. Stein sieht gerade hierin den maßgebenden Grund für die innere Festigkeit der Herrschaft Napoleons, der die Gesellschaft vom politischen Recht ausschloß und unter eine Staatsordnung stellte, aber ihre Ausbildung und Formierung als volkswirtschaftliche Gesellschaft teils bewußt, teils indirekt durch seine imperiale und kriegerische Politik förderte, vgl. *Soz. Bew.*, Bd. 1, S. 248-268 (405-426), 278 ff. (435 ff.).

fassungsprinzip: organische Selbstbeherrschung des Volkes durch die Teilnahme am Staatswillen in der Volksvertretung.[52] Beide Prinzipien zusammen machen den Kern der »staatsbürgerlichen Verfassung« aus: einerseits Unverantwortlichkeit und Vetorecht des Staatsoberhaupts, anderseits Verantwortlichkeit der Minister, Herrschaft der volkswirtschaftlichen Gesellschaft in der Volksvertretung vermöge des Wahlzensus. Auch der Zensus entspringt nicht Willkür oder Überlegungen der Zweckmäßigkeit, er ist die Konsequenz der volkswirtschaftlichen Gesellschaft in der Verfassung: Da die volkswirtschaftliche Gesellschaft eine Gesellschaft des Erwerbes ist und der Besitz ihr ordnendes Element, erhält der Zensus die Identität der volkswirtschaftlichen Gesellschaft mit dem Staatswillen.[53] Die Gesellschaft selbst wird so in eine staatlich herrschende und staatlich beherrschte Klasse geschieden, was freilich solange noch keinen scharfen Gegensatz hervorbringt, als der Weg zum Besitz für die erwerbende Arbeit offen ist.[54]

Aus dieser Erkenntnis der Bauform der Gesellschaft und der Beziehungen von Gesellschaft und Staat, wie die staatsbürgerliche Ordnung sie aus sich hervorzubringen strebt, ergibt sich für L. v. Stein der Schlüssel zum Verständnis der inneren Verfassungsentwicklung Frankreichs zwischen 1789 und 1830. Es ist die Epoche des Gegensatzes zwischen der alten, feudalen, auf der Geburt und dem besonderen Recht beruhenden Gesellschaft und der neuen, freien, durch den Erwerb sich bildenden staatsbürgerlichen Gesellschaft, die mit dem endgültigen Sieg der letzteren endet.[55] Nicht nur Frankreich, auch das übrige Europa erhält für L. v. Stein in dieser Zeit durch diesen Gegensatz, das Neben- und Gegeneinander der beiden Gesellschaftsordnungen, sein Gepräge. Aber nirgends vollzieht sich die Entwicklung und Umwandlung mit solcher Vehemenz und Bestimmtheit, so geradlinig

52 Vgl. ebd., Bd. 1, S. 312 (462). »Volk« bedeutet allerdings für L. v. Stein nicht eine Größe gegenüber oder ›vor‹ der Gesellschaft, sondern es erscheint und handelt als Gesellschaft; vgl. unten Ziff. 5, S. 268 f. und Anm. 105.

53 Vgl. ebd., Bd. 1, S. 314-318 (475-479), S. 87-90 (238 ff.).

54 Vgl. ebd., S. 317 (478); hierfür gebraucht L. v. Stein den engeren Begriff der staatsbürgerlichen Gesellschaft und des Staatsbürgertums; vgl. o. Anm. 23.

55 Vgl. die Zusammenfassung am Schluß des 1. Bandes der *Soz. Bew.*, S. 340 f. (502 f.); danach auch das folgende.

und konsequent wie in Frankreich. Stück für Stück schiebt sich die neue Gesellschaft in das wirkliche Leben vor. Sie überwindet, in der déclaration und den ihr folgenden décrets, die feudalen Stände, die feudalen Rechte und die feudale Verteilung des Grundbesitzes; sie übersteht den Widerspruch des absoluten Gleichheitsprinzips in der Jakobinerherrschaft, wehrt den Angriff des feudalen Europa ab, meistert die Auflösung der Staatsgewalt im Innern; sie erträgt die Despotie Napoleons, weil diese ihre eigene Bildung und Ordnung befördert, sie zur Selbständigkeit heranreifen läßt; sie wendet sich von ihr ab, als diese Aufgabe erfüllt ist. Sie überwindet die letzten Versuche der feudalen Reaktion in der restaurierten Monarchie und stürzt das Königtum, das sich mit dieser Reaktion verbindet. In der Julimonarchie ist sie endgültig zur Herrschaft gelangt: die *politische* Revolution, die Erringung des gleichen Rechts, ist vollendet; die staatsbürgerliche Gesellschaft ist befreit zur Bewegung aus sich selbst und zur Entwicklung ihrer eigenen Gegensätze.[56]

3. Wohin führt aber diese Bewegung der staatsbürgerlichen Gesellschaft aus sich selbst? Aus der (nur) volkswirtschaftlichen Gesellschaft entsteht die *industrielle* Gesellschaft. Die in der volkswirtschaftlichen Gesellschaft noch unentwickelte Bezogenheit der einzelnen Elemente des erwerbswirtschaftlichen Prozesses verbinden sich zu einem festen, an der Gesetzlichkeit größtmöglicher Gewinnerzielung orientierten System der allseitigen Bedingtheit von Erwerb, Handel und Verbrauch – L. v. Stein nennt es die Industrie.[57] Die in der volkswirtschaftlichen Gesellschaft schon angelegten, aber wegen ihrer Offenheit für den Aufstieg der erwerbenden Arbeit zu Besitz und Kapital noch nicht voll entwickelten Gegensätze und Widersprüche erhalten ihre endgültige Gestalt. Die industrielle Gesellschaft bringt aus sich den Gegensatz der Klassen, ihre Bewegung gegeneinander hervor: auf der einen Seite den Kapitalbesitz, der als die Bedingung für Arbeit und Unternehmen das gesamte Güterleben und seine Bewegung beherrscht, auf der andern Seite die vom Kapital abhängige, dem

56 L. v. Stein hat dies im einzelnen in Analysen von erstaunlicher Eindringlichkeit dargelegt, vgl. insbesondere den Abschnitt über den Sturz Napoleons, *Soz. Bew.*, Bd. I, S. 319 ff. (480 ff.), ein Meisterwerk verfassungsgeschichtlicher Analyse. Ferner über die innere Problematik der restaurierten Monarchie, ebd., S. 328 ff. (489 ff.).

57 Vgl. *Soz. Bew.*, Bd. II, S. 20 ff. (16 ff.).

Druck des »Maschinenlohns« und der Konkurrenz des Kapitals untereinander unterworfene Arbeit, die je länger je mehr zur Kapitallosigkeit und materiellen Unfreiheit verurteilt ist.[58] Dieses *soziale* Geschehen, nicht politische Erschütterungen und Ministerkämpfe, die sich an der Oberfläche abspielen, ist für L. v. Stein die »wahre Tatsache« der folgenden Zeit.[59] Es geht nicht aus einem äußeren Druck, sondern aus den Bewegungskräften und dem Bauprinzip der Gesellschaft selbst hervor. Die dem Prinzip nach freieste, auf der Gleichheit des Rechts erbaute Gesellschaft entläßt aus sich die materielle Unfreiheit.

Die Bewegung, die durch diese Gegebenheiten in der Gesellschaft entsteht, ist nicht mehr eine politische, sondern eine *soziale* Bewegung. Der Gegensatz, der sie hervorbringt, besteht nicht zwischen Gesellschaft und Staat, ist kein solcher des persönlichen oder politischen Rechts, sondern besteht auf dem Boden der Gesellschaft selbst.[60] Ihr Träger ist das *Proletariat.* Schon 1842, in der Arbeit über den Sozialismus und Kommunismus im heutigen Frankreich, hatte L. v. Stein – zeitlich vor Marx und diesen anregend[61] – das Wesen des aufkommenden Proletariats und die von

58 Vgl. ebd., S. 28-38 (24-23) für die Herrschaft des Kapitals, S. 67-70 (65-68) für die Lage der Arbeit.

59 Vgl. ebd., S. 14/15 (10/11).

60 Vgl. ebd., S. 14 (10), 57-59 (55-57).

61 Über das Verhältnis Marx – L. v. Stein, insbesondere die Frage der geistigen Abhängigkeit der Marxschen Theorie des Proletariats von derjenigen Steins, ist um die Jahrhundertwende ein z. T. erbitterter Streit geführt worden. Fest steht, daß L. v. Steins Analyse zeitlich früher liegt und daß Marx Steins Werk *Der Sozialismus und Kommunismus im heutigen Frankreich* gekannt hat. Die einzelnen Positionen in dem Streit sind verzeichnet bei Bèla Földes, »Bemerkungen zu dem Problem Lorenz Stein – Karl Marx«, in: *Jahrbücher für Nationalökonomie und Statistik*, 3. Folge, Bd. 47 (1914), S. 289-299; Földes selbst faßt seine Ansicht dahin zusammen, daß es, wenngleich Stein und Marx in ihren Werken von anderen Zielsetzungen ausgehen, nach dem Zeitpunkt des Steinschen Werkes und der Verwandtschaft bestimmter Analysen, Antithesen und Ausdrücke, die für Stein charakteristisch seien, fast unmöglich sei, der Annahme aus dem Weg zu gehen, daß Stein auf Marx' erste Denkarbeit und Auffassung vom Wesen des Proletariats Einfluß gewonnen habe. Die weitergehende These von Arnold Winkler, *Die Entstehung des kommunistischen Manifests. Eine Untersuchung. Kritik und Klärung*, Wien 1936, daß Marx ohne Scheu

ihm ausgehende Bewegung des Sozialismus und Kommunismus theoretisch erfaßt. Nun, in der *Geschichte der sozialen Bewegung* begreift er beide, Proletariat wie Sozialismus und Kommunismus, zugleich im Zusammenhang der gesamten geschichtlichen Bewegung von Gesellschaft und Staat und stellt sie damit an ihren geschichtlichen Ort. Hier sei nur das folgende hervorgehoben:
Das Proletariat entsteht als die arbeitende Klasse in der industriellen Gesellschaft, die zum Bewußtsein ihrer eigenen Lage gelangt.[62] Durch dieses »persönliche« Element des Sichselbstwissens wird es aus einer gesellschaftlichen Klasse zu einer gesellschaftlichen Macht, ein selbstbewegtes Ganzes, das aus sich einen auf die gesellschaftliche Ordnung gerichteten Willen entwickelt. Das Bewußtsein der eigenen Lage entsteht aber in der abhängigen Klasse nicht von selbst, es muß hervorgerufen und gebildet werden. Und eben dies geschieht durch die Systeme des Sozialismus und Kommunismus, die der arbeitenden Klasse ihre Lage deuten und ihr den Widerspruch dieser Lage mit dem auch für sie geltenden Prinzip der freien und gleichen Persönlichkeit bewußt machen.[63]
Ist das Proletariat sich so seiner selbst bewußt geworden, so muß es im Angesicht der Zustände notwendig zur herrschenden Klasse in einen absoluten Gegensatz treten. Sie ist sein natürlicher und unversöhnlicher Feind. Will es sich seiner gesellschaftlichen Unfreiheit erwehren, so muß es die Voraussetzungen der sozialen Macht der besitzenden Klasse negieren: das Recht des persönlichen Eigentums und das Recht der Familie, die ihm als das Erb- und Erziehungsprinzip des Eigentums erscheint.[64]
Indem die industrielle Gesellschaft so aus sich heraus den Antagonismus der Klassen und die soziale Bewegung hervorbringt, verändert sich gegenüber der volkswirtschaftlichen Gesellschaft auch das Verhältnis zur Staatsgewalt. Und zwar von zwei Seiten her. Die gesellschaftlichen Klassen müssen, aus ihrem sozialen Gegensatz, jede danach trachten, sich der Staatsgewalt zu be-

sich wesentliche Gedanken Steins einfach angeeignet habe, entbehrt bislang des Beweises, wie E. Kolb, *Lorenz von Stein und die soziale Bewegung des 19. Jahrhunderts*, Diss. rer. pol., Frankfurt 1947, S. 97-103, zutreffend festgestellt hat.

62 Vgl. *Soz. Bew.*, Bd. II, S. 88 (88), 96 (96).

63 Vgl. ebd., S. 88-96 (88-96).

64 Vgl. ebd., S. 105-108 (105-109).

mächtigen, zur Durchsetzung ihrer sozialen Ziele. Ihr gesellschaftlicher Kampf wird zugleich politischer Kampf.[65] Der Staat seinerseits muß, gemäß seinem Prinzip und im Interesse der Gesellschaft als ganzer, der er zu dienen bestimmt ist, ebenso bestrebt sein, den Ausgleich dieser Gegensätze herbeizuführen. Wie die volkswirtschaftliche Gesellschaft den gesellschaftlich neutralen Staat, so erfordert die industrielle Gesellschaft den *sozialen* Staat (als verwaltenden Staat), der der gesellschaftlichen Ungleichheit im Sinne der Gleichheit entgegenwirkt.[66] Das Soziale wird, notwendigerweise, zum Inhalt des Politischen. Damit greift L. v. Stein, aus der Konsequenz des einmal erfaßten Gedankens, schon im Jahre 1850 über den Liberalismus hinaus, der auf einer bestimmten Stufe der Bewegung von Gesellschaft und Staat stehenblieb und diese zur allgemeinen Theorie erhob.

4. Das bisher Gesagte trifft indessen nur die eine Seite der verfassungsgeschichtlichen Bewegung, modellartig gerafft und auf die strukturellen Linien zurückgenommen. Die andere Seite bildet das *historische Königtum* und seine Beamtenverwaltung, die überall in Europa als politische Kraft vorhanden sind. Aus ihrem Zusammentreffen erst, ihrem Handeln mit- oder gegeneinander, geht die ganze verfassungsgeschichtliche Bewegung hervor.

Man sieht an dem Kern der Lehre L. v. Steins über das Königtum und seine soziale Aufgabe vorbei, wenn man sie, wie es nicht selten geschieht, als Teil einer systematischen Staatstheorie versteht.[67] L. v. Stein bleibt auch hier auf dem Boden der geschichtlichen Bewegung, die er gedanklich zu erfassen und in ihrem Fortgang zu begreifen sucht. Eben dies gelingt ihm an dieser Stelle mit

65 Vgl. *Soz. Bew.*, Bd. I, Einleitung S. CXV ff. (122 ff.); Bd. III, S. 151 f. (140 f.).

66 Vgl. *Gegenwart und Zukunft* (Anm. 21), S. 294; dazu auch Ernst Forsthoff, *Lehrbuch des Verwaltungsrechts*, Bd. I, *Allgemeiner Teil*, München [8]1961, S. 43 f.

67 So E. Angermann (Anm. 21), S. 182 ff.; ebenso ders., *Robert von Mohl. Leben und Werk eines altliberalen Staatsgelehrten*, Neuwied 1962, S. 244 ff. Auch Ernst Rudolf Huber, »Lorenz Stein und die Grundlegung der Sozialwissenschaften«, in: *Aspekte sozialer Wirklichkeit* (1958) versteht Steins Lehre vom Königtum vornehmlich als theoretisches Konzept zur Lösung der Spannungen und Widersprüche zwischen Staat und Gesellschaft und sieht in ihr das »Kernstück der Sozialtheorie« L. v. Steins (S. 64-66).

besonderer geistiger Kraft. Er stellt auch das Königtum konsequent auf den Boden der Gesellschaft und ihrer Bewegung.[68] Wiewohl es seiner Herkunft und seinem Wesen nach Institution aus eigenem Recht ist, seinen Sinn und seine Legitimation in sich selbst trägt, wird es auf dem Boden der durch die déclaration begründeten staatsbürgerlichen Ordnung eine Institution dieser Ordnung selbst. Es bringt seine vor-gesellschaftliche Substanz in sie ein – sie wirkt als erhaltendes Element –; aber unausweichlich ist es »die Gesellschaft, die nun das Wesen, das Recht und das Schicksal des Königtums bedingt«.[69] Über Gottesgnadentum und monarchisches Prinzip verliert L. v. Stein kein Wort.[70] – Vom Boden der Gesellschaft aus erhält das vorhandene Königtum seine Rechtfertigung als Verkörperung der Staatsidee; es sind die Gedanken, die auf Benjamin Constant zurückgehen und im frühen Liberalismus Gemeingut waren. Das Königtum ist durch seine unangreifbare Stellung dem gesellschaftlichen Interessenkampf enthoben, sein Interesse richtet sich daher auf den Staat selbst, auf die Verwirklichung des staatlichen Prinzips.[71] Aber es steht als eben dieses nicht oberhalb, sondern *innerhalb* der Bewegung von Gesellschaft und Staat, trifft mit dem wirklichen, von den Kräften der Gesellschaft beherrschten Staat zusammen. Daraus ergeben sich die Linien der geschichtlichen Bewegung.

Solange die Gesellschaft noch ohne innere Ordnung ist, d. h. in sich noch nicht eine herrschende und eine abhängige Klasse ausgebildet hat, ist das Königtum von gesellschaftlichen Einflüssen noch frei; seine Herrschaft gestaltet sich im wesentlichen nach der Persönlichkeit des Königs, d. h. nach seiner eigenen Initiative und den Ratgebern, die er sich erwählt.[72]

Ist in der Gesellschaft eine herrschende Klasse entstanden, so

68 Vgl. *Soz. Bew.*, Bd. III, S. 13 ff. (4 ff.), 44 f. (35 f.).

69 Ebd., S. 13 (4); über das Wesen des Königtums seiner Herkunft nach, ebd., S. 57/58 (48/49).

70 Damit bestätigt sich – von der anderen Seite her – die These Otto Brunners, daß das »monarchische Prinzip« lediglich Ausdruck einer stabilisierten Machtlage war, aber der geistigen Begründung entbehrte; vgl. Otto Brunner, »Vom Gottesgnadentum zum monarchischen Prinzip«, in: *Das Königtum*, Lindau – Konstanz 1956, S. 300 f.

71 Vgl. *Soz. Bew.*, Bd. III, S. 16-20 (7-11).

72 Vgl. ebd., S. 25/26 (16/17).

verlangt sie, aus ihrem Lebensgesetz heraus, weil sie die Bedingungen der konkreten Freiheit erfüllt, auch nach der Herrschaft in Verfassung (Zensuswahlrecht) und Verwaltung (Verantwortlichkeit der Minister).[73] In dieser Situation wird die Aporie der geschichtlichen Lage des Königtums deutlich. Entweder unterwirft es sich dem Willen der herrschenden Klasse, d. h., es beruft die Minister des Vertrauens der Kammer und regiert durch sie im Sinne der zeitlichen Kammermajorität (echter Konstitutionalismus). Dadurch wird es hinausgedrängt aus der wirklichen Verfassung und Verwaltung, wird Partei innerhalb der sich nach Klassen scheidenden Gesellschaft, erscheint als Verteidiger der herrschenden Klasse. Die abhängige Klasse verschreibt sich in dieser Lage mit Notwendigkeit dem Republikanismus, da ihr die Königslosigkeit als die erste Bedingung ihrer gesellschaftlichen Befreiung erscheint.[74] Oder das Königtum sucht die Staatsgewalt (weiterhin) bei sich zu konzentrieren und geht über zum System der »persönlichen Regierung« ohne und gegen die Volksvertretung (Scheinkonstitutionalismus). Das führt zur »ministeriellen Opposition« der herrschenden Klasse in der Volksvertretung und, wenn sie die Hoffnung auf Änderung verliert, zum Kampf zwischen Königtum und Gesellschaft, in dem das Königtum, trotz möglicher äußerer Erfolge – etwa durch Heeresvermehrung (!) oder Bestechungswesen –, am Ende unterliegen muß, da es die Gesellschaft nicht innerlich auflösen kann und diese ihre Herrschaft fordern muß.[75]

Allerdings kann diese Konstellation durch den sozialen Gegensatz verdeckt und überlagert werden. Denn in dem Maße der Angriff des Proletariats auf die (soziale) Herrschaft des Kapitals droht, wird für die herrschende Klasse das Bestehen des Königtums identisch mit der Erhaltung ihrer sozialen Stellung. Sie wird daher um der sozialen Gefahr, d. h. ihres sozialen Interesses willen, das politische Interesse opfern und die Selbstherrschaft des Königtums und seiner Regierung niemals ernsthaft beeinträchtigen. Das Königtum wird für sie gesellschaftliches Institut.[76] Aber dieser Sieg des Königtums ist nur ein scheinbarer. Die herr-

73 Vgl. ebd., S. 25-27 (17-19), 114 (104).
74 Vgl. zum ganzen ebd., S. 26-28 (18-20).
75 Vgl. ebd., S. 34-43 (25-34).
76 Vgl. ebd., S. 71 (61), 73-75 (64-66).

schende Klasse erträgt diesen Zustand nur, erkennt ihn nicht an, das Proletariat aber schreitet weiter zur sozialen Revolution. Bei der ersten Unruhe sinkt das Königtum dahin.[77]

Dieser Aporie seiner Lage kann das Königtum nur auf eine Weise entrinnen: indem es zum *Königtum der sozialen Reform* wird.[78] Ohne den Konstitutionalismus und die herrschende Klasse direkt zu bekämpfen, muß es danach trachten, aus einer übergeordneten Position heraus selbsttätig zu handeln im Sinn der sozialen Reform, d. h. der Hebung der niederen Klasse und ihrer Heranführung zur gesellschaftlichen Gleichheit, zur Möglichkeit von Bildung und Besitz. In dem Maße als es das tut, erkennt die abhängige Klasse in ihm ihren natürlichen Schutzherrn und Helfer, und das Königtum wird zur *sozialen Macht*. Die herrschende Klasse aber, vor der sozialen Revolution bewahrt, wird darin schließlich auch ihr wahres Interesse erkennen.

Dies alles ist für L. v. Stein Ausdruck geschichtlicher Notwendigkeit, Ergebnis nicht eines »warmen Gefühls«, sondern der »Berechnung der Gewalten, welche menschliche Dinge leiten«.[79] In wenigen Sätzen ist die innere Situation der Monarchie seit der Französischen Revolution an ihrem Kern erfaßt und ihr geschichtliches Schicksal im voraus diagnostiziert: die Unwirklichkeit des Gottesgnadentums, die geistige Leere des monarchischen Prinzips, das Scheitern alles »persönlichen Regiments«, die Scheinlösung des preußischen Konflikts, die einzig wirkliche Chance in der sozialen Monarchie. Das »soziale Königtum« ist nicht ein abstraktes Postulat, nicht Erfordernis des theoretischen Systems, nicht Flucht aus dem Antagonismus der Gesellschaft: es ist die einzige, aber auch echte *Chance* des geschichtlichen Königtums, wenn es überleben will. Eben dies ist die »Theorie« L. v. Steins.[80]

77 Die Anwendung davon gibt L. v. Stein in der Geschichte des Julikönigtums in Frankreich, das auf der Grundlage des sozialen Gegensatzes versuchte, sich selbst als »monarchisches« Königtum zu stabilisieren, dabei schließlich beide Klassen gegen sich aufbrachte und in der Februarrevolution, ohne einen Verteidiger zu finden, unterging; vgl. die Analyse in *Soz. Bew.*, Bd. III, S. 50-96 (42-87).

78 Vgl. ebd., S. 45-49 (37-41).

79 Vgl. ebd., S. 49 (40).

80 Vgl. ebd., S. 49 (41): »Alles Königtum wird fortan entweder ein leerer Schatten oder eine Despotie werden, oder untergehen in der Republik,

5. Ergreift das Königtum diese Chance nicht – die geschichtliche Bewegung geht weiter. Sie schreitet über es hinweg zu Königlosigkeit und Republik.

Nach der Idee der Republik ist mit ihr die reinste Form auch der politischen Freiheit erreicht. Sie legt die Freiheit in das Wesen der Persönlichkeit und bringt die Identität des individuellen Wollens und Tuns mit dem allgemeinen zum Ausdruck, indem sie das Allgemeine aus dem Willen der einzelnen hervorgehen läßt; der Staat wird im Willen des Individuums begründet.[81]

Aber L. v. Stein geht auch hier von der Idee der Republik zu ihrer Wirklichkeit über. Wenn die Republik auf der Idee der Volkssouveränität gründet und sie verwirklicht, was ist dann diese Volkssouveränität wirklich? L. v. Stein weicht dem nicht aus.[82] Der Wille des Volkes ist in der Wirklichkeit kein einheitlicher. Denn das Volk ist, auf dem Boden der déclaration und der durch sie begründeten Ordnung, aufgelöst in eine Gesamtheit von einzelnen, von Individuen als Träger der Menschenrechte. Seine »Verfassung« ist die Gesellschaft. Wo es handelt, handelt es daher als Vielheit dieser einzelnen, als Gesellschaft. Volkssouveränität bedeutet daher in Wirklichkeit Souveränität der Gesellschaft. Indem die Republik den Staat in den Volkswillen verlegt, begründet sie die (unmittelbare) Herrschaft der Gesellschaft über den Staatswillen. Da aber in der Gesellschaft selbst die besitzende Klasse über die nichtbesitzende herrscht, nimmt diese auch die Staatsgewalt in ihre Hände. »Keine Verfassungsreform«, sagt L. v. Stein, »auch nicht das allgemeine Stimmrecht kann diese unausbleibliche Konsequenz erschüttern«.[83]

Der Übergang der verfassungsgeschichtlichen Bewegung in die Republik bringt daher keine neue Lösung, sondern nur eine veränderte Konstellation des gleichen Grundproblems, das schon den Sturz des Königtums hervorrief. Der in der industriellen Gesellschaft bestehende Gegensatz der Klassen verlagert sich, da ein ausgleichendes, neutrales Element in der Verfassung nicht mehr besteht, unmittelbar in den Staat selbst. Die Volkssouveränität als Souveränität der Gesellschaft wird zur Souveränität des Gegen-

wenn es nicht den hohen sittlichen Mut hat, ein Königtum der sozialen Reform zu werden.«

81 Vgl. ebd., S. 135-137 (125-127).

82 Vgl. zum folgenden ebd., S. 144-153 (134-143).

83 Vgl. ebd., S. 150 (140).

satzes zwischen Kapital und Arbeit, zwischen Besitz und Nichtbesitz.[84] Von dorther bestimmt sich die Linie des weiteren verfassungsgeschichtlichen Geschehens.

Denn aus dem Gegensatz von Kapital und Arbeit, von Besitz und Nichtbesitz müssen in der wirklichen Republik der industriellen Gesellschaft, wo beide Klassen prinzipiell das gleiche Recht an der Staatsgewalt haben, notwendig zwei entgegengesetzte Verfassungsziele, zwei »Ideen der Republik« entstehen: die Republik des industriellen Besitzes und die Republik des industriellen Nichtbesitzes.[85] Das Soziale macht das Politische zu seiner Funktion. Das Interesse der besitzenden Klasse fordert den Zensus als das Maß des Besitzes für das politische Recht, die Darstellung einer selbständigen Staatsidee in der Präsidentschaft, die Verantwortlichkeit der Minister als die Herrschaft der Kammermajorität über die Verwaltung.[86] Das ist die Republik des Konstitutionalismus. Der Besitz bedarf der politischen Ruhe zum Zweck des ungestörten Erwerbs und der »Ordnung« zur Niederhaltung der Arbeit (Koalitionsverbot); die Darstellung der Staatsidee erscheint als Überbau zur Friedlichhaltung der nichtbesitzenden Klasse. Ebenso fordert das Interesse der abhängigen Klasse die Gleichgültigkeit des politischen Rechts gegen alle auf dem Besitz beruhenden Ungleichheiten, die reine Demokratie und die Anwendung der Staatsmittel zur Hebung der niederen Klasse, die soziale Verwaltung. Ihr Ziel muß es sein, aus ihrer materiellen Ungleichheit zum Besitz und damit zur konkreten Freiheit zu gelangen. Dazu braucht sie die Hilfe des Staates. Ihr eigentliches Ziel ist somit nicht die Verfassung, sondern die Verwaltung; die Verfassung ist das Mittel, um zur Verwaltung zu gelangen.[87] Mit erstaunlicher Klarsicht nennt L. v. Stein die Einzelforderungen der »Republik des industriellen Nichtbesitzes«: Allgemeines Stimmrecht, direkte Wahl, Ernennung der Minister durch die Volksvertretung im Bereich der Verfassung; Progressivsteuer, Unterricht für alle Klassen auf Staatskosten, Unterstützung und

84 Vgl. ebd., S. 178/79 (167).

85 Zur ersten vgl. ebd., S. 179 ff. (167 ff.), zur zweiten ebd. S. 188 ff. (177 ff.).

86 Im einzelnen vgl. ebd., S. 181-187 (169-176).

87 Vgl. ebd., S. 188-190 (177-179).

materielle Förderung des Staates für die Arbeit im Bereich der Verwaltung.[88]

Dies ist die Auflösung des abstrakten Begriffs der Volkssouveränität in seine wirklichen Elemente.[89] Zwischen den beiden »Republiken« ist der Kampf um die Staatsgewalt unvermeidlich, nicht aus politischen Leidenschaften oder zufälligen Konstellationen, sondern aus der Notwendigkeit der Dinge. Denn *jede* der beiden Klassen gründet ihr Verfassungsziel, ihre »Republik«, auf den Begriff der Persönlichkeit und der Freiheit, wie er die staatsbürgerliche Ordnung bestimmt. Die herrschende Klasse *muß* aus sich die Republik des Besitzes verlangen, weil sie ihr das bewahrt, was sie errungen hat: Besitz und Bildung als Voraussetzung der konkreten Freiheit. Und die abhängige Klasse *muß* ebenso die Republik des Nichtbesitzes verlangen, weil sie nur so das erlangen kann, was auch ihre Bestimmung ist: Besitz und Bildung als Voraussetzung der konkreten Freiheit.[90] Jede Klasse muß ihre Republik zur Herrschaft bringen wollen; die Bewegung auf den (latenten) Bürgerkrieg ist der Republik der industriellen Gesellschaft immanent. In dieser Analyse ist nicht nur die Situation der französischen Republik im Jahre 1848, sondern auch – vorausgreifend – ein Kernpunkt der Verfassungskrisen in den Staaten Europas nach dem 1. Weltkrieg offengelegt.[91]

88 Vgl. ebd., S. 190-196 (179-186).
89 Vgl. ebd., S. 198 (186).
90 Vgl. ebd., S. 199-202 (187-190).
91 Es trifft insbesondere auch auf die Weimarer Republik zu. Der Kompromißcharakter der Verfassung zwischen den beiden »Republiken« lag gerade in ihrer Offenheit für die Realisierung verschiedenartigster Verfassungsziele auf legalem Weg (Art. 76), vgl. Carl Schmitt, *Hugo Preuß. Sein Staatsbegriff und seine Stellung in der deutschen Staatslehre* (1930), S. 18/19 mit Anm. 20. Die Verfassung selbst hatte das soziale und gesellschaftliche Problem, das sich mit dem Ende des Ersten Weltkrieges verschärft stellte und durch Inflation und Weltwirtschaftskrise weiter an Sprengkraft und Gegensätzlichkeit gewann, nicht gelöst und in der Situation des Jahres 1919 auch nicht lösen können, sondern durch Kompromisse vertagt. So traten neben die ideologischen in immer stärkerem Maße soziale Gründe, die die rivalisierenden Gruppen aus der gegebenen Verfassung heraus und auf ihre Republik hinstreben ließen. Dieser soziale Untergrund der Entwicklung tritt in der gegenwärtigen, vorwiegend ideologischen Diskussion um das Ende der Weimarer Republik allzusehr in den Hintergrund.

Wohin aber treibt die Bewegung weiter? Muß sie unvermeidlich in der Revolution enden? L. v. Stein geht an dieser Stelle ausdrücklich von der theoretischen Durchdringung des – in Frankreich – Geschehenen zur Prognose des Zukünftigen über. »Das Wenige, was wir jetzt zu sagen haben, ist vielleicht das Wichtigste unserer ganzen Arbeit.«[92] Die Auflösung der Gegensätze kann nicht im Bereich der Verfassung gesucht werden, denn auf der Ebene der Verfassung ist die Form der Freiheit bereits erreicht. Sie muß vielmehr aus denselben Elementen hervorgehen, aus denen auch der Gegensatz entstanden ist: aus der Ordnung des Verhältnisses von Kapital und Arbeit und der Möglichkeit der Arbeit, durch Erwerb zum Besitz zu gelangen. Sie liegt daher im Bereich der sozialen Verwaltung.[93] Kann aber diese aus den Gegensätzen der industriellen Gesellschaft heraus zustande kommen?

L. v. Stein hält auch hier an der Konsequenz des erfaßten Gedankens und der darin erkannten Wirklichkeit fest. Er nimmt weder seine Zuflucht zur Theorie des Klassenkampfes und der Diktatur des Proletariats noch weicht er in bequeme ethische Postulate aus. Wenn die bewegende Kraft der Gesellschaft das Interesse ist, so muß auch und kann nur von diesem Interesse her die Auflösung des Gegensatzes schließlich ausgehen. Die Drohung der sozialen Revolution, der die herrschende Klasse gegenübersteht, weckt in ihr selbst das Interesse an der sozialen Reform. Sie muß, will sie nicht alles verlieren, die Kapitalfeindschaft der niederen Klasse beseitigen. Und die Krankheit des bestehenden Zustandes läßt sie

92 Vgl. *Soz. Bew.*, Bd. III, S. 206 (195).

93 Vgl. ebd., S. 204-206 (193-195), 153 f. (143 f.). An diesem Punkt erweist sich die innere Wahrheit der vielfach mißverstandenen These von Ernst Forsthoff, daß Rechts- und Sozialstaat auf der *Verfassungs*ebene unvereinbar seien; vgl. Forsthoff, »Begriff und Wesen des sozialen Rechtsstaates«, in: *VVDStRL*, Heft 12 (1954). Mit der rechtsstaatlich-demokratischen Verfassung ist, rechtlich und politisch gesehen, die Freiheit in dem Maße verwirklicht, daß ein Fortschritt darüber hinaus weder sinnvoll noch möglich ist. Der Sozialstaat kann also, wenn er diese Freiheit nicht wieder rückgängig machen und einschränken will, nur die Bedeutung haben, die sozialen Voraussetzungen zur Verwirklichung dieser Freiheit für alle herbeizuführen, d. h. also die soziale Ungleichheit abzubauen. Er muß daher notwendig auf der Verwaltungsebene erscheinen.

schließlich die – in der Sache schon immer, aus der Natur der industriellen Gesellschaft heraus bestehende – Angewiesenheit von Kapital und Arbeit und die Gegenseitigkeit ihres Interesses erkennen. So wird sie, die die Staatsgewalt in Händen hat, wenn sie ihrem Interesse folgt, bereit zur sozialen Reform durch die soziale Verwaltung.[94] Eben auf diese soziale Verwaltung zielt aber auch die »Republik« der abhängigen Klasse. Auch bei ihr bestimmt das Soziale das Politische. »Sie konstruiert ihre Republik nicht primär aus dem demokratischen Prinzip, sondern aus ihrem Interesse; sie will in der Verfassung herrschen, um durch die Verwaltung für ihre Interessen sorgen zu können.«[95] In dem Maße sich also die soziale Verwaltung durch die besitzende Klasse selbst herstellt, wird die abhängige Klasse nachgiebig gegenüber der Verfassung und auch ihrerseits zur Anerkennung der Gegenseitigkeit des Interesses geführt. Sie wird, wie L. v. Stein in der eingangs zitierten Prognose sagt, »in dem Maße mehr gleichgültig gegen die Form der Verfassung sein, in welchem die Interessen derselben mehr gefördert werden, ... weil der erworbene Besitz die Unfreiheit doch am Ende unmöglich macht« und so »die Förderung des Erwerbs zur Förderung der Freiheit wird.«[96]

Damit ist dann der Boden der Gesellschaft und der Republik des gegenseitigen Interesses, die Strukturform des Sozialstaates oder der »sozialen Demokratie«, erreicht.[97] L. v. Stein hat sie als die Ordnung der Zukunft nicht nur für Frankreich, sondern für ganz Europa vorausgesehen.[98] Seine Einsicht in die universale Reich-

94 Vgl. *Soz. Bew.*, Bd. III, S. 208-215 (197-203).
95 Vgl. ebd., S. 217 (205).
96 Vgl. ebd., S. 219 (207).
97 Es bestätigt das von L. v. Stein gezeichnete Strukturbild, wenn Hans J. Wolff, *Verwaltungsrecht* I, München/Berlin [4]1961, S. 44, das Ziel des sozialen Rechtsstaates und die Aufgaben seiner Organe dahin umschreibt, »einen materiellen Rechtszustand herbeizuführen und zu erhalten, in dem die Vermögensinteressen aller Mitglieder des Gemeinwesens mit denen unbestimmter anderer insoweit als kollidierend verstanden werden, als deren lebenswichtige Interessen auf dem Spiele stehen.«
98 Vgl. *Soz. Bew.*, Bd. III, S. 220-222 (208-210); den »gesamteuropäischen Optimismus«, der bei L. v. Stein hinter dieser sachlichen Erkenntnis stand, hat er bis in sein hohes Alter beibehalten; vgl. den

weite der Bewegung von Gesellschaft und Staat als der treibenden Kraft der Verfassungsentwicklung seit 1789 führte ihn notwendig über den Standort nationaler oder national-historischer Verfassungsbewegungen hinaus.[99] Es war nicht das Ende, sondern die innere Konsequenz seines verfassungsgeschichtlichen Denkens, wenn er sich nach seiner Berufung nach Wien alsbald dem Gebiet der Verwaltungslehre zuwandte.[100]

Hinweis bei Carl Schmitt, *Der Nomos der Erde im Völkerrecht des Ius Publicum Europaeum*, 1950, S. 188.

99 Auch für die ungelöste Verfassungsfrage Preußens erkannte er, daß sie ihren Grund in dem in Preußen noch ungeklärten und uneinheitlichen Verhältnis von Staat und Gesellschaft hatte, das nur einer einheitlichen Ordnung für ganz Deutschland zugänglich war und dann den Kernpunkt der Ordnung Europas bildete. Vgl. die eindrucksvolle Schrift »Zur preußischen Verfassungsfrage«, zuerst 1852 in den *Preußischen Jahrbüchern*, jetzt Neudruck Darmstadt 1962.

100 Es ist eine verbreitete, aber m. E. nur bedingt zutreffende Ansicht, daß das verfassungstheoretische Denken L. v. Steins nach dem Aufschwung, den es durch die bürgerliche Revolution 1848 genommen hatte, steckengeblieben sei; so z. B. Schmitt, Nachwort (Anm. 9) S. 62 und 65/66. Sowohl in dem Spätwerk *Gegenwart und Zukunft der Rechts- und Staatswissenschaften Deutschlands* (1876) wie auch im 1. Band der *Verwaltungslehre* (1865; ²1869) lebt der verfassungstheoretische Ansatz der *Geschichte der sozialen Bewegung* unverändert fort. Die Hinwendung zur Verwaltungslehre und Volkswirtschaft war die notwendige Konsequenz einer Verfassungstheorie, die die Verfassungsfrage mit der Durchsetzung der staatsbürgerlichen Ordnung prinzipiell als gelöst ansah und den Schwerpunkt der Politik in die soziale Reform und die soziale Verwaltung durch den Staat verlegte. Die Ansicht von Fritz Werner, »Lorenz von Stein als Politiker«, in: *Verwaltungsarchiv* 47 (1942) S. 49-60, daß L. v. Stein nach 1848 politisch resigniert habe und seine weitere wissenschaftliche Arbeit in die Nähe kulturgeschichtlicher Betrachtungen und staatswissenschaftlicher Spezialforschungen geraten sei, erscheint m. E. im Hinblick auf die gerade in der Verwaltungslehre und dem o. a. Spätwerk sich zeigende Kontinuität des Steinschen Lebenswerks nicht begründet.

IV.

Die Theorie der geschichtlichen Bewegung von Staat und Gesellschaft zum Sozialstaat, die L. v. Stein uns darbietet, vermittelt nicht nur eine verfassungsgeschichtliche Erkenntnis; sie stellt zugleich auch prinzipielle Fragen.

Die erste – und in unserem Zusammenhang entscheidende – Frage ist die, ob die in der déclaration von 1789 gesetzten Prinzipien, die dadurch gegebene Ordnung und Beziehung von Staat und Gesellschaft und die sich darauf erbauende geschichtliche Bewegung von Gesellschaft und Staat wirklich, wie L. v. Stein es darstellt, das strukturell Bestimmende, durch alle geschichtliche Vielfalt hindurch sich Geltung Verschaffende in der Verfassungsbewegung des modernen Europa ist und demgemäß auch für eine systematische Theorie der modernen Welt den Ausgangspunkt bilden muß. Oder bestehen statt dessen oder daneben andere Prinzipien und Ordnungsmächte von geschichtsbestimmender Kraft?

Diese Frage zielt auf die politisch-soziale Bauform der modernen Welt. Hier nun zeigt uns gerade die geschichtliche Theorie L. v. Steins den Weg, diese Bauform und ihre geistigen Grundlagen auch theoretisch zu erhellen. Denn ebenso wie sie die Theorie einer geschichtlichen Bewegung ist, die einen grundlegenden geschichtlichen Vorgang in Begriffe zu fassen sucht, ist sie auch eine systematische Theorie, eine Naturtheorie von Gesellschaft und Staat. Überall schimmert der Naturbegriff hindurch, wie ihn die vernunftrechtliche Theorie entwickelt hat: das einzelne, freie, aus der geschichtlichen Lebenswelt und ihren Ordnungen emanzipierte, selbstbestimmte Individuum, das allem sozialen und geschichtlichen Zusammenhang vorausgeht, ihn allererst aus sich konstituiert. Dieser Naturbegriff ist der »theoretische« Ausgangspunkt L. v. Steins, die Basis, von der aus das Sozialmodell, wie er es entwickelt, mit seinen spezifischen Begriffen und Institutionen wie Freiheit und Gleichheit, Gesellschaft und Staat, Interesse, Arbeit, Besitz und Kapital seine Folgerichtigkeit und Evidenz erhält. Und die geschichtliche Bewegung, wie L. v. Stein sie schildert, ist im Grunde eine Entfaltung der in diesem Naturbegriff angelegten Möglichkeiten politisch-sozialer Ordnung.

Gleichwohl aber ist die Theorie L. v. Steins keine abstrakte, wirklichkeitsferne Konstruktion. Denn die déclaration, das Grundgesetz des modernen Europa, hat eben dieses Sozialmodell, wie es in dem Naturbegriff des Vernunftrechts beschlossen liegt, sanktioniert und in die geschichtliche Wirklichkeit überführt. Was sich in der vernunftrechtlichen Theorie in langer Tradition ausgeformt hatte, schlägt sich in ihren einzelnen Artikeln und den darin proklamierten Prinzipien nieder.[101] Die Theorie beginnt wirklich zu werden, Ausgangspunkt einer realen geschichtlichen Bewegung. Geschichtlicher und systematischer Ausgangspunkt der Theorie L. v. Steins sind so materiell identisch; sie konvergieren in der auf die déclaration sich erbauenden sozialen Welt.

Dieser Zusammenhang macht den besonderen Charakter der geschichtlichen Bewegung, welche die moderne Welt als eine Welt von Gesellschaft und Staat heraufführt, deutlich. Zunächst bildet sich im Zuge des großen geistigen Emanzipationsvorgangs, der sich in Europa, vorab in Frankreich, im 17. und 18. Jahrhundert und bis in das 19. hinein vollzieht, der »reine« Naturbegriff der vernunftrechtlichen Theorie heraus. Er beruht auf der Emanzipation der »Natur« einerseits von den Autoritäten der Theologie und Tradition, anderseits von der geschichtlichen Lebenswelt und ihren überkommenen Ordnungen.[102] Der so ausgebildete Naturbegriff wird in der Französischen Revolution zur Grundlage und zum Prinzip einer realen geschichtlichen Bewegung gemacht – indem der Mensch »sich auf den Kopf, d. h. auf den Gedanken stellt, und die Wirklichkeit auf diesem erbaut«, wie es Hegel unübertrefflich formuliert hat.[103] Er senkt sich – in der déclaration – in die Wirklichkeit ein, faßt in ihr Wurzeln und entfaltet sich dann Stück um Stück gegen die geschichtliche Herkunftswelt. Deren Ordnungsmächte, die in seine Basis nicht eingegangen sind, werden nach und nach absorbiert und freigesetzt, des geschichtlichen Bodens beraubt: zunächst das Königtum und

101 Vgl. S. 178 ff.

102 Vgl. dazu Ernst Cassirer, *Die Philosophie der Aufklärung*, Tübingen 1932, S. 339 ff.; Hans Welzel, *Naturrecht und materielle Gerechtigkeit*, Göttingen ⁴1962, S. 108-113; Franz Wieacker, *Privatrechtsgeschichte der Neuzeit*, Göttingen 1952, S. 139 f., 146-150; neuestens Georg Lenz, »Theokratie und Naturrecht im 17. und 18. Jahrhundert«, in: *FS Laun*, Hamburg 1962, S. 257 ff.

103 Vgl. *Vorlesungen zur Philosophie der Geschichte*. Ausgabe Glockner, Stuttgart ³1949, S. 557.

das monarchische Staatsgefüge, sodann die überkommenen statusmäßigen Lebensordnungen, schließlich das Volkhaft-Nationale und auch die politische Nation.[104] Ganz konsequent im Sinne dieser Bewegung spricht L. v. Stein in seiner Gesellschaftslehre von 1856 vom Volk als einer »individuellen Gesellschaft«.[105] Da die neue Ordnung sich auf die Natur als die von der geschichtlichen Herkunftswelt emanzipierte Natur gründet, hängt das geschichtlich Überkommene, soweit es über diese Bestimmung der Natur hinausgeht, als nur Positives in der Luft, entbehrt der Notwendigkeit und prinzipiellen Legitimation. Es fällt aus dem Bereich des Öffentlichen und Allgemeinen hinaus in den Bereich des Privaten, des freien Beliebens der individuellen Subjektivität; als Faktor des Allgemeinen stirbt es im Fortgang der Bewegung ab. Nur was »von Natur« im Sinne *dieser* Natur ist, bleibt und hat geschichtliche Gestaltungskraft für die Zukunft.[106]

104 Für Deutschland sind die Anfänge dieses sozialen Umbildungs- und Auflösungsprozesses jetzt näher geschildert in den Beiträgen von Otto Brunner (für Österreich), Reinhart Koselleck (für Preußen), Wolfgang Zorn (für Bayern), Wolfram Fischer (für Baden), Werner Conze (allgemein) in dem Sammelband: *Staat und Gesellschaft im deutschen Vormärz* hg. von W. Conze, Stuttgart 1962. Vgl. ferner Ulrich Peter Ritter, *Die Rolle des Staates in den Frühstadien der Industrialisierung*, Berlin 1961; A. R. L. Gurland, »Wirtschaft und Gesellschaft im Zeitalter des Überganges zur Industrie«, in: *Propyläen-Weltgeschichte*, Bd. 8, Berlin 1960. Vgl. auch die treffende Bemerkung L. v. Steins, *Die Verwaltungslehre*, Bd. 1: Die vollziehende Gewalt, Stuttgart ²1869, S. 34, wo es heißt, daß in Deutschland »der Sieg der staatsbürgerlichen Gesellschaft über die Geschlechterordnung und Ständeordnung langsam, aber sicher auf einem Gebiet entschieden ward, dem man es von jeher angetan hat, es als eine Konsequenz der Verwaltung anzusehen, während es das Prinzip der künftigen Verfassung enthielt. Das war die *Grundentlastung*, das ist, die Herstellung des staatsbürgerlichen Eigentums an der Stelle des Geschlechtereigentums, und die *Gewerbe- und Berufsfreiheit*, das ist die Herstellung der staatsbürgerlichen Arbeit an der Stelle der ständischen Korporationsarbeit.«

105 L. v. Stein, »Die Gesellschaftslehre«, in: *System der Staatswissenschaft*, Bd. 2, Stuttgart 1856, S. 49.

106 Der strukturelle Vorgang wird – in seiner Anfangsphase – deutlich sichtbar im preußischen ALR. Es scheidet die Institutionen und hergebrachten Rechte, die es als geschichtlich gegeben vorfindet, in sol-

So ist es nicht nur ein Ergebnis geschichtlicher Erfahrung, das ja möglicherweise eine schlechte Erfahrung ausdrücken kann, sondern auch theoretisch begründet, daß die durch die in der déclaration sanktionierten Prinzipien und Institutionen gegebene Ordnung und Beziehung von Staat und Gesellschaft und die daraus hervorgehende geschichtliche Bewegung das verfassungsgeschichtlich allein Bestimmende ist, sofern der Boden der déclaration einmal betreten wurde. L. v. Stein hat also nicht einen bestimmten Aspekt der geschichtlichen Entwicklung isoliert, sondern durch die Vielfalt des Geschehens hindurch den bestimmenden Kern dieser Enwicklung offengelegt.

Von daher bekommt die weitere Frage nach der Möglichkeit des Nebeneinanderbestehens und der Versöhnung von geschichtlicher Herkunftswelt und der in der déclaration grundgelegten Zukunftswelt ihre besondere Dringlichkeit.[107] Versteht man darunter lediglich ein tatsächliches Nebeneinanderbestehen, so kann man insofern von einer Versöhnung sprechen, als die durch die déclaration begründete Ordnung der modernen Gesellschaft die Ordnungsmächte der Herkunftswelt zwar vom Bereich des Allgemeinen und Notwendigen, nicht aber vom Bereich des Privaten ausschließt – der Unterschied zu jedwedem Totalitarismus. Strukturell gesehen ist jedoch eine Versöhnung nicht möglich. Denn da die Herkunftswelt in die Freiheit oder Beliebigkeit des

che, die »von Natur« und daher notwendig, und solche, die nur geschichtlich und positiv bestehen. Die letzteren fallen in den Bereich des »an sich Zufälligen«, nur Historischen, entbehren des prinzipiellen Fundaments und stehen folglich dem Gesetzgeber oder dem Fortgang der geschichtlichen Entwicklung zur Disposition. Vgl. dazu im einzelnen Koselleck (Anm. 104), S. 79 ff.

107 Die in der Entzweiung von Herkunftswelt und Zukunftswelt gegebene Versöhnung beider in der auf die Französische Revolution sich gründenden Ordnung der modernen Welt zu erweisen und dadurch deren innere Vernünftigkeit darzutun, ist – gegenüber einer verbreiteten philosophischen und politischen Kulturkritik – das besondere Anliegen Joachim Ritters; vgl. Joachim Ritter, *Hegel und die französische Revolution*, Köln und Opladen 1957; ders., »Die große Stadt«, in: *Erkenntnis und Verantwortung. FS Theodor Litt*, Düsseldorf 1961; ders., »Person und Eigentum«. Zu Hegels »Grundlinien der Philosophie des Rechts«, §§ 34-81, in: *Marxismusstudien*, 4. Folge, hg. von Iring Fetscher, Tübingen 1962, [sämtlich jetzt in Joachim Ritter, *Metaphysik und Politik*, Frankfurt 1969].

individuellen Daseins versetzt ist, ermangelt sie eben der Teilhabe am Allgemeinen und damit der inneren Notwendigkeit und geschichtsbestimmenden Kraft. Jene Bereiche der menschlichen Natur, die ihre Verwirklichung in den Institutionen der Herkunftswelt gefunden haben, lassen sich auf dem Boden der individuellen Menschenrechte nicht durch eine Konservierung im Bereich des Privaten bewahren, sondern nur, indem und soweit sie sich durch die Emanzipation hindurch neu zur Geltung bringen und wieder die Teilhabe am Allgemeinen erlangen.[108] Wieweit darin eine reale Chance liegt, kann an dieser Stelle nicht näher erörtert werden; die Zukunft wird uns den Aufschluß nicht verweigern.[109]

L. v. Stein war allerdings der Überzeugung, daß die Bewegung von Gesellschaft und Staat, wie er sie geschichtlich erkannte und begriff, ein Weg zur Wirklichkeit menschlicher Freiheit sei. Insofern war er »Realist, der im weiten idealistischen Mantel einher-

108 Vgl. auch Helmut Schelsky, *Der Mensch in der wissenschaftlichen Zivilisation*, Köln – Opladen 1961, S. 42, und die Diskussionsbemerkung von Josef Pieper bei Joachim Ritter, *Hegel und die französische Revolution*, S. 73.

109 Ein weiteres Problem, das durch die Theorie L. v. Steins ebenfalls gestellt wird, aber hier nicht weiter diskutiert werden kann, ist die Frage der Säkularisierung der politisch-sozialen Ordnung in der modernen Welt. Der Mensch, wie er in den Naturbegriff des Vernunftrechts und folglich in die Prinzipien der déclaration eingeht, ist ein *profanes*, von jeder theologischen, über seine Weltlichkeit hinausgehenden Bestimmung emanzipiertes Wesen. So ist auf dem Boden der déclaration, d. h. der in ihr proklamierten Religionsfreiheit als Menschenrecht, die staatliche, öffentliche Ordnung strukturell von der Religion emanzipiert, ist diese ebenfalls in den Bereich des privaten oder gesellschaftlichen Daseins verwiesen, »aus dem Gemeinwesen als Gemeinwesen exiliert«, wie es Karl Marx, *Zur Judenfrage* (Anm. 30), S. 586, der auch hier den strukturellen Vorgang klar gesehen hat, formuliert. Diesen Zusammenhang gilt es gegenüber dem Bestreben festzuhalten, einerseits die modernen Menschenrechte als Ausfluß des christlichen Naturrechts zu interpretieren, anderseits aber die Weltlichkeit und Säkularisiertheit der modernen Staats- und Gesellschaftsordnung zu beklagen. Grundsätzlich zum Problem der Säkularisierung neuestens Eric Weil, »Die Säkularisierung der Politik und des politischen Denkens in der Neuzeit«, in: *Marxismusstudien*, 4. Folge, Tübingen 1962.

schreitet«, wie Marx von ihm gesagt haben soll.[110] Er sah die treibende Kraft des modernen Staates und der modernen Gesellschaft »in der Idee der selbständigen, in sich unendlichen Persönlichkeit des einzelnen, die sich durch den Widerspruch in den gesellschaftlichen Bewegungen hindurch zur Wirklichkeit bringt«.[111] Wir sind heute an Erfahrungen reicher und kennen auch die Gefährdungen der Freiheit, die jene geschichtliche Bewegung hervorgebracht hat. So ist der weltgeschichtliche Optimismus, der L. v. Stein beflügelte, in unsern Tagen einem nüchternen Realismus gewichen. Gleichwohl aber vermag uns die große geschichtliche Einsicht L. v. Steins dazu zu verhelfen, die Wirklichkeit zu begreifen, die uns umgibt – wie sie ist und wie sie geworden ist.

110 Die Äußerung ist angeführt – ohne Fundstelle – bei Gottfried Salomon (Anm. 17), S. xxxiv.

111 Paul Vogel, *Hegels Gesellschaftsbegriff und seine geschichtliche Fortbildung durch Lorenz Stein, Marx, Engels und Lasalle*, Berlin 1925, S. 141.

9. Die Bedeutung der Unterscheidung von Staat und Gesellschaft im demokratischen Sozialstaat der Gegenwart

Es gilt heute als herrschende, wenn nicht gar allgemeine Meinung, daß die Trennung von ›Staat‹ und ›Gesellschaft‹ im Zeichen der modernen Demokratie und der Entwicklung zum Sozialstaat praktisch überholt sei und theoretisch ihre Rechtfertigung verloren habe.[1] An die Stelle der dem 19. Jh. zugehörigen Trennung sei eine notwendige Verbindung und Vermischung von Staat und Gesellschaft getreten: es gebe, empirisch gesehen, keine sogenannte staatsfreie, d. h. sich selbst regulierende Gesellschaft mehr, vielmehr sei die gezielte staatliche Intervention in gesellschaftliche Abläufe und deren Regulierung von bestimmten politisch-sozialen Zielsetzungen her eine gewohnte und notwendige Erscheinung, und umgekehrt könne, theoretisch-normativ gesehen, im Zeichen des demokratischen Prinzips der Staat nicht mehr als von der Gesellschaft losgelöst und ihr gegenüber eigenständig, sondern nur als deren Funktion und eine Form der »Selbstorganisation der Gesellschaft« angesehen werden.[2] Mit dieser letzteren Kritik verbindet sich nicht selten ein ausgesprochener oder unausgesprochener Ideologieverdacht gegenüber jenen, die heute noch an der Trennung von Staat und Gesellschaft als einem verfassungstheoretischen und verfassungsorganisatorischen Prinzip festhalten: dies sei der Versuch einer Restauration einer gesellschaftstranszendenten staatlichen Autorität, die demokratisch illegitim sei.[3]

1 Die Auffassung hat sich nicht nur bei Politikwissenschaftlern, sondern auch bei Juristen zur communis opinio verdichtet. Vgl. aus jüngster Zeit statt anderer Konrad Hesse, *Grundzüge des Verfassungsrechts der Bundesrepublik Deutschland*, Karlsruhe [4]1970, S. 8 ff.; Christian von Krockow, »Staatsideologie oder demokratisches Bewußtsein, *PVS* 6. Jg. 1965, S. 118 ff.; Wolfgang Abendroth, »Zum Begriff des demokratischen und sozialen Rechtsstaats im GG, in: *Aus Politik und Geschichte. FS Bergsträsser*, Düsseldorf 1954, S. 279-300.

2 So Hesse, (Anm. 1), S. 8.

3 Vgl. etwa Otto Heinrich v. d. Gablentz, »Staat und Gesellschaft«, in: *PVS* 2. Jg. 1961, S. 2 ff.; v. Krockow, (Anm. 1), S. 120.

Angesichts dieser Lage soll im folgenden versucht werden, zur Frage der Berechtigung und möglichen Bedeutung der Unterscheidung von Staat und Gesellschaft in unserer gegenwärtigen Verfassungsordnung einige prinzipielle Überlegungen beizutragen. Zu diesem Zweck wird zunächst nach den historischen Grundlagen und Voraussetzungen der Unterscheidung von Staat und Gesellschaft gefragt, d. h. aus welchen historisch-politischen Gegebenheiten heraus diese Unterscheidung entstanden ist und in welcher Weise sie sich entwickelt hat (I.); sodann ist zu erörtern, was die Unterscheidung von Staat und Gesellschaft als verfassungsorganisatorisches Prinzip inhaltlich besagt und besagen kann und welcher Ausgestaltung sie fähig ist (II.); auf dieser Grundlage läßt sich dann ermitteln, ob und inwieweit die Unterscheidung von Staat und Gesellschaft unter den Voraussetzungen einer demokratischen Staatsstruktur (III.) und angesichts des modernen Sozialstaats (IV.) Bestand haben und welche Bedeutung ihr dabei zukommen kann. Schließlich ist nach den Auswirkungen der zunehmenden Identifikation von Staat und Wirtschaft auf das Verhältnis von Staat und Gesellschaft zu fragen (V.).

I.

Die Unterscheidung von ›Staat‹ und ›Gesellschaft‹ ist keine allgemeine, für beliebige geschichtliche Epochen gültige Gegebenheit, sondern eine verfassungsgeschichtlich entstandene und bedingte.[4] Sie ist einerseits nicht das Erzeugnis bloßer Theorie, also ein abstraktes gedankliches Modell ohne Beziehung zur geschichtlichen Wirklichkeit, anderseits kann von einer Unterscheidung oder irgendwie gearteten Trennung von Staat und Gesellschaft nur unter bestimmten, angebbaren Bedingungen der politisch-sozialen Ordnung, und solange diese Bedingungen fortbestehen, gesprochen werden. Das führt zu der Frage, welches die historischen Bedingungen sind, die zur Herausbildung der Unterscheidung von Staat und Gesellschaft in der politisch-sozialen Wirklichkeit geführt haben.

1. Die politische Ordnung des Mittelalters und auch noch die Landesherrschaft der frühen Neuzeit sind dadurch gekennzeichnet, daß in ihr vielfach zerstreute und je begrenzte eigenständige politische Herrschaftsbefugnisse bestehen, ohne daß sich darüber eine umfassende, letztentscheidende politische Herrschaftsgewalt

4 Die älteren Lehrbücher der Rechts- und Verfassungsgeschichte haben wie den Staatsbegriff auch die Unterscheidung von Staat und Gesellschaft als eine allgemeine, über die verschiedenen geschichtlichen Epochen hinweg gültige und verwendbare vorausgesetzt; vgl. etwa Heinrich Brunner, *Deutsche Rechtsgeschichte,* Bd. 1.2, München-Leipzig ²1906; Richard Schröder/Eberhard Freiherr v. Künßberg, *Lehrbuch der Deutschen Rechtsgeschichte,* Berlin ⁷1932; Claudius Freiherr von Schwerin/Hans Thieme, *Grundzüge der deutschen Rechtsgeschichte,* Berlin-München 1949, aber auch noch Hermann Conrad, *Deutsche Rechtsgeschichte,* Bd. 1: *Frühzeit und Mittelalter,* Karlsruhe 1952, ²1962. Die prinzipielle Kritik dazu ist von Otto Brunner, *Land und Herrschaft,* zuerst 1939, Baden b. Wien ³1943, S. 124 ff., vorgebracht worden; vgl. ferner Ernst-Wolfgang Böckenförde, *Die deutsche verfassungsgeschichtliche Forschung im 19. Jahrhundert. Zeitgebundene Fragestellungen und Leitbilder,* Berlin 1961. – Ebenso werden in der marxistischen Theorie die Begriffe und die Unterscheidung von Staat und Gesellschaft, ursprünglich aus der Analyse der eigenen geschichtlichen Gegenwart entwickelt, zu einem allgemeinen sozialwissenschaftlichen Kategoriensystem verabsolutiert, das für alle sozialgeschichtlichen Formationen zwischen Urkommunismus und klassenloser Gesellschaft Gültigkeit hat.

erhebt.[5] Die Unterscheidung, das Auseinandertreten von ›Staat‹ und ›Gesellschaft‹ wird dadurch vorbereitet, daß die vielfach zerstreuten politischen Herrschaftsbefugnisse zunehmend bei einer Person bzw. Instanz konzentriert und dort planmäßig zu einer einheitlichen und umfassenden politischen Herrschaftsgewalt organisiert und ausgebaut werden; Gerichts- und Jurisdiktionsbefugnisse, insbesondere das sich ausweitende Gesetzgebungsrecht, die Ausübung von Hoheitsrechten, der Befehl über Polizei und Heer u. a. m. werden dem Anspruch und stufenweise der Realität nach (allein) Sache des Landesherrn bzw. Monarchen und der von ihm Beauftragten; sie können von anderen Personen nur in seinem Namen, als von ihm delegierte (und damit begrenz- und rücknehmbare) Befugnisse ausgeübt werden.[6] Auf diese Weise entsteht aus der herrschaftlich-politisch durchformten und geschichteten Gesellschaft (societas civilis *cum* imperio) des Mittelalters und der frühen Neuzeit auf der einen Seite die einheitliche und umfassende, gegenüber ihren individuellen Trägern organisatorisch verselbständigte Staatsgewalt, auf der andern Seite die einheitliche neue Gesellschaft (societas civilis *sine* imperio) der dieser Staatsgewalt Unterworfenen.[7] Die Französische Revolution voll-

5 Siehe dazu jetzt die die versprengten neueren Forschungsergebnisse systematisch zusammenfassende Darstellung bei Helmut Quaritsch, *Staat und Souveränität*, Bd. 1, Frankfurt 1970, S. 178-201 und 155-177; früher schon Otto Brunner (Anm. 4), S. 160 ff.

6 Vgl. das Auftreten des einheitlichen Begriffs der ›Landeshoheit‹ (ius territoriale), der seiner Tendenz nach umfassenden Charakter hatte im Westfälischen Frieden, *IPO* Art. V, 30 und Art. VIII, § 1, die Begründung und Ausformung der ›suprema potestas‹ des Herrschers in der Staatstheorie des 16.-18. Jh. – dazu immer noch Otto von Gierke, *Johannes Altusius und die Entwicklung der naturrechtlichen Staatstheorien*, Breslau ⁴1929, S. 143 ff., und die abschließende Kodifikation dieser Entwicklung im preußischen *ALR* von 1794, §§ 1-4 II 13. Ein zusammenfassender Überblick über die Entwicklung bei Gerhard Oestreich in: Bruno Gebhardt/Herbert Grundmann, *Handbuch der deutschen Geschichte*, Stuttgart ⁹1970, §§ 91, 100-104, 108.

7 Otto Brunner, »Die Freiheitsrechte in der altständischen Gesellschaft«, in: ders., *Neue Wege der Verfassungs- und Sozialgeschichte*, Göttingen ²1968, S. 187 ff.; Erich Angermann, »Das Auseinandertreten von Staat und Gesellschaft im Denken des 18. Jahrhunderts«, in: *ZPol* 1963, S. 89 ff.; neuestens Manfred Riedel, *Zur Theorie und Geschichte des Begriffs ›Bürgerliche Gesellschaft‹ zwischen Aristoteles und Hegel*, 1970.

endet hier nur, was die absoluten Monarchen erstrebten, und wechselte dabei den Träger der einheitlichen Staatsgewalt aus.[8] Der junge Karl Marx[9] hat diesen Vorgang sehr klar gesehen und beschrieben. »Die alte bürgerliche Gesellschaft«, heißt es bei ihm, »hatte unmittelbar einen politischen Charakter, d. h. die Elemente des bürgerlichen Lebens, wie z. B. der Besitz oder die Familie oder die Art und Weise der Arbeit, waren in der Form der Grundherrlichkeit, des Standes und der Korporation zu Elementen des Staatslebens erhoben.« ... »Die politische Revolution ..., welche den politischen Staat als allgemeine Angelegenheit, d. h. als wirklichen Staat konstituierte, zerschlug notwendig alle Stände, Korporationen, Innungen, Privilegien, die ebenso viele Ausdrücke der Trennung des Volkes von seinem Gemeinwesen waren. ... Sie zerschlug die bürgerliche Gesellschaft in ihre einfachen Bestandteile, einerseits in die Individuen, anderseits in die materiellen und geistigen Elemente, welche den Lebensinhalt, die bürgerliche Situation dieser Individuen bilden. Sie entfesselte den politischen Geist, der gleichsam in die verschiedenen Sackgassen der feudalen Gesellschaft zerteilt, zerlegt, zerlaufen war ...«.

2. Mit der Konzentrierung und dem organisatorischen Ausbau der bis dahin zerstreuten politischen Herrschafts- und Entscheidungsgewalt ergibt sich zugleich der bei Marx angedeutete Umbau der alten ›Gesellschaft‹. Denn diese Konzentrierung bedeutet, daß die zahlreichen Zwischengewalten und Statusordnungen der alten Gesellschaft Stück um Stück abgebaut und eingeebnet, ihres herrschaftlich-politischen Charakters entkleidet werden. Die einzelnen werden zunehmend aus der herrschaftlich-politischen Einbindung in die konkreten Herrschafts- und Lebensordnungen der alten Gesellschaft (Grund-, Stadt-, Kirchen-(Kloster-) Herrschaft) freigesetzt; es bleibt – und tritt dadurch besonders hervor – die Herrschaftsbeziehung Monarch (Landesherr) – Untertan, die eine unmittelbare wird und sich, im Zuge der gedankli-

8 Die Kontinuität zwischen absoluter Monarchie und Revolution unter diesem Aspekt ist schon von Alexis de Tocqueville, *L'ancien régime et la Révolution* (Ausg. J. P. Mayer, Paris 1950), Teil 1, 2 11, 5 und 9, herausgestellt worden.

9 *Frühschriften*, hg. von Landshut, Stuttgart 1953, S. 196 ff.; dort auch die folgenden Zitate.

chen Verselbständigung der ›staatlichen‹ Herrschaftsbefugnis gegenüber der Person des Monarchen, zur Beziehung Staat – Untertan umformt. Das Prinzip, das zur Verwirklichung drängt, ist folgendes: Nicht mehr bestimmte einzelne sollen über andere einzelne Herrschaftsgewalt ausüben, nicht ein Stand (Adel) über einen anderen (Bauern), sondern nur der Träger der umfassenden staatlichen Gewalt einheitlich gegenüber allen; im übrigen ist der einzelne ›frei‹, d. h. frei von anderer als staatlicher Herrschaftsgewalt. Das entspricht der Sozialtheorie und Staatsbegründung des Vernunftrechts, die die ursprüngliche Freiheit und Gleichheit des Individuums als Prämisse setzt und über den Individuen nur eine, und zwar einheitliche Entscheidungs- und Ordnungsgewalt begründet, der alle in gleicher Weise unterworfen sind.[10]
Diese Umbildung der Gesellschaft macht aus den Ständen, die bis dahin herrschaftlich-politische Bildungen und gegeneinander abgeschlossene Rechtsklassen waren, soziale Schichten. Soweit sie noch einzelne Herrschaftsrechte behaupten, wie z. B. der grundbesitzende Adel in Preußen, die gutsherrliche Gerichtsbarkeit bis 1848 und die gutsherrliche Polizei bis 1878, sind sie ›privilegierte‹ Untertanen mit Vorzugsrechten gegenüber den anderen. Der Maßstab, von dem aus ihre Stellung nunmehr als Privileg erscheint, ist der der rechtlichen Gleichheit, und zwar sowohl in der Unterordnung aller einzelnen unter die eine Staatsgewalt als auch in der Unabhängigkeit der einzelnen im Verhältnis zueinander: die »Subjekt«stellung im doppelten Sinn.
Auf diese Weise entsteht die neue, dem Staat als der Organisation der einheitlichen politischen Herrschafts- und Entscheidungsgewalt gegenüberstehende Gesellschaft der ›freien‹ und rechtlich gleichen einzelnen und ihrer Gruppierungen.
3. Der organisatorische Ausbau der einheitlichen Staatsgewalt bringt nicht nur eine Konzentrierung und Erweiterung der politischen Herrschaftsrechte zu einer umfassenden politischen Entscheidungsgewalt und die Verselbständigung und ›Objektivierung‹ dieser Entscheidungsgewalt gegenüber der Person und dem

10 Vgl. dazu Franz Wieacker, *Privatrechtsgeschichte der Neuzeit*, Göttingen ²1967, S. 267 ff., 272 ff.; H. Conrad, *Individuum und Gemeinschaft in der Privatrechtsordnung des 18. und beginnenden 19. Jahrhunderts*, Karlsruhe 1956, insbes. S. 16 f., 22 ff.; Carl Gottlieb Suarez, *Vorträge über Staat und Recht*, Köln-Opladen 1960, S. 461-68.

Belieben des Monarchen[11], er bringt auch eine Bindung und Begrenzung dieser Entscheidungsgewalt. Das ist die andere, nicht selten übersehene Seite der Entwicklung. Diese Bindung und Begrenzung erfolgt durch die Aufstellung und Verbindlichmachung grundlegender Staatszwecke; diese Staatszwecke begleiten die Errichtung und den Ausbau der Staatsgewalt von Anfang an.[12] Sie sind es, die das »Um-willen« des Staates ausmachen, die die Unterwerfung der einzelnen unter die sich konzentrierende staatliche Macht und Entscheidungsgewalt sinnvoll begründen und den Staat als Institution der Allgemeinheit von einer zufälligen Machtzusammenballung unterscheiden. Es ist die Funktion dieser Staatszwecke, die Ziele und die Reichweite der organisierten staatlichen Entscheidungsgewalt gegenüber den einzelnen und der freigesetzten Gesellschaft zu bestimmen und zu begrenzen. Der einzelne und die Gesellschaft sollen dem Zugriff des Staates, seiner Organisierung und Aktualisierung individueller Verhaltensleistungen nicht total, d. h. in jeder Hinsicht, sondern nur in bestimmter Hinsicht und bestimmten Bereichen, eben jenen, die für die Erreichung der Staatszwecke notwendig sind, unterworfen sein. Was jenseits dessen liegt, bleibt in einem spezifischen Sinn vorstaatlich, von staatlicher Organisierung und Aktualisierung frei: die Freiheitssphäre der Individuen und der Gesellschaft. Ihren Niederschlag findet diese Bestimmung und Begrenzung der staatlichen Entscheidungsgewalt in den individuellen Freiheitsrechten, am nachdrücklichsten in der französischen Er-

11 Das Vehikel dieser Objektivierung und Verselbständigung, die, wie Hermann Heller, *Staatslehre,* Leyden 1934, S. 132, richtig feststellt, zum Ausschluß von Eigentum an Herrschafts- und Verwaltungsmitteln und der Privatnützigkeit von Hoheitsrechten führt, war der *Amtsgedanke.* Er trug auch die Verselbständigung der Herrschaftsbefugnisse zur ›persona moralis‹ und, in einer weiteren Phase, die Ausbildung einer gegenüber dem Herrscher selbständigen Staatsperson; vgl. dazu jetzt auch Quaritsch (Anm. 5), S. 471 ff., insbes. 479 f.

12 Dies ist eine der wesentlichsten Leistungen der vernunftrechtlichen Staatslehre, die damit nicht nur Widerhall im allgemeinen Bewußtsein, sondern im 18. Jahrhundert prinzipiell auch an den Fürstenhöfen fand. Wegweisend schon, ungeachtet der absolutistischen Komponente seiner Staatstheorie, Thomas Hobbes, *Elementa philosophica de cive,* 1647, c. XIII, 6; John Locke, *Two treatises on Government,* T. 2, Nr. 124 ff.; Immanuel Kant, *Metaphysik der Sitten,* T. 2, Anm. A nach § 49; der praktische Niederschlag in §§ 1-2 II 13 *ALR.*

klärung der Menschen- und Bürgerrechte vom 4. 8. 1789.[13] Sie sind Richtmaß und Ausgrenzung für die Freiheit der Individuen, aber auch für die Freiheit der Gesellschaft als der Individuen in ihrem sozialen Zusammenhang.

4. Diese Begrenzung und Zweckbindung der staatlichen Entscheidungsgewalt (und damit des Staates selbst) gegenüber den einzelnen und der Gesellschaft erfolgt in der Französischen Revolution und durch die bürgerliche Freiheitsbewegung in einer *spezifischen* Weise, die den Charakter der Gesellschaft als *Erwerbsgesellschaft* begründet. Die tragenden Elemente sind die Herstellung und Gewährleistung der (bürgerlichen) Rechtsgleichheit, der allgemeinen Erwerbs- und Vertragsfreiheit, der Freizügigkeit und der Garantie des erworbenen Eigentums. Die Fesseln des bürgerlichen Erwerbs, die für die alte Gesellschaft durch das ständisch und korporativ gebundene Berufs-, Gewerbe-, Eigentums- und auch persönliche Recht, das seine Erscheinungsform im ›Privileg‹ hatte, bestimmend waren[14], werden beseitigt. Sie werden ersetzt durch ein neues, auf die Verwirklichung der Rechtsgleichheit, Erwerbs- und Vertragsfreiheit usw. abzielendes allgemeines Recht, dessen Ausgangs- und Bezugspunkt die freie, selbstbestimmte und erwerbsorientierte Einzelpersönlichkeit ist.[15] Durch die Schaffung und Gewährleistung dieser neuen ›bürgerlichen‹ Rechtsordnung setzt der Staat die Gesellschaft in den Erwerb und zum Erwerb frei; sie wird im spezifischen Sinn »bürgerliche Gesellschaft«. In der Entfaltung ihrer

13 Insbes. in Art. 2, der als »but final« des Staates, die Gewährleistung der unveräußerlichen Menschenrechte aufstellt, in Art. 4, 6 und 17 (Garantie des Eigentums). Auch die Grund- oder Bürgerrechte der (früh)konstitutionellen Verfassungen haben diese gegen die staatliche Exekutive gerichtete Begrenzungsfunktion; vgl. Ernst Rudolf Huber, *Deutsche Verfassungsgeschichte seit 1789*, Bd. 1, Stuttgart ²1963, § 21.

14 Es sei erinnert an die städtischen Bannrechte, die monopolartigen Gewerbeberechtigungen, handwerklichen Zunftzwang, bäuerliche Berufs- und Schollenpflichtigkeit, an die Rechtsklassen des adeligen, städtisch-bürgerlichen und bäuerlichen Eigentums u. a. m. Vgl. dazu Adolf Zycha, *Deutsche Rechtsgeschichte der Neuzeit*, Marburg ²1950, §§ 43-49.

15 Lorenz von Stein, *Gegenwart und Zukunft der Rechts- und Staatswissenschaften Deutschlands*, Stuttgart 1876, S. 141; ders., *Geschichte der sozialen Bewegung in Frankreich von 1789 bis auf unsere Tage*, (Ausg. Salomon), München 1921, Bd. 1, S. 415 ff.

Produktivkräfte auf dem Boden der Rechtsgleichheit und Erwerbsfreiheit führt sie einerseits neue (ökonomische) Macht- und Gruppenbildungen (sog. wirtschaftlich-sozialer Pluralismus), andererseits den sozialen Antagonismus herauf. Denn die Trias von Rechtsgleichheit, Erwerbsfreiheit und Garantie des erworbenen Eigentums baut nicht nur alte Privilegien ab, sie ermöglicht zugleich die volle Entfaltung der natürlichen und besitzbestimmten Ungleichheit der Menschen, aus der sich im Zuge des ökonomischen Prozesses dann, vermittelt durch die Garantie des Eigentums, die soziale Klassenspaltung ergibt.[16] So ist es die Gesellschaft selbst, die aus sich heraus (neue) soziale Ungleichheit und Unfreiheit hervorbringt und den Staat mit dem Problem der »sozialen Frage« konfrontiert.

5. Mit der Herausbildung des Sich-Gegenüberstehens von ›Staat‹ und ›Gesellschaft‹ ergibt sich ferner (zugleich) das Problem des *Anteils* der Gesellschaft an der staatlichen Entscheidungsgewalt und ihrer Ausübung. In ihrer Entstehung war die Gesellschaft zunächst von der staatlichen Herrschaftsorganisation und den sie tragenden Schichten streng gesondert. Der Staat setzte die Individuen und die Gesellschaft in die *bürgerliche* Freiheit, er erhielt sie darin durch die Schaffung und Gewährleistung der neuen allgemeinen Rechtsordnung, aber die einzelnen und die Gesellschaft erlangten keine *politische* Freiheit, d. h. keinen Anteil an der beim Staat konzentrierten politischen Entscheidungsgewalt und keine institutionalisierte Möglichkeit der aktiven Einflußnahme auf sie. Der Staat als Herrschaftsorganisation stand gewissermaßen in sich selbst, d. h. soziologisch getragen von Königtum, Beamtentum und Heer, teilweise auch dem Adel[17], und war als solcher von der durch das Bürgertum repräsentierten Gesellschaft organisatorisch und institutionell ›getrennt‹.

16 Diese notwendige innere Entwicklung der bürgerlichen Gesellschaft ist schon sehr frühzeitig von Lorenz von Stein und Karl Marx erkannt und analysiert worden. Vgl. etwa die Strukturanalyse der ›Industriellen Gesellschaft‹ bei Lorenz von Stein, *Geschichte der sozialen Bewegung*, Bd. 2, S. 16 ff., 27-34, 65-68.

17 Kennzeichnend dafür die Funktionsbeschreibung des Adels (§ 1 II 9) und des Beamten (§ 68 II 11) als Staatsstände und das Verschwinden des Königtums unter dem Begriff ›Staatsoberhaupt‹ im preußischen *ALR*. Vgl. auch Reinhart Koselleck, »Staat und Gesellschaft in Preußen«, in: *Staat und Gesellschaft im Vormärz*, hg. v. W. Conze, Stuttgart ²1970, S. 79 ff.

Diese Verhältnisbestimmung und Zuordnung von Staat und Gesellschaft entsprach der Phase des Spätabsolutismus und frühen Konstitutionalismus, vor allem in Deutschland. Aber sie bezeichnete nur eine bestimmte historische Phase, nicht das Prinzip dieser Zuordnung. Schon die französische Erklärung der Menschen- und Bürgerrechte, Art. 6[18], ging davon aus, daß die staatliche Gesetzgebungs-Gewalt, als das wesentliche Ordnungs- und Lenkungsmittel des Staates für die Gesellschaft, notwendig gebunden sei an die Zustimmung des Volkes bzw. von ihm gewählter Repräsentanten. Das bedeutete die Forderung und Anerkennung der Einflußnahme auf den Staat bzw. das sogenannte Staatshandeln durch die Gesellschaft und aus der Gesellschaft heraus. In die gleiche Richtung zielten die konstitutionellen Verfassungen, indem sie das Erfordernis der Zustimmung der Volksvertretung zu allen Gesetzen bzw. zu solchen, die »Freiheit und Eigentum der Bürger« betreffen, festlegten[19], und ebenso die frühliberale und nachhegelsche Staatslehre, die die bestimmende Teilnahme der Bürger an der gesetzgebenden Gewalt zu einem wesentlichen Begriffsmerkmal des Gesetzes selbst zählte.[20] An die Stelle einer strikten Trennung im Sinne des vielberufenen »Dualismus« von Staat und Gesellschaft trat eine verfahrensmäßig und institutionell ausgeformte Wechselbeziehung zwischen Staat und Gesellschaft auf der Grundlage ihrer organisatorisch-institutionellen Unterscheidung. Welche konkrete Ausgestaltung diese Wechselbeziehung je nach der politischen und verfassungsrechtlichen Lage annehmen konnte und daß sie den Übergang zur demokratischen Staatsform keineswegs ausschloß, hat dann bereits 1850 L. v. Stein in seiner *Geschichte der sozialen Bewegung in Frankreich,* in der er die allgemeine Entwicklung in Europa am paradig-

18 »La loi est l'expression de la volonté générale. Tous les citoyens ont le droit de concourir personellement ou par leurs représentants à sa formation...« (Wilhelm Altmann, *Ausgewählte Urkunden zur außerdeutschen Verfassungsgeschichte seit 1776,* 1897, S. 58f.).

19 Vgl. Huber (Anm. 13), S. 346f.; Dietrich Jesch, *Gesetz und Verwaltung,* Tübingen 1961, S. 123ff.

20 Dazu Ernst-Wolfgang Böckenförde, *Gesetz und gesetzgebende Gewalt,* Berlin 1958, S. 130f. Der staatstheoretische Gehalt dieses konstitutionellen Gesetzesbegriffes ist am nachdrücklichsten von Lorenz v. Stein, *Die Verwaltungslehre,* Bd. 1, 1, Stuttgart ²1869, S. 85f. formuliert worden.

matischen Beispiel Frankreichs vorausgreifend analysierte, dargetan.[21]

II.

Die Betrachtung der historisch-politischen Grundlagen der Unterscheidung von Staat und Gesellschaft und des geschichtlichen Entwicklungsgangs, in dem sie sich herausgebildet und ihre nähere Ausgestaltung erfahren hat, läßt erkennen, daß der Inhalt der Unterscheidung und Gegenüberstellung von Staat und Gesellschaft nicht eine strikte ›Trennung‹, geschweige denn Beziehungslosigkeit oder Unverbundenheit zwischen beiden Größen sein kann. Das wird durch systematische Überlegungen noch weiter bestätigt.

1. Der Staat ist, wie andere politische Ordnungsgebilde auch, seinem Wesen nach keine substantielle Einheit, auch ›kein Gemeinwesen‹, wie eine heute verbreitete Kennzeichnung lautet, sondern eine Organisation, genauer: eine *organisierte Wirkeinheit.*[22] Das besagt, daß er seine Einheit und Realität nicht in einem (hypostasierten) einheitlichen Willen oder einer sozialpsychischen Erlebniseinheit hat, sondern in einem organisierten Handlungs- und Wirkungszusammenhang. Als organisierte Wirkeinheit entsteht und besteht der Staat dadurch, daß einzelmenschliches Wirken durch leitende Organe zusammengefaßt, einheitlich gelenkt bzw. ausgerichtet und aktualisiert wird. Er kann also nicht unabhängig von menschlichen Personen gedacht werden, die im eigentlichen Sinn seine »Träger« sind, d. h., die den organisierten Handlungs- und Wirkungszusammenhang, als der er sich darstellt, durch ihr planendes, entscheidendes, ausführendes Handeln aktualisieren und verwirklichen. Diese menschlichen Träger kommen indessen selbst aus der Gesellschaft bzw. aus einer bestimmten Schicht oder Gruppe der Gesellschaft. Sie können zwar, indem sie sich ihre staatliche Aufgabe und Rolle, nämlich die Angelegenheiten der Allgemeinheit zu besorgen, ganz zu eigen machen, ihre gesellschaftliche Gebundenheit und Interessenlage »überschreiten«,

21 *Geschichte der sozialen Bewegung,* a.a.O., Bd. 3, S. 111-210. Unter heutigen Aspekten s. Joseph H. Kaiser, *Die Repräsentation organisierter Interessen,* Berlin 1956.

22 Hermann Heller, (Anm. 11), S. 228 ff., dort auch zum folgenden.

sich dazu in ein Verhältnis der Distanz setzen[23], aber sie hören nicht schon eo ipso auf, auch Glieder der Gesellschaft zu sein. Es besteht immer die Möglichkeit und Gefahr, daß sie die staatlichen Herrschafts- und Entscheidungspositionen nicht nur im Sinne der notwendigen allgemeinen Angelegenheiten, sondern auch (oder primär) zugunsten partikulärer, gesellschaftlich-gruppenmäßiger Ziele handhaben und artikulieren.[24]

Auf der anderen Seite ist der Staat, als organisierte politische Entscheidungseinheit, in seiner Tätigkeit funktional auf die Gesellschaft bezogen. Er nimmt für die Gesellschaft eine notwendige, ihren Bestand bedingende Erhaltungs-, Sicherungs- und auch Veränderungsfunktion wahr[25], indem er Verfahren und Instanzen zur friedlichen Konfliktregelung bereitstellt (Rechtsschutz und Rechtsdurchsetzung), indem er durch Gesetze die Rahmenordnung festlegt und garantiert, innerhalb deren die freie, staatlich nicht gelenkte Tätigkeit und Entfaltung der Gesellschaft sich abspielen kann, indem er Gefahren für den Bestand und die Sicherheit der Gesellschaft durch eingreifende oder vorbeugende (planend-koordinierende) Maßnahmen abwehrt. Staat und Gesellschaft sind also nicht zwei je geschlossene, voneinander isolierte Verbände oder Gemeinwesen[26], der Staat ist vielmehr die politische Entscheidungseinheit und Herrschaftsorganisation *für* eine Gesellschaft (oder, wenn man will, »über« ihr); er steht in notwendiger und mannigfacher Wechselbeziehung mit dieser, ohne darum aufzuhören, von ihr organisatorisch und funktional unterschieden und gesondert zu sein. Diese organisatorische Zusammenfassung und Verselbständigung der politischen Entscheidungsfunktionen, ihre relative Herauslösung aus gesellschaftlicher Unmittelbarkeit ist es gerade, die einerseits die innerstaatli-

23 Das war – in seinen großen Tagen – die zwar nicht absolut, aber doch in vergleichsweise hohem Ausmaß verwirklichte herausragende Leistung des Beamtentums.

24 Eine prägnante Analyse dieses Zusammenhangs bei Jürgen Fijalkowski, Artikel »Herrschaft«, in: *Evangelisches Staatslexikon*, Stuttgart 1966, Sp. 758.

25 Martin Drath, »Der Staat der Industriegesellschaft«, in: *Der Staat* 5 (1966), S. 274 ff.

26 So Horst Ehmke, »Staat und Gesellschaft als verfassungstheoretisches Problem«, in: *Staatsverfassung und Kirchenordnung. FS Rudolf Smend*, Tübingen 1962, S. 25 f.

che Friedenseinheit möglich macht, anderseits die wirksame funktionale Reduzierung und Zweckausrichtung aller politischen Entscheidungsgewalt zugunsten der individuellen Freiheit. Erst im totalitären System, wenn dem staatlichen, d. h. herrschaftlich-politischen Zugriff auf individuelle Verhaltensbereiche und die Verhaltensaktualisierung der Individuen keine Grenze mehr *gezogen* ist, ihm nichts mehr im eigentlichen Sinn vorausliegt, fallen Staat und Gesellschaft ineinander und kommt es zur sogenannten »Identität« von Staat und Gesellschaft; sie bedeutet zugleich das Ende der individuellen Freiheit.

2. Damit wird deutlich, daß die vielfache Kritik an der Unterscheidung und Gegenüberstellung von Staat und Gesellschaft weitgehend von falschen Voraussetzungen ausgeht. Diese falschen Voraussetzungen beruhen einmal auf der Auffassung, daß es sich bei der Unterscheidung und Gegenüberstellung von Staat und Gesellschaft um eine solche von zwei Verbänden oder Gemeinwesen handelt[27], zum andern darauf, daß unterstellt wird, der notwendige Inhalt dieser Unterscheidung und Gegenüberstellung sei eine strikte Trennung und Unverbundenheit.[28] Das führt dann dazu, daß eine bestimmte Phase in der konkreten Ausgestaltung des Beziehungsverhältnisses von Staat und Gesellschaft, nämlich die des Spätabsolutismus und frühen Konstitutionalismus, mit der Unterscheidung und Gegenüberstellung von Staat und Gesellschaft überhaupt gleichgesetzt wird. Da die Voraussetzungen jener Phase heute in der Tat entfallen sind, wird folgeweise die Unterscheidung und Gegenüberstellung im ganzen für überholt erklärt. Die Blickverengung des Ausgangspunktes läßt übersehen, welche institutionellen Freiheitssicherungen dabei mit für überholt erklärt werden, weil sie durch die Unterscheidung von Staat und Gesellschaft bedingt sind.[29]

Exkurs: In der modernen Soziologie, insbesondere soweit sie systemtheoretisch geprägt ist, hat sich der Sprachgebrauch durchgesetzt, den Staat als ein »Untersystem« der Gesellschaft zu bezeichnen, und zwar als dasjenige Untersystem, dessen Funktion die Produktion politischer Entscheidungen und deren Durchsetzung ist (Niklas Luhmann, *Grundrechte als Insti-*

27 Ehmke, ebd.

28 Dieses – auch sonst verbreitete – Mißverständnis bei Hesse, (Anm. 1), S. 8 f. und Reinhold Zippelius, *Allgemeine Staatslehre*, München ²1970, S. 135, 138.

29 Siehe dazu insbes. unten Abschnitt III.

tution, 1965, S. 15 ff.). Hier wird der Begriff »Gesellschaft« weiter gefaßt, nämlich als das Gesamt zwischenmenschlicher Beziehungen. Von diesem Ausgangspunkt, der für die Soziologie als Wissenschaft von sozialem Handeln seinen Sinn hat, ist es dann folgerichtig, vom Staat als einem Teil oder Untersystem der Gesellschaft zu sprechen. Die Unterscheidung und Gegenüberstellung von Staat und Gesellschaft als staatstheoretisches und verfassungsrechtliches Problem, die hier interessiert, ist damit denn auch weder widerlegt noch erledigt; sie wird nur in einem anderen Begriffsrahmen diskutiert (etwa bei Luhmann, a.a.O., S. 17-24). Um terminologischen Mißverständnissen zu begegnen, wäre dieses Problem in der soziologischen Begriffssprache dahin zu formulieren, daß im Zuge einer bestimmten geschichtlichen Entwicklung die politisch-soziale Ordnung der Gesamtgesellschaft in der Weise ausgebildet wird, daß alle politischen Entscheidungsfunktionen bei der Organisationseinheit »Staat« zusammengefaßt und gegenüber anderen Handlungssystemen relativ verselbständigt werden und daß diese Organisationseinheit Staat durch die allein ihr zukommende verbindliche Regulierungs- und politische Entscheidungsfunktion, die auf die andern Handlungssysteme (Wirtschaft, Kultur, Religion usf.) bezogen ist und sie steuert, diesen Handlungssystemen, d. h. der Gesellschaft i. e. S., nicht gleichgeordnet, sondern auf einer andern Ebene gegenübersteht, weshalb diese Gesellschaft auf den staatlichen Entscheidungsprozeß jeweils Einfluß zu gewinnen sucht.

3. Das Ergebnis der vorangegangenen Überlegungen läßt sich dahin formulieren, daß die Herausbildung der Unterscheidung und das Sich-Gegenübertreten von Staat und Gesellschaft notwendigerweise ein je nach konkreter Ausgestaltung verschiedenartiges, immer aber vorhandenes und wirksames Beziehungsverhältnis zwischen beiden konstituiert. Dieses Beziehungsverhältnis ist zu bestimmen als eine Wechselbeziehung (dialektischer Art) auf der Grundlage einer organisatorischen Unterscheidung und Trennung. Der Staat (als organisierte Wirk- und Entscheidungseinheit) gibt und erhält der Gesellschaft ihre (Rechts-)Ordnung, wirkt in sie hinein und erbringt Leistungen für die Gesellschaft. Die Gesellschaft, d. h. die Individuen als einzelne und in ihren Gruppierungen, ist daher notwendigerweise an der Art der Festlegung und dem Inhalt staatlicher Entscheidungen interessiert. Daraus ergeben sich Aktionsprozesse aus der Gesellschaft auf den Staat hin. Die Gesellschaft, genauer: gesellschaftliche Gruppen oder Wirkbereiche, suchen auf die staatlichen Entscheidungsorgane Einfluß zu nehmen, sie sich dienstbar zu machen oder mit eigenen Vertrauenspersonen zu besetzen, um dadurch die staatli-

che Entscheidungsgewalt und Wirkmacht zugunsten ihrer Interessen zu aktualisieren. Umgekehrt ist der Staat, genauer: die staatliche Organisationseinheit für ihr Wirken, nicht zuletzt für die Effektivität der in ihr getroffenen Entscheidungen, auf die Leistungen und Leistungsbereitschaft der Gesellschaft angewiesen.[30] Sie bedarf, um mächtig zu sein, durchaus eines Konsenses in der Gesellschaft für ihre Maßregeln und Entscheidungen. Das notwendige Maß dieses Konsenses ist unterschiedlich, je nach der durch die Staatsform bedingten Ausgestaltung der Wechselbeziehung zwischen Staat und Gesellschaft und nach der Bewußtseinslage in der Gesellschaft; es ist in der Diktatur geringer als in der Demokratie, aber entbehren kann diesen Konsens kein Staat.[31] Die leitenden staatlichen Organe einschließlich der sie tragenden Gruppen suchen daher Einfluß in die Gesellschaft hinein zu nehmen, um deren Leistungsbereitschaft zu erhalten oder zu erhöhen und dadurch die (eigene) staatliche Wirkmacht zu verteidigen oder zu befestigen; in dem Maße dies gelingt, verstärkt oder erhält sich das Aktionsfeld für staatliche Entscheidungen.

Auch die Realisierung der geistigen und ethischen Gehalte des Staates, in denen die staatliche politische Entscheidungsgewalt letztlich ihre Begründung und Rechtfertigung findet, unterliegt dieser Art Wechselbeziehung; sie ist nicht mit der staatlichen Organisationseinheit ein für allemal, gewissermaßen von selbst gegeben. Sie wird dadurch bewirkt, daß die jeweiligen Träger der staatlichen Entscheidungspositionen, die selbst in gesellschaftlichen Bezügen stehen bzw. aus ihnen kommen, sich in die Zweckausrichtung und Verantwortlichkeit staatlicher Ämter und Befugnisse hineinstellen, und daß ihr davon getragenes Handeln bei den einzelnen und in der Gesellschaft Widerhall findet in einem lebendigen Engagement für die allgemeinen, d. h. allen gemeinsamen Angelegenheiten.

30 Heller, (Anm. 22), S. 237, 238 f.

31 Soziologisch gesehen ist ein entscheidender Faktor für das Maß des erforderlichen Konsenses die besondere Leistungsbereitschaft der sog. Exekutionsstäbe, die in einem besonderen Organisations- und Beziehungsverhältnis zu den leitenden Staatsorganen stehen. Ist diese (letztlich freiwillige) Leistungsbereitschaft groß, können die leitenden staatlichen Organe eine vergleichsweise weitgehende Herrschaftsanspannung ohne Rücksicht auf vorhandenen Konsens riskieren. Vgl. zum Problem Fijalkowski, (Anm. 24), Sp. 757 f.

4. Erkennt man diese spezifische Eigenart des Beziehungsverhältnisses zwischen Staat und Gesellschaft, so zeigt sich, welches die Grundlage für seine konkrete Ausgestaltung ist. Sie liegt in der (verfassungsrechtlichen) Festlegung der Art, verfahrensmäßigen Gestaltung und Begrenzung der Einflußnahme aus der Gesellschaft auf den Staat hin, also insbesondere der Organisation und Ausgestaltung des Prozesses der politischen Willensbildung und staatlichen Entscheidung, sowie der Art, Ausgestaltung und Begrenzung der staatlichen Einflußnahme und Durchführung staatlicher Entscheidungen in die Gesellschaft hinein. Es ist dies zugleich die Grundfrage der Staats- und Verfassungsform. Diese Festlegung bzw. Ausgestaltung kann, führt man die vielfältigen Variationsmöglichkeiten auf einige Grundmuster zurück, erfolgen im Sinne eines einseitig determinierten Beziehungsverhältnisses der Gesellschaft zum Staat hin oder im Sinne eines einseitig determinierten Beziehungsverhältnisses des Staates in die Gesellschaft hinein.

Je nach dem maßgeblichen Grundmuster lassen sich verschiedene Typen der Modelle der Ordnung des Verhältnisses von Staat und Gesellschaft unterscheiden.[32] Das *autoritäre* Modell zielt auf die Eigenständigkeit und Unabhängigkeit der politischen Entscheidungssphäre des Staates von Einwirkungen aus der Gesellschaft; die staatliche Herrschaftsorganisation wird gegenüber der Gesellschaft als in sich selbst stehend abgesondert, d. h. die den Staat tragende Gruppe steht nicht in Konkurrenz um die Ausübung staatlicher Herrschaftsmacht. – Das *demokratisch-liberale* Modell geht von einer geregelten Teilnahmemöglichkeit aller an der politischen Willensbildung und einem offenen Zugang zu den staatlichen Entscheidungspositionen aus, ungeachtet der festgehaltenen Grenzen staatlicher Einwirkung auf die Gesellschaft. – Das *institutionelle* Modell, eine Zwischenform zwischen autoritärem und demokratisch-liberalem Modell, sucht die staatliche Wirkeinheit in konkreten Institutionen zu verkörpern, die nicht von der Gesellschaft streng abgesondert, sondern Institutionen der Vermittlung (Hegel) sind, wie z. B. Beamtentum, berufsständische Korporationen, gemeindliche Selbstverwaltung und auch (aber nicht

32 Das Kurzlehrbuch der *Allgemeinen Staatslehre* von Reinhold Zippelius (2. Aufl. 1970) enthält zu dieser wichtigen Grundfrage einer gegenwärtigen Staatslehre so gut wie nichts.

allein) die Volksvertretung. – Das *totalitäre* Modell schließlich bedeutet die Aufhebung der Gegenüberstellung von Staat und Gesellschaft; es enthält einerseits eine unbegrenzte Ausdehnung der staatlichen Zuständigkeit, um den herrschaftlich-politischen Zugriff auf das soziale Ganze und das Individuum in allen seinen Lebensäußerungen zu ermöglichen, und macht anderseits den Staat zum reinen Instrument oder Vollzugsorgan einer gesellschaftlichen Gruppe, der Partei, wodurch der Charakter des Staates als übergreifende Organisation, seine Ausrichtung auf die Allgemeinheit aufgehoben wird.

III.

Ungeachtet der bisherigen Überlegungen stellt sich das Problem der Unterscheidung und Gegenüberstellung von Staat und Gesellschaft in der Demokratie, genauer: in einem demokratisch organisierten Staat in besonderer Weise. Nach dem demokratischen Prinzip, wie es auch das *GG* in Art. 20 II 1 festlegt, muß sich alle staatliche Entscheidungsgewalt auf das Volk zurückführen; sie muß sich vom Volk her konstituieren, durch periodische Wahlen in die staatlichen Entscheidungsordnungen oder Entscheidungen des Volkes selbst, und dem Volk gegenüber legitimieren, durch eine Verantwortlichkeits- und Kontrollbeziehung zum Volk selbst oder von ihm konstituierter Organe. Da aber das Volk, konkret betrachtet, nicht ›neben‹ oder ›vor‹ der Gesellschaft existiert, sondern insgesamt genommen (auch) die Gesellschaft ist, welchen Sinn und welche Notwendigkeit soll dann die Unterscheidung und Gegenüberstellung von Staat und Gesellschaft noch haben? Muß sie nicht zu einer Relativierung des demokratischen Prinzips, einer Begrenzung oder sogar teilweisen Aufhebung der jeweiligen Maßgeblichkeit des Volkswillens führen?

1. Die Aufrechterhaltung der Unterscheidung und Gegenüberstellung von Staat und Gesellschaft im demokratischen Staat bedeutet nicht die Aufhebung des demokratischen Prinzips, wohl aber eine gewisse Begrenzung und Einbindung desselben zum Zwecke der Sicherung der individuellen und gesellschaftlichen Freiheit. Die demokratische, sich vom Volke her konstituierende Herrschafts- und Entscheidungsgewalt wird auf diese Weise ein-

gebunden in eine Vermittlung: Einerseits wird die demokratische Willensbildung und Mitwirkungsfreiheit für die Entscheidungen der Organisationseinheit Staat durchgeführt, der Staat wird ›demokratischer‹ Staat, auf der andern Seite wird die Begrenzung und Funktionsreduzierung der Staatsgewalt im Hinblick auf die individuelle und gesellschaftliche Freiheit, die in der Unterscheidung von Staat und Gesellschaft angelegt ist, beibehalten. Die Freiheit wird also ›doppelt genäht‹: zur politischen Freiheit der Mitwirkung und Mitbeteiligung aller an den Entscheidungen der Staatsgewalt tritt hinzu die bürgerliche Freiheit der einzelnen und der Gesellschaft vor bestimmten Zugriffen der Staatsgewalt überhaupt. Eben diese Konstituierung und zugleich Einbindung des demokratischen Prinzips um der doppelten Sicherung der Freiheit willen ist es, für die sich das Grundgesetz entschieden hat, wenn es die Demokratie als rechtsstaatliche, freiheitliche Demokratie verfaßt (Art. 20 II u. 28), die Grundrechte auch für den Gesetzgeber verbindlich macht (Art. I III) und ihren Kerngehalt für unantastbar erklärt (Art. 19 II, 79 III).[33]

Wird demgegenüber die Funktionsreduzierung des Staates unter Berufung auf den demokratischen Charakter der staatlichen Entscheidungsgewalt aufgegeben, so reduziert sich die Freiheit auf die demokratische Mitwirkungsfreiheit. Denn eine Allzuständigkeit der demokratischen staatlichen Entscheidungsgewalt, eben weil sie demokratisch ist, bedeutet zugleich, daß die Einbeziehung des einzelnen und der Gesellschaft in die staatliche Entscheidungsgewalt total wird. Demokratie heißt dann, daß alle über alles beschließen können[34]; es gibt nur noch eine (Mitwirkungs-)Freiheit *im* demokratischen Prozeß, nicht mehr eine Freiheit *gegenüber* dem demokratischen Prozeß. Das Ergebnis ist die

33 Eine Konkretisierung dieser Entscheidung stellt der Begriff der »freiheitlich-demokratischen Grundordnung« dar, wie ihn das BVerfG entwickelt hat, vgl. *BVerfGE* 2, 1 (12 f.), 5, 85 (140 f.); ferner auch *BVerfGE* 17, 306 (313 f.) zu der aus dem Rechtsstaatsprinzip fließenden Freiheitsvermutung zugunsten des Bürgers.

34 Eben darauf läuft die Gesellschaftsvertragsformel bei Rousseau, *Contrat social* I, 6 hinaus: »Chacun de nous met en commune sa personne et toute sa puissance sous la suprême direction de la volonté générale; et nous recevons encore chacque membre comme partie indivisible du tout«. Vgl. auch Julien Freund, »Der Grundgedanke der politischen Philosophie von Jean Jacques Rousseau«, in: *Der Staat* 7 (1968), S. 1 ff.

totale Demokratie, in der der einzelne voll und ganz Glied des demokratischen Kollektivs ist, und die eben darum notwendigerweise einen totalitären Charakter einnimmt.
An dieser Stelle zeigt sich die Ambivalenz des Begriffs »Demokratisierung«.[35] Demokratisierung kann eine sinnvolle politische Forderung sein, wenn sie bedeutet, daß die demokratische Struktur der staatlichen Entscheidungsgewalt verbessert und daß gesellschaftliche Machtpositionen, die die Freiheit anderer oder den demokratischen Staat selbst gefährden, demokratischer Kontrolle unterstellt werden müssen. Bedeutet sie hingegen, daß alle Bereiche gesellschaftlicher Freiheit einer ›demokratischen‹ Bestimmungsgewalt partieller Kollektive unterstellt werden müssen, um so die Gesellschaft einerseits vom Staat ›frei‹ zu machen und anderseits in sich zu demokratisieren, so ist sie eine Wegmarke zum Totalitarismus. Sie löst dann eben jene Konzentrierung der politischen Entscheidungsgewalt bei der staatlichen Organisation auf, die eine notwendige Bedingung zur Sicherung individueller Freiheit ist, gerade um sie gegenüber den Lenkungs- und Vereinheitlichungsansprüchen partieller gesellschaftlicher Kollektive zu gewährleisten.
2. Die praktisch-verfassungsrechtliche Bedeutung der Beibehaltung der Unterscheidung von Staat und Gesellschaft auch im demokratischen Staat liegt nicht allein in der Begrenzung der staatlichen Entscheidungsgewalt als solcher; sie zeigt sich ebenso im Hinblick auf die Organisationsformen der politischen Willensbildung und die Abgrenzung des staatlichen vom öffentlichen Bereich.

35 Aus der jüngsten Auseinandersetzung siehe einerseits: für die theoretische Grundlegung Jürgen Habermas, *Strukturwandel der Öffentlichkeit,* Neuwied-Berlin 1962, S. 242 ff., für die weitere Ausgestaltung Wolfgang Nitsch/Ute Gerhard/Claus Offe/Ulrich K. Preuß, *Hochschule in der Demokratie,* Neuwied-Berlin 1965, S. 189 ff.; Ulrich K. Preuß, *Zum staatsrechtlichen Begriff des Öffentlichen,* Stuttgart 1969, S. 166 ff., 184 ff.; H. v. Hentig, »Die Sache und die Demokratie«, in: *Die Neue Sammlung* 9 (1969), S. 101 ff.; anderseits: Wilhelm Hennis, *Demokratisierung. Zur Problematik eines Begriffs,* Köln-Neuwied 1970; Hans Maier, »Vom Getto der Emanzipation«, in: *Hochland* 62, Jg. 1970, S. 390 ff. – Aus der älteren Literatur s. vor allem Franz Neumann, »Zum Begriff der politischen Freiheit«, in: ders., *Demokratischer und autoritärer Staat,* Frankfurt 1967, S. 100-142, insbes. 130 ff.

a) Geht man davon aus, daß Staat und Gesellschaft in der Demokratie »ineinanderfallen«, der Staat »Selbstorganisation der Gesellschaft«[36] wird, so wird die politische Willensbildung, prinzipiell gesehen, weder ein »staatlicher« noch ein »gesellschaftlicher«, sondern ein einfachhin »öffentlicher« Vorgang, wodurch beliebige Reglementierungen durch den Staat und beliebige Einfluß- und Autonomieansprüche durch gesellschaftliche Bildungen, und damit eine fortschreitende Parzellierung der einheitlichen politischen Entscheidungsgewalt legitimiert werden.[37] Erscheint sie hingegen als ein Vorgang aus der vom Staat unterschiedenen und seinem Zugriff prinzipiell vorausliegenden Gesellschaft auf den Staat hin, so verbieten sich staatliche Einflußnahmen auf diesen Prozeß, die über die Gewährleistung der Rahmenordnung als notwendige Regelung gesellschaftlicher Freiheit hinausgehen. Die politischen Parteien können nicht, ungeachtet ihrer politischen Funktion und ihres Hineinwirkens in die staatliche Organisation, selbst Organe des Staates werden, sondern bleiben notwendigerweise in einer besonderen Zwischenstellung zwischen Gesellschaft und Staat: Aktionsorgane aus der Gesellschaft, soweit sie politisch aktiv wird, auf den Staat hin und in ihn hinein, oder, um an ein Wort Lenins anzuknüpfen, »Transmissionsriemen« zwischen Gesellschaft und Staat.[38] Ebenso können die Verbände, als freie Bildungen innerhalb der Gesellschaft,

36 So Hesse, (Anm. 1), S. 8, eine Formulierung der Weimarer Zeit aufnehmend.

37 In dieser Richtung werden die Folgerungen ausdrücklich entwickelt bei Preuß, (Anm. 35), §§ 9-13.

38 Das geltende Parteienrecht, wie es im Parteigesetz von 1967 seinen Niederschlag gefunden hat, ist ein Ausfluß dieser Zwischenstellung und sichert sie normativ ab. Die Parteien gehören von ihrer Entstehung, der Innenorganisation und dem Mitgliedschaftsrecht her in den Bereich der Gesellschaft, unterstehen insoweit grundsätzlich dem Privatrecht, in ihrer Funktion reichen sie in den Bereich der staatlichen Organisation hinein und unterstehen insoweit dem Verfassungsrecht. Da von dieser, in Art. 21 ausdrücklich anerkannten Funktion eine Rückwirkung auf ihren Status ausgeht, unterliegen sie auch in ihrer Innenorganisation und dem Mitgliedschaftsrecht bestimmten verfassungsrechtlichen Bindungen, die Art. 21 II *GG* selbst bereits vorsieht. Man kann daher in Anlehnung an das ›Verwaltungsprivatrecht‹ von einem ›Parteienprivatrecht‹ sprechen. Zu den vom Parteiengesetz (noch) nicht geregelten Problemen, die sich hier stellen, vgl. etwa

nicht staatlich gelenkt und kann ihr Aktionsfeld nicht eingeengt werden, es sei denn zur verfahrensmäßigen Regulierung von erstrebten Einflußnahmen auf den staatlichen Entscheidungsprozeß, um diesen von Pressionen demokratisch nicht legitimierter Instanzen freizuhalten. Endlich bleiben Gewährleistungen wie Pressefreiheit, Freiheit der Meinungsäußerung, Vereins- und Versammlungsfreiheit als Bereiche individueller und gesellschaftlicher Freiheit, ungeachtet ihrer eminenten Bedeutung und Funktion für den politischen Willensbildungsprozeß, dem gezielten Zugriff staatlicher Organe, etwa unter Berufung auf eine erstrebte demokratische Funktionserhöhung dieser Grundrechte, verschlossen.[39]

b) Bei einer Aufgabe der Unterscheidung von Staat und Gesellschaft geht ferner jede Möglichkeit der Abgrenzung der staatlichen von den öffentlichen bzw. öffentlich-relevanten Aufgaben verloren. Die sich hier in Judikatur und Literatur ausbreitende Unklarheit und Verwirrung sind dafür sehr aufschlußreich.

So hat das BVerfG jüngst, im Urteil über die Unzulässigkeit der Umsatzsteuer für die Rundfunkanstalten[40], aus dem Umstand, daß die Rundfunkanstalten eine öffentliche Aufgabe wahrnehmen und in entsprechender, den Bindungen aus Art. 5 I *GG* Rechnung tragender Weise organisiert sind, ohne weiteres den Schluß gezogen, daß es sich um eine öffentlich-*rechtliche* Aufgabe handelt, obwohl für ihre Wahrnehmung zugleich das Gebot der Staatsfreiheit besteht. Ungeachtet der Frage, wieweit sich das Gericht im konkreten Fall durch die Qualifizierung der Tätigkeit der Rund-

Franz Knöpfle, »Der Zugang zu den politischen Parteien«, in: *Der Staat* 9 (1970), S. 32 ff.

39 Die entscheidende Bedeutung, die darin für die Grundrechtsinterpretation liegt, ist offenbar. Siehe – für die Pressefreiheit des Art. 5 *GG* – Ernst Friesenhahn, »Die Pressefreiheit im Grundrechtssystem des Grundgesetzes«, in: *Recht und Rechtsleben in der sozialen Demokratie. FS Otto Kunze,* 1969, S. 21 ff.; Hans H. Klein, »Öffentliche und private Freiheit. Zur Auslegung des Grundrechts der Meinungsfreheit«, in: *Der Staat* 10 (1971), S. 145 ff.; für die Versammlungsfreiheit Fritz Ossenbühl, »Versammlungsfreiheit und Spontandemonstration«, in: *Der Staat* 10 (1971), S. 53 ff.; anderseits Alfred Dietel und Kurt Gintzel, *Demonstrations- und Versammlungsfreiheit,* 1968 [dazu D. Merten in: *Der Staat* 9 (1970), S. 274 ff.].

40 BVerfG v. 27. 7. 1971; *NJW* 1971, S. 1739 ff. [= *BVerfGE* 34, 314 ff.].

funkanstalten als »öffentliche Verwaltung« im Fernsehurteil (E 12, 205 [244 f.]) präjudiziert sah[41] – die Logik dieser Argumentation spricht für sich; ihre Basis ist das Fehlen jeder Unterscheidung von staatlichem und gesellschaftlichem Bereich, staatlicher und gesellschaftlicher Aufgabe, ihre Folge das Fehlen der Möglichkeit, öffentliche und öffentlich-rechtliche Aufgabe und Verantwortlichkeit auseinander zu halten.[42]

Ähnlich hat jüngst W. Kewenig die These aufgestellt,[43] daß sich für die Kirchen aus ihrem prominenten Charakter innerhalb der sozialen Gruppierungen, der sie »in die Sphäre des Öffentlichen« und damit in die Nähe der »institutionalisierten Staatlichkeit« rücke, und aus den von ihnen wahrgenommenen (sozialen und kulturellen) öffentlichen Aufgaben einerseits ihr Status als Körperschaften des öffentlichen Rechts rechtfertige, anderseits ein Anspruch auf staatliche Subvention ergebe, falls ihnen das Recht der Kirchensteuererhebung aberkannt würde.[44] Gewerkschaften und Arbeitgeberverbände können, akzeptiert man den Begründungszusammenhang, auf eine kaum geringere »Prominenz« und Wahrnehmung öffentlicher, d. h. für das gedeihliche Zusammenleben der einzelnen und der Gesellschaft notwendiger und unabdingbarer, daher allgemeiner Aufgaben und damit einen entsprechenden Anspruch auf staatliche Subvention verweisen. Tages- und Wochenpresse, aber auch der Milchhandel, können und werden nachfolgen.

Der hier gezogene Schluß von der öffentlichen Position und/oder Aufgabe auf besondere staatliche Anerkennung, Förderung und Subvention ruft ein neues System der Herausnahme aus der allge-

41 Die dissenting opinion der Richter Geiger, Rinck und Wand zu diesem Urteil tritt der Annahme einer solchen Präjudizierung ausdrücklich entgegen; die dafür gegebene Begründung ist jedoch recht gewunden und überzeugt nicht, vgl. *NJW* 1971, S. 1743 f. Die von der dissenting opinion gerügte Unklarheit und Widersprüchlichkeit des jetzigen Urteils ist schon im Fernsehurteil angelegt.

42 Anders demgegenüber die dissenting opinion der Richter Geiger, Rinck, und Wand, die klar zwischen öffentlicher und staatlicher Aufgabe unterscheidet, a.a.O., S. 1742 ff. [= BVerfGE 31, 337 ff.].

43 Wilhelm Kewenig, »Das Grundgesetz und die staatliche Förderung der Religionsgemeinschaften«, in: *Essener Gespräche zum Thema Staat und Kirche* 6, Münster/W. 1972, S. 24 f.

44 Ebd., S. 28.

meinen rechtlichen Gleichheit, d. h. von Vorrechten und Privilegien hervor, das dem demokratischen Prinzip widerspricht. Die Konsequenz im Sinne des demokratischen Prinzips kann dann nur sein, alle Träger solcher bevorrechtigter öffentlicher Positionen und Aufgaben auch einer demokratischen Willensbildung und Kontrolle zu unterwerfen. Das führt freilich, bei der Reichweite solcher in der Gesellschaft wahrgenommenen öffentlichen Aufgaben und Positionen, zu einer weitgehenden Verstaatlichung oder, was im Zuge der Zeittendenz näher liegt, ›Demokratisierung‹ gesellschaftlicher Bereiche, deren Gefahren oben geschildert sind.

Dem läßt sich nur entgegentreten, wenn man zum Ausgangs- und Bezugspunkt verfassungs*rechtlicher* Betrachtung nicht das Materiell-Öffentliche und die (materiell) öffentlichen Aufgaben nimmt, wie es heute zunehmend geschieht[45], sondern die Gegenüberstellung von *staatlichen* und *gesellschaftlichen* Aufgaben (und damit die Unterscheidung von Staat und Gesellschaft). Damit wird nicht in Abrede gestellt, daß innerhalb der Gesellschaft in vielfältiger Weise öffentliche Aufgaben (in dem oben bezeichneten Sinn) wahrgenommen werden und auch Privatpersonen, wie etwa beim Milch- oder Lebensmittelhandel, Träger solcher öffentlicher Aufgaben sein können. Aber es folgt eben daraus noch kein Übergang in den staatlichen oder öffentlich-*rechtlichen* Bereich.[46] Die entscheidende Frage ist vielmehr, ob eine öffentliche Aufgabe durch die Verfassung oder durch eine im Rahmen der Verfassung getroffene Entscheidung des demokratischen Gesetzgebers zu einer staatlichen Aufgabe *erklärt* und entsprechend organisiert ist. Ist sie zur staatlichen Aufgabe erklärt, so muß auch ihre Wahrnehmung in den staatlichen Organisations- und Verantwortlichkeitszusammenhang hineingenommen werden; sie darf dann nicht, unbeschadet der Möglichkeit staatlich beaufsich-

45 Vgl. statt anderer Peter Häberle, *»Öffentliches Interesse« als juristisches Problem,* Frankfurt 1969; ders., »Besprechung von Ulrich K. Preuß, Zum staatsrechtlichen Begriff des Öffentlichen«, in: *AöR*, Bd. 95 (1970), S. 651 ff.; Alfred Rinken, *Das Öffentliche als verfassungstheoretisches Problem,* Berlin 1971.

46 Zum Problem siehe Hans H. Klein, »Zum Begriff der öffentlichen Aufgabe«, in: *DÖV* 1965, S. 755 ff.; Hans Peters, »Öffentliche und staatliche Aufgaben«, in: *FS Hans-Carl Nipperdey,* 1965, Bd. 2, S. 877 f.

tigter Selbstverwaltung, einzelnen Gliedern der Gesellschaft oder gesellschaftlichen Gruppen, die außerhalb des demokratischen, d. h. auf das Staatsvolk bezogenen Verantwortlichkeits- und Kontrollzusammenhang stehen, als eigene »öffentliche« Aufgabe zur Erledigung überantwortet werden. Das bedeutete die Errichtung para-konstitutioneller Gewalten.[47] Ist sie hingegen eine gesellschaftliche, nicht vom Staat in Anspruch genommene Aufgabe, so unterliegt ihre Wahrnehmung dem allgemeinen, in der und für die Gesellschaft geltenden Recht; bei einer gegebenen besonderen Bedeutung für die Allgemeinheit kann sie entsprechenden Bindungen unterworfen werden, die die Art ihrer Erledigung im Hinblick auf diese Bedeutung sicherstellen, sie tritt aber dadurch nicht aus dem gesellschaftlichen Bereich heraus und vermittelt kein Anrecht auf ein ›öffentliches‹ Privileg. Die Frage einer gezielten staatlichen Förderung bzw. Subvention stellt sich nicht im Hinblick auf die öffentliche Relevanz, sondern im Hinblick auf die Verantwortung des Staates für die Erhaltung *gesellschaftlicher Freiheit,* wozu heute in einem gewissen Umfang auch die Garantie der sozialen Voraussetzungen zur Realisierung der Freiheit gehört. (Dazu unten IV.)
Welche der öffentlichen oder öffentlich relevanten Aufgaben zu staatlichen Aufgaben erklärt werden können bzw. müssen, ist dabei im Rahmen der gegebenen Verfassung eine Sache demokratischer, d. h. gesetzgeberischer Entscheidung. Der Entscheidungsspielraum ist allerdings begrenzt. Es gibt etliche öffentliche Aufgaben, die notwendig staatliche Aufgaben sind, wie z. B.

47 Der oft als Einwand gebrachte Hinweis auf das Bestehen und die Garantie der kommunalen Selbstverwaltung ist unzutreffend. Erstens ist die kommunale Selbstverwaltung über die staatliche Aufsicht und nicht wenige staatliche Genehmigungsvorbehalte durchaus noch in den staatlichen Verantwortlichkeits- und Kontrollzusammenhang, wenn auch in gelockerter Form, einbezogen; zweitens unterliegen alle autonomen Entscheidungen der kommunalen Selbstverwaltung einer eigenen, entsprechend dem örtlichen Aufgabenkreis auf die Gemeinde-, Kreisbevölkerung als gebietsbezogene Personenallgemeinheit (und soweit »Teilvolk«) bezogenen demokratischen Legitimation und Kontrolle. Dadurch unterscheidet sie sich wesentlich von einer sich auf bestimmte Interessen oder Funktionen gründenden »Selbstverwaltung«, die eben solcher von einer Personenallgemeinheit herrührender demokratischer Legitimation entbehrt.

Rechtspflege, Polizei, Sicherung nach außen. Es gibt daneben eine breite Skala öffentlicher Aufgaben, die zu staatlichen Aufgaben erklärt werden können, aber keineswegs müssen, die daher auch als staatliche und gesellschaftliche Aufgaben nebeneinander wahrgenommen werden können (z. B. Schule und Bildung); es gibt schließlich einen Bereich durchaus öffentlicher oder öffentlich relevanter Aufgaben, deren Inanspruchnahme als staatliche Aufgaben kraft grundrechtlicher Verbürgerung ausgeschlossen ist, die also der Gesellschaft allein vorbehalten sind (z. B. Pressewesen, religiös-weltanschauliches Bekenntnis).

IV.

Führt somit das demokratische Prinzip keineswegs mit Notwendigkeit zu einer Aufhebung der Unterscheidung und Gegenüberstellung von Staat und Gesellschaft, so bleibt die Frage, ob eine solche Aufhebung nicht aus einem andern Grund, nämlich dem Übergang vom bürgerlichen Rechtsstaat zum modernen Sozialstaat, bereits eingetreten ist oder eintreten muß. Kann die zunehmende Steuerung der wirtschaftlichen und sozialen Abläufe durch den Staat, die wachsende Regulierungs-, Ausgleichs- und Verteilungsgesetzgebung zum Zweck der Relativierung sozialer Spannungen und der sozialen Ungleichheit, das stets weiter ausgreifende Vorhalten lebenswichtiger Dienst- und Vorsorgeleistungen durch den Staat etwas anderes besagen, als daß die organisatorische Unterscheidung und Trennung von Staat und Gesellschaft fortschreitend unterlaufen wird und sich damit selbst aufhebt?

Die Frage scheint schnell beantwortet, doch die Antwort bedarf genauer Überlegung. Denn die sozialstaatliche Zunahme der Staatstätigkeit, insbesondere das Vorhalten lebenswichtiger sozialer Leistungen durch den Staat und die soziale Intervention des Staates in gesellschaftliche Abläufe hinein, ist als solche kein Gegenprinzip zur Unterscheidung von Staat und Gesellschaft, sondern ihr sachlich und systematisch zugeordnet.[48] Die (bürgerliche) Gesellschaft hat ihre vom Staat gewährleisteten tragenden Ordnungsprinzipien, ihre »Verfassung« gewissermaßen, in der

48 Grundlegend dazu immer noch v. Stein, *Geschichte der sozialen Bewegung*, (Anm. 15), Bd. 1, S. 123 f., 131 ff.

Rechtsgleichheit, der Erwerbsfreiheit und der Garantie des erworbenen Eigentums. Aus der Aktualisierung dieser Prinzipien, die die natürliche und wirtschaftliche Ungleichheit zur vollen, nur durch die gleiche Freiheit des andern begrenzten Entfaltung freisetzen, ergibt sich mit Notwendigkeit die besitzbestimmte soziale Ungleichheit und, in deren rechtlicher Verfestigung und Fortschreibung durch die Garantie des Eigentums, ein klassenmäßiger Antagonismus in der Gesellschaft. Wird dieser in der Gesellschaft aus ihrer Verfassung heraus angelegten Entwicklung freier, d. h. vom Staat nicht gehinderter Lauf gelassen, so wird die staatlich gewährleistete und geschützte rechtliche Freiheit und Gleichheit für eine immer wachsende Zahl von Menschen zur leeren Form: die dem Prinzip nach freieste, auf der Gleichheit des Rechts beruhende Gesellschaft entläßt aus sich die materielle Unfreiheit.[49] Der Staat ist daher ganz im Sinne der ursprünglichen Zuordnung von Staat und Gesellschaft, gemäß seiner Funktion als Garant der freien Gesellschaft und ihrer Grundverfassung, zur Intervention, zum gezielten Einsatz seiner hoheitlichen Regulierungsmacht gehalten, um die Gesellschaft vor ihrer Selbstzerstörung zu bewahren.[50] Das gleiche Prinzip, demgemäß die Gesellschaft zunächst von herrschaftlich-politischen und korporativen Bindungen freigesetzt, in die Entfaltung ihrer Erwerbsstruktur entlassen wurde, erfordert nun, in einer fortgeschritteneren Phase der Entwicklung dieser Gesellschaft, den sozial aktiven, in die Mechanismen angeblich funktionaler Selbstregulierung intervenierenden Staat. Der Staat muß der sozialen Ungleichheit, die sich angesichts der Dialektik von Freiheit und Gleichheit auf dem Boden der Gesellschaft immer wieder produziert, entgegenwirken, sie durch sozialen Ausgleich und soziale Leistungen relativieren, um dadurch die individuelle und gesellschaftliche Freiheit und die rechtliche Gleichheit real zu erhalten. »Die Freiheit ist eine wirkliche erst in dem, der die Bedingungen derselben, den

49 Ebd., Bd. 2, S. 72 ff.

50 Art. 2 der Erklärung der Menschen- und Bürgerrechte erklärt zum Zweck des Staates »la conversation des droits naturels et imprescriptibles de l'homme«. L. v. Stein formuliert als Prinzip des Staates, wie er in der Französischen Revolution gesetzt wird, die »Erhebung aller einzelnen zur vollsten Freiheit zur vollsten persönlichen Entwicklung« ([Anm. 15]), Bd. 1, S. 35).

Besitz der materiellen und geistigen Güter, als die Voraussetzung der Selbstbestimmung, besitzt« (L. v. Stein).[51]
Nicht anders verhält es sich mit dem durch die industriell-technische Entwicklung eingetretenen Verlust des »beherrschten Lebensraums«[52], d. h. der Autarkie des einzelnen in seinem Lebensbereich. An seine Stelle ist, um die prägnante Formulierung Dieters Suhrs zu gebrauchen, der »soziale Lebensraum« getreten.[53] Die daraus resultierende vermehrte rechtliche Regelung individueller Lebensbeziehungen bedeutet aus sich keine Aufhebung individueller und gesellschaftlicher Freiheit durch den Staat, sondern entspricht der Notwendigkeit, die Freiheit der einzelnen und der Gesellschaft nunmehr *in* den immer dichter gewordenen Sozialbezügen und Sozialleistungen, statt wie früher ihnen voraus, wirksam zu erhalten.[54]
Im Hinblick auf die Unterscheidung von Staat und Gesellschaft ist beide Male nicht entscheidend, daß staatliche Intervention, sozialer Ausgleich durch den Staat und vermehrte rechtliche Regelung der individuellen und gesellschaftlichen Lebensvorgänge stattfinden, sondern *welchem Prinzip* sie folgen und welchen Grenzen sie dementsprechend unterliegen. Das ist, unter anderen Voraussetzungen, schon von L. v. Stein gesehen worden.[55] Es kommt darauf an, ob die Gesellschaft den Charakter des an sich Vorausliegenden behält oder unter Berufung auf die notwendige

51 v. Stein, *Geschichte der sozialen Bewegung*, (Anm. 15), Bd. 3, S. 104. – Man kann diesen Zusammenhang auch mit dem Dictum von Wolfgang Hefermehl ausdrücken: »Geld ist geprägte Freiheit«. Der kapitalistische Anschein dieser Formel trügt; denn ihre Aussage ist ja gerade, daß Freiheit von Geld, als kapitalmäßig verflüssigtem Besitz, abhängig ist, also Freiheitssicherung nicht unabhängig von, sondern gerade durch Besitzsicherung und Besitzschaffung erfolgt. Alle sozialstaatlichen Ausgleichs- und Umverteilungsziele erhalten so, dringt die Formel in ihrer Evidenz ins allgemeine Bewußtsein, eine neue und sehr prinzipielle, weil von der Freiheit statt von der Gleichheit ausgehende Legitimation.
52 Ernst Forsthoff, *Verfassungsprobleme des Sozialstaats*, Münster ²1967.
53 Dieter Suhr, »Rechtsstaatlichkeit und Sozialstaatlichkeit«, in: *Der Staat* 9 (1970), S. 67 ff. (83-87).
54 Dazu Suhr, ebd., S. 85 f.
55 Lorenz v. Stein, *Handbuch der Verwaltungslehre*, Bd. 3, Stuttgart ³1887. Stein entwickelt hier Begriff und Inhalt der »sozialen Verwaltung«, vgl. insbes. S. 34 ff., 45-48, 82-86.

sozialstaatliche Aktivität von vornherein das soziale Ganze dem staatlichen Lenkungs- und Regulierungsanspruch unterstellt wird. Der Umschlag tritt dann ein, wenn diese Maßregeln nicht mehr jeweils ihre Begründung und Begrenzung in der Erhaltungs- und Gewährleistungsfunktion des Staates für die Gesellschaft und ihre Ordnung finden, d. h. zur Sicherung und im Rahmen der Grundverfassung der Gesellschaft erfolgen, um auch die sozialen Voraussetzungen zur Verwirklichung der Freiheit für alle zu schaffen, sondern weitergreifenden politischen Zielen, wie etwa der Übernahme des wirtschaftlich-sozialen Prozesses in unmittelbare staatliche Lenkung folgen. In diesem Fall verliert die Gesellschaft gegenüber dem Staat den Charakter des an sich Vorausliegenden, das seinem Zugriff nur begrenzt und im Hinblick auf bestimmte Zwecke unterliegt, und wird in ihm aufgehoben. Entscheidend ist also die *Maßbestimmung* für die soziale Verwaltung des Staates; sie entscheidet über den (offenen oder verdeckten) Umschlag in der Zuordnung von Staat und Gesellschaft.[56]
Das Grundgesetz hat solchem Umschlag in die Ununterscheidbarkeit von Staat und Gesellschaft vorbeugen wollen; es hat dem Sozialstaat nicht einfach freies Feld eröffnet, sondern – bewußt – Rechtsstaat und Sozialstaat nebengeordnet, d. h. in ein Verhältnis rechtlicher Verknüpfung und wechselseitiger Begrenzung gestellt.[57] Die auf Daseinsvorsorge, sozialen Ausgleich und soziale Umverteilung zielenden sozialstaatlichen Aktivitäten, zu denen Gesetzgeber und Verwaltung ermächtigt und aufgerufen sind[58], dispensieren nicht von den Anforderungen des Rechtsstaats, ins-

56 Eine solche Maßbestimmung ist nicht möglich ohne eine an den verbindlichen Staatszielbestimmungen orientierte Lehre von den (notwendigen, möglichen und unzulässigen) Staatsaufgaben, die nach wie vor ein Desiderat der Staatsrechtslehre darstellt. Ansätze dazu bei Hans J. Wolff, *Verwaltungsrecht* I, München [8]1971, § 11, S. 53 ff.

57 Siehe Ernst-Wolfgang Böckenförde, »Entstehung und Wandel des Rechtsstaatsbegriffs«, in *FS Adolf Arndt*, Frankfurt 1969, in diesem Band S. 143 ff.; ein beachtlicher Konkretisierungsversuch dieser Nebenordnung bei D. Suhr, a.a.O. (N. 53), S. 87 ff.

58 Zum Sozialstaatsprinzip als Auftrag an Gesetzgeber und Verwaltung vgl. Peter Badura, »Auftrag und Grenzen der Verwaltung im sozialen Rechtsstaat«, in: *DÖV* 1968, S. 446 ff., unter Bezugnahme auf die Judikatur des BVerfG: Werner Weber, »Die verfassungsrechtlichen Grenzen sozialstaatlicher Forderungen«, in: *Der Staat* 4 (1965), S. 409 ff. (430 ff.); seitdem noch *BVerfGE* 22, S. 187 (204).

besondere seinen Freiheitsverbürgungen für Individuen und Gesellschaft; sie müssen sich in den Rahmen rechtsstaatlicher Gewährleistungen und Begrenzungen einfügen. Das Grundgesetz hat ebenso wie für die Realisierung des demokratischen Prinzips auch für die staatliche Antwort auf die ›soziale Frage‹, die es als verfassungsrechtliches Gebot statuiert, die Unterscheidung von Staat und Gesellschaft fest- und offengehalten. Aber ist diese damit auch schon wirklich?

V.

Hier gilt es, einen Vorgang näher ins Auge zu fassen, der mit dem Übergang zum (rechtsstaatlich gebundenen) Sozialstaat nicht identisch ist, jedoch mit ihm in einem engen sachlichen Zusammenhang steht, dabei aber erheblich weiter ausgreift: die zunehmende Identifikation von Staat und Wirtschaft.

1. Diese zunehmende Identifikation hat ihren Grund einmal im industriell-technischen Prozeß selbst, der im gegenwärtigen Expansionsstadium aus seiner immanenten Funktionalität heraus und um seiner Produktivität willen in immer weiter greifende Planungszusammenhänge hineindrängt, um potentiellen Störungsfaktoren im Hinblick auf Produktion und Absatz wegen ihrer immens wachsenden Kostendimension zu begegnen.[59] Dieser Planungszusammenhang bedarf der Abstützung durch entsprechende Planungs- und Steuerungsvorgänge im staatlichen Bereich, um die relative Verläßlichkeit der wirtschaftlichen Planungsdaten zu sichern, insbesondere der staatlichen Nachfrageregulierung und Marktkrisenverhütung (Konjunktursteuerung) je in Antwort auf den Zyklus der immanenten Wirtschaftsentwicklung.

Zum andern ergibt sich diese Identifikation aus den neuen sozialstaatlichen Staatsaufgaben. Der Staat soll heute, über den sozialen Ausgleich und die Schaffung der sozialen Voraussetzungen zur Verwirklichung der rechtlichen Freiheit hinaus, umfassende so-

59 Siehe dazu John Kenneth Galbraith, *Die moderne Industriegesellschaft*, München 1968, S. 67 ff., 332-355. Die Struktur dieses Prozesses entspricht dem von Hans Freyer, *Theorie des gegenwärtigen Zeitalters*, Stuttgart 1956, entwickelten Modell »Sekundäres System«, vgl. daselbst S. 79 ff.

ziale Sicherheit, wachsenden Wohlstand und gesellschaftlichen Fortschritt gewährleisten.[60] Diese Erwartung an den Staat ist gegenwärtig allgemein und begründet in hohem Maße seine Legitimität. Will der Staat diese Ziele, wenn auch nur in Annäherung, erreichen, so setzt das ein wachsendes Sozialprodukt voraus. Der Staat ist daher notwendigerweise in hohem Maße an der Wirtschaft interessiert und mit ihr identifiziert. Er muß, um seiner eigenen Aufgaben willen, eine Erhaltungsfunktion für den wirtschaftlichen Prozeß und Progreß übernehmen. Das führt, auch von dieser Seite, zur Nachfrageregulierung und Krisenvorbeugung durch den Staat, d. h. zur staatlichen Globalsteuerung des wirtschaftlich-sozialen Prozesses und einer entsprechenden Gesamtplanung. Diese Steuerungsfunktion durch den Staat[61] kann nicht hoheitlich, durch unmittelbares Gebot oder Verbot erfolgen, sie ist in einem System der freien Wirtschaft nur in Anpassung an die immanenten Steuerungsmittel des wirtschaftlichen Prozesses möglich. Es werden bestimmte, und fortschreitend immer weitere Bereiche des wirtschaftlich-sozialen Verhaltens (Investitionen, Konsum, Spartätigkeit) in einen staatlichen Planungszusammenhang und eine darauf bezogene Überdetermination durch vom Staat ausgehende marktstrategische Datensetzung (Investitionsanreize durch Steuererleichterung, Sparförderung durch Prämiensystem, Konsumdrosselung durch steuerlichen Kaufkraftentzug usf.) einbezogen. Die Mittel, deren sich der Staat dabei bedient, sind solche der Steuerpolitik, Haushaltspolitik, Geldpolitik und Zuteilungspolitik. Sie treffen die einzelnen meist nicht unmittelbar mit Gebot oder Verbot, sondern indirekt, durch Anreize, Erleichterungen, vermehrte oder geminderte Zuteilungen; sie entziehen sich daher nahezu ganz der rechtsstaatlichen Formtypik und Kontrolle.[62] Gleichwohl vollzieht sich hier

60 Schon die Präambel der Weimarer Verfassung proklamierte den Staat als Träger des gesellschaftlichen Fortschritts.

61 Dazu jetzt die Referate von K. H. Friauf und H. Wagner, »Staat und Wirtschaft«, in: *VVDStRL*, Heft 27 (1968), S. 1 ff., 47 ff.

62 Eine Ausnahme besteht für Steuerregelungen, die den einzelnen unmittelbar treffen. Sie sind jedoch kraft des bislang unangefochtenen Prinzips, daß Steuer keine Enteignung ist, vom rechtsstaatlichen Gewährleistungssystem freigestellt; vgl. Ernst Forsthoff, »Begriff und Wesen des sozialen Rechtsstaats«, in: ders., *Rechtsstaat im Wandel*, Stuttgart 1964, S. 52/53.

ein fortschreitendes Unterlaufen der Grenzlinie zwischen Staat und Gesellschaft, die auch und primär eine Grenzlinie zugunsten der individuellen Freiheit ist.

In welcher Weise hier Staat und Gesellschaft ineinander übergehen, zeigt die von H. J. Arndt[63] herausgestellte dreifache Funktion des Parlaments im Verhältnis von Staat und Wirtschaft. Vermöge seines Gesetzgebungs- und Budgetrechts ist das Parlament 1. Träger der globalen Einkommens- und Verteilungspolitik durch Steuer- und Zuteilungsgesetze – hier steht es der Gesellschaft und ihren Interessen in sozialstaatlicher Regulierungs- und Ausgleichsfunktion (s. oben IV.) gegenüber; es tritt 2. über die Festlegung der staatlichen Ausgaben und damit der staatlichen Nachfrage am Markt als Teilnehmer am Wirtschaftsprozeß auf, und zwar kraft der Größenordnung des staatlichen Haushalts als marktmächtiger, den Wirtschaftsablauf entscheidend beeinflussender Teilnehmer; ihm obliegt 3. die erwähnte Globalsteuerung des wirtschaftlichen Prozesses, wofür indes keine besonderen, eigenständigen Mittel zur Verfügung stehen, sondern die Mittel zu 1.) und 2.) eingesetzt werden müssen, nun zwar nicht nach der eigenen Sachlogik dieser Aufgaben, sondern aus einer Überdetermination zum Zwecke der Globalsteuerung heraus. Es liegt im Sinne dieser Überdetermination, daß z. B. Einkommen, Verdienst, Vermögensbildung, soweit sie vom staatlichen Haushalt bzw. staatlichen Gesetzen abhängen[64], zunehmend nicht mehr allein aus ihrer eigenen Sachlogik, sondern ebenso, wenn nicht primär, aus ihrer Funktionsbeziehung zur Regulierung der Gesamtnachfrage (verantwortbare Erhöhung der Kaufkraft; Beispielswirkung für Tarifverhandlungen in der Wirtschaft) bestimmt werden, und daß private Unternehmertätigkeit, wenn sie eine bestimmte Größenordnung erreicht, in eine öffentlich relevante umschlägt mit der Maßgabe, daß Verluste und mangelnde Liquidität (Henschel, Krupp) »sozialisierte«, d. h. vom Staat übernommen bzw. ausgeglichen werden[65], was natürlich zu der

63 Hans Joachim Arndt, »Staat« und »Wirtschaft«, in: *Studium generale* 21 (1968), S. 712-733, insbes. S. 719 ff.

64 Also für die Beamten sowie die Angestellten und Arbeiter des öffentlichen Dienstes, teilweise auch für die Alters- und Sozialrentner.

65 Offensichtlich hatte der Schlieker-Konzern 1961 diese »Umschlags«-größe noch nicht erreicht; auch bei ihm handelte es sich, wie bei Krupp, um Liquiditätsschwierigkeiten, nicht um einen ›Bankrott‹; die

Frage herausfordert, mit welchem Grund dann die Gewinne weiter ›privatisiert‹ bleiben.

2. Die hier angedeutete Entwicklung könnte die Vorstellung vom Moloch Staat entstehen lassen, der Wirtschaft und Gesellschaft zunehmend in sich einbezieht und beherrscht. Es ist jedoch für die gegenwärtige Identifikation Staat und Wirtschaft kennzeichnend, daß der Staat in eine Dienstfunktion gegenüber dem industriell-wirtschaftlichen Prozeß gerät. Es wächst zwar die Weite seiner Aufgaben, aber in gleichem Maße wächst die Schwäche seiner eigenen Entscheidungsmacht.[66] Bei seiner Regulierungs- und Steuerungsfunktion ist er nicht in der Position des »höheren Dritten«, der selbst die Zügel in der Hand hält, sondern Träger einer *Komplementärfunktion* für den industriell-wirtschaftlichen Prozeß.[67] Er setzt nicht seinerseits die für die Entwicklung und Regulierung des wirtschaftlichen Prozesses maßgeblichen Daten, sondern handelt re-aktiv auf die aus dem wirtschaftlichen Prozeß ihm gegenüber autonom sich ergebenden Daten und Tendenzen. Subjekt des sogenannten globalen Steuerungsprozesses ist nicht der Staat, sondern der industriell-wirtschaftliche Prozeß selbst; der Staat ist ihm gegenüber ›Erfüllungsgehilfe‹, leistet die ›Ausfallbürgschaften‹, um sein immanentes, auf Wachstum, Produktivität und Ertrag ausgerichtetes Funktionieren zu gewährleisten.

Daß diese Kennzeichnung keine polemische Übertreibung ist, wird durch nichts so deutlich wie durch die Situation der öffentlichen Investitionen. Die öffentlichen, genauer: staatlichen und kommunalen Investitionen sind, im gegenwärtigen System der Identifikation von Staat und Wirtschaft, prinzipiell *nachrangig* gegenüber den sogenannten privaten, d. h. wirtschaftsimmanenten und gewinnorientierten Investitionen. Dies gilt ohne Rücksicht auf ihre objektive Dringlichkeit für die Allgemeinheit. Sie können in größerem Umfang nur dann angebracht, d. h. als Stei-

Konkursquote im Konkursvorverfahren betrug 100%. Welches ist das zugrundeliegende Rechtsprinzip für das staatliche Handeln im einen, für das staatliche Nichthandeln im anderen Fall?

66 In der Weimarer Zeit wurde dafür von Carl Schmitt die Kennzeichnung (quantitativ) »totaler Staat aus Schwäche« geprägt.

67 Ernst Forsthoff, »Von der sozialen zur technischen Realisation«, in: *Der Staat* 9 (1970), S. 151 ff.; ders., *Der Staat der Industriegesellschaft*, München 1971, S. 43 ff.

gerung der Staatsausgaben effektuiert werden, wenn der industriell-wirtschaftliche Prozeß aus sich selbst rückläufig ist und einer anregenden Nachfrageausweitung bedarf. Hält dieser sich aus seinen eigenen Antriebskräften auf der Höhe des Booms oder angemessener Expansion, so hat der Staat kraft seiner Erhaltungsfunktion seinen eigenen Anteil am Markt, und das sind die öffentlichen Ausgaben, als Mittel der gegensteuernden Stabilisierung einzusetzen, d. h., er muß Enthaltsamkeit üben, um die Konjunktur nicht weiter anzuheizen. Seinerseits hat der Staat indessen keine Möglichkeit, die immanenten Antriebskräfte des wirtschaftlichen Prozesses, zu denen neben den Investitionsentscheidungen der Wirtschaftssubjekte nicht zuletzt auch die Vorverfügung über die Verteilung des Sozialprodukts im Rahmen der Tarifautonomie gehört, zu kontrollieren; er muß sie als ihm gegenüber autonom gesetzte Daten hinnehmen.[68] Die Subjekt-Stellung des industriell-wirtschaftlichen Prozesses als solchen, der selbst keiner verbindlichen Verantwortung für die Allgemeinheit unterliegt, wird hier offenbar; der Staat hat die Gewährleistungsfunktion für dessen aus seinen immanent-autonomen Antrieben heraus grenzenlose Selbstentfaltung.[69]

Anderseits, oder besser: zugleich wird vom Staat erwartet, daß er in wichtigen Bereichen die Aufgaben der Daseinsvorsorge übernimmt und sich als Träger des gesellschaftlichen Fortschritts ausweist: Er soll eine Vielzahl öffentlicher Einrichtungen, deren die Allgemeinheit bedarf (Schulen, Krankenhäuser, Spielplätze, Altenheime usf.), vorhalten, er soll von sich aus die Entwicklung

68 Das ist nicht eine Meinung oder Ansicht, sondern ergibt sich mit notwendiger Konsequenz aus der Zielsetzung (§ 1 :gesamtwirtschaftliches Gleichgewicht = sozialstaatliches Quadrilemma) und den Mitteln (antizyklische Haushaltspolitik und Haushaltsvollzug; Konjunkturausgleichsrücklage bzw. Mehrausgaben; Kreditlimitierung; befristete Steuererhöhungen) des Stabilitätsgesetzes in Verbindung mit der Entscheidungsfreiheit der Wirtschaftssubjekte (Art. 2 I, 12 *GG*) und der verfassungsrechtlich abgesicherten Tarifautonomie (Art. 9 III *GG*). Die staatliche Einwirkungsmöglichkeit reicht hier nur bis zur (rechtlich unverbindlichen) »Konzertierten Aktion« (§ 3 *StabG*); konjunkturregulierende Steuererhöhungen sind politisch nur in ganz besonderen Ausnahmefällen, nicht als Regelinstrument einsetzbar.

69 Was im Grunde nur eine logische Konsequenz ist, wenn der Staat als Selbstorganisation oder bloße Funktion der Gesellschaft begriffen wird, ohne eigenen allgemeinen Inhalt.

und Verbesserung der Infra-Struktur, auf deren Grundlage erst der industriell-wirtschaftliche Prozeß sich ›frei‹ entfalten kann, betreiben, er soll schließlich einen wachsenden Anteil an den allgemeinen Sozialkosten des industriell-wirtschaftlichen Prozesses (Umweltsicherung, Verkehrssicherung und -erweiterung etc.) übernehmen. Damit ist der innere Widerspruch, den das gegenwärtige System der Identifikation von Staat und Wirtschaft in sich enthält, offenbar: Einerseits wird dem Staat sowohl die Verantwortung für die Regulierung der Gesamtnachfrage (Konjunktursteuerung) als auch die für Daseinsvorsorge und gesellschaftlichen Fortschritt übertragen; anderseits bleibt ihm eine verbindliche Einflußnahme auf die Entscheidungen über Investitionen und Investitionsprioritäten sowie über die tarifvertragliche Vorverteilung des Sozialprodukts, die beide unüberholbare Daten für Konjunkturentwicklung, Zielausrichtung der Wirtschaftsproduktivität und möglichen staatlichen Ausgabenrahmen setzen, verschlossen. Der Staat soll, kurz gesagt, geben, ohne zu nehmen. Die Kernfrage des gegenwärtigen Verhältnisses von Staat und Wirtschaft ist damit die, ob der Staat Konjunktursteuerung und Vorsorge für den gesellschaftlichen Fortschritt wirksam leisten kann, wenn ihm das Recht der Investitionslenkung (bei allen Folgen, die damit impliziert sind) und der verbindlichen Einflußnahme auf die Tarifautonomie der Sozialpartner vorenthalten wird. Diese Frage kann nur dann nicht verneint werden, wenn hinreichende Gründe die Annahme rechtfertigen, daß das industriell-wirtschaftliche System aus sich selbst in der Lage ist, eine Investitionslenkung und Investitionsprioritäten, die sich an den Belangen der Allgemeinheit orientieren, hervorzubringen, und ebenso eine Selbstregulierung der Tarifautonomie. Entspricht dem die bisherige Erfahrung?

3. Beziehen wir das Problem auf die uns interessierende Fragestellung zurück, so ergibt sich die Frage, ob – als Ausweg aus dem aufgewiesenen Widerspruch – der industriell-wirtschaftliche Prozeß in den unmittelbaren staatlichen Regelungs- und Verantwortungsbereich einbezogen, und das heißt aus dem Bereich der dem Staat an sich vorausliegenden, daher nur punktuell zu regulierenden, im übrigen aber zu gewährleistenden gesellschaftlichen Freiheit herausgenommen werden muß? Die Antwort kann nicht ein einfaches »Ja« oder »Nein« sein. Es kommt dafür entscheidend auf das Verhältnis der Gesellschaft zu den über die elementare

Daseinssicherung und den elementaren sozialen Ausgleich hinausgehenden sozialstaatlichen Zielsetzungen des modernen Staates an. Historisch ebenso wie systematisch steht die Funktions*reduzierung* des Staates am Anfang gesellschaftlicher Freiheit.[70] Wird sie aufgegeben, sei es aus objektiven Bedingungen einer gegebenen gesellschaftlichen Lage, sei es aus einem gesellschaftlichen Wollen, so muß auch die gesellschaftliche Freiheit abnehmen. Der Staat kann nicht geben, ohne auf der anderen Seite zu nehmen.[71] Sind umfassende soziale Sicherheit, wirtschaftliches Wachstum, Steigerung des Lebensstandards nicht nur staatlich freigesetzte und ermöglichte, sondern vom Staat unmittelbar zu verwirklichende und zu gewährleistende Ziele, so muß der wirtschaftliche Gesamtprozeß – ebenso wie die Verteilung des Sozialprodukts – in staatliche Lenkung und Regie übernommen werden. Er scheidet dann notwendigerweise aus dem Bereich einer dem Staat prinzipiell vorausliegenden, zwar punktuell von ihm zu regulierenden, aber an sich von ihm zu erhaltenden individuellen und gesellschaftlichen Freiheit aus. Die Frage der direkten oder indirekten Lenkung und Steuerung, die die Frage der Übernahme maßgeblicher Großindustrien in staatliche Hand einschließt, ist dann nicht (mehr) eine Frage des Prinzips, sondern der Zweckmäßigkeit, einer Zweckmäßigkeit, deren Realisierung Art. 15 *GG* offenhält; die mit dem liberalen Zeitalter begonnene Trennung von staatlicher Macht und Wirtschaftsmacht[72] ist dann an ihr Ende gekommen.

70 Siehe oben Abschnitt 1, S. 214 ff..
71 Carl Schmitt, *Verfassungsrechtliche Aufsätze,* Berlin 1958, S. 496 ff., 503 f.
72 Vgl. Hermann Heller, *Staatslehre,* Leyden 1934, S. 137 f.

10. Verfassungsprobleme und Verfassungsbewegung des 19. Jahrhunderts

Mein Lehrer *Franz Schnabel* hat vom 19. Jh. als einem ›juristischen‹ Jahrhundert gesprochen. Damit ist gesagt, daß Fragen der Verfassung und der Rechtsgestaltung für das 19. Jh. eine zentrale, seinen Charakter im ganzen bestimmende Bedeutung gewonnen haben. Das 19. Jh. bringt in Deutschland die Vollendung und den Ausbau der neuen politischen Ordnungsform des Staates, die durch Absolutismus und Französische Revolution zum Sieg geführt worden war; zugleich bringt es das Hineinstellen dieses Staates in eine ›konstitutionelle‹ Ordnung und Form, verbunden mit der Auseinandersetzung um monarchische oder bürgerlich-demokratische politische Bestimmungsgewalt im Staat. Das 19. Jh. bringt darüber hinaus den nicht revolutionären, sondern evolutionären Übergang von der alten, ständisch-feudalen Gesellschaft in die neue, bürgerlich-liberale Gesellschaftsordnung, die im Zuge ihrer Eigenentwicklung den sozialen Antagonismus und die Klassenspaltung aus sich entläßt. Endlich bringt es, für die Zeitgenossen selbst sehr vordringlich, die nationale Einheit für Staat und Gesellschaft und ein einheitliches nationales Recht. Dies alles sind im eigentlichen Sinn Rechts- und Verfassungsfragen, vorausgesetzt, man verengt den Verfassungsbegriff nicht auf die ›Konstitution‹, sondern versteht – richtigerweise – unter Verfassung die politisch-soziale Bauform einer Zeit.

1. Die Ausgangslage

Welches war die verfassungsgeschichtliche Ausgangslage in Deutschland zu Beginn des 19. Jhs.?

Die Ausgangslage ist einmal bestimmt durch die verfassungsmäßigen Gegebenheiten auf dem Boden des alten Reiches. Dazu gehören: (1) die erfolgte Herausbildung des Staates und staatlicher Institutionen vor allem in Brandenburg-Preußen und Österreich sowie in einigen der mittleren Territorien[1]; (2) die zahlrei-

1 Vgl. Hans-Hubert Hofmann (Hg.), *Die Entstehung des modernen sou-*

chen ständestaatlich-landesherrschaftlichen Ordnungen, die auf dem Weg zum Staat steckengeblieben waren, im sog. Dritten Deutschland und den geistlichen Herrschaften[2]; (3) eine überwiegend noch ständisch-feudale Gesellschaftsordnung, die nur dort, wo der aufgeklärte Absolutismus zur vollen Auswirkung gekommen war, in Richtung auf eine staatsbürgerliche Gesellschaft aufgelockert und durchbrochen war[3]; schließlich (4) die Auflösung des alten Reichs (materiell 1803 durch den Reichsdeputationshauptschluß, formell im Jahre 1806), die nicht nur der Vorstellung einer noch bestehenden religiös-politischen Einheitswelt endgültig den Boden entzog, sondern zugleich auch die bei aller Gebrechlichkeit doch noch schützende politische Rahmenordnung des Reichs beseitigte.[4] Die nach dem Länderschacher der Säkularisation verbliebenen großflächigen Territorien waren dadurch ebenfalls auf den Weg der Staatsbildung, d.h. der Herrschaftskonzentration, Verwaltungszentralisation und fortschreitenden Landesvereinheitlichung, gedrängt und zu ihm freigesetzt.

veränen Staates, Köln 1967: Otto Hintze, »Wesen und Wandlung des modernen Staates«, in: ders., *Staat und Verfassung,* Göttingen [3]1970, S. 470 ff.; Fritz Hartung, »Der aufgeklärte Absolutismus«, in: ders., *Staatsbildende Kräfte der Neuzeit,* Berlin 1961, S. 149 ff.; als zusammenfassende Darstellung des Staatwerdungsprozesses immer noch am besten: F. Hartung, *Deutsche Verfassungsgeschichte vom 15. Jh. bis zur Gegenwart,* Stuttgart [9]1969.

2 S. Gerhard Oestreich, »Die Mittel- und Kleinstaaten zwischen Absolutismus und ständischer Verfassung«, und »Der aufgeklärte Absolutismus in den Mittel- und Kleinstaaten«, in: Theodor Schieder (Hg.), *Handbuch der europäischen Geschichte* IV, Stuttgart 1968, S. 388 ff., 467 ff.; speziell für Bayern Hans-Hubert Hofmann, *Adelige Herrschaft und souveräner Staat. Studien über Staat und Gesellschaft in Franken und Bayern im 18. und 19. Jh.,* München 1962.

3 Für Preußen jetzt die einläßlichen Untersuchungen von Reinhart Koselleck, *Preußen zwischen Reform und Revolution,* Stuttgart 1967, S. 52 ff.; ferner Hermann Conrad, *Rechtsstaatliche Bestrebungen im Absolutismus Preußens und Österreichs am Ende des 18. Jhs.,* Köln 1961.

4 Zur letzten Phase des Alten Reichs jetzt die detaillierte Darstellung von Karl Otmar Freiherr v. Aretin, *Heiliges Römisches Reich 1776-1806. Reichsverfassung und Staatssouveränität,* 2 Bde., Wiesbaden 1967; zur rechtlichen Bedeutung des Reichsdeputationshauptschlusses Klaus Dieter Hömig, *Der Reichsdeputationshauptschluß v. 25. 2. 1803 und seine Bedeutung für Staat und Kirche,* Tübingen 1969.

Die kurze Epoche des Rheinbundes und der Rheinbundstaaten ist gerade auch unter diesem Gesichtspunkt verfassungsgeschichtlich zu würdigen.[5]

Die Ausgangslage ist zum andern bestimmt durch die Folgewirkungen der Französischen Revolution. Die Französische Revolution brachte nicht nur die Vollendung des alten Staatsbaus, wie ihn die absoluten Könige und ihre Minister angestrebt hatten, zugleich stellte sie die politisch-soziale Gesamtverfassung auf eine neue, von der Sozialtheorie des Vernunftrechts her konzipierte Grundlage.[6] Nicht die geschichtlich gewordenen Ordnungen und Staaten, nicht überpersönliche Güter und Zwecke, denen die einzelnen sich einordnen, vielmehr die einzelne, freie und selbstbestimmte Einzelpersönlichkeit, herausgelöst aus den überkommenen, vor-staatlichen Herrschaftsordnungen und korporativen Bindungen, wird Ausgangs- und Zielpunkt der politisch-sozialen Ordnung. Danach sollen die staatlichen Institutionen erbaut, soll die Ordnung der Gesellschaft neu gestaltet werden.[7] Der Staat wird Staat der staatsbürgerlichen Gesellschaft, in der das Individuum Subjekt des Soziallebens ist; Rechtsgleichheit und allgemeine (Erwerbs-)Freiheit der einzelnen gehen ihm, gewissermaßen als seine Basis, voraus. Er erhebt sich über den einzelnen und ihrem sozialen Zusammenhang, der Gesellschaft, als die notwendige einheitliche und allgemeine Ordnungsgewalt, bleibt dabei indes funktional auf die einzelnen und die Gesellschaft bezogen. Geschichtliche Herkunftswelt und ideenmäßig programmierte Zukunftswelt sind auseinandergetreten[8], und die zentrale verfas-

5 Aufschlußreich für diese ›Verstaatungsepoche‹ des Rheinbundes die Abhandlung von F. Wegelin, »Die bayerische Konstitution von 1808«, in: *Schweizer Beiträge zur Allgemeinen Geschichte,* Bd. 16 (1958), S. 142 ff., und neuerdings Franz Ludwig Knemeyer, *Regierungs- und Verwaltungsreformen in Deutschland zu Beginn des 19. Jhs.,* Köln 1970, S. 47 ff., 110 ff.

6 Über diese Bedeutung der Französischen Revolution vgl. die Darstellung bei Franz Schnabel, *Deutsche Geschichte im 19. Jh.,* Bd. 1: *Die Grundlagen,* Freiburg [4]1949, S. 108 ff. (»Die historische Bedeutung der Französischen Revolution«).

7 Die Erklärung der Menschen- und Bürgerrechte v. 4. 8. 1789 enthält dies, die vernunftrechtliche und physiokratische Theorie aufnehmend, als Programm, vgl. insb. die Art. 1, 2, 4-6, 11-12, 16 und 17.

8 Treffend dazu der Ausspruch Hegels, *Vorlesungen zur Philosophie der Geschichte,* (Ausg. Glockner), Stuttgart [3]1949, S. 557: »Solange die

sungsgeschichtliche Frage ist die des Übergangs, d. h. der Überleitungen und Vermittlungen zwischen alter und neuer politisch-sozialer Ordnungsidee.

Das Feld der politischen Auseinandersetzung wurde in Deutschland schon bald nicht mehr dadurch bestimmt, ob diese politisch-soziale Zielvorstellung überhaupt, sondern ob sie ganz bzw. in welchem Umfang sie akzeptiert und verwirklicht werden solle. Die Staatstheorie und Staatsethik des Vernunftrechts auf der einen, neuhumanistische Bildungsbewegung und die deutsche idealistische Philosophie auf der andern Seite hatten wesentliche der in dieser Zielvorstellung enthaltenen Postulate, teils parallel oder vorausgreifend, teils in bewußter Auseinandersetzung mit der Französischen Revolution, anerkannt und sich zu eigen gemacht.[9] Der Charakter der Französischen Revolution als einer historischen Schwelle, die man nicht mehr nach rückwärts überschreiten kann, tritt darin deutlich hervor. So war für die Verfassungsentwicklung in Deutschland nicht allein die Vollendung und der Ausbau der staatlichen Ordnung in Fortführung des bisher Gewordenen als Aufgabe gestellt, sondern zugleich auch deren prinzipieller Umbau. Auch in Deutschland ergab sich das Auseinandertreten und Sichgegenüberstehen von geschichtlicher Herkunfts- und modellhaft entworfener Zukunftswelt, und damit die Frage des Übergangs, der Vermittlungen und auch prinzipieller Neugestaltung.

Sonne am Firmament steht und die Planeten um sie herum kreisen, war das nicht gesehen worden, daß der Mensch sich auf den Kopf, d. h. auf den Gedanken stellt, und die Welt auf diesem erbaut.«

9 Hier ist einerseits auf die vernunftrechtlichen Staatsideen, wie sie etwa in den Kronprinzenvorträgen von Carl Gottlieb Suarez, einem der Mitverfasser des preuß. *ALR,* ihren Niederschlag finden – vgl. dazu Gerd Kleinheyer, *Staat und Bürger im Recht,* Bonn 1962 – und die Staatspraxis des späten Absolutismus maßgeblich beeinflussen, anderseits auf die politische Philosophie von Kant und Fichte, aber auch Hegels hinzuweisen, zum letzteren vgl. Joachim Ritter, *Hegel und die französische Revolution,* Köln 1956. Vgl. auch Schnabel (Anm. 6), S. 283 ff.

II. Die zentralen Verfassungsprobleme des 19. Jhs.

Die zentralen Verfassungsprobleme des 19. Jhs. sind durch diese verfassungsgeschichtliche Ausgangslage schon vorgezeichnet und erhalten durch sie ihre besondere, für die Eigenart der deutschen Verfassungsentwicklung kennzeichnende Prägung. Es sind drei Verfassungsprobleme, und zwar das *nationale,* das *konstitutionelle* und das *soziale (gesellschaftliche)* Verfassungsproblem. Lange Zeit wurde die Verfassungsgeschichte des 19. Jhs. vornehmlich als die Geschichte des konstitutionellen Verfassungsproblems betrachtet. Das nationale Verfassungsproblem stand auch im Blickfeld, aber primär als ein politisches, weniger als ein *Verfassungs*problem. Das soziale Verfassungsproblem wurde hingegen nahezu ganz außer Betracht gelassen.[10] Doch erst zusammen bezeichnen sie das, was das Verfassungsgeschehen und die Verfassungsentwicklung des 19. Jhs. in Deutschland ausmacht. Nationales, konstitutionelles und soziales Verfassungsproblem stehen nicht isoliert nebeneinander, sondern sind miteinander verbunden und greifen ineinander, stehen in einem wechselseitigen Beziehungsverhältnis. Genaugenommen müßte man von der nationalen, konstitutionellen und sozialen *Seite* des im Grunde einheitlichen Verfassungsproblems sprechen. Die einzelnen Seiten lassen sich für die wissenschaftliche Betrachtung zwar voneinander sondern, wodurch ihr relativer Eigengehalt deutlich gemacht werden kann, aber sie lassen sich in der geschichtlichen Wirklichkeit nicht realiter voneinander trennen.[11] Wenn gleichwohl im folgenden die drei Verfassungsprobleme als Gliederungsprinzip zugrunde gelegt werden, um das verfassungsgeschichtliche Geschehen und die zentralen Verfassungsfragen des 19. Jhs. deutlich zu machen, so deshalb, weil gerade eine solche Einteilung geeignet erscheint, sowohl die Komplexität der Verfassungsentwicklung in Deutschland als auch die verschiedenen,

10 So auch neuestens in Otto Kimminich, *Deutsche Verfassungsgeschichte,* Frankfurt 1971.

11 Die Verknüpfung der verschiedenen Teilaspekte zeigen – für das erste Drittel des 19. Jhs. – die beiden Aufsätze von Werner Conze, »Staat und Gesellschaft in der frührevolutionären Epoche Deutschands«, in: *HZ* 186 (1956), 1 ff., und ders., »Nation und Gesellschaft. Zwei Grundbegriffe der frührevolutionären Epoche«, in: *HZ* 198 (1964), 1 ff.

sich teils überlappenden, teils von vornherein ungleichzeitigen Entwicklungsphasen, die sich im Hinblick auf die einzelnen Verfassungsprobleme ergeben, sachgerecht zu erfassen.

III. Das nationale Verfassungsproblem und die nationale Bewegung

Das nationale Verfassungsproblem stellte sich schon zu Beginn des Jahrhunderts mit besonderer Dringlichkeit. Welches sollte, wenn überhaupt, die Grundlage für die Einheit Deutschlands sein, nachdem der Rahmen des alten Reiches endgültig entfallen, neue Staatsbildungen und Souveränitätsansprüche entstanden und eine Rückgewinnung der alten, universalen Grundlage aus inneren wie äußeren Gründen unmöglich war? Konnte sie anders als im Prinzip der nationalen Einheit, d.h. der auch politischen Zusammengehörigkeit von Menschen gemeinsamer Sprache, Geschichte und Kultur, die über ein gemeinsames Bewußtsein dieser Zusammengehörigkeit und den Willen dazu verfügen, gefunden werden? Aber wieweit waren die Voraussetzungen dafür vorhanden? Waren die Deutschen, eben erst aus dem universalen Ordnungszusammenhang des Reichs herausgetreten und ohne den Kristallisationskern eines einheitlichen Staates, schon zur Nation geworden, und welche Auswirkungen mußte die Verwirklichung dieses Verfassungszieles auf die bestehenden historischen Staaten und die politische Ordnung Europas haben, welchen Gegenkräften und Hemmnissen mußten sie von dort ausgesetzt sein?[12]
Das nationale Verfassungsproblem wurde durch die politischen Gegebenheiten und Konstellationen, wie sie zu Beginn des 19. Jhs. entstanden und durch den Wiener Kongreß befestigt waren, notwendigerweise zu einem national-*föderativen* Verfassungsproblem. Immer wieder sah sich der Versuch seiner Lösung mit der Situation konfrontiert, daß das Prinzip nationaler Staatsbildung in Mitteleuropa nicht zu verwirklichen war, ohne die politische Landkarte revolutionär umzugestalten, daß man folg-

12 Über die Grundlagen des nationalen Denkens und der nationalstaatlichen Bewegung in Deutschland Eugen Lemberg, *Geschichte des Nationalismus in Europa*, Stuttgart 1950; ders., *Nationalismus* I *u.* II, rde, Reinbek 1964. Vgl. auch Helmut Plessner, *Die verspätete Nation*, Stuttgart 1959.

lich zu Teillösungen und föderativen Bildungen Zuflucht nehmen mußte, sollte überhaupt etwas erreicht werden, und daß das konsequent verfochtene nationalstaatliche Prinzip den Staatsgedanken selbst an einer entscheidenden Stelle, nämlich im Hinblick auf die Gleichheit und Gleichberechtigung aller Staatsbürger ohne Ansehen der Person (Rasse oder Nation), in Frage stellte. Der Deutsche Bund, europäisch und im Stabilitätsinteresse der historischen Staaten konzipiert, war darauf angelegt, der nationalen Verfassungsbewegung von vornherein den Weg zu verlegen, sie niederzuhalten durch eine »Ordnung von oben« und, bei aller sonstigen Achtung der Selbständigkeit seiner Glieder, das Mittel der Intervention.[13] Die nationale Bewegung des Jahres 1848 wollte Teillösungen nicht akzeptieren – das »ganze Deutschland«, soweit die deutsche Zunge klingt, sollte es sein, und dies als einheitlicher, national geschlossener Staatsverband – und führte sich dadurch selbst in die politische Unlösbarkeit und schließliche Resignation. *Bismarck* wußte das Mögliche, für das er als Realpolitiker selbst die Voraussetzungen mitschuf, zu ergreifen und dadurch jene eigengeartete, in ihrem differenzierten organisatorischen Gefüge zunächst mehr am ›Bund‹ als am ›Staat‹ orientierte Verbindung von historisch gewordenen, monarchisch regierten Staaten und nationaler staatlicher Einheit herzustellen, als die das Deutsche Reich sich darstellte.[14/15] Dadurch war freilich keine ›reine‹ Lösung erreicht, denn auch das Bismarckreich

13 Zur Verfassungsform des Deutschen Bundes vgl. die Darstellung bei Forsthoff, *Deutsche Verfassungsgeschichte der Neuzeit,* Stuttgart ³1967, S. 84 ff.; verfassungsvergleichend Werner Näf, »Die deutsche Bundesakte und der schweizerische Bundesvertrag von 1815«, in *FS F. Hartung,* Berlin 1958, S. 133 ff.

14 Das komplizierte Verfassungsgefüge des Bismarckreichs ist jetzt in den beiden aus Anlaß des 100jährigen Jubiläums der Reichsgründung erschienenen Sammelbänden: Theodor Schieder – Ernst Deuerlein (Hg.), *Reichsgründung 1870/71. Tatsachen, Kontroversen, Interpretationen,* Stuttgart 1970, und Michael Stürmer (Hg.), *Das kaiserliche Deutschland. Politik und Gesellschaft 1870-1918,* Düsseldorf 1970, aus jeweils unterschiedlicher Sicht ausführlich behandelt. Vgl. im übrigen auch Adolf Laufs, *JuS* 1971, S. 9 ff.

15 Zum Problem des Bismarckreichs als Nationalstaat vgl. Th. Schieder, *Das Deutsche Reich als Nationalstaat,* Köln 1961; Wolfgang Sauer, *Das Problem des deutschen Nationalstaates,* in: Hans Ulrich Wehler (Hg.), *Moderne deutsche Sozialgeschichte,* Köln ³1970, S. 407 ff.

war kein national homogenes Staatsgebilde. Der Zwiespalt zwischen Staatsprinzip und Nationalprinzip tat sich an den verbliebenen und neu gewonnenen (Elsaß-Lothringen) Nationalitätsproblemen auf[16], und das aus dem übernationalen mitteleuropäischen Knoten des ehemaligen Deutschen Bundes hinausgewiesene Habsburgerreich war nunmehr ohne Rückhalt der für es auflösenden Wirkung des nationalstaatlichen Verfassungsprinzips preisgegeben.[17]

Nationale und konstitutionelle Verfassungsbewegung

Die nationale Verfassungsbewegung war in Entstehung und Fortgang ihrerseits nicht unabhängig von der konstitutionellen Verfassungsbewegung. Einmal war der Übergang der staatlichen Ordnung in konstitutionelle Formen und Verfahren, die Eröffnung politischer Mitwirkung für Volksvertretung und öffentliche Meinung die Voraussetzung dafür, daß die nationale Bewegung, die zunächst als Bildungsbewegung entstanden war, sich ihrerseits als *politische* Bewegung, die auf eine bestimmte staatliche und Verfassungsgestaltung in Deutschland drängte, entfalten und artikulieren konnte. Ihre Zentren waren nicht von ungefähr die Universitäten und die süddeutschen, sog. frühkonstitutionellen Staaten.

16 S. Oswald Hauser, *Preußische Staatsräson und nationaler Gedanke*, Neumünster 1960; W. Frauendienst, »Preußisches Staatsbewußtsein und polnischer Nationalismus; Preußisch-deutsche Polenpolitik 1815-1890«, in: *Das östliche Deutschland*, hg. vom Göttinger Arbeitskreis, Kitzingen 1959. S. 305 ff.; Hans-Ulrich Wehler, »Elsaß-Lothringen von 1870 bis 1918«, in: *Zeitschr. f. d. Geschichte d. Oberrheins* 109 (1962), 133 ff. (= ders., *Krisenherde des Kaiserreichs*, Göttingen 1971); Ernst Rudolf Huber, *Deutsche Verfassungsgeschichte* IV, S. 437 ff.

17 Zur näheren Orientierung über diesen Zusammenhang vgl. Robert-A. Kann, *Das Nationalitätenproblem der Habsburgermonarchie*, 2. Bde., Graz ²1964; Hugo Hantsch, *Die Nationalitätenfrage im alten Österreich*, Wien 1953. Über die Wirkungen des öst.-ungarischen ›Ausgleichs‹ von 1867 vgl. die beiden Sammelbände: *Der öst.-ungarische Ausgleich von 1867. Seine Grundlagen und Auswirkungen*, Wien 1968, und *Der öst.-ungarische Ausgleich von 1867. Vorgeschichte und Wirkungen*, Wien 1967.

Zum andern war für die deutsche nationale und Verfassungsbewegung die Einheit von Nationalem und Konstitutionellem charakteristisch. Diese Einheit ergab sich aus der Eigenart des deutschen Nationalbegriffs.[18] Der nationale Staat mußte zugleich ein konstitutioneller sein, weil für die deutsche Nationalbewegung das Konstitutionelle, in einer besonderen, auf den organischen Ausgleich zwischen Königtum und Volksfreiheit hinauslaufenden Interpretation, der Eigenart der nationalen Geschichte und des nationalen Wesens entsprach. Diese Einheit von Nationalem und Konstitutionellem fand ihren repräsentativen Ausdruck in den Debatten und im Verfassungswerk der Paulskirche, das eben die nationale politische Einheit zugleich als konstitutionelle, konstitutionell i. S. eines monarchisch-liberalen Konstitutionalismus, verfassen und in Kraft setzen wollte.[19] Und sie erklärt, daß und warum die Alternative, vor die *Bismarcks* nationale Einigungspolitik die bürgerlich-nationale Bewegung stellte, diese um ihren Elan bringen, ja für sie tödlich werden mußte. Die nationale Einheit, kaum mehr erwartet, erreichen zu können, aber sie nur erreichen zu können zu Lasten der konstitutionellen Einheit, wie sie den nationalen Vorstellungen entsprach, eben dies traf diese Bewegung an ihrem Kern. Der Grundsatzkompromiß, der in der 1866/67 erfolgten Option für das Nationale unter Hintansetzung des Konstitutionellen lag, schloß alle weiteren Kompromisse ein und legte einen wichtigen Grund dafür, daß der politische Liberalismus sich in Richtung auf einen kapitalistischen Wirtschaftsliberalismus umbildete und das nationale Denken in einen überstei-

18 S. dazu Ernst-Wolfgang Böckenförde, »Die Einheit von nationaler und konstitutioneller politischer Bewegung im deutschen Frühliberalismus«, in: ders. (Hg.), *Moderne deutsche Verfassungsgeschichte*, Köln 1971, Nr. 1.

19 Als abgewogene zusammenfassende Darstellung der Revolution des Jahres 1848 nach wie vor: Rudolf Stadelmann, *Soziale und Politische Geschichte der Revolution von 1848*, München 1948; Karl Griewank, »Ursachen und Folgen des Scheiterns der deutschen Revolution von 1848«, in: *HZ* 170 (1950), 495 ff. (= ders., in: Böckenförde [o. Fußn. 18], Nr. 2; ferner aus der neueren Literatur Frank Eyck, *The Frankfurt Parliament 1848-1849*, London 1968; Otto Vossler, *Die Revolution von 1848 in Deutschland*, Frankfurt 1967; Veit Valentin, *Geschichte der deutschen Revolution 1848-1849*, 2 Bde., Berlin 1930/31 (Nachdruck Aalen 1970).

gerten, rechtliche und rechtsstaatliche Bindungen geringachtenden Nationalismus auswich.[20]

IV. Die konstitutionelle Verfassungsbewegung

Das konstitutionelle Verfassungsproblem hatte in Deutschland von vornherein keinen revolutionären und auch keinen entschieden demokratischen Akzent. Zwar war in der konstitutionellen Verfassungsbewegung die Auseinandersetzung zwischen ›monarchischem‹ Konstitutionalismus und ›demokratischem‹ Konstitutionalismus i.S. der politischen Ordnungsideen der Französischen Revolution stets virulent, aber das Ergebnis dieser Auseinandersetzung lief kaum auf antithetische Positionen, sondern auf eine teils monarchisch, teils bürgerlich-demokratisch akzentuierte mittlere Linie hinaus. Die Gründe dafür lagen in spezifischen Gegebenheiten der deutschen Verfassungsentwicklung: der historischen Kontinuität monarchischer Staatsbildung und konstitutioneller Gedanken (welch letztere teils auf lebendige ständestaatliche Tradition, teils auf die Selbstbindung des aufgeklärten Absolutismus zurückging), der Kraft des Königtums zu wirksamer staatlicher und gesellschaftlicher Reform, der erwähnten nationalen Ausrichtung der konstitutionellen Bewegung (auch in Absetzung gegenüber französischer Ideen).

Was, von den preußischen Reformen an bis in den 1. Weltkrieg hinein, zur Verwirklichung und als Problem anstand, war so nicht die Ersetzung der – teilweise zunächst noch zu erringenden – Souveränität des Monarchen durch diejenige des Volkes, sondern eine, von den verschiedenen politischen Seiten allerdings unterschiedlich, wenn nicht gegensätzlich konzipierte *Vermittlung* zwischen Monarchie und Volkssouveränität, und dies ver-

20 S. dazu Heinrich August Winkler, *Preußischer Liberalismus und deutscher Nationalstaat. Studien zur Geschichte der deutschen Fortschrittspartei 1861-1866*, Tübingen 1964; Walter Bußmann, »Zur Geschichte des deutschen Liberalismus im 19. Jh.«, in: *HZ* 186 (1958), 527 ff. (= *Probleme der Reichsgründungszeit 1848-1879*, Köln 1968, S. 85 ff.); Theodor Schieder, »Das Verhältnis von politischer und gesellschaftlicher Verfassung und die Krise des deutschen bürgerlichen Liberalismus«, in: *HZ* 177 (1954), S. 49 ff. (= ders., *Staat und Gesellschaft im Wandel unserer Zeit*, München ²1970, S. 58 ff.).

bunden mit dem Hineinstellen des Staates und staatlichen Handelns in gesetzliche Ordnung, festgelegte Formen, gesicherte Verfahren und Kontrollen, kurz in ›Konstitutionalität‹, die ihren Ausdruck in der geschriebenen Verfassung fand.[21] Die Verwirklichung dieser Konstitutionalität, oder, juristisch ausgedrückt, der Gedanke des Verfassungsstaates, wurde – ungeachtet des Gangs der Auseinandersetzung um den Anteil an den staatlichen Macht- und Entscheidungspositionen zwischen Volksvertretung und monarchischer Regierung bzw. Verwaltung – die eigentlich überdauernde, über die Epoche hinaus wirkende Leistung der konstitutionellen Verfassungsbewegung. Der konstitutionellen Monarchie folgte trotz des revolutionären Umbruchs 1918/19 nicht eine absolute, sondern – in der Weimarer Verfassung – eine im spezifischen Sinn konstitutionelle Demokratie, und das Grundgesetz hat sich ebenfalls in diese Tradition bewußt hineingestellt.
Die Etappen der konstitutionellen Verfassungsentwicklung waren, begründet durch die verschiedene Ausgangssituation, innerhalb Deutschlands nicht einheitlich.

In Preußen kam es, veranlaßt durch seine Lage nach 1806, schon sehr bald zum Beginn einer umfassenden Staats-, Gesellschafts-, Heeres- und Bildungsreform, in der das konstitutionelle Verfassungsproblem in den Zusammenhang einer weitergreifenden, auch die notwendigen gesellschaftlichen Voraussetzungen konstitutionellen Verfassungslebens einbeziehenden Reform gestellt war.[22] Diese Reform blieb in der Restaurationsphase nach 1815 auf halbem Weg stecken, noch bevor der eher als Abschluß gedachte ›konstitutionelle‹ Teil in Angriff genommen war. In den vier

21 Typisch für diese Vermittlungsposition ist u. a. die Paulskirchenverfassung von 1849, vgl. deren Bestimmungen über das Regierungssystem (§§ 73-77) und die Organisation der gesetzgebenden Gewalt (§§ 79-80, 100-101). Im Staatsrecht findet sie ihren Ausdruck nicht zuletzt in der Entwicklung und Wandlung des Rechtsstaatsbegriffs, vgl. dazu Ulrich Scheuner, »Die neuere Entwicklung des Rechtsstaates in Deutschland«, in: *Hundert Jahre deutsches Rechtsleben* II, Karlsruhe 1963, S. 235 ff., und E.-W. Böckenförde, *Entstehung und Wandel des Rechtsstaatsbegriffs. FS A. Arndt*, Frankfurt 1969, S. 53 ff., in diesem Band S. 143-170.

22 Als allg. Darstellung immer noch empfehlenswert Schnabel (Anm. 6), S. 316 ff.; speziell verfassungsgeschichtlich E. R. Huber, *Deutsche Verfassungsgeschichte seit* 1789, Bd. 1, Stuttgart ²1963, S. 118 ff.; F. Hartung, *Deutsche Verfassungsgeschichte vom 15. Jahrhundert bis zur Gegenwart,* § 49; R. Koselleck (Anm. 3), S. 163 ff.

süddeutschen Staaten entfaltete sich der Konstitutionalismus bald nach 1815, er lag zugleich im Interesse der Monarchen, die dadurch die neuen Staatsgebilde konsolidieren und unangreifbar machen wollten. Seine Ausprägung war zunächst durchaus *monarchisch*-konstitutionell; die Basis für einen vollen, die Volksvertretung stärker zur Geltung bringenden Konstitutionalismus, die einheitliche Staatsbürger-Gesellschaft, war hier selbst erst im Entstehen begriffen, keineswegs schon fertig vorhanden.[23] Dazwischen lagen die Mittel- und Kleinstaaten Mittel- und Norddeutschlands, in denen ständestaatliche Verhältnisse teils noch fortlebten, teils sogar restauriert wurden; was sich hier, teils nach 1815, vielfach erst 1830/31 als Auswirkung der Juli-Revolution in Frankreich, an Konstitutionalismus entwickelte, war kaum mehr als ein Halbkonstitutionalismus, von ständestaatlichen Ordnungen kaum zu unterscheiden.[24]

So kam es erst im Jahre 1848 allgemein, d. h. mit Ausnahme der beiden Mecklenburgs, zur konstitutionellen Ordnung der monarchischen Staaten und einer entwickelteren, für das System der konstitutionellen Verfassung dann typisch werdenden Ausgestaltung des Konstitutionalismus selbst.[25] Dieser deutsche Typ des Konstitutionalismus, sein Ort zwischen Monarchie und Volkssouveränität, die teils nachdrücklich behauptete, teils wieder entschieden bestrittene Eigenart und Selbständigkeit gegenüber der westlichen parlamentarischen Monarchie hat Historiker und Juristen immer wieder, bis in die Gegenwart hinein, beschäftigt.[26]

23 Eine Darstellung der Institutionen des Frühkonstitutionalismus bei E. R. Huber 1, S. 366 ff.; ferner Hartung (Anm. 22), § 44.

24 Ein Überblick bei Hartung, *Deutsche Verfassungsgeschichte*, § 45; speziell zur sächsischen Verfassung von 1831 siehe die vergleichende Analyse von W. Näf, »Staatsverfassungen und Staatstypen 1830/31«, in: *Schweizer Beiträge zur Allg. Geschichte*, Bd. 3, Aarau 1945, S. 179 ff. (= Böckenförde [Anm. 18], Nr. 7).

25 S. dazu Otto Hintze, »Das monarchische Prinzip und die konstitutionelle Verfassung«, in: ders., *Staat und Verfassung*, S. 359 ff.; Fritz Hartung, »Die Entwicklung der konstitutionellen Monarchie in Europa«, in: ders., *Volk und Staat in der deutschen Geschichte*, 1940, S. 183 ff.

26 Die neueren Stellungnahmen zu diesem Problem: einerseits E. R. Huber, *Deutsche Verfassungsgeschichte seit 1789*, Bd. 3, 1960, S. 1 ff.; andererseits E.-W. Böckenförde, »Der Verfassungstyp der deutschen konstitutionellen Monarchie«, in: *Beiträge zur deutschen und belgischen Verfassungsgeschichte im 19. Jh.*, Stuttgart 1967, in diesem Band S. 273, sowie die Replik von Huber in seinem Beitrag: »Die Bismarck-

Nicht zu Unrecht rückt dabei der preußische Konflikt, die dritte und letzte Etappe der konstitutionellen Verfassung als ein System von Vermittlungspunkten Verlauf und Art der Beendigung des Konflikts, der die konstitutionellen Verfassung als ein System von Vermittlungen und Balancierungen aufwies, hatten nicht geringen Einfluß auf die weitere Entwicklung des konstitutionellen Regierungssystems, insbesondere auch auf die konstitutionelle Struktur des Bismarckreichs.[27]

v. Das soziale Verfassungsproblem und seine Entwicklung

Das konstitutionelle Verfassungsproblem kann nicht von seiner andern Seite, dem sozialen Verfassungsproblem, abgelöst und isoliert werden. Die Verzahnung zwischen beiden ist enger, als es den Anschein hat. Schon das Wahlrechtsproblem, äußerlich dem konstitutionellen Staatsbau zugehörig, macht dessen Abstützung auf eine bestimmte gesellschaftliche Basis deutlich.[28] Der bürgerliche, middle-class-Charakter der konstitutionellen Bewegung wie des politischen Liberalismus überhaupt hat hier sein Paradigma. Politische Parteien, Gewerkschaften und die Interessenverbände, die sich bald nach dem wirtschaftlichen Aufschwung

sche Reichsverfassung«, in: Th. Schieder/E. Deuerlein (Anm. 14), S. 191 ff.

27 Zum preußischen Konflikt ausführlich Huber (Anm. 26), S. 275; ferner, in den Stellungnahmen unterschiedlich, jedoch insgesamt von Hubers (Anm. 26), Würdigung des Konflikts abweichend, Ernst Forsthoff, *Deutsche Verfassungsgeschichte der Neuzeit*, ²1961, S. 134; E.-W. Böckenförde (Anm. 26), S. 84-88, und neuestens Rainer Wahl, »Der preußische Verfassungskonflikt und das konstitutionelle System des Kaiserreichs«, in: Böckenförde (o. Anm. 18), Nr. 9.

28 Dazu Heinz Boberach, *Wahlrechtsfragen im Vormärz*, Düsseldorf 1959; Jacques Droz, »Liberale Anschauungen zur Wahlrechtsfrage und das preußische Dreiklassenwahlrecht«, in: ders., *Réaction et suffrage universel en France et en Allemagne* (1848-1910), Paris 1963 (= ders., in: Böckenförde [Anm. 18], Nr. 10), und die Tübinger Antrittsvorlesung von R. Smend aus dem Jahre 1912: *Maßstäbe parlamentarischen Wahlrechts in der deutschen Staatstheorie des 19. Jhs.* = ders., Staatsrechtliche Abhandlungen, Berlin 1969, S. 19 ff.

und der Krise der Gründerjahre bilden, beleuchten den Zusammenhang von der anderen Seite.[29]

Das eigentliche soziale Verfassungsproblem greift indes über diesen Zusammenhang weit hinaus. Ein so tiefblickender zeitgenössischer Denker wie *L. v. Stein* hat in der grundlegenden Veränderung der Gesellschaftsordnung, die sich vom 18. zum 19. Jh. und während des letzteren vollzog, das entscheidende und strukturbestimmende verfassungsgeschichtliche Geschehen gesehen.[30] In der Tat: Gegenüber der Veränderung und Umbildung der politisch-sozialen Bauform, die im 19. Jh. von der Veränderung und dem Wandel der Gesellschaft ausgeht, nehmen sich die nationalen und konstitutionellen Auseinandersetzungen und Veränderungen, die die politische Bühne nach außen hin beherrschen, oftmals wie ein Oberflächenphänomen aus, das den Kern der Dinge nicht trifft.

Was umgreift der Vorgang der sozialen Verfassungsbewegung? Er besteht zunächst in der Auflösung der ständischen, herrschaftlich-politischen Lebensordnungen der alten Gesellschaft, in die die einzelnen statusmäßig eingebunden waren, zugunsten von deren rechtlicher Gleichstellung und sozialer Emanzipation[31]; in der Beseitigung der Stände als Rechtsklassen, d. h. der Ablösung

29 Zur Entstehung und Organisation der politischen Parteien: Thomas Nipperdey, *Die Organisation der deutschen Parteien vor 1918*, Düsseldorf 1961; ders., »Interessenverbände und Parteien in Deutschland vor dem Ersten Weltkrieg«, in: *PVS* 2 (1961), 262; zu den Verbänden: Hartmut Kaelble, *Industrielle Interessenpolitik in der Wilhelminischen Gesellschaft. Centralverband deutscher Industrieller* 1895-1914, Berlin 1967; Hans Jürgen Puhle, *Agrarische Interessenpolitik und preußischer Konservativismus im wilhelminischen Reich* 1893-1914, Hannover 1966; zum Problem insgesamt: Dirk Stegmann, *Die Erben Bismarcks. Parteien und Verbände in der Spätphase des Wilhelminischen Deutschlands*, Köln 1970; E. R. Huber, *Deutsche Verfassungsgeschichte seit 1789*, Bd. 4, S. 1022 ff.

30 Lorenz v. Stein, *Geschichte der sozialen Bewegung in Frankreich von 1789 bis auf unsere Tage*, (Ausg. Salomon), Neudruck Darmstadt 1959, Bd. I, Vorwort, S. 3, S. 68 f. u. ö., Bd. II, S. 10 f. Vgl. E.-W. Böckenförde, *Lorenz v. Stein als Theoretiker der Bewegung von Staat und Gesellschaft zum Sozialstaat. FS O. Brunner*, Göttingen 1963, in diesem Band S. 170 ff.

31 Dazu W. Conze, »Staat und Gesellschaft in der frührevolutionären Epoche Deutschlands«, in: *HZ* 186 (1956), S. 1 ff.

des ständisch gebundenen Personen-, Berufs-, Gewerbe- und Bodenrechts durch ein allgemeines, Rechtsgleichheit und Erwerbsfreiheit verwirklichendes ›bürgerliches‹ Recht; schließlich in der Herstellung von Freizügigkeit, freiem Eigentum, Freiheit des Grund- und Kapitalverkehrs.[32] Eben dadurch entsteht aus der alten, ständisch feudalen die neue, staatsbürgerliche Gesellschaft.

Träger dieser Entwicklung ist in Deutschland der monarchische Staat selbst; die soziale Emanzipation, die – stufenweise – Herstellung der staatsbürgerlichen Gesellschaft war, anders als in Frankreich, nicht das Werk einer Revolution, sondern das Ergebnis monarchischer Reform. Sie vollzog sich durch grundlegende staatliche Reformgesetze und die Arbeit der staatlichen Verwaltung. Nicht zuletzt deshalb fehlt in Deutschland das Pathos der Grundrechte, das die französische Entwicklung kennzeichnet. Was dort seinen Ausgangspunkt in der Proklamierung der Grundrechte und ihrer Verwirklichung hatte, wurde hier, wenn auch nicht ohne Anstöße von dorther, im wesentlichen durch staatliche Gesetze, und das heißt durch eine *Reform von oben* herbeigeführt.[33] Die Stadien des zeitlichen Ablaufs waren in den

32 Einen zusammenfassenden, jedoch informationsreichen Überblick gibt Adolf Zycha, *Deutsche Rechtsgeschichte der Neuzeit*, Weimar ²1950, §§ 43, 45-49; wichtige Einzelprobleme werden behandelt von Gunter Ipsen, »Die preußische Bauernbefreiung als Landesausbau«, in: Zeitschrift für *Agrargeschichte u. Agrarsoziologie* 1954, S. 29-54 (jetzt in erweiterter Fassung in: Böckenförde [Anm. 18], Nr. 18) und Reinhart Koselleck, »Die Auflösung der ständischen Gesellschaft und das Aufkommen neuer Klassen im preußischen Vormärz«, in: Böckenförde, Nr. 19. Zur Agrargeschichte aus ostdeutscher Sicht: Reiner Gross, *Die bürgerliche Agrarreform in Sachsen in der ersten Hälfte des 19. Jhs. Untersuchung zum Problem des Übergangs vom Feudalismus zum Kapitalismus in der Landwirtschaft*, Weimar 1968; Helmut Bleiber, »Zur Problematik des preußischen Weges der Entwicklung des Kapitalismus in der Landwirtschaft«, in: Zeitschrift für Geschichte 13 (1965), S. 57 ff.

33 Diese Seite ist in dem eindrucksvollen, für das Verständnis der Gemeinsamkeiten zwischen Verfassungs-, Privatrechts- und Strafrechtsgeschichte und deren Zusammenhang mit der allg. geistig-politischen Bewegung der Zeit wichtigen Buch von Hans Hattenhauer, *Zwischen Hierarchie und Demokratie*, Karlsruhe 1971, S. 105 ff., übersehen. Kritisch zur ›Reform von oben‹ bzw. von ihm als ›Revolution von

einzelnen Staaten verschieden und, im Verhältnis zur konstitutionellen Verfassungsentwicklung, nicht selten gegeneinander verschoben; Preußen und Österreich, im Übergang zur staatsbürgerlichen Gesellschaft den andern Staaten in weiten Bereichen voraus, blieben konstitutionell hinter ihnen zurück, während für die süddeutschen Staaten, mit Ausnahme Badens, das Verhältnis gerade umgekehrt war.[34] Erst nach 1848, und insgesamt erst in den 1860er Jahren, zuletzt durch die Gewerbeordnung des Norddeutschen Bundes von 1869, wurde die staatsbürgerliche Gesellschaft überall erreicht.[35]

Zugleich mit dem Prozeß ihrer Errichtung entfaltet die staatsbürgerliche Gesellschaft ihre eigene Bewegung. Struktur und rechtliche Ordnung dieser Gesellschaft sind die einer *Erwerbs*gesellschaft: Sie setzt die einzelnen ohne schützende Bindungen in den Erwerb und das Erwerbsinteresse frei, ermöglicht dadurch, verbunden mit der Ausdehnung industrieller Produktionsformen, eine enorme volkswirtschaftliche Produktivität und Mobilität und macht, anstelle des ständischen Rechts, den (erworbenen) Besitz zum neuen Gliederungsprinzip.[36] Die dadurch in Gang gesetzten Bewegungen führen in ihrer vom Staat zunächst nicht reglementierten, sondern nur allgemein regulierten Selbstentfaltung einen tiefgreifenden sozialen Strukturwandel herauf. Die Gesellschaft bildet die bisherigen Schichtungen je länger je mehr zu Besitzklassen um, produziert, aus ihrer Erwerbsstruktur, den sozialen Antagonismus dieser Besitzklassen, eine neue soziale Ungleichheit, die für eine stets wachsende Zahl von Menschen in soziale Unfreiheit umschlägt und die ihnen vom Staat gewährleistete rechtliche Gleichheit und Freiheit zunehmend leerlaufen läßt.[37] Daraus entsteht das neue soziale Verfassungsproblem: *die*

oben‹ bezeichnet Wolfgang Sauer, »Das Problem des deutschen Nationalstaates, in: *PVS* 3 (1962), S. 159 ff. = Wehler (Anm. 15), S. 415 ff.

34 Wichtige Informationen über die Lage des sozialen Verfassungsproblems in den größeren Einzelstaaten gibt Werner Conze (Hg.), *Staat und Gesellschaft im Vormärz*, Stuttgart ²1970.

35 Siehe dazu A. Zycha, §§ 48-49, 51-52; primär wirtschafts- und sozialgeschichtlich orientiert: Wolfgang Zorn, »Wirtschafts- und sozialgeschichtliche Zusammenhänge der deutschen Reichsgründungszeit (1850-79)«, in: *HZ* 197 (1963), 318 ff. (= Wehler [Anm. 15], S. 254 ff.).

36 Dazu näher E.-W. Böckenförde, *FS O. Brunner* (Anm. 30), S. 259 ff.

37 Zu dieser Entwicklung im einzelnen Werner Conze, »Vom ›Pöbel‹

soziale Frage. Sie erscheint als Verelendung und Proletarisierung, in der Form der Auswanderung und als soziale Bewegung aus der Gesellschaft heraus auf den Staat hin. In Preußen schon seit den 40er Jahren, allgemein dann im Bismarckreich steht sie vor der Tür; der Antagonismus der Gesellschaft wirkt notwendigerweise auf die staatlich-konstitutionelle Ordnung zurück und in sie hinein. Das Soziale wird zum Inhalt des Politischen.
Für den konstitutionellen Staat ergibt sich die Frage, wieweit er in der Lage ist, der sozialen Ungleichheit und Unfreiheit, die auf dem Boden der Gesellschaft entsteht und sich reproduziert, entgegenzuwirken. Aufgerufen dazu ist er aus seiner Verantwortung für die Ordnung der Gesellschaft, deren Rahmen er durch seine Gesetze und Maßregeln bestimmt, und für die rechtliche Gleichheit und Freiheit aller seiner Bürger. Die Frage greift über eine aktive staatliche Sozialpolitik, die sich als unmittelbare Aufgabe stellt und im Bismarckreich – verglichen mit anderen Staaten – ernsthaft in Angriff genommen wird[38], hinaus in das Problem der Sozial*reform*: Kann, darf, soll die bürgerlich-liberale Gesellschaftsordnung beibehalten, inwieweit und in welcher Weise muß sie modifiziert oder grundlegend verändert werden? Vermag der konstitutionell-monarchische Staat, aus seinem Verfassungsbau und der in ihm gegebenen Machtverteilung, sich als Wahrer des Allgemeinen, der gemeinsamen Interessen aller zu erweisen oder wird er zum Repräsentanten oder Vollzugsorgan einer der Parteien des gesellschaftlichen Kampfes, des besitzenden Bürgertums? Die Frage und der Ruf nach dem »sozialen Königtum« bzw. dem sozialen Staat, in der zweiten Hälfte des Jahrhunderts nicht nur von Außenseitern erhoben, markiert diese Verschrän-

zum »Proletariat‹«, in: *VSWG* 41 (1954), 333 ff. (= Wehler [Anm. 15], S. 111 ff.); Koselleck (Anm. 32); W. Köllmann, »Die Anfänge der staatlichen Sozialpolitik in Preußen bis 1869«, in: *VSWG* 63 (1966), S. 28 ff. (= Böckenförde [Anm. 18], Nr. 20). Eine zusammenfassende Darstellung fehlt bislang.

38 Siehe Karl Erich Born, »Sozialpolitische Probleme und Bestrebungen von 1848 bis zur Bismarckschen Sozialgesetzgebung«, in: *VSWG* 46 (1959), 29 ff.; Otto Voßler, »Bismarcks Sozialpolitik«, in: *HZ* 167 (1943), S. 336 ff., Neudruck Darmstadt 1959; kritisch zu Bismarcks Sozialpolitik, weil sie keine Sozialreform intendierte, Hans-Ulrich Wehler, *Bismarck und der Imperialismus*, Köln 1970, S. 459 ff. Zum Ganzen auch Huber (Anm. 29), S. 1124 ff.

kung und Verknüpfung von konstitutionellem und sozialem Verfassungsproblem.[39]
Andererseits muß die soziale Bewegung sich nicht nur als soziale Bewegung, d. h. gewerkschaftlich und verbandsmäßig organisieren[40], sondern auch als politische Bewegung auf den Staat hin, d. h. als Partei, weil nur vom Staat her, nicht aus der Gesellschaft selbst das soziale Verfassungsproblem seine Lösung finden kann. Den konstitutionellen Staat muß die soziale Bewegung danach beurteilen, wieweit er in der Lage ist, den Widerspruch, in den die abhängige Klasse zu den auch für sie geltenden Prinzipien der rechtlichen Freiheit und Gleichheit und der Möglichkeit des auskömmlichen Erwerbs geraten ist, aufzuheben. Je nachdem drängt sie zu Alternativen, von denen sie sich die Realisierung ihrer sozialen und politischen Ziele erhofft: die Demokratisierung der konstitutionellen Verfassung, den Übergang zur Republik oder auch die Diktatur des Proletariats. Bereitschaft zur Reform, die natürlich auch das geltende System stabilisiert, oder Warten auf die Revolution wurde aus dieser Situation eine für Theorie und Praxis der deutschen Arbeiterbewegung wichtige Entscheidungsfrage.[41]
Damit dürfte der Bezugsrahmen aufgewiesen sein, von dem aus sich die Strukturfragen und die innere Entwicklung des Bismarckreichs umfassender als aus der gewohnten nationalkonstitutionellen Perspektive erkennen lassen. Die ›Verfassungsfragen

39 Siehe dazu jetzt Dirk Blasius, »Lorenz von Steins Lehre vom Königtum der sozialen Reform«, in: *Der Staat* 10 (1971), S. 33 ff.; ferner Erich Pankoke, *Sociale Bewegung – Sociale Frage – Sociale Politik*, Stuttgart 1970, S. 164 ff.

40 Hierzu H. Wachenhein, *Die deutsche Arbeiterbewegung 1844-1914*, Köln 1967; Helga Grebing, *Geschichte der deutschen Arbeiterbewegung*, München ²1970; Gerhard A. Ritter, *Die Arbeiterbewegung im Wilhelminischen Reich. Die Sozialdemokratische Partei und die Freien Gewerkschaften* 1890-1900, Berlin ²1963.

41 S. Susanne Miller, *Das Problem der Freiheit im Sozialismus. Freiheit, Staat und Revolution in der Programmatik der Sozialdemokratie von Lassalle bis zum Revisionismus*, Frankfurt 1964; Heinz Josef Varain, *Freie Gewerkschaften, Sozialdemokratie und Staat. Die Politik der Generalkommission unter der Führung Carl Legieus* (1890-1920), 1956; Dieter Groh, *Negative Integration und revolutionärer Attentismus. Die deutsche Sozialdemokratie am Vorabend des Ersten Weltkrieges*, Frankfurt 1973.

des Zweiten Reiches‹ erscheinen dadurch in einem andern Licht und teilweise auch anders gelagert, als es der lange vorherrschenden nationalen und konstitutionellen Betrachtungsweise[42] erscheinen mochte.

42 So noch bis zuletzt bei Fritz Hartung, *Deutsche Verfassungsgeschichte der Neuzeit,* Stuttgart 1969.

11. Der Staat als Organismus
Zur staatstheoretisch-verfassungspolitischen Diskussion im frühen Konstitutionalismus

I.

Die in der staatstheoretisch-verfassungspolitischen Diskussion der Vormärzzeit und bis in die Jahre nach 1850 vorherrschende Organismusvorstellung für den Staat ist die des geistig-sittlichen oder ethischen Organismus. Der Staat wird beschrieben und verstanden als ethischer Organismus, sittlich-geistiger Organismus, sittlich-geistige Person im Sinne des Rechts, lebendiger Organismus, als ein auf geistiger Grundlage ruhender Organismus.[1] Darin liegt einerseits eine Anknüpfung an naturhaft organische Gegebenheiten, zugleich aber auch eine Distanzierung davon. Das Wesentliche des ethischen Organismus wird darin gesehen, daß er nicht naturhafte Glieder, sondern selbstbewußte, also freie Wesen in sich begreift, die je ein besonderes Leben in sich haben, d.h. Subjekte sind.[2] Folglich wird sein Leben und seine innere Ordnung geistig bewirkt, nicht unbewußt naturhaft; er muß die Selbsttätigkeit und Selbständigkeit der Glieder, auch im Verhältnis zum Ganzen, in sich einbeziehen. Durch dieses bewußt gesetzte und zugleich näher bestimmte Analogieverhältnis zum eigentlichen Organismusbegriff ist einerseits ein relativ weiter, im einzelnen durchaus offener Spielraum politischer Gestaltung und Ausgestaltung gewonnen; zugleich aber trägt die Analogie be-

1 Für den Zusammenhang und nähere Nachweise: Ernst-Wolfgang Böckenförde, Artikel: »Organ, Organismus, Organisation, politischer Körper«, VIII.-IX., in: *Geschichtliche Grundbegriffe. Historisches Lexikon zur politisch-sozialen Sprache in Deutschland,* hg. von Otto Brunner/Werner Conze/Reinhart Koselleck, Bd. 4, 1978, S. 589 f. (FN 421-425).

2 Georg Waitz, *Grundzüge der Politik nebst einzelnen Ausführungen,* 1862, S. 14: »Ein Verhältnis von Herren und Knechten ist kein wahrer Staat; es widerspricht schon dem Wesen des sittlichen Organismus, der selbständige Individuen als Glieder fordert.« Siehe auch Johann Caspar Bluntschli, Artikel »Staat«, in: *Staatswörterbuch,* hg. von Blunschli und Brater, Bd. 9, 1865, S. 616.

stimmte verfassungspolitische Grundforderungen, deren Realisierung den Organismuscharakter der staatlichen Ordnung allererst wirklich macht; schließlich steckt sie einen staatstheoretischen Rahmen und damit Grenzen verfassungspolitischer Gestaltung ab, jenseits deren der Staat als Organismus in sein Gegenteil, einen toten Mechanismus[3] oder ein bloßes Aggregat, umschlägt.

Fragt man nach inhaltlichen Vorstellungen, die mittels der so angelegten Organismus-Analogie zum Ausdruck gebracht werden, so ist zunächst der Charakter des Staates als Personengesamtheit und als Gemeinwesen zu nennen.[4] Der Organismusvergleich zielt darauf, den Staat als übergreifende Einheit und in sich stehende Ganzheit darzustellen. In den politischen Frontstellungen der zeitgenössischen Diskussion ist das einmal gegen die Auffassung politischer Herrschaft als einer nur linearen, womöglich privatrechtlich strukturierten Rechtsbeziehung zwischen dem Fürsten und einer Vielzahl individueller Untertanen gerichtet, in der der Gemeinwesencharakter der staatlichen Ordnung geleugnet ist.[5] Demgegenüber macht der Organismusvergleich die notwendige Bezogenheit des Staates auf das Volk bzw. die im Staat lebenden Menschen geltend. Der Staat ist die Organisation eines Volks zur Erfüllung seiner höheren Lebensaufgaben, ist organische Erscheinung des Volkes, ja Verkörperung des Volks. Damit wird die Ausrichtung politischer Herrschaft auf beliebige Zwecke

3 Der – polemisch aufgeladene – Mechanismusbegriff sehr deutlich bei Joseph von Held, Artikel »Organisation (Politische Einteilung des Staats)«, in: *Staatslexikon*, hg. v. Rotteck und Welcker, 3. Aufl., Bd. 11, 1864, S. 41: »Mechanismus, d. h. ein für sich allein toter, ganz und gar von außen bewegter, der Erhaltung, Ausbildung und Fortpflanzung durch sich selbst absolut unfähiger, künstlich zusammengesetzter Körper...«

4 Der Staat als (organisches) Gemeinwesen ausdrücklich bei Wilhelm Eduard Albrecht, »Rezension von Romeo Maurenbrecher, Grundsätze des heutigen deutschen Staatsrechts«, in: *Göttingische Gelehrte Anzeigen*, 1837, S. 1489 ff.; Heinrich Albert Zachariae, *Deutsches Staats- und Bundesrecht*, 3. Aufl., Bd. 1, 1865, S. 41; Ludwig von Röme, *Das Staatsrecht der preußischen Monarchie*, Bd. 1, 1856, S. 4.

5 Polemischer Bezugspunkt ist vor allem die Staatstheorie Carl Ludwig von Hallers; die Leugnung des Gemeinwesencharakters des Staates ausdrücklich in dessen *Restauration der Staatswissenschaft*, 2. Aufl., Bd. 1, Winterthur 1820, S. 26, Anm. 8.

des Herrschers, seien sie absolutistischer oder patrimonialer Art, abgelehnt, und ebenso ihre Ausrichtung auf transpersonale Güter (z. B. Sieg der [religiösen] Wahrheit, Ehre des Herrschers), die nicht solche des Volkes sind. Der Staat hat die Gemeinzwecke des Volkslebens zu vertreten.[6]

Stellung des Monarchen

Die Auseinandersetzung mit der Stellung des Monarchen, wie sie in der konstitutionellen Monarchie deutscher Prägung verfassungsrechtlich fixiert war, bedeutete für diese Organismustheorie des Staates den zentralen Punkt und zugleich ihre politische Bewährungsprobe; in ihr stand die Souveränitätsfrage zur Entscheidung sowie die Frage nach dem Träger und legitimierenden Bezugspunkt der Staatsgewalt. Von ihrem Ausgangspunkt, der Qualifizierung des Staates als (ethisch-sittlicher) Organismus bzw. organisches Gemeinwesen und damit als übergreifende Einheit und Ganzheit, war es vorgezeichnet, die Staatsgewalt von der Verankerung in einer bestimmten (individuellen oder kollektiven) Person zu lösen und dem staatlichen Organismus als Ganzem zuzuschreiben.

Diese Ablösung war in der Sache, ungeachtet des andersgearteten Organismusbegriffs, schon bei Hegel angelegt, wurde auch von einem konservativ gerichteten Staatsrechtslehrer der Vormärzzeit wie Maurenbrecher aufgenommen[7] und erhielt mit der Orientierung des Organismusbegriffs an Kants Organismusvorstellung eine besondere Dringlichkeit. Die Vertreter der Organismustheorie des Staates stimmen denn auch, ungeachtet unterschiedlicher verfassungspolitischer Standorte und Zielsetzungen, darin überein, daß die Staatsgewalt und insbesondere die Souveränität als die höchste Bestimmungsmacht nach außen und innen dem staatlichen Organismus selbst zukommt, sog. Prinzip der Staatssouveränität. »Die Staatsgewalt kann ... niemals als eine der Person um ihrer selbst willen zuständige oder aus ihr entspringende Gewalt betrachtet werden, sondern Grund und Quelle der Gewalt

6 Hermann Schulze, *Einleitung in das deutsche Staatsrecht,* 2. Aufl. 1967, S. 121.

7 Romeo Maurenbrecher, *Grundsätze des heutigen deutschen Staatsrechts,* 1837, S. 46 (§ 37).

ist und bleibt der Staat«, heißt es bei H. A. Zachariae.[8] Und Bluntschli formuliert es repräsentativ für die organische Staatsauffassung, wenn er sagt: »Der Staat als Person ist souverän. Deshalb nennen wir diese Souveränität Staatssouveränität. Sie ist nicht vor dem Staate, noch außer dem Staate, noch über dem Staate, sie ist die Macht und Hoheit des Staates selbst.«[9]

Damit war unweigerlich die Frage nach der Stellung des Monarchen gestellt. Konnte er noch Souverän sein, oder mußte er, in den Bahnen des Organismusgedankens, zum (bloßen) Staatsorgan werden, das seine Stellung und Funktion erst vom Staatsorganismus, d. h. konkret aus der jeweiligen Verfassung, herleitet?

Ein erster Schritt, schon vor der Organismustheorie des Staates entwickelt, war die Qualifizierung des Monarchen als Repräsentant der staatlichen Einheit bzw. des Gesamtwillens, der die Herrschaftsbefugnisse für den Staat und als staatliche ausübt. Das ließ sich noch mit der Stellung des Souveräns und dem monarchischen Prinzip, wie es in der Wiener Schlußakte festgelegt war, vereinbaren; es fand darin primär der ethisch-sittliche Gedanke der Bindung der Herrschaft an das Wohl und die Bedürfnisse der Gesamtheit Ausdruck. Aber die Implikationen der Organismustheorie gingen darüber hinaus. Der Monarch steht nach ihr im Staat, nicht über dem Staat; der staatliche Organismus ist die übergreifende Ganzheit, von ihm, d. h. von seiner Ordnung her, bestimmt sich die Stellung des Monarchen, auch wenn sie eine hervorgehobene ist; der Monarch ist Staatsorgan.[10]

Auch das mochte zunächst, im Gedanken an den Staat als ethisch-sittlichen Organismus, ethisch-sittlich und im Sinne der Aufstellung von Rechtsbindungen des Herrschers gemeint sein. Aber es geriet im Zusammenhang staatstheoretischer und verfassungspolitischer Argumentation zu praktisch-juristischer Konsequenz: Der Monarch – als Staatsorgan – war nicht mehr Herr der Verfassung, sondern stand unter ihr, und andere Organe, die ihm gegenüberstanden, insbesondere die Volksvertretung, konnten ihr eigenes, ebenfalls in der Verfassung unmittelbar begründetes Recht behaupten. Die Monarchie wurde, wiewohl das nicht ausgespro-

8 Zachariae (FN 4), S. 50.

9 Johann Caspar Bluntschli, *Allgemeines Staatsrecht,* 3. Aufl., Bd. 2, 1863, S. 10.

10 Vgl. näher Böckenförde (FN 1), S. 598 f.

chen wurde, aus einer Staats- zur bloßen Regierungsform, und die Frage der Trägerschaft der Staatsgewalt kam in eine Schwebelage.[11]

Ähnlich schwierig war auch die Frage nach dem realen Substrat des Staates als Organismus. Bluntschli und andere sehen, daß, da der Staat hier nicht als Anstalt, sondern als personenbezogenes Gebilde gedacht ist, dieses Substrat nur das Volk sein kann; ihre Abwehr gegenüber demokratischen Konsequenzen besteht allerdings (aber auch nur) darin, daß »unter Volk nicht eine aufgelöste Menge von Individuen, sondern die politisch gegliederte Gesamtheit« zu verstehen sei, »in welcher das Haupt die oberste und jedes einzelne Glied die seiner Natur gemäße Stellung und Aufgabe hat«.[12] Hier bedurfte es nur mehr gewisser Veränderungen im Volksbegriff, und die demokratische Konsequenz war unausweichlich.

II.

Die Auffassung des Staates als ethisch-sittlicher Organismus war in der staatstheoretischen und verfassungspolitischen Diskussion des in Frage stehenden Zeitraums zwar vorherrschend, aber keineswegs allein vertreten. Daneben gab es, zum Teil mit dieser sich berührend und überschneidend, eine romantische und naturtheoretisch geprägte Organismusvorstellung in Beziehung auf den Staat. Während die Auffassung des Staates als ethisch-sittlicher Organismus, an Kants Organismusbegriff anknüpfend, wesentliche Ergebnisse der Französischen Revolution aufnahm, auch verhältnismäßig breiten Raum für eine bewußte politische Gestaltung der staatlichen Ordnung ließ, dominiert bei dem romantisch und naturtheoretisch geprägten Organismusbegriff die Abkehr vom individualistischen Ausgangspunkt und von der Zweckargumentation des Vernunftrechts. Ganzheitsvorstellungen, bergende Einbindungen in vorgegebene Gemeinschaftsordnungen, naturhafte oder geistbestimmte Selbstentfaltung treten an die Stelle der freisetzenden Herausfällung des Individuums aus statusmäßigen Bindungen, der Unterscheidung und Gegenüberstellung von

11 Ernst-Wolfgang Böckenförde, *Der deutsche Typ der konstitutionellen Monarchie im 19. Jahrhundert* (1967), in diesem Band S. 273 ff.

12 Bluntschli (FN 9), S. 10.

Staat und Gesellschaft und der bewußt gestaltenden Veränderung oder Neubestimmung der politisch-sozialen Ordnung.
Der Organismusbegriff, näherhin die Vorstellung von organischer Ganzheit, organischem Leben und organischer Gliederung werden, bei unterschiedlicher Ausprägung im einzelnen, Oppositionsbegriffe gegen die Ordnungsideen der Französischen Revolution und die daraus hervorgehende Wirklichkeit. Sie stehen gegen das rationalistisch-zweckhafte Staatsverständnis, gegen die Ordnung des willentlich Gemachten und Gesetzten, gegen den Individualismus der bürgerlichen Gesellschaft, die allesamt als mechanistisch erscheinen.
Geistige Ursprünge für diese Richtung des Organismusdenkens finden sich in der Identitäts- und Geistphilosophie F. W. J. Schellings. Die Organismusvorstellung, in die Schelling den Staat einbezieht, steht in einem geistphilosophischen Bezug;[13] »Organismus« bedeutet für ihn eine allgemeine metaphysisch-geistphilosophische Kategorie, bezeichnet den in einem Absoluten verwurzelten geistig-religiös-kulturellen Lebenszusammenhang in seiner Verwobenheit und Einheit. Dieser Organismus erscheint im Staat (nicht: der Staat erscheint als Organismus), der so selbst »nach dem Urbild der Ideenwelt geformt und ein objektiv gewordenes Wissen« ist.[14] »Worin Religion, Wissenschaft und Kunst auf lebendige Weise sich durchdringend eins und in ihrer Einheit objektiv werden, ist der Staat.«[15] Es liegt in der Abfolge dieser Gedanken, daß die Staatsverfassung ein »Bild der Verfassung des Ideenreichs« ist, wobei das Absolute, als die Macht, von der alles ausfließt, der Monarch darstellt, die Ideen die Freien und die wirklichen Dinge die Sklaven und Leibeigenen sind. Die Staatsvorstellung wird in eine geistige Urharmonie, die Freiheit und Notwendigkeit in sich verbindet und sich als »objektiver Organismus der Freiheit« in der Geschichte entfaltet, hinaufgehoben und zugleich zurückgenommen – eine in höchstem Maße apolitische Konstruktion.

13 Im einzelnen Alexander Hollerbach, *Der Rechtsgedanke bei Schelling. Quellenstudien zu seiner Rechts- und Staatsphilosophie*, 1957, S. 152 ff.
14 Friedrich Wilhelm Joseph Schelling, *Vorlesungen über die Methode des akademischen Studiums* (1803) = ders., *Werke*, Bd. 3, 1927, S. 304.
15 Friedrich Wilhelm Joseph Schelling, *System der gesamten Philosophie und Naturphilosophie insbesondere* (1804) = ders., *Werke*, Ergänzungsband 2, 1956, S. 505.

Wird diese Konstruktion gleichwohl politisch gewendet, wozu sie bestimmt ist, so ergibt sich die Ablehnung jeder nur zweckhaften Staatsvorstellung, ebenso wie der kantischen Staatsbegründung als nur negativ, und überhaupt die Qualifizierung der wirklichen Staaten seiner Zeit als »äußere Mechanismen, Zwangs- und Notstaaten«, in denen nichts Unbedingtes angetroffen wird. Dem gegenüber steht der »lebendige, freie, organische Staat«, wie er in der Vernunftidee ist, der nicht nur als Mittel, sondern als Totalität, als Form des absoluten Geist-Organismus begriffen wird, nicht auf Nützlichkeit gegründet, sondern auf das »wahre Band, das Menschen und Dinge vereinigt, ... d. h. ein solches, worin jedes Glied frei ist, weil jedes nur das Unbedingte will.«[16] Damit ist eine Vorstellung gewonnen, der sich in ihrer Weichheit vieles einbilden läßt, was dann als wahrhaft organisch ausgegeben werden kann.

Die Richtung gegen das Zweckhafte und Gemachte und für die Totalität als Kennzeichen des (organischen) Staates ist auch bei Adam Müller und – später – bei Heinrich Leo bestimmend. Der Staat ist »nicht eine bloße Manufactur, Meierei, Assecuranz-Anstalt oder mercantilische Societät; er ist die innige Verbindung der gesamten physischen und geistigen Bedürfnisse, des gesamten physischen und geistigen Reichtums, des gesamten inneren und äußeren Lebens einer Nation, zu einem großen energischen, unendlich bewegten und lebendigen Ganzen«.[17] Damit verbindet sich die naturtheoretisch-organische Herleitung des Staates – das parallele Gegenstück zu Schellings Geistmetaphysik: »Der Staat ruhet ganz in sich: unabhängig von menschlicher Willkür und Erfindung, kommt er unmittelbar und zugleich mit dem Menschen eben daher, woher der Mensch kommt: aus der Natur – aus Gott, sagten die Alten.«[18] Gegenüber der zeitgenössischen Staatswissenschaft, die nur eine Anatomie des Staates gebe, betont Adam Müller die Bewegung und Bewegtheit, die dem Leben des Staates, da er eben ein lebendiges Ganzes im Unterschied zu einer Maschine sei, zukomme.[19] Auch der Wachstums- bzw. Entwick-

16 Schelling (FN 15), S. 505; (FN 14), S. 282.

17 Adam Müller, *Elemente der Staatskunst,* hg. v. Jacob Baxa, Bd. 1, 1922, S. 37.

18 Müller (FN 17), S. 45; siehe auch Heinrich Leo, *Studien und Skizzen zu einer Naturlehre des Staates,* eingel. von Kurt Mandt, 1848, S. 40.

19 Müller (FN 17), S. 9; auch ebendort S. 40, 48 f.

lungsgedanke, Teil der organischen Naturtheorie des Staates, tritt schon hervor.

Dieser Wachstums- bzw. Entwicklungsgedanke ist für die romantische und naturtheoretische Organismusvorstellung insgesamt typisch. Er steht in engem Zusammenhang mit dem Aufkommen des historischen Denkens, das in spezifischer Weise ein Entwicklungsdenken war.[20] Sobald am Organismusbegriff nicht das physikalische Moment, die von Kant herausgestellte Wechselbeziehung zwischen den Teilen und zum Ganzen, sondern das biologische Moment, d. h. das Lebendige des Organismus, sein Werden und Vergehen, für die Analogiebeziehung auf den Staat in den Vordergrund trat, war die Verbindung mit dem Wachstums- und Entwicklungsgedanken vorgezeichnet. Schon bei Schelling feststellbar, kommt sie bei Savigny und der historischen Rechtsschule sehr deutlich zum Vorschein. Der Staat ist für Savigny organische Erscheinung des Volkes, die »leibliche Gestalt der geistigen Volksgemeinschaft«.[21] Seine Entstehung und die Ausbildung der konkreten Gestalt vollziehen sich wie die Entstehung und Ausbildung des Rechts in einem geschichtlichen Entwicklungsgang, dessen regulatives Prinzip der Volksgeist, d. h. die höhere Natur des Volkes als ein stets werdendes, sich entwickelndes Ganzes ist, von dem jedes Zeitalter nur ein Glied bildet.[22]

Politische Folgerungen

Die politische Bedeutung und Funktion dieser Ausprägung der Organismusvorstellung zeigt sich bei den Folgerungen, die sich daraus für Verfassung und Rechtsgestaltung ergeben. Indem Recht und Staat einer aus der höheren Natur des Volkes und deren geschichtlicher Entfaltung sich herleitenden Bewegung und

20 Hans Freyer, *Das geschichtliche Selbstbewußtsein des 19. Jahrhunderts*, 2. Aufl. 1938, S. 15 ff.

21 Friedrich Carl von Savigny, *System des heutigen römischen Rechts*, Bd. 1, 1840, S. 21 f.

22 Friedrich Carl von Savigny, *Über den Zweck dieser Zeitschrift. Zeitschrift für geschichtliche Rechtswissenschaft*, Bd. 1 (1815), S. 4 f. Für den Zusammenhang Ernst-Wolfgang Böckenförde, »Die Historische Rechtsschule und das Problem der Geschichtlichkeit des Rechts«, (1965), in diesem Band, S. 9 ff.

Entwicklung unterliegen, kann die besonnene Tätigkeit eines jeden Zeitalters, wie Savigny sagt, nur darauf gerichtet sein, »diesen mit innerer Notwendigkeit gegebenen Stoff zu durchschauen, zu verjüngen und frisch zu erhalten«.[23] Das ist eine Absage an den politischen und rechtlichen Gestaltungsanspruch sowohl der abstrakten, individualistisch ausgerichteten Vernunft als auch des spätabsolutistischen oder demokratischen Gesetzgebers. Orientierungspunkt wird, und zwar nicht für Savigny allein, das selbsttätige Wachsen und Hervorwachsen in der organischen Natur, das nur der Behütung und sichernden Pflege, nicht aber willentlich-zweckhafter Gestaltung bedarf.[24] Dieser Orientierungspunkt wirkt, nicht zuletzt wegen seiner Verbindung zum historischen Denken, über den Bereich der romantisch-naturtheoretischen Richtung des Organismusdenkens hinaus.

Besondere Bedeutung gewinnt in dieser Organismusvorstellung schließlich die Frage der inneren Gliederung des Staates. Hierbei steht nicht die Teilnahme der Einzelnen an der Willensbildung des Staates im Vordergrund, wiewohl sie mitschwingt, sondern der innere Aufbau des Staates nach regionalen und gesellschaftlichen Lebenskreisen und Institutionen. Der Organismusgedanke dient hier der betonten Absetzung von der Einebnung der lokalen und regionalen Gewalten durch die staatliche Zentralisation und den emanzipativen, auflösenden Wirkungen der Errichtung der bürgerlichen Erwerbsgesellschaft. Er gibt einen Legitimationsbegriff ab für die Erhaltung oder Neubildung solcher Zwischenglieder oder organischen Lebenskreise und greift damit über die Staatsgestaltung hinaus in den Bereich der Gesellschaftsreform.[25]

Ins einzelne entfaltet solche Ordnungsidee etwa fünfzig Jahre später das (katholische) Staatslexikon der Görres-Gesellschaft. Es greift dabei in eine consociative Sozialtheorie aus und läßt romantischen Überschwang hinter sich. Der organische Charakter des Staates umfaßt hier einmal die aufsteigende Gliederung: Familien,

23 v. Savigny (FN 22), S. 6.

24 Siehe etwa Heinrich Leo (FN 18), S. 43: »Die Regel des Lebens des organischen Staates geht aus dem Gesamtleben seiner Glieder natürlich hervor; die Regel des Lebens des mechanischen Staates wird durch ein einzelnes ... Interesse gegeben und alle Gliederung fügt sich durch äußeren Zwang diesem Interesse.«

25 Siehe Leo (FN 18), S. 44, 59.

Gemeinden, Provinz und Staat, wobei für die Aufgabenverteilung zwischen diesen Gliederungen bereits das Subsidiaritätsprinzip formuliert wird[26], daneben aber auch die »engeren Verbindungen verwandter Lebens- und Berufskreise (Corporationen, Stände und dgl.), die einerseits eine gewisse Sphäre freier Bewegung in der Gesellschaft verlangen, andererseits zur... Wahrung ihrer Rechte und Interessen nach einer politischen Vertretung im staatlichen Gesamtkörper«.[27]

In solchen Forderungen trifft sich das Staatslexikon mit Vertretern der genossenschaftlichen Staatstheorie wie Otto Bähr und Otto Gierke.[28] Diese Rückholung und Neubildung korporativer Zwischenglieder zwischen Individuum und Staat erscheint als die organische Gegenposition zu Individualismus und liberaler Konkurrenzwirtschaft, die die Einzelnen isolieren und letztlich der Allgewalt des Staates überantworten. Und es wird als Auftrag »christlicher Reformbewegung angesehen, die durch den Liberalismus zerstörte ständische Gliederung... in einer den heutigen Gesellschaftsverhältnissen angepaßten Form wieder ins Leben zu rufen«.[29] Das organische politische Ziel rechtfertigt auch die Hintanstellung jedes Wachstumsgedankens.

26 *Staatslexikon,* hg. von der Görresgesellschaft, Bd. 5, 1897, Sp. 239 (Artikel Staat).

27 Ebd. Sp. 240.

28 Otto Bähr, *Der Rechtsstaat,* 1864, S. 20f.; Otto (v.) Gierke, *Das deutsche Genossenschaftsrecht,* Bd. 1, 1868, S. 830f.

29 Staatslexikon (FN 26), Sp. 239f.

12. Der deutsche Typ der konstitutionellen Monarchie im 19. Jahrhundert

I

Im 3. Band seiner *Deutschen Verfassungsgeschichte seit 1789* stellt Ernst Rudolf Huber die Frage, ob die deutsche konstitutionelle Monarchie des 19. Jahrhunderts, wie sie sich vor allem in der preußischen Verfassung von 1850 ausgeformt habe, eine selbständige politische Form und in sich ruhende Ordnung neben Absolutismus und Parlamentarismus gewesen sei[1] oder nur ein Kompromiß und eine Übergangserscheinung zwischen diesen beiden reinen Modellen politischer Ordnung. Huber widmet dieser Frage eingehende Darlegungen und begründet seine eigene Ansicht dahin, daß dem deutschen Konstitutionalismus der Rang eines »systemgerechten Modells verfassungspolitischer Selbstgestaltung« nicht versagt werden könne. Im Konstitutionalismus sei das monarchische Prinzip mit dem Repräsentativprinzip in der Weise verbunden worden, daß der Gegensatz zwischen diesen beiden Strukturprinzipien in einem sie verbindenden Funktionszusammenhang aufgehoben worden sei.[2]
Huber hat damit eine Diskussion wiederaufgenommen, die in ihren Anfängen in die Zeit des Vormärz zurückreicht. Sie hatte dort ihren Ausgangspunkt in den beiden nebeneinanderstehenden Grundrichtungen des politischen Liberalismus in Deutschland.[3]

1 Ernst Rudolf Huber, *Deutsche Verfassungsgeschichte seit 1789*, Bd. 3, Stuttgart 1963, S. 4 ff.

2 Ebd., S. 11 und 20; ferner daselbst S. 18 über den »substantiellen Unterschied«, der den Konstitutionalismus vom Parlamentarismus trennte.

3 Diese beiden Grundrichtungen des politischen Liberalismus lassen sich als »historisch-organischer« und »Aufklärungs«-Liberalismus kennzeichnen. Kennzeichen der ersteren Richtung, zu der vor allem die Vertreter der historischen Rechtsschule (Germanisten) gehörten, war eine das Denken des Aristoteles aufnehmende »organische« Staatsauffassung und die Ausbildung eines eigenen, gegen die »Ideen von 1789« deutlich abgesetzten *national-konstitutionellen* Verfassungsideals, dessen Inhalt eine eigene, aus der nationalen Verfassungstradition legiti-

Mit und seit der Aufrichtung des Bismarckreichs wurde sie in veränderter Frontstellung wiederaufgenommen und weitergeführt.[4] Otto Hintze sprach 1911 vom monarchisch-konstitutionellen Regierungssystem im Unterschied zum parlamentarischen als dem »eigenartig preußisch-deutschen« System und erklärte seine Eigentümlichkeit aus den besonderen politisch-sozialen Ge-

mierte, Königtum und Volksfreiheit organisch verbindende *deutsche* Form der konstitutionellen Monarchie war. Näheres über diese politische Theorie und ihre Hauptvertreter bei Ernst-Wolfgang Böckenförde, *Die deutsche verfassungsgeschichtliche Forschung im 19. Jahrhundert,* Berlin 1961, S. 92 ff. – Die letztere Richtung, deren Hauptvertreter Robert v. Mohl und Carl v. Rotteck sind, steht auf dem Boden der Staatsvertragslehre und überhaupt der vernunftrechtlichen Staatstheorie sowie des individualistischen Freiheitsbegriffs. Hier lag als verfassungspolitische Konsequenz entweder eine Annäherung an den aufgeklärten Absolutismus oder an einen Staatsaufbau auf der Grundlage der Volkssouveränität nahe, wenngleich solche Konsequenzen im Vormärz nur vereinzelt gezogen wurden. In dem berühmten *Staatslexikon* von Carl v. Rotteck und Karl Theodor Welcker finden beide Richtungen ihren Niederschlag. Vgl. auch Ernst Rudolf Huber, *Deutsche Verfassungsgeschichte seit 1789,* Bd. 2, 1960, S. 371 ff. (§ 31: »Der deutsche Liberalismus«), wo allerdings diese Differenzierung innerhalb des politischen Liberalismus meines Erachtens nicht genügend deutlich wird.

4 Hier trat eine andere und neue Problemstellung hinzu: die Verhältnisbestimmung des liberalen Bürgertums zu dem grundlegenden Kompromiß, den es durch die Art der Beendigung des preußischen Verfassungskonflikts und durch die aktive und positive Beteiligung an Bismarcks Reichsgründungswerk eingegangen war. Indem Bismarck der bürgerlich-nationalen Bewegung die nationale Einheit anbot, aber in einer Form, die der Verwirklichung der liberalen Verfassungsvorstellungen recht unvollkommen entsprach, hatte er sie vor eine Alternative gestellt, die für sie tödlich war. Denn das Ziel der bürgerlich-nationalen Bewegung war gerade die Einheit von Nationalem und Konstitutionellem, d. h. der Nationalstaat als liberaler Verfassungsstaat. Der grundlegende Verfassungskompromiß, den die bürgerlich-nationale Bewegung so einging, brachte sie mithin um ihren politischen Elan. Er ließ das politische Bedürfnis nach einer besonderen »nationalen« Begründung und Rechtfertigung der deutschen konstitutionellen Monarchie entstehen. – Zur Krise des politischen Liberalismus durch die Vorgänge des Jahres 1866 neuerdings Heinrich August Winkler, *Preußischer Liberalismus und deutscher Nationalstaat,* Tübingen 1964, S. 99 ff.

gebenheiten in Deutschland.[5] In der nationalpolitisch bestimmten Alltagsdiskussion seit der Jahrhundertwende erschien die konstitutionelle Monarchie mehr als Ausfluß des deutschen Geistes und seines politischen Ordnungssinnes im Gegensatz zum westlichen (angelsächsischen) Liberalismus und Demokratismus, der dem nationalen Wesen fremd sei.[6] Diese Diskussion erlebte im Ersten Weltkrieg einen Höhepunkt. Das deutsche politische Wesen stand im Kampf gegen die »welschen«, undeutschen Ideen und Formen von 1789.[7] Noch 1917 erschien Erich Kaufmann, und nicht ihm allein, der Erste Weltkrieg zugleich als ein Verfassungskrieg zwischen der national-autoritären Verfassungsform des Bismarckreichs und dem angelsächsischen Demokratismus, dessen Übernahme in Deutschland Unheil und eine Verfälschung des nationalen Wesens bedeuten würde.[8]

Kritisch in Frage gestellt wurde dieser angeblich wesenhafte Unterschied zwischen konstitutioneller und parlamentarischer Monarchie vor allem von Carl Schmitt, in Anfängen in seiner Verfassungslehre von 1928, entscheidend und in polemischer Zuspitzung in seiner Abhandlung *Staatsgefüge und Zusammenbruch des Zweiten Reiches* (1934).[9] Was die sogenannte konstitutionelle Monarchie in ihrem politischen Kern ausmache und bestimme, sei nicht eine eigene politische Form, sondern ein Zwischenzustand, d.h. der Versuch, der Entscheidung zwischen Monarchie

5 Otto Hintze, *Das monarchische Prinzip und die konstitutionelle Verfassung* (1911) = Hintze, *Staat und Verfassung*, Göttingen ²1962, S. 359.

6 Vgl. etwa Gustav F. Steffen, *Das Problem der Demokratie*, Jena 1912; Werner Sombart, *Der Bourgeois*, München 1923.

7 Dazu insgesamt jetzt Hermann Lübbe, *Politische Philosophie in Deutschland*, Basel-Stuttgart 1963, S. 173-238 mit zahlreichen Belegen.

8 Erich Kaufmann, *Bismarcks Erbe in der Reichsverfassung*, Berlin 1917, S. 1-9, 100-106. Vgl. auch Otto v. Gierke, *Der deutsche Volksgeist im Kriege*, Stuttgart 1915.

9 Carl Schmitt, *Verfassungslehre*, München-Leipzig 1928, S. 288-290; ders., *Staatsgefüge und Zusammenbruch des Zweiten Reiches. Der Sieg des Bürgers über den Soldaten*, Hamburg 1934, passim, insbes. S. 9-13, 16-20, 24-30. In der Verfassungslehre von 1928 wird im allgemeinen freilich noch ein nicht nur vordergründiger, sondern verfassungsmäßig wesentlicher Unterschied zwischen konstitutioneller und parlamentarischer Monarchie, in Übereinstimmung mit der herrschenden staatsrechtlichen Lehre, festgehalten, vgl. insbes. *Verfassungslehre*, S. 55 f., 313 f., 330 ff.

und Volkssouveränität durch Kompromisse und juristische Konstruktionen auszuweichen. Der eigentliche politisch-verfassungsmäßige Gegensatz des 19. Jahrhunderts sei nicht der zwischen konstitutionell-monarchischer und parlamentarischer Regierung, sondern der zwischen »preußischem Soldatenstaat« und »bürgerlichem Verfassungsstaat«, wobei der preußische Soldatenstaat schließlich geistig und politisch der unterlegene gewesen sei. Fritz Hartung ist dieser zugespitzten Antithese alsbald scharf entgegengetreten und hat – vorwiegend mit Einzelkritiken und -belegen – ihre geschichtliche Unhaltbarkeit darzutun versucht.[10]

Diese kurzen literargeschichtlichen Hinweise mögen zeigen, daß die Frage nach der Eigenart der deutschen konstitutionellen Monarchie über eine bloße historische Erinnerung weit hinausgeht. Sie enthält in sich zugleich die Frage nach dem Selbstverständnis der eigenen politisch-nationalen Verfassungsentwicklung und ferner die Frage nach der politisch-sozialen Grundverfassung des 19. Jahrhunderts überhaupt, eine Frage, die nicht zuletzt an die Grundlagen gegenwärtiger Verfassungsproblematik heranführt.

Kommen wir also zu der Sache selbst. Welches sind die kennzeichnenden Merkmale der sogenannten deutschen konstitutionellen Monarchie? Kann man auf Grund dieser Merkmale von einem eigenen Typ der Monarchie sprechen, oder handelt es sich nur um unbedeutende, die politische Verfassung als solche nicht weiter berührende Modifikationen? Verwirklichte sich in der deutschen konstitutionellen Monarchie ein selbständiger, auf einem eigenen politischen Formprinzip beruhender Verfassungstyp – Verfassung nicht als Konstitution, sondern mit Otto Brunner[11] als die politisch-soziale Bauform verstanden –, oder handelte es sich nur um einen Übergang und einen dilatorischen Kompromiß zwischen Monarchie und Volkssouveränität?

Vielleicht sind diese Fragen für den Historiker schon zu juri-

10 Fritz Hartung, »Staatsgefüge und Zusammenbruch des Zweiten Reiches«, in: *HZ* 151 (1935), S. 528-54 = Hartung, *Staatsbildende Kräfte der Neuzeit,* Berlin 1961, S. 376ff. Meine Stellungnahme zu dieser Auseinandersetzung ergibt sich im Verlauf der Darlegungen.

11 Otto Brunner, *Land und Herrschaft,* Baden b. Wien [3]1943, S. 187; ders., »Moderner Verfassungsbegriff und mittelalterliche Verfassungsgeschichte«, in: *MIÖG,* Erg. Bd. 14 = *Herrschaft und Staat im deutschen Mittelalter,* hg. von Hellmut Kämpf, Darmstadt 1956.

stisch-abstrakt und gegenüber der Vielfalt und den fließenden Übergängen des wirklichen Lebens zu alternativ gestellt. Der Historiker sieht sich ja in der eigentümlichen Lage, eine Feststellung, die er im Hauptsatz macht, zugleich in zwei Nebensätzen wieder einschränken und abschwächen zu müssen, will er genau sagen, »wie es eigentlich gewesen« ist. Die Methode birgt freilich die Gefahr in sich, daß überhaupt keine eindeutigen und klar antwortenden Aussagen über geschichtliche Vorgänge und Zustände mehr zustande kommen. Soll aber die Frage nach dem Typischen der deutschen konstitutionellen Monarchie gestellt werden, so ist es erforderlich, sich von eindeutigen und teilweise auch alternativen Fragestellungen leiten zu lassen. Nur so kann die strukturelle Eigenart der deutschen konstitutionellen Monarchie, ihr inneres Baugerüst, um das es in dieser Betrachtung geht, deutlich werden. Daß die so gefundenen Aussagen dann vielleicht mancher einschränkender und abschwächender Nebensätze bedürfen, sei ausdrücklich zugestanden.

II

1. Das erste und immer wieder als Kriterium ins Feld geführte Kennzeichen der deutschen konstitutionellen Monarchie war das sogenannte monarchische Prinzip. Seine klassische Formulierung hat es im Tit. II § 1 der bayerischen Verfassung von 1818 gefunden:

»Der König ist das Oberhaupt des Staats, vereinigt in sich alle Rechte der Staatsgewalt und übt sie unter den von ihm gegebenen, in der gegenwärtigen Verfassungsurkunde festgesetzten Bestimmungen aus.«

Art. 57 der Wiener Schlußakte[12] hatte dieses Prinzip für alle Glieder des Deutschen Bundes mit Ausnahme der freien Städte als verbindlich erklärt und damit, wie E. R. Huber sagt[13], eine insti-

12 Der Wortlaut:
»Da der Deutsche Bund, mit Ausnahme der freien Städte, aus souveränen Fürsten besteht, so muß dem hierdurch gegebenen Grundbegriffe zufolge die gesammte Staats-Gewalt in dem Oberhaupt des Staates vereinigt bleiben, und der Souverain kann durch eine landständische Verfassung nur in der Ausübung bestimmter Rechte an die Mitwirkung der Stände gebunden werden.«

13 A.a.O. (Anm. 1), Bd. 3, S. 13.

tutionelle Garantie des deutschen Konstitutionalismus geschaffen.

Was bedeutete dieses sogenannte monarchische Prinzip? Verfassungsrechtlich besagte es, daß Träger der Staatsgewalt nicht die souveräne Nation, auch nicht König und Volk gemeinschaftlich seien, sondern der König allein. Die Verfassung stellt sich dar als eine – allerdings verbindliche – Selbstbeschränkung der monarchischen Gewalt, sie ist Begrenzung, nicht Grundlage der monarchischen Herrschaft. Der König behält die Fülle der Staatsgewalt bei sich, in ihrer Ausübung unterliegt er den verfassungsmäßigen Bindungen und wird eben dadurch vom absoluten zum »konstitutionellen« Monarchen. Er steht, um eine scholastische Unterscheidung zu gebrauchen, die allerdings nur so weit trägt, wie scholastische Unterscheidungen eben tragen, quoad usum unter der Verfassung, quoad substantiam aber über der Verfassung. Das Volk wirkt durch die Volksvertretung bei der Ausübung der staatlichen Gewalt mit, aber es ist nicht eigentlich Herr der Sache und auch nicht Herr des Verfahrens.[14] Seine Befugnisse gehen so weit, aber auch nur so weit, wie die Verfassung sie vorsieht. Volk und Volksvertretung bedürfen für jedes politische Recht, das sie beanspruchen, eines verfassungsrechtlichen Titels, der Monarch hat diesen Titel in sich selbst.[15]

Ein Blick auf die belgische Verfassung macht diese Eigenart noch deutlicher. Dem monarchischen Prinzip der deutschen konstitutionellen Verfassungen stellt die belgische Verfassung, auf die französische Verfassung von 1791 zurückgehend[16], in Art. 25 den

14 Kennzeichnend dafür ist, daß den »Kammern« ausnahmslos das Recht der Selbstversammlung fehlte; sie konnten nur auf Einberufung durch den Monarchen zusammentreten, wozu dieser zunächst nur alle 3 oder 2 Jahre, seit 1838 in der Regel jährlich verpflichtet war; ferner hatte der Monarch das freie Recht der Auflösung der Volksvertretung, vgl. Ernst Rudolf Huber, *Deutsche Verfassungsgeschichte seit 1789*, Bd. 1, 1957, S. 343 (für den Frühkonstitutionalismus); Georg Meyer/Gerhard Anschütz, *Lehrbuch des deutschen Staatsrechts*, München-Leipzig [7]1919, S. 359 ff.

15 Juristisch bedeutete dies, daß für die Volksvertretung keine Zuständigkeitsvermutung sprach, wohl aber für den Monarchen; fehlte eine ausdrückliche Regelung einer Kompetenzfrage in der Verfassung, so war »im Zweifel« der Monarch zuständig. Meyer/Anschütz (Anm. 14), S. 273; Carl Schmitt, *Verfassungslehre* (Anm. 9), S. 55.

16 Siehe den Beitrag von John Gilissen, »Die belgische Verfassung von

Satz gegenüber: »Tous les pouvoirs émanent de la nation. Ils sont exercés de la manière établiée par la Constitution.« An die Stelle der monarchischen tritt die demokratisch-nationale Legitimität. Der König ist König nicht vor der Verfassung, sondern nur auf dem Boden der Verfassung, er ist nicht pouvoir constituant, sondern pouvoir constitué. Er hat nur diejenigen Befugnisse, wie es Art. 78 der belgischen Verfassung sagt, die ihm durch die Constitution und die ihr entsprechenden Gesetze ausdrücklich übertragen sind. Er ist nicht Souverän, sondern Staatsorgan, König der Belgier, nicht König von Belgien.[17]

Dies ist der juristische und politische Vordergrund des monarchischen Prinzips, was aber ist sein geschichtlicher Hintergrund?

Die konstitutionelle Monarchie ist hervorgegangen nicht aus einer demokratischen Revolution, sondern aus einer monarchischen Reform. Sie steht in ihrer äußeren politischen Erscheinung in einer ungebrochenen geschichtlichen Kontinuität, der Kontinuität monarchischer Herrschaft. Die Monarchen, als Landesherren und Territorialfürsten, waren auf dem Boden des Heiligen Reiches die Träger und Kristallisationspunkte der Staatsentwicklung geworden, nicht ein ständisches Parlament oder eine demokratische Bewegung.[18] Und es gehört zu den eigentümlichen Kennzeichen der deutschen Verfassungsentwicklung, daß – im ganzen gesehen – der monarchische Absolutismus, wo er sich ausgebildet hatte, die Kraft besaß, den Abbau seiner selbst und den Übergang in konstitutionelle Formen von sich aus ins Werk

1831 – ihr Ursprung und ihr Einfluß«, in: *Beiträge zur deutschen und belgischen Verfassungsgeschichte,* hg. v. Werner Conze, Stuttgart 1967, S. 54 ff.

17 Treffend Paul Errara, *Das Staatsrecht des Königreichs Belgien,* Tübingen 1909, S. 36 f.: »Unsere Monarchie ist eine Schöpfung des Volkes, sie besteht auf Grund der Verfassung und nicht vice versa.« Es ist eine sinnfällige Konsequenz dieses Prinzips, daß der Verfassungseid des Königs *Bedingung* für den Erwerb der Krone und die Ausübung der Regierungsgewalt ist, Art. 80 Abs. 2 und 3, während die belgische Verfassung den in den deutschen konstitutionellen Monarchien verbreiteten Abgeordneteneid auf König und Verfassung nicht kennt.

18 Die Folgerungen, die sich daraus für die Stellung der Volksvertretung im Staatsleben der so gewordenen Monarchien ergaben, hat für das Beispiel Preußens Lorenz v. Stein eindrucksvoll dargelegt, vgl. L. v. Stein, *Zur preußischen Verfassungsfrage* (1852), Neudruck Darmstadt 1963, S. 25 ff.

zu setzen. Es bedurfte dazu äußerer Anstöße, von denen die französische Revolution und die napoleonische Herrschaft sicher nicht die geringsten gewesen sind, aber dieser Vorgang entsprach doch auch der inneren Entwicklung, die der aufgeklärte Absolutismus aus sich selbst genommen hatte. Die Reformpläne Josefs II., das preußische Allgemeine Landrecht, die preußischen Reformen nach 1806, das Wirken Montgelas' im rheinbündischen Bayern sind dafür deutliche Zeichen.[19] Die Monarchie stellte sich selbst in eine sie bindende gesetzliche Ordnung hinein, und die grundlegende Umgestaltung der politisch-sozialen Gesamtverfassung, die in Europa zwischen 1750 und etwa 1850 stattfand, war in Deutschland – wieder aufs Ganze gesehen – ein Werk monarchischer Selbstregierung und Emanzipation.[20]

Das monarchische Prinzip war insofern nicht nur die rechtliche Stabilisierung einer gegebenen Machtlage, sondern zugleich Ausdruck der politischen Gesamtverfassung, wie sie in Deutschland zu Beginn des konstitutionellen Jahrhunderts bestand und von der aus Deutschland den Weg durch dieses Jahrhundert beschritt.

2. Mit dem monarchischen Prinzip berührt sich eng das zweite Kennzeichen der konstitutionellen Monarchie: Die Verfassung, die der Ausübung der staatlichen Herrschaftsgewalt die konstitutionelle Form gibt, wird nicht vom Volk als dem Träger des pouvoir constituant beschlossen, sie wird auch nicht eigentlich zwischen König und Volk als den »konstituierenden Gewalten« vereinbart, sondern einseitig vom König aus der Fülle seiner

19 Entsprechend machte der Übergang in konstitutionelle Formen in den altständischen Territorien, in denen es zur Aufrichtung des (aufgeklärten) Absolutismus nicht gekommen war, besondere Schwierigkeiten, wie die Beispiele Hannovers, Braunschweigs, Sachsens und nicht zuletzt Mecklenburgs zeigen. Auch in Württemberg war nicht der König, sondern waren die um ihr (feudales) gutes altes Recht kämpfenden Stände, die – nach Hegels Wort – »die Zeit verschlafen« und »nichts dazu gelernt« hatten, hemmende Faktoren der konstitutionellen Entwicklung. Allgemein war in Deutschland der Absolutismus, da er den Staatsgedanken zur Herrschaft brachte, Wegbereiter des Konstitutionalismus und damit des politischen wie auch, durch die Vorbereitung der bürgerlichen Rechtsgleichheit, des sozialen Fortschritts.

20 Siehe Werner Conze, »Staat und Gesellschaft in der frührevolutionären Epoche Deutschlands«, in: *HZ* 186 (1958), S. 1 ff.

Staatsgewalt gewährt bzw. oktroyiert.[21] Diese Feststellung bedarf freilich sogleich der Ergänzung und Korrektur. Der Anspruch des Monarchen, die Verfassung als einen Akt königlicher Machtvollkommenheit zu gewähren, hat sich nicht in allen deutschen Staaten durchsetzen lassen. Das monarchische Prinzip stieß hier einerseits schon zu Beginn des 19. Jahrhunderts an die aufkommende demokratische Legitimität, anderseits hatte es nicht überall die »ständischen Freiheiten« voll überwunden. Nicht wenige der konstitutionellen Verfassungen wurden zwischen Fürst und Ständen rechtlich vereinbart[22], und einige der Verfassungen, die der Monarch rechtlich gewährte, waren dennoch mit den Ständen vorher beraten und verhandelt.[23]

Wichtiger als diese Grenze monarchischer Selbstherrschaft bei der Entstehung der Verfassung wurde indessen etwas anderes. Die Änderung der einmal gegebenen Verfassung konnte überall nur in den verfassungsmäßigen Formen erfolgen, d. h. aber unter maßgeblicher Beteiligung der Volksvertretung. Damit wurde die Frage: gewährte oder vereinbarte Verfassung, von untergeordneter Bedeutung. Die Selbstbindung des Monarchen, selbst wenn sie der Entstehung nach eine frei gewährte war, wurde mit Erlaß

21 Vgl. E. R. Huber (Anm. 14), Bd. 1, S. 651 ff. Gegen den Grundsatz der »gewährten« Verfassung erhoben nicht nur die alten Stände, sondern ebenso die Vertreter des »organischen« Liberalismus entschieden Widerspruch, und zwar zugunsten der »vereinbarten« Verfassung, die der Vorstellung von König und Volk als den beiden konstituierenden Gewalten entsprach. Siehe insbes. Welcker, Art. »Gesetz«, in: *Staatslexikon,* hg. von Carl von Rotteck und Karl Theodor Welcker, 3. Aufl., Bd. 6, S. 472 ff.; Carl Schmitt, *Verfassungslehre* (Anm. 9), S. 51 f., 63 f.; E. R. Huber (Anm. 14), Bd. 1, S. 318.

22 Zu den vereinbarten Verfassungen zählen u. a. die von Sachsen-Weimar (1816), Württemberg (1819), Sachsen (1831), Kurhessen (1831), Braunschweig (1832), Lippe-Detmold (1836); s. die Angaben bei Pölitz, *Die Konstitutionen der europäischen Staaten,* Bd. 1-3, Leipzig 1817-1820, und Bülau, *Darstellung der europäischen Verfassungen in den seit 1828 darin vorgegangenen Veränderungen,* 1841.

23 So die Verfassung des Großherzogtums Hessen vom 17. Dezember 1820, die eigentlich nur formell eine »gewährte« Verfassung war, vgl. Huber (Anm. 14), Bd. 1, S. 335 f.; ferner die hannoversche Verfassung von 1833, Huber (Anm. 3), Bd. 2, S. 90; auch bei der Festlegung der badischen Verfassung wirkten die Stände in verdeckter Weise mit, Huber (Anm. 14), Bd. 1, S. 326.

der Verfassung eine endgültige: die einmal gewährte Verfassung war nicht mehr einseitig rücknehmbar, sie konnte nur »vereinbarlich« geändert werden.[24] Der Monarch hatte hier ein Stück seiner Gewalt nicht nur quoad usum, sondern quoad substantiam aus der Hand gegeben. Die Frage nach dem Träger der verfassunggebenden Gewalt blieb so, nachdem die Verfassung einmal ins Leben getreten war, in der Schwebe. Erst der Konflikt konnte hier entscheiden, wer der eigentliche Inhaber des pouvoir constituant war. Die einseitige Aufhebung der hannoverschen Verfassung durch König Ernst August im Jahre 1837 war nicht nur nach der liberalen Theorie, sondern auch nach konstitutionellem Staatsrecht ein Rechtsbruch und kein verfassungsmäßiger Souveränitätsakt.[25]

3. Das dritte artbestimmende Kennzeichen der konstitutionellen Monarchie ist die Organisation der gesetzgebenden Gewalt. Die gesetzgebende Gewalt wurde in der konstitutionellen Monarchie *gemeinschaftlich* vom König und von der Volksvertretung ausgeübt. Jedes Gesetz bedurfte, damit es zustande kam, nicht nur des Beschlusses durch die beiden Kammern der Volksvertretung, sondern ebenso der freien Zustimmung des Monarchen und damit der Regierung. »Die Übereinstimmung des Königs und beider Kammern ist zu jedem Gesetz erforderlich«, wie es Art. 62 Abs. 2 der preußischen Verfassung beispielhaft formuliert. Das war weniger, als die liberale Theorie und eine strenge Gewaltenteilung forderten, aber es war doch mehr, als eine monarchische Herrschaft, die bei sich selbst bleiben wollte, zugeben konnte. Der Umfang der gesetzgebenden Gewalt erhielt auf diese Weise eine eminent politische Bedeutung. Er bestimmte den Anteil der Volksvertretung, d. h. der in ihr repräsentierten Gesellschaft, am

24 Das war ein allgemeiner Grundsatz des konstitutionellen Staatsrechts, der in allen Verfassungen, meist unter Vorsehung besonderer Formen und Verfahren, in irgendeiner Weise positiv niedergelegt war, vgl. die Nachweise bei Meyer/Anschütz (Anm. 14), S. 661, Note 12.

25 Vgl. die eingehende Darlegung bei Huber (Anm. 14), Bd. 2, S. 92 f. Der Widerspruch des 1837 in Hannover zur Regierung gekommenen Königs Ernst August gründete sich auf eine vorabsolutistische, feudalrechtliche Auffassung, die die Souveränität des Monarchen als Träger der Staatsgewalt bestritt und deshalb eine Verfügung über seine »herrschaftlichen Rechte« ohne Zustimmung der Agnaten des königlichen Hauses als unwirksam ansah.

monarchischen Staat, und wegen der Verbindlichkeit der Gesetze für die Verwaltung bezeichnete er zugleich das Maß der rechtlichen Einwirkungsmöglichkeit auf die monarchische Exekutive. Diese rechtliche Einwirkung konnte freilich der Exekutive nicht einseitig aufgenötigt werden, sie war von ihrer Zustimmung abhängig. Der König war nicht nur Inhaber der vollziehenden Gewalt, er war zugleich auch voller Teilhaber der gesetzgebenden Gewalt; er hatte nicht nur ein suspensives, sondern ein absolutes Veto. Gerade in dieser Verbindung sollte, den Theoretikern der konstitutionellen Monarchie zufolge, die »organische Einheit der Staatsgewalt« ihren Ausdruck finden.[26]

Der Bereich der Gesetzgebung war also nicht der Herrschaftsbereich der demokratischen Legislative, sondern der Boden der Begegnung und Vermittlung zwischen Königtum und Volksfreiheit, monarchischem Staat und bürgerlicher Gesellschaft.[27] In dieser eingeschränkten Bedeutung allerdings wurden dann der »Vorbehalt des Gesetzes« und sein Gegenüber, das »selbständige Verordnungsrecht der Krone« – Fragen, die die Staatsrechtslehre des 19. Jahrhunderts immer wieder bewegten –, doch zur konkreten Nahtstelle für die Zuordnung des überkommenen monarchischen und des neu andrängenden demokratischen Prinzips. Die meisten konstitutionellen Verfassungen suchten den »Vorbehalt des Gesetzes«, d. h. den Bereich, in dem die Mitwirkung der Volksvertretung rechtlich geboten war, durch die aus der ständestaatlichen Tradition überkommene Formel »Eingriffe in Freiheit und Eigentum« zu umschreiben.[28] Damit wurde die Volksvertretung auf

26 Statt anderer Welcker, Artikel »Gesetz«, in: *Staatslexikon* (Anm. 21), S. 472 f.; Friedrich Julius Stahl, *Philosophie des Rechts,* T. 2, 2, Stuttgart ²1846, S. 54; Lorenz v. Stein, *Die Verwaltungslehre,* Bd. 1, Stuttgart ²1869, S. 88 f.

27 S. L. v. Stein, *Zur preußischen Verfassungsfrage,* Neudruck 1963, S. 21; ferner Ernst-Wolfgang Böckenförde, *Gesetz und gesetzgebende Gewalt. Von den Anfängen der deutschen Staatsrechtslehre bis zur Höhe des staatsrechtlichen Positivismus,* Berlin 1958, S. 130 f., 151 f.

28 Eingehende Nachweise bei Dietrich Jesch, *Gesetz und Verwaltung. Eine Problemstudie zum Wandel des Gesetzmäßigkeitsprinzips,* Tübingen 1961, S. 123 ff., insbes. S. 125 Note 106. Zur Geschichte der »Freiheits- und Eigentumsklausel« und ihren Ursprung in der Staatstheorie Lockes: Franz Rosin, *Gesetz und Verordnung nach badischem Staatsrecht,* Karlsruhe 1911, Kap. 2; Jesch, a.a.O., S. 117 ff.

den Bereich der persönlichen und gesellschaftlichen Interessen der Bürger beschränkt, die staatlichen und politischen Fragen indessen, etwa die Verwaltungsorganisation und Heeresverfassung, dem monarchischen Verordnungsrecht vorbehalten. Die konstitutionelle Verfassung bezog sich, so gesehen, nur auf das Volk in seiner Eigenschaft als bürgerliche Gesellschaft, wie es Otto Hintze formuliert hat.[29]

Aus der Freiheits- und Eigentumsklausel ergab sich der sogenannte materielle Gesetzesbegriff, der eine besondere Eigentümlichkeit des deutschen Staatsrechts darstellt. Verfolgt man die Geschichte dieses Gesetzesbegriffs durch das 19. Jahrhundert, so zeigt sich eine stete inhaltliche Ausdehnung des sachlichen Bereichs der Gesetzgebung und damit auch des Mitwirkungsbereichs der Volksvertretung. Diese Ausdehnung ging auf zwei Wegen vor sich. Einmal wurde die Freiheits- und Eigentumsklausel je länger je mehr extensiv interpretiert, wozu sie durch ihren unbestimmten Formelcharakter, der mannigfache Auslegungen deckte, einen guten Anlaß gab.[30] Zum andern ergab sich das System der »Präokkupierung« weiterer Gebiete für die gesetzgebende Gewalt, indem die monarchische Regierung auch für an sich vorbehaltsfreie Materien den Weg der Gesetzgebung beschritt oder zuließ.[31] Vermöge des staatsrechtlichen Grundsatzes des Vorranges des Gesetzes, nach dem gesetzlich getroffene Regelungen nur durch ein späteres Gesetz, nicht aber durch eine Verordnung geändert oder aufgehoben werden konnten, wurden diese Materien dadurch ein für allemal der gesetzgebenden Gewalt unterstellt.[32] So verwurzelte sich je länger je mehr gerade

29 Otto Hintze (Anm. 5), S. 377; vgl. auch Jesch (Anm. 28), S. 128/129.

30 Nachweise dazu bei Rosin (Anm. 28), S. 88 ff.; Jesch (Anm. 28), S. 129-132; Böckenförde (Anm. 27), S. 75 f., 225 f.

31 Der Begriff »Präokkupierung« in diesem Zusammenhang bei Rudolf v. Gneist, Artikel »Verordnung«, in: *Holtzendorffs Rechtslexikon*, ³1881, Bd. III, 2, S. 1064.

32 Die klassische Darlegung der Lehre vom »Vorrang des Gesetzes« bei Otto Mayer, *Deutsches Verwaltungsrecht*, Bd. 1, München u. Leipzig ³1924, S. 64 ff. (68). Dieser Vorrang des Gesetzes führte z. B. dazu, daß im Jahre 1911 Georg Meyer in seinem Artikel »Behörden« im *Wörterbuch des Deutschen Staats- und Verwaltungsrechts*, hg. von Karl von Stengel/Max Fleischmann, 2. Aufl., Bd. 1, feststellen konnte, daß ungeachtet des grundsätzlichen Rechts, die Organisation der Verwal-

über Gesetzesvorbehalt und Gesetzesbegriff das demokratische Prinzip in den monarchischen Staatsbau.

4. Regierung und Verwaltung waren, anders als die gesetzgebende Gewalt, das eigentliche Reservat der Monarchie. Zwar bestand auch in der deutschen konstitutionellen Monarchie wie in der englischen oder belgischen das System der Ministerregierung. Der Monarch regierte nicht selbstherrlich, er war gebunden an die Gegenzeichnung verantwortlicher Minister.[33] Aber diese Minister, die die Politik bestimmten und die einzelnen Verwaltungszweige leiteten, standen ihm nicht gegenüber als Exponenten der parlamentarischen Majorität und damit als eigener pouvoir, sondern waren von ihm berufene, nur von seinem Vertrauen abhängige Berater und Gehilfen.[34] Für die deutsche konstitutionelle Monarchie galt nicht der Grundsatz der französischen Juli-Monarchie »le roi règne, mais il ne gouverne pas«, sondern der König herrschte und regierte wirklich. Die Regierung war institutionell und personell von der Volksvertretung unabhängig, gehörte auf die Seite und in die Sphäre des Monarchen; sie war königliche, nicht parlamentarische Regierung, und die Volksvertretung hatte keine Möglichkeit, eine Regierung durch Vertrauensentzug zu stürzen – der formelle Unterschied zwischen konstitutioneller und parlamentarischer Monarchie.

Auch hier ist es wichtig, vom verfassungsrechtlichen Vordergrund zum politischen Hintergrund weiterzugehen. Der Unterschied von konstitutioneller und parlamentarischer Regierungsweise besagte erheblich mehr als das Fehlen der Abhängigkeit der

tungsbehörden im Verordnungswege durchzuführen, praktisch die Organisation der allgemeinen Landesverwaltung in fast allen Staaten auf Gesetzen beruhe und das Verordnungsrecht nur für die Organisation der Ministerien und von Spezialbehörden eine größere selbständige Bedeutung bewahrt habe (S. 391).

33 Das Prinzip der Gegenzeichnung und Verantwortlichkeit hatten nicht alle frühkonstitutionellen Verfassungen ausdrücklich und vollständig geregelt, z. B. nicht die bayerische und die badische Verfassung, es setzte sich aber bald allgemein als Bestandteil des konstitutionellen Staatsrechts durch und wurde spätestens nach 1848 auch in die Verfassungen aufgenommen, vgl. Huber (Anm. 14), Bd. 1, S. 338 f., und die Angaben bei Meyer/Anschütz (Anm. 14), S. 276 FN 18.

34 Siehe Georg Jellinek, *Die Entwicklung der Ministerien in der konstitutionellen Monarchie* = Jellinek, *Ausgewählte Schriften und Reden*, Bd. 2, Berlin 1911, S. 107/108; Huber (Anm. 1), S. 64.

Regierung vom Vertrauen der Volksvertretung. Er bedeutete zugleich die Absage an das System der Parteienregierung, die Absage an »politische« zugunsten von beamtenmäßigen Ministern, die Aufrechterhaltung eines nicht nur äußeren, sondern auch inneren Dualismus zwischen Regierung und Volksvertretung, das Fortbestehen der primär auf den Monarchen bezogenen, in ihrem Kern obrigkeitlich und anstaltlich geprägten Beamtenverwaltung. Die Versuche, das besitzende und gebildete Bürgertum in diese Verwaltung durch das selfgovernment zu integrieren, wie sie vor allem in der preußischen Verwaltungsreform 1872-1886 unternommen wurden (R. v. Gneist), hatten keinen nachhaltigen Erfolg.[35]

Gleichwohl hatten auch hier die konstitutionellen Verfassungen ein balancierendes Element vorgesehen. Dieses balancierende Element war die sogenannte Ministerverantwortlichkeit, die der Unverantwortlichkeit des Monarchen entsprach. Die Minister waren von der Volksvertretung nicht abhängig, aber sie waren ihr verantwortlich. Es handelte sich nicht um eine parlamentarische, sondern um eine eigengeartete »konstitutionelle« (staatsrechtliche) Verantwortlichkeit.[36] Gedacht als Mittel der Sicherung ver-

35 Die Verwaltungsreform und die hinter ihr stehenden staatspolitischen Vorstellungen Rudolf v. Gneists zielten nicht primär auf einen Ausbau bürgerlicher Selbstverwaltung *gegenüber* dem Staat, sondern auf die Beteiligung der Gesellschaft an der Erledigung *staatlicher* Aufgaben in staatlichen Ämtern (Ehrenbeamte) nach staatlichen Gesetzen, sog. selfgovernment im Unterschied zur Selbstverwaltung. – Die Gneistsche Idee des selfgovernment, die eine institutionelle Verknüpfung von Staat und Gesellschaft im Sinne einer staatlichen Ordnung der Gesellschaft herstellen wollte, knüpfte weit mehr an die Gedanken des Freiherrn vom Stein an als die liberale Vorstellung der möglichst »staatsfreien« kommunalen Selbstverwaltung; s. jetzt auch Georg Christoph v. Unruh, »Spannungen zwischen Staats- und Selbstverwaltung im bürgerlichen und im sozialen Rechtsstaat«, in: *Der Staat* 4 (1965), S. 441 ff.

36 Der staatsrechtlichen Theorie hat es immer Schwierigkeiten bereitet, diese Verantwortlichkeit rechtlich zu qualifizieren; deutlich ist die Verlegenheit in dem Lehrbuch von Meyer/Anschütz, a.a.O., § 184, S. 798 ff., wo vor allem das Fehlen effektiver rechtlicher Sanktionen herausgestellt wird. Daß es sich wesentlich um einen politischen Begriff handelte, dessen Bedeutung sich aus dem Gesamtzusammenhang des konstitutionellen Verfassungssystems ergab und abhängig war von

fassungsmäßiger Regierung, bestand sie einmal gegenüber der Öffentlichkeit; sie begründete aber auch die Verpflichtung der Minister, auf Verlangen vor der Volksvertretung zu erscheinen und vor ihr Auskunft zu geben, über ihre bzw. die königliche Politik Rede und Antwort zu stehen. Damit öffnete diese Verantwortlichkeit im Ergebnis doch der parlamentarischen Kontrolle und Mitsprache ein beträchtliches Feld. Ein politisch aktives Parlament, das diese Verantwortlichkeit mit konkretem Inhalt zu erfüllen verstand, konnte so, auch ohne besondere rechtliche Sanktionen, die ihm ja verwehrt waren, die monarchische Regierung in ein Verhältnis zur Volksvertretung bringen, das dem ursprünglichen Dualismus keineswegs mehr entsprach.[37] Auch in den sogenannten parlamentarischen Monarchien, abgesehen von England, war ja die parlamentarische Regierungsweise nicht durch besondere verfassungsrechtliche Sanktionen, sondern durch eine entsprechende, von der öffentlichen Meinung und den politischen Kräfteverhältnissen getragene Aktualisierung dieser konstitutionellen Verantwortlichkeit zustande gekommen.[38]

5. Das Heer der konstitutionellen Monarchie war Königsheer, nicht Parlamentsheer. Für die deutsche konstitutionelle Monarchie sind hier vor allem die Verhältnisse in Preußen entscheidend

der »Aktualisierung«, die er durch das politische Leben erfuhr, blieb weithin verborgen. Zutreffend jetzt Huber (Anm. 1), S. 20ff.

37 Sehr treffend Schmitt, *Staatsgefüge und Zusammenbruch* (Anm. 9), S. 28, seine mehr traditionelle Auffassung (*Verfassungslehre*, S. 331 f.) überholend:
»Die verfassungsmäßige Feststellung der Verantwortlichkeit ist entscheidend und als bloßer Grundsatz auf die Dauer auch politisch stark genug, um sich irgendwie das Verfahren ihrer Verantwortung zu schaffen, sofern nur irgendeine verfassungsmäßig anerkannte politische Kraft das Verfassungswort auf ihrer Seite hat. Daß ein verantwortlicher Minister einem Parlament bei einer Gesetzesvorlage oder bei einer Haushaltsfrage Rede und Antwort stehen muß, genügt, um der Verantwortlichkeit des Ministers ... politische Wirklichkeit zu verleihen. Das kann wirksamer und folgenreicher sein als alle verfassungsgesetzlich normierten Pflichten zur Demission bei einem parlamentarischen Mißtrauensbeschluß.«

38 So insbesondere in Belgien und den Niederlanden, deren Verfassungen nicht mehr als die allgemeine konstitutionelle Verantwortlichkeit der Minister festlegten, Art. 64 und 88 *Belg. Verfassung*, Art. 53 und 88 *Niederl. Verfassung* von 1815.

geworden, die auch die Heeresverfassung des Reichs maßgeblich bestimmt haben. Während z. B. die belgische Verfassung in den Art. 118/119 und 122-124 alle wichtigen Entscheidungen über das Heereswesen, einschließlich der Organisation und Einberufung der Bürgerwehr, an das Gesetz bindet und auch für alle militärischen Akte des Königs die ministerielle Gegenzeichnung vorschreibt[39], war in Preußen die sogenannte Kommandogewalt extrakonstitutionelles Reservat. Die Verfassung erkannte dem König zwar den Oberbefehl über das Heer zu (Art. 46) und bezog diesen damit in das Verfassungsrecht ein, sie band auch den innerstaatlichen, notstandsmäßigen Einsatz des Heeres an das Vorliegen gesetzlich bestimmter Gefahrenlagen (Art. 36), aber kraft eines verfassungskräftigen Gewohnheitsrechts galten alle Akte, die aus dem Oberbefehl folgten, als gegenzeichnungsfrei.[40] Außerdem hatte der König es bei Erlaß der Verfassung durchgesetzt, daß das Heer nur auf den Kriegsherrn, nicht aber auf die Verfassung vereidigt wurde: »Eine Vereidigung des Heeres auf die Verfassung findet nicht statt«, stellte Art. 108 Abs. 2 der Verfassung in lapidarer Kürze fest. So war das Heer nicht eigentlich ein Teil der königlichen Prärogative, sondern, darüber hinausgehend, extrakonstitutionelles Reservat. Konstitutionell, d. h. gebunden an Gegenzeichnungspflicht und Verantwortlichkeit, war nur das, was mit dem Budgetrecht des Landtags in Zusammenhang stand, also die sogenannte Bedarfsverwaltung. Neben das Kriegsministerium als »konstitutionelles« Ministerium traten, ihre Zustän-

39 In der Diskussion machten die belgischen Kollegen darauf aufmerksam, daß ungeachtet dieser Verfassungsbestimmungen die Kommandogewalt des Königs auch in Belgien starke extrakonstitutionelle Züge angenommen habe – ein Beweis sowohl für die rechtsbildende Kraft politischer Übungen und Gewohnheiten im Verfassungsrecht als auch für die Wirkung der preußisch-deutschen Heeresverfassung.

40 Dazu eingehend E. R. Huber, *Heer und Staat in der deutschen Geschichte,* Hamburg [2]1943, S. 198, 200 f. und ders. (Anm. 1), S. 71, 76 ff. Die Auffassung von Fritz Hartung, *Deutsche Verfassungsgeschichte vom 15. Jahrhundert bis zur Gegenwart,* Stuttgart [8]1964, S. 286, daß die Kommandogewalt erst 1861 durch königliche Kabinettsordre entgegen den ursprünglichen Bestimmungen der Verfassung der Gegenzeichnung entzogen worden sei, muß nach der umfassenden Darlegung bei Huber, a.a.O., wonach dieses Recht schon 1849 von Friedrich Wilhelm IV. in Anspruch genommen wurde, als unrichtig angesehen werden.

digkeit immer mehr auf alle eigentlich militärischen Angelegenheiten erstreckend, die vom konstitutionellen Staatsbau exemten sogenannten Kommandobehörden: Militärkabinett, großer Generalstab und später das Marinekabinett.[41] Der »preußische Soldatenstaat« hatte so neben dem »bürgerlichen Verfassungsstaat« in der Tat seine Realität.[42] Was Preußen neben seinem Beamtentum und der Staatsgesinnung seiner Herrscher groß gemacht hatte, das Heer, haben Preußens Könige bis zum Ende der Monarchie nicht aus der Hand gegeben.

Neben der verfassungsrechtlichen gilt es, die allgemein-politische Bedeutung dieses Sachverhalts im Auge zu behalten. Sie liegt in zweierlei.

Einmal vervollständigte die extrakonstitutionelle militärische Befehlsgewalt die königliche Prärogative im Bereich der Exekutive zu der Dreiheit von innerer Exekutivgewalt (monarchischer Verwaltung), auswärtiger Gewalt und Kommandogewalt als einem monarchischen Reservat.[43] Das aber bedeutete, daß das spezifisch Staatliche und die eigentliche, d. h. die hohe Politik nach wie vor monarchisch bestimmt und gelenkt war.[44]

Das andere ist folgendes. Über die allgemeine Wehrpflicht, die zweijährige und eine Zeitlang dreijährige Dienstzeit, wurde der konstitutionell exemte »preußische Soldatenstaat« praktisch zur Erziehungsschule der Nation. Er bildete Geist und Gesinnung der Menschen, bevor sie als Bürger in die Gesellschaft ein- bzw. zurücktraten. Das war in Preußen besonders augenfällig, aber mit der gebotenen Abschwächung gilt es für die deutsche konstitutionelle Monarchie allgemein.

6. Neben den hier dargestellten artbestimmenden Merkmalen der deutschen konstitutionellen Monarchie, die die Besonderheit ihres politischen Wesens kennzeichnen, ist auch noch auf jene Züge hinzuweisen, die sie mit anderen Staaten, insbesondere den parla-

41 Dazu näher Hans Otto Meisner, *Der Kriegsminister 1814-1914. Ein Beitrag zur militärischen Verfassungsgeschichte,* Berlin 1940, S. 23-29, 35; Rudolf Schmidt-Bückeburg, *Das Militärkabinett der preußischen Könige und deutschen Kaiser,* Berlin 1933, S. 124-151; Huber (Anm. 40), S. 324-326, 332 ff.

42 Siehe dazu Carl Schmitt, *Staatsgefüge und Zusammenbruch* (Anm. 9), passim.

43 Vgl. Huber (Anm. 1), Bd. 3, S. 13.

44 Hintze (Anm. 5), S. 378.

mentarischen Monarchien, gemeinsam hat. Das ist an erster Stelle die bürgerliche Freiheit und Rechtsgleichheit, der Abbau der Stände als Herrschaftsstände und damit die Bildung der allgemeinen Staatsbürgergesellschaft; sodann, hieraus folgend, die Ersetzung der Ordnungsmittel der Feudalgesellschaft, des besonderen Rechts und des Privilegs, durch das allgemeine gesetzliche Recht, das aus korporativen und statusmäßigen Bindungen zunehmend emanzipierte, das Boden-, Verkehrs- und Gewerbefreiheit herstellte und so den Boden einer sich zu ihren eigenen Gegensätzen entfaltenden Erwerbsgesellschaft bereitete. Diese Entwicklung vollzog sich in der deutschen konstitutionellen Monarchie nicht revolutionär, durch einen geschichtlichen Bruch, sondern evolutionär, unter Wahrung der historischen Kontinuität, daher auch nicht auf einmal, sondern Stufe um Stufe ein Jahrhundert hindurch, aber im ganzen doch unaufhaltsam.[45] Sie hatte nicht nur Bedeutung im gesellschaftlichen, sozialen Bereich, sondern führte – mehr unmerklich als den Zeitgenossen bewußt – zu einer Umgestaltung der politisch-sozialen Gesamtverfassung; sie entzog den vielen überkommenen Institutionen und Lebensordnungen, die den sozialen Untergrund der Monarchie bildeten, den Boden und führte an ihrer Stelle neue, egalitär-assoziative Bildungen und schließlich die in Bezirksklassen geschiedene Erwerbs- und Massengesellschaft herauf.[46] Es mag genügen, diese Merkmale hier zu

45 Zum Grundsätzlichen dieser Entwicklung Werner Conze, »Staat und Gesellschaft in der frührevolutionären Epoche Deutschlands«, in: *HZ* 168 (1958), S. 1-34. Daß die Anerkennung der allgemeinen bürgerlichen Freiheit, der Rechtsgleichheit und der Garantie des Eigentums, wie sie zuerst in der Erklärung der Menschen- und Bürgerrechte von 1789 ausgesprochen wurde, nicht nur politische, sondern primär gesellschaftliche Bedeutung hatte, eine »soziale Umgestaltung« des ganzen Volkes zum Inhalt haben mußte, von der dann wieder politische Folgewirkungen ausgehen, hat zuerst Lorenz v. Stein erkannt, vgl. *Geschichte der sozialen Bewegung in Frankreich von 1789 bis auf unsere Tage,* Bd. 1, Leipzig 1850, S. 63 f.; dazu auch Ernst-Wolfgang Böckenförde, »L. v. Stein als Theoretiker der Bewegung von Staat und Gesellschaft zum Sozialstaat«, in: *Alteuropa und die moderne Gesellschaft. FS Otto Brunner,* Göttingen 1963, S. 248 ff. (255 ff.), in diesem Band, S. 170 ff. Über die einzelnen Etappen und Formen dieser sozialen Umgestaltung unterrichtet Adolf Zycha, *Deutsche Rechtsgeschichte der Neuzeit,* Marburg ^{2}1949, §§ 43-49.

46 In seiner Tiefe erfaßt ist dieser Prozeß wiederum bei Lorenz v. Stein,

erwähnen; ihre prinzipielle Bedeutung wird uns noch beschäftigen.

III

Nach diesen Darlegungen gilt es, die eingangs aufgeworfene Frage noch einmal zu stellen: Kann man von der so beschaffenen konstitutionellen Monarchie als einer eigenen politischen Form sprechen, oder war sie nur ein Zwischen- und Übergangszustand zwischen Monarchie und Volkssouveränität, Absolutismus und Parlamentarismus, ohne eigene, einheitsstiftende politische Kraft?

Es kommt dafür nicht in erster Linie auf die zeitliche Dauer an, während der die konstitutionelle Monarchie bestanden hat. Wäre dies ausschlaggebend, so müßte der konstitutionellen Monarchie, die immerhin nahezu ein volles Jahrhundert Bestand gehabt hat, sicher der Charakter der eigenen politischen Form zuerkannt werden. Aber auch ein Übergangs- oder Zwischenzustand kann lange währen, gerade wenn er seiner Funktion, den Wechsel grundlegender politisch-sozialer Ordnungsprinzipien nicht abrupt, sondern in Form eines allmählichen, kontinuierlichen Ab- und Aufbaus zu ermöglichen, in besonderer Weise gerecht wird. Für das Vorhandensein einer eigenen politischen Form sind demgegenüber vor allem zwei Dinge ausschlaggebend: ein eigenes, einheitsverbürgendes politisches *Formprinzip*, auf das sich die konkrete Verfassungsgestalt zurückführen läßt, und eine eigene politische *Legitimität*.

Betrachten wir die staatsrechtliche Erscheinungsform der konstitutionellen Monarchie, so scheint alles dafür zu sprechen, in ihr

vgl. etwa seine Bemerkung in *Verwaltungslehre*, Bd. 1, 2. Aufl 1869, S. 34, wo es heißt, daß in Deutschland »der Sieg der staatsbürgerlichen Gesellschaft über die Geschlechterordnung und Ständeordnung langsam, aber sicher auf einem Gebiet entschieden ward, dem man es von jeher angetan hat, es als eine Konsequenz der Verwaltung anzusehen, während es das Prinzip der künftigen Verfassung enthielt. Das war die *Grundentlastung*, das ist die Herstellung des staatsbürgerlichen Eigentums an der Stelle des Geschlechtereigentums, und die *Gewerbe- und Berufsfreiheit*, das ist die Herstellung der staatsbürgerlichen Arbeit an der Stelle der ständischen Korporationsarbeit.«

eine eigene politische Form zu sehen. Die konstitutionelle Monarchie hatte ihre Grundlage in einer rechtlich anerkannten monarchischen Herrschaft, die sich nicht vom Volk oder der Nation her, sondern aus sich selbst legitimierte (monarchisches Prinzip); diese Herrschaft war nicht nur eine symbolische, sondern eine wirkliche. Diese wirkliche monarchische Herrschaft hatte sich konstitutionell verformt und dadurch begrenzt, sie hatte das Volk als die aufkommende politische Kraft an der Ausübung der staatlichen Gewalt in gewissem Umfang beteiligt, aber doch so, daß der Monarch und seine Minister, Soldaten und Beamte nirgends von effektiven Herrschaftspositionen völlig verdrängt waren und die Volksrepräsentation nirgends ein *alleiniges* Herrschaftsrecht behauptete. So scheint die deutsche konstitutionelle Monarchie in der Tat ein einheitliches politisches Formprinzip erkennen zu lassen: die Monarchie formt sich konstitutionell aus, stellt sich selbst in gesetzliche Ordnung und Verfahren, nimmt gewisse demokratische Verfassungselemente in sich auf und bindet sie sich ein, ohne damit aufzuhören, der Sache und Substanz nach monarchische Herrschaft zu bleiben. – So etwa könnte, aufs Ganze gesehen, Otto Hintze im Jahre 1911 die »preußisch-deutsche Form« der konstitutionellen Monarchie beschrieben haben.

Aber war die politische Form der konstitutionellen Monarchie wirklich so eindeutig, wie es hier erscheint? Gibt das so gezeichnete Strukturbild wirklich die verfassungsmäßige und politische Realität wieder?

Hier gilt es, die tragenden Elemente dieses Staatsbaus noch etwas genauer in den Blick zu nehmen.

1. Beginnen wir mit der konstitutionellen Verfassung selbst. Es hat sich schon gezeigt, in welcher Schwebelage diese Verfassung, nachdem sie einmal ins Leben getreten war, die Frage nach dem Träger des pouvoir constituant hielt. Die Bindung des Monarchen an sie war eine endgültige geworden. Die Möglichkeit, sich auf die ihm verbliebene Staatsgewalt »zurückzuziehen«[47], war, da die Frage der Verfassungsänderung eine ausdrückliche Regelung gefunden hatte, dem Monarchen verwehrt. Damit lief aber die im monarchischen Prinzip ausgesprochene Unterscheidung zwi-

47 Der Ausdruck bei Max v. Seydel, *Über konstitutionelle und parlamentarische Regierung* = Seydel, *Staatsrechtliche und politische Abhandlungen,* Freiburg u. Leipzig 1893, S. 140.

schen Innehabung und Ausübung der Staatsgewalt an dieser wichtigen Stelle leer. Monarch und Volksvertretung waren hier in der Sache gleichberechtigt und gleichgeordnet. Kam es zu einem wirklichen Konflikt, so standen auf dem Boden der Verfassung demokratisches und monarchisches Prinzip unvermittelt, ohne Aufhebung ein einer höheren Einheit, einander gegenüber.[48]

2. Wichtiger und folgenreicher als dieser Schwebezustand der Verfassung war und wurde indessen ein zweites Bauelement, das bislang mit Absicht unerwähnt geblieben ist, um es nun gleich in seiner vollen Bedeutung hervortreten zu lassen: das *Budgetrecht des Parlaments.* Dieses Budgetrecht war, mehr noch als die Mitwirkung der Volksvertretung bei der Gesetzgebung, der eigentliche Gegenpol zum monarchischen Prinzip in der konstitutionellen Verfassung. Das ergab sich aus seinem konkreten Inhalt, der sich aus seiner geschichtlichen Tradition erklärt. Der Ursprung des parlamentarischen Budgetrechts lag im ständischen Recht der Steuerverwilligung. Durch den Übergang von der ständischen Herrschaftsordnung zum konstitutionellen Staat erlebte es einen Sinn- und Funktionswandel. Das ständische Recht der Steuerverwilligung war ein Bewilligungs- und teilweises Ausgabenkontrollrecht für bestimmte, dem Ursprung nach *außerordentliche* und daher nicht schon geschuldete Abgaben an den Landesherrn, die zu dessen eigenen (ordentlichen) Einkünften aus Kammergut, Lehnsabgaben, Zöllen, Gerichtsgefällen usw. hinzutraten. Nur soweit der Landesherr zur Führung seines »Regiments« auf jene außerordentlichen Einnahmen angewiesen war, was allerdings wegen des steigenden Finanzbedarfs für Hof, Verwaltungsausbau und Heer vielfach die Regel wurde, war er auf die Bewilligung und Mitwirkung der Stände angewiesen und ihnen evtl. zur Rechenschaft verpflichtet. Im konstitutionellen Staat wurde aus diesem Steuerverwilligungsrecht, infolge der monistischen Organisationsform des modernen Staats, ein *allgemeines* Bewilligungsrecht für die Staatseinnahmen (Steuern) und insbesondere die gesamten Staatsausgaben.[49] Die Volksvertretung hatte damit, bud-

48 Dies gegen die These von Huber (Anm. 1), S. 20, der den Gegensatz der beiden Strukturprinzipien in einem »sie verbindenden Funktionszusammenhang« aufgehoben sieht. Ein solcher übergreifender Funktionszusammenhang für den Fall des Konflikts ist gerade nicht ersichtlich; vergleiche auch die weiteren Ausführungen im Text.

49 Über diese Entwicklung des parlamentarischen Budgetrechts einge-

getmäßig gesehen, statt eines begrenzten Rechts das Ganze gewonnen. Sie mußte daher auch unter die Verantwortung für das Staatsganze treten. Indem das Parlamentarische Bewilligungsrecht sich nun auf alle Staatsausgaben erstreckte, nicht mehr nur auf die aus ständischen Bewilligungen zu bestreitenden, mußten zwangsläufig bestimmte Bewilligungs*pflichten* entstehen, sollte ein kontinuierliches Staatsleben weiterhin möglich sein und nicht die gesamte Staatstätigkeit unter dem Vorbehalt einer alljährlichen »freien« Bewilligung durch die Volksvertretung stehen. Daraus entstand das Budgetproblem des 19. Jahrhunderts, das uns hier im einzelnen nicht weiter zu interessieren braucht.[50]
Indem nun die konstitutionellen Verfassungen, an ständestaatliche Vorbilder anknüpfend, die Butgetbewilligung als eigenes Recht der Volksvertretung formulierten und an die Form der Gesetzgebung oder eines ausdrücklichen Beschlusses der Volksvertretung banden[51], begründeten sie selbst eine weitgehende Freiheit der Volksvertretung bei der Budgetbewilligung. Sie unterstützten damit, ausdrücklich oder indirekt, die Theorie der freien Budgetbewilligung, die das historische Recht der ständischen Steuerverwilligung ungeschmälert in den konstitutionellen Staatsbau hineinnehmen wollte. Die konstitutionelle Verfassung hatte damit der Volksvertretung und dem in ihr sich verkörpernden demokratischen Prinzip einen Wirkungsraum und eine Waffe geschaffen, die je länger je mehr geeignet war, monarchisches Prinzip und selbständige monarchische Regierung auszuhöhlen und eine tatsächliche Abhängigkeit der Regierung von der Volks-

hend Johannes Heckel, in: *Handbuch des Deutschen Staatsrechts*, Bd. 2. Tübingen 1931, S. 361-371.

50 Dieses Budgetproblem war nicht eine Frage der konstitutionellen Monarchie oder des preußischen Verfassungskonflikts, sondern ergab sich aus dem Übergang zum modernen Staat. Es ist im Frankreich der Dritten Republik ebenso aufgetreten, vgl. Esmein-Nezard, *Eléments de droit constitutionel*, Paris [8]1928, Bd. 2, S. 458 ff.; insbes. S. 464-466. Siehe auch den 1859 erschienenen, also längst *vor* der Ankündigung des preußischen Konflikts abgefaßten Artikel »Budget« im *Staatslexikon* von Rotteck und Welcker, 3. Aufl., Bd. 3, insbes. S. 124 f.

51 Dazu im einzelnen Heckel (Anm. 49); über die Unterschiede nach dem bayerischen und preußischen Budgetrechts vgl. Max v. Seydel, *Über Budgetrecht* = Seydel, *Staatsrechtliche und politische Abhandlungen*, Neue Folge, hg. von Karl Krazeisen, Tübingen und Leipzig 1902, S. 6-25.

vertretung herbeizuführen. Die stete Balancierung von Monarchie und Volkssouveränität wurde auf dem Boden des konstitutionellen Budgetrechts eine unumgängliche Notwendigkeit.

Diese Situation wird durch kein Ereignis so deutlich wie durch den Ausgang des preußischen Verfassungskonflikts, in dem sich die Verfassungsfrage der konstitutionellen Monarchie zur Entscheidungssituation aufgipfelte und an dem, von der Ausnahme her, die normale Verfassungslage wie in einem Brennspiegel erkannt werden kann.

Der Sachverhalt war folgender[52]: Der Konflikt entzündete sich an der Gesetzesvorlage der Regierung zur Heeresreform, die u. a. eine Erhöhung der Präsenzstärke des Heeres, eine Befestigung der dreijährigen Dienstzeit und eine Zurückdrängung der Landeswehr zugunsten des Berufsheeres vorsah. Der Landtag lehnte diese Vorlage in der von König und Regierung geforderten Form ab, worauf die Regierung eine gesetzliche Regelung der Heeresreform für rechtlich nicht notwendig erklärte und lediglich die Bewilligung der zur Reorganisation notwendigen Mittel forderte. Der Landtag bewilligte diese Mittel zweimal provisorisch, d. h. in der Form eines Finanzgesetzes von Jahr zu Jahr. Als dann neuerlich Streit über die endgültige Gestalt der Heeresreform entstand, verweigerte das Abgeordnetenhaus die notwendigen Mittel, mit der Folge, daß das jährlich zu beschließende Etatgesetz, da das Herrenhaus den so gekürzten Etat verwarf, nicht zustande kam. Bismarck regierte daraufhin unter Berufung auf seine sogenannte Lückentheorie vier Jahre lang ohne ordnungsmäßig beschlossenes Budget, bis nach dem erfolgreichen Krieg von 1866 der Konflikt durch die Gewährung der »Bitte um Indemnität« beendet wurde.

Die verfassungsrechtliche und politische Kernfrage des Konflikts war die, wie E. R. Huber mit Recht bemerkt, »ob dem Parlament mit der Benutzung des Budgetrechts als Angriffswaffe der entscheidende Sieg über das monarchische Prinzip gelingen werde«.[53] Dieser Sieg ist ihm, dem äußeren Anschein und einer verbreiteten Lehre zuwider, zumindest in einem wesentlichen Teil gelungen, der Kompromißcharakter der konstitutionellen

52 Siehe im einzelnen Huber (Anm. 40), S. 212 ff., und (Anm. 1), Bd. 3, S. 281-290, 305-310, 314-316, 324-327, 333 ff.

53 (Anm. 1), Bd. 3, S. 282.

Verfassung wurde offenbar, und die liberal-konstitutionelle Interpretation des Budgetrechts war für die Zukunft unangreifbar. Die rückblickende staatsrechtliche Betrachtung ist heute geneigt, Bismarcks Lückentheorie wenn auch nicht unbedingt in der Begründung, so doch im Ergebnis beizutreten.[54] Wenn ein Etatgesetz, wie verfassungsmäßig vorgeschrieben, nicht zustande kam, andererseits das Staatsleben aber deswegen nicht stillstehen konnte, so war, sofern die Verfassung sich einer ausdrücklichen Regelung dieses Konflikts enthielt, auf der Grundlage des monarchischen Prinzips der König bzw. die Regierung, nicht die Volksvertretung, zu verbindlichem Handeln berufen. Auf der andern Seite konnte es allerdings kaum der Sinn der verfassungsrechtlichen Regelung des Budgetrechts sein, daß es auf das Gesetz, das die Verfassung für die Budgetbewilligung vorschrieb, in jedem Falle der Nichteinigung der gesetzgebenden Faktoren nicht ankommen solle und die Regierung allein solle handeln können. Die Verfassung wollte ja gerade durch die Budgetbewilligung in Gesetzesform, König und Volksvertretung »zusammenspannen«[55], die politischen Kräfte balancieren. So hat das berühmte und viel zitierte Wort von Gerhard Anschütz: »Das Staatsrecht hört hier auf«, doch einen tieferen Sinn.[56] Eine rechtliche Dauerlösung des Konflikts im Sinne des monarchischen Prinzips war nicht mög-

54 Siehe insbes. Ernst Forsthoff, *Deutsche Verfassungsgeschichte der Neuzeit,* Stuttgart ²1961, S. 140; Huber (Anm. 1), S. 333 ff., insbes. S. 341-348. Siehe auch Hartung (Anm. 40), S. 263 ff.

55 In diesem Sinne Forsthoff (Anm. 54), S. 135.

56 Meyer/Anschütz (Anm. 14), S. 906. Der scharfen Kritik Carl Schmitts zu diesem Satz (*Verfassungslehre,* S. 56; *Politische Theologie,* 1. Aufl. 1934, Vorwort) kann ich insofern nicht folgen, als die Anschützsche Formel in ihrer objektiven Aussage der inneren Logik des konstitutionellen Verfassungssystems entspricht und gerade den Kompromißcharakter des konstitutionellen Verfassungsrechts, den auch Schmitt scharf herausgestellt hat, dogmatisch angemessen zum Ausdruck bringt. Insofern zutreffend Kurt Kaminski, *Verfassung und Verfassungskonflikt in Preußen 1862-1866,* Königsberg 1937, S. 32 f., 36 und 94. Die Kritik von Huber (Anm. 1), S. 338 ff., an dem Anschützschen Satz beruht auf der meines Erachtens unzutreffenden Voraussetzung der »Lückenlosigkeit« der konstitutionellen Verfassung auch im Hinblick auf die Entscheidung zwischen Monarchie und Volkssouveränität. Huber nimmt denn auch für seine Lösung »überpositives« Verfassungsrecht zu Hilfe.

lich, ohne die Grundlage der konstitutionellen Verfassung selbst zu verändern und den Konstitutionalismus in einen »Scheinkonstitutionalismus« oder Krypto-Absolutismus zu überführen. Das war, wie E. R. Huber gezeigt hat, auch nicht Bismarcks Absicht.[57] Die Beendigung des Konflikts in der Bitte um Indemnität entsprach so durchaus der inneren Logik des konstitutionellen Systems. Die eigentliche Konfliktsfrage blieb in der Schwebe, man wollte nicht mehr darauf zurückkommen und sie nicht entscheiden; für die Zukunft sollte es (wieder) mit »konstitutioneller Korrektheit« zugehen. Die Lösung des Konflikts war in dieser Form nicht wiederholbar. Konstitutionelle Korrektheit bedeutete aber die Anerkennung des konstitutionellen Budgetrechts in seinem hergebrachten Umfang. Bismarck war sich offensichtlich dessen bewußt. Gleich nach dem Konflikt, bei der Schaffung der Verfassung des Norddeutschen Bundes, wollte er einerseits die gesamten Heeresausgaben auf den Bundes-(Reichs-)Etat übernehmen, womit Preußen von möglichem »Konfliktstoff« entlastet war, anderseits aber diese Heeresausgaben dem Budgetrecht des Reichstags durch ein verfassungsgesetzliches »Aeternat«, d. h. eine Festlegung in der Verfassung ein für allemal, entziehen.[58] Bismarck konnte sich mit diesem letzteren Vorhaben gegenüber der liberalen Reichstagsmehrheit nicht durchsetzen, die ihr konstitutionelles Grundrecht entschieden verteidigte. Mit der Einschränkung einer jeweils gesetzlichen Festlegung der Mindestpräsenzstärke (bis 1871 durch die Verfassung selbst) bleib das alte Budgetrecht erhalten.[59] Im Reich war dann in den Auseinander-

57 Vgl. Ernst Rudolf Huber, *Nationalstaat und Verfassungsstaat,* Stuttgart 1965, S. 198 ff.

58 Siehe dazu Huber, a.a.O., Bd. 3, S. 663 f. Der von Bismarck maßgeblich bestimmte Verfassungsentwurf der verbündeten Regierungen, der dem verfassungsberatenden Reichstag vorgelegt wurde, ist insofern sehr aufschlußreich; die prinzipielle Ungelöstheit des preußischen Konflikts bestätigt sich in ihm auf eindrucksvolle Weise, vgl. insbes. die Artikel 55-59 (*Stenographische Berichte über die Verhandlungen des Reichstages des Norddeutschen Bundes im Jahre 1867,* Bd. 2, Anlagen).

59 Vgl. Huber (Anm. 1), Bd. 3, S. 664 f., und insbes. Hartung (Anm. 40), S. 282 f. Die Rechte des Reichstages hinsichtlich des Militärbudgets wiesen eine gewisse Zweispurigkeit auf, und zwar durch die neben dem Budgetrecht herlaufende, von der Verfassung in Art. 60 vorgeschriebene gesetzliche Festlegung der Friedenspräsenzstärke des Hee-

setzungen um die 7jährige, 6jährige, 5jährige oder nur 3jährige Festlegung der Präsenzstärke die Konfliktsituation fortwährend latent, und die Geschichte dieser Auseinandersetzung zeigt, wie die Gewichte zwischen Monarchie und Volkssouveränität sich verteilten.[60] Das liberale Budgetrecht hatte sich in der Bitte um

res. Dadurch wurde auch die Stärke des Heeres für die Etatberatungen zu einer gesetzlich geregelten und damit vorgegebenen Größe. Allerdings war der Reichstag an diesem Gesetz beteiligt; da er sich aber ab 1874, nach den Interimslösungen von 1867 und 1871, in dieser Frage in den Septennaten (später Quinquennaten) jeweils auf 7 (5) Jahre selbst gebunden hatte bzw. band, waren seine Rechte hinsichtlich des Militäretats beschränkt, obwohl er jedes Jahr einen spezialisierten Militäretat zu bewilligen hatte. Die entscheidenden politischen Auseinandersetzungen entstanden deshalb immer bei der Beratung des Gesetzes über die Festlegung der Friedenspräsenzstärke und nicht bei den Etatberatungen. Die Septennate waren so Kompromisse, die für das damalige Kräfteverhältnis bezeichnend sind: Bismarck konnte sein Ziel, das er sowohl 1867 als auch 1874 verfocht, nämlich das sogenannte Aeternat, nicht erreichen, d. h., es wurde ihm nicht eine bestimmte Friedensstärke für immer, bis auf anderweitige gesetzliche Regelung, bewilligt. Das Aeternat hätte eine Minimalstärke für immer gesichert, denn zu einer Verminderung hätte der Bundesrat zustimmen müssen. Beim Ablauf der Septennate stand jeweils das ganze Heer erneut zur Debatte und mußte neu bewilligt werden. Aeternat und Septennat unterschieden sich aber nur in der Frage der *Verminderung* des Heeres; dagegen mußte der Reichstag in beiden Fällen einer Erhöhung, wenn sie verlangt war, zustimmen. Da es in der Praxis alsbald nur um Erhöhungen der Präsenzziffer ging, wurde der rechtliche Unterschied bedeutungslos.

60 Auf die ersten drei Septennate (1874-81, 1881-88, 1887-94) folgten zwei Quinquennate (1894-99, 1899-1904, verlängert bis 1905), ein Sexennat (1905-11) und wiederum ein Quinquennat (1911-16). Zweimal wurde der Reichstag aufgelöst (1877 und 1893), weil er der Regierungsvorlage nicht in der von der Regierung gewünschten Form zustimmen wollte. Der Rückgang von den Septennaten auf Quinquennate ist symptomatisch für die allmähliche Verlagerung des Schwergewichts, ebenso die anläßlich dieser Gesetzesvorlagen jeweils geführten Debatten; siehe zu den fortwährenden Auseinandersetzungen schon in der Bismarckzeit etwa *Stenographische Berichte,* 2. Periode, 1. Sess. 1874, Bd. 1, S. 72 f. (Eugen Richter), 83; Bd. 2, S. 751 ff. (v. Bennigsen), S. 764 (Reichensperger); *Stenographische Berichte,* 4. Periode, 3. Sess. 1880, Bd. 1, S. 181 (Richter), S. 189 f. (v. Bennigsen), 204, 206 f.; S. 580 (Lasker); *Stenographische Berichte,* 6. Periode, 4. Sess. 1886/87, Bd. 1,

Indemnität, von der ja nie ganz klar geworden ist, wer sie eigentlich wem gewährte, den Sieg auf Dauer erkauft.[61]

3. Das dritte für unsere Frage wichtige Bauelement der konstitutionellen Monarchie ist das Prinzip der Verantwortlichkeit. Wir sahen, daß es sich um eine konstitutionelle, nicht um eine parlamentarische Verantwortlichkeit handelte. Aber auch diese konstitutionelle Verantwortlichkeit bestand gegenüber dem Parlament. Die verantwortlichen Minister waren gehalten, ihre bzw. die königliche Politik vor dem Parlament zu begründen, zu rechtferti-

S. 71, 81 (preuß. Kriegsminister Bronsart v. Schellendorf), S. 98 f. und 347 ff. (Windhorst), S. 96, 103/104, 333, 351 ff. (Bismarck); S. 357-359 und 418 ff. (v. Helldorf), S. 396 f. (E. Richter).
Hinzu kam noch, daß der Reichstag vermöge wachsender Etatspezialisierung sein Kontrollrecht gegenüber der Exekutive zunehmend verstärkte. Zutreffend die Feststellung von Huber (Anm. 1), S. 957, die jährlichen Haushaltsdebatten seien parlamentarische Machtkämpfe großen Stils gewesen, in denen die Regierung gerade im auswärtigen und im Militärbereich »manche peinliche Etatniederlage« hinnehmen mußte. Zum Prinzipiellen auch Hartung (Anm. 40), S. 283 ff.

61 Dies ist die unausgesprochene These von Carl Schmitt, *Staatsgefüge und Zusammenbruch* (Anm. 9), S. 10 ff., 20 ff., der ich aus den dargelegten Gründen gegen die Kritiker Schmitts zustimmte. Daß auf der Basis des liberalen Budgetrechts auch in der Folgezeit Kompromisse mit der monarchischen Gewalt erforderlich waren, schließt seine prinzipielle Anerkennung nicht aus – solche Kompromisse waren ein Wesenszug der konstitutionellen Monarchie. Der »Präzedenzfall« des preußischen Konflikts hatte eben für die weitere Entwicklung die Weichen in einer bestimmten Richtung gestellt, und zwar in Richtung zum Parlamentarismus, mochte auch die Verwirklichung dessen nur stufenweise geschehen. – Wieweit die Konsequenzen und historisch-politischen Werturteile, die Schmitt im Zusammenhang mit seiner Beurteilung des Verfassungskonflikts entwickelt, zutreffen oder nicht eher in umgekehrter Richtung laufen müßten, ist eine andere Frage. Es ist aber meines Erachtens ein arges Mißverstehen, wenn Huber (Anm. 1), S. 366, die Schmittsche These und Beurteilung in die Nähe der »Kritik der Ultrakonservativen« an Bismarcks Indemnitätspolitik rückt; zwischen der legitimistisch-romantischen Auffassung der Monarchie bei den Brüdern Gerlach und der Kreuzzeitungspartei und der von Schmitt vertretenen Entgegensetzung von »preußischem Soldatenstaat« und »bürgerlichem Verfassungsstaat« liegt doch eine ganze Welt.

gen und zu verteidigen.[62] Einmal anerkannt, mußte diese Verantwortlichkeit aus sich eine forttreibende Kraft entfalten. Diese Kraft verstärkte sich sehr nachdrücklich durch das Zusammentreffen mit dem Budgetrecht der Volksvertretung.[63] Auch ohne ausdrückliches Mißtrauensvotum erhielt die Verantwortlichkeit dadurch eine Sanktion. Die Volksvertretung konnte sich kraft der Verantwortlichkeit, wenn sie willens war, ohne weiteres als die Instanz etablieren, der gegenüber die Regierung Rechenschaft schuldete. Je mehr das Prinzip der Verantwortlichkeit einerseits dazu diente, die Selbständigkeit der Minister gegenüber dem Monarchen zu stärken, desto mehr verstärkte sie anderseits die sachliche Bindung an das Parlament. Es war deshalb nicht die Frage des Prinzips, sondern eine Frage der Umstände und politischen Konstellationen, ob diese konstitutionelle Verantwortlichkeit die parlamentarische Regierungsweise aus sich heraussetzte oder nicht.

Der deutsche Reichstag tat, vor allem seit der Jahrhundertwende, zahlreiche Schritte auf dieses Ziel hin, wobei ihm wieder das Budgetrecht als Ansatzpunkt diente.[64] Wenn es gleichwohl bis zum Weltkrieg nicht zu einer »Parlamentarisierung« der Reichsregierung kam, so vorwiegend aus ideologischen Gründen, weil die politischen Kräfte der Volksvertretung selbst mehrheitlich eine solche Parlamentarisierung nicht wollten[65], nicht aber aus rechtlichen Gründen des konstitutionellen Verfassungssystems. Als dann während des Ersten Weltkrieges, auf dem Wege über den Interfraktionellen Ausschuß, die parlamentarische Regierung schließlich Wirklichkeit wurde, war dies – strukturell gesehen – nicht ein Bruch, sondern ein organisches Auslaufen der konstitutionellen Verfassung.[66]

62 Siehe oben S. 286 f.

63 Siehe dazu insbes. Huber (Anm. 1), Bd. 3, S. 956/957.

64 Siehe insbes. Hartung (Anm. 40), S. 286 ff.

65 Darauf weist E. R. Huber (Anm. 1), S. 957, zutreffend hin, womit er freilich seine Thesen von der konstitutionellen Monarchie als eigenständiger politischer Form und dem Übergang zum parlamentarischen Regierungssystem im Ersten Weltkrieg als einem »Verfassungsumbruch« und dem Übergang in eine »von Grund aus andersartige Staatsform« (ebd., S. 16) selbst in Frage stellt.

66 Die Opposition gegen diese Entwicklung stützte sich deshalb auch nicht auf verfassungsrechtliche, sondern auf ideologisch-politische

Überblickt man die drei hier näher untersuchten Bauelemente der konstitutionellen Verfassung und nimmt die ebenfalls sehr balancierte Organisation der gesetzgebenden Gewalt noch hinzu, so wird das Vorhandensein eines einheitlichen politischen Formprinzips in der Tat sehr fraglich. Alles deutet vielmehr eher auf einen Zwischenzustand, auf die Balancierung verschiedener politischer Formkräfte für eine Übergangszeit hin. Die Bedeutung der konstitutionellen Monarchie liegt dann nicht in der (angeblichen) Verbindung von monarchischem Prinzip und Repräsentativprinzip zu einer eigenen, deren Gegensatz aufhebenden politischen Form, wie es bei E. R. Huber anklingt[67], sondern in der Ermöglichung eines kontinuierlichen, auf einer Reihe von Kompromissen beruhenden Übergangs von monarchischer zu parlamentarischer Regierung, von der Monarchie zur Volkssouveränität.

4. Diese Vermutung wird bestärkt, ja eigentlich zur Gewißheit, wenn wir die Frage nach der Legitimität der konstitutionellen Monarchie stellen. Nach ihrem Selbstverständnis beruhte die Legitimität der konstitutionellen Monarchie auf der geschichtlich überkommenen monarchischen Herrschaft, näherhin dem monarchischen Prinzip. Aber vermochte das monarchische Prinzip wirklich eine Legitimität zu begründen, und vermochte es das insbesondere gegenüber der seit 1789 andrängenden demokratischen Legitimität der allgemeinen Freiheit und Gleichheit?

Otto Brunner hat dem monarchischen Prinzip eine solche Legitimitätsbegründung abgesprochen.[68] Es sei der Ausdruck für die Stabilisierung einer gegebenen Machtlage, entbehre aber seinerseits einer geistigen Begründung. Dem ist meines Erachtens zuzustimmen. Das Gottesgnadentum, das zur Begründung des monarchischen Prinzips dienen sollte, war seinerseits leerlaufend und selbst nur eine politische Funktion. Es hätte seinen Sinn nur entfalten können als Teil einer verbindlichen, religiös-sakralen Welt-

Argumente, s. etwa die angeführte Schrift von Erich Kaufmann (Anm. 8). Dazu die scharfe Kritik von Max Weber, *Parlament und Regierung im neugeordneten Deutschland* = Weber, *Gesammelte politische Schriften,* Tübingen 1921, S. 128 f., 130 ff.

67 Huber (Anm. 1), S. 13-20.

68 Otto Brunner, »Vom Gottesgnadentum zum monarchischen Prinzip«, in: *Das Königtum* (Vorträge und Forschungen, Bd. 3), Lindau u. Konstanz 1957, S. 279 ff. (301 ff.).

ordnung. Die aber war im 19. Jahrhundert keineswegs mehr vorhanden, vielmehr durch die Entwicklung zum modernen Staat als einer Form weltlich-rationaler Herrschaft vollends abgebaut. Das schließt nicht aus, daß bei einigen gekrönten Häuptern und ihren Anhängern – man denke etwa an Friedrich Wilhelm IV. und die Gebrüder Gerlach – eine solche religiössakrale Weltordnung als Vorstellung noch lebendig war. Aber das lag jenseits der geschichtlichen Realität, hatte keine öffentliche Bedeutung mehr, sondern nur noch private. Der Gedanke, daß der Monarch Träger der Staatsgewalt sei als geheiligte Person, als Gesalbter Gottes oder kraft eines unmittelbaren göttlichen Auftrags, war als Legitimitätsbegründung ernsthaft nicht mehr vollziehbar.[69] Sehen wir von Fr. J. Stahl ab, so waren alle Theorien, die zur Rechtfertigung der Monarchie im 19. Jahrhundert entwickelt wurden – etwa bei Hegel, Benjamin Constant und Lorenz v. Stein –, funktionale Theorien; sie begründeten die Stellung des Königs aus seiner politischen Funktion, aus den Aufgaben und Organisationsnotwendigkeiten des Staates u. a. m.; die Monarchie war nicht mehr eine unauswechselbare, in sich stehende Institution.

So war das monarchische Prinzip im Grunde eben nur ein geschichtliches Faktum, ein zunächst noch recht wirksames geschichtliches Faktum, aber kein tragfähiges politisches Formprinzip mehr, das seine Legitimität in sich trug. Sein Abbau und seine fortschreitende Aufzehrung durch das demokratische Prinzip, das seine Legitimation aus der sozialen Grundverfassung der Freiheit und Gleichheit zog, wie sie sich im Vernunftrecht vorbereitet und in der Französischen Revolution erstmals zur Wirklichkeit gebracht hatte, war unaufhaltsam. Nicht in dem Sinn, daß überall sogleich die monarchische durch die demokratische Staatsform abgelöst werden mußte, aber im Sinne der Begründung und Legitimation des Staates als »corps social«, dessen Grund und Ziel in der gleichmäßigen Förderung des Wohls aller einzelnen liegt und der seine Herrschaftsgewalt aus der Zustimmung der ihr Unterworfenen herleitet. Die diesbezüglichen Nachweise, die Lorenz von Stein in seiner *Geschichte der sozialen*

69 Die Selbstkrönung König Wilhelms I. im Dom zu Königsberg 1861 wie auch die von Karl X. 1815 gemäß dem alten Krönungsritual vorgenommene »Leprosenheilung« durch Handauflegung, bei der der König es freilich vorgezogen haben soll, Handschuhe zu tragen, machen die Unwirklichkeit dieses Spät-Gottesgnadentums deutlich.

Bewegung in Frankreich gegeben hatte, sind meines Erachtens unüberholt.[70] Auch der extrakonstitutionelle preußische Soldatenstaat war demgegenüber nur ein hemmendes Moment, nicht aber ein entgegenstehendes Prinzip.[71]
Gegenüber dieser Feststellung mag sich die Frage erheben, ob die konstitutionelle Monarchie aber nicht unabhängig von der Frage »Monarchie« oder »Volkssouveränität« aus sich eine eigene *geschichtliche* Legitimität gehabt hat, die ihr eine eigene politische Formkraft verlieh – ähnlich der englischen Verfassung?
Ansätze dazu waren gewiß vorhanden. Erwin Hölzle hat auf die starken geschichtlichen Verwurzelungen des deutschen Staats- und Freiheitsgedankens hingewiesen, jene Überzeugung vom »historischen Recht der deutschen Freiheit«, die in der deutschen Bildungsöffentlichkeit des 18. und im Frühliberalismus des beginnenden 19. Jahrhunderts als Legitimitätsvorstellung und Grundlage politischen Gestaltungswillens verbreitet war.[72] Hier ergab sich eine national-konstitutionelle Kontinuität der Verfassungsentwicklung und ein geschichtlicher Glaube an die rechtsbildende und legitimierende Kraft der eigenen geschichtlichen Tradition, in der die eigene »deutsche« Form der Monarchie als Verbindung von Königtum und Volksfreiheit beschlossen lag.[73]
Aber jene historische Legitimitätsvorstellung war doch zu sehr abgehoben von den geschichtlichen Realitäten, als daß sie über den Kreis der Historischen Schule hinaus eine allgemeine geistiggeschichtliche Kraft hätte werden können. Legitimität aus ge-

70 Siehe dazu Böckenförde (Anm. 45), S. 248 ff., insbes. S. 258 ff., 265 ff., 273 ff., in diesem Band, S. 170 ff., insbes. S. 180 ff., 187 ff., 194 ff.; auch Otto Brunner (Anm. 68), S. 303 f.

71 Insofern bedarf die polemische These Carl Schmitts in *Staatsgefüge und Zusammenbruch* der Umkehrung: Der »preußische Soldatenstaat« hat sich nicht so sehr dem bürgerlichen Konstitutionalismus von sich aus geistig unterworfen und sein Eigensein selbst aufgegeben, sondern sein Untergang war historisch unvermeidlich, wenn er nicht eine positive Beziehung und Verbindung zum Konstitutionalismus und der hinter diesem stehenden »bürgerlichen Gesellschaft« fand.

72 Erwin Hölzle, »Bruch und Kontinuität im Werden der modernen deutschen Freiheit«, in: *Das Problem der Freiheit in der deutschen und schweizerischen Geschichte*, (Vorträge und Forschungen, Bd. 2), Lindau u. Konstanz 1955, S. 159 f.

73 Siehe dazu Ernst-Wolfgang Böckenförde, *Die deutsche verfassungsgeschichtliche Forschung im 19. Jahrhundert*, S. 74 ff., 84 ff.

schichtlicher Kontinuität, wie sie etwa die englische Verfassungsgeschichte kennzeichnet[74], war in Deutschland gebunden an das alte Reich, das ganz ein »Bau der Geschichte« war und aus geschichtlicher Kontinuität lebte; auf die deutschen Einzelstaaten, wie sie durch Napoleon und den Reichsdeputationshauptschluß, dann durch den Wiener Kongreß vorwiegend nach Erwägungen der Statistik und der Staatsraison zurechtgeschneidert waren, war diese Kontinuität nicht mehr übertragbar; der Bruch mit der Geschichte war hier zu sehr konstitutives Prinzip, das auch durch die Kontinuität der Herrschaftsausübung durch einen Monarchen nicht überwunden wurde.[75] Auch Bismarcks Weg zur nationalen Einigung führte nicht zu solcher Kontinuität zurück.[76] Das Deutsche Reich konstituierte sich als Bund der Fürsten und auf der Grundlage einer neuen, nationalen Legitimität.[77]

So fehlte der deutschen konstitutionellen Monarchie jene geschichtliche Legitimität, die als eigene politische Formkraft monarchisches und demokratisches Prinzip hätte relativieren und einer höheren Einheit hätte einfügen können. Damit zeigt sich noch einmal, daß die Verbindung von monarchischem und demokratisch-repräsentativem Prinzip in einem sogenannten konstitutionellen System keine eigene politische Form begründen, sondern, prinzipiell betrachtet, nur den Übergang zur demokratischen Ordnung der Freiheit und Gleichheit regeln konnte.

Mit dieser Feststellung ist keineswegs ein »historisches Urteil« über die deutsche konstitutionelle Monarchie gesprochen. Sie soll mit ihrer Kennzeichnung als Übergangs- und Zwischenzustand

74 Dazu jetzt William Ivor Jennings, *Der Übergang von Geschichte in Gesetz*, Opladen 1966.

75 Siehe Brunner (Anm. 68), S. 300. Bekannt ist Bismarcks Wort, daß auf dem Wiener Kongreß Länder und Völker wie Hosen und Röcke zerschnitten worden seien, Johannes v. Eckardt, *Lebenserinnerungen*, Bd. 1, München 1910, S. 139.

76 Man denke nur an seine vom Geist preußischer Staatsraison bestimmte Annexionspolitik im Jahre 1866.

77 Das neue, kleindeutsche Nationalgefühl, das das Bismarckreich hervorrief, war gerade kein Träger oder möglicher Anknüpfungspunkt historischer Legitimität. Es wuchs auf dem *neuen* Boden des modernen ideologisch geprägten Nationalgedankens. Zum Problem vgl. auch Theodor Schieder, *Das deutsche Kaiser-Reich von 1871 als Nationalstaat*, Köln 1961, S. 10ff.

nur an ihren eigenen geschichtlichen Ort gestellt werden. Gerade daß sie ein verfassungsrechtliches Gehäuse bereitstellte, das einen kontinuierlichen Übergang vom monarchischen in das demokratische Zeitalter ermöglichte ohne einen revolutionären Bruch und ohne Entartung nach Art der restaurierten oder der Juli-Monarchie in Frankreich, läßt die besondere geschichtliche Bedeutung erkennen, die ihr zukommt. Die darin gelegene Chance wurde freilich nur zu einem Teil realisiert. Denn die Einsicht in die geschichtliche Notwendigkeit, die mit dem Übergangscharakter der konstitutionellen Monarchie gegeben war, blieb den handelnden Zeitgenossen zumeist verborgen. Sie handelten mehr gegeneinander – aus antithetisch verstandenen, ideologisch unterbauten Positionen von »Monarchie« und »Volksouveränität« – als miteinander und versäumten jene Überleitung von Tradition in Fortschritt, die von den Zeichen der Zeit gefordert war.[78]

78 Dies gilt einmal von Bismarcks innenpolitischem Verhalten, zum andern im Hinblick auf die feindliche Haltung, die der »preußische Soldatenstaat« und die »bürgerliche Gesellschaft« gegeneinander beobachteten, siehe Anm. 71.

13. Der Zusammenbruch der Monarchie und die Entstehung der Weimarer Republik

1. Das Ende der Monarchie

Das Ende der Monarchie im Jahre 1918 erscheint dem rückblikkenden Betrachter in mehr als einer Hinsicht weniger als abrupter revolutionärer Einbruch in die bestehende Ordnung, denn als – wenn auch im Augenblick unerwartetes – Schlußglied einer Entwicklung, die in der inneren Geschichte des Kaiserreichs, besonders in den Ereignissen und Veränderungen während des Ersten Weltkriegs bereits angelegt war. Auf der anderen Seite wurde das Ende der Monarchie von sehr vielen Beteiligten als Zusammenbruch einer ganzen Welt erlebt, ein Einsturz der Fundamente und Aufbrechen der Dämme, auf und in denen die Nation bisher gelebt und ihre politische Form und Kultur gefunden hatte. Wie läßt sich dieses Auseinandergehen der Sichtweisen und Beurteilung erklären? Dafür bedarf es eines Blicks auf die wirkliche Verfassung der Monarchie und der sie umgebenden politischen Kultur, wie sie im Kaiserreich entstanden war, sowie auf die reale Verfassungssituation im Ersten Weltkrieg.

1. Das 1871 entstandene Deutsche Reich war, wie sein unmittelbarer Vorgänger, der Norddeutsche Bund, gegründet als ein immerwährender Bund der beteiligten souveränen Fürsten und freien Städte.[1] Es hatte von daher eine betont föderative Grundlage und Struktur, wenngleich mit eingebauter preußischer Hegemonie. Eine von Bismarcks politischen Leistungen war es, in dieses monarchisch-föderative Grundgefüge des Reichs die zum einheitlichen nationalen Staat drängende nationale Bewegung einzubauen und konstitutionell einzubinden. Die so erreichte Verknüpfung der historischen, monarchisch geprägten Staaten mit

1 Präambel zur Verfassung des Deutschen Reiches vom 16.4.1871: »Seine Majestät der König von Preußen im Namen des Norddeutschen Bundes, Seine Majestät der König von Bayern, Seine Majestät etc.... schließen einen ewigen Bund zum Schutze des Bundesgebietes und des innerhalb desselben gültigen Rechts, sowie zur Pflege und Wohlfahrt des Deutschen Volkes. Dieser Bund wird den Namen Deutsches Reich führen ...« (Text: Huber, *Dokumente,* Bd. 2, S. 290).

der nationalen Bewegung vermochte freilich die ausgreifende und epochale Kraft dieser Bewegung nicht zum Stehen zu bringen. Innerhalb des Bismarckreichs brachen sich der unitarische Gedanke, wie er den Zielen der nationalen Bewegung entsprach, und eine ihm entsprechende nationale Legitimitätsgrundlage der politischen Ordnung zunehmend Bahn. Dadurch veränderte sich dessen ursprüngliche Struktur. Kristallisationspunkte des politischen Lebens und der staatlichen Entwicklung wurden der Reichstag als das Vertretungsorgan der staatlich geeinten Nation und das Kaisertum als nationales Kaisertum.[2]

Hinzu trat die unitarisierende Wirkung, die von der Errichtung einer einheitlichen, auf Rechtsgleichheit, Gewerbefreiheit und Freizügigkeit beruhenden bürgerlichen Erwerbsgesellschaft ausging, die durch die grundlegenden Reformgesetze der Jahre 1867-79[3] für das Gebiet des Reiches geschaffen wurde. Beides führte im politischen Aufbau des Reiches zu einem Verblassen der Einzelstaaten als historisch-politischer Individualitäten. Sie hatten und bewahrten zwar ihre Eigenart als konsolidierte Organisationskörper und politische Entscheidungszentren und ebenso ein Eigenbewußtsein, das von landsmannschaftlich-stammesmäßiger Verbundenheit, teils auch von traditional bestimmter dynastischer Anhänglichhkeit geprägt war. Aber für diese insoweit fortbestehende und noch lebendige Eigenständigkeit war je länger je weniger die dynastisch-monarchische Grundlage und Legitimation der Einzelstaaten entscheidend. Das Reich hatte sich, nachdem es über 40 Jahre lang bestand, von innen her umgebaut. Was zu Beginn ein monarchisch-dynastisch getragener, föderativer

2 Siehe dazu Rauh, *Parlamentarisierung*, S. 289 ff.; ferner: Huber, *Verfassungsgeschichte*, Bd. 3, 1963, S. 773 ff., 880 ff., 906 f.; ders., »Die Bismarcksche Reichsverfassung im Zusammenhang der deutschen Verfassungsgeschichte«, (1970), in: Ernst-Wolfgang Böckenförde (Hg.), *Moderne deutsche Verfassungsgeschichte* (1815-1914), Frankfurt ²1981, S. 189 ff., 201 ff.

3 Hier sind zu nennen das Gesetz über die Freizügigkeit von 1867, das Gesetz betr. die Gleichberechtigung der Konfessionen in bürgerlicher und staatsbürgerlicher Beziehung von 1869, die Gewerbeordnung des Norddeutschen Bundes von 1869, das (Reichs-)Strafgesetzbuch von 1870/71, das Aktiengesetz von 1875, die Reichsjustizgesetze (Strafprozeßordnung, Zivilprozeßordnung, Gerichtsverfassungsgesetz) von 1877, die 1879 in Kraft traten.

Organisationsbau war, in den das nationale Element hineingenommen war, wurde jetzt der Tendenz nach ein äußeres organisatorisches Gerüst für ein sich national konstituierendes politisches Gemeinwesen. Wegen des Zusammenhangs von nationaler und demokratischer Legitimität und Homogenität[4] ergab sich daraus wie von selbst eine unitarisch-demokratische Tendenz.

2. Zu dieser Veränderung und zunehmenden Abschwächung der Grundlagen des föderativen Staatsaufbaus trat ein weiteres – und folgenreicheres – Moment hinzu: die Erosion der Legitimität der Monarchie als solcher. Wie konnte es dazu kommen, wo doch in der konstitutionellen Monarchie deutscher Prägung die Monarchie als Staats- und Regierungsform – anders als in den westlichen parlamentarischen Monarchien – gesichert schien[5] und das Reich aus diesem konstitutionellen Grundmuster keineswegs ausscherte?

a) Es liegt nahe, dafür auf die Kontroverse über das Formprinzip und die Legitimitätsgrundlage der konstitutionellen Monarchie in Deutschland zu verweisen.[6] In ihr ist – zwar nicht unbestritten, aber doch mit beachtlichen Gründen – geltend gemacht worden, daß der Typ der konstitutionellen Monarchie in Deutschland kein eigenes Formprinzip aufgewiesen habe. Sie sei nur eine Übergangsbeziehung zwischen Monarchie und Volkssouveränität gewesen, die diese beiden Prinzipien in einem Kompromiß nebeneinander gestellt, aber nicht zu einer höheren Einheit verbunden habe. Das sog. monarchische Prinzip, das als ihre Legiti-

4 Vgl. Carl Schmitt, *Verfassungslehre*, Berlin [5]1970, S. 388 ff.

5 Typisch für die Zeitanschauung insofern Otto Hintze, »Das monarchische Prinzip und die konstitutionelle Verfassung«, (1911), in: ders., *Staat und Verfassung*, Göttingen [2]1962, S. 359 ff.

6 Einerseits Huber, *Verfassungsgeschichte*, Band 3, S. 4-23; ders., Reichsverfassung (Anm. 2), S. 201 ff.; andererseits Böckenförde, *Der Verfassungstyp der deutschen konstitutionellen Monarchie im 19. Jhdt.*, (1967), in: ders. (Hg.) (Anm. 2), S. 146 ff., 154 ff., auch Anm. 78, S. 170; Rainer Wahl, »Der preußische Verfassungskonflikt und das konstitutionelle System des Kaiserreichs«, ebd. (Anm. 2), S. 208 ff.; Hans Boldt, »Verfassungskonflikt und Verfassungshistorie. Eine Auseinandersetzung mit E. R. Huber, in: Probleme des Konstitutionalismus im 19. Jahrhundert«, in: *Der Staat*, Beiheft 1 (1975), S. 75-102, Georg-Christoph von Unruh, »Die Legitimation der hoheitlichen Gewalt als konstitutionelles Verfassungsproblem«, in: Roman Schnur (Hg.), *FS Ernst Forsthoff*, München 1972, S. 433 ff.

mitätsgrundlage in Anspruch genommen worden sei, habe einer eigenen geistigen Begründung entbehrt.[7] Soweit diese These zutrifft, wäre damit die allmähliche Aufzehrung der Legitimität der Monarchie, ihr Abbau zu einer schließlich nur noch historischen Erscheinung schon angedeutet. Entscheidender aber wurde folgendes. Die monarchische Legitimität im Reich verkörperte sich vorzugsweise im Kaisertum. Das Kaisertum dieses Reiches war aber, entgegen mancher romantisch verzeichnenden Rückblendung, weder eine Wiederkehr des alten, einer religiös fundierten Weltordnung zugehörigen Kaisertums des Sacrum Imperium, noch entstammte es einer spezifisch monarchischen Tradition.[8] Es war ein nationales Kaisertum, das seine Kraft aus der Verkörperung der nationalen Einheit im Reich gewann.[9] Als solches entsprach es den politischen Verhältnissen und Vorstellungen weit besser, als die Zeitgenossen wahrhaben mochten. Der Kaiser stützte sich nicht auf monarchische, sondern auf nationale und damit – wenn auch zunächst noch verborgen – demokratische Legitimität, war Repräsentations- und Integrationsorgan der endlich errungenen (kleindeutschen) nationalen Einheit. Gerade Wilhelm II. hat seine kaiserliche Aufgabe, womöglich ohne darauf gerichtete Absicht, in dieser Weise erfüllt, war Integrationsfigur und – auch in seinen Fehlleistungen – Repräsentant der wilhelminischen Gesellschaft.[10] Ein Bollwerk gegen den ausufernden Nationalismus, gerade im Ersten Weltkrieg, und dessen imperiale Attitüden konnte das Kaisertum darum nicht sein; es stand auf gleichem Grund und bewegte sich im gleichen Strom.

b) In den Sog dieses nationalen Kaisertums geriet auch das preu-

7 Otto Brunner, »Vom Gottesgnadentum zum monarchischen Prinzip«, (1957), in: ders., *Neue Wege der Verfassungs- und Sozialgeschichte*, Göttingen ²1968, S. 160 (181 ff.); Böckenförde, (Anm. 6), S. 159 f.

8 Das machte schon der Kaisertitel – Ausdruck eines von Bismarck in letzter Stunde vor der Kaiserproklamation zustande gebrachten Kompromisses – deutlich: nicht »Kaiser von Deutschland«, ebenso nicht »Kaiser der Deutschen«, sondern »Deutscher Kaiser«.

9 Elisabeth Fehrenbach, *Wandlungen des deutschen Kaisergedankens 1871-1918*, 1962, S. 221 ff.; Huber, *Verfassungsgeschichte*, Bd. 3, S. 773 ff., von Unruh (Anm. 6), S. 454 ff.

10 Nicolaus Sombart, »Der letzte Kaiser war so, wie die Deutschen waren«, in: *FAZ* v. 27. 1. 1979, *BZ* S. 3; Reinhold Schneider, *Verhüllter Tag*, Köln 1954, S. 106-110.

ßische Königtum. Die Entwicklung verlief ganz anders, als Bismarck sie sich zunächst gedacht hatte. Das Kaisertum diente nicht als Machterweiterung der preußischen Krone, sondern die preußische Krone wurde, durch die Schubkraft des Nationalen, in den Dienst der kaiserlichen Aufgabe und Stellung gezwungen; ihre eigene monarchische Legitimitätsgrundlage wurde überlagert und zunehmend absorbiert durch die national-unitarische des Kaisertums. Zwar waren die preußische Monarchie und die Stellung des preußischen Königs unentbehrliche Grundlage für die Stellung des Kaisers und der kaiserlichen Regierung im Reich, aber sie wurden dabei vom Reich und für das Reich verzehrt. Das läßt sich an vielen Ereignissen und Vorgängen darstellen. Beispielhaft zeigte es sich an der Entwicklung der durch die preußische Hegemonialstellung im Reich nahegelegten Personalunion zwischen Reichskanzler und preußischem Ministerpräsidenten.[11] Hier bestimmte nicht der preußische Ministerpräsident über das Reichskanzleramt, vielmehr wurde umgekehrt das Amt des preußischen Ministerpräsidenten ein Annex der Stellung des Reichskanzlers, auch und gerade in der Auswahl der Personen.[12] Auch das preußische Heer wurde zunehmend, vor allem während des Weltkriegs, kaiserliche Armee. Es brachte sich in diese ein, war damit aber auch an das Schicksal des Kaisertums gekettet. Dessen Autoritäts- und Legitimitätsverfall während und vor allem gegen Ende des Krieges griff unvermindert auf das Heer über.[13] Es ist er-

11 Von 1871 bis 1918 hat es nur zweimal eine personelle Trennung der Ämter des Reichskanzlers und des preußischen Ministerpräsidenten gegeben: von Januar bis Nov. 1873 (v. Roon) und von 1892-94 (B. Eulenburg). Während der Reichskanzlerschaft Prinz Max v. Baden 1918 blieb das Amt des preußischen Ministerpräsidenten unbesetzt. Immer war der Reichskanzler zugleich preußischer Außenminister. Vgl. Huber, *Verfassungsgeschichte,* Bd. 3, S. 826.

12 Das wurde besonders deutlich bei der Ernennung des Grafen Hertling, eines bayerisch-fränkischen Katholiken und maßgeblichen Politikers der Zentrumspartei, zum Reichskanzler und preußischen Ministerpräsidenten Okt. 1917 - Sept. 1918.

13 Symptomatisch die Äußerung des Ersten Generalquartiermeisters des Reichsheeres, General Groener, gegenüber Kaiser Wilhelm II. in Spa am 9. Nov. 1918: »Das Heer wird unter seinen Führern und kommandierenden Generalen in Ruhe und Ordnung in die Heimat zurückmarschieren, aber nicht unter dem Befehl Eurer Majestät; denn es steht nicht mehr hinter Eurer Majestät.« Huber, *Dokumente,* Bd. 2, S. 387.

staunlich, wie wenig an preußischer Tradition sich bei der Auflösung der kaiserlichen Armee im Winter 1918/19 zur Geltung zu bringen vermochte.

c) Die Legitimität der Monarchie geriet weiter in Erosion durch das »persönliche Regiment«, das Wilhelm II. längere Zeit für sich in Anspruch nahm. Die Kritik an diesem persönlichen Regiment blieb nicht auf die Person des Kaisers beschränkt, sie griff auf das institutionelle Gefüge des Reichs und seine Regierungsform über. Anlaß zu solcher Kritik gab es in der Tat. Das persönliche Regiment, der Idee einer konstitutionellen (im Gegensatz zur parlamentarischen) Monarchie an sich nicht zuwider[14], überforderte den Kaiser fundamental, ließ aber andererseits eine kraftvolle Regierung in Eigenständigkeit gegenüber dem Kaiser, die dem Reich politische Führung gab und sicherte, nicht zustandekommen.[15] Das Reich kannte, seit Bismarcks Sturz, vom Typus her nur kaiserlich abhängige Beamtenregierungen. Auf der anderen Seite war das Reich, den eher bündisch konzipierten Verfassungsbau hinter sich lassend, sehr schnell und intensiv zum Staat geworden.[16] Und es war Staat geworden in der anstaltlich-bürokratischen Ausdehnung und Struktur, die Max Weber als für den neuzeitlich-modernen Staat charakteristisch herausgestellt hatte, mit der ihm eigenen Tendenz zur abstrakt-reglementierenden, der Art nach unpersönlichen Form von Herrschaft.[17] Gerade diese Entwicklung hätte eine kraftvolle politische Führung als Gegengewicht und Element der Balancierung notwendig gemacht. Wäre eine solche Führung vom Kaiser ausgegangen, nicht selbsthandelnd,

14 Ernst Rudolf Huber, »Das persönliche Regiment Wilhelm II.«, in: ders., *Nationalstaat und Verfassungsstaat*, Stuttgart 1965, S. 224 ff.

15 Siehe die scharfe Kritik Max Webers, »Parlament und Regierung im neugeordneten Deutschland«, in: ders., *Gesammelte politische Schriften*, München 1921, S. 126 (155-168).

16 Kennzeichnend dafür war u. a. das schnelle Anwachsen der Reichsverwaltung im ersten Jahrzehnt des Reichs, das die Entstehung einer Quasi-Reichsregierung, die durch das Stellvertretungsgesetz von 1878 legitimiert wurde, unausweichlich machte: Rudolf Morsey, *Die oberste Reichsverwaltung unter Bismarck*, Münster 1957, S. 164-241, 287-312.

17 Weber, (Anm. 15), S. 140 ff.; ders., *Wirtschaft und Gesellschaft*, hg. v. Johannes Winkelmann, in: *Studienausgabe*, Köln–Berlin 1964, S. 1034-1102.

aber durch von ihm gestützte und legitimierte Regierungen, hätten sich die Erwartungen, die von der (neuen) Legitimitätsgrundlage des nationalen Kaisertums ausgingen, erfüllen können. So aber kam es im Auseinanderfall eines mißlingenden persönlichen Regiments auf der einen und führungslos verwaltender Regierungen auf der anderen Seite zu einer wachsenden Diskrepanz zwischen diesen Erwartungen und der politisch-institutionellen Realität. Die Frage konnte nicht ausbleiben, ob denn dieses System, d. h. die vorwiegend im Kaisertum sich darstellende Monarchie, den Aufgaben der Zeit noch gewachsen oder eine inzwischen überholte Form politischer Ordnung war.

d) Hinzu kam ein Weiteres. Die Monarchie vermochte die Idee des sozialen Königtums, die ein so tiefblickender Staatstheoretiker wie Lorenz v. Stein aus seiner Analyse der Zeitstruktur als eigentliche Aufgabe und neue Legitimation des Königtums aufgewiesen hatte[18], nur in Ansätzen zu realisieren. Der intensive Anlauf, der in der von Bismarck inaugurierten staatlichen Sozialpolitik und einigen Initiativen des jungen Wilhelm II. dazu gemacht worden war, blieb stecken und daher ohne weitergreifende Folgerungen. Er hätte, um voll wirksam zu werden, aus seinem begrenzten etatistischen Konzept befreit und zu einer sozialen Integration der Arbeiterschaft und ihrer politischen Vertretung in Staat und Gesellschaft weitergeführt werden müssen. Dazu kam es jedoch nicht. Auch nach der Aufhebung des Sozialistengesetzes, dessen negative Wirkung auf das Verhältnis der Arbeiterschaft zum bestehenden Staat kaum überschätzt werden kann, blieben die Sozialdemokraten die »vaterlandslosen Gesellen«. Wiewohl sie die maßgebliche politische Vertretung der Arbeiterschaft darstellten, blieben ihnen Beamten- und Richterstellen, bei schwachen Konzessionen nach Beginn des Weltkriegs, versperrt[19], von Offiziersstellen gar nicht zu reden. Die Gesellschaft kehrte ihren Charakter als Gesellschaft des Besitzbürgertums, seit

18 Lorenz v. Stein, *Geschichte der sozialen Bewegung in Frankreich von 1789 bis auf unsere Tage,* (Ausg. Salomon), Bd. 3, 1921, Neudr. Darmstadt 1959, S. 4-41; dazu Huber, (Anm. 14), S. 127-143; Ernst-Wolfgang Böckenförde, Lorenz von Stein als Theoretiker der Bewegung von Staat und Gesellschaft zum Sozialstaat (1963), in diesem Band, S. 170 ff.

19 Hans Fenske, »Preußische Beamtenpolitik vor 1918«, in: *Der Staat* 12 (1973), S. 339-356.

den 90er Jahren mit einem Zug zur Refeudalisierung, deutlich hervor; in ihr waren Arbeiterschaft und Sozialdemokratie nicht nur nicht anerkannt, sondern überwiegend beiseitegestellt und ausgeschlossen.[20] Niemand dachte daran, bis zu der Krise des Jahres 1917, die soziale und politische Diskriminierung der Arbeiterschaft durch das preußische Dreiklassenwahlrecht zu beseitigen, und selbst als diese Beseitigung – viel zu spät – in Angriff genommen wurde, konnte sie bis zum Ende der Monarchie nicht durchgeführt werden.[21] Das Königtum trat alledem nicht beherzt entgegen; es ließ die Dinge eher treiben und stützte sich neben Beamtentum und Heer auf die gesellschaftlich herrschenden Kräfte. Was Wunder, daß die Arbeiterschaft in ihrem politisch aktiven Teil zwar überwiegend den nationalen Staat bejahte, aber sich gegenüber der Gesellschaft eher in »negativer Integration« zusammenfand[22] und die Elemente einer besitzbürgerlichen Klassengesellschaft und politischer Diskriminierung, von denen sie sich umgeben sah, auch mit der Monarchie selbst verband. Das Bild ist im einzelnen differenziert, auch nach sozialen und kulturellen Landschaften verschieden. Die angestammte Legitimität der Monarchie und bestehende emotionale Bindungen an sie, die auch in der Arbeiterschaft vorhanden waren, wurden, insgesamt gesehen, nicht gestützt, sondern abgebaut und fortschreitend aufgezehrt.

3. Zu diesen mehr prinzipiell wirkenden Momenten trat als aktuelles Moment die Verfassungssituation im Ersten Weltkrieg hinzu. Im Übergang der vollziehenden Gewalt – in Reich und Ländern – an die Militärbefehlshaber, der gleich mit Beginn des Krieges eintrat, verstärkte sich die an sich schon starke Stellung der Obersten Heeresleitung (OHL) in ihrem Verhältnis zu den

20 Eckart Kehr, *Der Primat der Innenpolitik*, hg. v. Hans Ulrich Wehler, Berlin 1965, S. 64-86; Dieter Groh, »Negative Integration und revolutionärer Attentismus. Die Sozialdemokratie im Kaiserreich«, in: *Int. Wiss. Korr. zur Geschichte der dt. Arbeiterbewegung* xv (1972), S. 1-17.

21 Reinhart Patemann, *Der Kampf um die preußische Wahlrechtsreform im Ersten Weltkrieg*, 1964; Huber, *Verfassungsgeschichte*, Bd. 5, S. 151-169; S. 479-496.

22 Dieter Groh, *Negative Integration und revolutionärer Attentismus. Die deutsche Sozialdemokratie am Vorabend des Ersten Weltkrieges*, Berlin 1973, S. 36ff.

politischen (»zivilen«) Gewalten.[23] Hervorgerufen durch die verschiedenen konstitutionellen Dualismen der Reichsverfassung herrschte im Regierungssystem des Reiches nunmehr ein ausgesprochener politischer Pluralismus.[24] Dieser hätte zwar, von den gegebenen Kompetenzen her, durch den Kaiser noch zur Einheit zusammengeführt werden können, aber nur im Wege einer von ihm ausgehenden kraftvollen politischen Führung im Sinne eines »persönlichen Regiments«. Dazu war Wilhelm II. nicht in der Lage und auch nicht mehr bereit, und es fehlten auch weiterhin die institutionellen Voraussetzungen dafür.[25] Bedingt durch die Erfordernisse und Probleme der Kriegführung, die sich ständig ausweiteten, kam es zunehmend zu einem Übergang auch der politischen Bestimmungsgewalt an die nur dem Kaiser zugeordnete und allein von ihm abhängige, dem Reichskanzler in keiner Weise unterstellte OHL. Diese Position verstärkte sich, seit 1916 Hindenburg und Ludendorff, das höchst populäre Siegergespann von Tannenberg, an die Spitze der OHL berufen wurden. Diese erhielt damit eine unerwartete plebiszitäre Legitimität, ohne aber einer irgendwie gearteten politischen Verantwortlichkeit zu unterstehen.[26] Der volksgewählte Reichstag blieb demgegenüber, kraft des politischen konstitutionellen Dualismus, an der politischen Reichsleitung unbeteiligt; er erhielt auch – bereits 1912 gewählt – keine erneute Legitimation, wiewohl das Volk die wachsenden Lasten des ausgreifenden Krieges, der zunehmend alle Kräfte der Nation in sich einbezog, zu tragen hatte.
Es verwundert nicht, daß gegen diese gestörten Verantwortlich-

23 Wilhelm Deist, »Zur Institution des Militärbefehlshabers und Obermilitärbefehlshabers im Ersten Weltkrieg«, in: *Jahrbuch für die Geschichte Mittel- und Ostdeutschlands,* Bd. 13/14 (1965), S. 222-240; Ernst Rudolf Huber, »Kanzlerregime, Militärgewalt und Parteienmacht in Weltkrieg und Revolution«, in: *Im Dienste Deutschlands und des Rechts. FS Wilhelm G. Grewe,* Baden-Baden 1981, S. 473 (475-477).

24 Anschauliche und knappe Schilderung noch aus eigenem Erleben bei Brecht, *Aus nächster Nähe,* S. 139-142; vgl. ferner Huber, *Verfassungsgeschichte,* Bd. 5, S. 192-216.

25 Fritz Hartung, »Verantwortliche Regierung, Kabinette und Nebenregierungen im konstitutionellen Preußen 1848-1918«, in: ders., *Volk und Staat in der deutschen Geschichte,* Leipzig 1940, S. 230 (326-338).

26 Schulze, *Weimar,* S. 144 f.; ebenso Huber, (Anm. 23), S. 476 f.

keitsbeziehungen sich aus dem Reichstag heraus eine Opposition formierte. Die berühmte Friedensresolution des Reichstags im Jahre 1917, die Bildung des interfraktionellen Ausschusses[27] und die Aktualisierung des konstitutionellen Budgetrechts als Mittel der Einflußnahme auf die Politik kündigten eine grundlegende Wende in den inneren Verfassungsverhältnissen an. Bezogen auf das monarchisch-konstitutionelle System, wie es sich eingespielt hatte, lag darin durchaus eine Art »Revolution vor der Revolution«.[28] Freilich blieb dieser Anlauf des Reichstags zur Mitsprache mangels Einigkeit und politischen Führungswillens im interfraktionellen Ausschuß zunächst stecken. Zu stark war noch das Verständnis der Abgeordneten auf Kontrolle der Staatsleitung gerichtet statt auf aktive Teilhabe an deren politischen Entscheidungen und der Übernahme der Verantwortung dafür; die Kraft zum Umbau des ins Schlingern geratenen Systems brachte man nicht auf. Unterstützung kam jedoch alsbald von anderer Seite. Die OHL hatte nach dem Konzept Ludendorffs die »totale Mobilmachung« proklamiert, in der alle Kräfte der Nation planmäßig in den Dienst der Kriegführung gestellt wurden.[29] Das verstärkte das demokratisch-plebiszitäre Element, das in der Position dieser OHL ohnehin angelegt war. So ergab sich die »Diktatur« der OHL, die zunehmend eine politische Gesamtverantwortung in Anspruch nahm bis hin zu versteckten Ultimaten an den Kaiser.[30] Sie war zunächst antiparlamentarisch ausgerichtet, seit dem Sommer 1918 aber, als die Aussichten auf einen Sieg endgültig geschwunden waren, wurde es gerade umgekehrt: Ein nach z. T. verantwortungslosen Ausflügen in die Politik ratlos gewordener Generalstab betrieb von sich aus die Parlamentarisierung der Reichsregierung, um die politischen Folgen der Kriegsniederlage der Politik zu überantworten.

Schon vor der Revolution wurde so das parlamentarisch-partei-

27 Udo Bermbach, *Vorformen parlamentarischer Kabinettsbildung in Deutschland*, Köln/Opladen 1967, S. 54 ff.

28 So Schulze, *Weimar*, S. 142. Ähnlich schon Carl Schmitt, *Staatsgefüge und Zusammenbruch des zweiten Reiches*, Hamburg 1934, S. 40.

29 Ein Überblick über die Organisation der Kriegswirtschaft und die Maßnahmen der ›totalen Mobilmachung‹ bei Huber, *Verfassungsgeschichte*, Bd. 5, S. 73-94.

30 Siehe Craig, *Deutsche Geschichte*, S. 337-344; Hartung, (Anm. 25), S. 336 f.; Huber, *Verfassungsgeschichte*, Bd. 5, S. 214-216.

enstaatliche Regime in Deutschland etabliert; zwar weniger aus eigener politischer Kraft als durch einen Anstoß von außen – die in den Noten des USA-Präsidenten als Bedingung für Friedensverhandlungen mit dem Deutschen Reich enthaltene Forderung nach vorheriger »Parlamentarisierung« der Regierung –, der es unmittelbar in die politische Verantwortung hineinzwang. Das bewirkte noch unter dem Zeichen der Monarchie einen Umbau der Verfassung. Dieser Umbau hob die Grundlagen des monarchisch-konstitutionellen Systems auf und machte den Übergang in eine demokratische Legitimität unvermeidlich, wenn er ihn nicht schon vollzog. Ein vom Vertrauen des Reichstags abhängiger Reichskanzler, damit eine vom Parlament her gebildete und mit ihm in notwendiger politischer Übereinstimmung stehende Reichsregierung, das war mit der Eigenart der konstitutionellen Monarchie deutscher Prägung unvereinbar. Im Reich eingeführt, hätte eine solche Parlamentarisierung in den Einzelstaaten nicht hintangehalten werden können. Durch die verfassungsändernden Gesetze vom 28. Oktober 1918[31] hatte die Monarchie als Regierungsform sich selbst den Abschied gegeben; sie hätte zwar als äußere Staatsform auf demokratischer Grundlage, vergleichbar der »Monarchie« in Belgien oder in Großbritannien, fortbestehen können, aber nicht als die historisch gewachsene Monarchie, die sie war. Der lautlos-stille Abgang aller Monarchien in den Novembertagen entbehrte so nicht der inneren Logik.

4. Ungeachtet dieser Momente der Selbstauflösung der Monarchie bedeutete ihr schließlicher formeller Sturz einen ungeheuren Einschnitt in die nationale politische Kultur, der weit über den Verfassungsbereich hinausgriff. Mit dem Ende der Monarchie stürzte nicht nur eine Staats- und Regierungsform, für viele stürzte auch der geistig-politische Inhalt, der als Rückhalt und Grundlage der Einheit des Gemeinwesens erlebt worden war. Dieser Integrationsrückhalt der Monarchie war auch durch deren fortschreitende innere Erosion nicht aufgehoben worden. Auch die verbreitete kollektive Enttäuschung an der Monarchie, die durch die vollständige militärische Niederlage, die die Menschen ganz unvorbereitet traf, hervorgerufen wurde, hatte so eine stark destabilisierende Wirkung. Der Sturz der Monarchie machte zu-

31 Über deren Inhalt im einzelnen Huber, *Verfassungsgeschichte*, Bd. 5, S. 560-583, 588-593.

dem die Brüchigkeit der Grundlagen deutlich, auf denen sich die wilhelminische Gesellschaft bewegt hatte. Was man, abgelöst von religiös-metaphysischen Fundamenten im Fortschrittsglauben der Zeit wandelnd, für fest und dauerhaft gehalten hatte, fiel nun wie eine nur äußere Fassade zusammen. Alle geistigen und politischen Kräfte waren auf sich selbst zurückgeworfen, ohne das haltende Ambiente, das ihnen der politisch-kulturelle Lebenszusammenhang, der von der Monarchie – wenn auch eher fassadenhaft – ausging, vermittelt hatte. Damit kam die schon vorhandene epochale Krise, die der Gang in den Positivismus heraufgeführt hatte, offen zum Ausdruck. Die geistige Boden- und Orientierungslosigkeit, die weithin um sich gegriffen hatte, wurde nun offenbar. Sie wurde begleitet vom Aufbrechen tiefer ideologischer Zerstrittenheit auf dem politischen Feld, die dem Pathos nationaler Ideologie, das sich der geistigen Führungsschicht während des Krieges stark bemächtigt hatte[32], auf dem Fuße folgte. Ohne den Rahmen, den die Monarchie gegeben hatte, und die von ihm ausgehende Bindekraft war auf einmal alles diskutabel geworden. Die neu zu gestaltende politische Wirklichkeit war, über den 9. November 1918 hinaus, eine potentiell revolutionäre. Man stand in einer Krise, aber ohne Rückhalt. Auch die Einheit der Nation, durch Kriegsende und Revolution tief angeschlagen, vermochte das nicht aufzufangen. Deutschland fehlte eine haltende Kraft, von der eine politische Reintegration hätte ausgehen können.

Das Ende der Monarchie bedeutete auch das Ende der bürgerlichen geistigen Kultur in Deutschland. Diese Kultur war nicht von der Monarchie hervorgebracht worden, aber sie hatte unter und in ihr Form und Gestalt gewonnen. Sie war nicht primär politisch orientiert, sondern lebte eher in Distanz zur Politik, die sie der Monarchie weitgehend überließ.[33] Aber sie hatte in der Monar-

32 Hermann Lübbe, *Politische Philosophie in Deutschland*, Basel–Stuttgart 1963, S. 173-238; Werner Sombart, *Händler und Helden*, München–Leipzig 1914; Max Scheler, *Der Genius des Krieges und der deutsche Krieg*, Leipzig 1916; Erich Kaufmann, *Bismarcks Erbe in der Reichsverfassung*, Berlin 1917, (S. 1-9: »Der Weltkrieg als Verfassungskrieg«).

33 Pointiert, aber nicht unsymptomatisch Thomas Mann, »Betrachtungen eines Unpolitischen«, in: ders., *Politische Schriften und Reden in sechs Bänden*, Bd. 1, Frankfurt 1960, S. 262: »Ich hasse die Politik und

chie ihren Bezugspunkt, gleichzeitig ihr Gegenüber; diese gewährte ihr – kulturliberal wie sie war – den Raum freier Entfaltung und hat sie dadurch mit sich verbunden. Da die Monarchie selbst eine Übergangsform war, die letzte Fragen der politischen Ordnung kompromißhaft überbaute, konnte sie einer geistigen Kultur Rahmen und Rückhalt geben, die ebenfalls letzte Fragen vermied und sich in einem mittleren Horizont bewegte. Unter diesem Dach hatte der Aufbruch ins »Existentielle« freilich schon begonnen.

II. Verlauf und Ergebnisse der Novemberrevolution

1. Die erste Phase der Novemberrevolution ist, verfassungsgeschichtlich betrachtet, durch die revolutionäre Aufhebung der bisherigen Staatsform und Verfassung, zugleich aber durch eine Art quasi-legaler Überleitung der Reichsgewalt an die neuen politischen Kräfte gekennzeichnet. Das gab dem revolutionären Geschehen sogleich eine Ausrichtung auf Konsolidierung und Erhaltung der staatlichen Einheit in demokratischer Form mit auf den Weg.

Der äußere Beginn der Revolution wird auf den Aufstand in Kiel sowie auf anschließende örtliche revolutionäre Erhebungen, u. a. in Berlin und München, in den ersten Novembertagen 1918 datiert.[34] Diese Unruhen waren nicht Ausdruck einer zentral gesteuerten Revolutionsstrategie; sie ergaben sich vielmehr aus der aufs äußerste gespannten, konfliktträchtigen Situation, die durch die definitive Erschöpfung der Leistungsbereitschaft in Militär und Bevölkerung und das bekannt gewordene Waffenstillstandsersuchen entstanden war. So mußten die Unruhen in der gegebenen Situation sich wie ein Steppenbrand ausbreiten.

a) Die Erosion der Legitimität von Kaisertum und Monarchie,

die Demokratie, welche die Verpestung des gesamten nationalen Lebens mit Politik bewirkt.« Vgl. auch Fritz Stern, »Die politischen Folgen des unpolitischen Deutschen«, in: Stürmer (Hg.), *Das kaiserliche Deutschland,* S. 168-186.

34 Eingehende Schilderung bei Huber, *Verfassungsgeschichte,* Bd. 5, S. 650 ff., 674 f., 1014 ff.; ferner Craig, *Deutsche Geschichte,* S. 348 ff. sowie der Bericht bei Brecht, *Aus nächster Nähe,* S. 187 ff.; Ernst-Heinrich Schmidt, *Heimatheer.*

auch der sonstigen alten Gewalten bis in das Offizierskorps hinein[35], war offenkundig. Ihre Reaktion war statt Kampf und Gegenwehr eine möglichst geordnete Überleitung an die neuen politischen Kräfte unter Ausschaltung extremer Gruppen, um auf diese Weise die anrollende Revolution abzufangen und zu kanalisieren. Während die Regierung sich um eine Befriedigung des Kieler Aufstands durch Kompromisse bemühte, kam es zu verschiedenen Vorschlägen einer Zwischenlösung (Abdankung und Thronverzicht des Kaisers; für sich allein oder mit Einschluß des Kronprinzen, jedoch nicht für die Dynastie; Abdankung nur als Kaiser, aber nicht als preußischer König), Vorschläge, die indes teils von seinen Ratgebern, teils von Wilhelm II. selbst nicht akzeptiert wurden.[36] Schließlich ergriff am 9. November 1918 der Reichskanzler Prinz Max von Baden die Initiative. Er tat das angesichts einer sich zuspitzenden revolutionären Situation – überall im Reich bildeten sich Arbeiter- und Soldatenräte, in Bayern war die Monarchie am 8. November bereits gefallen – und unter dem Druck der MSPD, an der die Revolution vorbeizulaufen drohte. Er gab die (noch nicht erklärte) Abdankung des Kaisers bekannt und ernannte Friedrich Ebert zum Reichskanzler. Staatsrechtlich war dieser Akt nicht gedeckt; nur der Kaiser oder sein Thronerbe, nicht der Reichskanzler konnte einen neuen Reichskanzler ernennen. Aber indem der letzte kaiserliche Reichskanzler in die entstehende Machtlücke sofort hineinsprang und sie ausfüllte, verschaffte er Ebert noch eine Autorität und Legitimation aus der alten, untergehenden Ordnung heraus, eben eine quasi-legale Überleitung der Regierungsgewalt im Reich.[37] Ein paralleler Vorgang vollzog sich in Spa: der abdankende Kaiser übertrug seine Kommandogewalt, die auch nach den verfassungsändernden Gesetzen vom 28. Oktober 1918 kaiserliche Zu-

35 Für die Haltung der Truppe siehe die Äußerung Groeners gegenüber Wilhelm II., (wie Anm. 13). Dazu Huber, (Anm. 23), S. 484: »Die Armee selbst besiegelte durch das Votum der Frontoffiziere und das Urteil ihrer obersten Führung das Ende des Kaisertums.« Noch deutlicher *Verfassungsgeschichte,* Bd. 5, S. 677: »Sturz des Kaisers durch die Armee.«

36 Siehe Huber, *Verfassungsgeschichte,* Bd. 5, S. 656 ff., 664 ff.

37 Brecht, *Aus nächster Nähe,* S. 189, spricht von »einer kühnen, aber sachgemäßen Auslegung der geschichtlichen Rolle, die ihm als dem höchsten Organ der Reichsregierung in dieser Stunde zufiel«.

ständigkeit geblieben war (wenngleich Kommandoakte von politischer Bedeutung in die politische Verantwortlichkeit des Reichskanzlers einbezogen waren), an die Oberste Heeresleitung, konkret also an Hindenburg und Groener. Auch das war staatsrechtlich nicht gedeckt, denn der abdankende Kaiser konnte die ihm zustehende Kommandogewalt, d. h. die (oberste) militärische Leitungs- und Befehlsbefugnis, nicht auf andere Instanzen delegieren.[38] Aber auch hier begründete die in – wenn auch anfechtbarer – legaler Form vorgenommene Überdeckung des entstehenden Machtvakuums eine von der alten Ordnung sich herleitende Autorität und Legitimation der OHL, und zwar einmal in ihrer Befehls- und Leitungsposition über das Heer, zugleich aber auch als Ordnungskraft in den politischen Bereich hinein.

b) Der quasi-legalen Machtüberleitung »von oben« begegnete die revolutionäre Machtbildung »von unten«. Überall in den verschiedenen staatlich-verwaltungsmäßigen Bereichen bildeten sich Arbeiter- und Soldatenräte als neue, revolutionäre Machtträger. Ihrem Anspruch nach verkörperten sie eine souveräne Diktaturgewalt auf revolutionärer Grundlage, der die gesamte politische Ordnung zur Disposition stand und die allein befugt war, Entscheidungs- und Vollzugsorgane zu konstituieren.[39] Die entscheidende Frage war, wer den maßgeblichen Einfluß in den Räten und über sie gewann und dementsprechend die politische Zielrichtung ihrer Aktionen bestimmen konnte. Das war eine Konkurrenzfrage im wesentlichen zwischen den Mehrheitssozialdemokraten (MSPD) und der Unabhängigen Sozialdemokratischen Partei (USPD), wobei sich in der USPD ein radikaler, auf Rätediktatur zielender, und ein gemäßigter demokratischer Flügel gegenüberstanden. Die Spartakus-Anhänger, eine Vorform der späteren Kommunistischen Partei, entfalteten zwar eine geschickte Agitation mit Wirkung auf die Massen, als reale politi-

38 Deutlich in diesem Sinn Huber, (Anm. 23), S. 484. Zu Begriff und Umfang der »Kommandogewalt« siehe Georg-Christoph von Unruh, »Befehls- und Kommandogewalt. Die juristische und pragmatische Entwicklung einer Funktionsregelung«, in: *Fortschritte des Verwaltungsrechts. FS Hans J. Wolff zum 75. Geburtstag*, München 1973, S. 109.

39 So insbes. der Vollzugsrat des Arbeiter- und Soldatenrats Groß-Berlin, vgl. *Aufrufe, Verordnungen und Beschlüsse des Vollzugsrats des Arbeiter- und Soldatenrats von Groß-Berlin*, o. J. (1919).

sche Kraft aber waren sie von geringer Bedeutung. Die Gewerkschaftsvertreter wirkten mehr indirekt und dabei überwiegend zugunsten der MSPD. Sozialdemokraten und USPD einigten sich in einem schwierigen, die Entscheidungsfrage: parlamentarische Demokratie oder (vorläufige) Rätediktatur zunächst offen lassenden Kompromiß auf die Schaffung eines sechsköpfigen, von beiden Parteien paritätisch besetzten und von zwei Vorsitzenden (Ebert und Haase) geleiteten Rats der Volkskommissare (Rat der Volksbeauftragten).[40] Dieser sollte die oberste Regierungs- und Vollzugsgewalt im Reich ausüben. Unter ihm, der als oberstes politisches Leitungsorgan (Kabinett) gedacht war, sollten auch bürgerliche Fachminister (Staatssekretäre) tätig bleiben dürfen – eine wichtige Weichenstellung zur Beibehaltung und Einbeziehung auch bürgerlicher Kräfte in Regierung und Verwaltung.[41]

c) Durch das Aufeinandertreffen der beiden Bewegungen – quasilegale Machtüberleitung »von oben«, revolutionäre Machtbildung »von unten« – kam Friedrich Ebert, der Führer der Mehrheitssozialisten, in eine Doppelstellung und -funktion hinein, die ihm für die weitere Entwicklung eine zentrale Position verschaffte.[42] Er war noch ernannter Reichskanzler und damit von der alten Ordnung beglaubigter Macht- und Entscheidungsträger, gewissermaßen eine Brücke der Legalität, zugleich stützte er sich als Vorsitzender des Rats der Volksbeauftragten auf die revolutionäre Legitimität und stand ihr gegenüber in Verantwortung. Ebert hat diese Doppelfunktion geschickt zu nutzen gewußt. Als Reichskanzler war er autorisierte Bezugsperson für die Beamten- und Offiziersloyalität, als Vorsitzender des Rats der Volksbeauftragten war er Exponent der neuen revolutionären Diktaturgewalt, deren politische Aktionsrichtung in vielem noch offen war und näher bestimmt werden konnte. So war Ebert in gewisser Weise die Achse, auf der sich ein evolutionär-revolutionärer Übergang von der alten Ordnung in eine neue Konsolidierung der politischen Verhältnisse vollziehen konnte.

40 Miller, *Bürde der Macht,* S. 91-98, ebd. S. 85-90 zur Bildung von Revolutionsregierungen in den größeren Ländern; Huber, *Verfassungsgeschichte,* Bd. 5, S. 709 ff.

41 Über die Zusammensetzung dieses weiterarbeitenden und Kontinuität vermittelnden »Reichskabinetts der Staatssekretäre« Huber, (Anm. 23), S. 488.

42 Huber, (Anm. 23), S. 485 f.

2. Die weitere Entwicklung hing damit ganz wesentlich von den politischen Zielvorstellungen der Mehrheitssozialisten und der Entscheidung ihrer politischen Führer, voran Eberts, ab. Entschieden sie sich für Räteherrschaft und soziale Revolution, wäre die USPD diesen Weg, den ihr linker Flügel ohnehin wolle, erst recht mitgegangen; die Errichtung eines sozialistischen Rätesystems mit allen Konsequenzen und erwartbaren Gegenreaktionen der zunächst gelähmten, aber noch nicht verschwundenen alten politischen Kräfte wäre die Folge gewesen. Entschied sich die MSPD für Verfassungsstaat und parlamentarische Demokratie, so gewann sie dafür die Unterstützung beträchtlicher Teile des Bürgertums, konnte den rechten Flügel der USPD mit herüberziehen und auch Eberts Position als Legalitätsträger aktivieren. Wenn aus der Revolutionslage des November 1918 Verfassungsstaat und parlamentarische Demokratie hervorgingen, soziale Revolution und ein daraus folgender Bürgerkrieg vermieden wurden und die staatliche Einheit der Nation erhalten blieb, war das in erster Linie ein Werk der MSPD und ihrer politischen Führer. Ihre Entscheidung für die parlamentarische Demokratie, für alsbaldige Einberufung einer gewählten Nationalversammlung, die erst die neue politische Ordnung festlegen sollte, und ebenso ihr Eintreten für die staatliche Einheit und Zusammengehörigkeit der Nation über Klassengegensätze hinweg, war die eigentliche politische Weichenstellung des November 1918.[43]
Daß die MSPD und insbesondere Ebert diesen Weg gingen, war kein Umfall oder kleinbürgerliche Anpassung. Er lag tief in der politischen Programmatik der Partei begründet. Das politische Ziel, das die SPD auf ihre Fahnen geschrieben und für das sie seit langem gekämpft hatte, war eine parlamentarische Demokratie anstelle des konstitutionell-wilhelminischen Obrigkeitsstaates.[44]

43 Nicht von ungefähr entzündet sich deshalb die wissenschaftliche und auch politische Diskussion über Scheitern oder Leistung, die ›steckengebliebene‹ oder ›verratene‹ Revolution von 1918/19 immer wieder und bis in unsere Tage am Verhalten der MSPD und ihrer politischen Führer. Es wurde und wird ihnen einerseits als staatspolitisches Verdienst angerechnet, aber doch nicht eigentlich gedankt, andererseits als ›Verrat‹ an der eigentlichen Revolution und der Idee des Sozialismus vorgehalten, wobei teilweise aktuell-politische Zielsetzungen mit im Spiel sind.

44 Rosenberg, *Weimarer Republik,* S. 20; Winkler, *Sozialdemokratie und*

Auf dem Boden der parlamentarischen Demokratie sollte dann der Umbau von Wirtschaft und Gesellschaft in Richtung auf den Sozialismus ins Werk gesetzt werden, wenn – insoweit folgte die SPD eher Marx'schem Entwicklungs- und Gesetzmäßigkeitsdenken – die Bedingungen dafür reif geworden waren. Die SPD, seit der Spaltung 1917 die MSPD, war in diesem Sinn keine revolutionäre, sondern eine evolutionäre Partei.[45] Der demokratisch-parlamentarische Staat war für sie kein taktisches Kalkül im Rahmen revolutionärer Strategie, sondern ein prinzipielles und das primäre politische Ziel; auf seiner Grundlage und in seinem Rahmen sollte die Überwindung des Kapitalismus erfolgen. Bei alledem stand die MSPD fest zur nationalen staatlichen Einheit, die Vorstellungen von ›Reich‹ und ›Vaterland‹ hatten, vermittelt durch das Erbe der nationalen Bewegung von 1848/49, durchaus einen besonderen Rang. Im übrigen verbanden sich in ihrem politischen Bewußtsein Gedanken Lassalles, die eine positive Einstellung zum Staat als solchem begründeten, mit den eigenen, oft leidvollen Erfahrungen, die die Bedeutung und Schutzwirkung von Verfassung und liberalem Verfassungsstaat sehen gelehrt hatten.[46] Diese Zielvorstellung und Grundhaltung brachte sie notwendigerweise in einen prinzipiellen Gegensatz zur bolschewistischen Revolution in Rußland und zur Strategie der aus dem Spartakus hervorgehenden Kommunistischen Partei. Otto Braun hatte das in der Parteizeitung Vorwärts im Frühjahr 1918 klar und richtungsweisend formuliert.[47] Für die Führer der MSPD war daher

Revolution, S. 54 f.; jüngst Steinbach, *Sozialdemokratie und Verfassungsordnung,* S. 33 ff.

45 Dazu Miller, *Bürde der Macht,* S. 99-104; Winkler, *Sozialdemokratie und Revolution,* S. 53 f.; Rosenberg, *Weimarer Republik,* S. 21.

46 Mit Recht hervorgehoben bei Schulze, *Weimar,* S. 157; übersehen bei Winkler, *Sozialdemokratie und Revolution;* zum Problem auch Steinbach, *Sozialdemokratie und Verfassungsordnung,* S. 19 f., 33-34.

47 *Vorwärts* v. 18. 3. 1918: »Der Sozialismus kann nicht auf Bajonetten und Maschinengewehren aufgebaut werden. Soll er Dauer und Bestand haben, muß er auf demokratischem Weg verwirklicht werden. Dazu ist freilich Vorbedingung, daß die wirtschaftlichen und sozialen Verhältnisse für die Sozialisierung der Gesellschaft reif sind. Wäre das in Rußland der Fall, würden sich die Bolschewiki zweifellos auf eine Mehrheit im Volke stützen können. Da dem nicht so ist, haben sie eine Säbelherrschaft etabliert, wie sie brutaler und rücksichtsloser unter dem Schandregiment des Zaren nicht bestand...«

mit den Entscheidungen und Überleitungen des 9. November das materielle politische Ziel der Revolution, die die Partei nicht erstrebt hatte, erreicht. Es kam darauf an, diese Grundentscheidung näher auszugestalten und in verfassungsmäßige Form zu bringen, im übrigen ging es um die (Wieder-)Konsolidierung der politischen Verhältnisse sowie die Inangriffnahme der drängenden Gegenwartsaufgaben, nicht zuletzt um die Sorge für Arbeit und Brot.

Man hat Ebert und seine Gefolgsleute dieser Haltung und Einstellung wegen vielfach kritisiert; sie hätten ihre Stellung im wesentlichen nur als »Konkursverwalter des alten Regimes«[48] verstanden, ja mehr noch, sie hätten die Chancen der Revolution verschenkt, wenn nicht gar verraten. In der Tat wurde die souveräne Diktatur, die dem Rat der Volksbeauftragten zugesprochen, wenngleich faktisch nicht gesichert war, nur zur Stabilisierung und weiteren Ausgestaltung dessen ausgeübt, was vom 28. Oktober bis 10. November 1918 an neuer politischer Grundordnung entstanden war. Eben dadurch gelangen, trotz aller Gefährdungen und Schwierigkeiten, Konsolidierung und auswärtige Absicherung. Aber hinter dieser Haltung und Einstellung stand nicht Verrat an der sozialen Revolution, nicht Mittelmaß oder gar »Buchhaltermentalität«, sondern eine tiefe demokratische Überzeugung. Für sie war es ein unabdingbares Prinzip, daß die neue politische Ordnung auf der gleichberechtigten politischen Mitwirkung aller Bürger, nicht nur eines Teils, aufbauen müsse. Von daher ergab sich wie von selbst die Funktion einer Statthalterschaft für das Reich, seine Einheit und seinen Fortbestand bis zum Zusammentritt der Nationalversammlung. Diese demokratische Überzeugtheit verband sich mit nationalem Patriotismus[49], pragmatischer Nüchternheit und Zielstrebigkeit und – vor allem – Charakter.[50]

48 So Heinrich August Winkler, »Das Dilemma der Weimarer Sozialdemokratie«, in: *Merkur* (1982), S. 1177.

49 Bezeichnend hierfür die Szene bei der Übergabe des Reichskanzleramts durch Prinz Max von Baden an Ebert. Prinz Max von Baden sagte: »Ich lege Ihnen das Deutsche Reich ans Herz.« Eberts Antwort: »Ich habe zwei Söhne für dieses Reich verloren.« Brecht, *Aus nächster Nähe*, S. 189.

50 Dies ist gegen die »Verrats«beschuldigungen zeitgenössischer Vertreter der USPD, gegen das kritische Urteil von Richart N. Hunt,

3. Diese Grundeinstellung der führenden Sozialdemokraten prägte ihr Handeln und bestimmte die Richtung des politischen Geschehens in der Revolutionsphase. Eine wichtige, wenngleich eher unauffällige Entscheidung war, daß von Anfang an die Parteifreiheit, d. h. die Bildung und Aktion nicht nur sozialistischer, sondern auch bürgerlicher Parteien, gewahrt blieb. Die Zusammenarbeit mit der OHL, von Ebert als Reichskanzler am Abend des 9. November im sog. Groener-Ebert-Pakt festgelegt[51], und die mit der bisherigen Beamtenschaft ergaben sich als naheliegende Konsequenz. Beide waren zugleich durch realpolitische Überlegungen nahegelegt. Eberts Position als Legalitätsträger erstreckte sich nicht auf den Bereich der Kommandogewalt (s. o.), er mußte also, wenn er auf Konsolidierung setzte, die OHL als eigenen, ebenfalls autorisierten Machtfaktor und Entscheidungsträger anerkennen. Eine Loyalität des Feldheeres gegenüber einer souveränen Diktaturgewalt des revolutionär konstituierten Rats der Volksbeauftragten wäre nicht zu erwarten gewesen. Die Bewältigung der drängenden Verwaltungs- und Leistungsaufgaben, die Kriegsende und Rückführung des Heeres, Ernährungslage, Umstellung der Wirtschaft stellten, waren ohne fachlich geschulte Beamtenschaft gar nicht zu leisten.
Folgerichtig war auch die Auseinandersetzung mit der Rätebewegung und dem linken Flügel der USPD. Ebert, der dabei Scheidemann und Otto Landsberg auf seiner Seite hatte, unternahm sie mit Entschlossenheit und taktischem Geschick. Dabei kam ihm zustatten, daß die Rätebewegung in sich diffus war und von weit

»Friedrich Ebert und die deutsche Revolution von 1918«, in: Kolb (Hg.), *Vom Kaiserreich*, S. 120 (134 f.); Reinhard Rürup, ebd., S. 222 f. und gegen retrospektive Betrachtungen einiger heutiger Politikwissenschaftler, die eine intellektuelle Lust an der Revolution nicht verbergen können, festzuhalten. Vgl. auch Brecht, *Aus nächster Nähe*, S. 197 ff.; Friedensburg, *Weimarer Republik*, S. 155-160.

51 Der Pakt beruhte darauf, daß die OHL Ebert als neuen Träger der politischen Regierungsgewalt anerkannte, also auf jeden Versuch gegenrevolutionärer Aktionen verzichtete, während Ebert sich für die neue Regierung zur Aufrechterhaltung von Ruhe und Ordnung im Innern, evtl. im Zusammenwirken mit der OHL, zur Sicherung des Eisenbahnverkehrs für die Rückführung der Truppen und zur Anerkennung der Befehlsgewalt der Offiziere im Heer verpflichtete. Zum Vorgang Huber, *Verfassungsgeschichte*, Bd. 5, S. 751 ff.; Miller, *Bürde der Macht*, S. 175 ff.; Brecht, *Aus nächster Nähe*, S. 193-196.

divergierenden politischen Zielvorstellungen bestimmt wurde.[52] Das ergab die Chance, durch Besetzung der Rätepositionen mit eigenen Anhängern auch hier die eigenen politischen Zielvorstellungen durchzusetzen. Auch konnte sich Ebert in dieser Auseinandersetzung der Unterstützung der neu gebildeten revolutionären Landesregierungen versichern, wie überhaupt die föderativen Aspekte im Verlauf der Revolution nicht unterschätzt werden dürfen.[53] Nachdem sich in den Einzelstaaten schnell neue revolutionäre Regierungen gebildet und die bestehenden organisatorischen Machtpositionen besetzt hatten[54], vertraten sie in ihrer Mehrheit nicht mehr ein weiteres Revolutions-, sondern ein Konsolidierungsprogramm. Die errungenen Machtpositionen sollten gewahrt und nutzbar gemacht, aber nicht durch weitere Revolution von unten in Frage gestellt werden. Auf einer Reichskonferenz mit Vertretern nahezu aller Länder am 25./26. November 1918 vermochte Ebert so die Annahme eines Resümees zu erreichen, in dem der Berufung einer konstituierenden Nationalversammlung »allgemein zugestimmt« wurde.[55] Damit war eine erste Vorentscheidung für die Wahlen zur Nationalversammlung gefallen. Ebert hatte gleichzeitig die Errichtung einer politischen Ländervertretung – als Nachfolgeorgan des alten Bundesrates – angekündigt, um dem Mitwirkungs- und Stabilisierungsinteresse der neuen Landesregierungen Rechnung zu tragen. Die Vorentscheidung für die föderative Grundstruktur der späteren Reichsverfassung war damit gefallen.

Alsbald nach der Reichskonferenz, schon am 30. November, ordnete der Rat der Volksbeauftragten die Wahlen zur Nationalversammlung an. Damit drängte er den vom Berliner Zentralausschuß für den 16. Dezember 1918 einberufenen Allgemeinen Deutschen Rätekongreß, der darüber rechtlich zu entscheiden hatte, politisch gesehen in eine bloße Vetoposition. Die erstrebte Bestätigung der Wahlen durch diesen Rätekongreß, in dem die MSPD-Anhänger überwogen, blieb nicht aus. Sie erfolgte, nach einer heftigen Diskussion, mit sehr deutlicher Mehrheit

52 G. Kolb, »Rätewirklichkeit und Räteideologie in der deutschen Revolution von 1918/19«, in: Kolb (Hg.), *Vom Kaiserreich*, S. 165-184.
53 Siehe Hartung, *Verfassungsgeschichte*, S. 317-322.
54 Nachweise bei Huber, *Verfassungsgeschichte*, Bd. 5, S. 1002-1062.
55 Der Text bei Huber, *Dokumente*, Bd. 3, S. 29.

(344:98).[56] Damit war der Weg zur Nationalversammlung und folgeweise zur parlamentarischen Demokratie freigekämpft. Die organisierte Rätegewalt hatte sich als Räteherrschaft selbst beendet. Die radikale Linke spaltete sich alsbald von der organisierten Rätebewegung ab und suchte eine neue, sozialistisch-kommunistisch bestimmte Rätemacht revolutionär zu etablieren. Das führte zu den Spartakus-Aufständen und Unruhen des Jahres 1919 in Berlin und anderswo.

4. Eine weichenstellende Bedeutung für die weitere Entwicklung hatte noch ein anderer Vorgang aus den Novembertagen 1918: der Sozialpakt zwischen Arbeitgebern und Gewerkschaften in der Form der sog. Zentralarbeitsgemeinschaft. Sie konstituierte sich bereits am 15. November, noch bevor die Auseinandersetzung um Rätediktatur oder parlamentarische Demokratie entschieden war.[57] Dieser Sozialpakt war vorbereitet durch das funktionsbezogene Zusammenwirken von Arbeitgebern und Gewerkschaften in der Organisation der Kriegswirtschaft. Das hatte den Klassenantagonismus relativiert und gemeinsame Aufgaben und Belange über die einander entgegenstehenden Interessen hinweg erkennen lassen. Die gemeinsame Verständigung in der von Hugo Stinnes als Repräsentanten der deutschen Industrie und Karl Legien als Vertreter der Gewerkschaften geschlossenen Vereinbarung (Stinnes-Legien-Abkommen) brachte die Anerkennung der Gewerkschaften als der »berufenen Vertreter der Arbeiterschaft«, der vollen Koalitionsfreiheit und der Tarifautonomie auf der Grundlage der Parität der Tarifparteien, sowie der betrieblichen Mitbestimmung in Form von Arbeiterausschüssen.[58] Vom Rat der Volksbeauftragten wurde das Abkommen sogleich anerkannt und durch Veröffentlichung im Reichsgesetzblatt sanktioniert. Es verhinderte einen sozialen Klassenkampf und brachte den Gewerkschaften anerkannte, von den Unternehmern akzeptierte Einflußpositionen. Nicht zuletzt das Interesse an deren Erhaltung und Sicherung bestimmte die Gewerkschaften, gegen das Rätesystem auf betrieblicher wie politischer Ebene einzutreten.

5. Freilich, auch neben der Auseinandersetzung um Rätesystem oder parlamentarische Demokratie war der Weg zur Nationalver-

56 Huber, *Verfassungsgeschichte*, Bd. 5, S. 845.

57 Ebd., S. 770; ferner Zunkel, (Anm. 68), S. 172 ff.

58 Genauer Überblick bei Huber, *Verfassungsgeschichte*, Bd. 5, S. 773 f.

sammlung und zur Konsolidierung der politischen Verhältnisse von nicht wenigen Problemen umstellt. Diese wuchsen sich teils zu konkreten Gefahren aus, die bekämpft werden mußten, teils führten sie zu Vorentscheidungen, die kaum mehr revidierbare Eckdaten für die weitere politische Entwicklung setzten.
Da war zunächst das Umfeld der Staats- und Verfassungsentwicklung: Die Demobilmachung eines Millionenheeres, die Wieder- bzw. Neueingliederung der Soldaten in das Berufsleben, die Herstellung und Sicherung des formellen Friedens im Innern, die Lösung des Ernährungs- und Wohnungsproblems und – vor allem – die außenpolitische Gefährdung durch das Hinsteuern der Entente auf einen Sieg-Frieden. Dies alles bürdete Volk und Nation schwere Lasten, Probleme und Demütigungen auf. Das rückgeführte Heer erwies sich, entgegen den Erwartungen, die beim Groener-Ebert-Pakt mitbestimmend waren, nur bedingt als Faktor der Ordnungsstabilisierung. Die Erschöpfung nach über vier Kriegsjahren, der demoralisierende Schock der plötzlich eingestandenen Niederlage führten zu deutlichen Auflösungserscheinungen. Einen demokratischen Umbau der Heeresstruktur, wie der Zentralrat der Arbeiter- und Soldatenräte ihn entschieden gefordert hatte – er hätte auch die Identität des Heeres und die militärische Befehlsstruktur berührt –, wollte und vermochte Ebert gegen den Widerstand Groeners und der OHL nicht durchzusetzen.[59] So fiel das Heer als Machtstütze der neuen Reichsgewalt zunächst weithin aus. Der Versuch, eine demokratische Volkswehr als Stütze der republikanischen Reichsgewalt zu schaffen, scheiterte an der allgemeinen Erschöpfung – kein Wunder nach den Kriegsanstrengungen der vergangenen Jahre und bei den vielen noch ungelösten sozialen und wirtschaftlichen Problemen. Die Konsequenz war, daß die Sicherungs- und Friedensfunktion in der noch revolutionär-brodelnden Umwelt in großem Umfang an die Frei(willigen)korps überging. Obwohl sie nur zu einem Teil Anhänger der neuen Regierungsform waren, bildeten etliche dieser Verbände – wie etwa das die Nationalversammlung in Weimar beschützende Landjägerkorps unter General Maercker –, eine wirksame Hilfe für die republikanische Staatsgewalt; an-

59 Aufschlußreich hierzu Brecht, *Aus nächster Nähe*, S. 236-242; ferner Huber, *Verfassungsgeschichte*, Bd. 5, S. 764-767, 892-898.

dere hingegen brachten – nicht zuletzt durch die oft bedenkenlose Art ihres Auftretens – die junge Republik eher in Mißkredit. Die drängenden staatlichen Aufgaben, sollten sie einigermaßen erfüllt werden, ließen auch keine entschiedene »Demokratisierung«, erst recht keine Auswechslung der (höheren) Beamtenschaft zu. Nicht nur aus Gründen des Loyalitätserhalts war die neue Reichsleitung auf die Übernahme der Beamtenschaft angewiesen, sondern auch, weil sie die Fachkenntnis und die bürokratischen Fertigkeiten dieser Beamtenschaft nicht durch eigenes, entsprechend geschultes Personal ersetzen konnte. Ebert und die MSPD befanden sich, aufgrund der konservativen Beamtenpolitik der Vorkriegszeit[60], in einer Zwangslage. Die Phase, in der ein entschiedener Umbau des Beamtenkörpers hätte stattfinden können – das ist stets nur die Anfangs- und Etablierungszeit einer neuen Ordnung –, ging im wesentlichen ungenutzt vorüber. Allerdings ist 1919/20 dann doch in den höheren, sog. politischen Beamtenpositionen eine stärkere Auswechslung vorgenommen worden, als gemeinhin angenommen wird. Die Namen etwa der Landräte, Regierungs- und Oberpräsidenten in Preußen weisen das aus.[61] Dennoch hatte es der Weimarer Staat von seinem Beginn an mit einer Beamtenschaft zu tun, die ihm zwar überwiegend loyal gegenüberstand, wenn sie in dieser Loyalität gefordert wurde, aber nicht vom Geist der neuen Ordnung erfüllt war und keine Treuebeziehung zum demokratisch-republikanischen Staat empfand.[62] Auch der von Ebert dann eingeführte Verfassungseid der Beamten[63] vermochte diese Grundkonstellation nicht zu ändern.

60 Fenske, (Anm. 19), S. 339-356; John C. G. Röhl, »Beamtenpolitik im wilhelminischen Deutschland«, in: Stürmer (Hg.), *Das kaiserliche Deutschland*, S. 287-311; Arnold Köttgen, *Das deutsche Berufsbeamtentum und die parlamentarische Demokratie*, Berlin 1928, S. 29-38.

61 Vgl. die Hinweise bei Schulze, *Weimar*, S. 224 f.

62 Rudolf Morsey, in: Karl Dietrich Erdmann/Hagen Schulze (Hg.), *Weimar. Selbstpreisgabe einer Demokratie*, Düsseldorf 1980, S. 151 ff. (166 f.); Schulze, *Weimar*, S. 106-109.

63 Dazu Ernst Friesenhahn, *Der politische Eid*, 1928, Neudruck 1979, S. 113 ff., ebd., S. 124/25 mit der Schlußfolgerung, daß dieser Verfassungseid als Treueid gegen Art. 130 II *WRV* verstieß.

III. Die Weimarer Nationalversammlung und der Grundcharakter der Weimarer Verfassung

Die am 19. Januar 1919 gewählte Nationalversammlung trat am 6. Februar zusammen. Daß dies nicht in Berlin, sondern in Weimar geschah[64], kennzeichnet das politische Umfeld ihrer Arbeit. Durch die Dezember-Unruhen und den Spartakus-Aufstand im Januar war in der Hauptstadt eine Lage entstanden, in der eine ruhige Arbeit der Nationalversammlung nicht sichergestellt werden konnte. Aber auch in Weimar bedurfte die Nationalversammlung der militärischen Absicherung, die – wie gesagt – vom Freikorps Maercker übernommen wurde. Nicht nur am Anfang, sondern über die ganze Zeit der Beratung der Verfassung hinweg war der äußere Friede im Reich immer wieder bedroht und lebten zunehmend Teile des Reichs im Belagerungszustand.[65]

Der Nationalversammlung wurde vom im Dezember 1918 gebildeten Zentralrat der Arbeiter- und Soldatenräte auch formell die souveräne Entscheidungsgewalt in die Hand gegeben.[66] Neben der vorläufigen Ordnung der Reichsgewalt, um die revolutionäre Übergangsphase zu beenden und eine handlungsfähige, der Nationalversammlung verantwortliche Regierung zu konstituieren[67], und der Entscheidung über die Annahme des Friedensvertrags war ihre Hauptaufgabe die Ausarbeitung einer neuen Verfassung für das Reich.

1. Die Probleme, vor denen die Nationalversammlung bei der Ausarbeitung der Verfassung stand, zeigen sich deutlich bei einem Blick auf die politisch-soziale und geistig-politische Situation Deutschlands nach dem Ende des Krieges.

Schon der Krieg hatte das Ende der relativen Autonomie und Eigenständigkeit der Gesellschaft (als Erwerbs- und Wirtschafts-

64 Aufgrund einer Anordnung Eberts v. 20. 1. 1919, also einen Tag nach der Wahl, Huber, *Verfassungsgeschichte,* Bd. 5, S. 1076.

65 Ein Überblick über die häufige Verhängung des Belagerungszustands und Maßnahmen des Belagerungszustands bei Huber, *Dokumente,* Bd. 3, S. 81-115.

66 Erklärung v. 4. 2. 1919, Ziff. 7 (Huber, *Dokumente,* Bd. 3, S. 64).

67 Siehe Huber, *Verfassungsgeschichte*, Bd. 5, § 66; die einzelnen Maßregeln, insb. das Gesetz zur vorläufigen Ordnung der Reichsgewalt v. 10. 2. 1919 bei Huber, Dokumente, Bd. 3, S. 76-79.

gesellschaft) gegenüber dem Staat gebracht.[68] Es war hervorgerufen durch die Aufgaben der Kriegswirtschaft. Eine wachsende Osmose von Staat und Gesellschaft war die Folge. Sie wurde durch das Kriegsende nicht wieder abgebaut, sondern – wenngleich in anderen Formen – verstärkt. Die Kriegsfolgenbewältigung, die sich als drängende Aufgabe stellte, konnte weder von der Gesellschaft »autonom«, noch vom Staat allein, ohne Inanspruchnahme von Wirtschaft und Gesellschaft und dirigierend-lenkende Einwirkung auf sie, geleistet werden. Sie forderte zudem Eingriffe in das bisherige Sozialgefüge. Einen Weg zurück in die Zeit vor 1914 gab es nicht. Das Zeitalter der wachsenden Verschränkung und Interdependenz von Staat und Gesellschaft war unwiderruflich angebrochen und prägte die Wirklichkeit.
Hinzu trat die Notwendigkeit sozialer Integration der vielen einzelnen, die den Krieg durchlebt und überstanden hatten, zu einer solidarischen Volksgemeinschaft. Diese soziale Integration war einmal notwendig als Äquivalent für die tiefe Angeschlagenheit des nationalen Bewußtseins und der Einheit der Nation, die das Kriegsende und der sich ankündigende Versailler Friedensvertrag hervorriefen. Sie war noch stärker notwendig als Konsequenz aus der Zusammenfassung und Mobilisierung der Menschen zu einer klassenlosen Leistungsgemeinschaft, die der Weltkrieg als Krieg der totalen Mobilmachung herausgefordert hatte.[69] Von dieser Leistungsgemeinschaft konnte man nicht zur Gesellschaftsordnung und Klassenschichtung der Vorkriegszeit zurückkehren. Die Sicherung des Grundanteils jedes einzelnen an den Lebensgütern, wie Arbeit, Wohnung, Nahrung, Gesundheit, war fortan in die Verantwortung der politischen Gemeinschaft zu nehmen – eine unabweisbare Umsetzung der Leistungssolidarität der Kriegsgemeinschaft in die Friedensordnung hinein.
Endlich hatte der Sturz der Monarchie, der zugleich den Zusammenbruch wesentlicher Stützen der nationalen politischen Kultur bedeutete (s. o. II., 4), ein verstärktes Aufbrechen politisch-ideologischer Dishomogenität bewirkt. Auch das nationale Bewußtsein

68 Eingehend dazu Friedrich Zunkel, *Industrie und Staatssozialismus. Der Kampf um die Wirtschaftsordnung in Deutschland* 1914-1918, Düsseldorf 1974, S. 17ff., 76ff.
69 Grundlegend für die Einsicht in diesen Zusammenhang Eugen Rosenstock, *Kriegsheer und Rechtsgemeinschaft*, Breslau 1932, S. 16-22.

und die nationale Identität waren tief verwundet, ein Umstand, der durch die außenpolitische Lage und Entwicklung weiter verstärkt wurde. Die Schaffung eines neuen Einheits- und Integrationspunkts, eines Gehäuses, in dem das geistig, politisch, sozial gefährdete, aus seiner bisher kontinuierlichen Entwicklung herausgeworfene Volk seinen Weg suchen und finden konnte, war von besonderer Dringlichkeit.

Konnte die Verfassung auf alle diese Probleme Antworten geben und dafür Lösungen bereithalten? Sie mußte mannigfachen Bedrohungen und Gefährdungen abgerungen werden, die sich auf den Bestand der staatlichen Einheit als solcher, als Friedenseinheit und als gemeinsames Haus aller Bürger bezogen. So stand im Vordergrund, diesen Staat als solchen zusammenzuhalten, ein »instrumentum pacis« für ihn zu schaffen, das sehr verschiedene, zum Teil antagonistische politische Kräfte als modus vivendi zu akzeptieren bereit waren.

2. Die Weimarer Nationalversammlung wurde nicht von einer politischen Richtung geprägt oder gar beherrscht. Ihre Zusammensetzung brachte einen weitgreifenden politischen Pluralismus zum Ausdruck, der bis in die Frage der Staatsform und Gesellschaftsordnung hineinreichte.[70] Die Überraschung war, daß die beiden sozialistischen Parteien nicht die Mehrheit erreichten (45,5% der Stimmen, 44,2% der Sitze), und die SPD, wiewohl stärkste Partei, bei 37,9% der Stimmen steckenblieb – bei der Reichstagswahl von 1912 hatte sie 34,8% errungen. Im übrigen kehrten im wesentlichen die Parteien der Kriegs- und Vorkriegszeit wieder, meist zwar unter anderen Namen und in anderen Kräfteverhältnissen – bis auf das stabile Zentrum und die Bayerische Volkspartei –, aber in einer wenig gewandelten politischen Identität. Das war angesichts einer fundamental veränderten politischen Gesamtlage ein bemerkenswerter Vorgang. Das Parteiensystem des Kaiserreichs hatte sich, stärker als erwartet, als ein

70 In der Nationalversammlung waren bei 423 Sitzen vertreten: die Deutsch-Nationale Volkspartei (DNVP) mit 43, Deutsche Volkspartei (DVP) mit 22, Zentrum (Bayer. Volkspartei) mit 90, Deutsche Demokratische Partei (DDP) mit 75, SPD mit 175, USPD mit 22, Sonstige mit 7 Sitzen, (Huber, *Verfassungsgeschichte,* Bd. 5, S. 1069 unter Korrektur der Angaben in *Dokumente,* Bd. 3, S. 607).

Faktor der Kontinuität über den Einbruch der Revolution hinweg erwiesen.[71]

In der Nationalversammlung gab es demgemäß keine vorherrschende, den verschiedenen Parteien gemeinsame politisch-soziale Ordnungsidee, die Ausdruck eines bestehenden Konsenses war. Es standen mehrere solcher Ordnungsideen, genauer: Verfassungsideen neben- und gegeneinander. Sie unterschieden sich zum Teil grundlegend, ja antagonistisch voneinander. Das Spektrum begann, von rechts gesehen, bei den Konservativen (jetzt DNVP) und dem rechten Flügel der Deutschen Volkspartei (DVP) mit der Ausrichtung auf den monarchisch-konstitutionellen Staat, wie er vor dem Krieg bestanden hatte, und dem gesellschaftlichen Status quo.[72] Daneben stand – vor allem in der Deutschen Demokratischen Partei (DDP), dem Haupterben des Freisinns und der Fortschrittspartei, verbreitet – die Orientierung auf die demokratisch-parlamentarische Republik mit bürgerlich-liberaler Gesellschaftsordnung und, folgeweise, einer auf dem Privateigentum aufbauenden Wirtschaftsform, die sozial balanciert, aber nicht überwunden werden durfte.[73] Die Verfassungsidee der SPD war ebenfalls die demokratisch-parlamentarische Republik, aber ohne Festlegung auf eine Gesellschaftsordnung und in einer Form, die die gesetzgeberische Umgestaltung der Gesellschaftsordnung zwecks Überwindung des Kapitalismus offenhielt.[74] Demgegenüber tendierte das Verfassungsziel der USPD auf un-

71 Gerhard A. Ritter, »Kontinuität und Umformung des deutschen Parteiensystems 1918-1920«, in: Kolb (Hg.), *Vom Kaiserreich*, S. 244-275.

72 Werner Liebe, *Die deutsch-nationale Volkspartei* 1918-1924, Düsseldorf 1956, S. 20-25, 112ff.; Ernst Portner, *Die Verfassungspolitik der Liberalen*, 1919, Bonn 1973, S. 86ff., 185ff.; Huber, *Verfassungsgeschichte*, Bd. 5, S. 960f., 984f.

73 Lothar Albertin, *Liberalismus und Demokratie am Anfang der Weimarer Republik. Eine vergleichende Analyse der DDP und der DVP* (1972), S. 226ff., 268ff.; W. Stephan, *Aufstieg und Verfall des Linksliberalismus* 1918-1933, Göttingen 1973; Huber, *Verfassungsgeschichte*, Bd. 5, S. 987f.

74 *Protokoll über die Verhandlungen des Parteitags der Sozialdemokratischen Partei Deutschlands in Weimar vom 10.-15. Juni 1920*, S. 346ff., 357ff., 406-454; W. Suthardt, »Sozialdemokratie und Legalstrategie«, in: Klaus Bergmann/Klaus Megerle/Peter Steinbach (Hg.), *Geschichte als politische Wissenschaft*, Stuttgart 1979, S. 149ff.; Huber, *Verfassungsgeschichte*, Bd. 5, S. 989-993.

mittelbare sozialistische Veränderungen der Gesellschaft – als Ausdruck des Klassenkampfes – und eine radikal-demokratische politische Ordnung, wobei die Frage der Staatsform – parlamentarische Demokratie oder Rätesystem – zu einer Funktion des sozialen Verfassungsziels wurde.[75] Eher ein Stück quer zur Abfolge dieser Ordnungsvorstellungen lag die Verfassungsidee der Deutschen Zentrumspartei und der Bayerischen Volkspartei: Bei Neutralität zur Staatsformfrage, das hieß Hinnahme der inzwischen geschaffenen Tatsachen ohne deren volle Bejahung, zielte sie auf einen organischen Volksstaat mit christlich-naturrechtlichem Ordnungsfundament, was zugleich eine Absage an Parlamentssouveränität und Mehrheitsabsolutismus bedeutete. Das soziale Verfassungsziel war die Überwindung des Klassenantagonismus durch aktive Sozialpolitik und organisch-solidarische Gesellschaftsreform.[76]

In diesen unterschiedlichen Verfassungsideen zeigt sich eine bemerkenswerte Uneinigkeit und Divergenz in grundlegenden Fragen der politischen Ordnung und Form und ein nur teilweises Eingehen auf die Herausforderungen und Probleme der Zeit. Nur knapp 60% der Mitglieder der Nationalversammlung konnten als wirkliche Befürworter der demokratischen Grundlagen der neuen Staatsordnung gelten.[77] Es bestand auch keine Einigkeit hinsichtlich der nationalen Kulturordnung, einschließlich des Verhältnisses von Staat und Kirche, und es bestand – vor allem – keine Einigkeit über die Gesellschafts- und Wirtschaftsordnung. Aufs Ganze gesehen standen sich zwei eher antagonistische Ord-

75 *Wahlaufruf der USPD v. 23. 12. 1918,* in: Friedrich Wilhelm Purlitz (Hg.), *Deutscher Geschichtskalender.* Ergänzungsband: *Die deutsche Revolution,* Bd. 1, Nov. 1918-Febr. 1919, o. J. [1919], S. 388 f.; Wilhelm Dittmann, »Die USPD«, in: *Handbuch der Politik,* Bd. 3, Berlin und Leipzig 1921, S. 115 ff.; O. Cohn, in den Beratungen des 8. Ausschusses (Verfassungsausschuß) und im Plenum der Nationalversammlung, Stenographische Berichte, Bd. 326, Sp. 402 ff.

76 Rudolf Morsey, *Die deutsche Zentrumspartei* 1917-1923, Düsseldorf 1966, S. 99-109, 196-242; »Leitsätze der dt. Zentrumspartei v. 30. 12. 1918«, in: Karl Bachem, *Vorgeschichte, Geschichte und Politik der deutschen Zentrumspartei,* Bd. 8, Köln 1932, S. 366 ff., Huber, *Verfassungsgeschichte,* Bd. 5, S. 969 ff.

77 Von den 423 Mitgliedern der Nationalversammlung die 75 Abgeordneten der Deutschen Demokratischen Partei (DDP) und die 165 Abgeordneten der SPD, vgl. oben, (Anm. 70).

nungsmodelle gegenüber, die bereits Lorenz v. Stein in seiner vorausgreifenden Analyse der strukturellen Verfassungsprobleme in Europa als wirkmächtige rivalisierende Verfassungsideen in der Phase der Industriegesellschaft aufgewiesen und bezeichnet hatte: Die »Republik des industriellen Besitzes« und die »Republik des industriellen Nichtbesitzes«.[78] Bei beiden griff das sozial-ökonomische Ziel auf den politischen Bereich über und suchte ihn sich dienstbar zu machen.

Was konnte in dieser Lage das Ergebnis der Verfassungsberatungen sein? Die Verfassung wurde kein Werk aus einem Guß, das von einer einheitlich-gemeinsamen Ordnungsidee getragen war, sondern ein Werk zahlreicher Kompromisse. Und zwar zahlreicher Kompromisse nicht nur in der näheren Ausgestaltung bestimmter Prinzipien, sondern bei den Prinzipien und Ordnungsideen selbst. Hier wurde manches unvermittelt – offen für Entwicklungen in entgegengesetzter Richtung – nebeneinander gestellt, ohne inhaltlich, in einem Sachausgleich miteinander verbunden zu werden. Die Aussagen zur Wirtschafts- und Sozialordnung, einschließlich der Eigentumsgewährleistung, der sog. Schulkompromiß und das Nebeneinander von repräsentativen und plebiszitär-demokratischen Elementen mögen als Beispiel dienen. Das entsprach der gegebenen Lage und hatte von daher seine innere Logik. Ein Zeitgenosse hat es als rückschauender Betrachter wie folgt formuliert: »Das Wesen der Verfassung war der Kompromiß zwischen allen sozialen und politischen Gruppen. Mit Hilfe eines politischen Pluralismus, der sich hinter der Form der parlamentarischen Demokratie verbarg, sollten die antagonistischen Interessen harmonisiert werden.«[79] Das Entscheidende war die »offene politische Form«, von der Hermann Heller sprach.[80] Sie erlaubte es den rivalisierenden, in den Grundfragen nicht einigen politischen Kräften, sich zunächst auf den Boden der Verfassung zu stellen, um auf den in ihr offen gehaltenen Wegen grundlegende Veränderungen anzustreben, die aus dem Kompromiß hinausführten. Den folgerichtigen Schlußpunkt dieser Offenheit und ein Zeichen des eher formalen als sachlichen

78 Siehe Ernst-Wolfgang Böckenförde (Anm. 18), in diesem Band, S. 198.

79 Franz Neumann, Behemoth, dt. Ausg., Köln 1977, S. 32.

80 Hermann Heller, »Freiheit und Form in der Reichsverfassung«, in: ders., *Gesammelte Schriften,* Bd. 2, Leyden 1971, S. 371-377.

Kompromißcharakters der Verfassung bildete die Regelung der Verfassungsänderung (Art. 76). Danach konnte auf legalem Weg jede Änderung der Verfassung, bis hin zu Staatsform, Gesellschaftsordnung und Grundrechtsverbürgungen beschlossen werden, wenn nur die erforderliche qualifizierte Mehrheit dafür vorhanden war. Das war bis zum Ende der Weimarer Republik die herrschende, wenn auch in den letzten Jahren nicht mehr unbestrittene Auffassung von Staatsrechtslehre und Staatspraxis.[81] Man konnte zwar meinen, daß die Modalitäten der Verfassungsänderung ($\frac{2}{3}$-Mehrheit im Reichstag bei mindestens $\frac{2}{3}$-Anwesenheit der Mitglieder; Einspruchsrecht des Reichsrats mit mehr als $\frac{1}{3}$ der abgegebenen Stimmen; Möglichkeit der Herbeiführung des Volksentscheids durch den Reichspräsidenten) hinreichend Schutz gegen zufällige oder übereilte Änderungen von grundlegender Bedeutung boten. Dennoch war alles, was die Verfassung selbst festgelegt und entschieden hatte, in dem Sinne vorläufig, daß es unter dem Vorbehalt legaler Änderung und Aufhebung bei Vorhandensein entsprechender Mehrheiten stand – eine sehr dubiose, ja im Grunde keine Form republikanischer Selbstverteidigung.[82]

3. Die Festlegungen und Entscheidungen, die die Weimarer Verfassung enthielt, wurden nur zum Teil originär von der Nationalversammlung getroffen. Einige wichtige Entscheidungen, wie die für die parlamentarische Demokratie oder gegen einen Einheitsstaat, waren bereits in der Revolutionsphase gefallen, andere, wie die für einen relativ starken Reichspräsidenten, waren durch die »vorläufige Ordnung der Reichsgewalt« vorgezeichnet, die die Nationalversammlung sofort nach ihrem Zusammentritt – auf der Grundlage von Vorbereitungen der Reichsleitung – verabschiedet hatte; diese Entscheidungen wurden in der Verfassung nurmehr sanktioniert und näher ausgestaltet, gleichwohl aber zum Inhalt

81 Diese herrschende Auffassung von Beginn der Geltung der Weimarer Verfassung an konnte auch durch die Gegenposition von Carl Schmitt, Carl Bilfinger, Heinrich Triepel als solche nicht erschüttert werden, vgl. Gerhard Anschütz, *Die Verfassung des deutschen Reiches vom 11. August 1919. Ein Kommentar für Wissenschaft und Praxis*, 3./4. Aufl. Berlin 1925, Bem. 1 zu Art. 76; 14. Aufl. 1933, Bem. 3 zu Art. 76 mit Nachw. aus der Entstehungsgeschichte.

82 Dazu Carl Schmitt, »Die legale Weltrevolution«, in: *Der Staat* 17 (1978), S. 321 (336f.).

dessen, worüber man sich ungeachtet aller politischen Gegensätze einig war.

Das Grundgerüst, die »Bauform«, die die Weimarer Verfassung dann für das politische Leben und die gesellschaftliche Ordnung aufrichtete, wies die folgenden Strukturmerkmale auf[83]:

Demokratische Republik auf der Grundlage der Volkssouveränität; in der Ausgestaltung nicht als absolute, sondern als konstitutionelle, rechtsstaatliche Demokratie mit den ihr zugehörigen Grundprinzipien: Gewaltenteilung, Anerkennung von Grundrechten, Unabhängigkeit der Richter. Die Grundrechte waren dabei primär als Rechtsgewährleistungen gegenüber der Exekutive verstanden, grundsätzlich nicht als rechtliche Bindung auch der Legislative, für die sie (politische) »Programmnormen« darstellten; ein Anknüpfungspunkt für weitgreifende Auseinandersetzungen in der Weimarer Staatsrechtslehre und eine verfassungstheoretische Neubesinnung.[84]

Präsidentiell-parlamentarisches Regierungssystem, in dem der Reichspräsident nicht nur formales Staatsoberhaupt, sondern Mitinhaber der Exekutiv(Regierungs)gewalt war, bei der Regierungsbildung die Vorhand hatte (Art. 53), als Dienstherr der Beamten und oberste Spitze der Exekutive (Art. 46) sowie Inhaber des militärischen Oberbefehls (Art. 47) den Staat verkörperte und dem Reichstag als durch Volkswahl legitimierter gleichberechtigter Partner gegenüberstand. Es war ein gemäßigt dualistisches Gleichgewichtskonzept mit eingebauten plebiszitären Elementen (Volksbegehren, Volksentscheid), in dem das politische Schwer-

83 Für die nähere Darstellung sei verwiesen auf die einschlägigen Abschnitte in Anschütz/Thoma (Hg.), *Handbuch des deutschen Staatsrechts,* 2 Bde., Tübingen 1930-1932.

84 Einerseits vor allem von Anschütz (Anm. 81), [14]1933, Vorbem. 5 b zu Art. 109, mit Einschränkungen auch Richard Thoma, in: Hans-Carl Nipperdey (Hg.), *Die Grundrechte und Grundpflichten in der Reichsverfassung*, Bd. 1, Berlin 1929, S. 1-38; andererseits Carl Schmitt, *Verfassungslehre,* München – Leipzig 1928, S. 125 ff.; ders., in: *HDStR*, Bd. 2, § 101; Rudolf Smend, *Verfassung und Verfassungsrecht,* München – Leipzig 1928, S. 161 ff., ders., »Das Grundrecht der freien Meinungsäußerung«, in: *VVDStRL* 4 (1928), S. 44 ff.; Ernst Rudolf Huber, »Der Bedeutungswandel der Grundrechte«, in: *AöR NF* 23 (1932/33), S. 1 ff.

gewicht je nach der partei-parlamentarischen Situation sowohl dem Reichstag wie dem Reichspräsidenten zufallen konnte.[85]
Unitarischer Bundesstaat auf nicht mehr bündischer, sondern nationaler Grundlage der einheitlichen deutschen Staatsgewalt; der Föderalismus wurde von einem staatsgründenden Prinzip zu einem bloßen Prinzip innerstaatlicher Gliederung zurückgenommen. In der Verteilung der Aufgaben und Zuständigkeiten zwischen Reich und Ländern zeigte sich eine weitgehende Verlagerung zugunsten des Reichs (Art. 6-12); es gab eine Ermächtigung zur Ausdehnung der Reichsverwaltung (mit Unterbau) durch einfaches Reichsgesetz (Art. 14), wovon schon 1921 durch die Errichtung der Reichsfinanzverwaltung erstmals Gebrauch gemacht wurde[86]; der Einfluß der Länder auf die Gesetzgebung und Verwaltung des Reichs, den sie über den Reichsrat ausübten, war gegenüber früher deutlich abgeschwächt.
Keine definitive Entscheidung über die Gesellschaftsordnung, vielmehr Offenhaltung der Entwicklung nach Maßgabe gesetzgeberischer Mehrheiten. Das Offenhalten kam darin zum Ausdruck, daß einerseits normative Grunddaten der bürgerlich-liberalen Gesellschaftsordnung vorläufig gewährleistet wurden, andererseits aber Programm und Ermächtigungsnormen für deren grundlegende Veränderung in Richtung auf Wirtschaftsdemokratie, Sozialisierung und Gemeinwirtschaft, Beschränkung des Eigentums in die Verfassung eingebaut waren (Art. 165, 153-56).[87]
Religiös-weltanschauliche Neutralität des Staates in der Form der »hinkenden Trennung« von Staat und Kirche, verbunden mit einem komplizierten, in das Verhältnis von Staat und Kirche hineinreichenden Kompromiß.[88] Das bedeutete einerseits Abkehr

85 Dazu jüngst sehr eindrucksvoll Ernst Friesenhahn, in: Erdmann/Schulze, (Anm. 62), S. 81 ff. (83-91).
86 Siehe dazu *Deutsche Verwaltungsgeschichte* (wie S. 382 Nr. 13), S. 178.
87 Otto Kirchheimer vertrat 1930 die Auffassung, die Weimarer Grundrechte stellten in entscheidenden Punkten keinen Kompromiß, sondern eine »einzigartige Nebeneinanderordnung und Anerkennung der verschiedensten Wertsysteme« dar, vgl. Kirchheimer, »Weimar – und was dann?«, in: ders., *Politik und Verfassung* (1964), S. 32.
88 Godehard J. Ebers, »Religionsgesellschaft«, in: Nipperdey, (Anm. 84), Bd. 2 (1930), S. 361 ff. (362-370).

von den Ausläufern des christlichen Staates, die in den Monarchien zum Teil noch wirksam gewesen waren, andererseits die volle Freigabe der Religion, einmal zur vollen Wirksamkeit in der Gesellschaft, zum andern auch in der Richtung, daß der Staat selbst von jeder Verankerung in der Religion abgelöst wurde.

IV. Belastungen und Chancen der Weimarer Republik und die Rolle der Verwaltung

Die Rebublik von Weimar hatte in keiner Beziehung einen glückhaften Start.[89] Die äußeren Bedingungen ihrer Entstehung und weiteren Existenz waren prekär: die Kriegsniederlage, über die Nation wie ein Schock gekommen; die Belastung mit den Folgen eines Krieges, den nicht die Republik, sondern die Monarchie zu verantworten hatte; der außenpolitische Druck durch einen demütigenden Friedensvertrag und die Unvernunft der Siegermächte; schließlich die Inflation mit ihren Problemen und der ökonomischen Depossedierung weiter Kreise des Bürgertums. Die inneren Ausgangsbedingungen, davon nicht unbeeinflußt, waren ebenfalls prekär. Die Entstehung aus und mit der Kriegsniederlage sowie die Last der Kriegsfolgen hefteten der Republik einen Geburtsmakel an, den sie nur schwer überwinden konnte. Wie konnten die Menschen, national denkend und erzogen und in Reaktion auf Versailles eher zum Nationalismus neigend, Stolz und Anhänglichkeit für diese demokratische Republik empfinden, in ihr ein Zeichen oder Symbol der – angeschlagenen – nationalen Identität sehen? Die Annahme des Versailler Vertrages erschien nicht wenigen von ihnen, insbesondere unter den Kriegsteilnehmern, als ein Akt der Preisgabe der nationalen Ehre durch die Republik. Hinzu kam, daß die Verfassung nicht von einem breiten inhaltlichen Konsens der politischen Parteien und Kräfte getragen wurde; Staatsgrundlagen und Staatsform waren von Anfang an umstritten. Nichts brachte diese Gespaltenheit deutlicher zum Ausdruck als der sog. Flaggenstreit zwischen der neu eingeführten Reichsflagge schwarz-rot-gold und den weiterhin als Handelsflagge gemäß Art. 3 § 2 RV – wenn auch mit einer

89 Hagen Schulze, »Das Scheitern der Weimarer Republik als Problem der Forschung«, in: Erdmann/Schulze, (Anm. 62), S. 23-36.

»Gösch« der Reichsflagge – beibehaltenen alten Farben schwarz-weiß-rot, der die Republik nahezu vom ersten Tag an begleitete – eine staatliche Einheit, die sich über das Symbol dieser Einheit uneins war und zerstritt.[90] Nicht die republikanische Verfassung, sondern die Forderung nach Revision von Versailles bildete den schmalen Grundkonsens zwischen den Parteien – so ist es hart, aber sachlich zutreffend formuliert worden.[91]

Die Republik und ihre Verfassung hatten auch von Anfang an in der Mentalität der Menschen, die in und unter ihr lebten, keinen hinreichenden Bundesgenossen. Die Beamtenschaft verhielt sich zwar überwiegend loyal, aber sie war und empfand sich in Denken und Gesinnung ebenso überwiegend nicht als Träger dieser demokratischen Republik, sondern eines davon abgelösten, demokratie- und parteienunabhängigen Staates.[92] Für das Militär galt dies, mit einer noch stärkeren demokratieunabhängigen Tendenz, entsprechend. Distanz zum demokratischen Staat hielten, was ihr geistiges Klima angeht, überwiegend auch die Universitäten; von den akademischen Kathedern war, soweit man über fachwissenschaftliche Arbeit hinausging, nur sehr vereinzelt eine innere Bejahung der demokratischen Republik zu vernehmen, verbreitet hingegen ein sich steigerndes nationales Pathos, das zum Teil mit scharfer Demokratiekritik verbunden war. Die Vertreter des geistigen und kulturellen Lebens gelangten in ihrer großen Mehrzahl über einen Vernunftrepublikanismus nicht hinaus.[93]

Und die Bürger, die Bevölkerung selbst? Sie unterschied sich in ihrer Mentalität nicht wesentlich von den eben genannten Gruppen. Die Demokratie und der Übergang zu ihr wurden hinge-

90 Siehe dazu Fritz Poetzsch(-Heffter), »Vom Staatsleben unter der *Weimarer Verfassung*, in: *JöR* 13 (1925), S. 28 ff., II: *JöR* 17 (1929), S. 6 ff. Interessant und aufschlußreich die ausführlichen Erläuterungen bei Anschütz, (Anm. 81), Erl. zu Art. 3.

91 Josef Becker, »Geschichtsschreibung im politischen Optativ?«, in: *Aus Politik und Zeitgeschichte*, Nr. 50/80 v. 13. 12. 1980, S. 33.

92 Köttgen (Anm. 60), S. 57-78; Morsey, (Anm. 62), S. 151-168.

93 Zutreffend die zusammenfassende Würdigung bei Schulze, *Weimar*, S. 130: »Wenn es irgendeinen geistigen Boden der Republik gibt, dann den der vernunftgemäßen Einwilligung in einen politischen Zustand, der niemanden begeistert, der aber dem Geist mehr Freiheit läßt als jede andere Alternative.«

nommen, waren in der Mehrheit der Bevölkerung aber nicht verwurzelt. So war die Bevölkerung, vor allem in den späteren Jahren der Republik, in ihrer Mehrheit bereit, antidemokratischen Parolen und Führern zu folgen, wenn diese einen Ausweg aus der politischen, wirtschaftlichen, sozialen Krise und die Überwindung der geistigen Indifferenz versprachen, der das Verlangen nach »Weltanschauung« entgegenstand. Gegen die Bürger selbst kann dies freilich nur wenden, wer die These vertritt, das Volk habe sich den Bedingungen der ihm gegebenen Verfassung anzupassen, sei notfalls mentalitätsmäßig dahin umzuschaffen, statt daß die Verfassung dem Geist, d. h. der Mentalität und politischen Kultur des Volkes zu entsprechen habe.[94]

Die Chance der Weimarer Republik lag angesichts dieser Vorgegebenheiten und Belastungsfaktoren in der sachlichen Leistung des tätig handelnden Staates, konkret im Handeln von Regierung und Verwaltung. Legitimitätsdefizit und Mentalitätsreserve, mit denen die Republik zu kämpfen hatte, konnten abgebaut werden durch die konsensvermittelnde kontinuierliche Bewältigung der Ordnungs- und Leistungsaufgaben, die in der gegebenen Situation dem Staat oblagen und deren Erfüllung die Menschen vom handelnden Staat – Regierung und Verwaltung – erwarteten. Damit fiel der Verwaltung (im weiteren, die gesamte Exekutive meinenden Sinn) eine entscheidende Rolle für die Festigung der Weimarer Republik zu. Gerade sie war es, die über geistig-ideologisches Auseinanderstreben, politisches Konfliktpotential und soziale Antagonismen hinweg als Faktor »sachlicher Integration«[95] und davon ausgehender Stabilisierung wirken konnte. Auch wenn diese Integrations- und Stabilisierungsaufgabe von den konkret Handelnden eher für einen abstrakten, von Demokratie und Parteien abgelösten Staat geleistet wurde, die Wirkung mußte allemal dem konkreten Staat, der demokratischen Republik zugute kommen. Freilich unterlag auch diese Funktion, die von der Verwaltung und ihrer Arbeit ausgehen konnte, den Hemmnissen aus den äußeren Belastungsfaktoren der Republik

94 Das Problem hat bereits *Hegel* auf den Begriff gebracht, vgl. *Enzyklopädie der philosophischen Wissenschaften*, Ausg. 1830, § 540: »Die Frage, wem, welcher und wie organisierten Autorität die Gewalt zukomme, eine Verfassung zu machen, ist dieselbe mit der, wer den Geist eines Volkes zu machen habe.«

95 Dazu Rudolf Smend, (Anm. 84), S. 45 ff.

und den Schwierigkeiten eines Parteienparlamentarismus, der noch in keiner Weise eingeübt war. Jahrzehntelang hatten die Parteien – im konstitutionellen System – Einfluß ausgeübt, aber keine unmittelbare Verantwortung getragen. Nun waren sie, unter schwierigen äußeren und inneren Bedingungen, über Nacht in die volle Verantwortung hineingestellt, und das hieß in Entscheidungszwang und Kompromißnotwendigkeit, und zwar im Hinblick auf Probleme und Krisenlagen, die sie selbst nicht verursacht hatten. Die Bewährung, die ihnen abgefordert wurde, hat sie dann auch überfordert. Die Krisen, die die Weimarer Republik erschütterten und die von den Beteiligten, insonderheit den Parteien, schließlich nicht mehr gemeistert wurden, haben bei E.R. Huber, dem dieser Beitrag zu seinem 80. Geburtstag (8.6.1983) gewidmet ist, eine eindrucksvolle Darstellung gefunden.[96]

Literatur

a) Quellen: Huber, Ernst Rudolf (Hg.), *Dokumente zur deutschen Verfassungsgeschichte*, Bd. 3: *Dokumente der Novemberrevolution und der Weimarer Republik* 1918-1933, Stuttgart u.a. 1966. – Hürten, Hans (Bearb.), *Zwischen Revolution und Kapp-Putsch. Militär und Innenpolitik* 1918-1920, Düsseldorf 1977. – Matthias, Erich und Morsey, Rudolf (Hg.), *Der Interfraktionelle Ausschuß* 1917-18, Düsseldorf 1959. – Miller, Susanne (Bearb.), *Die Regierung der Volksbeauftragten*, 2 Bde., Düsseldorf 1969.

b) Darstellungen: Albertin, Lothar, *Liberalismus und Demokratie am Anfang der Weimarer Republik*, Düsseldorf 1972. – Apelt, Willibalt, *Geschichte der Weimarer Verfassung*, München 1946. – Brecht, Arnold, *Aus nächster Nähe. Lebenserinnerungen* 1884-1927, Stuttgart 1966, S. 139-289. – Carsten, Francis-L., *Revolution in Mitteleuropa*, dt. Ausg., Köln 1973. – Craig, Gordon A., *Deutsche Geschichte 1866-1945*, dt. Ausg., München ²1980, Kap. 10 u. 11. – Erdmann, Karl Dietrich, »Der erste Weltkrieg. Die Weimarer Republik«, in: Grundmann, Herbert (Hg.)/ Gebhardt, Bruno, *Handbuch der deutschen Geschichte*, Bd. 4, 7. Teilbd., Stuttgart ⁹1973. – Fehrenbach, Elisabeth, *Wandlungen des deutschen Kaisergedankens* 1871-1918, München/Wien 1962. – Friedensburg, Ferdinand, *Die Weimarer Republik*, Berlin 1946. – Hartung, Fritz, *Deutsche*

96 Ernst Rudolf Huber, *Deutsche Verfassungsgeschichte seit 1789*, Band VII: *Ausbau, Schutz und Untergang der Weimarer Republik*, Stuttgart 1984.

Verfassungsgeschichte seit dem 15. Jahrhundert, Stuttgart [8]1964, §§ 58-61. – Huber, Ernst Rudolf, *Deutsche Verfassungsgeschichte seit 1789*, Bd. 5: *Weltkrieg, Revolution und Reichserneuerung* 1914-1919, Stuttgart u. a. 1978 mit ausführlichen Nachweisen. – Kluge, Ulrich, *Soldatenräte und Revolution*, Göttingen 1975. – Kolb, Eberhard (Hg.), *Vom Kaiserreich zur Weimarer Republik*, Köln 1972. – Miller, Susanne, *Die Bürde der Macht. Die deutsche Sozialdemokratie* 1918-20, Düsseldorf 1978. – Müller, Richard, *Vom Kaiserreich zur Republik*, 2 Bde., Wien 1925. – Rauh, Manfred, *Die Parlamentarisierung des Deutschen Reiches*, Düsseldorf 1977. – Rosenberg, Arthur, *Geschichte der Weimarer Republik*, Frankfurt 1961, Kap. 1-4. – Schiffer, Eugen, *Ein Leben für den Liberalismus*, Berlin 1951. – Schmidt, Ernst-Heinrich, *Heimatheer und Revolution* 1918, Stuttgart 1981. – Schulze, Hagen, *Weimar. Deutschland* 1917-1933, Berlin 1982. – Steinbach, Peter, *Sozialdemokratie und Verfassungsordnung*, Opladen 1983. – Stolberg-Wernigerode, Otto Graf zu, *Die unentschiedene Generation – Deutschlands konservative Führungsschichten am Vorabend des 1. Weltkrieges*, München/Wien 1968. – Stürmer, Michael (Hg.), *Das kaiserliche Deutschland. Politik und Gesellschaft* 1870-1918, Düsseldorf [2]1976. – Ders., *Das ruhelose Reich. Deutschland* 1866-1918, Berlin 1983. – Winkler, Heinrich August, *Die Sozialdemokratie und die Revolution* 1918/19, Berlin/Bonn 1979.

c) Zur Forschungslage: Hürten, Hans, »Die Novemberrevolution – Fragen an die Forschung«, in: *Geschichte in Wissenschaft und Unterricht*, 30. Jg. (1979). – Jesse, Eckhard/Köhler, Henning, »Die deutsche Revolution 1918/19 im Wandel der historischen Forschung«, in: *Aus Politik und Zeitgeschichte*, Nr. 45 (1978). – Mommsen, Wolfgang J., »Die deutsche Revolution 1918-20«, in: *Geschichte und Gesellschaft* (1978).

14. Der Begriff des Politischen als Schlüssel zum staatsrechtlichen Werk Carl Schmitts

Es soll hier nicht von der Person, sondern von dem *Werk* Carl Schmitts die Rede sein. Mein Referat hierzu möchte ich unter den Titel stellen: »Der Begriff des Politischen als Schlüssel zum staatsrechtlichen Werk Carl Schmitts«. Erlauben Sie, daß ich mit einer kurzen biographischen Erinnerung beginne:
Als Jurastudent im 6. und 7. Semester las ich die *Verfassungslehre* von Carl Schmitt. Dort stieß ich auf die Formulierung, daß der Staat die politische Einheit eines Volkes sei[1], und auf die weitere Formulierung, daß der rechtsstaatliche Bestandteil der Verfassung der unpolitische Bestandteil sei.[2] Beides erschien mir damals rätselhaft. Ich hatte bei Georg Jellinek gelernt, daß der Staat eine zweckbezogene Verbandseinheit ist, wenn man ihn sozialwissenschaftlich betrachtet, und daß er juristisch eine Gebietskörperschaft darstellt. Auch wußte ich etwas von organischen Staatstheorien, näherhin von Otto v. Gierke, der den Staat als Organismus und reale Verbandspersönlichkeit und nicht nur als Fiktion darstellte.[3] Aber die Auflösung dessen, was damit gemeint sei: Staat ist die politische Einheit eines Volkes, konnte auf dieser Grundlage nicht gelingen; ihr fehlte der Bezug zum Politischen. Erst später ist es mir durch die Lektüre und Auseinandersetzung mit dem *Begriff des Politischen* von Carl Schmitt stückweise deutlich geworden. Das hat mich dann je länger je mehr zu der Einsicht geführt, daß in dieser Schrift, d. h. in dem in ihr formulierten Begriff des Politischen ein, ja der Schlüssel zum Verständnis des staatsrechtlichen Werkes von Carl Schmitt liegt. Das möchte ich nun etwas näher darlegen.

1 Carl Schmitt, *Verfassungslehre*, 1928, S. 3, 125 u. ö.
2 Ebd., S. 200.
3 Otto v. Gierke, *Das Wesen der menschlichen Verbände. Rektoratsrede*, 1902 (Neudruck 1954), S. 8 ff.

I.

Als erste Frage ergibt sich damit die nach dem Inhalt und der Kernaussage der Schrift über den Begriff des Politischen.

1. Diese Kernaussage muß sowohl nach der Diskussion, die sich um diese Schrift ergeben, als auch nach der Wirkungsgeschichte, die sie ausgelöst hat, gegenüber einem Wall von Mißverständnissen freigeschaufelt werden. Die nähere Kennzeichnung und Widerlegung dieser Mißverständnisse, die sich zum Teil aus der geistig-politischen Situation erklären, in die hinein die Schrift geschrieben war und ihre Wirkung entfaltete, zum Teil auch auf einem Mißverstehen-wollen beruhen, würde ein eigenes Referat beanspruchen. Damit kann ich mich hier im einzelnen nicht befassen. Nur zwei geläufige und signifikante Mißverständnisse seien kurz benannt.

Das erste liegt darin, die Freund-Feind-Theorie, die in dieser Schrift entwickelt wird, diene dazu, die innerpolitische Auseinandersetzung *im* Staat als Freund-Feind-Verhältnis zu qualifizieren und womöglich entsprechend zu aktualisieren, statt als ein vielleicht kämpferisches, aber doch stets friedliches Bemühen um die Gestaltung der politischen und sozialen Ordnung und ein Suchen nach Ausgleich und Kompromiß. Das zweite Mißverständnis besteht in der Auffassung, daß es sich in der Schrift um eine *normative* Theorie der Politik oder des politischen Handelns handele, die die Freund-Feind-Unterscheidung und den kriegerischen Kampf als deren letzte Konsequenz zum Ziel und Inhalt der Politik mache. Gerade dieses Mißverständnis ist in der Wirkungsgeschichte nicht selten hervorgetreten, der Autor hat ihm womöglich auch nicht eigens widersprochen; es läßt sich freilich schon aus dem Text eindeutig widerlegen.[4]

2. Die zentrale Aussage und bleibende wissenschaftliche Bedeutung dieser Schrift liegt demgegenüber darin, daß sie ein phäno-

4 Carl Schmitt, *Der Begriff des Politischen. Text von 1932 mit einem Vorwort und drei Corollarien,* 1963, S. 34/35: »Der Krieg ist durchaus nicht Ziel und Zweck oder gar Inhalt der Politik, wohl aber ist er die als reale Möglichkeit immer vorhandene Voraussetzung, die das menschliche Handeln und Denken in eigenartiger Weise bestimmt und dadurch ein spezifisch politisches Verhalten bewirkt.« Dieser Passus ist wortgleich auch in der – gerafften und teilweise veränderten – Ausgabe von 1933, S. 17, enthalten.

menal erhebbares Kriterium nicht der Politik, sondern des Politischen, der politischen Sphäre oder, vielleicht genauer, des Aggregatzustandes des Politischen, aufweist. Die Erkenntnis dieses Kriteriums und das Wissen darum sind Voraussetzung für sinnvolles politisches Handeln. Als dieses Kriterium erscheint, daß das Politische es – phänomenal erhebbar und feststellbar – an sich hat, auf den äußersten Gegensatz, die Unterscheidung nach Freund und Feind, die die Bereitschaft zum Kampf, zum bewaffneten Kampf einschließt, hinauslaufen zu können, und von dieser in ihm angelegten Möglichkeit phänomenal bestimmt wird. Daraus ergibt sich eine Definition des Politischen, die ich gelegentlich schon vorgetragen habe[5] und hier noch einmal wiederholen will: Das Politische hat keinen abgrenzbaren Gegenstandsbereich, es stellt vielmehr ein öffentliches Beziehungsfeld zwischen Menschen und Menschengruppen dar, das durch einen bestimmten Intensitätsgrad der Assoziation oder Dissoziation bis hin zur Freund-Feind-Unterscheidung gekennzeichnet ist, der sein Material aus allen Sach- oder Lebensbereichen beziehen kann.

3. Von dieser Definition her erhält die zweite, zunächst mehr implizit gegebene Kernaussage der Schrift, die dann in dem Vorwort zur Neuausgabe 1963 auch explizit gemacht worden ist, ihren angebbaren und präzisen Sinn: daß nämlich der Staat die politische Einheit eines Volkes sei.

a.) Staat als *politische Einheit* bedeutete von diesem Begriff des Politischen her, daß der Staat eine in sich befriedete Einheit und eben deswegen die das Politische umgreifende politische Einheit ist. Sie grenzt sich nach außen von anderen politischen Einheiten ab, innerhalb ihrer verbleiben aber alle Gegensätze, Konflikte und Auseinandersetzungen *unterhalb* der Ebene einer Freund-Feind-Gruppierung; das heißt, sie werden von einer auf relativer Homogenität der zusammenlebenden Menschen beruhenden Zusammengehörigkeit (Freundschaft) übergriffen und fügen sich mithin der durch das staatliche Gewaltmonopol gewährleisteten Friedensordnung ein. Politik innerhalb des Staates – Carl Schmitt hat das auch selbst so ausgeführt[6] – ist anders als etwa die Außen-

5 Zuletzt Ernst-Wolfgang Böckenförde, »Staat – Gesellschaft – Kirche«, in: *Christlicher Glaube in moderner Gesellschaft*, Teilband 15, 1982, S. 82.

6 *Begriff des Politischen*, (Anm. 4), S. 30f., ferner das Vorwort von 1963, ebd., S. 10/11.

politik nur in einem sekundären Sinn politisch. Sie ist im klassischen Sinne Polizei, Sorge und Auseinandersetzung um die gute Ordnung des und innerhalb des Gemeinwesens, die den befriedeten Rahmen und das Eingebundensein in ihn nicht überschreitet und sprengt. Die Leistung des Staates als politische Einheit ist somit gerade, alles, was in seinem Innern an Gegensätzen, Spannungen und Konflikten aufbricht, in dieser Weise zu relativieren und in dieser Relativierung festzuhalten, so daß darüber im Rahmen der staatlichen Friedensordnung in öffentlicher Diskussion, geregelten Verfahren u. ä. eine Auseinandersetzung geführt, über Lösungen gestritten und schließlich eine Entscheidung getroffen werden kann.

b) Damit ist allerdings – entgegen einem verbreiteten Fehlschluß – nicht gesagt, daß die Sphäre der inneren Politik in einem Staat von dem Begriff des Politischen völlig abgelöst ist, der Begriff Politik hier in einer davon unabhängigen, ganz anderen Bedeutung gebraucht wird. Auch die innere Politik bleibt in einem sekundären Sinn »politisch« im Sinne der gegebenen Definition. Dieser erwähnte sekundäre Charakter liegt darin begründet, daß der Begriff Politik oder politisch hier einerseits einen Abschichtungsgrad vom Politischen zum Ausdruck bringt, anderseits aber den logischen Bezug zu ihm nicht aufgibt. Das hat folgende Bewandtnis. Auch in einer politischen Einheit, also abgefriedet von der Intensität einer Freund-Feind-Gruppierung, gibt es Auseinandersetzungen um Fragen der Ordnung des Zusammenlebens; Menschen und Menschengruppen gruppieren sich dabei öffentlich mit- und gegeneinander. Sie tun das potentiell in jedem Bereich, mal in der Kulturpolitik, mal in der Wirtschaftspolitik, mal in der Außenpolitik usw., das ist vorab gegenständlich nicht fixierbar; aber sie tun es in einer Weise, die diesen Intensitätsgrad einer Freund-Feind-Gruppierung nicht erreicht. Gleichwohl ist es sekundär politisch im Sinne des Schmittschen Begriffs, denn jede dieser Auseinandersetzungen kann, wenn sie eskaliert und keine auf Konfliktlösung zielende vernünftige Politik betrieben wird, bis zu dieser letzten Intensität aufsteigen. Der Kulturkampf in Preußen und im Bismarckreich etwa ist kurz davor abgebrochen worden. Er ging zunächst im Sinne einer Eskalation immer weiter, steigerte sich auf zu einem existentiellen Loyalitätskonflikt beim katholischen Volksteil. Bismarck war kluger Politiker genug, um zu sehen, dies kann ich für das Reich und seinen

Bestand nicht riskieren, so verbohrt die Ultramontanen nach seiner Ansicht auch sein mochten. Und dann hat er den Weg zur Befriedung gesucht. Etwas in dieser Art kann sich nun allerdings für jedes Sachgebiet entwickeln, ein solcher eskalierender Streit kann über Universitätsreform, über Bildungspolitik oder – in ein paar Jahren vielleicht – über Standorte und Kapazitäten der Müllentsorgung entstehen.

Sekundärbegriff des Politischen ist also insofern eine zutreffende und logisch richtige Qualifizierung, weil und insofern diese sekundäre Politik nicht ein- für allemal kategorial vom Politischen im Sinne der möglichen Feind-Freund-Gruppierung abgeschottet ist, vielmehr eine sachliche Beziehung hierzu virulent bleibt. Das Politische, wie Carl Schmitt es definiert, ist somit auch im errichteten und als politische Einheit handlungsfähigen Staat nicht verschwunden, abgedrängt etwa in den Bereich der Außenpolitik. Es ist potentiell, als die Möglichkeit eskalierender Freund-Feind-Gruppierung, auch im Staat stets gegenwärtig, selbst wenn es in der Normallage nicht sichtbar hervortritt.

c) Daher ist der Zustand politischer Einheit, wenn er einmal erreicht ist, nicht ein für allemal da, er bedarf vielmehr als ein Zustand im Zusammenleben der Menschen fortlaufender Bewährung und Erhaltung. Er unterliegt Gefährdungen von außen, durch Bedrohung oder Angriff von seiten äußerer Feinde, aber auch potentiell Gefährdungen von innen. Das Umgreifen der politischen Sphäre, ihre Einbindung und Domestizierung durch den und im Staat kann in Frage gestellt, kann prekär werden bis hin zur latenten oder offenen Bürgerkriegslage, welche dann die staatliche Einheit als politische Einheit auflöst. Um solcher Gefahr und Bedrohung zu entgehen, ist es notwendig vorzubauen, die Ordnung im Innern zu stabilisieren, Prophylaxe im Hinblick auf bestehende oder sich ankündigende Spannungen und Konflikte zu treiben, damit es zu einer solchen Eskalation, einem Intensitätsgrad der Dissoziation, der auch die übergreifende Zusammengehörigkeit auf der Grundlage relativer Homogenität – das ist es, was mit Freundschaft im politischen Sinn gemeint ist – aufspaltet und in Frage stellt, gar nicht erst kommt. Das ist dann vernünftige Politik, die aus der Einsicht in die Eigenart des Politischen erwächst und davon (mit-)bestimmt wird.

4. Ist nun das eben Dargelegte der präzise Sinn der Definition des Staates als politische Einheit eines Volkes, so ergeben sich daraus

einige Folgerungen für das Staatsrecht. Das Staatsrecht erscheint dann als die verbindliche normative Ordnung und Form für Bestand, Erhalt und Aktionsfähigkeit einer in diesem Sinn politischen Einheit. Es hat im Hinblick darauf ein spezifisches Telos, auf das es bezogen und an dem es ausgerichtet sein muß: den Staat als Zustand politischer Ordnung und Einheit möglich zu machen, zu erhalten und zu unterstützen. Ein Staatsrecht und eine Interpretation des Staatsrechts, durch welche dieser Zustand und diese Ordnung in Frage gestellt würde, ja der Staat womöglich der Auflösung nähergebracht würde, wären ein Widerspruch in sich. In diesem Sinn ist das Staatsrecht genuin politisches Recht: Es hat es nicht nur am Rande und in mittelbaren Auswirkungen, sondern unmittelbar mit Bestand, Form und Aktion politischer Einheit zu tun, sein Gegenstand betrifft sozusagen das Gravitationsfeld des Politischen selbst.[7]

II.

Im folgenden versuche ich nun zu zeigen, wie von diesem Begriff des Politischen und der Kennzeichnung des Staates als politische Einheit her zentrale Begriffsprägungen, Aussagen und Thesen im staatsrechtlichen Werk Carl Schmitts sich erschließen und – ungeachtet mancher Schwierigkeit für uns, sie als sachangemessen und in sich konsistent zu begreifen – ihre innere Begründung und Folgerichtigkeit erhalten. Damit soll der Diskussion darüber, ob das Ziel, das Carl Schmitt mit diesen Begriffsprägungen und Aussagen verfolgte, nicht auch in anderen Aussageformen erreicht werden kann und womöglich von ihm selbst hätte besser erreicht werden können, nicht vorgegriffen werden. Das Ziel ist zunächst der Aufweis eines – ja immer wieder bestrittenen – systematischen Zusammenhangs, und zwar, wie mir scheint, des entscheidenden systematischen Zusammenhangs in seinem staatsrechtlichen Werk.

Frau Kennedy hat vorhin darauf hingewiesen, daß die *Verfassungslehre* und die erste Fassung des *Begriffs des Politischen* etwa zu gleicher Zeit entstanden sind. Insofern ist es nicht verwunder-

7 Siehe hierzu E.-W. Böckenförde, »Die Eigenart des Staatsrechts und der Staatsrechtswissenschaft«, in: *Recht und Staat im sozialen Wandel. FS H. U. Scupin*, 1983, S. 317 (320 f.).

lich, wenn sich das Konzept des *Begriffs des Politischen* in der *Verfassungslehre* niederschlägt und sie trägt, obwohl das in ihr nicht ausdrücklich näher erklärt wird. Staat als politische Einheit eines Volkes, der rechtsstaatliche Bestandteil als der unpolitische Teil der Verfassung – das ist in der *Verfassungslehre* in der Tat thetisch hingesetzt. Aber weist nicht gerade dies auf die Voraussetzung, das tragende gedankliche Gerüst hin, das zugrunde liegt? Und kann dies nicht auch über die *Verfassungslehre* hinaus für das staatsrechtliche Werk insgesamt gelten?

Meine These vom Schlüsselcharakter des *Begriffs des Politischen* für das staatsrechtliche Werk Carl Schmitts möchte ich jetzt an sieben Beispielen unter Beweis stellen.

1. *Der Begriff der Souveränität und seine Unabdingbarkeit für das Staatsrecht.* Die Formel ist bekannt: »Souverän ist, wer über den Ausnahmezustand entscheidet.«[8] Wenn politische Einheit sich im Übergreifen von Spannungen, Gegensätzen und konfligierenden Interessen zur Einheit und Gemeinsamkeit konstituiert und erhält, damit fortdauernd deren Relativierung und Einbindung leistet, dann hat sie die Möglichkeit einer inappellablen Letztentscheidung zur Voraussetzung. Souveränität, die diese Befugnis in sich enthält, ist so eine notwendige Machtposition für den Staat als Friedenseinheit.[9] Sie ermöglicht, über das Vorliegen auch des Ausnahmezustandes und wie man ihm begegnet, zu entscheiden. Diese Machtposition wird im Begriff der Souveränität als Recht formuliert, der Souverän hat – staatsrechtlich – das Recht, eine solche Entscheidung zu treffen. Ihren vollsten Ausdruck erhält diese Möglichkeit in der äußersten Gefährdung der politischen Einheit, die allerdings nicht vorab definierbar und nach Fällen eingrenzbar ist, wenn diese nämlich als Zustand und reale Gegebenheit in ihrer Existenz bedroht ist. In diesem Seminar war schon die Rede vom »Recht der rettenden Tat«.[10] Das ist eine Umschreibung desselben Phänomens. Carl Schmitt hält die

8 Carl Schmitt, *Politische Theologie*, ²1934, S. 11.

9 Folgerichtig heißt es ebd., S. 20, daß die Souveränität »richtigerweise nicht als Zwangs- oder Herrschaftsmonopol, sondern als Entscheidungsmonopol juristisch zu definieren ist«. Vgl. auch Hermann Heller, *Die Souveränität*, 1927 = ders., *Gesammelte Schriften*, Bd. 2, 1971, S. 120ff., 185ff.

10 Siehe das Referat von Ernst Rudolf Huber, in: *Complexio Oppositorum. Über Carl Schmitt*, hg. von Helmut Quaritsch, 1988, S. 33ff.

Souveränität nicht für rechtlich einschränkbar oder abdingbar, ohne daß der Staat als selbsttragende politische Einheit zu existieren aufhört.[11] Davon zu unterscheiden ist freilich die Frage nach dem Bestehen tatsächlicher, insbesondere machtmäßiger Grenzen und politischer Bindungen der Souveränität, die es als solche oder in bestimmten Situationen faktisch nicht erlauben, die Souveränität voll auszuspielen; diese gibt es immer wieder – das Wechselspiel politischer Auseinandersetzungen und sich ändernder Machtkonstellationen beruht darauf; doch sie stellen die Souveränität rechtlich nicht in Frage. Kommt es indessen dazu, daß Souveränität rechtlich abbedungen, aufgegeben oder in einer Weise eingebunden wird, daß sie sich als inappellable, nicht vorab determinierte Letztentscheidung nicht mehr entfalten kann, dann bedeutet dies allerdings keinen Untergang von Souveränität als solcher, sondern nur ihren Übergang an eine andere, höhere politische Einheit, die dieses Recht für sich reklamiert und notfalls realisiert.[12] Aus einer zunächst selbsttragenden politischen Einheit wird möglicherweise eine Vasalleneinheit, die dann unter dem Dach einer anderen politischen Einheit noch in gewissen Grenzen politisch agieren, insoweit auch innerpolitische Auseinandersetzungen führen und entsprechende Entscheidungen treffen kann.[13]

2. *Das Verhältnis von Staat und Verfassung.* Für Carl Schmitt ist es eine nicht weiter begründete Prämisse, daß der Staat der Verfassung vorausliegt, nicht die Verfassung den Staat erst konstitu-

11 Begriff des Politischen (Anm. 4), S. 39; übereinstimmend H. Heller (Anm. 9), S. 185 ff. Dies ist der Ausgangspunkt für die Verfassungslehre des Bundes, die darauf beruht, daß die Souveränitätsfrage zwischen dem Bund und seinen Gliedern unentschieden bleiben kann, weil der existentielle Konfliktsfall wegen der vorhandenen Homogenität innerhalb des Bundes nicht eintritt, vgl. *Verfassungslehre,* (Anm. 1), S. 370 ff.

12 *Begriff des Politischen,* (Anm. 4), S. 51-54. Verzicht auf oder Wegnahme von Souveränität ist dasselbe wie der Verlust der Fähigkeit zu eigener politischer Letztentscheidung. Dann gilt: »Dadurch, daß ein Volk nicht mehr die Kraft oder den Willen hat, sich in der Sphäre des Politischen zu halten, verschwindet das Politische nicht aus der Welt. Es verschwindet nur ein schwaches Volk.« (zu ergänzen: als politische Einheit); ebd., S. 54.

13 Der Begriff des klassischen Völkerrechts hierfür ist Protektorat, der politische Begriff: Hegemonie.

iert. Das ergibt sich als notwendige Konsequenz aus seinem Begriff des Staates als politischer Einheit. Denn der Staat als politische Einheit – was eben bedeutet: Macht- und Friedenseinheit mit Gewaltmonopol nach innen – ist etwas *seinsmäßig*, und zwar zunächst als Machtkonzentration Gegebenes. Auch – und das erscheint mir besonders wichtig – die relative Homogenität als Grundlage und Bedingung der Möglichkeit dieser Friedenseinheit und des betätigten Gewaltmonopols, das ja auch von den Bürgern angenommen werden muß, ist eine seinsmäßige Gegebenheit, nicht ein normatives Postulat oder etwas, das erst durch Befolgung der Verfassung hervorgebracht wird. Die rechtliche Verfassung und die Befolgung bzw. Anwendung ihrer normativen Festlegungen bringt den Staat nicht hervor, vielmehr ist der Staat – als politische Einheit – Voraussetzung für ihre Geltung. Damit wird nicht bestritten, daß der Staat durch die rechtliche Verfassung eine gefestigte Form, die näher bestimmte Ordnung des von ihm ausgehenden herrschaftlichen Handelns erhält und dadurch eine Stabilisierung erfährt; aber daraus entsteht nicht erst die eigene Existenz des Staates und das, was seine Substanz ausmacht.[14]

3. *Die Verfassung und ihre Bestandteile.* – a) Die Verfassung ist nicht Vertrag, sondern Entscheidung, und zwar Entscheidung über Art und Form der politischen Einheit.[15] Als Vertrag ist die Verfassung nur möglich – in der *Verfassungslehre* ist es näher expliziert – zwischen politischen Einheiten, die ein Bundes-, möglicherweise auch ein bundesstaatliches Verhältnis begründen.[16] Hauptbeispiel ist der Bundesvertrag: Deutscher Bund und

14 Dieses Verhältnis von Staat und Verfassung ist bereits im Begriff der Verfassung eingefangen, indem diese als Entscheidung über Art und Form der politischen Einheit, nicht über deren Bildung und Fortbestand definiert wird, womit ihr Bestand vorausgesetzt ist, vgl. *Verfassungslehre*, (Anm. 1), § 3 I, S. 21 f. Das schließt nicht aus, daß der Akt der Verfassunggebung in bestimmten historisch-politischen Situationen mit der Konstituierung der politischen Einheit des Staates zusammenfallen kann, etwa bei Sezessionsvorgängen; aber das ist keine Notwendigkeit und gerade auch bei Entstehung der großen paradigmatischen Verfassungen, wie etwa der französischen Verfassung von 1791 und der Verfassung der Vereinigten Staaten von 1787, nicht so gewesen.

15 Ebd., § 3, S. 20, 21-23.

16 Ebd., § 7 II, S. 62 ff.

Norddeutscher Bund – Schweizer Eidgenossenschaft – Konföderationsakte der Neuenglandstaaten. *Innerhalb* des Staates kann dessen grundlegende Ordnung und Form nicht auf Vertrag beruhen, weil dann das Einheitsprinzip und die Einheitsgewähr für den Staat als politische Einheit nicht mehr gegeben wären. Verfassung als Vertrag, soll sie hier ihren politischen und rechtlichen Sinn behalten, wäre ein Vertrag selbständiger, in sich stehender politischer Kräfte innerhalb des Staates. Bestehen diese aber, sind Einheitsprinzip und Einheitsgewähr für den Staat in hohem Maße problematisch. Das erhellt an der Frage, wie man sich unter dieser Voraussetzung die Ausübung der verfassunggebenden Gewalt, das Zustandekommen von Verfassungsänderungen, die Entscheidung eines Verfassungsstreits soll vorstellen können, wenn man nicht die relative Konfliktlosigkeit eines »juste milieu« oder der »halkyonischen Tage« unterstellt, in denen gefahrlos auf den beständigen Kompromiß gesetzt werden kann.[17]

b) Auch die viel kritisierte und nicht leicht nachvollziehbare Unterteilung der Verfassung in den politischen und nichtpolitischen Bestandteil sowie die Qualifizierung des rechtsstaatlichen als des unpolitischen Bestandteils wird vom Begriff des Staates als politischer Einheit her verständlich; ja sie erhält von dorther ihre innere Logik. Zwar legt sich zunächst die kritische Frage nahe, ob denn nicht auch der rechtsstaatliche Bestandteil ein Teil der Ordnung des Gemeinwesens und damit Teil der politischen Ordnung sei. Aber das Politische im Sinne des Schmittschen Begriffs ist gerade und eben das, was der politischen Einheit als dieser Ein-

17 Von hier aus erklärt sich die stete Kritik Carl Schmitts am verfassungsrechtlichen Dualismus der konstitutionellen Monarchie, die schon in der *Verfassungslehre,* (Anm. 1), § 6 II 5, S. 53 ff., hervortritt, verschärft und zugespitzt in der Schrift *Staatsgefüge und Zusammenbruch des Zweiten Reiches,* 1934, entfaltet wird, wo die konstitutionelle Monarchie – illustriert am Beispiel des preußischen Verfassungskonflikts – als permanenter, die gegensätzlichen Legitimationsprinzipien überbauender Kompromiß erscheint, der stets neu herzustellen war. A. A. hierzu Ernst Rudolf Huber, *Deutsche Verfassungsgeschichte seit 1789,* Bd. III, 1963, S. 1-20. Wichtig in diesem Zusammenhang ist der Nachweis von Rainer Wahl, »Der Vorrang der Verfassung«, in: *Der Staat* 20 (1981), S. 485 ff. (491 ff.), daß und warum mit dem Verfassungssystem der konstitutionellen Monarchie eine Verfassungsgerichtsbarkeit unverträglich war.

heit, d.h. als Intensitätsgrad der *Assoziation*, die Konflikte und Gegensätzlichkeiten zu übergreifen vermag, Form und Organisation gibt, sie aktionsfähig macht und erhält. Das umfaßt auch die Legitimation staatlichen Handelns – in der Demokratie vom Volk her. Was indes hemmend, balancierend, freisetzend und gegebenenfalls pluralisierend auf diese Einheit einwirkt, und dazu gehören Grundrechte, Gewaltenteilung und die im Rechtsstaat ebenfalls angelegte Freisetzung einer weithin autonomen bürgerlichen Erwerbs- und Wirtschaftsgesellschaft, ist nicht in diesem Sinne politisch; es relativiert und begrenzt die politische Handlungseinheit des Staates im Interesse unpolitischer, individualfreiheitlicher Zielsetzungen.

c) So gesehen ist es auch kein Sprung, sondern eine sachlogische Konsequenz, wenn der politische Teil der Verfassung vor dem rechtsstaatlichen Bestandteil eine Präponderanz behauptet. Diejenigen Regelungen, welche die Organe des Staates errichten, staatlichem Handeln die Form geben, die notwendigen Verfahrensregeln für die Aktionsfähigkeit der politischen Einheit aufstellen sowie die Selbsterhaltung und die Verteidigung der politischen Einheit betreffen, haben die Präponderanz vor denjenigen, welche die Begrenzung staatlichen Handelns zugunsten privater und gesellschaftlicher Freiheit zum Gegenstand haben. Denn diese private und gesellschaftliche Freiheit konstituiert politisch nichts, sie schafft aus sich nicht die politische Assoziation. Die von ihr ausgehende Freisetzung und Vereinzelung stellt, bezogen auf die politische Einheit und die sie tragende Homogenität, eher eine Schwächung dar als einen notwendigen, integrierenden Teil dieser Einheit.[18] Anders herum gesagt: Der rechtsstaatliche Teil der Verfassung und seine Gewährleistungen müssen eingehangen sein

18 Die These aus der Schrift *Legalität und Legitimität*, 1932, S. 87f., daß angesichts der Krise des Weimarer Staates der zweite Hauptteil der Weimarer Verfassung bewahrt und von den Selbstwidersprüchen und Fiktionen eines technisch-funktionalistisch entleerten Legalitätssystems, zu dem sich der erste Hauptteil entwickelt habe, befreit werden müsse, steht dazu nur scheinbar in Widerspruch. Gerade weil dieser zweite Hauptteil, der übrigens nicht nur liberale, auf private und gesellschaftliche Freiheit der einzelnen bezogene Grundrechte, sondern auch »Ordnungen des Gemeinschaftslebens« festlegte, nicht aus sich effektiv werden konnte, sondern nur im Rahmen einer in sich tragfähigen »politischen« Ordnung, wird deren Umbau gefordert.

in eine bestehende politische Einheit und Form, sie können nicht unabhängig davon oder in einem Primat ihr gegenüber Bestand haben und effektive Wirkung zeitigen. Erst die bestehende und als solche funktionsfähige politische Einheit schafft die Möglichkeit gesicherter grundrechtlicher individueller Rechte und Freiheiten, die durch diese Einheit gerade auch vor ihrer Bedrohung und Verletzung durch die Mitmenschen geschützt und gewährleistet werden.[19]

4. *Verfassungsgerichtsbarkeit und Hüter der Verfassung.* – a) Vom Begriff des Politischen her erklärt sich schlüssig die von Carl Schmitt stets vertretene These, daß echte Verfassungsgerichtsbarkeit politische Justiz sei.[20] Rekapitulieren wir: Das Staats- und Verfassungsrecht ist gegenständlich das eigentlich politische Recht; nicht in dem Sinne, daß Recht immer auch etwas mit Politik zu tun hat, der Ordnung und Gestaltung des Zusammenlebens in einer politischen Gemeinschaft dient, sondern weil

19 Es ist die gemeinsame Auffassung so unterschiedlicher Staatsphilosophen wie Thomas Hobbes und Immanuel Kant, daß der Staat und die in ihm geschaffene Konzentration hoheitlicher Herrschaftsgewalt im Ausgangspunkt gerade deshalb notwendig ist, um den einzelnen vor Gefährdung und Bedrohung durch seine Mitmenschen zu schützen, vgl. Thomas Hobbes, *Elementa philosophica de cive,* cap. 5, 6-7; ders., *Leviathan,* cap. 17; Immanuel Kant, *Metaphysik der Sitten,* Teil 1, § 44; ders., *Ideen zu einer allgemeinen Geschichte in weltbürgerlicher Absicht,* 6. Satz = *Werke* (Hg. Weischedel), Band 9, S. 40 f.

20 Carl Schmitt, *Das Reichsgericht als Hüter der Verfassung,* 1929 = ders., *Verfassungsrechtliche Aufsätze,* 1958, S. 73 ff., 97 ff.; ders., *Der Hüter der Verfassung,* 1931, S. 26-34. Unter Verfassungsgerichtsbarkeit ist hierbei nur die Entscheidung von Verfassungsstreitigkeiten im ursprünglichen Sinn verstanden, die das Gravitationsfeld des Politischen betreffen, d. h. Erwerb, Erhalt, Stabilisierung und Infragestellung politischer Macht und ihrer Ausübung. Dazu gehören aus der Weimarer Zeit etwa der Prozeß Preußen-Reich, in der Bundesrepublik etwa der SRP- und KPD-Prozeß (*BVerfGE* 2,12; 5,85), der erste Fernsehstreit (*BVerfGE* 12,205), der Organstreit um die Raketenstationierung (*BVerfGE* 68,1) oder die Entscheidungen zur Parteienfinanzierung (zuletzt *BVerfGE* 73,40). Die reichhaltige Grundrechtsjudikatur des Bundesverfassungsgerichts wäre demgegenüber im Sinn des Schmitt'schen Begriffs in weitem Umfang als höchste Stufe der Verwaltungsgerichtsbarkeit zu kennzeichnen; soweit hier die judizielle Realisierung vollziehbar festgelegter Grundrechte reicht, hütet das Verfassungsgericht abgefriedete Rechtsstaatlichkeit.

es von der Materie her die Bedingungen, Verfahrensweisen, Befugnisse und auch Grenzen der Handlungsfähigkeit des Staates als politische Einheit normiert und ebenso die Befugnisse und Möglichkeiten zur Erhaltung und Sicherung dieser politischen Einheit.[21] Dann aber ist das Staatsrecht materialiter und in seinem Telos unmittelbar auf das Politische bezogen und wird von daher bestimmt. Es ist von dieser Bestimmtheit her und auf sie hin auszulegen und zu handhaben – ja seine Auslegung und Handhabung ist so gesehen selbst ein Teil spezifisch politischen Handelns.

Verfassungsgerichtsbarkeit kann daher nicht in der Weise ein abgefriedeter, von politischen Dissoziationen und den damit verbundenen Fährnissen abgetrennter Bereich sein, wie es der Idee nach die an im politischen Diskurs festgelegte Gesetze gebundene Justiz ist. Diese hat es mit Gesetzen zu tun, die durch den Prozeß politischer Willensbildung und Entscheidungsfindung hindurchgegangen sind. Sie sind damit, nachdem das Ergebnis feststeht, von (potentieller) politischer Dissoziation grundsätzlich abgefriedet und abgeschichtet. Sie können und sollen nun aus sich heraus, in dem, was in ihnen festgelegt ist, ausgelegt und angewendet werden. Deshalb wird auch der Richter, der nur dem Gesetz unterworfen, im übrigen aber unabhängig ist, nicht selbst zur politischen Größe.[22] Die Verfassungsgerichtsbarkeit hat demgegenüber über Inhalt und Interpretation des Verfassungsrechts als dem Recht, das die politische Einheit in ihrer Aktionsfähigkeit näher bestimmt, verfahrensmäßig ausformt usf., zu entscheiden. Sie ist daher selbst notwendig im eigentlichen Gravitationsfeld

21 E.-W. Böckenförde, (Anm. 7), S. 320f.

22 Es ist und kann deshalb auch gerade die seiner Funktion im politischen System entsprechende Aufgabe des Richters sein, die Gesetze unabhängig von dem eventuell voraufgegangenen politischen Streit um ihren Inhalt aus sich und dem Zusammenhang der geltenden Rechtsordnung heraus zu interpretieren und anzuwenden und davon abzusehen, Gesetzesinterpretation und richterliche Rechtsfortbildung zu einer »Fortsetzung der Politik mit anderen Mitteln« zu machen. Eben darin liegt der »politische« Charakter seiner Aufgabe und Funktion; vgl. Niklas Luhmann, »Funktionen der Rechtsprechung im politischen System«, in: *Dritte Gewalt heute? Schriften der Ev. Akademie Hessen-Nassau,* Heft 4, 1969, S. 9f.; E.-W. Böckenförde, *Verfassungsfragen der Richterwahl,* 1974, S. 89ff.

des Politischen angesiedelt, wo Assoziation und Dissoziation sozusagen potentiell ständig gegenwärtig sind und sich entzünden können. Nimmt sie ihre Aufgabe funktionsgerecht, teleologisch richtig wahr, ist sie in diesem Sinn unentrinnbar »politische« Justiz, was keineswegs gleichbedeutend ist – um ein Mißverständnis abzuwehren – mit parteipolitischer Justiz.

b) Ein justizförmig arbeitendes Gericht kann für Carl Schmitt nicht Hüter der Verfassung sein.[23] Warum? Auch hier erschließt sich die These vom Begriff des Politischen her. Ein Gericht – wie es sich in der europäisch-rechtsstaatlichen Entwicklung herausgebildet hat – ist nach seiner Aufgabe, seiner Funktionsweise, nach dem Rollenverständnis seiner personellen Träger vom politischen Gravitationsfeld abgeschichtet. Es wird nur auf Antrag tätig (wo kein Kläger, ist kein Richter), ist an das vorgebrachte Rechtsbegehren gebunden (ne ultra petita) und lebt ganz in und aus der Bindung an ein ihm vorgegebenes, nicht erst von ihm zu schaffendes, in der Regel gesetzlich ausgeformtes Recht. Dies ist von ihm unabhängig, ohne daß ihm weitergehende, insbesondere politische Ziel- und Zwecksetzungen aufgetragen oder erlaubt wären, anzuwenden. Hüter der Verfassung muß demgegenüber ein aktiv handelndes und ein politisches Organ sein.[24] Denn der Hüter der Verfassung ist zugleich auch, da und soweit die Verfassung das Kleid und die prägende rechtliche Form der politischen Einheit darstellt, Hüter der politischen Einheit selbst. Das ergibt sich nicht zuletzt auch aus dem Verhältnis von Staat und Verfassung, wie Carl Schmitt es gegeben sieht.[25]

Übrigens ist die Frage nicht von der Hand zu weisen, wie weit sich in diesem Punkt für die Zeit der Weimarer Republik Carl Schmitt und Rudolf Smend eigentlich einig sind. Wer Smends *Verfassung und Verfassungsrecht* genau liest, bemerkt, daß darin von Verfassungsgerichtsbarkeit keine Rede ist. Die Verfassung erscheint nicht als Teil des durch Rechtspflege und Justiz gewährleisteten Rechtswesens, sondern als die Ordnung des Integrationsprozesses, in dem der Staat sein Leben und seine Wirklichkeit hat. Rechtsfunktion und Rechtswesen, einschließlich der

23 Carl Schmitt, *Hüter,* (Anm. 20), S. 48 ff., 132; ders.; *Reichsgericht* (Anm. 20), S. 97 ff. sowie die Nachbemerkung dort S. 108.
24 Carl Schmitt, *Hüter,* (Anm. 20), S. 132 ff.
25 S. 2.

Justiz, werden aus dem eigentlichen Gewaltensystem des Staates bewußt herausgenommen, weil sie einer anderen eigenständigen Wertidee als der staatlich-politischer Integration folgen.[26] Auch was bei Smend über die Eigenheit der Verfassungsinterpretation, ihre Ausrichtung auf optimale Integration und die fließende Geltungsfortbildung der Verfassung selbst gesagt wird[27], ist nicht im Hinblick auf ein Gericht formuliert. Der staatliche Integrationsprozeß, dessen Ordnung und zugleich Teil die Verfassung ist, wird nicht einem Gericht anvertraut, um ihn zu sichern.

5. *Die Eigenständigkeit und relative Abgeschlossenheit der politischen Sphäre von der privaten und gesellschaftlichen Sphäre.* Wenn ich das staatsrechtliche Werk von Carl Schmitt richtig verstehe, zieht sich durch es wie ein roter Faden hindurch, daß die politische Sphäre um des Erhalts der politischen Einheit willen beim Staat und den staatlichen Organen konzentriert ist und konzentriert bleiben muß, der Staat sozusagen das Monopol des Politischen bei sich behaupten muß. Dies zeigt sich in dreifacher Weise.

a) Grundrechtliche Freiheit als staatlich nicht gesteuerte autonome Freiheit gehört nur dem privaten, unpolitischen Bereich an und paßt auch nur für ihn. Ihr Übergreifen in den politischen Bereich gilt es abzuwehren, sonst wäre die Dekomposition und Umfunktionierung der politischen Sphäre und der Macht- und Entscheidungspositionen staatlicher Organe als Instrument privat-gesellschaftlicher Selbstentfaltung zu besorgen.

Die Einteilung der Grundrechte in der *Verfassungslehre* bestätigt dies.[28] Eigentliche Grundrechte im Sinne vor- und überstaatlicher Menschenrechte, die dem Staat vorausliegen, sind nur die individualistischen Freiheitsrechte im strengen Sinn, d. h. die Freiheitsrechte des isoliert gedachten Einzelmenschen, die seine private Sphäre umgrenzen und schützen. Dazu zählen Glaubens- und Gewissensfreiheit, persönliche Freiheit, Unverletzlichkeit der Wohnung, Postgeheimnis und Privateigentum. Bei der nächsten Gruppe, den Freiheitsrechten der einzelnen in Verbindung mit anderen einzelnen, wozu Meinungs-, Rede- und Pressefreiheit,

26 Rudolf Smend, *Verfassung und Verfassungsrecht,* 1928, S. 98, 152 f.

27 Siehe ebd., S. 78 ff., 137 ff.

28 Siehe *Verfassungslehre,* (Anm. 1), S. 163-170, insb. die tabellarische Übersicht S. 170.

Versammlungs- und Vereinigungsfreiheit gehören, zeigt sich eine gewisse Zwiespältigkeit, weil mit ihrem sozialen Charakter der Übergang in den politischen Bereich erkannt wird. Sie müssen, so Carl Schmitt, einerseits noch als echte Grundrechte betrachtet werden, »solange der einzelne nicht aus dem Zustand des bloß Gesellschaftlichen heraustritt und nur die freie Konkurrenz und freie Diskussion der einzelnen anerkannt werden soll«.[29] Sie können aber leicht ihren »unpolitischen Charakter«(!) verlieren und hören dann auf, individualistische Freiheitsrechte und als vorstaatliche Freiheit im Sinne des rechtsstaatlichen Verteilungsprinzips garantiert zu sein.[30]

Deutlich davon abgesetzt sind die politischen Mitwirkungsrechte. Politische Teilhabe kann dem einzelnen nicht als dem vorstaatlichen Individuum zukommen, nicht in und aus grundrechtlicher Privatheit und Interessenverfolgung, sondern nur als Mitglied des politischen Volkes, als citoyen.[31] Eben von daher erklärt sich auch die deutliche Kritik Carl Schmitts am *geheimen* Wahlrecht, das den öffentlichen Charakter der Legitimation der politischen Gewalt in der Demokratie zunichte mache, weil es den einzelnen als Privaten (homme) und nicht als Mitglied und Teil des politischen Volkes (citoyen) an die Wahlurne ruft und damit – das ist der nicht ausdrücklich formulierte springende Punkt der Kritik – die Gefahr der Dekomposition der politischen Einheit in sich trägt, weil diese – gewissermaßen schutzlos – durch die Entfaltung und Verfolgung privater und gesellschaftlicher Interessen überwältigt werden kann.[32]

b) Es darf kein staatliches Desinteresse oder Einwirkungsverbot im Hinblick auf solche grundrechtlichen Freiheitsbereiche geben, die aus sich heraus politisch relevant werden können, weil sie etwa die politische Einheit in ihren Voraussetzungen, dem Erhalt

29 Ebd., S. 165.

30 Ebd.

31 Ebd., S. 168 ff.

32 Sie wurde zuerst vorgetragen in der Schrift *Die geistesgeschichtliche Lage des heutigen Parlamentarismus*, ²1926, S. 22 f.; sodann – gerafft und prononciert – in dem Aufsatz »Der bürgerliche Rechtsstaat«, in: *Abendland*, 1928, S. 202, sowie in der *Verfassungslehre*, (Anm. 1), S. 245 f. Die Kritik, wie sie in »Geistesgeschichtliche Lage«, S. 22, geäußert wurde, hat übrigens die ausdrückliche Zustimmung von Rudolf Smend (Anm. 26) gefunden, vgl. S. 37 Anm. 4.

der relativen Homogenität, unmittelbar tangieren. In der *Verfassungslehre* steht eine kurze Bemerkung, die mir seit der ersten Lektüre im Gedächtnis geblieben ist:

»Das politische Problem der Massenbeeinflussung durch die Lichtspiele ist so bedeutungsvoll, daß kein Staat diesen mächtigen psychotechnischen Apparat ohne Kontrolle lassen kann; er muß ihn der Politik entziehen, neutralisieren, d. h. in Wahrheit – weil das Politische unumgänglich ist – in den Dienst der Ordnung stellen, auch wenn er nicht den Mut hat, ihn offen als Mittel zur Integration einer sozialpsychologischen Homogenität zu benutzen.«[33]

Im konkreten Zusammenhang ging es um die Rechtfertigung des Vorbehalts einer Lichtspielzensur in Art. 118 Abs. 2 WRV und das diesen Vorbehalt ausfüllende Lichtspielgesetz von 1920. In Aufsätzen aus den Krisenjahren der Republik 1932/33 wird – vermutlich aus der Anschauung der Praxis der Massenbeeinflussung mit Hilfe der neuen technischen Kommunikationsmittel – die Stellungnahme noch schärfer: Auch ein noch so liberaler Staat könne es sich nicht leisten, diese neuen Mittel der Massenbeeinflussung und Massensuggestion und Bildung einer »öffentlichen«, genauer kollektiven Meinung einem anderen zu überlassen.[34] Daß er andernfalls als politische Einheit die eigene Selbstaufgabe in Kauf nehme, wird nicht ausdrücklich gesagt, steht aber unausgesprochen dahinter. Man könnte versucht sein, diese Aussage auf das Jahr 1986 hin zu aktualisieren, nicht zuletzt angesichts der Wirklichkeit und suggestiven Kraft des damals noch gar nicht bekannten Fernsehens; doch ist das nicht das Thema dieses Referats.[35]

Eine zweite Bemerkung findet sich im Beitrag zum *Handbuch des Staatsrechts;* auf sie ist Carl Schmitt im Rückblick immer stolz gewesen und auch darauf, daß Rudolf Smend sie sogleich bemerkt und gewürdigt habe. Dort wird Art. 135 WRV als Freiheit der Religionsübung und – gegen Anschütz – nicht auch als Freiheit

33 *Verfassungslehre,* (Anm. 1), S. 168.

34 Carl Schmitt, *Weiterentwicklung des totalen Staates in Deutschland* (1932/33) = ders., *Verfassungsrechtliche Aufsätze,* 1958, S. 360, und *Machtposition des modernen Staates* 1933, ebd., S. 368/69.

35 Siehe dazu etwa die nüchtern abgewogene und darin höchst eindrucksvolle Analyse von Kurt Eichenberger, »Beziehungen zwischen Massenmedien und Demokratie«, in: *FS Leo Schürmann,* Freiburg/Schweiz 1987, S. 405 ff.

der antireligiösen Überzeugung qualifiziert.[36] Der Staat, der auf die relative Homogenität als seine eigene Voraussetzung Bedacht nimmt, kann sich nicht völlig uninteressiert – gewissermaßen als großer Agnostiker – gegenüber Religion und Anti-Religion zeigen.

c) Die wirtschaftlich-sozialen Interessenträger müssen in ihrem Bereich verbleiben, dürfen nicht den Zugriff auf die staatlich-politische Funktion erlangen; politischer Pluralismus ist abzuwehren. Es gibt für Carl Schmitt keine politische Repräsentation organisierter Interessen. Politische Machtpositionen von Interessengruppen führen zur Schwächung oder gar Infragestellung des Staates als politischer Einheit, und zwar solange, als diese Gruppen nicht selbst in unmittelbar politischer Verantwortung als Träger staatlich-politischer Entscheidungsgewalt stehen.[37] Einen stato corporativo würde sich Carl Schmitt vorgestellt haben können. Er baut darauf auf, daß Berufsgemeinschaften, syndikalistische Organisationen o. ä. unmittelbar Träger politischer Entscheidungsgewalt und politischer Verantwortung und als solche in der Verfassung anerkannt sind. Was Carl Schmitt immer kritisiert hat und folgerichtig kritisieren mußte, war die Okkupierung des Politischen durch indirekte Gewalten, die als wirtschaftlich-soziale oder auch kirchlich-konfessionelle Machtträger in die staatlich-politische Funktion übergreifen und sie sich dienstbar zu machen suchen, ohne selbst in politischer Entscheidungszuständigkeit und Verantwortung zu stehen.[38] Das begründet seine

36 Carl Schmitt, »Inhalt und Bedeutung des zweiten Hauptteils der Reichsverfassung«, in: *HDStR* Bd. 2, 1932, S. 584, und Gerhard Anschütz, *Die Verfassung des deutschen Reiches vom 11. August 1919*, [14]1933, Bem. 4 mit Anm. 2 zu Art. 135.

37 Siehe *Begriff des Politischen*, (Anm. 4), S. 40-45; ferner Carl Schmitt, *Staatsethik und pluralistischer Staat*, (1930) = ders., *Positionen und Begriffe*, 1940, S. 133 (136-142). Dem entspricht die verhaltene Äußerung zu der großangelegten Arbeit von Joseph H. Kaiser, *Die Repräsentation organisierter Interessen*, 1956, es gehöre »zur Klugheit dieses Buches, daß es seine Fragestellungen nicht bis zum Kern des Verfassungs- und Gesetzesbegriffs weitertreibt«; vgl. Carl Schmitt, *Verfassungsrechtliche Aufsätze*, 1958, S. 385, und Joseph H. Kaiser, *Die Repräsentation organisierter Interessen*,, [2]1978, Vorwort S. 2.

38 Carl Schmitt, *Hüter*, (Anm. 20), S. 71: »Pluralismus dagegen bezeichnet eine Mehrheit fest organisierter, durch den Staat, d. h. sowohl durch verschiedene Gebiete des staatlichen Lebens, wie auch durch die

prinzipielle Gegnerschaft gegen jedwede – auch kirchliche – »potestas indirecta«.[39]

6. *Die Notwendigkeit eines »pouvoir neutre« innerhalb der staatlichen Organisation.* Für das Festhalten und die handlungsbezogene Aktualisierung der politischen Einheit, die der Staat darstellt, erscheint ein übergeordneter handlungsfähiger Bezugspunkt unerläßlich, der bereit und in der Lage ist, in und gegenüber dem Kampf und dem Widerstreit der Interessen deren Ausgleich und Integration herbeizuführen. Dies ist Aufgabe und Funktion eines »pouvoir neutre«.[40] Er ist deshalb notwendig, damit das Eskalieren des Interessenwiderstreits und auch sonstiger Konfliktpotentiale zu einer Freund-Feind-Gruppierung und damit zu einer Infragestellung der politischen Einheit selbst hintangehalten wird. Mit der Errichtung der staatlichen Ordnung als Macht- und Friedenseinheit ist ja die Möglichkeit politischer Dissoziation nicht ein für allemal überwunden, sie kann vielmehr – je nach Situation und Anlaß – immer wieder virulent werden. So bedarf es einer übergreifend ordnenden und ausgleichenden Politik, damit diese virtuelle Möglichkeit nicht real wird; eine solche Politik oder dieses Moment an der Politik kann aber nicht von antagonistisch sich gegenüberstehenden, in ihren – wenn auch berechtigten, so doch partikularen – Interessenhorizont eingebundenen politischen Kräften ins Werk gesetzt werden.

Im *Hüter der Verfassung* geht Carl Schmitt auf die Suche nach einem solchen »pouvoir neutre« und findet ihn – für den Weimarer Staat – im Beamtentum und im Reichspräsidenten.[41] Ob in der

territorialen Grenzen der Länder und die autonomen Gebietskörperschaften hindurchgehender *sozialer* Machtkomplexe, die sich als solche der staatlichen Willensbildung bemächtigen, ohne aufzuhören, nur soziale (nicht-staatliche) Gebilde zu sein.«

39 Carl Schmitt, *Der Leviathan in der Staatslehre des Thomas Hobbes,* 1938 (Neudruck 1982), S. 117: »Es gehört zum Wesen einer indirekten Gewalt, daß sie die eindeutige Übereinstimmung von staatlichem Befehl und politischer Gefahr, von Macht und Verantwortung, Schutz und Gehorsam, trübt, und aus der Unverantwortlichkeit eines zwar nur indirekten, aber darum nicht weniger intensiven Herrschens heraus, alle Vorteile und keine Gefahr der politischen Macht in der Hand hat.«

40 Carl Schmitt, *Hüter* (Anm. 20), S. 114f., 132ff.

41 Ebd., S. 149ff. (Beamtentum), S. 156ff. (Reichspräsident).

Endphase der Weimarer Republik der »pouvoir neutre« dort wirklich angesiedelt war, ist eine zweite Frage, die quaestio facti. Hier ist die quaestio iuris von Interesse, daß nämlich für eine staatsrechtliche Ordnung, die auf Erhalt, Funktions- und Aktionsfähigkeit des Staates als politischer Einheit angelegt ist, ein solcher »pouvoir neutre« unaufgebbar erscheint, ungeachtet dessen, wo er im Verfassungsgefüge konkret anzusiedeln ist.

7. *Der Begriff der Repräsentation bei Carl Schmitt.* Die Frage ist schwierig und wäre an sich ein Thema für ein eigenes Referat, doch will ich sie nicht auslassen. Repräsentation ist im staatsrechtlichen Werk Carl Schmitts stets bezogen auf die politische Einheit des Volkes, d. h. den Staat, nicht auf die Repräsentation der Gesellschaft gegenüber dem Staat und nicht auf die Repräsentation der Interessen *in* der Gesellschaft. Es wird auch nicht das Volk *im* Staat, sondern erst und bereits das zur politischen Einheit verbundene und organisierte Volk, mithin wieder der Staat selbst, repräsentiert.[42] Das ist ersichtlich von dem Gedanken her konzipiert, daß nur der Staat als solcher, die politische Einheit, der Repräsentation fähig sei und Repräsentation inner- und außerhalb des Staates diesen als die politische Einheit auflösen müsse.

Möglicherweise ist der Begriff der Repräsentation – soweit ich sehe, hat Carl Schmitt sich zuletzt in der *Verfassungslehre* dazu geäußert – ein von ihm selbst nicht zur abschließenden Formulierung gebrachter Begriff. Man kann die verschiedenen Etappen verfolgen, die unterschiedliche Akzentuierungen und Formulierungen bringen. Das erste Mal wird Repräsentation – wir haben es hier bereits gehört – in *Römischer Katholizismus und politische Form* behandelt, dann in einer langen Anmerkung in der *Geistesgeschichtlichen Lage des Parlamentarismus* und schließlich ausführlich in der *Verfassungslehre*, dort auch in der Auseinandersetzung mit Rudolf Smend (Leibholz' Habilitationsschrift über Repräsentation erschien erst 1929, lag also bei Abfassung der *Verfassungslehre* noch nicht vor.[43]

Man muß sehen, daß für den Begriff der Repräsentation, wie er in

42 *Verfassungslehre* (Anm. 1), S. 212, 210.

43 *Römischer Katholizismus und politische Form*, ²1925, S. 25 ff., bezogen auf personale Würde und die Darstellung eines geistigen Prinzips; *Geistesgeschichtliche Lage* (Anm. 32), Anm. 3 zu S. 43, daran anknüpfend mit Übergang in den politischen Bereich; *Verfassungslehre*

der *Verfassungslehre* formuliert ist, eine Repräsentation der Gesellschaft, ihrer Interessen und Gruppierungen zum Problem wird, ja daß daran gar nicht gedacht ist. Ebenso wird auch eine demokratische Repräsentation zum Problem, bei der die Bürger in dem, was sie gemeinsam verbindet, repräsentiert werden und dadurch die politische Einheit auch bewirkt wird.[44] Der Begriff der Repräsentation ist auch eher statisch gedacht, als Darstellung eines unsichtbaren, aber vorhandenen Seins, das durch Repräsentation sichtbar gemacht wird.[45] Repräsentation erscheint danach nicht als Vorgang, als Prozeß, durch den Einheit und gemeinsames Bewußtsein aktualisiert und auch hergestellt wird, er bildet nur etwas bereits Vorhandenes ab.[46]
Aber auf der anderen Seite findet sich in diesem Kapitel der *Verfassungslehre* gerade auch die Einsicht, daß die politische Einheit des Volkes selbst nicht von Natur da ist, sondern erst bewirkt werden muß: »Jede politische Einheit muß auf irgendeine Weise integriert werden, weil sie nicht von Natur vorhanden ist, sondern auf einer menschlichen Entscheidung beruht.«[47] Das ist, so scheint mir, von Rudolf Smend nicht sehr weit entfernt, mit dem Unterschied, daß Integration auf Entscheidung zurückgeführt wird. Und weiter: »Die Repräsentation bewirkt erst die Einheit, doch ist es immer nur die Einheit eines Volkes im politischen Zustand, die bewirkt wird.«[48] Repräsentation wird hier sehr betont in ihrer Handlungsbezogenheit gesehen, weshalb sie eigentlich nur Regierungsorganen zugeschrieben wird. Sie sind Handelnde. Aber auch nur Regierungsorganen und nicht Verwal-

(Anm. 1), S. 204-216, Entwicklung von Repräsentation als staatsrechtlich-politischem Begriff.

44 Siehe Ernst-Wolfgang Böckenförde, *Demokratie und Repräsentation*, 1983, S. 21-26.

45 *Verfassungslehre,* (Anm. 1), S. 209: »Repräsentieren heißt, ein unsichtbares Sein durch ein öffentlich anwesendes Sein sichtbar machen und vergegenwärtigen«; ferner ebd., S. 207.

46 Dazu, daß Repräsentation sich als Vorgang und Prozeß realisiert, Martin Drath, »Die Entwicklung der Volksrepräsentation«, (1954), in: Heinz Volker Rausch (Hg.), *Zur Theorie und Geschichte der Repräsentation und der Repräsentativverfassung,* 1975, S. 260 (275 ff., 292 ff.).

47 *Verfassungslehre,* (Anm. 1), S. 207.

48 Ebd., S. 214.

tungsorganen, weil nur jene das geistige Prinzip der politischen Existenz darstellen und konkretisieren, wird Repräsentation zugeschrieben.[49] Hier beruft sich Carl Schmitt auf Lorenz von Stein. Es wird aber auch der Dualismus von zwei Repräsentanten im 19. Jh. geschildert, wobei die Volksvertretung das Volk sozusagen gegenüber dem Monarchen repräsentieren sollte, dieser aber den Staat als ganzen, insbesondere auch im auswärtigen und internationalen Verkehr.[50] War das erstere nun keine Repräsentation, auch kein Element von Repräsentation? Und wie ist von dem Ausgangspunkt, daß Repräsentation als verfassungstheoretischer Begriff stets nur auf die staatliche Einheit als ganze bezogen sei, nur diese repräsentiert werden könne, eigentlich *demokratische* Repräsentation, die Repräsentation des Volkes im Staat und das Parlament als Volksrepräsentation zu denken? Hier bleibt, so scheint mir, manches offen und unabgeschlossen, und ich möchte es bei dieser Unabgeschlossenheit auch lassen.

III.

Schlußbemerkung: Die vorstehenden Ausführungen haben die Darstellung des staatsrechtlichen Werkes von Carl Schmitt zum Gegenstand, nicht die sachliche Auseinandersetzung damit. Ich habe versucht, dieses Werk von einem bestimmten Punkt her, der mir als der tragende erscheint, systematisch aufzuschlüsseln und in diesem Rahmen seine Folgerichtigkeit – statt des oft behaupteten Okkasionalismus – darzutun. Die Frage, wie weit dieses staatsrechtliche Werk in seinen grundlegenden Begriffen, Unterscheidungen und Aussagen sachlich tragfähig, das heißt im Hinblick auf die Wirklichkeit von Staat, staatlichem Leben, staatlicher Existenz und deren Ordnung sachgerecht und zutreffend und damit auch heute von bleibender Aktualität ist, ist damit noch nicht beantwortet, vielmehr erst gestellt. Sie kann – wie mir scheint – nur auf der Grundlage einer systematischen Aufschlüsselung dieses Werkes fruchtbar und weiterführend diskutiert werden. Zum Schluß möchte ich auf zwei Gesichtspunkte hinweisen, die mir für diese Diskussion entscheidend zu sein scheinen: der erste ist die Frage nach der Richtigkeit des von Carl

49 Ebd., S. 212.
50 Ebd., S. 210/211.

Schmitt entwickelten Kriteriums des Politischen und des darauf gegründeten Begriffs des Staates als politischer Einheit; der zweite die Frage nach der Bedeutung der Freiheit – der individuellen und der politischen Freiheit – für die staatliche Einheit und staatliche Ordnung. Ist sie im staatsrechtlichen Werk Carl Schmitts zutreffend oder nur verkürzt gesehen und bestimmt, nicht zuletzt im Hinblick auf die Bildung und das Sich-Forttragen der relativen Homogenität, des Miteinanderverbundenseins in einem Volk als Grundlage der staatlichen Einheit und Handlungsfähigkeit?

15. Gerhard Anschütz
1867-1948

Die Person und das Wirken von Gerhard Anschütz sind mit der Universität Heidelberg in besonderer Weise verbunden. Anschütz war insgesamt 24½ Jahre – von 1900 bis 1908 und 1916 bis zum Frühjahr 1933 – an der Universität als Lehrer und Forscher tätig, und zwar – gemäß der Umschreibung in den ministeriellen Ernennungserlassen – als »Professor der deutschen Staats- und Rechtsgeschichte und des deutschen Reichs- und Landesstaatsrechts einschließlich des Verwaltungsrechts und der Polizeiwissenschaft, sowie des Kirchenrechts«. Nachdem er 1908 an die Universität Berlin berufen worden war – im kaiserlichen Deutschland wohl das meisterstrebte Ziel eines akademisch-universitären Berufsweges –, kehrte er acht Jahre später, 1916, wieder nach Heidelberg auf seinen Lehrstuhl zurück. Diese Rückkehr empfand er »in jedem Sinne als Heimkehr«.[1] In das geistige Klima, das die Universität zu Beginn dieses Jahrhunderts bestimmte und für das im Bereich der Geisteswissenschaften Namen wie Max Weber, Wilhelm Windelband, Ernst Troeltsch und Georg Jellinek stehen, gehörte Anschütz voll hinein, und er prägte selbst das geistig-politische Profil mit, das die Universität in der Weimarer Zeit auszeichnete. Mehr noch: Für den Bereich des öffentlichen Rechts sind, blickt man auf die ersten Jahrzehnte dieses Jahrhunderts, die Namen von Anschütz und Georg Jellinek mit Heidelberg bedeutungsgleich.

Diese enge Verbindung, die zu einer Art geistigen Symbiose zwischen der Universität und ihrem bedeutenden Lehrer und Forscher führte, hatte, wie mir scheint, einen doppelten Grund. Der eine liegt im besonderen Charakter des wissenschaftlichen Werks von Gerhard Anschütz und der ausstrahlenden Wirkung, die von ihm, am stärksten in der Gestalt des Kommentars zur Weimarer Reichsverfassung[2], ausging. Dieses wissenschaftliche Werk war in spezifischer Weise dem rechtswissenschaftlichen Positivismus zu-

1 *Schreiben an den Rektor der Universität Heidelberg vom 31. 12. 1915,* Personalakte Gerhard Anschütz, Universitätsarchiv Heidelberg.

2 Der Kommentar erlebte von 1919 bis 1933 vier Bearbeitungen und

geordnet, der das juristische Denken der Zeit bestimmte und in dem allgemeinwissenschaftlichen Positivismus und den geistigen Anschauungen, die auch und gerade die Universität Heidelberg zu dieser Zeit prägten, seinen Rückhalt fand. Dieses Werk hat aus Anlaß des 100. Geburtstages von Gerhard Anschütz im Jahre 1967 eine Würdigung durch Ernst Forsthoff erfahren, die in sich gültig ist (*Der Staat* 6 [1967], S. 137ff.). Sie verbessern oder gar überholen zu wollen, wäre vermessen.

Der andere Grund liegt in den geistigen und politischen Anschauungen, denen Anschütz zugetan war. Für sie ist er – Bürger, homo politicus und, auch im wörtlichen Sinn, Professor – immer wieder eingetreten, in Schriften und Reden ebenso wie in Eingaben und Stellungnahmen oder anderen Weisen politischen Handelns. Diese Anschauungen standen in grundsätzlicher Übereinstimmung mit dem fortschrittlichen Teil des politisch bewußten gehobenen Bürgertums, dem Anschütz entstammte. Anschauungen dieser Art waren es auch, die das geistige Klima der Universität, ja Heidelbergs überhaupt, wenn nicht bestimmten, so doch nachhaltig mit prägten. Sie hatten ihre tragenden Pfeiler in einer metaphysiklosen Grundeinstellung, die nur den positiven Dingen und der erreichten Kultur, in der man lebte, zugewandt war, in der entschiedenen Bejahung des von Bismarck geschaffenen Deutschen Reiches als Grundlage und Unterpfand der nationalen politischen Einheit und in dem Streben nach einer freiheitsbezogenen, Staat und Volk verbindenden Ausgestaltung dieses Reiches und der in ihm betriebenen Politik. In diesem Sinn waren sie national, staatsbezogen und liberal. Anschütz verkörperte diese Anschauungen in sich; er war und wurde darin Repräsentant nicht nur Heidelbergs, sondern auch desjenigen Teils des deutschen Bürgertums, das sowohl für das Kaiserreich wie die Weimarer Republik zu den staatstragenden Kräften gehörte. Das soll in einigen Umrissen näher verdeutlicht werden.[3]

vierzehn Auflagen und hatte eine die anderen Kommentarwerke weit überragende Autorität.

3 Die nachfolgende Darstellung wertet das Material aus, das Herr Ministerialrat Eckart Dahnke, Staatskanzlei Düsseldorf, in früheren Jahren zur Vorbereitung einer Dissertation über Gerhard Anschütz gesammelt hat. Für die Überlassung dieses Materials, ohne das diese Studie nicht hätte fertiggestellt werden können, bin ich Herrn Dahnke zu besonderem Dank verpflichtet.

Zu Beginn seiner – im wesentlichen noch unveröffentlichten – Lebenserinnerungen[4] charakterisiert Anschütz die 60er-Jahre des 19. Jahrhunderts, in die er – 1867 – hineingeboren wurde: »Die 60er-Jahre des 19. Jahrhunderts waren für unser Vaterland eine große und schöne Zeit. Die Einigung Deutschlands wurde in diesem Jahrzehnt noch nicht vollendet, aber gegründet und unterbaut... Denn der Genius hatte das große Werk in seine Schöpferhand genommen: mit dem Tage, da Bismarck an das Steuer des preußischen Staates trat, zog für Deutschland eine neue Zeit herauf, die Erfüllung der nationalen Hoffnungen.« Diese Anerkennung und Verehrung Bismarcks als des Reichsgründers, die im Bürgertum allgemein war, wird von Anschütz indes sogleich durch die Feststellung ergänzt, daß die Einheitsbewegung zugleich eine freiheitliche Bewegung gewesen sei; sie habe mit der Einheit des deutschen Staatswesens auch die persönliche, politische, wirtschaftliche und soziale Freiheit der Bürger erweitert. Dafür beruft sich Anschütz – zu Recht – auf die Gesetzgebung des Norddeutschen Bundes und die des Deutschen Reiches und Preußens anfangs der 70er-Jahre; in ihr wurden Freizügigkeit, Gewerbe- und Wirtschaftsfreiheit, Angleichung der staatsbürgerlichen Rechte, Pressefreiheit, Beteiligung der Bürger an der Verwaltung (in Preußen), aber auch ein rechtsstaatlich geprägtes Strafrecht, dem bald die Strafprozeßordnung folgte, allgemein eingeführt und näher ausgestaltet.

In dieser Darstellung tritt der *Staat* als tragende Grundlage nationaler politischer Einheit und freiheitsbezogener Gestaltung des politischen und gesellschaftlichen Lebens klar hervor. Er ist für Anschütz – auch als Machtgebilde und Machteinheit – eine positive Gegebenheit, die weiterer Rechtfertigung nicht bedarf. Diesem Staat eignet Souveränität und eine Recht schaffende Gesetzgebungsgewalt, die ihrerseits einer rechtlichen Begrenzung nicht unterliegt. »Ansprüche von Individuen gegen den Staat als Gesetzgeber, sei es auf Vornahme, sei es auf Unterlassung oder Zurücknahme eines legislativen Aktes, (gehören) nach unseren Rechtsanschauungen zu den Unmöglichkeiten.«[5] Darin artiku-

4 »Aus meinem Leben. Erinnerungen von Gerhard Anschütz«, Manuskript, S. 1.

5 Gerhard Anschütz, *Die Verfassungsurkunde für den preußischen Staat. Ein Kommentar für Wissenschaft und Praxis,* Berlin 1912, S. 94.

liert sich ein tiefes, nicht nur politisches, sondern auch existentielles Zutrauen in den Staat, wie er geworden war und sich der Zeit – als in konstitutionellen Formen und Bindungen lebender Staat – präsentierte. Dieses Zutrauen war für das national denkende Bürgertum charakteristisch. Der Staat erscheint als nicht weiter hinterfragte politische Lebensform der Nation, ist sozusagen der archimedische Punkt der erreichten politischen Kultur. Für das Individuum ist er Ort von Sicherheit und Freiheit, und zwar ebenso gegenüber Machtstreben und Überwältigung aus der Gesellschaft heraus wie gegenüber Gesinnungs- und Glaubenszwang, wie er von seiten der Kirchen ausgehen kann. Dafür beansprucht der Staat – unbedingt – Gehorsam gegen seine Gesetze.

In diesem Sinne war Anschütz Etatist – und ist es Zeit seines Lebens geblieben. Er hat den so gesehenen Staat nicht nur bejaht und verteidigt, er hat auch seinen Souveränitätsanspruch bekräftigt. Infragestellungen dieses Souveränitätsanspruches, die er einerseits von kirchlichen Positionen, andererseits von den pluralistischen Kräften ausgehen sah, ist er entschieden entgegengetreten. Der Staat gewährleistet zwar Glaubens-, Bekenntnis- und Gewissensfreiheit, aber die Staatsgesetze gehen Religionsgeboten vor. Ein Ausgleichs- oder Konkordanzproblem ergab sich daraus nicht. Die Vorschrift der preußischen Verfassung von 1850, wonach den bürgerlichen und staatsbürgerlichen Pflichten durch die Ausübung der Religionsfreiheit kein Abbruch geschehen darf (Artikel 12 Satz 3), hatte für ihn keine konstitutive, sondern nur deklaratorische Bedeutung; ihr Inhalt folge bereits aus dem Wesen des modernen Staates und seiner Souveränität. »Die Staatsgewalt ... kann die Verbindlichkeit und Unverbrüchlichkeit ihrer Gebote an keinem Punkte abhängig machen von der Anerkennung ihrer Untertanen ... Es ist dem Staatsbürger nicht gestattet, dem Gott, an den er glaubt, mehr zu gehorchen als dem Staatsgesetz.«[6] Ebenso scharf hat Anschütz sich gegen jegliches Koordinationssystem für das Verhältnis von Staat und Kirche ausgesprochen. Die Kirche war für ihn ein »innerstaatlicher, dem Staate untergeordneter Verband« und mußte es bleiben. Anschütz bekannte sich grundsätzlich als Gegner aller konkordatsartigen Vereinbarungen zwischen Kirche und Staat anstelle staatsgesetzlicher Regelungen, weil sie eine Gefahr für die staatliche Souveränität

6 Ebd., S. 229/30.

enthielten.[7] Zwar suchte er solcher Gefahr zu begegnen, indem er den völkerrechtsartigen oder -ähnlichen Charakter der Konkordate verwarf und den Vorrang des Staatsrechts vor dem Konkordatsrecht betonte. Aber ihm mißfiel, daß der Staat mit einem innerstaatlichen Verband – und nur als solchen vermochte er die Kirche in einem Land anzusehen – überhaupt paktierte. »Was heute der *Kirche* zugestanden wird – die Regelung ihres Verhältnisses zum Staat durch Vertrag mit dem Staat – könnte eines Tages auch von sehr andersartigen innerstaatlichen Mächten, Personen – oder Kapitalvereinigungen, etwa von Gewerkschaften, Unternehmerverbänden, großen Konzernen und Trusts, beansprucht werden.«[8]

Dem Pluralismusproblem, das hiermit angesprochen und von einer bestimmten Seite her diagnostiziert ist, begegnete Anschütz mit Skepsis und Ablehnung. Er sah darin eine neue Erscheinungsform des Partikularismus. Diesen hatte er seit je zugunsten eines konsequenten Unitarismus im Reich bekämpft. Die andere politische Dimension, die dem Pluralismus auf dem Boden der Demokratie zukam und in den Theorien von H. Laski ihren Ausdruck fand, blieb ihm verborgen. In einem Brief an Carl Schmitt aus dem Jahre 1930[9] spricht er von der ›bedauerlichen Pluralisierung‹ des deutschen Staates. Vor allem die Parteienwirtschaft und Parteienzersplitterung sei deplorabel. Und zwei Monate später[10] bringt er seine Erleichterung darüber zum Ausdruck, daß Schmitt – in seiner Schrift *Staatsethik und pluralistischer Staat* – am Staat als der politischen Einheit des Volkes festhalte, von den pluralistischen Irrlehren abrücke und sie gründlich widerlege. Seine Absage an den Pluralismus war letztlich in seinem Eintreten für staatliche Einheit und Souveränität, für die ordnende Überlegenheit des staatlichen Gesetzgebers über die vielgestaltigen, nicht selten zentrifugalen Kräfte der Gesellschaft begründet – auch dies symptomatisch und repräsentativ für das bürgerlich-liberale politische Denken der Zeit.

Die grundlegende politische Option für einen starken Staat, die Anschütz' politisches Denken auszeichnete, war für ihn freilich

7 Gerhard Anschütz, *Die bayerischen Kirchenverträge von 1925*, Berlin [o.J.] 1925, S. 5.

8 Ebd., S. 5.

9 Der Brief ist datiert vom 16. Mai 1930.

10 *Brief vom 16. Juli 1930 an Professor Carl Schmitt*, S. 4.

zugleich eine Option für den freien, auf die Freiheit der Bürger gegründeten Staat. »Wie die Macht nach außen, so ist die Freiheit nach innen das Wesen des modernen Staates. Auf die Freiheit der Bürger ist die innere Macht des modernen Staates gegründet.« Diese klassischen Worte Rudolph Sohms, 1898 gesprochen[11], könnten ebenso von Anschütz stammen. In seinen Lebenserinnerungen vermerkt er bedauernd, daß das gebildete höhere Bürgertum, dem er entstammte, in den ersten Jahrzehnten nach der Reichsgründung zwar stolz auf die errungene Reichseinheit war und bereit, sich für ihren Schöpfer, Bismarck, einzusetzen, indessen von einem Verlangen nach Mitgestaltung der öffentlichen Dinge und aktiver Teilnahme an der Erzeugung des Staatswillens bei ihm wenig zu spüren gewesen sei.[12] Der Liberalismus, den dieses Bürgertum neben seiner nationalen Gesinnung und der Bejahung der monarchischen Staatsform durchaus vertrat, habe seine Forderungen vorwiegend auf geistigem und kulturellem Gebiete erhoben. »Freiheit des Denkens, Redens, Schreibens und Publizierens, der Wissenschaft und ihrer Lehre, des literarischen und künstlerischen Schaffens – diese Freiheiten wollte man, oder vielmehr: man hatte sie und weil man sie hatte, brauchte man sie nicht erst zu wollen.«[13]

Über diesen eher unpolitischen Liberalismus, in dem er aufgewachsen war, wuchs Anschütz erst allmählich, dann aber sehr bewußt hinaus. Zwar ordnete er seine politischen Anschauungen bei den National-Liberalen ein, betrachtete sich aber dem linken Flügel zugehörig. Was ihn von dem engeren Nationalliberalismus zu einem eher demokratischen Liberalismus führte, war der politische Freiheitsgedanke, der für ihn vom modernen Staatsgedanken unabtrennbar war. Der starke Staat, den er wollte, konnte auf der erreichten Stufe der Kulturentwicklung nur ein Staat sein, der seinen Bürgern Freiheit gewährte und von freien Bürgern getragen wurde. Sein – veröffentlichtes – Autogramm zur Jahrhundertfeier der Berliner Universität gibt davon mit dem ihm eigenen Freimut Zeugnis.[14] Der Rückblick auf die Gründungszeit der Universität rufe Erinnerungen wach an die Jahre, »da Preußens

11 Rudolph Sohm, *Die sozialen Aufgaben des modernen Staates*, Leipzig 1898, S. 29.

12 Gerhard Anschütz, (Anm. 4), S. 209.

13 Ebd., S. 211.

14 *Die juristische Fakultät der Universität Berlin von der Gründung bis*

Lenker sich erstmals dessen besannen, daß Macht nur des Staatsgedankens einer Teil, der andere aber, ganz ebenbürtig, die Freiheit ist.« Diese Wahrheit sei seitdem in Preußen immer wieder vergessen, oft auch mißachtet worden. Und er fährt fort: »Möge das Jahrhundert, dem wir entgegensehen, hier Wandel und Erneuerung bringen, möge es unseren einseitigen Machtstaat mehr und mehr zum Staat der Freiheit gestalten ...«. Anschütz hoffte auf den Sieg der »liberalen und demokratischen Gedankenwelt« über vieles, was ihm am damaligen Preußen unfreiheitlich, rückständig, polizeistaatlich erschien[15], und er suchte selbst dazu beizutragen. Sein groß angelegter Kommentar zur preußischen Verfassung[16] war, ungeachtet seiner Verpflichtung auf die rechtspositivistische Methode, in diesem Sinn von einem ausgesprochen politischen Impetus getragen und bestimmt. Es ging um die Bekämpfung der »Kryptoabsolutisten«, d.h. derjenigen Richtung der Verfassungsauslegung und -anwendung, die im Sinne konservativ-reaktionärer Einstellung und Zeitverbundenheit das wieder rückbilden wollte, was die Verfassung 1850 an liberalem Geist bereits aufgenommen und normativ verfestigt hatte. Ihnen gegenüber brachte Anschütz durch seine Kommentierung den liberalen Konstitutionalismus, soweit er in der Verfassung enthalten war, entschieden zur Geltung. Nicht ohne Befriedigung bemerkt er im späteren Rückblick: »Ich glaube, daß es mir damals gelungen ist, meine sich ›konservativ‹ nennenden, in Wahrheit reaktionär gesinnten Gegner ins Unrecht zu setzen und erfolgreich zu wirken für eine Verfassungsauslegung, die nicht sowohl freiheitlich als vor allen Dingen richtig war.«[17]

In die gleiche Richtung weist sein entschiedenes Eintreten für die in der Zeit des ersten Weltkrieges erörterten staatspolitischen Reformpläne. Sie zielten, herausgefordert durch die das ganze Volk treffenden Kriegslasten, auf eine stärkere Beteiligung des Volkes bei der Bildung des Staatswillens, den weitgehenden Einbau de-

zur Gegenwart in Wort und Bild, in Urkunden und Briefen, hg. von Otto Liebmann, Berlin 1916, S. 188.

15 Gerhard Anschütz, (Anm. 4), S. 249.

16 Zur wissenschaftlichen Würdigung dieses Werks siehe Beitrag von Ernst Forsthoff, »Gerhard Anschütz«, in: *Der Staat* 6 (1967), S. 143 f.; ferner die ausführliche Besprechung von Richard Thoma, *Zeitschrift für Politik* 7 (1914), S. 280-86.

17 Gerhard Anschütz, (Anm. 4), S. 253.

mokratischer Gedanken in den Staatsaufbau. Es sollte die Einheit von Staat und Volk erreicht und der Staat dadurch gefestigt werden. Anschütz sah hierin eine weitere Verwirklichung des Freiheitsgedankens, der die Teilhabe aller Bürger auch an der politischen Freiheit implizierte, noch stärker aber bewegte ihn die Festigung der Macht des Ganzen, des Staates, die Aussöhnung der Arbeiterschaft mit dem Staat, die durch eine Demokratisierung des Staates herbeigeführt würde.[18] Der liberale Gedanke verband sich mit dem demokratisch-nationalen und mündete in diesen ein. Bereits 1915 wandte sich Anschütz in scharfen Worten gegen das Dreiklassenwahlrecht in Preußen, das ungerechtes Recht sei und allen Forderungen politischer Ethik widerspreche[19], und forderte allgemeine Teilnahme des Volkes am Staat und politische Gleichberechtigung. »Alle Würde, alles Ansehen und damit letzten Endes doch auch alle Macht des Staates ruht auf dem Vertrauen, das ihm sein Volk entgegenbringt... Dieses Vertrauen kann gegenüber einem politisch mündigen Volke nicht allein durch gute Leistungen des Staates, durch eine fürsorgliche Gesetzgebung und Verwaltung... erworben werden..., sondern schließlich nur dadurch, daß das, was für das Volk getan wird, in weitem Maße auch *durch* das Volk geschieht. Wohlfahrts- und Versorgungseinrichtungen sind gut, allgemeine Teilnahme des Volkes am Staat, politische Gleichberechtigung, Einheit von Volk und Staat, kurz Demokratie in diesem Sinn sind besser.«[20] Weiter nahm er, ähnlich wie Max Weber, entschieden zugunsten der Parlamentarisierung der Reichsregierung Stellung. Die Begründung ist kennzeichnend für seine grundsätzliche Einstellung: »Die Frage, ob die Parlamentarisierung wünschenswert sei, kann unerörtert bleiben; sicher ist, daß sie kommen muß, weil die Riesengröße der zu schaffenden Arbeit und die Wucht der Steuerlast, wie sie nach dem Kriege sich ergeben werden, ein Maß von Ansehen und Verantwortlichkeit verlangen, wie es keine Beamtenregierung, sondern nur eine im Volksvertrauen wurzelnde, d. h. eine parlamentarische Regierung aufbringen kann.«[21] Anschütz blieb auch

18 Ebd., S. 280.

19 Gerhard Anschütz, »Gedanken über künftige Staatsreformen«, in: Friedrich Thimme/Karl Rudolf Legien, *Die Arbeiterschaft im neuen Deutschland,* 1915, S. 53.

20 Ebd., S. 57.

21 Gerhard Anschütz, »Parlament und Regierung im Deutschen Reich,

nach der anderen Seite hin konsequent und sich selbst treu. Während nicht wenige seiner Professorenkollegen sich in feierlichen Kriegsreden ergingen und, in Übereinstimmung mit einer breiten Richtung der öffentlichen Meinung, ausgreifende Annektionspläne und -forderungen erörterten, lehnte er bereits 1915 Annektionen, mit Ausnahme allenfalls militärstrategisch gebotener geringfügiger Grenzverschiebungen, rundweg ab. Und zwar aus nationalen und machtstaatlichen Gründen. Eine Annektion etwa Belgiens oder anderer Gebiete mit nichtdeutscher Bevölkerung würde die nationale Einheitlichkeit des Reiches, die Grundlage seiner inneren Stärke sei, gefährden. Sie bedeute, da man ein hochkultiviertes Land nicht wie eine Kolonie regieren und seinen Bewohnern, wolle man nicht Verschwörungswesen und Revolution in Permanenz riskieren, die politischen Rechte nicht verweigern könne, keine Stärkung, sondern eine Schwächung der Macht des Reiches.[22]

Anschütz hatte sich, aus der inneren Konsequenz seiner politischen Grundpositionen und befördert durch die gegebenen Verhältnisse, vom Anhänger eines nationalen und liberalen Konstitutionalismus zum nationalen und liberalen Demokraten entwikkelt. Dabei blieb er jedem Radikalismus und ideologischen Überschwang abgeneigt und weiterhin einer bürgerlichen politischen Ordnung verpflichtet. Was lag näher, als daß Hugo Preuß ihn Anfang Dezember 1918, zusammen mit Max Weber, zu einer Vorberatung des Entwurfs der Weimarer Reichsverfassung nach Berlin einlud und ihn wenig später für das Reichsinnenministerium als Leiter der Verfassungsangelegenheiten zu gewinnen suchte – was Anschütz, der seine Professur nicht aufgeben wollte, ausschlug.[23]

Vortrag in der Wiener Juristischen Gesellschaft am 13. März 1918«, in: *Allgemeine Österreichische Gerichtszeitung* 69 (1918), S. 124.

22 Gerhard Anschütz, *Zukunftsprobleme Deutscher Staatskunst. Rede am 2. 1. 1915,* Berlin 1917, S. 9. Auf S. 2 findet sich folgender Vermerk: ›Diese Rede ist am 22. Januar 1915 gehalten worden. Ihrer Veröffentlichung innerhalb der fortlaufenden Reihe der ›Deutschen Reden in schwerer Zeit‹ standen Zensurbedenken entgegen, die erst jetzt (Januar 1917) behoben sind. Die Rede erscheint hier in der Form, in der sie gehalten wurde, bis auf die Erörterungen über Polen, die fortgelassen werden mußten.‹

23 Gerhard Anschütz, (Anm. 4), S. 403, 413.

Es war kein Bruch, sondern entsprach innerer Logik, daß Anschütz mit seiner ganzen Kraft dem Weimarer Staat, der Weimarer Verfassung, der Weimarer Demokratie zu dienen suchte. Sein diesbezügliches Credo ist in seiner Rektoratsrede aus dem Jahre 1922 *Drei Leitgedanken der Weimarer Verfassung*[24] niedergelegt. Die Weimarer Verfassung war für ihn die Verfassung eines bürgerlichen Staates, ihre Leitgedanken waren die der Demokratie, des Liberalismus, der parlamentarischen Regierungsweise, ergänzend und erläuternd dazu der persönlichen Freiheit, der Gleichheit aller vor dem Gesetz, der konstitutionellen Gewaltenteilung, des Rechtsstaats.[25] Der Weimarer Verfassung hat, wie er selbst sagt, ein beträchtlicher Teil seiner Lebensarbeit gegolten. Er hat sie in seiner Kommentierung mit innerer Anteilnahme wissenschaftlich begleitet; ihren unitarischen Charakter hat er zu stärken, ihren demokratisch-parlamentarischen – bei voller Anerkennung der Befugnisse des Reichspräsidenten – zu festigen gesucht; an ihrer Offenheit für jede Art der Verfassungsänderung, Ausdruck der unbegrenzten Gestaltungsbefugnis des (verfassungsändernden) Gesetzgebers, hat er bis zuletzt festgehalten.[26] Ihr Ende wie auch den Zusammenbruch des Weimarer Staates hat er nicht aufzuhalten vermocht. Als am 30. Januar 1933 der Führer einer Partei, deren erklärtes Ziel der Umsturz des Weimarer Verfassungssystems war, zum Reichskanzler ernannt wurde, war Anschütz politisch ein Besiegter. Er konnte sich auch nicht auf eine Rechtsposition zurückziehen, um die hiermit begonnene Verfassungsbeseitigung zu bekämpfen; denn nach seiner – immanente

24 Siehe dazu die Würdigung bei Forsthoff, (Anm. 16), S. 147 ff.

25 In dieser Weise wird die Weimarer Verfassung von Anschütz in seinen Erinnerungen geschildert, (Anm. 4), S. 427.

26 Siehe Gerhard Anschütz, *Die Verfassung des Deutschen Reiches vom 11. August 1919*, 14. Aufl., Berlin 1933, Bem. 3 zu Art. 76 (S. 403). Auf dem in Art. 76 vorgesehenen Gesetzgebungsweg können »Verfassungsrechtsänderungen jeder Art bewirkt werden ..., einschließlich solcher, die sich auf die rechtliche Natur des Reichsganzen (Bundesstaat), die Zuständigkeitsverteilung zwischen Reich und Ländern, die Staats- und Regierungsform des Reiches und der Länder (Republik, Demokratie, Wahlrecht, Parlamentarismus, Volksentscheid, Volksbegehren) und andere prinzipielle Fragen (Grundrechte!) beziehen.« Die Gegenauffassung, wie sie vor allem von Carl Schmitt vertreten wird, kann nur »die Eigenschaft einer de lege ferenda beachtlichen politischen Forderung« beanspruchen (S. 405).

Grenzen der Verfassungsänderung ablehnenden – Rechtsauffassung mußte er auch grundstürzende Verfassungsänderungen für legal halten. So war es ein Akt der Überzeugungstreue und innerer Konsequenz, daß er im Frühjahr 1933 um seine vorzeitige Emeritierung nachsuchte. Die dafür gegebene Begründung[27] – ein Dokument seiner Persönlichkeit – hat ihm hohe Anerkennung bei seinen Freunden und bei nicht wenigen seiner Gegner Respekt eingetragen.[28]

Rückblickend hat sich Anschütz später gefragt, warum die Erwartungen und Hoffnungen, die er und andere 1918/19 mit der Demokratie verbanden, sich in der Weimarer Republik so wenig erfüllten. Er geht dabei zunächst auf seine eigenen politischen Anschauungen ein – er nennt sie »demokratischen Idealismus«, auf die darin enthaltenen Erwartungen an die Menschen und schließlich auf die Rolle der partikularistischen Kräfte, voran der politischen Parteien. Seine Ausführungen sind so sprechend und für seine Denkungsart charakteristisch, daß sie hier ausführlicher wiedergegeben werden sollen:

»Denn diese Gedanken wollten nicht irgendwelchen Einzelinteressen, sondern allein der nationalen Gesamtheit dienen, dem deutschen Volk, das ich mit dem von mir oft gebrauchten Worte ›der Staat, das sind wir‹ mit dem Staate, dem Reiche gleichsetzte. Sie entsprangen auch nicht opportunistischen Rücksichtnahmen oder taktischen Erwägungen, sondern wurzelten in Ideen, an deren Wahrheit und Macht ich glaubte. Ich glaubte, daß durch die staatsbürgerliche Freiheit und Gleichheit der Deutsche zum politischen Menschen erzogen werden könne. Ich war überzeugt, daß der Volkswille, dargestellt durch die Beschlüsse parlamentarischer, aus dem allgemeinen und gleichen Wahlrecht hervorgehender Versammlungen, an oberster Stelle des Reichstags, imstande sein würde, den richtigen Weg zu den rechten politischen Zielen zu finden. Und ich vertraute vor allem darauf, daß dieser Volkswille, der Träger der nationalen Solidarität, einsichtig und stark genug sein würde, um die alten Unheilstifter des deutschen Staatslebens, die Geister der Zwietracht, die partikularistischen Gewalten zu überwinden und niederzuzwingen.

Mit welchen Irrtümern diese Ideale behaftet waren, konnte von mir und denen, die mit mir eines Sinnes waren, erst eingesehen werden, nachdem die Demokratie dem deutschen Volke – in einem die früheren Hoffnun-

27 Der Text bei Forsthoff, (Anm. 16), S. 139.

28 Ein amtliches Dokument dafür ist das *Schreiben des Rektors der Universität Heidelberg an Gerhard Anschütz vom 1. April 1933*, Personalakte Gerhard Anschütz, Universitätsarchiv Heidelberg.

gen und Forderungen weit übersteigenden Ausmaß – man darf wohl sagen unversehens in den Schoß gefallen war. Es zeigte sich nach 1919, daß wir die politische Instinktsicherheit und den Einheitssinn des Volkswillens überschätzt, die Kräfte der Zwietracht unterschätzt hatten. Die Demokratie der Weimarer Verfassung hat diese Kräfte nicht zu bezwingen vermocht: schon nicht den Partikularismus der Ländergewalten, noch weniger den viel schlimmeren Partikularismus der politischen Parteien. Nicht so sehr die oft getadelte Vielheit dieser Parteien als ihre Starrheit, ihr programmgefesselter Eigensinn, ihre Selbstsucht und Streitsucht ist es gewesen, was den demokratischen Staatsgedanken so diskreditiert und entwurzelt hat, daß es den antidemokratischen Gegenkräften, zuletzt und vor allem dem Nationalsozialismus erstaunlich leicht gefallen ist, die Staatsgestaltung von 1919 über den Haufen zu werfen: eine Niederlage nicht eigentlich der Demokratie, sondern der politischen Parteien, die ihr Wesen mißverstanden, ihren wahren Sinn verfälscht haben.«[29]

Gerhard Anschütz gehörte als Jurist und Wissenschaftler dem positivistischen Zeitalter an. Juristischer Positivismus bedeutete für ihn eine bestimmte Methode der Bearbeitung und Interpretation des Rechts, die Abweisung rechtsethischer Legitimationsfragen aus der wissenschaftlichen Betrachtung, die strenge Trennung von juristischer Aussage und politischer Wertung; er bedeutete für ihn aber keineswegs den Rückzug in unpolitische Beziehungslosigkeit. Anschütz war ein politischer Mensch. Als solcher stand er in den Anschauungen seiner Zeit, fand in ihnen und ihnen gegenüber seinen eigenen politischen Standort; von diesem Standort aus und für ihn hat er als Bürger und mit den Mitteln seiner Wissenschaft, ohne sie zu verfälschen, gewirkt und zu wirken gesucht. Als er am 14. April 1948 – 81-jährig – verstarb, hieß es in dem ausführlich gehaltenen Kondolenzschreiben der Universität Zürich an die Heidelberger Universität: »Das Werk des Lehrers und Wissenschaftlers hat seine überzeugendste und gerade für unsere Zeit so bedeutsame Bestätigung durch die Haltung des Menschen und Bürgers Gerhard Anschütz gefunden.«[30]

29 Gerhard Anschütz, (Anm. 4), S. 282.
30 *Schreiben des Rektors und des Dekans der juristischen Fakultät der Universität Zürich an den Rektor und den Dekan der juristischen Fakultät der Universität Heidelberg vom 27. Mai 1948*, Personalakte Gerhard Anschütz, Universitätsarchiv Heidelberg.

16. Die Würde des Menschen war unantastbar
Zur Neukommentierung der Menschenwürdegarantie des Grundgesetzes

Zuweilen sind es eher periphere Ereignisse, die eine Zäsur deutlich machen. Was bedeutet schon eine Ergänzungslieferung zu einem in Loseblattform angelegten Grundgesetzkommentar, die eine Neubearbeitung des einen oder anderen Artikels enthält? Eigentlich nichts anderes als den Fortgang der Wissenschaft in der Zeit. Doch dieses Mal ist es beim bekannten, hoch angesehenen Kommentar von Maunz/Dürig anders. Nach 45 Jahren wird die Kommentierung zu Artikel 1 Abs. 1, der Menschenwürdegarantie, erstmals neu bearbeitet. Das ist an sich viel zu spät, doch hat diese Verspätung ihre Gründe. Die Kommentierung der Artikel 1 und 2 des Grundgesetzes durch Günter Dürig, mit der der Kommentar 1958 startete, war gewissermaßen das ideelle und normative Grundgerüst, auf dem sich der Kommentar insgesamt entfaltete. Diesen Sockel wollte man nicht antasten, auch wenn eine Ergänzung oder erneute Bearbeitung angesichts der rechtlichen Entwicklung und neu aufgetretener Probleme angezeigt gewesen wäre – Dürig selbst konnte sie, bevor er 1996 verstarb, aus Gesundheitsgründen nicht mehr leisten. Also blieb es für die Artikel 1 und 2 immer wieder beim »Stand 1958«, während nahezu alle anderen Artikel inzwischen eine Zweit- oder auch Drittbearbeitung erfuhren. Aber schließlich ließ es sich nicht mehr weiter hinausschieben: Im Jahre 2001 kam es zur Neubearbeitung von Art. 2 Abs. 1 GG durch Udo Di Fabio und jetzt zu der von Art. 1 Abs. 1, für die Matthias Herdegen verantwortlich zeichnet.

I.

Diese Neukommentierung markiert einen Epochenwechsel. Dürigs Kommentierung von 1958 war aus der Gründungssituation der Bundesrepublik erwachsen. Sie war getragen vom Elan und der Emphase der Generation, die aus dem Krieg kam (Dürig war aktiver Offizier, schwer verwundet, zuletzt Rittmeister in der Division Großdeutschland), die das NS-Regime, den Krieg und die Kriegsfolgen unmittelbar erlebt hatte. Auf den Trümmern des Jahres 1945

wollte diese Generation, wie das Grundgesetz auch, eine neue und bessere Ordnung bauen, einen Damm gegen jede offene oder verdeckte Wiederkehr dessen errichten, was man selbst erfahren und erlitten hatte.
Die Kommentierung des Grundgesetzes war so eine Arbeit an den Fundamenten der neuen Ordnung. Und die Kommentierung von Art. 1 Abs. 1, der Menschenwürdegarantie, war die Arbeit am Fundament des Fundaments. Und zugleich war sie ein Anfang. Für das Verständnis und die Auslegung dieses Artikels konnte man nicht auf eine Tradition oder Dogmengeschichte zurückgreifen. Es war eine Arbeit ohne doppelten Boden, wie Dürig später selbst einmal gesagt hat, gefordert war eine produktive und innovatorische Leistung.
Dürigs Kommentierung verstand – und das zeichnete sie aus – die Menschenwürdegarantie als Übernahme eines grundlegenden, in der europäischen Geistesgeschichte hervorgetretenen »sittlichen Werts« in das positive Verfassungsrecht, das sich dadurch selbst auf ein vor-positives Fundament, eine Art naturrechtlichen Anker, wenn man so will (vgl. Rdn. 15 Fn. 2), bezieht. Entschieden trat er für die allseitige Geltung dieser Garantie ein, bezogen auf die gesamte Rechtsordnung, nicht beschränkt auf das Bürger-Staat-Verhältnis, den traditionellen Geltungsbereich der Grundrechte. Dem entsprach die Qualifizierung des Art. 1 Abs. 1 als objektiv-rechtliche Norm, nicht auch als subjektives Grundrecht; Dürig wußte (ohne es ausdrücklich zu formulieren), daß jedes Grundrecht auch Grenzen hat, ja, haben muß und Abwägungen unterliegt, soll es in der Rechtsordnung Bestand haben, während das Achtungs- und Schutzgebot der Menschenwürde nach Intention und Formulierung universal und »unantastbar« gelten soll.
Art. 1 Abs. 1 GG erscheint so als »oberstes Konstitutionsprinzip allen objektiven Rechts«, das sich schrittweise zugunsten des einzelnen Rechtsträgers realisiert. Diese Realisierungsstufen sieht Dürig sich in einem »Wert- und Anspruchssystem des Grundrechtsteils« näher ausprägen: Die Anerkennung unverletzlicher und unveräußerlicher Menschenrechte als vorgegeben (Art. 1 Abs. 2), die Aktualisierung der Menschenrechte als Grundrechte in der Form subjektiv-öffentlicher Rechte – auch gegenüber dem Gesetzgeber (Art. 1 Abs. 3), in der »Schlußklammer« für diese Grundrechte durch Art. 19 Abs. 2 (die Wesensgehaltssperre für Grundrechtseinschränkungen) und Art. 79 Abs. 3 (die Absicherung der Menschenwürdegarantie und des Bekenntnisses zu un-

veräußerlichen Menschenrechten gegenüber verfassungsändernden Mehrheiten), schließlich in der konkreten Ausgestaltung des Grundrechtskatalogs durch das Hauptfreiheitsrecht des Art. 2 Abs. 1, das Gleichheitsgrundrecht des Art. 3 Abs. 1 und das prozessuale Hauptgrundrecht des Art. 19 Abs. 4.
Dies war ein Dürig'scher Wurf. Er war nicht unumstritten, wirkte aber nachhaltig fort. Seine positiv-rechtliche Bedeutung lag darin, daß Art. 1 Abs. 1 zum verbindlichen Maßstab für *alles* staatliche Handeln wird, daß er Staatszweck und Staatsaufgabe bestimmt und beschränkt und ebenso die Legitimität von Staat und Recht. Er bringt – treffende Dürig'sche Formulierung – eine »ethische Unruhe« in das System der subjektiv-öffentlichen Rechte und verpflichtet darüber hinaus, die Gesamtrechtsordnung so zu gestalten, daß auch von außerstaatlichen Kräften, sprich aus der Gesellschaft heraus und im Verhältnis der einzelnen zueinander, eine Verletzung der Menschenwürde rechtlich nicht möglich ist. Um dies letztere zu erreichen, lehnte Dürig eine unmittelbare Drittwirkung der Grundrechte im Privatrechtsverkehr ab. Er trat statt dessen für die »mittelbare« Einbeziehung des Wertgehalts der Menschenwürde in die überkommenen wertbezogenen und ausfüllungsbedürftigen Begriffe und Klauseln des Privatrechts ein. Diese Einschleusung beschränkte er bewußt auf den Menschenwürdegehalt, erstreckte sie nicht auf den Inhalt jedes Grundrechts insgesamt, weil er eine weitreichende Privatautonomie der Einzelnen selbst für eine Ausprägung der Menschenwürde hielt; sie dürfe nicht durch eine generelle horizontale Drittwirkung der Grundrechte, die die Privatautonomie erheblich einschränkt, gewissermaßen sozialisiert, eingeebnet werden.
Was den Inhalt der Menschenwürde betrifft, so bestimmte Dürig ihn in einer Weise, die das vor-positive Fundament – damals communis opinio – aufnimmt und klar zum Ausdruck bringt: »Jeder Mensch ist Mensch kraft seines Geistes, der ihn abhebt von der unpersönlichen Natur und ihn aus eigener Entscheidung dazu befähigt, seiner selbst bewußt zu werden, sich selbst zu bestimmen und sich und die Umwelt zu gestalten.« Diese Freiheit zur Selbst- und Umweltgestaltung ist für alle Menschen gleich gedacht, sie ist dem Menschen an sich eigen; nicht die jeweilige Verwirklichung im konkreten Menschen, sondern die »gleiche abstrakte Möglichkeit«, d. h. die potentielle Fähigkeit zur Verwirklichung ist entscheidend.
Auch dem Nasciturus – wie sollte es für Dürig anders sein –

kommt die Menschenwürde einschließlich der daraus entspringenden Rechte zu. »Im Augenblick der Zeugung entsteht der neue Wesens- und Persönlichkeitskern, der sich hinfort nicht mehr ändert. In ihm ist alles Wesentliche und Wesenhafte ... dieses Menschen beschlossen. Er treibt zur Entfaltung dessen, was keimhaft in ihm liegt und bewirkt, daß der Mensch, mag er wachsen oder vergehen, stets er selber bleibt.« Der Nasciturus ist deshalb kraft seiner Menschenwürde Inhaber des Grundrechts auf Leben i. S. des Art. 2 Abs. 2 GG, es gibt kein allgemeineres Recht der Menschheit (unter Anknüpfung an 1 I 10 ALR) als Recht auf Leben überhaupt.

Den Inhalt der Menschenwürde im übrigen suchte Dürig von den Verletzungshandlungen her zu bestimmen. Das war von der Interpretation des Art. 1 Abs. 1 als fundamentale objektiv-rechtliche Norm, die vom Staat zu achten und zu schützen ist, durchaus konsequent, hatte zugleich ein pragmatisches Moment und sollte davor bewahren, die Menschenwürde in kleine Münze zu schlagen (was ihre Garantie nur entwerten kann). Als Leitfaden dafür stellte Dürig in Anknüpfung an Josef Wintrich, den zweiten Präsidenten des Bundesverfassungsgerichts, die sog. Objektformel auf, die weithin Karriere gemacht hat, auch in die verfassungsrichterliche Rechtsprechung hinein: Die Menschenwürde ist dann getroffen, »wenn der konkrete Mensch zum Objekt, zu einem bloßen Mittel, zur vertretbaren Größe herabgewürdigt wird«. Das war, ihm bewußt, nur ein Leitfaden, keine Subsumtionsformel, als die sie zuweilen mißverstanden und kritisiert worden ist; als Leitfaden bedurfte und bedarf sie jeweils näherer Konkretisierung. Herleitungen, die Dürig, bezogen auf Erfahrungen und Herausforderungen seiner Zeit, daraus gewann, brauchen hier nicht aufgezählt zu werden, sie sind größtenteils auch heute unbestritten. Eine jedoch, die heute provozierend wirkt, sei erwähnt, denn sie läßt das personale Menschenbild und Ethos, von dem Dürig beseelt war – und wie soll die Menschenwürde ohne ein Bild vom Menschen konkretisiert werden? – deutlich hervortreten. Er beurteilt die heterologe Insemination als Verletzung der Menschenwürde, und insbesondere die mit Hilfe eines anonymen Samenspenders: »Der Samenspender, dem es gleichgültig ist, wem das Sperma zur Verfügung gestellt wird und was aus den Kindern wird, kann überhaupt nur schaudernd gedacht werden. Der Ehemann wird zu einer »vertretbaren Größe« degradiert. Von der Mutter wird vorausgesetzt, daß sie den Gatten als austauschbar hinnimmt ... Das Kind wird systematisch in seinem Recht getroffen, seine blutsmäßige Abstammung zu erfahren.« Den Staat treffe hier nicht nur die Pflicht zur Nichtlegalisierung, sondern eine echte Schutz- und Abwehrpflicht.

II.

Alles dies liegt 45 Jahre zurück. Die jetzt vorliegende Kommentierung unternimmt zum einen die notwendige Fortschreibung im Hinblick auf die inzwischen neu aufgetretenen Probleme und Herausforderungen sowie die Rechtspraxis, die sich entwickelt hat. Diese Aufgabe ist nicht einfach. Was die Kommentierung hier bietet, zeichnet sich durch gediegene Kenntnisse, sorgfältige Berücksichtigung von Rechtsprechung und Literatur, die Stellungnahme auch zu aktuell diskutierten Problemen sowie die Einbeziehung der Rechtsvergleichung aus.
Zum anderen ist die Fortschreibung von Dürigs Kommentierung zugleich deren Umschreibung, nämlich eine wirkliche *Neu*kommentierung. Sie zeigt sich im grundlegend veränderten Ansatz, der Abkehr von der Interpretation des Art. 1 Abs. 1 GG als Übernahme eines vor-positiven sittlichen Werts, wie Dürig sagte, in das positive Recht, das dieses mit jenem im Sinne einer Verankerung, die nicht auflösbar ist, verknüpft. Die Absage ist deutlich: »Die im Parlamentarischen Rat herrschende Vorstellung, das Grundgesetz übernehme mit der Menschenwürdeklausel ›deklaratorisch‹ einen Staat und Verfassung vorgeordneten Anspruch ins positive Recht, hat noch beachtliche Suggestivkraft ... Für die staatsrechtliche Betrachtung sind jedoch allein die (unantastbare) Verankerung im Verfassungstext und die Exegese der Menschenwürde als Begriff des positiven Rechts maßgebend.« (Man fühlt sich an Labands Staatsrecht erinnert.) Die Menschenwürde als rechtlicher Begriff wird ganz auf sich gestellt, abgelöst (und abgeschnitten) von der Verknüpfung mit dem vorgelagerten geistig-ethischen Inhalt, der dem Parlamentarischen Rat präsent und für Dürig so wichtig war. Was hierzu zu sagen ist, wandert ab in den »geistesgeschichtlichen Hintergrund«, worüber kundig berichtet wird, aber ohne normative Relevanz. Die fundamentale Norm des Grundgesetzes geht so der tragenden Achse verlustig. Ist eine solche Interpretation ohne normative Sinnreduzierung machbar? Gegenstand der Kommentierung ist nicht mehr, wie bei Dürig, das Legen eines Fundaments

und die Ausarbeitung von Gerüststangen der Verfassungsordnung; an ihre Stelle tritt ein Ausgreifen in die Fläche und die Aufarbeitung reichen Materials aus Rechtspraxis und Literatur.
Zum Leitfaden der Interpretation wird die Aufnahme und Mitteilung der Deutungsvielfalt, ein Abstellen auf das, was sich dabei als Konsens zeigt, und die zurückhaltend-skeptische Suche nach Evidenzurteilen. Die für Dürig grundlegend-strukturelle Alternative, ob Art. 1 Abs. 1 objektiv-rechtliche Fundamentalnorm oder grundrechtlicher Anspruch sei, wird zu einem Detailproblem. Sie wird im Sinne des »sowohl als auch« und mit der Option für den auch in der Rechtsprechung akzeptierten Grundrechtscharakter und subjektiv-rechtlichen Würdeanspruch beantwortet. Das öffnet in der Folge das Tor zu Abwägung und flexibler Handhabung; denn ein subjektiv-rechtlicher Würdeanspruch, dessen konkrete Anwendung nicht selten in Konkurrenz oder Konflikt mit anderen Rechten und Ansprüchen steht, drängt zu Ausgleich und Begrenzung. Das findet seinen Niederschlag in einer Formulierung, die als Schlüsselsatz für die Kommentierung gelesen werden kann: »Trotz des kategorialen Würdeanspruchs aller Menschen sind Art und Maß des Würdeschutzes für Differenzierungen durchaus offen, die den konkreten Umständen Rechnung tragen.« Dieser Satz trägt ebenso sinnvolle Differenzierungen (Art) wie auch ein Auseinanderfallen (Maß) von Würdeanspruch und Würdeschutz.
Letzteres zeigt sich sehr deutlich bei der Behandlung und Gegenüberstellung von Würdeschutz geborener Menschen und pränatalem Würdeschutz. Für jede geborene Person steht die Trägerschaft der Menschenwürde kraft der Zugehörigkeit zur Spezies »Mensch« außer Frage, unabhängig von geistigen oder körperlichen Fähigkeiten, sozialen Merkmalen oder der Befähigung zu sinnhaftem Leben. Daraufhin werden Erstreckung und Modalitäten des Würdeschutzes näher entfaltet. Beim pränatalen Würdeschutz hingegen kommt es zu einer gleitenden Skala variierender Disponibilität. Der traditionelle Diskurs wird bewußt verabschiedet. Denn hinsichtlich des Schutzes früher und frühester Formen menschlichen Lebens »geht es um eine Dimension des Würdeschutzes, zu welcher der Diskurs über Gottebenbildlichkeit, den Beginn der Beseeltheit menschlichen Lebens, sittliche Autonomie und Selbstzweckhaftigkeit der individuellen Existenz in der Geistesgeschichte der letzten zweieinhalb Jahrtausende ebensowenig einen verläßlichen Zugang bietet, wie das schwach konturierte Menschenbild des Grundgesetzes«. Deutlicher kann das Pro-

gramm, die nähere Bestimmung der Menschenwürde von ihrer metapositiven Verankerung abzulösen und ganz auf sich zu stellen, nicht vollzogen werden. Was dann bleibt, ist die »Spannweite der staatsrechtlichen Exegese« mit ihrem »weiten Deutungsspektrum«.

Auf dieser Basis nimmt die Kommentierung Zuflucht zu einer »prozeßhaften Betrachtung des Würdeschutzes mit entwicklungsabhängiger Intensität eines bestehenden Achtungs- oder Schutzanspruchs«. Das Ziel dabei ist, einerseits künstliche Trennungslinien beim »Ob« des Würdeschutzes zu vermeiden, die Menschenwürde also auf das früheste Stadium menschlichen Lebens rückerstrecken zu können, andererseits beim »Wie« des Würdeschutzes im Hinblick auf dessen Intensität eine weite Flexibilität zu erhalten. Das kann schwerlich aufgehen. Ein so gesehener Würdeschutz ist für viele Abstufungen und Variationen offen. Über seine eigene Relativierung führt er notwendig auch zur Relativierung der Unabdingbarkeit der Menschenwürde selbst, wiewohl der Anschein erweckt wird, diese bestünde fort. Die Rechtfertigung erfolgt durch eine Rückbeziehung auf den schon erwähnten Schlüsselsatz, was indes nicht mehr als eine petitio principii darstellt: »Wenn sich der Würdeanspruch seinem Umfang nach überhaupt nach den konkreten Umständen richten darf, muß dies in besonderer Weise für die Entwicklungsstufen menschlichen Lebens gelten.« Letztlich geht es um den Freiraum für die Gewährung und den Abbau von Würdeschutz nach Angemessenheitsvorstellungen des Interpreten.

Allerdings soll der in dieser Weise gestufte pränatale Würdeschutz mit Einschränkung und Abwägungsoffenheit nichts zu tun haben. Denn der Schutz der Menschenwürde, das wird wenig später festgehalten, gelte absolut und ohne die Möglichkeit eines Güterausgleichs. Jedoch die Konkretisierung des Würdeanspruchs im einzelnen Fall lasse Raum für die Berücksichtigung anderer hochrangiger Verfassungsbelange, insbesondere von Würde und Leben anderer. Und erst der so konkretisierte Würdeanspruch habe die geforderte absolute Geltung. Es fällt schwer, diese Argumentation für in sich konsistent zu halten.

Auch bei den Ausprägungen der Menschenwürdegarantie, die näher behandelt werden, zeigt sich eine gleitende Skala und das Fehlen der Erkennbarkeit eines festen Bodens. Neben die geläufigen und anerkannten Fallbeispiele, wie den Schutz der Persönlichkeitssphäre, Schutz vor Entwürdigung, Willensbeugung u. ä, treten neuartige Positionen, die untereinander nicht immer kompatibel sind. Aus der Menschenwürde sei allgemein das Recht abzuleiten, in selbstverantwortlicher Entschließung dem eigenen Leben ein Ende zu setzen (was heißt, daß Art. 1 Abs. 1 das Recht auf Selbstmord trägt). Für die Herstellung von Embryonen zum Zweck der Stammzellgewinnung wird einerseits die Annahme einer Würdeverletzung gestützt, zugleich aber ein solches Verletzungsurteil in seiner Evidenz mit Hinweis auf den rechtsvergleichenden Befund in Zweifel gezogen. Reproduktives Klonen erscheint als Würdeverletzung des geklonten Spenders, weil dieser gezielt genetisch dupliziert und seiner genetischen Identität beraubt werde, was auch nicht einwilligungsfähig sei. Therapeutisches Klonen stellt hingegen keine Würdeverletzung dar, weil der Würdeschutz sich nicht auf den hierfür in vitro erzeugten Embryo erstrecke. Ebensowenig wird bei Keimbahntherapie und positiver Eugenik ein Konflikt mit der Menschenwürde gesehen, desgleichen auch für die Präimplantationsdiagnostik nicht; sie wird in ihren verschiedenen Aspekten in einem kürzeren Absatz ziemlich kleingehäckselt.

III.

Hier ist nicht der Ort, mit den beiden Kommentierungen in eine Einzelauseinandersetzung einzutreten. Zu beiden wäre im Detail manches – zustimmend oder kritisch – zu sagen. Was der Abfolge der Kommentierungen ihre symptomatische Bedeutung verleiht, ist die Veränderung der Argumentationsebene und des grundsätzlichen Ansatzpunktes. Es ist der Wechsel im Verständnis der Menschenwürdegarantie vom tragenden Fundament der neu errichteten staatlichen Ordnung, das deren Identität ausweist, zu einer Verfassungsnorm auf gleicher Ebene neben anderen, die rein staatsrechtlich, d. h. aus sich heraus positiv-rechtlich zu interpretieren ist. Mit diesem Wechsel wird der Rückgriff auf die geistigen und geschichtlichen Grundlagen dieses Begriffs, der vom Parlamentarischen Rat bewußt als vor-positiv geprägter Begriff in die Verfassung übernommen wurde, entbehrlich, verliert seine Relevanz. Was aber bleibt dann vom Gehalt dieses Begriffs, der ja kein originär juristischer, in Rechtstraditionen ausgeformter Begriff ist?

Mit diesem Ausgangspunkt steht die neue Kommentierung nicht

allein. Die Annahme liegt nicht fern, daß in diesem Wechsel auch ein Generationenunterschied zum Ausdruck kommt. Von dem veränderten Ausgangspunkt ist es dann folgerichtig, Art. 1 Abs. 1 GG konsensbezogen zu interpretieren, ihm ungeachtet seiner formellen Unabdingbarkeit eine Flexibilität zu verschaffen, ihn für Abwägungen und Angemessenheitsgesichtspunkte zu öffnen, zumal wenn er, wie heute allgemein üblich, (auch) als Grundrecht verstanden wird. Er ist nicht mehr die Grundfeste und metapositive Verankerung der grundgesetzlichen Ordnung, nicht mehr »Pfeiler im Strom« des verfassungsrechtlichen Diskurses, sondern fließt darin mit, anheimgegeben und anvertraut der Gesellschaft der Verfassungsinterpreten, für die kein verbindlicher Kanon der Interpretationswege existiert.

Nun läßt sich allerdings fragen, ob es denn nicht eine lange Zeit sei, wenn eine kategoriale Fundierung der staatlichen und rechtlichen Ordnung, die 1949 aus der Erinnerung an die NS-Zeit Unabdingbarkeiten für die Zukunft aufgestellt hat, etwa ein halbes Jahrhundert standhält und erst dann fließend wird, sich veränderten Zeitströmungen öffnet und zu zerbröseln beginnt. Hat nicht jede Generation das Recht, die Frage nach den Unabdingbarkeiten neu zu stellen, die bisher angenommenen zu verändern oder auch zu verwerfen? Gewiß wollten die Väter und Mütter des Grundgesetzes insoweit eine Ewigkeitsgarantie, wie Art. 79 Abs. 3 GG ausweist, einen Damm für alle Zukunft aus der bitteren Erfahrung des massiven Unrechts und der kaum übersteigbaren Verachtung der Menschenwürde im »Dritten Reich«. Aber wie lange lassen sich damit Generationen binden, die diese Erfahrung nicht mehr haben, für die das »Dritte Reich« schon und nur Geschichte ist, für die die Notwendigkeit eines bleibenden, unabdingbaren Halte- und Orientierungspunktes für die Ordnung des Zusammenlebens der Menschen keine Evidenz mehr hat? Gewiß gibt es auch einleuchtende theoretische Begründungen für diese Notwendigkeit, aber sie müssen bei den Menschen verfangen, müssen ihr Bewußtsein bestimmen, sollen davon Wirkungen ausgehen, die dem Druck auf Anpassung oder Veränderung standhalten. Fehlt oder verblaßt solches Bewußtsein, bricht sich dieser Druck Bahn, und auch eine Ewigkeitsgarantie vermag das dann nicht zu verhindern. Der Weg, auf dem dies sich vollzieht, heißt (Neu-)Interpretation. Die Neukommentierung des Art. 1 Abs. 1 GG beschreitet diesen Weg; es ist zugleich der Weg des schmerzlichen Abschieds von Günter Dürig.

Verlag und verantwortliche Herausgeber des Kommentars gehen diesen Weg mit. Nach den Regieanweisungen zur Einordnung der beiden letzten Ergänzungslieferungen war die Dürig'sche Kommentierung zu Art. 2 und zu Art. 1 jeweils voll aus dem aktuellen Kommentar herauszunehmen, mit der Anregung, sie wegen ihrer Bedeutung in einem Ablegeordner aufzubewahren. Die Neukommentierungen umfassen indes nur Art. 2 Abs. 1 und Art. 1 Abs. 1, nicht die ganzen Artikel, sind also nur Teillieferungen. Der aktuelle Kommentar weist mithin im Blick auf Art. 1 Abs. 2 und 3 und auf Art. 2 Abs. 2, obwohl an sich komplett, Leerstellen auf. Begründen läßt sich das nur aus der Erwägung, daß Dürigs Kommentare zu den Artikeln 1 und 2 eben aus einem Guß waren und deshalb nicht nur in einem Teil, gewissermaßen als Torso, im aktuellen Kommentar fortbestehen können, der Abschied daher ein ganzer sein muß.

Was würde Günter Dürig zur Neukommentierung des Art. 1 Abs. 1 GG sagen? Er wäre, so meine ich, sehr erstaunt darüber, was insoweit aus seinem »Maunz-Dürig« geworden ist. Warum habt ihr das gemacht? Mußte das denn sein? Das ist nicht mehr der Maunz-Dürig, den ich gewollt, für den ich mit der Leidenschaft, die mir immer eigen war, gearbeitet habe, da ist ein Kernstück herausgebrochen. Und er würde, dies scheint mir ziemlich gewiß, darum bitten, seinen Namen hinfort aus dem Titel des Gesamt-Kommentars herauszunehmen.

17. Menschenwürde als normatives Prinzip
Die Grundrechte in der bioethischen Debatte*

I.

Die Fortschritte, die Biomedizin und Biotechnologie binnen einer Generation gemacht haben, nehmen sich geradezu atemberaubend aus. Was wurde, als Sie und ich zur Schule gingen und anschließend womöglich studierten, in Schule und Universität an Biologie gelehrt und erforscht, und was geschieht in dieser Hinsicht heute? Welche Perspektiven und Möglichkeiten haben sich eröffnet? Ich greife nur einige Beispiele heraus: Befruchtung und frühe Keimentwicklung beim Menschen können heute extrakorporal stattfinden, gentechnologische Eingriffe können an den Zellkernen eines Embryos vorgenommen werden. Es ist nicht mehr Utopie, sondern reale Möglichkeit, im Blick auf die Nachkommenschaft Selektion zu betreiben, negative Selektion, die an Gendefekten orientiert ist, ebenso wie positive Selektion, die auf erwünschte Merkmale abstellt. Auch Keimbahntherapie, die Veränderung menschlicher Erbanlagen und sog. therapeutisches Klonen, d. h. die Herstellung pluripotenter Stammzellen, um dadurch Heilungschancen zu gewinnen, sind keineswegs mehr ausgeschlossen. Was Aldous Huxley in seiner schönen neuen Welt ersichtlich als negative Utopie formulierte, daß nämlich mit jeweils im voraus festgelegten Merkmalen Menschen hergestellt, ja, im eigentlichen Sinn fabriziert werden, ist als mögliche Option nicht mehr eine irreale Utopie. Begriffe wie virtuelles Kind oder Designerbaby erscheinen nicht mehr von vornherein als absurd. »Wer Nachkommen haben will, wird sich künftig Kinder hinsichtlich ihrer Haarfarbe oder ihrer Intelligenzquotienten wählen können«, erklärte vor kurzem Prof. Judith Mackay, prominentes Mitglied der Weltgesundheitsorganisation.

Diese nahezu unbegrenzten Möglichkeiten, die sich mit den Erkenntnissen der Biomedizin, der Bio- und Gentechnologie auftun, machen die Frage nach Haltepunkten und Orientierungen im

* Erweiterte und um den Anmerkungsteil ergänzte Fassung eines Beitrags: »Menschenwürde – ›Dasein um seiner selbst willen‹«, in: *Deutsches Ärzteblatt* 19 (2003), A 1246-1249.

Hinblick auf die Art und Weise und die Grenzen, wie wir Menschen miteinander umgehen und das Zusammenleben der Menschen gestalten wollen, dringlich. Dies gilt um so mehr, als sich die erwähnten neuen Möglichkeiten ja keineswegs nur mit ökonomischen Verwertungsinteressen, sondern ebenso mit großen Erwartungen für den medizinischen Fortschritt, für Heilungsmöglichkeiten bislang unheilbarer Krankheiten verbinden. Wo lassen sich solche Haltepunkte und Orientierungen finden?

II.

Das Grundgesetz proklamiert und gewährleistet das Grundrecht auf Leben und die Unantastbarkeit der Menschenwürde. Daß diese Garantien in der Verfassung vorhanden sind, und zwar als rechtlich verbindliche Garantien vorhanden sind, kommt nicht von ungefähr. Es waren die bitteren Erfahrungen aus der NS-Zeit, die dazu führten, daß gerade die Unverletzlichkeit und das Achtungsgebot der Menschenwürde in das Grundgesetz aufgenommen wurden, und ebenso das Grundrecht auf Leben, das frühere Verfassungen so nicht kannten. Die Beratungen im Parlamentarischen Rat belegen das Schritt für Schritt.[1] Schon einige der Landesverfassungen, die nach 1945 entstanden waren, hatten die Anerkennung oder die Unantastbarkeit der Würde der menschlichen Persönlichkeit proklamiert,[2] und im Parlamentarischen Rat war der Entwurf der allgemeinen Erklärung der Menschenrechte der Vereinten Nationen, der Ende 1948 beschlossen wurde, bekannt; in dessen Präambel war von der Achtung der allen Mitgliedern der menschlichen Familie eigenen Würde die Rede.[3] Doch es handelte

1 Einschlägig sind vor allem die Beratungen im Ausschuß für Grundsatzfragen, vgl. Der Parlamentarische Rat 1948-1949. *Akten und Protokolle*, Bd. 5, 1 u. 2, bearb. von Eberhard Pikart und Wolfram Werner, Boppard 1993, und zwar 3. Sitzung vom 21.9.48, ebd. S. 38-50; 4. Sitzung vom 23.9.48, ebd. S. 62-82; 22. Sitzung vom 18.11.48, ebd. S. 584-602; 23. Sitzung vom 19.11.48, ebd. S. 603-609; 32. Sitzung vom 11.1.49, ebd. S. 910-927. Siehe ferner zusammenfassend von Doemming/Füßlein/Matz, »Entstehungsgeschichte der Artikel des Grundgesetzes«, in: *JöR* 1 (1951), S. 41 ff., 48-53 (Art. 1), 54-66 (Art. 2).

2 So Art. 100 bayerische Verfassung v. 2.12.1946; Art. 5 bremische Verfassung vom 21.10.1947; Art. 3 hessische Verfassung vom 1.12.1946; Art. 1 u. 2 württemberg-badische Verfassung vom 28.11.1946.

3 Siehe Der Parlamentarische Rat (Anm. 1), Bd. 5, 1, Dok. 10, S. 220.

sich im Parlamentarischen Rat um mehr als die Aufnahme und Fortschreibung dieser Gedanken und Formulierungen. Die Anerkennung und Achtung der Würde des Menschen wurde bewußt an den Anfang des Grundgesetzes gestellt. Sie sollte das (normative) Fundament der neu zu errichtenden staatlichen Ordnung deutlich machen, das Um-willen dieser Ordnung, auf daß sich das, was während der NS-Herrschaft an Erniedrigung der Menschen, an Verletzung ihres Rechts, ihrer Freiheit, ihrer Würde geschehen war, nicht mehr wiederholen könne.[4] Und man ließ es nicht dabei, die Unantastbarkeit der Würde des Menschen nur zu proklamieren, vielmehr fügte man dieser Proklamation den Satz an: »Sie zu achten und zu schützen ist Verpflichtung aller staatlichen Gewalt.« Damit wurde die Anerkennung und Achtung der Menschenwürde als verbindliches normatives Prinzip für alles staatliche Handeln und auch für das Zusammenleben in der Gesellschaft festgelegt. Das bedeutet, daß die Anerkennung und Achtung jedes Menschen als Subjekt, als Träger grundlegender Rechte und der Freiheit zu verantwortlichem Handeln, vorgegeben ist und nicht zur Disposition steht. Die Anerkennung und Achtung der Menschenwürde erscheint als der Grund der Grundrechte, nicht zuletzt des Rechts auf Leben; sie soll auch die Anwendung und Interpretation der Grundrechte steuern.[5]

4 Vgl. im einzelnen die Beratungen im Ausschuß für Grundsatzfragen 3. Sitzung vom 21.9.48, Der Parlamentarische Rat (Anm. 1), S. 40-44, 56/57; 4. Sitzung vom 23.9.48, ebd. S. 64-66, 70/71; 22. Sitzung vom 18.11.48, ebd. S. 598-601; 23. Sitzung vom 19.11.48, ebd. S. 606 f.

5 Siehe etwa die Äußerung des Abgeordneten Dr. Bergsträsser zu Art. 1 GG in der 4. Sitzung des Ausschusses für Grundsatzfragen, Der Parlamentarische Rat (Anm. 1), Bd. 5, 1, S. 63: »... daß es doch wohl richtig wäre, an die Spitze der Grundrechte einige Sätze zu stellen, die Absicht, Sinn und Grund der Grundrechte ganz kurz deutlich machen.« Der Abgeordnete Dr. Schmid äußerte sich zu Art. 1 folgendermaßen (ebd. S. 84): »Er stellt gewissermaßen die Generalklausel für den ganzen Grundrechtskatalog auf. In seiner systematischen Bedeutung ist er der eigentliche Schlüssel für das Ganze.« Ähnlich in der 22. Sitzung des Ausschusses der Abgeordnete Dr. v. Mangoldt (ebd., S. 594): »Aus den allgemeinen Ausführungen des Art. 1, die eigentlich von uns mehr präambelmäßig für die ganzen Grundrechte gedacht waren – so hatten wir von Anfang an den Art. 1 aufgefaßt ...«

III.

Somit steht ein Halte- und Orientierungspunkt bereit, der nicht nur ein ethisch-moralisches Angebot ist, das man annehmen oder auch ablehnen kann, vielmehr als Teil der Verfassung ein verbindliches normatives Prinzip darstellt. Es fragt sich, wie weit dieser Halte- und Orientierungspunkt im Hinblick auf die gegenwärtige Debatte um Biomedizin und Biotechnologie einschließlich der Gentechnologie trägt. Was ist der nähere Inhalt der Garantie der Würde des Menschen und auf wen bezieht sich diese Garantie?

Von entscheidender Bedeutung ist hier zunächst die Frage, ob diese Garantie und die darin beschlossene Anerkennung und Achtung als selbständiges Subjekt nur geborene Menschen oder auch den Embryo umfaßt. Das betrifft den rechtlichen Status des Embryos. Ist auch er, und wenn ja, von wann ab Träger der Menschenwürde, deren Achtungsanspruch und des aus der Menschenwürde fließenden Rechts auf Leben? Diese Frage ist aus dem Wortlaut des Art. 1 des Grundgesetzes nicht unmittelbar zu beantworten. Es ist eine Frage der Interpretation dieses Textes in Richtung auf seine Tragweite, und diese Interpretation ist in der gegenwärtigen Diskussion durchaus umstritten.

Vorwiegend, wenngleich nicht allein von Naturwissenschaftlern wird der Einwand erhoben, wieso denn ein Acht- oder Sechzehnzeller bereits Träger von Menschenwürde sein könne? Solche Zuschreibungen seien angesichts des biologischen Befundes doch ganz und gar unrealistisch, ja nahezu absurd. Deshalb wird von nicht Wenigen ein späterer Zeitpunkt ins Auge gefaßt und zu begründen versucht: Etwa die Nidation, die Ausbildung des Gehirns, die Geburt, die aktuelle Vernunftfähigkeit. Kann man auf diese Weise vorgehen?

1. Ob und inwieweit diese Argumente plausibel und tragfähig sind, mag zunächst dahinstehen. Wichtig ist die Methode, die hierbei zugrunde gelegt wird. Es werden aus bestimmten naturwissenschaftlichen Befunden, die als solche aufweisbar sind, normative Qualitäten und Folgerungen abgeleitet. Mit welchem Recht eigentlich? Von feststellbaren naturwissenschaftlichen Gegebenheiten (Sein) auf normative Qualitäten und Postulate (Sollen) zu schließen, gilt gemeinhin als »naturalistischer Fehlschluß«, und eine solche Argumentation wird in anderen Zusammenhängen jeweils heftig kritisiert. Muß das hier dann nicht auch gelten?

a) Maßstäbe für das Verhalten der Menschen zueinander, Gebote und Verbote für ihr Handeln lassen sich nicht als Resultate naturwissenschaftlicher Erkenntnis herleiten und begründen, sie überschreiten die Fragestellung und den Horizont solcher Erkenntnis. Sie zu formulieren und zu begründen ist eine Sache von Philosophie, Ethik und – nicht zuletzt – des Rechts. Natürlich sind dabei auch naturwissenschaftliche Gegebenheiten, als gegenständlicher Bezugspunkt, zu berücksichtigen, sie sind im Hinblick auf bestimmte normative Gebote Anknüpfungspunkte für deren Anwendung. Aber sie sind nicht Quelle oder Geltungsgrund solcher Gebote. Diese ergeben sich erst und allein aus eigenständiger philosophischer, ethischer und rechtlicher Argumentation, ihrer Tragfähigkeit und Überzeugungskraft. Um zwei Sätze der früheren Präsidentin des Bundesverfassungsgerichts, Jutta Limbach, aufzunehmen: »Die Rechtswissenschaft ist nicht kompetent, die Frage zu beantworten, wann menschliches Leben beginnt«; »die Naturwissenschaft ist aufgrund ihrer Erkenntnisse nicht in der Lage, die Frage zu beantworten, ab wann menschliches Leben unter den Schutz der Verfassung gestellt werden soll.«[6] Ebendies letztere wird auch durch die Beliebigkeit belegt, welche die verschiedenen, von naturwissenschaftlicher Seite ins Spiel gebrachten Anknüpfungspunkte für die Zuerkennung der Menschenwürde auszeichnet. Eine Notwendigkeit, daß gerade der eine und nicht ein anderer Anknüpfungspunkt die Trägerschaft der Menschenwürde begründe, wird nicht aufgewiesen, sie läßt sich auch naturwissenschaftlich-empirisch nicht aufweisen. Es bleibt bei unterstellter Plausibilität oder einem – zuweilen interessegeleiteten – Pragmatismus.

Es hilft auch nicht weiter, Positionen zum ontologischen und moralischen Status des Embryos und deren Begründung jeweils mit naturwissenschaftlichen Befunden in Relation zu setzen und dann zu fragen, wieweit diese Positionen auch naturwissenschaftlich tragfähig oder von dort aus Einwänden hinsichtlich ihrer Konsistenz ausgesetzt sind. Das vermeidet zwar die erwähnten naturalistischen Fehlschlüsse und hat insofern einen Reiz; auch kann dabei sehr luzide vorgegangen werden.[7] Aber es bedeutet anderseits, daß die philosophisch/ethisch/rechtliche Argumentation zum Status

6 Jutta Limbach, »Mensch ohne Makel«, in: *FAZ* v. 25.2.2002, S. 51.

7 So insbesondere Nikolaus Kloeppfer, *Forschung an menschlichen Embryonen*, Stuttgart/Leipzig 1999; ders., »Was definiert den Anfang des Menschen?«, in: Schweidler/Neumann/Brysch (Hg.), *Menschenleben – Menschenwürde*, Münster/Hamburg/London 2003, S. 243-255.

des Embryos letztlich mit der naturwissenschaftlichen auf die gleiche Ebene gestellt, ja, implizit deren Kontrolle unterworfen wird, wiewohl die Erkenntnisgegenstände und -methoden, und dadurch bedingt die Erkenntnismöglichkeiten, ganz unterschiedliche sind. Auf diese Weise läßt sich schwerlich klären, ob die eine oder andere Argumentation in sich konsistent und wie tragfähig sie ist.

b) Ebenso droht der Diskussion eher eine Gefahr als ein Nutzen von der Heranziehung und Verwendung des Personbegriffs. Sie geschieht bei Philosophen, auch Theologen und Kulturwissenschaftlern. Der Personbegriff hat zwar eine ehrwürdige, auf Boethius zurückführende philosophische Tradition; in ihr sollte er die Eigenart des Menschen als individuelle Substanz der rationalen Natur zum Ausdruck bringen, die ebenso der Natur- und Sinnenwelt wie der intelligiblen Welt zugehört.[8] Die heutige Verwendung des Personbegriffs hat sich davon jedoch abgelöst. Sie hat jetzt die Funktion, eine Differenzierung zwischen menschlichem und personalem Leben einzuführen und Personalität, Person-Sein als einen engeren Begriff gegenüber dem Menschsein zu fassen.[9] Nicht jedes menschliche Leben, sondern erst ein durch bestimmte Eigenschaften und Qualitäten gekennzeichnetes soll ein personales Leben sein und sein Träger mithin eine Person. Woran aber die Personalität gebunden sein soll, wird wiederum unterschiedlich bestimmt. Teils wird sie an die Wechselbeziehung mit dem mütterlichen Organismus nach der Nidation, teils an die Lebensfähigkeit außerhalb des Mutterleibs, teils weitergehend an Ich-Bewußtsein oder die Fähigkeit zum selbstbestimmten Handeln geknüpft, wobei bei den letzteren auf das aktuelle Vorhandensein dieser Qualitäten, nicht auf die Potentialität dazu abgestellt wird. Indem dann die Würde des Menschen in einer – so definierten – Personalität begründet gesehen wird, folgt, daß nicht jedem menschlichen Lebewesen, sondern erst personalem menschlichen Leben Menschenwürde zukommt. Der Personbegriff dient so zur Eingrenzung des

8 Die Definition bei Boethius (Contra Eutychem et Nestorium, 5) lautet: »persona est natura rationalis individua substantia«. M. Fuhrmann, »Person I: Von der Antike bis zum Mittelalter«, in: *Hist WB Philos.*, Bd. 7, Sp. 270-283.

9 Dieter Birnbacher, »Hilft der Personbegriff bei der Lösung bioethischer Fragestellungen?«, in: Schweidler/Neumann/Brysch (Hg.), *Menschenleben – Menschenwürde* (Anm. 7), S. 31-44; ders., »Das Dilemma des Personbegriffs«, in: Strasser/Starz (Hg.), *Personsein aus bioethischer Sicht*, Stuttgart 1997 (ARSP – Beiheft 73), S. 9-25.

Schutzbereichs des Achtungsgebots der Menschenwürde; nicht alle Menschen oder nicht alle Phasen des menschlichen Lebens haben an der Menschenwürde Anteil.

2. Solche Differenzierungsversuche, die zuweilen durchaus ergebnisorientiert vorgenommen werden, können indes nicht entscheidend sein. Wenn es um die Reichweite der Menschenwürde und ihres Schutzes geht, wie die Verfassung ihn vorgibt, muß der Ausgangspunkt das sein, was Art. 1 Abs. 1 des Grundgesetzes sagt: »Die Würde des Menschen ist unantastbar. Sie zu achten und zu schützen ist Verpflichtung aller staatlichen Gewalt.« Hier wird nicht von der Würde der Person gesprochen, die zu achten und zu schützen sei, sondern von der Würde des *Menschen*. Sie kommt dem Menschen zu unabhängig von bestimmten Eigenschaften, Merkmalen oder aktuellen Fähigkeiten; allein auf das Menschsein kommt es an, unabhängig von Stadien dieses Menschseins. Art. 1 kennt keine Differenzierung nach solchen Stadien.[10] Und die zuerkannte Würde gilt sowohl für jeden einzelnen Menschen als auch für den Menschen allgemein, die Formulierung »Würde des Menschen« deckt beides ab, auch den Bezug auf die Menschen als Gattung. Es wird ausgesagt, was jedem einzelnen Menschen und dem Menschen als solchem zukommt, nämlich eine unantastbare Würde, und wie wir Menschen aufgrund dieser Würde miteinander umgehen sollen und der Staat mit den Menschen umgehen soll, nämlich in Anerkennung und Achtung dieser Würde.
a) Worin diese Würde mit dem ihr zugeordneten Achtungsgebot inhaltlich besteht, mag strittig sein, soweit es um Konkretisierungen und Differenzierungen im einzelnen geht. Hier besteht auch die Warnung zu Recht, die Achtung der Menschenwürde nicht in

10 Eine Beschränkung des Achtungs- und Schutzgebots des Art. 1 auf geborene Menschen oder auf menschliche Lebewesen, die bereits gewisse Merkmale und Eigenschaften aufweisen, läßt sich daher vor dem Normtext des Art. 1 GG überhaupt nur dann begründen, wenn ungeborenen Kindern oder sich entwickelnden Menschen ohne die betreffenden Merkmale oder Eigenschaften das Menschsein bzw. die Zugehörigkeit zur Gattung Mensch abgesprochen wird. Konsequent in dieser Hinsicht der Biologe Hubert Markl, ehemals Präsident der Max-Planck-Gesellschaft, der den Begriff Mensch für eine kulturbezogene Zuschreibung erklärt, die auf einer Setzung beruht und unterschiedlich vorgenommen werden kann, vgl. H. Markl, »Freiheit, Verantwortung, Menschenwürde«, in: Christian Geyer (Hg.), *Biopolitik*, Frankfurt 2001, S. 180-183, bes. S. 177.

›kleine Münze‹ auseinanderzulegen, weil das letztlich nur den grundlegenden Anspruch und die Unantastbarkeit in Frage stellt. Aber was den Kerngehalt dieses Satzes ausmacht, worin seine normative Essenz liegt, ist weniger strittig, als es erscheinen mag. Theodor Heuss hat allerdings in den Beratungen des Parlamentarischen Rates die Würde des Menschen als »nicht interpretierte These« angesehen,[11] und dies wird heute im Streit der Meinungen gerne zitiert.[12] Doch vertrat er damit keineswegs eine normative Gehaltlosigkeit des Satzes, er wandte sich vielmehr nur gegen seine ausdrückliche Begründung aus dem Naturrecht, die dann die Übernahme naturrechtlicher Deduktionen zur Folge haben konnte. Ungeachtet verschiedener Ansätze, den Inhalt der Menschenwürde zu bestimmen, zeigte sich schon im Parlamentarischen Rat und auch später ein gemeinsam anerkannter Kernbestand.[13] Er läßt sich mit der von Kant entlehnten Formel »Zweck an sich selbst« oder der vom Bundesverfassungsgericht gegebenen Interpretation: »Dasein um seiner selbst willen« umschreiben.[14] Darin sind die Stellung und Anerkennung als eigenes Subjekt, die Freiheit zur eigenen Entfaltung, der Ausschluß von Instrumentalisierung nach Art einer Sache, über die einfach verfügt werden kann, positiv gewendet, das Recht auf Rechte, die es zu achten und zu schützen gilt, eingeschlossen.

b) Daß Würde in diesem Sinn jedem einzelnen Menschen, Ihnen und mir, die wir uns gegenüberstehen, daß sie dem Menschen, mit dem wir verhandeln oder streiten oder den wir erziehen, zukommt und ihren Ausdruck in der Anerkennung dieser Würde findet, ist in der Tat unbestritten. Diese Würde lebender Menschen stand auch dem Parlamentarischen Rat vor Augen. Die daran notwendig anschließende und kontrovers diskutierte Frage ist, wieweit sich diese Anerkennung menschlicher Würde in den Lebensprozeß je-

11 Der Parlamentarische Rat (siehe Anm. 1), Bd. 5, 1, S. 72.

12 Ein Fehlzitat liegt bei Jutta Limbach (siehe Anm. 6) vor. Dort heißt es »nicht interpretierbare These«. Das wäre, träfe es zu, allerdings ein Indiz für normative Gehaltlosigkeit.

13 Aus den Beratungen des Parlamentarischen Rates vgl. insbesondere die 22. und 23. Sitzung des Ausschusses für Grundsatzfragen am 18. und 19. 11. 48, Der Parlamentarische Rat (Anm. 1), Bd. 5, 2, S. 585 f., 590, 598, 606 f.

14 Siehe Immanuel Kant, *Metaphysik der Sitten*, Tugendlehre § 38; ders., *Grundlegung zur Metaphysik der Sitten*, Ausg. Vorländer, Hamburg 1947, S. 52, 60 f.; Bundesverfassungsgericht, *BverfGE* 88, 203 (252).

des Menschen hinein erstrecken muß, damit sie auch wahr bleibt. Genügt es, wie es vertreten wird, wenn die Anerkennung und Achtung der Würde erst an einer bestimmten Stelle im Lebensprozeß des Menschen einsetzt,[15] dieser Lebensprozeß davor aber verfügbar bleibt, oder muß diese Anerkennung und Achtung vom Ursprung an, dem ersten Beginn dieses menschlichen Lebens, bestehen?[16] Nur das letztere kann der Fall sein, wenn das Dasein um seiner selbst willen oder der Zweck an sich selbst wahr bleiben und nicht eine inhaltsleere Deklamation werden sollen. Die Würde, die ein fertiges Wesen auszeichnet, läßt sich nicht von dessen eigener

15 So neben anderen Horst Dreier, in: Dreier (Hg.), *Grundgesetz-Kommentar*, Tübingen 1996, Art. 1 Abs. 1, Rdn. 47, 50; ders., »Lebensschutz und Menschenwürde in der bioethischen Diskussion«, in: H. Dreier/W. Huber, *Bioethik und Menschenwürde*, Münster 2002, S. 39 ff.; Hasso Hofmann, »Die versprochene Menschenwürde«, in: *AöR* 118 (1993), S. 353 (361 f., 375 f.), weil er Art. 1 Abs. 1 GG als wechselseitiges Anerkennungsversprechen der einzelnen als Träger der verfassunggebenden Gewalt ansieht; Adalbert Podlech, in: *Alternativkommentar zum Grundgesetz*, Art. 1 I, Rdn. 57 f.; zweifelnd, aber doch wohl zustimmend Zippelius, in: *Bonner Kommentar*, Art. 1 Abs. 1 u. 2, Rdn. 51. Es führt zu keinem anderen Ergebnis, wenn man, um der Vermeidung künstlicher Trennungslinien beim ›Ob‹ des Würdeschutzes willen von einer »prozeßhaften Betrachtung des Würdeschutzes mit entwicklungsabhängiger Intensität eines bestehenden Achtungs- und Schutzanspruchs« ausgeht, wie jetzt Matthias Herdegen, in: Maunz/Dürig, *Grundgesetz*, Art. 1 Abs. 1, Rdn. 56, 65-66 (Stand Febr. 2003). Die daraus hergeleitete entwicklungsabhängige unterschiedliche Qualität des Würdeanspruchs bringt ein fließendes Element zum Tragen, das vielerlei Spielräume und Dispositionen eröffnet, je nach eingenommenem Standpunkt, und die der Menschenwürde und ihrer Achtung eigene Unabdingbarkeit, ohne dies eigens auszusprechen, zum Verschwinden bringt.

16 So *BverfGE* 39,1 (41); 88, 203 (251); ferner Dürig, in Maunz/Dürig (Anm. 15), Art. 1 Abs. 1, Rdn. 24; Wolfram Höfling, in: Sachs (Hg.), *Grundgesetz. Kommentar* 2. Aufl., München, Art. 1, Rdn. 46 u. 47; ders., *Gutachten für die Enquetekommission des Dt. Bundestages*: »Recht und Ethik der modernen Medizin« (Mai 2001), S. 34 ff., 52 ff., 197 ff.; Christian Starck, in: v. Mangoldt/Klein/Starck, *Das Bonner Grundgesetz*, Bd. 1, 4. Aufl., München 2004, Art. 1 Abs. 1, Rdn. 18; Adolf Laufs, »Fortpflanzungsmedizin und Menschenwürde«, in: *NJW* 2000, S. 2716 ff.; Dieter Lorenz, »Die verfassungsrechtliche Garantie der Menschenwürde und ihre Bedeutung für den Schutz menschlichen Lebens vor der Geburt«, in: *Zeitschrift für Lebensrecht* 2001, S. 38 ff.

Geschichte trennen und abspalten, muß sie vielmehr mit umfassen. Sucht man nämlich eine bestimmte Phase des Lebensprozesses von der Anerkennung und Achtung, die dem Menschen von seiner Würde her geschuldet ist, auszunehmen oder diese Achtung prozeßhaft abzustufen, etwa weil es doch erst ein Acht- oder Sechzehnzeller sei oder es noch nicht zur ohnehin ungewissen Nidation gekommen sei, reißt man ein Loch in die Entwicklung des einzelnen individuellen Menschen selbst. Soll die Achtung seiner Würde für jeden Menschen als solchen gelten, muß sie ihm von Anfang an, dem ersten Beginn *seines* Lebens zuerkannt und darauf erstreckt werden, nicht erst nach einem Intervall, das er – gegen Verzweckung und Beliebigkeit nicht abgeschirmt – erst einmal glücklich überstanden haben muß. An dieser Stelle werden dann naturwissenschaftliche Erkenntnisse und Tatsachen relevant, nicht zwar als Quelle und Grund, sondern als Substrat für die Anwendung rechtlich-normativer Argumentation und Wertung.
Dieser erste Beginn eigenen Lebens des sich ausbildenden und entwickelnden Menschen liegt nun aber in der Befruchtung, nicht erst später. Durch sie bildet sich ein gegenüber Samenzelle und Eizelle, die auch Formen menschlichen Lebens sind, neues und eigenständiges *menschliches Lebewesen*. Es ist durch die Zusammenfügung eines so und nicht anders bestimmten Chromosomensatzes unverwechselbar individuell gekennzeichnet. Dies ist – naturwissenschaftlich unbestritten – das biologische Fundament des einzelnen Menschen. Die spätere geistige und psychische Entwicklung ist darin schon mit grundgelegt; der Mensch ist eine Leib-Geist-Seele-Einheit. Nachdem der individuelle Chromosomensatz fixiert ist, gibt es nämlich keinen Einschnitt in die Qualität dessen, was sich entwickelt.[17] Das genetische Programm der Entwicklung ist fertig vorhanden, bedarf keiner Vervollständigung mehr, es entfaltet sich im Zuge des Lebensprozesses von innen her, nach Maßgabe eigener Organisation. Und dies gerade ist das Kennzeichen, das einen menschlichen Organismus ausmacht: geprägte Form, die lebend sich entwickelt.[18] Freilich kann dies alles nicht geschehen ohne mannigfache Hilfe von außen, die auch ihrerseits prägend wirkt, wie die Zuführung von Nahrung, den Kontakt und Austausch mit dem mütterlichen Organismus und ande-

17 Josef Wisser, »Einzigartig und Komplett«, in: Geyer (Anm. 10), S. 221.
18 Dazu Gerold Prauss, »Geprägte Form, doch zweckbewußt zerstükkelt«, in: *FAZ* v. 28.11.2001, S. 50, in deutlicher Kritik an den Thesen von Christiane Nüsslein-Volhard in: *FAZ* v. 2.10.2001.

rem mehr. Aber dies sind nicht mehr als notwendige Bedingungen für die Möglichkeit der eigenen Entwicklung aus sich heraus und nicht etwa diese selbst; und sie bestehen nicht nur vor, sie bestehen zum Teil auch nach der Geburt noch längere Zeit fort. Daß die Natur auf den so sich vollziehenden Lebensprozeß weiterhin einwirken, ihn auch – etwa auf dem Weg zur Nidation – abrupt beenden kann, ist eine Tatsache, sie hebt aber seinen Beginn mit der Befruchtung nicht auf. Das ist auch lebensweltlich voll einleuchtend. Nicht selten wissen Eltern ja genau, aus welchem Zusammensein ihre Tochter oder ihr Sohn hervorgegangen sind. Von diesem Zeitpunkt an, der zustande kommenden Befruchtung, nicht etwa der späteren Nidation oder der Ausbildung der Hirnrinde, datiert für sie der Lebensbeginn ihres Kindes. Der Beginn des menschlichen Lebens mit der Befruchtung ist so keineswegs kontraintuitiv.
Ob dem menschlichen Embryo der Schutz der Menschenwürde und damit auch das Recht auf Leben zukommt, ist also nicht von einer Art ontologischem Fundamentalismus abhängig, auch nicht davon, ob schon ein Acht- oder Sechzehnzeller empirisch als Person qualifiziert werden kann. Entscheidend ist vielmehr, daß die Anerkennung der Würde des Menschen, wie das Grundgesetz sie ausspricht, nach ihrem normativen Gehalt, wird er nicht willkürlich verkürzt, auch die ersten Anfänge des Lebens eines jeden Menschen umgreift, auf sie zu erstrecken ist. Der menschliche Embryo wird auch in seiner frühen und frühesten Lebensphase vom Schutz der Menschenwürde umgriffen, er ist zu achten und zu behandeln wie ein Träger von Menschenwürde und Lebensrecht.

IV.

Was folgt nun aus dieser Reichweite des normativen Prinzips der Menschenwürde für die Probleme, die in der aktuellen bioethischen Debatte anstehen? Ich greife einige heraus und beginne mit der verbrauchenden Embryonenforschung einschließlich dem Stammzellenimport.
a) Es ist offensichtlich, daß die (künstliche) Herstellung von Embryonen zu Forschungszwecken, um durch deren Verbrauch (und das heißt Tötung) Stammzellen zu gewinnen, an denen geforscht werden kann, eine gravierende Verletzung des Menschenwürdeschutzes darstellt. Hier wird der Embryo von vornherein voll instrumentalisiert: Er wird nur hergestellt, um ihn anschließend für

die Gewinnung von Stammzellen zu verbrauchen, kein Jota von einem Dasein um seiner selbst willen ist noch wahrnehmbar. Solche verbrauchende Embryonenforschung muß, solange die Menschenwürdegarantie des Grundgesetzes gilt, verboten bleiben, auch wenn andere Staaten, wie etwa Großbritannien und teilweise USA, das anders sehen.[19]

Eine weitere Frage ist, wie es sich mit der Herstellung von Stammzellen verhält, wenn die Embryonen nicht zu diesem Zweck hergestellt wurden, vielmehr aus anderen Gründen, z. B. dem Versuch einer Herbeiführung einer Schwangerschaft – das ist die In-vitro-Fertilisation (IVF) – entstanden sind, für diesen Zweck aber nicht mehr verwendet werden (können). Das sind die sog. überzähligen Embryonen. Auch hier setzt die Gewinnung der Stammzellen den Verbrauch, d. h. die Tötung von Embryonen voraus. Darf das sein? Da diese Embryonen zur Herbeiführung einer Schwangerschaft geschaffen wurden, ihre Entstehung also nicht in Instrumentalisierungsabsicht geschah, ist hier nicht primär die Achtung der Menschenwürde als solcher entscheidend, sondern das von der Menschenwürde getragene Lebensrecht des Embryos, das dem Schutz seiner biologisch-physischen Existenz dient.[20] Nun ist das Lebensrecht des Menschen, das in der Menschenwürde seinen Grund hat, nicht absolut und unantastbar wie die Achtung der Menschenwürde selbst. In dieses Recht kann unter bestimmten Umständen ein-

19 Gegen eine Verletzung der Menschenwürde Horst Dreier, in: Dreier (Hg.), *Grundgesetz-Kommentar* (Anm. 15), Rdn. 59; ebenso Hasso Hofmann, »Biotechnik, Gentherapie, Genmanipulation – Wissenschaft im rechtsfreien Raum?«, in: *JZ* 1986, S. 253, 258. Zweifelnd an der Evidenz eines Verletzungsurteils Herdegen (Anm. 15), Rdn. 96; wie hier Starck (Anm. 16), Rdn. 89 zu Art. 1 Abs. 1; Höfling (Anm. 16), Art. 1, Rdn. 21.

20 Für einen Beginn des verfassungsrechtlichen Lebensschutzes mit der Befruchtung und nicht erst später vor allem Starck (Anm. 16), Art. 2, Rdn. 176; Dietrich Murswiek, in: Sachs (Anm. 16), Art. 2, Rdn. 145; Günter Dürig, in: Maunz/Dürig (Anm. 15), Art. 2 Abs. 2, Rdn. 21; Helmut Schulze-Fielitz, in: Dreier (Anm. 15), Art. 2 Abs. 2, Rdn. 24; Philip Kunig, in: v. Münch/Kunig (Hg.), *Grundgesetz-Kommentar*, Bd. 1, 4. Aufl., München 2001, Art. 2, Rdn. 49; Klaus Stern, *Das Staatsrecht der Bundesrepublik Deutschland*, Bd. III, 1, München 1988, S. 1061 f.; Jörg Spiekerkötter, *Verfassungsfragen der Humangenetik*, Frankfurt 1989, S. 46 ff. Eingehende Auseinandersetzung mit entgegenstehenden Auffassungen bei Barbara Böckenförde-Wunderlich, *Präimplantationsdiagnostik als Rechtsproblem*, Tübingen 2002, S. 169-179.

gegriffen werden, wie Art. 2 Abs. 2 des Grundgesetzes ausdrücklich festlegt. Entsprechendes gilt auch für das Lebensrecht eines Embryos. Aber solche Eingriffe setzen, um gerechtfertigt zu sein, außergewöhnliche Konfliktlagen voraus (ich nenne als Beispiele Notwehr, gezielter Todesschuß, Kriegseinsatz zur Landesverteidigung, gefahrvoller Polizeieinsatz). Da es bei solchen Eingriffen nicht nur um gewisse Einschränkungen, sondern zumeist um alles oder nichts, d. h. Leben und Tod geht, können sie nur dann in Betracht kommen, wenn überhaupt keine anderen, milderen Mittel zur Lösung des Konflikts zur Verfügung stehen.

Es spricht nichts dafür, daß im Blick auf das Interesse an der Stammzellenforschung diese strengen Voraussetzungen gegenwärtig erfüllt sind. Das Interesse der Forscher ist gewiß legitim, auch vom Grundrecht der Forschungsfreiheit gestützt. Aber wie es nicht die Tötung eines Menschen rechtfertigen kann, vermag es auch nicht den Verbrauch bzw. die Tötung eines Embryos, der ein Mensch in nuce ist, zu legitimieren. Und ebensowenig kann das Recht auf Gesundheit dazu dienen. Es geht ja bei dem Forschungsinteresse gar nicht um das gegenwärtige Leben oder die aktuelle Gesundheit einzelner oder mehrerer Menschen, sondern um durchaus ungesicherte Erwartungen, um Erwartungen, daß sich aus der Stammzellenforschung vielleicht einmal Heilmittel für bislang nicht heilbare Krankheiten gewinnen lassen. Und es ist durchaus ungewiß und unter Wissenschaftlern umstritten, ob die erwarteten Ergebnisse nicht auch mit der Forschung an adulten oder Stammzellen aus Nabelschnurblut erzielt werden können, die Forschung an embryonalen Stammzellen also gar nicht das allein geeignete Mittel ist. Wie schnell sind hier die Fortschritte der Wissenschaft!

Die Gewinnung von Stammzellen durch Tötung von Embryonen ist mithin nicht zu rechtfertigen. Dies mag zunächst als eine eher abstrakte Deduktion erscheinen, aber es läßt sich auch lebensweltlich durchaus verständlich machen. Wie kann man etwa einem Mukoviszidose-Patienten erklären, daß ein Embryonenverbrauch zur Gewinnung von Stammzellen im Interesse der Heilungsforschung nicht möglich ist? Die Argumentation wäre folgende: Natürlich soll und muß alles getan werden, um Wege zu finden, Deine schwere Krankheit zu heilen. Aber Du selbst bist auch mal ein winziger Embryo gewesen, vor wie auch nach der Nidation. Und das kann doch nicht sein, daß Du hättest beseitigt werden können, ja, daß ein Recht bestünde, Dich zu beseitigen, um auf diesem Weg vielleicht einmal irgendwelche Heilmittel zu entdecken. Er wird das, gewiß, verstehen.

b) Das so gewonnene Ergebnis gibt auch eine Grundlage für die Beurteilung des vieldiskutierten Stammzellenimports. Es geht dabei um den Import von Stammzellen, die andernorts – nach dortigem Recht (vielleicht) legal – mittels der Tötung von Embryonen, dazu hergestellten oder überzähligen, gewonnen worden sind. Wenn, wie dargelegt, die verbrauchende Embryonenforschung aus eigens zu diesem Zweck hergestellten Embryonen die Achtung der Würde des Menschen verletzt und die Gewinnung von Stammzellen aus sog. überzähligen Embryonen vor dem Tötungsverbot in keiner Wiese gerechtfertigt werden kann, ist der Verzicht auf den Import solcherart gewonnener Stammzellen schlicht eine Frage der Konsequenz und Glaubwürdigkeit. Bei diesen Stammzellen handelt es sich um die Frucht einer nach unserer Ordnung verbotenen Tat; ihr Import umgeht das bestehende ethisch und rechtlich begründete Verbot und hebelt es aus. Daran können auch aufrichtig gemeinte strikte Einschränkungen nichts ändern. Der Hehler ist nicht besser als der Stehler. Auch dürfen die Auswirkungen dieses Einbruchs nicht übersehen werden: Wenn anderswo durch Embryonenverbrauch gewonnene Stammzellen hier verwendbar sind, warum können diese Stammzellen nicht auch bei uns hergestellt werden, das ist kostengünstiger, effektiver und vermeidet Unglaubwürdigkeit. Solche Konsequenz ist unabweisbar, der Import wird nach seiner eigenen Logik der erste Schritt auch zur Herstellung vor Ort. Mit Recht hat Jutta Limbach darauf hingewiesen, daß der Ausweg, den der Deutsche Bundestag beschritten hat, nicht frei von Widerspruch ist.[21]

c) Kaum weniger aktuell und brisant ist die Frage nach der Zulässigkeit der Präimplantationsdiagnostik (PID). Sie ist durch das bei uns geltende Embryonenschutzgesetz nach überwiegender und zutreffender Auffassung derzeit verboten, ebenso wie in der Schweiz und in Österreich; in Großbritannien und Frankreich ist sie in begrenztem Rahmen zugelassen und wird in Italien und Belgien – bei Fehlen einer gesetzlichen Regelung – praktiziert.[22] Nicht wenige, darunter die Deutsche Forschungsgemeinschaft und ein Diskussionsentwurf der Bundesärztekammer, empfehlen eine begrenzte Zulassung der PID,[23] während der Abschlußbericht der

21 Jutta Limbach (Anm. 6), S. 51.

22 Siehe Barbara Böckenförde-Wunderlich (Anm. 20), S. 35-45.

23 Der Deutsche Ärztetag 2002 hat sich freilich mit großer Mehrheit ge-

Enquetekommission Ethik und Recht des Deutschen Bundestages dies mit großer Mehrheit ablehnt, der Nationale Ethikrat es hingegen in seiner Mehrheit befürwortet.[24]

Worum handelt es sich bei der PID? PID findet statt im Rahmen einer extrakorporal vorgenommenen künstlichen Befruchtung. Sie ist eine diagnostische Maßnahme, »bei der einem in vitro gezeugten Embryo nach den ersten Zellteilungen eine oder mehrere Zellen entnommen werden, um diese auf genetische Defekte oder Anlagen hin zu untersuchen«.[25] Sie wird derzeit dazu angewandt, diejenigen Embryonen, bei denen sich eine genetisch bedingte schwere Krankheit oder die Anlage dazu nachweisen läßt, zu selektieren und nicht mehr auf die Frau zu übertragen. Eine Heilungsmöglichkeit bei Feststellung solcher Defekte besteht nach dem derzeitigen Stand medizinischer Erkenntnis und Technik nicht. Das Ziel der PID ist mithin eine Aussonderung nicht von defekten Samen- oder Eizellen, sondern von defekten Embryonen, d. h. menschlichen Lebewesen im frühesten Stadium ihrer Existenz. Man läßt sie, zeigen sie die bestimmten Defekte, absterben, statt sie, um ihre weitere Entwicklung zu ermöglichen, der Frau zu transferieren.

Es kann wenig Zweifel daran geben, daß die so eingesetzte PID ein Selektionsinstrument ist und ihre Anwendung gegen die Achtung der Menschenwürde beim Embryo verstößt.[26] Die PID wird nicht in Gang gesetzt, um den Wunsch nach einem Kind zu erfüllen, dazu genügt die In-vitro-Fertilisation als solche, sie wird in Gang

gen eine solche Zulassung ausgesprochen, vgl. Pressemitteilung der Bundesärztekammer, <www.bundesaerztekammer.de>.

24 Schlußbericht der Enquetekommission »Recht und Ethik der modernen Medizin«, BT Drs. 14/9020 v. 14.5.2002, S. 107-115. Von den bei der Abstimmung anwesenden 19 Mitgliedern votierten 16 gegen jede Zulassung und 3 für eine begrenzte Zulassung der PID. Im Nationalen Ethikrat haben sich 15 von 24 Mitgliedern für eine begrenzte Zulassung der PID ausgesprochen, 7 Mitglieder sie strikt und 2 sie qualifiziert, aber ohne strafrechtliche Sanktionsfolgen bei Nichtachtung des Verbots, abgelehnt, vgl. Nationaler Ethikrat, *Genetische Diagnostik vor und während der Schwangerschaft*, Umdruck, S. 53, 54 und 75.

25 Böckenförde-Wunderlich (Anm. 20), S. 11.

26 Ebenso Ute Sacksofsky, »Der verfassungsrechtliche Status des Embryons in vitro«, *Gutachten für die Enquetekommission des Dt. Bundestages:* »Recht und Ethik der modernen Medizin«, Sept. 2001, Typoskript S. 68-70. Gegenteilige Auffassung Herdegen (Anm. 15), Rdn. 106. Eher zweifelnd Höfling (Anm. 19), Art. 1, Rdn. 21.

gesetzt, um den Wunsch nach einem genetisch gesunden Kind zu erfüllen. Der in vitro hergestellte Embryo wird nicht als solcher, als Subjekt und ›Zweck an sich selbst‹ anerkannt und gewollt, sondern abhängig von bestimmten Eigenschaften und Merkmalen, die er hat oder nicht hat. Nur unter dieser Voraussetzung wird ihm die Chance zum Weiterleben und zu seiner Entwicklung als Mensch eingeräumt. Deutlicher kann nicht zum Ausdruck kommen, daß er keinen Anteil an menschlicher Würde hat, sondern nur einen an bestimmte Eigenschaften gebundenen Wert.[27]

Steht aber einem Verbot der PID, das sich hieraus als Folge ergibt, nicht die Menschenwürde und das Selbstbestimmungsrecht der Eltern und insbesondere der Frau entgegen? Verbieten sie nicht ihrerseits, die Frau zu nötigen, ohne Wissen darum ein evtl. mit schweren Krankheiten behaftetes Kind zur Welt zu bringen? Dies ist, sieht man genauer hin, nicht der Fall. Denn weder werden die Eltern oder die Frau durch ein Verbot der PID zum Objekt gemacht und instrumentalisiert noch in ihrem Recht auf Selbstbestimmung verletzt. Ihre Entscheidung, ob und wann sie einen Kindeswunsch und wie sie ihn – womöglich auf dem Weg über IVF – erfüllen wollen, ist frei und selbstbestimmt; nur werden sie daran festgehalten, wenn sie ein Kind wollen, es als solches zu wollen und nicht nur als ein Kind mit bestimmten Eigenschaften.[28] Es wird der Selektion von Embryonen, die eben Menschen in nuce sind, der Weg verlegt, sie sollen nicht Verfügungsmasse in der Hand der Eltern oder Dritter werden. Mehr nicht.

Der Verzicht auf PID ist auch zumutbar. Wenn Menschen es als unzumutbar empfinden, daß sie, sei es aufgrund ihrer eigenen genetischen Disposition, sei es überhaupt, erbkranke oder behinderte Kinder bekommen, steht es ihnen frei, auf Elternschaft zu verzichten.[29] Das mag zwar im einzelnen Fall sehr schmerzlich sein. Aber dieser Verzicht ist zumutbar, wenn die Alternative ist, Menschen im Embryonalstadium wie Sachen zu behandeln, über die nach wechselnden Kriterien disponiert werden kann.

Man darf nicht übersehen, welches breite Tor geöffnet wird, wenn

27 Vgl. Kant, *Grundlegung zur Metaphysik der Sitten* (Anm. 14), S. 52: »... der Mensch und überhaupt jedes vernünftige Wesen existiert als Zweck an sich selbst, nicht bloß als Mittel zum beliebigen Gebrauche für diesen oder jenen Willen ...; ders., *Metaphysik der Sitten*, Teil 2, Metaphysische Anfangsgründe der Tugendlehre, § 38 (Anm. 14).

28 Siehe Sacksofsky (Anm. 26).

29 Ebd., S. 70.

die PID, wie schon in einigen Ländern geschehen, zugelassen wird. Die möglichen Anwendungsgebiete sind sehr vielfältig.[30] Zwar wird die PID derzeit von ihren Befürwortern nur für Fälle bestimmter schwerer Erbkrankheiten gefordert, sofern ein hohes genetisches Risiko vorliegt. Schon dies bedeutet freilich eine schwere Diskriminierung der entsprechend behinderten oder mit einer Erbkrankheit belasteten Menschen; es sind diejenigen, die eigentlich nicht dasein sollten, deren Leben als nicht lebenswert erscheint und die eigentlich eine Frau, die verantwortlich handelt – auch wegen der anfallenden Lasten – nicht gebären sollte. Diese Diskriminierung verstärkt sich noch, wenn die betreffenden Krankheiten in einem Katalog ausdrücklich benannt werden. Und warum soll dann ein solcher Katalog nicht erweitert werden? Es gibt zu den aufgeführten Fällen eine Reihe ähnlich schwerer Fälle, mit welchem Recht werden sie ausgeschlossen? Und weiter: Geht es nur um sofort auftretende oder auch um erst später, etwa ab dem 40. Lebensjahr, möglicherweise auftretende Krankheiten? Dies wird schon lebhaft diskutiert, im Ausland auch teilweise schon durchgeführt. Schließlich aber: warum nur die Abwehr schwerer genetisch bedingter Krankheiten und nicht auch eine positive Eugenik, die Anwendung zugunsten erwünschter physischer oder auch psychischer Eigenschaften, wie etwa Geschlecht, Körperbau, Intelligenz? Was ist daran verwerflich, wenn die Diagnose- und Dispositionsmöglichkeit vom Grundsatz her erst einmal eröffnet ist? Der Mensch nimmt nur die Möglichkeiten wahr, die er sich erforscht hat. Aber wozu macht er sich dabei selbst?

d) Abschließend noch einige Bemerkungen zum sog. therapeutischen Klonen, für das in Großbritannien bereits Wege geebnet sind. In diesem Bereich sind verschiedene Projekte relevant, die voneinander unterschieden werden müssen. Zum einen wird im Blick auf das therapeutische Klonen die Forschung an embryonalen Stammzellen als Grundlagenforschung gefordert. Sie soll herausfinden, auf welche Weise die Entwicklung pluripotenter Stammzellen gesteuert werden kann, damit sich daraus – gegebenenfalls heilungswirksame – Nerven-, Leber-, Herz- oder sonst näher bestimmte Zellen bilden. Zum andern geht es auf dieser Grundlage um zwei Wege für eine mögliche therapeutische Anwendung. Es werden entweder in bestimmter Weise gesteuerte embryonale Stammzellen entwickelt, oder es wird ein adulter Zell-

30 Regine Kollek, *Präimplantationsdiagnostik*, Tübingen 2000, S. 75 ff.

kern des Patienten in eine entkernte unbefruchtete Eizelle, die als Hülle dient, implantiert und zur weiteren Entwicklung nach Art eines Embryos freigesetzt. Hat die eine oder andere Entwicklung einen bestimmten Stand erreicht, werden die entstandenen Zellformationen verwendet, damit sie – je nach ihren Merkmalen – beim Menschen Heilungswirkungen im Blick auf bestimmte Krankheiten hervorrufen können. Bei Verwendung adulter Stammzellen, die dem Menschen entnommen werden, um dessen Heilung es geht, handelt es sich um therapeutisches Klonen im eigentlichen Sinn. Dieser Weg hat gegenüber der Verwendung fremder Stammzellen, die als eine Art Ersatzteillager dienen können, den Vorteil, daß hier nicht mit einer evtl. Abstoßungsreaktion gerechnet werden muß, die bei dem anderen Weg – ähnlich wie bei Organtransplantationen – zu besorgen ist.

Für die Beurteilung ist zu unterscheiden zwischen der therapeutischen Verwendung embryonaler Stammzellen und adulter Zellkerne. Die Verwendung embryonaler Stammzellen unterscheidet sich im Blick auf das Prinzip Menschenwürde und das Tötungsverbot nicht von der verbrauchenden Embryonenforschung. Eigens dazu hergestellte oder anderweitig entstandene Embryonen werden als Mittel für andere externe Zwecke – einesteils Forschungszwecke, andernteils Heilungszwecke – verbraucht und dabei getötet. Die Achtung der Menschenwürde und das Tötungsverbot stehen dem eindeutig entgegen.

Bei der Verwendung adulter Zellkerne, dem therapeutischen Klonen im eigentlichen Sinn, stellt der Ge- und Verbrauch dieser Zellen keine Tötungshandlung dar. Die adulten Zellen, die einem lebenden, in der Regel erwachsenen Menschen entnommen werden, sind keine Embryonen, nicht individuelle menschliche Lebewesen, sondern nur Zellen. Sie können als solche zu Heilungszwecken verbraucht werden. Das Eigenartige und Herausfordernde ist die Art der Verwendung. Diese vollzieht sich so, daß der Zellkern in eine vorher entkernte Eizelle eingepflanzt und auf diese Weise ein neues Lebewesen ohne Verschmelzung von Samen- und Eizelle künstlich hergestellt wird, was bei voller weiterer Entwicklung, würde sie nicht abgebrochen, mit dem Menschen, dem die Zelle entnommen wurde, genetisch identisch wäre. Das ist mit der Achtung der Menschenwürde schwerlich vereinbar.[31]

31 Anderer Auffassung wiederum Herdegen (Anm. 15), Rdn. 107 aE.; wie hier Starck (Anm. 16), Rdn. 90 zu Art. 1 Abs. 1.

18. Bleibt die Menschenwürde unantastbar?*

I.

Der Inhalt der Menschenwürdegarantie des Grundgesetzes ist in den letzten Jahren lebhaft in die Diskussion geraten. Hervorgerufen wurde das nicht zuletzt durch die ungeheuren Fortschritte der Biomedizin und Biotechnologie vor allem im letzten Jahrzehnt. Symptomatisch für den Vorgang, der sich im rechtswissenschaftlichen Diskurs abspielt, ist die vor gut einem Jahr erschienene Neukommentierung von Art. 1 Abs. 1 des Grundgesetzes im großen und lange tonangebenden Kommentar von Maunz/Dürig durch Matthias Herdegen.[1] Sie stellt nicht eine Ergänzung und Fortschreibung von Dürigs Kommentierung im Blick auf neu aufgetretene Problemlagen und Herausforderungen dar, sondern eine völlige Neukommentierung – den Abschied von Günter Dürig. Symptomatisch ist dieser Vorgang auch deshalb, weil die Erstkommentierung von Günter Dürig, die 1958 erschien, nahezu 45 Jahre unangetastet im Kommentar stehenblieb, obwohl fast alle anderen Artikel des Grundgesetzes in dieser Zeit eine Zweitkommentierung, teilweise sogar eine Drittkommentierung erfahren hatten. Diese Verspätung hatte ihren Grund. Die Kommentierung der Artikel 1 und 2 durch Dürig war gewissermaßen das ideelle und normative Grundgerüst, auf dem sich der Kommentar insgesamt entfaltete, sie gab ihm das geistige Profil und war ein Stück seiner Identität. Davon wollte man nicht lassen, so lange es ging, auch wenn eine Ergänzung oder erneute Bearbeitung angesichts der Entwicklung von Rechtsprechung und Literatur und neu aufgetretener Probleme schon länger angezeigt gewesen wäre.

1. Wie sah denn die Kommentierung durch Dürig aus? Sie erwuchs aus der Gründungssituation der Bundesrepublik als ein Beitrag zur Entfaltung der neuen Ordnung, die das Grundgesetz nach den Erfahrungen des Machtmißbrauchs und der tausendfachen Miß-

* Vortrag auf der Veranstaltung »Rütteln am Fundament? Die Debatte um eine Neuinterpretation der Menschenwürde-Garantie des Grundgesetzes« der Heinrich-Böll-Stiftung und des Instituts Mensch, Ethik, Wissenschaft (IMEW) am 11. Juni 2004 in Berlin.

1 Matthias Herdegen, in: Maunz/Dürig, *Grundgesetz. Kommentar*, Art. 1 I, Stand 2003.

achtung der Menschenwürde im Dritten Reich aufrichten wollte. Dürig verstand die Menschenwürdegarantie, gedeckt durch die Beratungen des Parlamentarischen Rates, als Übernahme eines grundlegenden, in der europäischen Geistesgeschichte hervorgetretenen »sittlichen Werts«, wie er sich ausdrückte,[2] in das positive Verfassungsrecht, das damit bewußt und gewollt ein Fundament vor-positiver Art in sich aufnahm. Auch trat er für die allseitige Geltung dieser Garantie ein, bezogen auf die gesamte Rechtsordnung, nicht beschränkt auf das Verhältnis Bürger – Staat, dem traditionellen Geltungsbereich der Grundrechte. Dem entsprach die Qualifizierung des Art. 1 Abs. 1 als objektivrechtliche Norm und zwar Fundamentalnorm, »oberstes Konstitutionsprinzip allen Rechts«, das sich dann schrittweise im Wert- und Anspruchssystem des Grundrechtsteils des Grundgesetzes entfaltet, ohne indes selbst – für Dürig – ein subjektives Grundrecht zu sein.[3] Denn ein solches Grundrecht unterliegt im Zusammenhang der Rechtsordnung notwendig Begrenzungen und Abwägungen, will es Bestand haben, während das Achtungs- und Schutzgebot der Menschenwürde nach Intention und Formulierung des Textes universal und »unantastbar« gelten soll, selbst durch Verfassungsänderungen nicht zu relativieren (Art. 79 Abs. 3 GG).

Die praktische positiv-rechtliche Bedeutung der Menschenwürdegarantie liegt mithin darin, daß sie einen verbindlichen Maßstab für alles staatliche Handeln aufstellt, Staatszweck und Staatsaufgabe einerseits bestimmt und andererseits begrenzt. Sie verpflichtet, nicht nur im Staat-Bürger-Verhältnis die Menschenwürde zu achten und zu schützen, sondern darüber hinaus die Gesamtrechtsordnung so zu gestalten, daß auch von außerstaatlichen Kräften, sprich aus der Gesellschaft heraus und dem Verhältnis der einzelnen untereinander, eine Verletzung der Menschenwürde rechtlich nicht stattfinden darf.

Den Inhalt der Menschenwürde bestimmte Dürig in einer Weise, die das vorpositive Fundament, das Art. 1 Abs. 1 in das positive Recht transformiert – damals communis opinio –, klar zum Ausdruck bringt: »Jeder Mensch ist Mensch kraft seines Geistes, der ihn abhebt von der unpersönlichen Natur und ihn aus eigener Entscheidung dazu befähigt, seiner selbst bewußt zu werden, sich selbst zu bestimmen und sich und die Umwelt zu gestalten.«[4] Die-

2 Günter Dürig, in: Maunz/Dürig (Anm. 2), Art. 1 I, Rdn. 1.
3 Ebd., Rdn. 4-10.
4 Ebd., Rdn. 18.

se Freiheit zur Selbst- und Umweltgestaltung ist für alle Menschen gleich gedacht, sie ist dem Menschen an sich eigen; nicht die jeweilige Verwirklichung im konkreten Menschen, sondern die »gleiche abstrakte Möglichkeit«, das heißt die potentielle Fähigkeit zur Verwirklichung ist entscheidend.

Auch dem Nasciturus kommt die Menschenwürde einschließlich der daraus entspringenden Rechte zu: »Im Augenblick der Zeugung entsteht der neue Wesens- und Persönlichkeitskern, der sich hinfort nicht mehr ändert. In ihm ist alles Wesentliche und Wesenhafte ... dieses Menschen beschlossen. Er treibt zur Entfaltung dessen, was keimhaft in ihm liegt und bewirkt, daß der Mensch, mag er wachsen oder vergehen, stets er selber bleibt.«[5] Der Nasciturus ist deshalb kraft seiner Menschenwürde Inhaber des Grundrechts auf Leben im Sinne des Art. 2 Abs. 2 GG.

Den weiteren Inhalt der Menschenwürdegarantie als fundamentaler objektiv-rechtlicher Norm suchte Dürig von den Verletzungshandlungen her zu bestimmen, orientiert am Leitfaden der sogenannten Objektformel, die weithin Karriere bis in die verfassungsgerichtliche Rechtsprechung hinein gemacht hat. Diese Objektformel sollte steuernde Leitlinie, nicht Subsumtionsformel sein.

2. Die neue Kommentierung von Herdegen stimmt zwar in etlichen Detailfragen im Ergebnis mit Dürigs Kommentierung überein, aber sie folgt, und darauf kommt es hier an, einem grundlegend veränderten Ansatz. Die Menschenwürdegarantie wird beweglich und anpassungsfähig, büßt ihren Charakter als Fels in der Brandung ein gutes Stück weit ein. Entscheidend ist die Absage an den Charakter der Menschenwürdegarantie als bewußter Übernahme eines vorpositiven geistig-ethischen Gehalts in das positive Recht, mit dem sie verknüpft bleibt. Die Absage ist deutlich: »Die im Parlamentarischen Rat herrschende Vorstellung, das Grundgesetz übernehme mit der Menschenwürdeklausel ›deklaratorisch‹ einen Staat und Verfassung vorgeordneten Anspruch ins positive Recht, hat noch beachtliche Suggestivkraft ... Für die staatsrechtliche Betrachtung sind jedoch allein die (unantastbare) Verankerung im Verfassungstext und die Exegese der Menschenwürde als Begriff des positiven Rechts maßgebend.«[6] Die Menschenwürde als rechtlicher Begriff wird so ganz auf sich gestellt, abgelöst (und abgeschnitten) von der Verknüpfung mit dem vorgelagerten geistig-

5 Ebd., Rdn. 24.
6 Herdegen (Anm. 1), Rdn. 17.

ethischen Inhalt, der dem Parlamentarischen Rat präsent und für Dürig so wichtig war. Was hierzu zu sagen ist, wandert ab in den »geistesgeschichtlichen Hintergrund«, worüber kundig berichtet wird, aber ohne normative Relevanz. Die fundamentale Norm des Grundgesetzes geht der tragenden Achse verlustig.

Zum Leitfaden der Interpretation wird die Aufnahme und Mitteilung der Deutungsvielfalt, ein Abstellen auf das, was sich dabei als Konsens zeigt, und die zurückhaltend-skeptische Suche nach Evidenzurteilen. Die Option für den Grundrechtscharakter und den subjektiv-rechtlichen Würdeanspruch der Menschenwürdegarantie – anders als bei Dürig eher ein Detailproblem als eine grundlegend-strukturelle Alternative zum Verständnis als objektiv-rechtliche Fundamentalnorm – öffnet das Tor zur Abwägung, die bei kollidierenden Grundrechtsansprüchen unvermeidlich ist, und zu flexibler Handhabung. Als Schlüsselsatz für die Kommentierung kann folgende Formulierung gelten: »Trotz des kategorialen Würdeanspruchs aller Menschen sind Art und Maß des Würdeschutzes für Differenzierungen durchaus offen, die den konkreten Umständen Rechnung tragen.«[7]

Was ist zu diesem Satz zu sagen, ist er nicht aus sich heraus einleuchtend? Ja und nein. Er trägt einerseits sinnvolle Differenzierungen, wenn von der *Art* des Würdeschutzes die Rede ist, andererseits trägt er ebenso das Auseinanderfallen von Würdeanspruch und Würdeschutz, wenn er auf das *Maß* des Würdeschutzes abstellt.

Letzteres wird sehr deutlich bei der Gegenüberstellung vom Würdeschutz geborener Menschen und pränatalem Würdeschutz. Während für jede geborene Person die volle Trägerschaft der Menschenwürde kraft Zugehörigkeit zur Spezies Mensch außer Frage steht, unabhängig von sozialen Merkmalen oder der Befähigung zu sinnhaftem Leben, kommt es beim pränatalen Würdeschutz zu einer gleitenden Skala variierender Disponibilität. Die Kommentierung verabschiedet bewußt den traditionellen Diskurs und nimmt Zuflucht zu einer »prozeßhaften Betrachtung des Würdeschutzes mit entwicklungsabhängiger Intensität eines bestehenden Achtungs- oder Schutzanspruchs«.[8] Das Ziel ist, einerseits künstliche Trennungslinien beim »Ob« des Würdeschutzes zu vermeiden, die Menschenwürde also auf das früheste Stadium menschlichen Lebens rückerstrecken zu können, andererseits aber beim »Wie« des

7 Ebd., Rdn. 50.
8 Ebd., Rdn. 56.

Würdeschutzes im Hinblick auf dessen Intensität eine weite Flexibilität zu erhalten.

Das kann schwerlich aufgehen. Ein so gesehener Würdeschutz führt mit seiner eigenen Relativierung notwendig auch zur Relativierung der Unabdingbarkeit und Unantastbarkeit der Menschenwürde selbst, wiewohl der Anschein erweckt wird, diese bestünden fort. Die Rechtfertigung erfolgt durch die Rückbeziehung auf den schon erwähnten Schlüsselsatz: »Wenn sich der Würdeanspruch seinem Umfang nach überhaupt nach den konkreten Umständen richten darf, muß dies in besonderer Weise für die Entwicklungsstufen menschlichen Lebens gelten.«[9] Letztlich geht es um die rechtsdogmatische Etablierung eines Freiraums für die Gewährung und den Abbau von Würdeschutz nach den Angemessenheitsvorstellungen des Interpreten.[10] Das wird nicht zuletzt im Blick auf die aktuellen Probleme der Biomedizin und Humangenetik aktualisiert, wie sich an etlichen Stellungnahmen zu den näheren Ausprägungen der Menschenwürdegarantie, die einen festen Boden nicht erkennen lassen, belegen läßt.

II.

Die Neukommentierung des Art. 1 Abs. 1 GG durch Matthias Herdegen und der darin sich dokumentierende Traditionsbruch kam nicht aus heiterem Himmel. Sie war nicht ohne Vorgänger, und sie steht auch gegenwärtig nicht allein. Ich greife einiges heraus.

1. Bereits 1985, veranlaßt durch die heraufkommenden Probleme der Humangenetik, setzte sich Peter Lerche für ein eher restriktives statt ausdehnendes Verständnis der Menschenwürde ein.[11] Er tat das nicht zuletzt um des Erhalts der Vorbehaltlosigkeit und – in heutigen Termini gesprochen – Abwägungsresistenz der Menschenwürdegarantie willen. Insofern ist dagegen nichts zu erinnern, denn jede Ausweitung oder Fortentwicklung einer solchen Garantie, mögen dafür angesichts neuer Problemlagen auch gute Gründe sprechen, birgt zugleich die Gefahr der Relativierung

9 Ebd., Rdn. 65.
10 Siehe ebd., Rdn. 67.
11 Peter Lerche, »Verfassungsrechtliche Aspekte der Gentechnologie«, in: R. Lukes/R. Scholz (Hg.), *Rechtsfragen der Gentechnologie*, Köln/Berlin/Bonn/München 1986, S. 99 ff.

hintenherum in sich, indem einerseits kategoriale Verbote, andererseits aber davon dann wieder gewisse Ausnahmen postuliert werden.
Wichtig ist jedoch der Argumentationsansatz, den Lerche hierfür wählt. Als vorbehaltlos zu schützendes Gut kann die Menschenwürde, so heißt es, »ihre Konturen nur verteidigen, wenn sie auf jenen tendenziell engen Bereich fixiert wird, wo sich die Zustimmung der Rechtsgenossen als eine Art Selbstverständlichkeit einstellt, ein Schutzbereich, der ›selbstverständlich‹ auch dann gelten, vorbehaltlos gelten müßte, wenn es einen Art. 1 Abs. 1 nicht ausdrücklich gäbe«.[12] Und er fügt hinzu: »In wichtigen Bereichen der Humangenetik wird diese Selbstverständlichkeit aber fraglich.« Sieht man genau hin, bedeutet das für die Inhaltsbestimmung der Menschenwürde ein Abstellen auf das Konsensprinzip, den allgemein vorhandenen Konsens, und zwar nicht einen einmaligen zu einer bestimmten Zeit, sondern den je zeitigen Konsens. Es habe einen sehr guten Sinn, so Lerche, den Schutzbereich der Menschenwürde auf jenem engen Raum festzuhalten, der sich auf selbstverständliche Übereinstimmung zu stützen vermag.[13] Die Ablösung von einem fundierenden geistig-ethischen Gehalt, mit dem die Garantie verknüpft bleibt, liegt darin beschlossen.
2. Eine vergleichbare Ablösung findet sich wenig später bei Hasso Hofmann.[14] Er wendet sich von der Mitgifttheorie ab, welche die Menschenwürde im Selbstsein und der Vernunftnatur des Menschen als ihm eigenen Qualitäten begründet sieht – sie bestimmte auch nach seiner Auffassung die große Mehrheit der Mitglieder des Parlamentarischen Rates bei der Schaffung des Grundgesetzes in der einen oder anderen Weise –, und ebenso von der Leistungstheorie Niklas Luhmanns.[15] Ihnen stellt er seine soziale Anerkennungstheorie der Menschenwürde gegenüber. Würde des Menschen konstituiere sich – so seine These – in sozialer Anerkennung, durch positive Bewertung von sozialen Achtungsansprüchen; sie sei im Rechtssinn kein Substanz-, Qualitäts- oder Leistungsbegriff, sondern ein Relations- oder Kommunikationsbegriff und könne nicht losgelöst von einer konkreten Anerkennungsgemein-

12 Ebd., S. 100.
13 Ebd., S. 110.
14 Hasso Hofmann, »Die versprochene Menschenwürde«, in: *AöR* 118 (1993), S. 353-377.
15 Niklas Luhmann, *Grundrechte als Institution*, Berlin 1965, S. 68ff., 73f. mit Anm. 54 u. 56.

schaft gedacht werden.[16] Die verfassungsrechtliche Garantie der Menschenwürde als Staatsfundamentalnorm zeigt sich so als wechselseitiges Versprechen der Teilhaber der verfassunggebenden Gewalt, diesen Staat um der Würde des Menschen willen auf die gegenseitige Anerkennung als prinzipiell in gleicher Weise freie und würdige Mitglieder des Gemeinwesens zu gründen.[17] Die universelle Menschenwürdeidee gibt dafür das Motiv, ist aber nicht selbst der Inhalt oder Gegenstand der Garantie.

Die so verstandene Würdegarantie reduziert das Achtungs- und Schutzgebot der Menschenwürde von vornherein auf die Mitglieder dieser Anerkennungsgemeinschaft, sie sagt nichts, wie Hofmann selbst betont,[18] über das vorgeburtliche oder erloschene menschliche Leben. Der Embryo ist als solcher, so wiederum Hofmann, kein mögliches Subjekt eines sozialen Achtungsanspruchs, er kann allerdings mögliches Schutzobjekt einer Rechtspflicht sein, welche sich die lebenden Menschen ihm gegenüber aus ihrem Willen und ihrer Selbstachtung heraus selbst auferlegen.

3. Wie weit die Menschenwürdegarantie reicht, hat 1996 auch Horst Dreier in seiner eingehenden Kommentierung des Art. 1 Abs. 1 GG näher beschäftigt.[19] Dies nicht zuletzt vor dem Hintergrund der inzwischen immer deutlicher hervortretenden Herausforderungen der Humangenetik und Reproduktionsmedizin. Dreier hält einerseits an dem Unbedingtheitscharakter und der Abwägungsresistenz der Menschenwürdegarantie fest, andererseits plädiert er dafür, das ungeborene menschliche Leben von deren Reichweite auszunehmen. Der Embryo hat keinen Menschenwürde-Status. »Dem Embryo fehlt es an allen Voraussetzungen (Ich-Bewußtsein, Vernunft, Fähigkeit zur Selbstbestimmung), die für die Menschenwürde konstitutiv sind.«[20] Nur von der Mitgift-

16 Hofmann (Anm. 14), S. 364.

17 Ebd., S 369.

18 Ebd., S. 375.

19 Horst Dreier, in: Dreier (Hg.), *Grundgesetz-Kommentar*, Bd. 1, Tübingen 1996, Art. 1 I.

20 Dreier (Anm. 19), Rdn. 50. In der Neubearbeitung, 2. Aufl. 2004, fehlt dieser Satz, es wird aber daran festgehalten, daß auch das Vorliegen eines – freilich erst auszumachenden – personalen Trägers, dessen die Menschenwürde bedarf, nicht automatisch zur Anwendbarkeit des Menschenwürdesatzes führe und – wie in Erstbearbeitung – sich eine Verlagerung der rechtlichen Beurteilung des Schutzes des ungeborenen Lebens von der Menschenwürde zum Lebensschutz, von Art. 1 I GG zu Art. 2 II 1 GG empfehle, vgl. ebd., Rdn. 67 und 70.

theorie in ihrer christlichen Variante könne die Hineinnahme des unbewußten und ungeborenen menschlichen Lebens in die Garantie des Art. 1 Abs. 1 argumentativ begründet werden, aber deren Tragfähigkeit sei im religiös-weltanschaulich neutralen Staat sehr begrenzt. Er empfiehlt, dessen Schutz von Art. 1 Abs. 1 auf Art. 2 Abs. 2 zu verlagern, wo wegen des Gesetzesvorbehalts gestufte Lösungen gemäß den verschiedenen Entwicklungsstadien des menschlichen Lebens möglich seien.[21] Damit wird auf anderem Begründungsweg ein gleiches, wenn nicht gar höheres Maß an Flexibilität und Abwägungsspielraum für den Umgang mit Embryonen erreicht als bei der prozeßhaften Betrachtung des Würdeschutzes durch Matthias Herdegen.

4. In die gleiche Richtung gehen – ganz Gegenwart – die Thesen von Frau Zypries, der amtierenden Bundesjustizministerin. Auch sie sieht den Embryo, jedenfalls bis zur Nidation, nicht als Träger der Menschenwürde an, denn er könne sich vor der Einnistung und Symbiose mit der Mutter nicht aus sich heraus zum Menschen und als Mensch entwickeln.[22] Er ist danach insoweit, insbesondere als Embryo in vitro, worauf es angesichts der humangenetischen und biomedizinischen Problemlagen besonders ankommt, menschenwürde-los. Auch Frau Zypries erkennt ihm freilich einen – allerdings wiederum gestuften – Lebensschutz nach Art. 2 Abs. 2 GG zu.[23] Dieser macht Schutzvorkehrungen möglich, etwa im Verhältnis zur Forschungsfreiheit, die aber nicht kategorialer Art sind. Auf diese Weise wird im Blick auf entstehende oder geforderte Gesetzesvorhaben, nicht zuletzt die Änderung des Embryonenschutzgesetzes, Beweglichkeit und Abwägungsflexibilität erreicht.

Dieser Ansatz – wie auch der von Horst Dreier – ist indes, um von anderem abzusehen, jedenfalls einem grundlegenden rechtsdogmatischen Einwand ausgesetzt. Wenn Art. 1 Abs. 1 GG die Achtung der Würde *des* Menschen und damit jedes Menschen, nicht nur bestimmter Menschen oder nur von Menschen mit bestimmten Eigenschaften und Fähigkeiten garantiert, mithin allein an das Menschsein anknüpft, wie kann dann ein Wesen oder eine Entität,

21 Dreier (Anm. 19), Rdn. 51.

22 Brigitte Zypries, »Vom Zeugen zum Erzeugen? Verfassungsrechtliche und rechtspolitische Fragen der Bioethik.« Rede beim Humboldt-Forum der Humboldt-Universität zu Berlin am 29.10.2003, Typoskript S. 5 f.

23 Ebd., S. 4 unten, S. 5.

das oder die kein Mensch in diesem Sinne ist, keinen Anteil am Menschsein hat, gleichwohl ein »jeder« und Träger des Grundrechts auf Leben nach Art. 2 Abs. 2 GG sein? Dieses Recht bezieht sich auf den Schutz *menschlichen* Lebens, nicht auf den Schutz lebender Säugetiere oder von Leben überhaupt, und er kann folglich nur menschlichen Wesen zukommen. Umgekehrt: Wer als »Jeder« Träger des Grundrechts auf Leben ist, hat notwendigerweise, weil nur ein menschliches Wesen dieses Recht haben kann, auch Anteil an der Menschenwürde und ihrem Schutz. Das zeigt den dezisionistischen, rechtsdogmatisch kaum haltbaren Charakter der Verlagerung des Schutzes des ungeborenen menschlichen Lebens weg von Art. 1 Abs. 1 allein auf Art. 2 Abs. 2 GG; dies ist eine ergebnisbestimmte Zweckkonstruktion, um dem Unabdingbarkeitscharakter, der der Menschenwürdegarantie eigen ist, zu entkommen.

III.

Die Veränderungen im Verständnis des Inhalts und der Reichweite der Menschenwürdegarantie, die wir feststellen können, geben uns einige Fragen auf. Sind sie ein »Rütteln am Fundament«, auf dem unsere grundgesetzliche Ordnung beruht, oder sind sie ein Ausdruck lebendiger Fortentwicklung des Rechts angesichts neuer Problemlagen und Herausforderungen, die auch grundlegende Rechtsgarantien ergreift und ergreifen muß? Und ist weiter die Ablösung der Menschenwürdegarantie von ihrem vor-positiven Fundament, ihr Verständnis als »rein staatsrechtlicher Begriff«, wie Herdegen sagt, nicht eine Notwendigkeit, die Befreiung zum positiven Recht aus den Fesseln naturrechtlicher oder objektiver Wertordnungsargumentation, die nicht mehr konsensfähig ist?

Ich möchte auf die letzte Frage zuerst und dann auf die erste Frage eingehen.

1. Der Hinweis auf das vor-positive Fundament der Menschenwürdegarantie, den ich in meinem FAZ-Artikel vorgenommen habe,[24] ist mehrfach als ein Rekurs auf das Naturrecht interpretiert worden, am entschiedensten von Hubert Markl.[25] Für ihn ist es erstaunlich, wie ein ehemaliges Mitglied des Verfassungsgerichts

24 Ernst-Wolfgang Böckenförde, »Die Würde des Menschen war unantastbar«, in diesem Band S. 379-388.

25 Hubert Markl, »Wer bestimmt, wann das Leben beginnt? Zur Frage der Deutungshoheit über den Lebensbeginn«. Vortrag zum Tag der Gei-

heute noch mit dem Begriff Mensch oder Menschenwürde so naturrechtlich-ontologisch umgehen kann, als seien diese keine menschlichen kulturellen Schöpfungen, sondern platonische Ideen, die jedem Wandel von Denken und Verstehen der Menschen und dem Wandel ihrer Entscheidungen über den Bedeutungswandel von Begriffen unzugänglich sein sollen.[26] Daß die Würde des Menschen vorpositiv naturrechtlich gegeben sein soll, erscheint Markl als ein zurückzuweisender veritabler deutungshoheitlicher Anspruch von hoher Juristenwarte.[27] Dem vermag ich sogar zuzustimmen. Böckenförde, der immer für das volle Ernstnehmen des positiven Rechts, aber auch gegen seine Isolierung aus seinem historisch-politischen Kontext eingetreten ist, ist nicht auf seine alten Tage als Jurist zum Naturrechtler geworden. Ich schätze das Naturrecht und naturrechtliches Denken sehr, aber es ist nicht aus sich heraus Teil und Inhalt des geltenden positiven Rechts, sondern gehört in den Bereich der Rechtsethik, der Kritik und eventuellen Delegitimierung des positiven Rechts und der Anstöße zur Änderung und Verbesserung dieses Rechts.

Der Verweis auf das vor-positive Fundament der Menschenwürdegarantie ist nichts anderes als ein notwendiger Teil der Inhaltsermittlung des Art. 1 Abs. 1 GG als positives Recht. Es geht dabei um das Erfragen und Feststellen dessen, was der Parlamentarische Rat als Verfassungsgesetzgeber mit der Festlegung dieses Achtungs- und Schutzgebots als fundamentaler Verfassungsnorm beabsichtigt und gewollt hat.

Was den Parlamentarischen Rat bewegte, war die Übernahme eines geistig-philosophisch geprägten Begriffs, der seine Konturen aus seinen Wurzeln in der christlichen Tradition und im Gedankengut der Aufklärung, insbesondere Immanuel Kants, gewonnen hatte, als Rechtsbegriff in das Verfassungsrecht, um ihn so als grundlegendes normatives Prinzip staatlichen Handelns verbindlich zu machen. Damit wurde etwas vorpositiv Vorhandenes in das positive Recht hineingenommen. Das lassen die Beratungen im Parlamentarischen Rat wie auch das Zeitumfeld deutlich erkennen.[28] Dann kann aber von dem inhaltlichen Profil, das den Begriff

steswissenschaften der Berlin-Brandenburgischen Akademie der Wissenschaften, Berlin 2003.

26 Ebd., S. 11.

27 Ebd., S. 13.

28 Einschlägig sind vor allem die Beratungen im Ausschuß für Grundsatzfragen, vgl. Der Parlamentarische Rat 1948-1949. *Akten und Protokol-*

der Menschenwürde im Bewußtsein der Verfassungsväter und -mütter kennzeichnete, bei seiner juristischen Interpretation nicht einfach abstrahiert oder abgewichen werden. Dies um so weniger, als es sich bei der Aufnahme der Menschenwürdegarantie um einen bewußten Gründungsakt im Blick auf die neu zu errichtende Verfassungsordnung handelte. Der Parlamentarische Rat wollte nicht eine mehr oder weniger leere begriffliche Hülse, die je von neuem und interdisziplinär inhaltlich aufgefüllt werden soll, als normatives Prinzip verbindlich machen und mit Unabänderlichkeit (Art. 79 Abs. 3 GG) ausstatten, sondern ein inhaltlich näher bestimmtes Fundament legen. Das Festhalten dieses Fundaments und seiner Unantastbarkeit gegenüber möglichen Zeitgeistentwicklungen entspricht seinem positiven Normierungswillen, ist kein Interpretationsexzeß aus usurpierter Deutungshoheit der Juristen. Die Verabschiedung dieses Fundaments in seiner Verbindlichkeit und seine Historisierung durch das Etikett »Mitgifttheorie« bedeutet eine Desavouierung des Verfassunggebers.

2. Damit sind wir bei der ersten gestellten Frage, der lebendigen Fortentwicklung und darin auch Veränderung, die dem Recht eigen ist. Friedhelm Hufen hat hierzu seine These sehr klar formuliert. In der Gegenwart zeige sich immer mehr, daß »die in einer bestimmten Situation formulierte Menschenwürdegarantie im nationalen und internationalen Kontext nicht auf den Stand von 1949 zu fixieren ist, daß sie sich – wie alles Verfassungsrecht – aufgrund neuer Herausforderungen fortentwickeln muß«.[29] Und weiter, um dem Nachdruck zu verleihen: »Immer mehr wird erkannt, daß die Menschenwürde als abstraktes Prinzip sich gegen den Menschen selbst richten kann, wenn sie als Blockade für Forschung und Medizin eingesetzt oder gegen die Selbstbestimmung des Menschen ausgespielt wird.«[30] Von vergleichbaren methodischen Prämissen aus argumentiert Frau Zypries.

Was ist dazu zu sagen? Gewiß kann sich das Recht als lebendiges

le, Bd. 5, 1 u. 2, bearb. von Eberhard Pikart und Wolfram Werner, 1993, und zwar 3. Sitzung vom 21.9.48, ebd., S. 38-50; 4. Sitzung vom 23.9.48, ebd., S. 62-82; 22. Sitzung vom 18.11.48, ebd., S. 584-602; 23. Sitzung vom 19.11.48, ebd., S. 603-609; 32. Sitzung vom 11.1.49, ebd., S. 910-927. Zusammenfassend siehe von Doemming/Füßlein/Matz, »Entstehungsgeschichte der Artikel des Grundgesetzes«, in: *JöR* 1 (1951), S. 41 ff., S. 48-53 (Art. 1), S. 54-66 (Art. 2).

29 Friedhelm Hufen, »Erosion der Menschenwürde?«, in: *JZ* 2004, S. 313.

30 Ebd.

Recht nicht vom Fortgang der Zeit und neuen Herausforderungen abkoppeln und sich in seinem normativen Gehalt nicht entstehungszeitlich versteinern. Es muß, soll es seiner Ordnungsfunktion nicht verlustig gehen, in seinen Begriffen die gegebene und sich verändernde soziale und auch mentale Wirklichkeit normativ übergreifen, darf sich von ihr nicht isolieren und zu ihr beziehungslos werden. Die Rechtsordnung kennt deshalb nicht wenige offene Begriffe, deren konkreter Inhalt sich, ausgehend von einem festen Kern, fortentwickeln und auch verändern kann. Ja, es gibt sogar, und damit ließe sich das Argument noch verstärken, normative Rechtsbegriffe, die selbst auf bestimmte soziale und ethische Anschauungen verweisen und diese in ihrem jeweiligen Gehalt in das Recht aufnehmen und rechtlich sanktionieren. Man kann hier von Schleusenbegriffen sprechen. Der bekannteste dieser Schleusenbegriffe ist der Begriff der öffentlichen Ordnung im Polizeirecht. Darunter werden jene sozialen Normen – nicht Rechtsnormen – verstanden, deren Beobachtung nach Auffassung der beteiligten Kreise zu den unerläßlichen Voraussetzungen eines gedeihlichen Zusammenlebens gehört.[31] Diese Sozialnormen werden – in ihrem wechselnden Gehalt – in das Recht rezipiert.
Wäre es also nicht angemessen, auch in der Menschenwürde einen solchen Schleusenbegriff zu sehen, der als seinen normativen Gehalt jeweils das in sich einbegreift, was in der Gesellschaft und ihrem geistig-ethischen, ja interdisziplinären Diskurs darunter verstanden wird, in diesem Sinn von allgemeinem Konsens getragen ist? Und wäre dies nicht auch deshalb angemessen, weil der Begriff der Menschenwürde kein originärer Rechtsbegriff ist, in langer Rechtstradition erwachsen, sondern ein geistig-philosophischer Begriff? Das mag manchen als Ausweg naheliegen, es wäre auch ein bequemer Ausweg, aber es ist ein Irrweg.
Zwar ist der Begriff der Menschenwürde durchaus ein offener Begriff, der in seinen konkreten Auswirkungen nicht ein für allemal festgelegt ist, vielmehr eine gewisse Variationsbreite aufweist und auf neue Herausforderungen entsprechend reagieren kann und auch muß. Diese konkreten Auswirkungen fließen aber aus einem festen Kern, dem normativen Grundgehalt. Und dieser Grundgehalt läßt sich nicht im Sinne eines Schleusenbegriffs verstehen, das widerspricht seinem normativen Sinn. Schleusenbegriffe haben

31 Drews/Wacke/Vogel/Martens, *Gefahrenabwehr. Allgemeines Polizeirecht (Ordnungsrecht) des Bundes und der Länder*, 8. Aufl., Bd. 2, Köln/Berlin/Bonn/München 1977, S. 130.

ihre auf Pragmatik und Praktikabilität gerichtete Funktionalität stets und nur im Rahmen der durch die Rechtsordnung vorgegebenen Grundlagen und Prinzipien. Diese Funktionalität läßt sich nicht auf die Grundlagen und Prinzipien selbst übertragen, ohne diese in ihrer normativen Qualität aufzulösen. Menschenwürde als Schleusenbegriff, das machte die fundamentale Norm der grundgesetzlichen Ordnung, die unverbrüchlich und unantastbar gelten soll, zu einer Variablen je wechselnder Zeitgeistvorstellungen. Art. 1 Abs. 1 GG würde zu einem bloßen Durchlauferhitzer für je wechselnde Vorstellungen, die er in ihrem Auf und Ab jeweils zur Unantastbarkeit und Unabänderbarkeit aufsteigert. Das kann sein normativer Sinn nicht sein, und dies war vom Parlamentarischen Rat in keiner Weise gewollt.

Nachwort

Der vorliegende Band hat seit seiner ersten Veröffentlichung vor fünfzehn Jahren eine erfreuliche und andauernde Resonanz gefunden. In der nunmehrigen vierten Auflage wird er um drei Stücke erweitert, die sich mit Charakter und Inhalt der Menschenwürdegarantie des Grundgesetzes befassen. Sie sind entstanden aus Anlaß der ethischen und rechtlichen Diskussion um die Ausnutzbarkeit der vielfachen und einzigartigen Möglichkeiten der modernen Biotechnologie, die in den letzten zwei Jahrzehnten erkannt und erschlossen worden sind. Daß in dieser Diskussion dem Achtungsgebot der Menschenwürde, wie es das Grundgesetz festlegt, eine zentrale Bedeutung zukommt, verwundert nicht; hier entscheidet sich, wie weit sich dieses als fester Haltepunkt, gewissermaßen ein Fels in der Brandung, zu erweisen vermag oder, wie vieles andere, den Wandlungen des Zeitgeistes – in diesen eingebunden – unterliegt.

Die Beiträge folgen einem Dreischritt. Am Beginn steht eine kritische Auseinandersetzung mit der Neukommentierung des Art. 1 Abs. 1 GG im bekannten Grundgesetzkommentar von Maunz/Dürig, welche gegenüber der Erstkommentierung aus dem Jahr 1958 eine grundsätzlich neue Sicht vorträgt und die traditionell vorherrschende Auffassung der Menschenwürdegarantie zu verabschieden sucht. Zuerst in einer Tageszeitung (FAZ vom 3.9.2003) erschienen, hat dieser Beitrag ein äußerst lebhaftes Echo ausgelöst und die Debatte nachhaltig belebt. Der etwa gleichzeitige zweite Schritt entwickelt positiv den Gehalt der Menschenwürdegarantie, wie er sich nach meiner Auffassung gemäß dem Willen und der Intention des Verfassungsgesetzgebers darstellt, sowie die Folgerungen, die sich daraus im Hinblick auf die Anwendung biotechnischer Möglichkeiten ergeben. Der dritte Schritt schließlich nimmt die Kritik an der Neukommentierung noch einmal auf, diskutiert anschließend abweichende Auffassungen und Einwände, um daran die eigene Position zu überprüfen, sie näher zu erläutern und zu präzisieren.

An der Schnittstelle von Rechtsphilosophie und Verfassungsrechtsdogmatik gelegen, fügen die Beiträge so dem im Vorwort dargelegten thematischen Zusammenhang des Bandes: der notwendigen wechselseitigen Bedingt- und Bezogenheit von Recht, Staat und Freiheit einen neuen, erweiternden Akzent hinzu.

Au/Freiburg, im Juli 2006 Ernst-Wolfgang Böckenförde

Abkürzungsverzeichnis

ADB	Allgemeine Deutsche Bibliographie
ALR	Allgemeines Landrecht für die preußischen Staaten v. 5. Februar 1794
AcP	Archiv für die zivilistische Praxis
AöR	Archiv des öffentlichen Rechts
ARSP	Archiv für Rechts- und Sozialphilosophie
BGB	Bürgerliches Gesetzbuch
BGHSt	Entscheidungen des Bundesgerichtshofes in Strafsachen
BGHZ	Entscheidungen des Bundesgerichtshofes in Zivilsachen
BVerfG	Bundesverfassungsgericht
BVerfGE	Entscheidungen des Bundesverfassungsgerichtes
Die Grundrechte	Die Grundrechte. Handbuch der Theorie und Praxis der Grundrechte (Hrsg. von K. A. Bettermann, F. L. Neumann, H. C. Nipperdey), Bd. I-IV, 1954-1967
DÖV	Die öffentliche Verwaltung
FAZ	Frankfurter Allgemeine Zeitung
FS	Festschrift für
GG	Grundgesetz
HdbStKiR	Handbuch des Staatskirchenrechts der Bundesrepublik Deutschland (Hrsg. von E. Friesenhahn, U. Scheuner), 2. Bd., 1974-1975
HDStR	Handbuch des deutschen Staatsrechts, hrsg. von G. Anschütz und Richard Thoma, Tübingen, 1930-32
HWPh	Historisches Wörterbuch der Philosophie (Hrsg. J. Ritter u. a.), 12 Bde., 1971-2006
HZ	Historische Zeitschrift
JöR	Jahrbuch des öffentlichen Rechts, Neue Folge
JR	Juristische Rundschau
JuS	Juristische Schulung
JZ	Juristenzeitung
MEGA	Karl Marx, Friedrich Engels, Historisch-kritische Gesamtausgabe, Im Auftrag des

	Marx-Engels-Instituts Moskau, hrsg. v. V. Adoratsky, Berlin 1927 ff.
Maunz-Dürig	Grundgesetz. Kommentar (von Theodor Maunz, Günter Dürig, u. a.), 1958-2006 (Loseblatt)
MIÖG	Mitteilungen des Instituts für Österreichische Geschichtsforschung
NJW	Neue Juristische Wochenschrift
PID	Präimplantationsdiagnostik
PVS	Politische Vierteljahresschrift
SJ	Societas Jesu
SozBew	Lorenz von Stein, Geschichte der sozialen Bewegung in Frankreich von 1789 bis auf unsere Tage, 1850
StL	Staatslexikon (Hrsg. von der Görres-Gesellschaft)
VerwArch	Verwaltungsarchiv
VVDStRL	Veröffentlichungen der Vereinigung der Deutschen Staatsrechtslehrer
VSWG	Vierteljahresschrift für Sozial- und Wirtschaftsgeschichte
WRV	Verfassung des Deutschen Reiches v. 11. 8.1919 (Weimarer Reichsverfassung)
ZPol	Zeitschrift für Politik

Nachweise der Erstveröffentlichungen

1. »Die Historische Rechtsschule und das Problem der Geschichtlichkeit des Rechts«, in: *Collegium Philosophicum. Studien Joachim Ritter zum 60. Geburtstag,* Basel/Stuttgart 1965, S. 9-36.

2. »Freiheit und Recht, Freiheit und Staat«, in: *Staatslexikon,* hg. von der Görres-Gesellschaft, 7. Aufl., Bd. 2, Freiburg 1985, Sp. 704-713.

3. »Das Bild vom Menschen in der Perspektive der heutigen Rechtsordnung«, in: *Der Mensch in den modernen Wissenschaften. Castelgandolfo-Gespräche,* hg. von Krystof Michalski, Stuttgart 1985, S. 91-99.

4. »Zur Kritik der Wertbegründung des Rechts«, in: *Rechtspositivismus und Wertbegründung des Rechts. Vorträge der Tagung der deutschen Sektion der Internationalen Vereinigung für Rechts- und Sozialphilosophie Göttingen 12.-14. Oktober 1988,* hg. von Ralf Dreier, Stuttgart 1990, S. 33-46. In den Anmerkungen durchgesehene und ergänzte Fassung.

5. »Die Entstehung des Staates als Vorgang der Säkularisation«, in: *Säkularisation und Utopie. Ebracher Studien, Ernst Forsthoff zum 65. Geburtstag,* Stuttgart 1967, S. 75-94.

6. »Bemerkungen zum Verhältnis von Staat und Religion bei Hegel«, in: *Der Staat* 21 (1982), S. 481-503.

7. »Entstehung und Wandel des Rechtsstaatsbegriffs«, in: *Festschrift für Adolf Arndt zum 65. Geburtstag,* Frankfurt a.M. 1969, S. 53-76.

8. »Lorenz von Stein als Theoretiker der Bewegung von Staat und Gesellschaft zum Sozialstaat«, in: *Alteuropa und die moderne Gesellschaft. Festschrift für Otto Brunner,* Göttingen 1963, S. 248-277.

9. »Die Bedeutung der Unterscheidung von Staat und Gesellschaft im demokratischen Sozialstaat der Gegenwart«, in: *Rechtsfragen der Gegenwart. Festgabe für Wolfgang Hefermehl zum 65. Geburtstag,* Stuttgart 1972, S. 11-36.

10. »Verfassungsprobleme und Verfassungsbewegung des 19. Jahrhunderts«, in: *JuS* 1971, Heft 11, S. 560-566.

11. »Der Staat als Organismus. Zur staatstheoretisch-verfassungspolitischen Diskussion im frühen Konstitutionalismus«, in: *Neue Zürcher Zei-*

tung v. 16./17. Dezember 1978, S. 61. Die Anmerkungen wurden hinzugefügt.

12. »Der deutsche Typ der konstitutionellen Monarchie im 19. Jahrhundert«, in: *Beiträge zur deutschen und belgischen Verfassungsgeschichte im 19. Jahrhundert,* hg. von Werner Conze, Stuttgart 1967, S. 70-92.

13. »Der Zusammenbruch der Monarchie und die Entstehung der Weimarer Republik«, in: *Deutsche Verwaltungsgeschichte,* hg. von Kurt G.A. Jeserich, Hans Pohl, Georg-Christoph von Unruh, Bd. 4, Stuttgart 1984, S. 1-23.

14. »Der Begriff des Politischen als Schlüssel zum staatsrechtlichen Werk Carl Schmitts«, in: *Complexio Oppositorum. Über Carl Schmitt,* hg. von Helmut Quaritsch, Berlin 1988, S. 283-299. Durchgesehene und ergänzte Fassung.

15. »Gerhard Anschütz«, in: *Semper Apertus. Sechshundert Jahre Ruprecht-Karls-Universität Heidelberg* 1386-1986, Bd. 3, 1986, S. 167-175.

16. »Die Würde des Menschen war unantastbar. Zur Neukommentierung der Menschenwürdegarantie des Grundgesetzes«, in: *Frankfurter Allgemeine Zeitung* vom 3.9.2003, S. 33 und 35. Durchgesehene Fassung.

17. »Menschenwürde als normatives Prinzip. Die Grundrechte in der bioethischen Debatte«, in: *Juristenzeitung* 2003, S. 809-815.

18. »Bleibt die Menschenwürde unantastbar?«, in: *Blätter für deutsche und internationale Politik* 10 (2004), S. 1216-1227. Überarbeitete Fassung.

Rechtswissenschaft im Suhrkamp Verlag
Eine Auswahl

Robert Alexy
- Theorie der Grundrechte. stw 582. 548 Seiten
- Theorie der juristischen Argumentation. Die Theorie des rationalen Diskurses als Theorie der juristischen Begründung. Mit einem Nachwort (1990): Antwort auf einige Kritiker. stw 436. 435 Seiten

Harold J. Berman. Recht und Revolution. Die Bildung der westlichen Rechtstradition. Übersetzt von Hermann Vetter. stw 1203. 902 Seiten

Ernst-Wolfgang Böckenförde
- Staat, Nation, Europa. Studien zur Staatslehre, Verfassungstheorie und Rechtsphilosophie. stw 1419. 290 Seiten

Hauke Brunkhorst/Wolfgang R. Köhler/Matthias Lutz-Bachmann (Hg.). Recht auf Menschenrechte. Menschenrechte, Demokratie und internationale Politik. stw 1441. 352 Seiten

Hauke Brunkhorst/Peter Niesen (Hg.). Das Recht der Republik. stw 1392. 403 Seiten

Ronald Dworkin. Bürgerrechte ernstgenommen. Übersetzt von Ursula Wolf. stw 879. 592 Seiten

Andreas Fischer-Lescano/Gunther Teubner. Regime-Kollisionen. stw 1803. 230 Seiten

NF 124/1/4.06

Günter Frankenberg
- Autorität und Integration. Zur Grammatik von Recht und Verfassung. stw 1622. 418 Seiten
- Die Verfassung der Republik. Autorität und Solidarität in der Zivilgesellschaft. stw 1331. 264 Seiten

Johan Galtung. Menschenrechte – anders gesehen. stw 1084. 235 Seiten

Ute Gerhard/Jutta Limbach (Hg.). Rechtsalltag von Frauen. es 1423. 251 Seiten

Oliver Gerstenberg. Bürgerrechte und deliberative Demokratie. Elemente einer pluralistischen Verfassungstheorie. stw 1298. 143 Seiten

Stefan Gosepath/Georg Lohmann (Hg.). Philosophie der Menschenrechte. stw 1338. 417 Seiten

Dieter Grimm. Die Zukunft der Verfassung. stw 968. 447 Seiten

Jürgen Habermas. Faktizität und Geltung. Beiträge zur Diskurstheorie des Rechts und des demokratischen Rechtsstaats. stw 1361. 704 Seiten

Georg Wilhelm Friedrich Hegel. Die Philosophie des Rechts. Vorlesung von 1821/22. Herausgegeben von Hansgeorg Hoppe. stw 1721. 237 Seiten

Materialien zu Hegels Rechtsphilosophie. Herausgegeben von Manfred Riedel. Band 1: stw 88. 437 Seiten

NF 124/2/4.06

Otfried Höffe
- Gibt es ein interkulturelles Strafrecht? Ein philosophischer Versuch. stw 1396. 180 Seiten
- Kategorische Rechtsprinzipien. Ein Kontrapunkt der Moderne. stw 1170 und kartoniert. 431 Seiten
- Strategien der Humanität. Zur Ethik öffentlicher Entscheidungsprozesse. Mit einem neuen Nachwort. stw 540. 373 Seiten
- Vernunft und Recht. Bausteine zu einem interkulturellen Rechtsdiskurs. stw 1270. 296 Seiten

Herbert Jäger
- Makrokriminalität. Studien zur Kriminologie kollektiver Gewalt. stw 845. 216 Seiten
- Verbrechen unter totalitärer Herrschaft. Studien zur nationalsozialistischen Gewaltkriminalität. Mit einem Nachwort zur Neuauflage von Adalbert Rückerl. stw 388. 410 Seiten

Wolfgang Kersting. Recht, Gerechtigkeit und demokratische Tugend. Abhandlungen zur praktischen Philosophie der Gegenwart. stw 1332. 498 Seiten

Wolfgang Kersting (Hg.). Gerechtigkeit als Tausch? Auseinandersetzungen mit der politischen Philosophie Otfried Höffes. stw 1297. 375 Seiten

Rainer Maria Kiesow. Das Naturgesetz des Rechts. 160 Seiten. Gebunden

Friedrich Kübler (Hg.). Verrechtlichung von Wirtschaft, Arbeit und sozialer Solidarität. Vergleichende Analysen. Mit Beiträgen von Hans F. Zacher, Spiros Simitis, Friedrich Kübler, Klaus Hopt und Gunther Teubner. stw 537. 345 Seiten

NF 124/3/4.06

Ernst-Joachim Lampe (Hg.). Zur Entwicklung von Rechtsbewußtsein. stw 1315. 520 Seiten

Klaus Lüderssen
- Abschaffen des Strafens? es 1914. 427 Seiten
- Erfahrung als Rechtsquelle. Abduktion und Falsifikation von Hypothesen im juristischen Entscheidungsprozeß. Eine Fallstudie aus dem Kartellstrafrecht. 259 Seiten. Gebunden
- Genesis und Geltung in der Jurisprudenz. es 1962. 365 Seiten
- Kriminalpolitik auf verschlungenen Wegen. Aufsätze zur Vermittlung von Theorie und Praxis. stw 347. 483 Seiten

Klaus Lüderssen/Fritz Sack (Hg.)
- Seminar: Abweichendes Verhalten
  Band 1: Die selektiven Normen der Gesellschaft. stw 84. 508 Seiten
  Band 2: Die gesellschaftliche Reaktion auf Kriminalität. Band 1. Strafgesetzgebung und Strafrechtsdogmatik. stw 85. 387 Seiten
  Band 4: Kriminalpolitik und Strafrecht. stw 87. 362 Seiten

Niklas Luhmann
- Ausdifferenzierung des Rechts. Beiträge zur Rechtssoziologie und Rechtstheorie. stw 1418. 459 Seiten
- Das Recht der Gesellschaft. stw 1183. 598 Seiten

Ingeborg Maus. Zur Aufklärung der Demokratietheorie. Rechts- und demokratietheoretische Überlegungen im Anschluß an Kant. stw 1153. 336 Seiten.

Franz L. Neumann. Die Herrschaft des Gesetzes. Eine Untersuchung zum Verhältnis von politischer Theorie und Rechtssystem in der Konkurrenzgesellschaft. Übersetzt und mit einem Nachwort von Alfons Söllner. 380 Seiten. Gebunden

NF 124/4/4.06

Bernhard Peters. Rationalität, Recht und Gesellschaft. 366 Seiten. Gebunden

Ulrich K. Preuß
- Die Internalisierung des Subjekts. Zur Kritik der Funktionsweise des subjektiven Rechts. 356 Seiten. Kartoniert
- Legalität und Pluralismus. Beiträge zum Verfassungsrecht der Bundesrepublik Deutschland. es 626. 186 Seiten

John Rawls
- Gerechtigkeit als Fairneß. Ein Neuentwurf. Herausgegeben von Erin Kelly. Übersetzt von Joachim Schultze. 316 Seiten. Gebunden
- Eine Theorie der Gerechtigkeit. Übersetzt von Hermann Vetter. stw 271. 674 Seiten

Ludwig Salgo. Der Anwalt des Kindes. Die Vertretung von Kindern in zivilrechtlichen Kindesschutzverfahren. Eine vergleichende Studie. stw 1220. 632 Seiten

Karl F. Schumann. Der Handel mit Gerechtigkeit. Funktionsprobleme der Strafjustiz und ihre Lösungen – am Beispiel des amerikanischen plea bargaining. stw 214. 264 Seiten

Alexander Somek. Rechtliches Wissen. stw 1802. 240 Seiten

Rudolf Steinberg. Der ökologische Verfassungsstaat. 480 Seiten. Gebunden

Michael Stolleis. Recht im Unrecht. stw 1155. 342 Seiten

Rainer Wahl. Verfassungsstaat, Europäisierung, Internationalisierung. stw 1623. 442 Seiten

NF 124/5/4.06

Uwe Wesel

- Juristische Weltkunde. Eine Einführung in das Recht. stw 467. 213 Seiten
- Der Mythos vom Matriarchat. Über Bachofens Mutterrecht und die Stellung von Frauen in frühen Gesellschaften vor der Entstehung staatlicher Herrschaft. stw 333. 168 Seiten

NF 124/6/4.06